·UMA·GUERRA·
·SEM·IGUAL·

VICTOR DAVIS HANSON

·UMA·GUERRA· ·SEM·IGUAL·

Tradução de
MARIA LÚCIA DE OLIVEIRA

Revisão Técnica de
PALOMA RORIZ ESPÍNOLA

EDITORA RECORD
RIO DE JANEIRO • SÃO PAULO
2012

CIP-BRASIL. CATALOGAÇÃO-NA-FONTE
SINDICATO NACIONAL DOS EDITORES DE LIVROS, RJ

H222u   Hanson, Victor Davis, 1953-
         Uma guerra sem igual / Victor Davis Hanson; tradução de Maria Lúcia de Oliveira; revisão técnica de Paloma Roriz Espínola. – Rio de Janeiro: Record, 2012.

         Tradução de: A war like no other
         Inclui bibliografia e índice
         ISBN 978-85-01-07829-2

         1. Grécia – História – Guerra do Peloponeso, 431-404 A.C. I. Título.

11-6413   CDD: 938.05
                                 CDU: 94(38)

Título original em inglês:
A WAR LIKE NO OTHER

Copyright © 2005 by Victor Davis Hanson
Tradução publicada mediante acordo com Random House, uma marca da Random House Publishing Group, uma divisão da Random House, Inc.

Todos os direitos reservados. Proibida a reprodução, armazenamento ou transmissão de partes deste livro através de quaisquer meios, sem prévia autorização por escrito. Proibida a venda desta edição em Portugal e resto da Europa.

Texto revisado segundo o novo Acordo Ortográfico da Língua Portuguesa.

Direitos exclusivos de publicação em língua portuguesa para o Brasil adquiridos pela
EDITORA RECORD LTDA.
Rua Argentina 171 – 20921-380 Rio de Janeiro, RJ – Tel.: 2585-2000
que se reserva a propriedade literária desta tradução.

Impresso no Brasil

ISBN 978-85-01-07829-2

Seja um leitor preferencial Record.
Cadastre-se e receba informações sobre nossos lançamentos e nossas promoções.

Atendimento direto ao leitor:
mdireto@record.com.br ou (21) 2585-2002.

EDITORA AFILIADA

Professores John Heath e Bruce Thornton —
amigos e classicistas de um quarto de século.

SUMÁRIO

Lista de Mapas · 9

Prólogo · 11

CAPÍTULO 1 **MEDO**
Por que Esparta Lutou contra Atenas (480-431 a.C.) · 19

CAPÍTULO 2 **FOGO**
A Guerra contra a Terra (431-425 a.C.) · 61

CAPÍTULO 3 **DOENÇA**
As Devastações da Praga em Atenas (430-426 a.C.) · 101

CAPÍTULO 4 **TERROR**
Guerra nas Sombras (431-421 a.C.) · 133

CAPÍTULO 5 **ARMADURA**
Batalhas Campais Hoplitas (424-418 a.C.) · 177

CAPÍTULO 6 **MURALHAS**
Sítios (431-415 a.C.) · 229

CAPÍTULO 7   CAVALOS
O Desastre na Sicília (415-413 a.C.) . 279

CAPÍTULO 8   NAVIOS
A Guerra no Mar (431-404 a.C.) . 323

CAPÍTULO 9   CLÍMAX
Luta de Trirremes no Egeu (411-405 a.C.) . 371

CAPÍTULO 10   RUÍNA?
Vencedores e Perdedores (404-403 a.C.) . 393

Apêndice I: Glossário de Termos e Lugares . 427

Apêndice II: Pessoas-chave . 431

Notas . 435

Obras Citadas . 495

Índice Remissivo . 501

LISTA DE MAPAS

Os Impérios Espartano e Ateniense
Liga Peloponésia e Outros Aliados Espartanos · 44

Os Impérios Espartano e Ateniense
Os Estados Tributários Atenienses e Aliados · 53

A Invasão da Ática · 83

Atenas e Vizinhanças · 105

O Litoral do Peloponeso · 141

Batalhas e Sítios da Guerra do Peloponeso · 253

Os Atenienses Atacam Siracusa, 414 · 298

Últimas Operações Militares, Inverno de 415-414 · 308

Batalhas Navais no Egeu · 381

PRÓLOGO

Em abril de 404 a.C., o almirante espartano Lisandro finalmente levou sua vasta frota de navios de guerra — abarrotados com uns 30 mil eufóricos marinheiros — até o Pireu, o odiado porto de Atenas, para encerrar a Guerra do Peloponeso. Após a destruição da frota imperial na batalha de Egospótamos (rio das Cabras), nas águas ao largo da Ásia Menor, em setembro do ano anterior, aquela que um dia fora a esplêndida cidade de Atenas encontrava-se agora inteiramente sem defesas. O pior ainda estava por vir. Pouco depois, a cidade se viu cercada, arrasada, apinhada de refugiados, atingida pela fome e à beira de uma revolução. Tal fim teria parecido totalmente inconcebível apenas três décadas antes, quando um Péricles desafiador havia prometido a vitória à democracia que ele criara. Mas, naquela época, a praga ainda não havia eliminado 80 mil atenienses e nem haviam sido afundados quinhentos navios, na Sicília e no mar Egeu.

Dois reis espartanos, Ágis e Pausânias, haviam acampado fora das muralhas da cidade, e tinham sob seu comando milhares de calejados soldados de infantaria do Peloponeso, a grande península que constitui a região sul da Grécia, abaixo do istmo de Corinto. Durante algum tempo, por detrás das maciças muralhas, o povo de Atenas estaria a salvo dos ataques, mas dezenas de milhares de refugiados em seu interior ficaram desprovidos de alimentos, tanto os cultivados na localidade quanto os importados — e esperavam pelo fim. Idos estavam os velhos tempos em que o fluxo constante de tributos imperiais chegava por terra e por mar. Para pôr fim à fome crescente e generalizada, Atenas finalmente cedeu, concordando em desmantelar a maior parte do pouco que restara daquilo que um dia foram as famosas fortificações, a renomada frota e a vangloriada democracia. Assim, milhares de cidadãos ficaram inteiramente à mercê da clemência espartana; algo como 100 mil residentes juntaram-se nas ruas, aterrorizados com a ideia de que poderiam sofrer a mesma sorte que antes haviam infligido a tantos outros gregos em todo o Egeu.

O triunfante Lisandro perdeu pouco tempo em cumprir os termos da capitulação, destruindo, da forma mais chocante, a maior parte das Longas Muralhas — duas linhas fortificadas paralelas que se estendiam por pouco mais de 6 quilômetros desde Atenas até o porto de Pireu e que simbolizavam o compromisso da democracia ateniense com o poder naval e um império marítimo: "Com grande zelo, os peloponésios derrubaram as Longas Muralhas ao som de flautas tocadas por donzelas, acreditando que aquele dia marcava o começo da liberdade para os gregos."* Liberação era o que os espartanos haviam prometido aos gregos quando, muito tempo antes, no início da guerra, advertiram os atenienses de que deveriam, como diz Tucídides, "dar aos gregos sua autonomia". E agora, esses guerreiros provincianos pareciam haver cumprido sua palavra. Desse modo, a ocupação espartana pôs fim a mais de 27 anos de conflito, com a total derrota e humilhação da Atenas de Péricles. Como poderia ter acontecido coisa tão inacreditável?[1]

Este livro não responde a essa questão por meio de um relato estratégico das várias campanhas ocorridas durante o conflito. Menos ainda é um estudo político sobre as razões que levaram os espartanos a lutar contra Atenas. Boas narrativas em inglês, de George Grote, George Grundy, B. W. Henderson, Donald Kagan, John Lazenby, Anton Powell, Geoffrey de Ste. Croix e outros, cobrem esses tópicos. Assim, não há necessidade de mais uma história tradicional da Guerra do Peloponeso.

Em vez disso, *como* os atenienses lutaram contra os espartanos em terra, nas cidades, no mar e no interior da Grécia? Como foi, para aqueles que mataram e morreram nessa guerra horrenda, esse pesadelo do qual pouco se escreveu sobre quantos gregos lutaram, quantos pereceram, ou mesmo como tudo aquilo foi conduzido? Meu objetivo, portanto, após uma breve introdução aos eventos gerais da Guerra do Peloponeso, é dar substância a

---

*Todas as citações não identificadas no texto são de Tucídides, em *A Guerra do Peloponeso*.

esse conflito de três décadas ocorrido há 2.400 anos a fim de torná-lo algo mais humano e, assim, permitir que a guerra se torne mais do que uma remota luta de uma era distante.

A partir do estranho rótulo "Guerra do Peloponeso", quem imagina uma sangrenta guerra civil? A maioria visualiza algo próximo às "Guerras Persas", "Guerras Macedônicas" ou "Guerras Dácias", todas elas violentos conflitos antigos, embates empreendidos contra povos estrangeiros. Mas, em sua vasta maioria, eram gregos os que perderam a vida entre 431 e 404. O dinheiro consumido, as cidades saqueadas, os campos destruídos — esses desastres também foram principalmente gregos. Esse antigo conflito civil é hoje chamado de "Guerra do Peloponeso" porque os ocidentais são, em alguns aspectos, atenocêntricos. Todo mundo toma Atenas como significando Grécia. E, embora os modernos tenham familiaridade com Esparta, não ouvem quase nada sobre Estados como Corinto, Siracusa ou Tebas, que eram os outros temíveis inimigos de Atenas e que, coletivamente, conheceram a longa luta de três décadas de um modo bem diferente: para eles, era a "Guerra Ateniense", guerra contra Atenas e destinada a destruir a democracia e seu império.

A maior parte dos escritores que o sucederam, tanto antigos quanto modernos, adotou a perspectiva de Péricles de "uma guerra contra os peloponésios", cuja história mais famosa foi escrita pelo ateniense Tucídides. Ainda assim, no que se refere à verdadeira natureza da luta, a "Guerra" do Peloponeso não foi realmente dirigida apenas contra os peloponésios em um conflito aberto, mas envolveu quase todo o mundo de fala grega — e muitos de fora dele, desde a Trácia até a Pérsia. O embate parece-se muito mais com o aparentemente incessante morticínio na Irlanda do Norte, as situações intrincadas de franceses e norte-americanos no Vietnã, o infindável caos do Oriente Médio ou a crise dos Bálcãs, na década de 1990, do que com as batalhas mais convencionais da Segunda Guerra Mundial, nas quais os inimigos, os teatros de guerra, as frentes de luta e as consequências estavam claramente definidos.

Talvez um nome melhor para nosso tema fosse algo como "A Grande Guerra Civil da Grécia Antiga". Atenas, Esparta e seus respectivos aliados eram todos, exceto pela entrada final de financistas persas, povos de fala grega que veneravam os mesmos deuses e tinham as mesmas formas de cultivar a terra e combater. Embora uma nação pan-helênica nunca tenha chegado a se materializar, os gregos das cidades-Estados, ainda assim, se sentiam como um mesmo povo. Os 27 anos de rivalidades, em termos das percentagens da população que lutaram e morreram, representaram uma das mais horrendas guerras civis dos primórdios da história registrada — batalhas convencionais, terrorismo, revoluções, assassinatos e matanças desdobrando-se ao mesmo tempo em meio a uma desconcertante gama de aliados e inimigos sempre cambiantes.

Essa opção de focalizar a experiência da batalha revela um legado tucididiano a ser descoberto. Nossa principal fonte de conhecimento sobre a Guerra do Peloponeso é a história de Tucídides (c. 460-395), que, longe de ser um relato anual e abrangente de todos os eventos da guerra, como ele parece dar a entender, oferece, em vez disso, casos isolados exemplares que ancoram toda a narrativa na experiência humana de matar.

Por exemplo, seu relato detalhado do cerco da pequena cidade de Plateia tornou-se o padrão de *todos* os cercos de sua história — que, a partir daí, recebem apenas uma menção passageira. De maneira similar, a primeira oração fúnebre de Péricles é registrada na íntegra — uma ocasião lincolnesca para sintetizar a essência de Atenas. Mas as outras vinte e tantas eulogias atenienses nunca são mencionadas. A matança selvagem na ilha de Córcira (atual Corfu) é emblemática de ubíquas disputas civis posteriores; os detalhes da batalha de Mantineia servem como guia para os engajamentos da infantaria, primeiro em Délion e, mais tarde, na Sicília. Houve cinco evacuações em massa na Ática, entre 431 e 425, mas somente a primeira é descrita com algum detalhe.

Tucídides oferece dúzias de cenas comoventes que ilustram homens e mulheres desesperados sobre muralhas, pessoas atingidas por lanças e navios de guerra usados como aríetes no mar. Assim, ele certamente não era um realista frio e um compilador de detalhes exaustivos, como algumas vezes se acredita, mas, ao contrário, um humanista e contador de histórias que nunca se esquecia de que pessoas, e não forças políticas e econômicas inanimadas, eram a substância real de sua história. Desse modo, esta minha história de como milhares de gregos lutaram e morreram é basicamente extraída de Tucídides e está de acordo com seu espírito.

Não obstante, ao descrever a guerra dessa maneira peculiar, tenho menos oportunidades de seguir uma continuidade cronológica ou mesmo de refletir o pensamento político e estratégico mais amplo por trás da guerra. Os espartanos destruíram olivais nos primeiros e nos últimos anos da guerra; Atenas estava realizando incursões marítimas tanto em 431 quanto em 405. Um cerco começou a guerra, e Atenas saiu dela sob um bloqueio espartano. Ou, como disse Tucídides, cercos, limpeza étnica, assassinatos em massa, batalhas, secas, fomes e pragas, "tudo caiu simultaneamente sobre o povo com esta guerra".[2]

Em sua maior parte, os capítulos deste livro estão organizados não por eventos anuais, mas pela experiência da batalha: "fogo" (a devastação da terra), "doença" (praga), "terror" (golpes e lutas irregulares), "armadura" (guerra hoplita), "muralhas" (cercos), "cavalos" (a expedição siciliana) e "navios" (luta de trirremes). Esses capítulos temáticos estão também interligados pelo desenrolar de uma narrativa frouxa da guerra, novamente com o entendimento de que cada um deles se baseia em ilustrações retiradas da totalidade dos 27 anos de conflito.

Não existe nenhum outro conflito que possa fornecer tais lições militares para o presente como o faz a Guerra do Peloponeso. Por certo, foi uma desordem do tipo balcânico — mas também um conflito envolvendo dois grandes superpoderes, bem como uma guerra de terror, uma luta suja num Terceiro Mundo helênico, um forçar a democracia goela abaixo de Estados às vezes relutantes, e levantes domésticos e culturais no próprio país em consequência de frustrações com as lutas no exterior. O ex-secretário de Estado George Marshall, críticos do Vietnã, oponentes e defensores contemporâneos da chamada guerra ao terror, todos eles se voltaram para o passado a fim de encontrar seu próprio Tucídides e aprender com o povo que lutou aquela terrível guerra em um tempo tão distante.

Em algumas passagens, tomei como base minha experiência pessoal, tanto como agricultor quanto com a paisagem grega moderna, e ofereci também comparações com batalhas de outros tempos e de outras épocas, inclusive aquelas de nossa própria era. Esses desvios dos protocolos estritos da produção acadêmica sobre o período clássico podem incomodar os historiadores profissionais, mas os leitores apreciarão esses lembretes, muitas vezes brutais, de que os homens e as mulheres do passado não eram tão diferentes de nós, afinal de contas. Existe um traço comum a todas as guerras — o fato de serem inteiramente humanas — que transcende tempo e espaço. Às vezes, podemos aprender sobre o passado distante evocando guerras subsequentes nas quais os soldados eram frequentemente confrontados com os mesmos medos e as mesmas motivações e onde os oficiais também lutavam com os mesmos antiquíssimos dilemas de estratégia, logística e tática.

Todas as datas se referem a períodos que antecedem a era cristã, a menos que identificadas de outra forma. Para evitar confusão, as formas latinizadas usuais de nomes e lugares gregos bem conhecidos são usadas sempre que possível. Alguns outros termos são transliterações diretas do grego quando isso refletir com mais exatidão a maneira como essas palavras eram provavelmente pronunciadas e como são agora mais comumente conhecidas dos leitores modernos do inglês.*

As referências à história de Tucídides remetem apenas a seu livro e ao número da seção; historiadores antigos (como Diodoro, Heródoto ou Políbio) são mencionados somente pelo nome se forem os autores de apenas uma obra. As traduções do grego e do latim foram feitas por mim, embora, em passagens difíceis, eu também esteja em dívida com o trabalho de outros. Os trabalhos listados nas notas são encontrados na seção Obras Citadas; servem como um guia para estudos adicionais e para registrar meu crédito aos pensamentos e ideias produzidos por outros durante mais de um século de trabalho acadêmico sobre o período clássico. Glossários de pessoas notáveis e termos são fornecidos no final do livro para facilitar a referência ao desconcertante desfile de nomes e usos gregos. Uma linha de tempo dos eventos da guerra conclui o primeiro capítulo. Algumas das descrições da

---

*Na tradução para o português de quase todos os nomes de pessoas e lugares mencionados neste livro, recorri à tradução de Tucídides feita por Mário da Gama Kury (ed. bras: *História da Guerra do Peloponeso*, 3ª ed., Editora da UnB, 1987) diretamente do grego. (N. da T.)

batalha de Délion, no capítulo 5, foram adaptadas de um artigo anterior que publiquei na *Military History Quarterly*.

Robert Loomis, da Random House, com meus agentes literários, Glen Hartley e Lynn Chu, deram forte apoio à proposta de um novo relato da luta entre Esparta e Atenas, e também acreditaram que os leitores modernos ainda estariam interessados em saber como guerras do passado distante foram ganhas ou perdidas. Agradeço aos três pela gênese deste livro — e, novamente, a Robert Loomis por seu amplo trabalho de edição depois de receber o manuscrito. Minha esposa, Cara, que leu todo o manuscrito, e nossa filha Pauli ajudaram na preparação do texto. Cara também compilou diversas estatísticas sobre baixas na Guerra Jônica que se provaram de valor inestimável. Com William e Susannah, nossos dois outros filhos, elas ajudaram nas tarefas rotineiras de nossa fazenda para que eu pudesse escrever este livro.

Como sempre, meus dois grandes amigos, professores John Heath e Bruce Thornton, leram o manuscrito e pouparam-me inúmeros erros. Os vários livros de Donald Kagan sobre a guerra antiga e sua influência no mundo moderno foram uma grande fonte de inspiração. Devo minha gratidão também a Barry Strauss e Paul Cartledge, cujo trabalho sobre o início do século IV continua sendo a base de todas as tentativas de compreender a Atenas do pós-guerra. Honora Chapman, minha outra ex-colega de estudos clássicos na California State University, Fresno, também leu uma versão preliminar manuscrita e ofereceu valiosas ideias adicionais. Evan Pivonka, formado em estudos clássicos pela Santa Clara University, ajudou a conferir antigas citações gregas e romanas. Sabina Robinson, uma estudante dos clássicos na Princeton University e na Universidade de Copenhague, compilou números sobre as mortes nas batalhas da Guerra do Peloponeso em textos antigos. Cynthia Oliphant ofereceu apoio na pesquisa de mapas.

A Hoover Institution na Stanford University, onde sou agora professor sênior, forneceu uma bolsa para ajudar na preparação do manuscrito. Agradeço a seu diretor, John Raisian, por sua permanente gentileza — e especialmente a Martin e Illie Anderson, à Field Foundation e à Stuart

Family Foundation o apoio que tornou possível minha nomeação para a instituição. Além disso, Larry Arnn, presidente do Hillsdale College, gentilmente me permitiu oferecer um curso de um mês em setembro de 2004 como professor visitante, e foi naquelas agradáveis circunstâncias no Hillsdale College que a última página deste livro foi escrita.

VDH
25 de setembro de 2004.

CAPÍTULO I
MEDO
POR QUE ESPARTA LUTOU CONTRA ATENAS (480-431 A.C.)

Nossa Guerra do Peloponeso

Passaram-se já 2.436 anos desde a Guerra do Peloponeso. Ainda assim, Atenas e Esparta continuam em nossas mentes, e não desaparecerão. Sua permanência parece bizarra. Afinal de contas, os oponentes gregos antigos eram meras cidades-Estados, a maior parte delas com populações entre 80 mil e 160 mil pessoas. A parte continental da Grécia não tem mais de 200 mil quilômetros quadrados e, na Antiguidade, estava cercada por impérios como o Persa, que abrangia quase 2,6 milhões de quilômetros quadrados e tinha talvez 70 milhões de súditos. O exército de Napoleão tinha mais homens em armas, em 1800, do que toda a população masculina de todas as cidades-Estados gregas em conjunto. Em nossa própria época, mais pessoas morreram em Ruanda ou no Camboja, no espaço de poucos dias, do que durante os 27 anos de guerra civil na Grécia do século V a.C.

Tampouco eram os gregos guerreiros especialmente letais, ao menos pelos padrões históricos posteriores. As armas de destruição que partilhavam eram produtos rudimentares da era pré-industrial feitos de madeira e ferro, e não de pólvora e aço. Até os próprios soldados que lutavam na guerra não tinham muito mais de 1,70m de altura e não chegavam a 60 quilos. Com frequência, eram homens de meia-idade, tipos nada impressionantes que pareceriam meras crianças em comparação com os soldados de nossos dias, com seus 90 quilos e altura descomunal.

Ainda assim, apesar de serem povos antigos em número tão reduzido, tão pequenos e tão distantes, sua luta durante a Guerra do Peloponeso não parece antiga nem mesmo neste novo milênio. Durante a semana após 11 de setembro de 2001, por exemplo, os norte-americanos subitamente se preocuparam com o surgimento de doenças de guerra em suas cidades. Em outubro e novembro de 2001, cinco pessoas morreram e outras 24 foram infectadas com a introdução aparentemente deliberada de esporos de antrax por terroristas não identificados. Durante a primavera de 2003, uma misteriosa doença respiratória infecciosa surgida na China ameaçou espalhar-se pelo mundo todo, dada a popularização de passagens aéreas transcontinentais baratas. O pânico que se seguiu em Washington e Pequim durante um período de tensão global evocou antigas pragas de tempos de guerra, tal como o misterioso flagelo que eliminou milhares em Atenas, durante 430 e 426. Do mesmo modo, Sicília, Melos e Micálessos foram citadas na mídia atual quando, milênios mais tarde, o mundo mais uma vez assistia a armadas militares zarpando para terras distantes, via a democracia ser imposta pela força e lia sobre crianças mortas em escolas por bandos terroristas.

Mas, mesmo antes do 11 de Setembro, a Guerra do Peloponeso realmente não era história antiga. Livros acadêmicos regularmente apareciam com títulos como *War and Democracy: A Comparative Study of the Korean War and the Peloponnesian War* [Guerra e democracia: Um estudo comparativo da Guerra da Coreia e da Guerra do Peloponeso], ou *Hegemonic Rivalry: From Thucydides to the Nuclear Age* [Rivalidade hegemônica: De Tucídides à era nuclear]. Havia já muito tempo que Tucídides era leitura obrigatória na Escola de Guerra do exército dos Estados Unidos. E uma gama de estadistas como Woodrow Wilson, Georges Clemenceau e Eleuthérios Venizélos ensinavam história grega ou escreviam sobre ela, e davam amplo espaço para Tucídides em seus trabalhos. Mais recentemente, pensadores controversos conhecidos como "os neoconservadores" tiveram, durante algum tempo, influência sobre o pensamento estratégico norte-americano, e o texto que eles aparentemente consultavam com frequência era, mais uma vez, o de Tucídides.[1]

O que tem de particular esse embate antigo para que nos venha à mente durante nossas guerras da atualidade? Por que razão as supostas lições do conflito foram aplicadas, tanto astuta quanto desajeitadamente, à maior parte de nossos próprios confrontos no último século? A Rússia — ou teria sido de fato a Alemanha de Hitler? — supostamente se parecia com a oligárquica Esparta em seus esforços de destruir uma América democrática, voltada para o mar. E, afinal, não teria a Guerra Fria similarmente dividido o mundo em duas ligas armadas lideradas por superpoderes que haviam se unido durante algum tempo contra o inimigo comum apenas para se enfrentarem depois durante décadas de hostilidades bipolares? Teria sido a expedição siciliana uma precursora de Galípoli, do Vietnã ou de qualquer grande cruzada dita democrática ou imperial enviada a outras terras? Ou será que o desastre em Siracusa mostra, como Tucídides estranhamente concluiu, o que acontece quando as pessoas no país não apoiam suas tropas no exterior? Por ter sido Tucídides o primeiro a formular as importantes questões que ainda hoje nos perseguem, nós naturalmente retornamos a suas originais e aparentemente impecáveis conclusões.

Os Sofrimentos da Guerra

Por que razão, exatamente, continua ainda tão viva esta relativamente obscura guerra entre as minúsculas Atenas e Esparta, e ainda usada e abusada em uma medida que não ocorre com outros conflitos antigos como as Guerras Persas (490, 480-79) e as conquistas de Alexandre Magno (334-323)? Muitas razões intrigantes nos ocorrem.

Primeiro, foi uma luta brutal e muito longa. O rei Xerxes e seu imenso exército persa foram expulsos da Grécia em cerca de dois anos. Mais tarde, Alexandre destruiu o Império Persa na terça parte do tempo que Esparta levou para derrotar Atenas. Durante 27 anos, ou quase um terço do famoso século V da Grécia clássica, a Guerra do Peloponeso, tal como a Segunda Guerra Púnica, a Guerra dos Trinta Anos ou a Guerra dos Cem Anos, foi um caos inquietante que atravessou gerações. Os que nasceram após os primeiros anos de combate não raro se engajaram na luta e morreram antes que a guerra terminasse.

Assim, a catástrofe devorou famílias inteiras ao longo de gerações. A carnificina nos faz lembrar a cambaleante Inglaterra imperial após a Primeira Guerra Mundial, quando o fim do império, da aristocracia e do patriotismo incontestado apareciam inextricavelmente ligados às trincheiras que engoliram a elite britânica. Poucos gregos foram poupados pela Guerra do Peloponeso, independentemente de riqueza ou conexões familiares. As "grandes casas" de Atenas, ou assim dizia o lamento pós-guerra, foram quase extintas.[2]

Tome-se, por exemplo, o mais famoso ramo da enaltecida família Alcmeônida. Péricles, o líder espiritual e político de Atenas, foi vitimado pela praga que grassou na cidade, em 429, quando a guerra se encontrava apenas na terceira temporada. Sua irmã, também em seus 60 anos, havia perecido um ano antes da mesma epidemia, junto com os filhos dele, Paralus e Xântipos. Nenhum desses jovens chegou aos 30 anos de idade.

Mais tarde, um filho bastardo muito mais jovem, Péricles, o Jovem, foi eleito general ateniense. Ele foi parcialmente responsável pela grande vitória marítima nas ilhas Arginusas, 23 anos após a morte do pai. Ainda assim, o segundo Péricles foi subsequentemente condenado por um júri ateniense e executado como bode expiatório em uma triste e célebre histeria coletiva no período que se seguiu à batalha. E o sobrinho de Péricles, o brilhante e promissor Hipócrates, de 32 anos, caiu à frente da batalha de Délion (424). Trinta anos de praga, intriga política, histeria geral e lanças inimigas conseguiram quase eliminar a família do homem mais poderoso de Atenas.

A guerra também começou no ponto mais alto da grande Idade de Ouro da Grécia (479-404). Ainda assim, a calamidade que se seguiu acabou de vez com aquela grande promessa iniciada com a derrota dos persas (479). A capitulação de Atenas (404) e o final da Idade de Ouro do século V permanecem como eventos simbolicamente interconectados até os dias de hoje. São também vagamente associados com os eventos quase contemporâneos do julgamento e execução de Sócrates (399), a última e a maior vítima de um mundo que havia sido maravilhoso e aparentemente enlouquecera em poucas décadas. Contemporâneos, entre eles o poeta cômico Aristófanes, acreditavam que, com o fim da Guerra do Peloponeso, a tragédia da Ática, como emblematicamente representada por Ésquilo, Sófocles e Eurípides, havia perdido seu esplendor.

De fato, os principais atores e observadores da guerra eram grandes nomes da civilização helênica — Alcibíades, Aristófanes, Eurípides, Péricles, Sócrates, Sófocles, Tucídides e outros —, muitos dos quais floresceram, foram desacreditados ou pereceram por causa de seu envolvimento na luta. Grande parte da mais importante literatura clássica — tal como *Os Acarnânios* de Aristófanes, *As Troianas* de Eurípides, o *Simpósio* de Platão e o *Édipo Rei* de Sófocles — trata de questões da guerra ou emprega o conflito como um pano de fundo dramático. Isso nos obriga a contemplar a deprimente possibilidade de que a guerra, não a paz, tenha sido o que promoveu a maior explosão do gênio criativo grego, um arrebatamento frenético que antecedeu um exaurido colapso. A maior parte dos gregos viu o conflito sangrento através dos olhos de Atenas, cujos escritores desfrutavam um quase monopólio para relatar, louvar e condenar a guerra — chocados com o fato de que em apenas três décadas todo o sonho de um renascimento cultural chegara ao fim. Assim, ao norte do istmo de Corinto, a luta logo se tornou universalmente conhecida como a "Guerra do Peloponeso", o conflito contra aqueles terríveis super-homens que habitavam a península ao sul da Grécia — e não como uma luta liderada pelos espartanos contra os imperialistas, ou seja, uma "Guerra Ateniense", como os peloponésios paroquiais a viam.

A Guerra do Peloponeso lançou, um contra o outro, dois grandes Estados gregos que eram antitéticos em quase todos os aspectos. Atenas tinha trezentos navios de guerra, uma população de mais de 300 mil residentes, um porto fortificado, um vasto interior, cerca de duzentos estados vassalos tributários no exterior e moedas em profusão. Esparta estava no interior, sem acesso ao mar. A cerca de 260 quilômetros ao sul, contava com um exército de apenas 10 mil soldados de infantaria — menos da metade deles era de cidadãos plenos — para impor sua lei sobre 250 mil inferiores e servos e sua hegemonia sobre as comunidades vizinhas, sem nenhuma tradição de poder naval ou de cultura cosmopolita.

Acertada ou erradamente, presumia-se que a luta seria um árbitro final dos valores contrastantes de cada uma. Qual se provaria a ideologia mais viável: o liberalismo cultural e político ou um conservadorismo renitente, insular? Será que uma sociedade aberta colhe vantagens militares de sua liberalidade, ou sucumbe a uma indulgência que não existe em uma oligarquia estrita e militarista? E quem dispõe de mais recursos em uma guerra assimétrica, quando nenhum dos dois lados pode ou quer enfrentar o outro em uma batalha convencional: os navios de uma "baleia" como a Atenas imperial ou os pesados exércitos da "elefante" Esparta?

Tucídides

E, então, há a questão do próprio Tucídides. O preeminente historiador da Grécia não foi meramente o autor analítico e sistemático de uma grande história militar de Esparta e Atenas que sobreviveu até nossos dias. Era também um brilhante filósofo que tentava conferir aos frequentemente obscuros eventos da guerra um valor que transcendia sua época. Como ele próprio alardeava, sua narrativa se provaria "um patrimônio sempre útil", muito mais importante do que a própria guerra.[3]

Justamente por causa desse caráter didático da longa narrativa de Tucídides — baseada na crença de que a natureza humana permanece inalterada ao longo do tempo e do espaço, sendo, portanto, previsível —, supõe-se que o conflito de Atenas e Esparta sirva como lição para o que pode acontecer a qualquer povo, em qualquer guerra, e em qualquer época. Um tema central é o uso e abuso do poder, e como ele espreita por detrás das declarações de idealismo dos homens e das aparentes ideologias. O que os homens dizem, os discursos dos diplomatas, as razões para Estados entrarem em guerra, tudo isso "em palavras" (*logos*), têm mais probabilidade de dissimular do que de elucidar o que eles farão "de fato" (*ergon*). Tucídides nos ensina a adotar o ceticismo, esperando que centremos a atenção no autointeresse nacional, e não nas queixas expressadas publicamente, quando as guerras de nosso tempo inevitavelmente irromperem.

Ainda assim, Tucídides não foi um teórico abstrato, mas um dos principais personagens da guerra sobre a qual escreveu. Ele quase morreu quando foi atingido pela praga, e ficou confinado na cidade com dezenas de milhares de outros atenienses que buscavam refúgio para se proteger dos invasores peloponésios. Lutou como um general ateniense e perdeu para o astuto comandante espartano Brasidas na disputa pela posse da cidade aliada de Anfípolis, no Norte. Por causa daquele revés, foi injustamente exilado, antes de completar 30 anos de idade, pelo povo enfurecido que encontrou quando voltou à sua terra (423), e cujos líderes mais tarde tiveram papel de destaque na história que escreveu. Como ocorre também com os escritos de César e Napoleão, os de Tucídides estão inextricavelmente ligados à sua vida anterior como um homem de ação — e também ele, às vezes, se refere a si mesmo na terceira pessoa, como personagem de sua própria história.

Em resposta à injusta expulsão, o historiador andou por todas as partes do mundo grego durante os vinte e poucos anos do conflito, assemelhando-se aos modernos correspondentes incorporados às frentes de batalha. Tucídides empenhava-se em ouvir de veteranos tanto as versões peloponésias quanto beócias da história, e é fascinante a maneira como ele subsequentemente equilibrou o relato. A história está também cheia de exemplos bizarros de como os engenhosos gregos desviaram sua singular energia e seu talento para descobrir maneiras horrendas de matar e mutilar uns aos outros — fosse inventando um canhão para lançar fogo sobre soldados inimigos emboscados, ou jogando ao mar, por sobre as amuradas dos navios, milhares de remadores capturados.

No entanto, por causa da dissecação que ele faz e dos vívidos detalhes de primeira mão, o texto de Tucídides também pode representar um desafio para uma audiência moderna: vocabulário difícil, nomes de pessoas e lugares com sons estranhos, listas frequentemente tediosas de invasões e expedições — e longas, às vezes tortuosas falas cuja gramática e sintaxe peculiares nos levam a duvidar de que tenham sido entendidas até mesmo por suas audiências contemporâneas. Embora ultimamente tenha estado na moda sugerir que Tucídides foi nosso primeiro historiador "pós-moderno", cujas teorias preconcebidas exigiam que inventasse "fatos" a fim de construir uma "objetividade", sua mente era excessivamente complexa para uma mistificação assim tão simples.

Na verdade, o que causa mais perplexidade aos leitores modernos são as tentativas de objetividade de Tucídides, ao se darem conta de todos os esforços feitos pelo historiador para entrevistar combatentes, consultar tratados escritos e examinar registros gravados em pedras. Tucídides era um observador que, em vários momentos, expressou admiração pelo imperialista democrático Péricles. Mas também apreciava claramente o agitador espartano Brasidas (cuja carreira mais brilhante pôs fim à do próprio Tucídides). Ele se estende eloquentemente sobre o golpe direitista ateniense de 411 e seu excêntrico e endeusado Antífon — enquanto louva a maleabilidade das democracias em um tempo de guerra. E, embora fosse um comandante de marinheiros, Tucídides, apesar disso, encantava-se ainda mais com os soldados da infantaria. Por ser sua história um clássico da literatura e da filosofia, a guerra é conhecida por nós de um modo que não se aplica a outros conflitos subsequentes, ainda que maiores e muito mais sanguinários.[4]

Atenas como os Estados Unidos

Os Estados Unidos contemporâneos são vistos muitas vezes através das lentes da antiga Atenas, seja como um centro de cultura ou um poder imperial imprevisível que pode arbitrariamente impor a democracia tanto a amigos quanto a inimigos. Há muito tempo, Thomas Paine identificou essa afinidade natural: "O que Atenas era em miniatura, os Estados Unidos serão em magnitude." Tal como se fazia a respeito dos antigos atenienses, frequentemente se diz que os norte-americanos atuais acreditam que "em nada podem encontrar oposição" e que no exterior podem "conseguir tanto o que é fácil quanto o que é difícil".[5] Embora os norte-americanos ofereçam ao mundo uma cultura popular radicalmente igualitária e, mais recentemente, em um estilo muito ateniense, venham buscando remover oligarquias e impor democracias — em Granada, no Panamá, na Sérvia, no Afeganistão, no Iraque —, nem inimigos, aliados ou neutros estão muito impressionados com eles. Compreensivelmente, todos receiam o poder e as intenções norte-americanas, enquanto os sucessivos governos, à maneira dos confiantes e orgulhosos atenienses, lhes dão garantias da moralidade e de desprendimento. O poder militar e o idealismo a respeito de levar a outros o que se percebe como civilização são uma receita garantida para conflitos frequentes em qualquer era — e nenhum Estado antigo fez guerra com mais frequência do que a Atenas imperial do século V.

Tamanhos eram os dividendos resultantes da inveja, do medo e de reclamações legítimas contra a primeira democracia do mundo antigo, que os vitoriosos peloponésios que supervisionaram a derrubada das Longas Muralhas de Atenas — as fortificações que iam até o mar, símbolo do poder dos pobres e de seu desejo de espalhar a democracia por todo o Egeu — *trabalharam ao som de música e aplausos*. Novamente, a maior parte dos gregos concluiu que, como escreveu Xenofonte, a derrota de Atenas "marcava o começo da liberdade para a Grécia" — sem a menor ideia de que a Esparta vitoriosa imediatamente se lançaria a criar seu próprio império ultramarino no vácuo deixado pela derrota.[6] Idealistas de visão estreita nos Estados Unidos, que acreditam que o mundo deseja juntar-se à nossa cultura democrática, devem refletir que, no eclodir da Guerra do Peloponeso, "as boas intenções gerais do povo claramente se inclinavam a favor dos espartanos" e "a maioria dos gregos era hostil aos atenienses".

A riqueza e a própria liberalidade de Atenas também encorajaram a dissidência e a crítica exacerbada no país e no exterior. Os detratores dos atenienses esperavam deles um nível de equidade muito superior ao que jamais encontrariam nos espartanos. Foi somente depois de a Esparta do século IV tornar-se alvo de ciúme e inveja comparáveis, ao se transformar no único superpoder do mundo helênico após sua vitória na guerra, que os gregos finalmente abandonaram sua desconfiança da Atenas imperial.[7]

Este paradoxo foi uma experiência exasperante para os atenienses. E talvez pressagiasse o dilema encontrado por gerações de poderosas repúblicas ocidentais subsequentes, tanto liberais quanto imperiais, singularmente fustigadas para que materializassem em feitos sua retórica idealista e intensamente utópica. Assim como outros Estados criticavam Atenas, mas prefeririam visitar a Acrópole em vez de o imponente templo espartano a Menelau, assim também os detratores ocidentais da Guerra Fria condenavam abertamente sua política externa realista, mas usualmente prefeririam aceitar uma posição de professor visitante em Oxford, na Sorbonne ou em Berkeley, na Universidade da Califórnia, a uma vaga para lecionar em Moscou, Havana ou no Cairo.⁸

Esparta contava com essas inconsistências em sua guerra vindoura com Atenas: o restante do mundo grego exigiu de Atenas um padrão de comportamento que nunca teria aplicado à Esparta não liberal. Os cidadãos privilegiados de uma Atenas afluente e consensual supostamente teriam muito menos tolerância diante das dores e dos sacrifícios de uma guerra prolongada do que os militaristas de Esparta, cuja sociedade estava em constante pé de guerra e voltada para os quartéis. E a volátil assembleia ateniense votava a favor de operações militares e em seguida as rejeitava, algo que jamais ocorria na oligárquica Esparta.

Consequentemente, muitas leituras cuidadosas de Tucídides têm se limitado àquele contexto historicista. Nossos líderes e especialistas têm pressa em aprender com os erros e sucessos dos atenienses. Não estão seguros quanto a se teremos o mesmo destino de Atenas, ou se os norte-americanos ainda podem igualar-se à civilização e influência atenienses evitando, ao mesmo tempo, seu orgulho exagerado. Talvez a Guerra do Peloponeso nunca tenha sido mais relevante para os norte-americanos do que é para os de nossa era atual. Assim como os atenienses, somos todo-poderosos, mas inseguros; declaradamente pacifistas e, no entanto, quase sempre envolvidos em algum tipo de conflito; frequentemente mais desejosos de sermos queridos do que respeitados, e orgulhosos de nossas artes e letras, mesmo sendo mais adeptos da guerra.

Guerras Boas e Ruins

"Uma guerra sem igual" e um conflito "maior e mais notável do que qualquer um que o tenha precedido". Assim escreveu, anos depois, o veterano de guerra Tucídides sobre o que se antecipava havia muito tempo: o irromper do conflito entre Atenas e Esparta.⁹ A guerra brutal parecia haver derrubado a maior parte de tudo aquilo que grandes homens haviam construído. Tucídides estava claramente desconcertado com o fato de que uma civilização helênica que tanto propiciara aos homens agora começasse a se autodestruir tão rapidamente. Para muitos gregos, aquela luta entre homens de fala helênica nem ao menos deveria ser chamada "guerra" (*polemos*). Em vez disso, era algo muito mais horrível — um "impasse social" (*stasis*), mais como praga ou fome do que um nobre conflito entre guerreiros resolutos.

Em uma "guerra" boa, as nobres cidades-Estados gregas lutavam algumas poucas batalhas dramáticas, no mar e em terra, contra bárbaros estrangeiros em defesa de ideias como liberdade e autonomia. Mas "contenda" implicava não haver nenhum ponto claramente definido para pôr um fim à guerra civil, ao terrorismo, a assassinatos e execuções. Tais matanças não distinguiam entre civis e combatentes. A Guerra do Peloponeso teve elementos tradicionais, porém, com muito mais frequência, tratava-se de uma horrenda experiência, até então desconhecida, de gregos matando gregos em uma escala que superava, em grande medida, todas as discórdias civis anteriores e também a maior parte das que se seguiram.[10]

No início, Tucídides viu que a luta seria um impasse (*stasis*) cataclísmico, o equivalente a uma antiga guerra mundial helênica. "A maior movimentação [*kinesis*] da história", acrescentou sobriamente em um de seus muitos pronunciamentos apocalípticos sobre aquela horrenda guerra civil que consumiu sua própria vida adulta. Os norte-americanos que lutaram uma terrível Guerra Civil podem se identificar com tal afirmação. Mesmo hoje, quando falam da carnificina das grandes guerras de alistamento em massa e industrialização do século XX — Primeira Guerra Mundial, Segunda Guerra Mundial, Coreia e Vietnã —, os historiadores ainda avaliam suas horríveis matanças com a ressalva "exceto a Guerra Civil".

Passados 2.500 anos, a maior parte das pessoas também concorda com as asserções de Tucídides de que aquela "perturbação" sabotou grande parte do que a Grécia poderia ter alcançado.[11] Pensem nisto: pela quantia gasta com a organização e o suprimento das duas armadas sucessivas que enviou à Sicília, em um total de mais de 40 mil soldados, Atenas poderia ter construído pelo menos outros quatro Partenons. Com o que era desembolsado para manter cem trirremes no mar durante um mês, poderiam ter sido representadas mil tragédias, três vezes o número de peças apresentadas por Ésquilo, Sófocles e Eurípides em todas as suas carreiras combinadas. Os norte-americanos ficaram traumatizados com a Guerra Civil pelo fato de nela haverem morrido em combate ou por doença 600 mil soldados da

União ou confederados, em uma população de 32 milhões, o que equivale a cerca de uma em cada cinquenta pessoas. Mas, considerando apenas a Sicília, as mortes em um período de pouco mais de dois anos foram ainda piores (uma em cada 25 pessoas do império ateniense) — em um empreendimento que era difícil ver algum interesse nacional ateniense em jogo.[12]

Muitas guerras não terminam como começaram. Antes da batalha de Shiloh (6-8 de abril de 1862), por exemplo, Ulysses S. Grant pensava que uma grande batalha arruinaria o Sul. Após dois dias de luta pesada, ele compreendeu que diversos anos, milhares de vidas e milhões de dólares de capital seriam necessários para que a União arruinasse uma Confederação recalcitrante, em vez de meramente derrotar um exército sulista. Assim também os presunçosos espartanos marcharam contra a Ática, na primavera de 431, pensando que um ou dois anos de devastação no estilo antigo lhes trariam a vitória final se empreendessem uma grande batalha convencional contra os atenienses ou os matassem de fome. Mas, após sete anos de contínuo fracasso espartano na Ática e 80 mil atenienses mortos pela praga, os dois lados continuavam igualmente distantes da vitória. E ainda viriam vinte outras temporadas muito piores.

A Guerra do Peloponeso, se não destruiu Atenas por completo, certamente pôs fim à ideia de uma cultura imperial ateniense. Todavia, não trouxe nenhuma segurança nem riqueza duradouras ao vencedor; Esparta logo fracassou ainda mais miseravelmente como potencial poder imperial. Como resultado do conflito, centenas de outras cidades-Estados gregas não alinhadas sentiram-se confusas e ambivalentes, e, muitas vezes, acabaram invadidas, saqueadas e empobrecidas. A antiga vitória dos gregos unidos contra o rei persa Xerxes (480-479) havia marcado a inauguração da triunfante Idade de Ouro. No entanto, aquele século clássico que começara com tão grande promessa a partir da aliança de Atenas e Esparta contra os persas finalmente desmoronou com a autoinfligida ruína causada por sua própria guerra civil.

A carnificina que o rei Dario e seu filho Xerxes desejaram ver se realizar nas batalhas de Maratona (490) e Salamina (480) foi de fato produzida meio século depois por generais gregos como Péricles, Clêon, Alcibíades, Brasidas, Gílipos e Lisandro (para o deleite dos sátrapas persas contemporâneos do outro lado do Egeu). Na época, frequentemente o número de gregos mortos por outros gregos em um ano era maior que o dos mortos pelos persas numa década. Em 406, numa única batalha naval ao largo das ilhas Arginusas, e em seu sangrento desdobramento, o número de gregos que perderam suas vidas foi maior que o de *todos aqueles mortos pelos persas nas famosas batalhas de Maratona, Termópilas, Salamina e Plateia combinadas*. A expedição à Sicília roubou mais vidas gregas do que as perdas conjuntas de todas as batalhas hoplitas do século V. Nesse sentido, a Guerra do Peloponeso foi a realização de um sonho persa. Ao final da guerra, a Jônia grega, no oeste da Ásia Menor (parte da Turquia atual), retornou à Pérsia como uma satrapia *de facto*. A literatura ateniense da metade do século seguinte está cheia de referências e alusões às feridas abertas pela praga, matança, derrota militar e capitulação nacional.

O único império helênico suficientemente poderoso para desafiar a supremacia do rei persa no Egeu, a Atenas de Péricles, acabou exaurido. Havia no horizonte vários bandoleiros autocratas gregos e macedônios prontos para pôr fim à liberdade grega com o slogan de "se unirem" para "se vingar" dos persas, oferecendo um antídoto nacionalista à carnificina autoinfligida proporcionada pelos governos consensuais do passado.

A Guerra do Peloponeso foi também a primeira grande instância em que poderes ocidentais se voltaram um contra o outro. O compromisso comum que tinham com o racionalismo, o militarismo cívico e o governo constitucional resultou não apenas em uma alta cultura, mas também em forças armadas letais que podiam se aniquilar mutuamente. Assim, Atenas *versus* Esparta serve como um alerta — séculos antes das Guerras Civis romanas, das batalhas de Cold Harbor, do rio Somme e de Dresden — do que pode acontecer quando a guerra à moda ocidental volta-se contra seus praticantes. Em termos modernos, a Guerra do Peloponeso foi mais semelhante à Primeira Guerra Mundial que à Segunda — as questões que dividiam os dois lados eram igualmente mais complexas, as partes em luta não tão facilmente identificáveis com o bem ou o mal, e os choques que resultaram em milhares de mortos também foram novidades temíveis que marcaram a total ruptura com a experiência passada.

E as Causas Profundas?

Tucídides tinha firme convicção de que os espartanos haviam invadido as terras da Ática na primavera de 431 porque "temiam que os atenienses pudessem se tornar ainda mais poderosos, vendo que a maior parte da Grécia já estava submetida a eles". Tal avaliação — dificilmente verdadeira, pois, no sentido estrito, Atenas realmente não controlava "a maior parte da Grécia" — resulta, não obstante, no tema central de sua história. Os espartanos, em outras palavras, começaram a luta efetiva com um ataque preventivo à Ática. Eles, não os atenienses, estavam infelizes com o *status quo* do século V. Em outra passagem, Tucídides reconhece que tais receios de serem lentamente superados no tempo de paz "forçaram os espartanos à guerra".[13]

"Forçaram"? É claro que sempre havia outros pretextos mais imediatos para a guerra que talvez tornassem o conflito inevitável. Sempre há. Mas, em última análise, Tucídides pelo menos sentiu, retrospectivamente, que, por serem tão grandes as diferenças subjacentes entre os dois poderes, embora talvez nem sempre perceptíveis aos próprios atenienses e espartanos da época, os desacordos mais prementes (e menores) *teriam* de levar, em algum momento, a um enfrentamento catastrófico.

Embora os dois lados afirmassem terem sido coagidos a entrar no conflito, o pensamento determinista de Tucídides era: se Esparta não tivesse usado como pretexto para iniciar a guerra a necessidade de atender às reclamações dos coríntios e megáricos contra Atenas, então o mero dinamismo da cultura imperial de Péricles — construções majestosas, drama, fervor intelectual, uma frota imensa, um governo democrático radical, uma população em expansão e um crescente império ultramarino — acabaria, finalmente, se espalhando pela área de influência espartana no sul da Grécia.*

---

*Corinto estava enfurecida porque Atenas não apoiava suas disputas com sua antiga colônia, a Córcira (a moderna ilha de Corfu), e temia que sua própria frota não estivesse à altura de enfrentar uma aliança já antecipada entre atenienses e corcireus. A crucial cidade-Estado de Mégara estava estrategicamente localizada a meio caminho entre Corinto e Atenas, na principal via que partia do Peloponeso, e Atenas a sujeitava a embargos comerciais a fim de desencorajar suas inclinações pró-espartanas.

Os espartanos poderiam ter convivido com a existência do imperialismo ateniense. Haviam feito justamente isso durante grande parte do início do século V. Mas, uma vez que Atenas começou a combinar a ambição de poder com uma ideologia radical de apoio à democracia no exterior, Esparta corretamente concluiu que a ameaça ia além de uma mera rivalidade armada que prometia infectar os próprios corações e mentes dos gregos em toda parte. Essas preocupações eram legítimas. A democracia ateniense, de fato, era não apenas proselitista e expansionista, mas também notavelmente coesa e estável. Mesmo as breves revoluções durante a guerra e depois dela, em 411 e 403, tiveram vida curta, sugerindo que o apoio a um governo popular estava presente entre atenienses de várias classes, e não somente entre os pobres sem terras.

Os espartanos também tinham visto a democracia de inspiração ateniense espalhar-se por todo o Egeu e a Ásia Menor, nos anos 450. Eles se ressentiram com a influência ateniense sobre a supostamente pan-helênica colônia de Turi, no sul da Itália. Os líderes também ficaram furiosos com o fato de os oligarcas da ilha de Samos, que lhes eram simpáticos, terem sido esmagados em 440. As elites em Esparta enfureceram-se porque Estados vassalos recalcitrantes como Potideia não apenas foram sitiados, mas forçados a um governo democrático radical perpétuo imposto e mantido pelas trirremes atenienses. Em que medida eram ameaçadoras essas aparentes demonstrações do poder ateniense realmente não importa; Esparta estava convencida de que representavam uma nova agressão sistemática e perigosa. Distinções inatas, étnicas e linguísticas, entre os atenienses jônios e os espartanos dórios poderiam ter sido mitigadas, mas o imperialismo democrático em expansão era, também nesse caso, um desafio totalmente diferente.

Essa nova vila global ateniense ofereceria aos amigos de Esparta incentivos com os quais uma pequena cidade interiorana de soldados de infantaria não poderia esperar competir. Do mesmo modo, os intransigentes defensores mais ricos de Esparta em todo o Egeu devem ter sentido que estavam perdendo influência nas próprias comunidades para uma classe inferior arrivista. Os pobres, que não tinham terras para cultivar, não montavam cavalos nem frequentavam os ginásios, eram os que apreciavam a segurança oferecida pela frota ateniense e não se preocupavam com o pagamento de tributos, que caíam principalmente sobre sua própria aristocracia rica e dona de terras. Por trás de todos os cálculos realistas, no entanto, estava o fato inegável de que Atenas simplesmente continuava a crescer — o rei Arquídamos acreditava que, ao eclodir da guerra, fosse a maior cidade do mundo grego — enquanto Esparta estava encolhendo.[14]

O "atenianismo" foi o primeiro exemplo de globalização do mundo ocidental. Havia um nome especial para o expansionismo ateniense na língua grega, *attikizô*, "aticizar", significando tornar-se como os atenienses ou se juntar a eles.[15] Os contemporâneos aceitavam a realidade de que, sempre que podia, Atenas buscava promover as pessoas comuns em outros países. Em contraste, quando Atenas se engajava, em vez disso, em uma *realpolitik* — atacando, por exemplo, o igualmente consensual governo de Siracusa — sem o necessário fervor revolucionário da democracia, frequentemente falhava.[16]

Os espartanos eram fundamentalistas oligarcas por excelência, odiavam o "poder do povo" e o perigo que ele representava. Os cidadãos-guerreiros viam com grande desconfiança as inclinações para as atividades febris da boa vida, algo que, mesmo entre a severa elite, crescia mais rapidamente do que podia ser reprimido.[17] Embora tivessem sido os gregos preeminentes dos séculos VI e V, à época da Guerra do Peloponeso os espartanos podiam sentir que sua influência estava se dissipando, pois era quase totalmente baseada na infantaria hoplita, em vez de em navios, no crescimento populacional e no dinheiro, como era o caso de sua rival hiperdemocrática cada vez mais cobiçosa — uma que, nas próprias palavras de Péricles, havia governado "sobre mais gregos do que qualquer outro Estado grego".[18]

Para evitar a guerra com Esparta, Atenas foi instada a cessar sua expansão imperialista e, essencialmente, desmontar o império: deveria parar de sitiar cidades como Potideia e deixar que estados vizinhos como Egina e Mégara decidissem seus próprios negócios. Em resumo, "deixe que os gregos sejam independentes". Fazer tudo isso, no entanto, significaria que Atenas já não poderia ser a Atenas de Péricles; em vez disso, reverteria à sua modéstia agrária do início do século, quando não tinha navios, nem Longas Muralhas, nem tributos, nem templos majestosos e nem suntuosos festivais dramáticos, mas era uma comunidade benigna não muito diferente de outras grandes cidades-Estados gregas.[19]

Os Ônus do Passado

Seria a guerra inevitável a partir do momento em que sua lógica de violência e morte superou o que os líderes espartanos e atenienses individuais pudessem ou não fazer para administrar as crises? Perturba-nos a simples ideia de que a falha de Esparta ao romper a paz de 431 não tenha sido tanto o fato de ela ou Atenas serem racionalmente culpáveis em qualquer contexto específico. Em vez disso, por causa do medo, de muita inveja e de algum ódio, suas ações eram erráticas, estando os espartanos propensos a todos os impulsos que levam os homens a fazer o que nem sempre é de seu próprio interesse ou do interesse geral.[20]

Em quase todos os diversos debates que cercaram o eclodir do conflito, os inimigos de Atenas mencionavam, com a mesma frequência, tanto reclamações fundamentais que exacerbavam as profundas diferenças políticas e étnicas — o temerário caráter dos atenienses, sua arrogância inata, o crescimento de um império que não podia ser detido — quanto transgressões legais legítimas e mais específicas que demandavam reparo imediato. Talvez houvesse algo a respeito de Atenas que deflagrasse certo ódio nas cidades-Estados rivais como Corinto, Tebas e Esparta, uma aversão que era dedutiva, antiempírica e inescapavelmente impregnada de sentimentos de antipatia profundamente arraigados.[21]

Os inimigos odiavam Atenas tanto pelo que ela era como pelo que fazia. Tão cedo quanto em 446, Atenas havia abandonado suas demandas de quase tudo o que buscara na Primeira Guerra do Peloponeso* e tinha o cuidado de não oferecer aos próprios espartanos nenhuma razão concreta para a guerra. Talvez o melhor resumo daquele paradoxo seja a fascinante

---

*A chamada Primeira Guerra do Peloponeso (461-446), durante a qual Atenas mais frequentemente confrontou Corinto e Tebas, e não Esparta, terminou em um impasse e em um imaginado tratado de paz de 30 anos entre Atenas e Esparta.

descrição que Tucídides faz do debate espartano no final de 432 sobre propostas de invadir a Ática na primavera seguinte. Após os enviados de Atenas e o rei espartano Arquídamos terem oferecido sóbrias e bem fundamentadas explicações de por que uma guerra com Atenas naquele momento em particular era uma má ideia, o impenetrável éforo Stenelaídas deu um passo adiante em resposta.* Gritou alguns slogans sobre orgulho e poder espartanos. A assembleia militar espartana então votou imediatamente a favor da guerra. Todos pareciam tomados (como estavam os atenienses que mais tarde votaram pela invasão da Sicília) mais pela emoção do que pela razão: "As longas falas dos atenienses eu não compreendo de forma alguma [...] Votem, portanto, lacedemônios, pela guerra, como demanda a honra de Esparta, e não permitam que Atenas se torne excessivamente poderosa."[22]

Por sua vez, em Atenas, toda uma geração havia crescido no contexto do esplendor pericliano. Também ela parecia mortalmente temerosa de um inevitável declínio geracional, uma apreensão comum entre elites nas sociedades ocidentais que são livres, abastadas e estão passando por uma mudança social e cultural.[23] Muitos sentiam que, se os atenienses contemporâneos não se levantassem contra as intimidações espartanas, estariam traindo a herança daqueles duros "homens de Maratona" — homens como Miltíades, Temístocles e Aristides que haviam lutado em Maratona (490) e Salamina (480) e legado um império seguro e próspero. Talvez até existisse ainda um punhado daqueles 10 mil grandiosos soldados da infantaria hoplita, que então teriam mais de 80 anos de idade. Eles são os frequentes heróis das comédias de Aristófanes, a personificação da "antiga coragem", a serem contrastados com uma geração inferior e mais débil que não confiaria na habilidade e na coragem dos próprios hoplitas para enfrentar os espartanos na Ática.

Embora os atenienses mal pudessem pôr em campo um exército de 10 mil preeminentes hoplitas do calibre daqueles que haviam irrompido contra os persas, 60 anos antes, na praia de Maratona, sua força militar imperial agregada — navios, capital financeiro, mão de obra — ainda assim era

---

*Um éforo era um dos cinco magistrados ["supervisores"] eleitos em Esparta, cuja tarefa era monitorar a conduta de outros funcionários públicos e, mais importante que isso, auditar as atividades militares e políticas dos dois reis espartanos.

maior do que a de todos os potenciais inimigos gregos combinados. Atenas era mais forte justamente porque havia ido além do ponto de depositar sua segurança nacional unicamente nas mãos de valentes camponeses hoplitas. Afinal, esses anacrônicos sobreviventes eram uma força excessivamente especializada, tão irrelevantes fora de um pequeno campo de batalha em terreno plano quanto mortíferos dentro dele.

De qualquer modo, o ônus da glória do passado pesava sobre os que tinham a mesma idade de Alcibíades, do mesmo modo como as realizações da "grandiosa geração" da Segunda Guerra Mundial pesam sobre a nossa; isso era ainda mais verdadeiro quando homens como seu guardião, Péricles, constantemente importunavam os atenienses mais jovens com discursos sobre as responsabilidades perante o passado imperial. Os espartanos também tinham apreensões semelhantes quanto a se tornarem tipos abrandados, em comparação com seus valentes avós lacedemônios que haviam morrido bloqueando a passagem nas Termópilas. Assim, os coríntios censuravam severamente os peloponésios nas vésperas da batalha: "Não é justo que tudo aquilo que foi ganho por meio da pobreza deva ser destruído por meio da prosperidade."[24]

Consequências Imprevistas

A própria guerra se provaria um colossal absurdo. Nem um Sócrates ou um Péricles poderiam ter predito seu curso ou as consequências finais. Esparta tinha a mais temida infantaria do mundo grego, e, ainda assim, foi sua armada recém-criada que ganhou as últimas grandes batalhas da guerra. A democrática Atenas mandou quase 40 mil soldados aliados para a prisão e a morte enquanto tentava capturar a distante Siracusa — indo contra a maior democracia do mundo grego. Com isso, outros milhares de seus antigos inimigos na Grécia sentiram-se encorajados a saquear impunemente as propriedades atenienses a menos de 20 quilômetros de distância de suas muralhas, partindo da base espartana em Decêleia.* Em

---

*O tristemente famoso forte espartano na Ática, que de 413 a 404 serviu como depósito para os butins extraídos da Ática; ver o Glossário de Termos e a linha de tempo nas páginas 31-34.

diferentes momentos, Alcibíades se provou o salvador de Atenas, Esparta e da Pérsia — e também o saqueador de todas.

No início da guerra, Atenas tinha grande quantidade de dinheiro empilhada no majestoso Partenon. Dispunha da assombrosa quantia de cerca de 6 mil talentos em moedas de prata e de mais 500 em outros metais preciosos, tudo isso somando algo como 3 bilhões de dólares em valores atuais. Ao final do conflito, a cidade estava arruinada, cheia de órfãos, viúvas e aleijados — e com milhares de nomes gravados em pedras que, por toda parte, exibiam as listas de mortos.

O tesouro ateniense do tempo da guerra não foi suficiente nem mesmo para terminar as caneluras das colunas do Propileus, o portão monumental que dava acesso aos ainda incompletos templos da Acrópole. E seria muito menos possível encontrar recursos para terminar diversos outros templos rurais em Ramonous e Tóricos no interior da Ática. A maior parte do capital necessário para completar o grande sonho de Péricles, uma cidade imperial de mármore, afundou junto com umas quinhentas trirremes ao largo da Sicília e, depois, no Egeu.

Esparta pôs em campo o mais aterrorizante exército da Grécia. A maior parte de seus inimigos, no entanto, caiu não sob lanças dórias, mas derrubada por doenças, sítios ou matanças em operações de guerrilha. Sua grande estratégia de devastar as colheitas da Ática provou-se um fracasso colossal apenas uma semana após ter sido iniciada. Contudo, passado um ano, a estada dos peloponésios no interior das terras inimigas inadvertidamente armou o cenário para a praga que quase arruinou Atenas.

Nenhum governo era tão calculista ou sóbrio — ou cego — como a *gerousia* espartana, um senado composto de homens idosos que nada conheciam da civilização exterior e que, assim, relutavam em sancionar ações precipitadas que se estendessem além do vale da Lacônia.* Nenhum governo era tão temerário e perigoso quanto a assembleia de Atenas, composta por muitos líderes que haviam viajado pelo Egeu. Ainda assim, essa última, em um acesso súbito, poderia ordenar a execução de um homem — ou de toda uma cidade capturada do outro lado do mar — a partir da mais vaga das acusações.

---

*Sobre os vários nomes regionais e étnicos associados a Esparta, ver "Esparta" no Glossário.

O filósofo Sócrates tinha dúvidas sobre o exagerado orgulho e a megalomania de Atenas, especialmente de suas visões de grandiosidade na Sicília. Mas aquelas preocupações não foram suficientes para impedi-lo de lutar heroicamente pela causa ateniense durante sua barriguda velhice. Como relembra ele à excitada audiência de seus acusadores no último discurso de sua vida, lutara bravamente em três dos mais difíceis confrontos bélicos de Atenas, em Potideia, Délion e Anfípolis.[25] Tucídides usou a longa mensagem sobre a aparente falta de sentido da guerra para explorar suas próprias opiniões sombrias a respeito da natureza humana. Contudo, a despeito de ter sido exilado com base em acusações forjadas pelos demagogos, nenhum ateniense lutou de forma mais incondicional e sem ceticismo do que Tucídides quando a serviço de seu país.

Eurípides, o dramaturgo inconformista, considerou que a brutal execução dos mitilenos e dos pobres mélios pelos atenienses foi um ato criminoso e um comentário moral sobre a absurda selvageria do conflito. Mas até Eurípides odiava os espartanos e parece ter desejado que o inimigo perdesse, na mesma medida em que desejava que a guerra simplesmente acabasse. O traidor Alcibíades em algum momento ajudou Atenas, Esparta ou a Pérsia a vencer a guerra, enquanto os extenuados atenienses recusaram em Egospótamos o último conselho sensato do famoso vira-casaca, que lhes poderia ter poupado a derrota na última grande batalha do conflito.

Aristófanes, o brilhante dramaturgo cômico, argumentava que a guerra infindável levara os agricultores à falência, tornara ridículos os líderes masculinos, fizera os generais sedentos de sangue, tornara os pobres excessivamente imprudentes e deixara ricos os comerciantes de armas — e, ainda assim, ele acreditava que Atenas estava mais certa do que errada. O patriotismo, tanto em sua forma exaltada quanto na degradada, finalmente eclipsou as pretensões socráticas de que todos os gregos eram cidadãos do mundo. Como diz o Sócrates do *Protágoras* de Platão, ir à guerra é uma coisa nobre (*kalon*).[26]

Por trás das contradições da política e da filosofia, e das hipocrisias da mais grandiosa geração do mundo helênico, estavam os milhares de gregos comuns — os sujeitos deste livro — massacrados durante quase três décadas para cumprir os desígnios de homens volúveis, de alianças cambiantes e de causas contraditórias. Nenhuma guerra do mundo antigo — nem a primeira invasão da Grécia por Xerxes, as grandiosas invasões de Alexandre Magno ou a vitória fácil de Aníbal na Itália — é mais fascinante e, ainda assim, mais contraditória do que as três décadas de lutas intramuros entre Atenas e Esparta.

Pensem um instante: um poder terrestre *versus* um marítimo, a austeridade dos dórios contrastada com a liberalidade dos jônios. A oligarquia foi posta em oposição à democracia, a prática da escassez contraposta à riqueza ostentosa. Uma aldeia destronou uma majestosa cidade imperial; um Estado-guarnição professava a causa da autonomia grega no exterior, enquanto um imperialismo humanista matava inocentes.

Ninguém antecipava tamanha carnificina em 431. Quem acreditaria que em apenas dois anos o majestoso Péricles acabaria coberto de pústulas, agarrando-se a um amuleto e morrendo com uma tosse sufocante e a febre da praga? O milionário Nícias nunca imaginou que, 20 anos depois, imploraria por sua vida antes de ter a garganta cortada a mais de mil quilômetros de distância de casa, na Sicília. Nem o belo Alcibíades, a figura da moda em Atenas, imaginou que justamente ele pudesse ser morto por assassinos em uma obscura aldeia na Ásia Menor. Levando tudo em conta, o que era sabedoria no início da guerra provar-se-ia loucura em seu final.

Esperanças e Sonhos

Surpreendeu a poucos o fato de que Atenas e Esparta levassem às últimas consequências a guerra final na qual se engajaram em 431. Talvez o espantoso fosse que não o tivessem feito mais cedo. De fato, entre 461 e 446 (a Primeira Guerra do Peloponeso), os dois grandes poderes haviam entrado e saído de batalhas, embora a maior parte do conflito inicial tivesse ocorrido entre seus respectivos substitutos, os beócios,* megáricos, coríntios, argi-

---

*O nome "beócios" é usado para denotar os residentes da Beócia, a grande região ao norte de Atenas que estava unida sob uma federação oligárquica liderada por sua maior cidade, Tebas. Tanto no uso antigo quanto no moderno, "beócios" e "tebanos" são nomes usados indiferentemente, embora, estritamente falando, nem todos os beócios fossem cidadãos de Tebas.

vos e tessálios. Ainda assim, raramente existira uma afinidade real entre os dois Estados desde sua breve aliança para repelir os persas (480-79). Não mais que um punhado de membros da elite e de generais atenienses já havia visitado Esparta. Quase nenhum espartano, exceto uns poucos enviados, havia alguma vez vislumbrado a Acrópole. É verdade que tanto Atenas quanto Esparta ainda eram pólis gregas. Partilhavam uma língua comum e eram similares em questões religiosas; mas nas questões centrais de natureza política, social e cultural elas permaneciam quase antitéticas uma em relação à outra.

À altura de 431, cada uma das duas cidades-Estados era, a seu próprio modo, militarmente poderosa, justamente porque havia se oposto à velha tradição agrária helênica que até então regulara as condições normais das atividades bélicas: batalhas brutais de uma hora aproximadamente definiam a guerra entre fazendeiros relutantes responsáveis pelas colheitas em suas terras. Astutos observadores antes da guerra — começaram a perceber que não haveria nem limitações naturais nem uma vitória fácil para nenhum dos lados, pois os servos hilotas de Esparta e a construção de galeras em Atenas significavam que havia pouca necessidade de os soldados de ambos os lados permanecerem em casa para lavrar a terra.

O próprio Péricles, por exemplo, na véspera da luta, disse: "A guerra é inevitável."[27] A ideia de que os persas pudessem invadir novamente a Grécia dividida era improvável após terem sofrido uma calamitosa derrota meio século antes. Em vez disso, havia um desconforto generalizado diante da percepção de que aquele seria um conflito civil irrestrito. Os coríntios corretamente alertaram os espartanos para que abandonassem suas estratégias de guerra "ultrapassadas" — que consistiam em assaltar as fazendas na esperança de provocar uma batalha — e encontrassem novas maneiras de destruir uma cidade como Atenas.[28]

O conflito entre os principais rivais começou oficialmente quando os espartanos violaram o tratado de paz de 30 anos que haviam assinado e invadiram a Ática, na primavera de 431. Cruzaram a fronteira apenas oito dias após sua aliada Tebas, sem aviso, haver também recorrido a uma ação preventiva atacando Plateia, uma cidade beócia a cerca de 80 quilômetros de Atenas, um protetorado ateniense.

Os dois lados apresentaram reclamações detalhadas. Corinto, aliada de Esparta e uma rica cidade grega no istmo, sentia que Atenas havia antes intervindo beligerantemente contra ela e se aliado à ilha rival de Córcira em uma série de disputas. O pequeno Estado vizinho de Mégara irritou-se com um embargo comercial ateniense e pediu apoio espartano. A adjacente ilha de Egina, que podia ser facilmente vista no horizonte por quem estivesse na Acrópole — Péricles uma vez a apelidou de "o cisco nos olhos do Pireu" —, afirmava que Atenas interferira em suas questões internas e esperava que Esparta a ajudasse a preservar a soberania. Os atenienses, por sua vez, alegavam que os peloponésios haviam encorajado a cidade nortista de Potideia, aliada tributária de Atenas, a se revoltar. Os beócios que residiam imediatamente ao norte de Atenas desejavam eliminar a cidade de Plateia, um posto avançado que havia levado a suas soleiras o antigo receio do imperialismo ateniense — e assim por diante.[29]

Certamente, um embargo ateniense contra Mégara, uma antiga interferência ateniense na ilha vizinha de Egina, a disputa pela lealdade da poderosa Córcira com "sua grande frota", e conflitos de terras na fronteira de Mégara ou da Beócia não eram questões desprezíveis.[30] Mas, com maior frequência, novamente foi a *percepção* de queixas envolvendo questões de medo ou honra o que propeliu Esparta a agir enquanto podia. Isso era especialmente verdadeiro entre aquelas gerações, tanto em Atenas quanto em Esparta, que "tinham muito pouca familiaridade com a guerra, e por isso lhe deram as boas-vindas".[31] Atenas aparentemente pensou que, a longo prazo, sua cultura de fato poderia ignorar ou, se necessário, sobrepujar Esparta, mesmo sem, de forma alguma, demonstrar concretamente, no curto prazo, como poderia fazê-la pagar caro se ousasse mandar milhares de seus hoplitas para a Ática. O objetivo do próprio Péricles, em vez disso, era "sobreviver".[32] Entretanto, planejar simplesmente não perder era uma maneira ineficaz, no curto prazo, de impedir que Esparta agisse com base em seus medos; todos os espartanos acreditavam que poderiam cruzar a fronteira da Ática e continuar praticamente impunes.

Péricles não viu necessidade de entrar em uma peleja direta que pudesse pôr em risco o império ou a paz que já durava uma década e meia desde o último embate com Esparta; um armistício durante o qual Atenas alcançara um nível sem precedentes de riqueza e segurança. Os atenienses aparentemente achavam que os espartanos iriam compreender que não poderiam vencer e, assim, não tentariam nada. Atenas foi insensata ao pensar em termos de uma ação dissuasiva no longo prazo, em vez de se decidir, de imediato, por avisar aos inimigos que uma invasão da fronteira seria sinônimo de sua destruição. Péricles estava determinado a levar o primeiro golpe e, dessa forma, não ofereceu nenhuma contra-ameaça plausível, já que realmente nunca tivera uma clara estratégia para montar uma ação ofensiva que pudesse expulsar Tebas ou Esparta da guerra.

Ele era, essencialmente, um almirante. Antes da guerra, Péricles havia conduzido sucessivos cercos a Estados marítimos recalcitrantes e lutado em batalhas marítimas. Assim, nunca dirigira uma longa campanha de infantaria e nem mesmo comandara um exército de hoplitas numa batalha campal. Ele aparentemente imaginava que a superioridade naval ateniense serviria como uma ferramenta para incursões sem obstáculos, em vez de transportar um grande exército até a retaguarda do inimigo. Esparta e Tebas estavam singularmente pouco impressionadas. Milhares haveriam de morrer em ambos os lados porque seus líderes os levaram à guerra sem um plano concreto de como derrotar o inimigo no campo de batalha e destruir seu poder.

A Mítica Frota Espartana

Os espartanos também tinham seus próprios problemas. Uma comparação moderna pode ilustrar a natureza desse dilema: seria como se, em um mundo sem armas nucleares, a antiga União Soviética, em algum momento antes da década de 1990, tivesse prescientemente reconhecido que, em última instância, não poderia competir com a incontrolável e monstruosa força democrática e capitalista dos Estados Unidos. Assim, a linha-dura soviética teria sentido a necessidade de enviar trezentas divisões contra a Europa antes que seus próprios aliados, e o mundo em geral, partilhassem essa avaliação pessimista do futuro e então abandonassem a aliança com o império soviético.

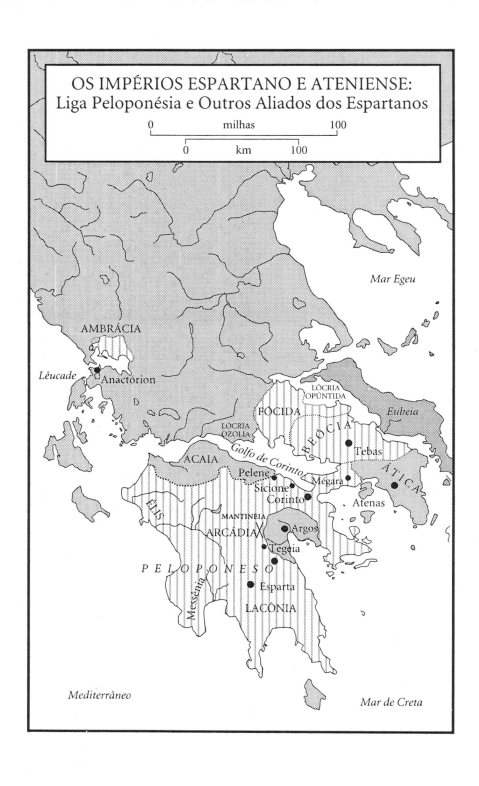

Os espartanos podiam pôr em campo soldados hoplitas que eram imbatíveis em terreno aberto. A Beócia, sua resistente aliada agrária, podia reunir soldados de infantaria ainda mais pesados — talvez entre 7 mil e 12 mil, se necessário — que eram em tudo tão formidáveis quanto os profissionais espartanos. E a liga dos estados aliados no Peloponeso, sob a liderança espartana, podia, em períodos curtos, pôr em campo aberto um enorme exército de 60 mil homens capazes de varrer da batalha qualquer adversário. A melhor cavalaria da Grécia Central era beócia, e estava do lado espartano.

Por todas essas razões, um admirado Tucídides enfatizava que a própria Esparta "ocupa dois quintos do Peloponeso, exerce controle sobre o total da região e possui muitos aliados fora".[33] Mesmo se Esparta e seus aliados não pudessem vencer tal guerra contra um império marítimo, pelo menos tinham a certeza de que seu "potente poder" impediria que um exército ateniense ocupasse a Acrópole espartana.

No entanto, a força de Esparta e sua liga era, de alguma forma, uma quimera. Ao eclodir a guerra, a força peloponésia aliada não tinha como ser transportada por mar. Certamente não se sustentava em um poder econômico real. Esparta começou sem nenhum capital, poucos navios e quase nada de cavalaria ou tropas ligeiras. Sob o estrito sistema totalitário fundado pelo mítico ancestral Licurgo, o que contava era a virtude cívica, não a eficiência econômica ou o individualismo.

Assim, por exemplo, varetas de ferro, e não moedas, eram usadas como dinheiro, justamente porque, naquele estranho universo moral, não podiam ser manuseadas com a mesma facilidade de uma moeda comum (e, portanto, corrompedora). Era natural que estrangeiros construtores de barcos ou remadores de aluguel não acorressem a Esparta na esperança de serem compensados com um tesouro em espetos de metal para churrasco. Na véspera da guerra, os espartanos haviam sido alertados por seus aliados de que sua maneira ultrapassada de conceber o conflito como uma batalha de hoplitas era uma fórmula suicida. Os insistentes coríntios continuamente os instavam a se mexerem para ajudar os amigos em volta do Egeu a resistir ao imperialismo ateniense.

Péricles estava provavelmente certo ao afirmar que "os peloponésios não têm nenhum dinheiro público nem privado". Certamente, não havia tributos imperiais derramando-se sobre a Acrópole em Esparta, e existiam poucas colônias espartanas. No caso de Atenas decidir não lutar uma batalha campal, Esparta não dispunha nem de capital nem de reservas materiais para manter um exército no campo durante um período mais longo. Menos ainda tinha ela o conhecimento ou a motivação para conduzir uma guerra não convencional de pouca intensidade, limitada a assaltos, saques e cercos sustentados.[34]

Uma geração antes da guerra, os espartanos haviam engolido seu orgulho e solicitado que engenheiros de cerco atenienses os ajudassem a tomar de assalto os baluartes de hilotas insurrectos. Se os espartanos haviam alguma vez precisado dos atenienses para controlar seus próprios povos subordinados, o que aconteceria quando Atenas inevitavelmente usasse seu dinheiro e seus conhecimentos para incitar, em vez de dominar, uma rebelião hilota?[35]

A frota conjunta de Corinto e de alguns aliados espartanos chegava apenas a pouco mais de cem navios, menos da metade da frota imperial ateniense ativa. As trirremes de que dispunham os peloponésios existiam somente por causa dos recentes e ingentes esforços dos coríntios para construir navios que pudessem se equiparar à frota de sua rival Córcira, mas havia pouco capital acumulado para garantir que até mesmo uma armada de cem navios pudesse ser posta em ação durante muito tempo. Guerreiros em armaduras pesadas, empoleirados em conveses de navios balouçantes impulsionados por remadores comprados, não eram algo que correspondesse à ideia espartana de virtude marcial.

Em desespero, Esparta absurdamente propôs que seus aliados construíssem uma frota colossal de umas quinhentas trirremes — um sonho delirante para um Estado que não tinha nenhum porto além de Gítium, a cerca de 50 quilômetros da cidade. Os planejadores bélicos imaginaram que os odiados persas poderiam fornecer o capital para fabricar as trirremes e atrair novos aliados para conter os atenienses — estratégias que somente funcionariam se Esparta pudesse primeiro mostrar algum sucesso, tal como uma vitória hoplita ou danos substanciais à coesão do império.

Essas eram grandes aspirações pouco adequadas a um Estado de visão estreita e sem acesso ao mar. Com o início da guerra, apenas as três cidades-Estados de Corinto, Córcira e Atenas tinham frotas consideráveis, e duas eram hostis aos espartanos.[36] Assim, finalmente, alguns peloponésios compreenderam que, em algum momento, teriam de adotar uma estratégia multifacetada: derrotar os atenienses no mar e desorganizar seu império, enquanto buscassem uma maneira permanente de isolar a cidade do restante do país. Para alcançar essas metas, precisavam de aliados em maior número e mais diversificados, tanto gregos quanto persas, e também de homens com pensamentos inovadores. Até então, tinham de aceitar o amargo fato de que, numa simples luta entre Esparta e o império ateniense, o dinheiro, os recursos humanos, inúmeras vantagens militares e a experiência de liderança militar estavam todos do lado ateniense. Na realidade, duas décadas mais tarde, mesmo após o desastre ateniense na Sicília (413), quando o mundo grego antecipava um colapso ateniense iminente, Esparta ainda achava difícil organizar uma frota peloponésia — tão relutantes e tímidos eram seus aliados em desafiar a tradicional superioridade ateniense no mar.[37]

Cálculos Espartanos

Quando estourou a guerra, em 431, os generais espartanos continuaram pouco criativos. Por lei, os dois reis hereditários eram líderes do exército e com frequência se aborreciam com os éforos, muitos dos quais os acompanhavam em campanhas como supervisores. A estratégia em Esparta meramente refletia o pensamento de grupos de oficiais em uma sociedade hierárquica fechada e baseava-se nas suposições incontestadas de uma brutal doutrinação que começava aos 7 anos de idade, quando os meninos eram iniciados na vida militar. Devido ao fato de que poucos estadistas espartanos haviam visto cidades mercantis em ação, eles tinham atitudes simplórias a respeito das relações entre Estados e pouca informação sobre o tamanho das populações inimigas, sendo também excepcionalmente inclinados à corrupção e ao suborno.

Os maiores e mais orgulhosos Estados aliados do Peloponeso, como Mantineia e Élis, ressentiam-se da brutal liderança espartana e estavam em processo de liberalizar suas constituições. Na tradicional maneira peloponésia de guerrear, a época da colheita era o que deflagrava a batalha: soldados da infantaria chegavam para queimar os grãos maduros ou consumi-los; os defensores tentavam fugir com os grãos; e todos os agricultores-guerreiros se preocupavam porque deveriam estar cuidando de suas colheitas, algo que consideravam muito mais importante do que participar de campanhas militares. Houvera uma época (460-446) em que os atenienses controlavam as rotas que atravessavam Mégara em direção à Ática; agora, no entanto, isso já não acontecia. Na mente espartana, então, marchar contra a Ática já era possível, e mais simples do que havia sido durante a Primeira Guerra do Peloponeso.

Quase 250 mil pessoas que havia muito sofriam em servidão nos territórios vizinhos da Lacônia e Messênia (os chamados hilotas) trabalhavam sob coerção nas fazendas do Estado para alimentar os regimentos espartanos. Dada a natureza da vida nos quartéis e os quase constantes treinos e ações de policiamento na Messênia ocupada, os homens guerreiros esparciatas raramente estavam em casa. Dessa forma, a população da cidade decrescia continuamente, enquanto crescia o número de hilotas oprimidos. Se 18 mil verdadeiros esparciatas haviam em algum momento lutado contra a Pérsia, 50 anos mais tarde, à época da Guerra do Peloponeso, eram menos da metade desse número. O resultado era um Estado-guarnição que mal podia juntar 8 mil ou 10 mil soldados hoplitas de condições variadas e que se mantinha sentado sobre um vulcão de dezenas de milhares de homens em servidão ("um desastre esperando a hora de acontecer") que aparentemente desejavam, em suas próprias palavras, "comer vivos seus senhores".[38]

Os hilotas e seu sonho de uma Messênia livre não eram as únicas brechas existentes na complexa sociedade piramidal espartana. Nas cercanias imediatas estavam também entre 20 mil e 30 mil periecos ("aqueles que vivem em volta"), camponeses vizinhos que desfrutavam um status político livre, mas subserviente, e que às vezes se sentiam tão infelizes quanto os hilotas com a hegemonia espartana.

Mesmo sem a preocupação de controlar uma vasta Messênia e seu quarto de milhão de hilotas no outro lado do monte Taígeto, Esparta, como muitas sociedades ocidentais contemporâneas, estava em uma perpétua crise demográfica, inteiramente dependente do trabalho servil. Na véspera da guerra, o rei Arquídamos em vão tentou lembrar a seus constituintes que eles estavam considerando uma guerra contra um Estado que "tinha uma população maior do que qualquer outra na Grécia". O que havia evoluído e se transformado na melhor infantaria da Grécia era, por natureza, uma força policial doméstica, ou talvez uma Waffen-SS, se preferirem, cuja razão original de existência era desbaratar insurreições internas e desalojar supostos dissidentes.

Finalmente, a volatilidade da maior parte dos hilotas não decorria, como no caso dos escravos em outras partes, meramente de seu status inferior. Em vez disso, seu zelo brotava de um sentido de nacionalismo com relação à sua terra natal ocupada, a Messênia. Eles eram uma tribo completa — talvez semelhantes, em sua condição de despossuídos, aos curdos dos dias atuais — e, a despeito da ausência de uma terra natal, compreenderam que em algum momento haviam sido um povo livre, com um território e uma população maiores do que os de seus conquistadores.[39]

No início do conflito, a estratégia espartana era tão simples quanto se provou ser também ingênua: a velha resposta pavloviana de, quando em dúvida, "invada a Ática". O rei Arquídamos guiaria uma maciça força de aliados contra a Ática e desafiaria os atenienses para uma batalha.[40] Se o inimigo não se aventurasse para fora das muralhas, Arquídamos então sistematicamente devastaria a agricultura local, causando fome, ou pelo menos, humilhação, para forçar aquela cidade arrogante e sofisticada a entrar em um acordo. Ao longo de seu relato, Tucídides reitera que os espartanos ficaram estupefatos porque seu recurso único e simplista à devastação não havia funcionado. Como, afinal, poderiam os atenienses se dizer um poder imperial, quando não podiam impedir que os inimigos marchassem à vista da Acrópole?[41]

Esparta não via nenhuma razão para alterar sua estratégia após 200 anos de sucesso, mesmo que Atenas tivesse evoluído para um tipo de cidade que podia sobreviver, a despeito da presença de inimigos às suas portas. De fato, os espartanos pareciam não ter tido nenhuma ideia clara do tamanho das defesas rurais de Atenas. Sabiam menos ainda a respeito da economia marítima ateniense e de sua teórica capacidade de importar alimentos para a cidade e substituir entre um terço e a metade do suprimento perdido no campo. Mais ingenuamente ainda, os espartanos acreditavam que, se saqueassem a Ática, os estados tributários de além-mar que integravam o império ateniense ganhariam coragem e se revoltariam, a despeito da realidade de que Esparta não dispunha de nenhum meio efetivo de enviar navios de guerra para ajudá-los na eventualidade da chegada de uma enfurecida frota retaliadora ateniense.

Embora não se saiba o verdadeiro grau de autossuficiência em grãos dos atenienses, deveria ser de conhecimento corrente que, em uma crise, eles tinham assegurada a importação suficiente de alimentos adicionais para a cidade — especialmente porque dispunham de dinheiro para cobrir todos os custos envolvidos. Mais tarde, enquanto os espartanos estavam acampados exatamente ao lado das muralhas em Decêleia (413-404) e os atenienses não tinham como usar suas terras durante a maior parte do ano, o rei Ágis lamentou que os invasores ainda não tivessem conseguido pôr a cidade de joelhos, e nem conseguiriam enquanto ele continuasse a ver os navios graneleiros que constantemente atracavam no Pireu.[42]

Um número excessivo de espartanos também havia se esquecido de que, durante a invasão de Xerxes, em 480, bem antes da construção das Longas Muralhas, Atenas, sob o governo de Temístocles, havia sobrevivido não apenas à completa evacuação de suas terras agrícolas, mas ao próprio abandono da cidade. Mais tarde, Péricles recordaria esse fato a seus mais ricos e numerosos concidadãos. Se uma Atenas mais fraca pôde sobrepujar 250 mil persas que chegavam por terra e mar em 480, e suportou o incêndio de sua Acrópole, então se poderia esperar que, meio século depois, com recursos muito maiores, a Atenas mais madura seguramente pudesse, mais uma vez, sobreviver à perda temporária de seus campos para uma força que era apenas a quarta parte da de seus antigos inimigos.[43]

Na décima primeira hora, até mesmo Arquídamos finalmente pareceu perceber o dilema de lutar a nova guerra da velha maneira. Na véspera da invasão, alertou seus seguidores, em vão, de que Atenas dispunha de ampla "riqueza pública e privada, navios, cavalaria, armamentos", bem como de aliados, tributos e uma vasta população. Só poderia ser enfrentada quando os peloponésios dispusessem de suficientes "recursos financeiros e navios". As terras do interior da Ática não eram maiores que as de Esparta. Mas a diferença-chave era que, diferentemente dos peloponésios, Atenas dispunha de uma profusão de formas de complementar suas impressionantes colheitas locais com alimentos importados de tão longe quanto as ilhas do Egeu, a Ásia Menor, a região do mar Negro e o Egito.[44]

A Lógica de Atenas

As Longas Muralhas, construídas entre 461 e 456, ligando a cidade ao Pireu, foram o avanço mais revolucionário na história da estratégia grega. De uma só vez, as fortificações proviam imunidade perante a antiga tática de atacar a agricultura para provocar uma batalha campal ou produzir a fome queimando uma colheita de grãos maduros. Com as Longas Muralhas, Péricles havia expandido amplamente os sucessos anteriores de Temístocles. Ele percebeu que, com uma linha defensiva adequadamente fortificada, somente o campo, não a cidade propriamente, precisaria ser evacuado antes da investida de um inimigo mais poderoso. Essa talvez tenha sido uma inovação brilhante, mas também totalmente cruel e divisiva, pois abandonava ao inimigo a propriedade e o meio de vida de milhares de cidadãos.

Atenas compreendeu que as muralhas não apenas ofereciam à cidade uma maior gama de opções defensivas, como tinham o efeito de fortificar as bases políticas democráticas em seu interior. Assim, mais tarde, começou a promover o conceito de longas muralhas em outros Estados gregos como Argos e Patras.[45] As consequências deletérias não ficaram confinadas a atenienses interioranos conservadores deixados de fora das muralhas municipais. Esparta e seus aliados também reclamaram posteriormente que a construção dessas extensas fortificações havia mudado o próprio cálculo estratégico grego, possibilitando, injustamente, que um único Estado ficasse imune à tradicional batalha campal, e achavam que a construção nunca deveria ter sido permitida. Não é de admirar que contratassem tocadores de flautas para marcar a destruição das muralhas quando a guerra terminou.[46]

As "corujas" de prata de Atenas eram a moeda corrente do mundo egeu.* No início da guerra, Atenas dispunha de 600 talentos de tributo anual, além de talvez mais outros 400 talentos de renda interna gerada pelas atividades de mineração, trocas, aluguéis ultramarinos e comércio. À altura de 431, havia cerca de 6 mil talentos de reserva na tesouraria do templo na Acrópole.

---

*Essas moedas atenienses de prata, que valiam 4 dracmas (acima de 300 dólares norte-americanos atuais), traziam estampadas, em uma face, a cabeça de Atena com o elmo e, na outra, a coruja, seu símbolo.

Era uma pilha equivalente a 36 milhões de dias trabalhados, ou acima de 100 dracmas para cada um dos 300 mil residentes em Atenas e na Ática, e suficientes, teoricamente, para construir 6 mil trirremes!⁴⁷ Em termos de poder aquisitivo atual, o tesouro seria semelhante à situação de uma cidade média norte-americana, com cerca de 300 mil habitantes, que possuísse um fundo de reserva de uns 3 bilhões de dólares em moeda. Dessa perspectiva, tragédias, comédias e o Partenon eram, mais exatamente, a decorrência de uma grande quantidade de dinheiro, e não do talento nativo.

Após a retirada dos persas em 479, uma liga de defesa helênica metamorfoseou-se insidiosamente, durante mais de meio século, em um império ateniense de quase duzentos Estados governados por setecentos supervisores ultramarinos. Devido a 50 anos de construção naval, arrecadação de tributos e integração de Estados vassalos, Atenas era muito mais poderosa no início da guerra do que em qualquer outro tempo de sua história. Para manter tal império, no século V, Atenas teve que guerrear durante três de cada quatro anos, um feito notável de mobilização constante que não encontra rivais nem mesmo nos tempos modernos.⁴⁸

A população de Atenas cresceu a uma taxa anual de mais de 2% durante a maior parte das décadas que antecederam a Guerra do Peloponeso. E Atenas, diferente de Esparta, confeccionou uma sociedade mais inclusiva, que provocava em seus críticos a reclamação de que, a olho nu, escravos, metecos e cidadãos eram quase indistinguíveis naquela cultura tão grosseira — em oposição aos esforços espartanos mais utópicos de criar uma república de virtudes entre um número menor e mais estável de cidadãos.⁴⁹

É provável que a infantaria ateniense, composta de quase 30 mil hoplitas, tanto de linha quanto de reserva, fosse, em essência, uma força armada tão boa quanto qualquer outra, exceto a dos espartanos e beócios. Ainda assim, e de modo semelhante ao exército inglês vitoriano, que não havia sido concebido para combater divisões alemãs nas trincheiras da Europa, nunca se pretendeu que a falange ateniense enfrentasse nada semelhante a hoplitas espartanos, mas era perfeitamente capaz, como uma força voltada para o mar, de subjugar aliados tributários recalcitrantes. Além disso, havia reservas de mão de obra imperial em locais distantes da Ática, protegidas das intromissões terrestres dos espartanos — a "grande quantidade de

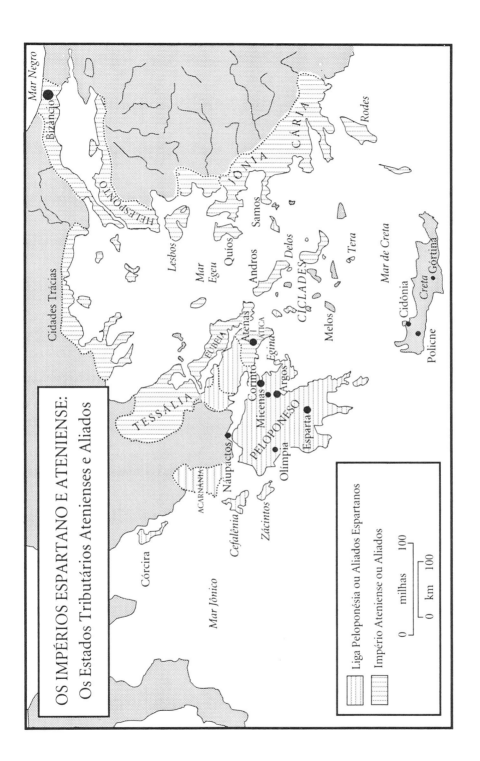

outras terras" que preocupava o rei Arquídamos e que se encontrava fora do alcance de seu exército.[50]

É verdade que os Estados do Peloponeso podiam organizar uma grande aliança de militares gregos autônomos, entre eles verdadeiros poderes como Corinto, Élis e Tebas. Mas os atenienses ainda mantinham duas grandes vantagens nessas coalizões bélicas. Em primeiro lugar, os amigos de Atenas tinham maior zelo ideológico. Ela liderava não apenas súditos democráticos no Egeu, mas também marginais como os plateus na Beócia, os expatriados messênios espalhados em torno da Grécia e os belicosos corcireus. Todos eles tinham inimigos reais em Tebas, Esparta e Corinto, independentemente de sua aliança com Atenas.

Segundo, Atenas era um verdadeiro poder hegemônico, e não, como Esparta, apenas o Estado principal em uma coalizão voluntária. Assim, os atenienses podiam definir estratégias unilateralmente, algo impossível entre os peloponésios. Uma das outras ironias da guerra era que a oligárquica Esparta era muito mais democrática em suas atitudes relativas aos membros da coalizão do que a democrática Atenas em relação a seus próprios súditos imperiais e aliados.[51]

Na penúltima hora antes da luta, Péricles esboçou para a assembleia ateniense uma estratégia conservadora de atrito. Ele pediu um plano "para superar" ou, melhor ainda, "para sobreviver", contando com a inabilidade do inimigo para matar atenienses ou deixá-los morrer de fome. Para vencer, Esparta realmente necessitava de uma frota. Apesar de toda a sua bazófia a respeito de criar uma vasta armada de quinhentos navios, sem dinheiro externo e sem um longo treinamento, ela tinha pouca chance de igualar a marinha ateniense antes de, pelo menos, uma década. Em vez disso, disse Péricles, defrontada com as despesas insustentáveis de arregimentação de um grande exército para invadir Atenas, a oligarquia espartana muito em breve compreenderia a futilidade da guerra. O plano de levar o inimigo à exaustão — ele se exauriria antes de conseguir entrar nas Longas Muralhas de Atenas ou perturbar seu império — contava com que o tempo e a paciência insidiosamente fizessem seu trabalho.[52]

Se a estratégia imediata de Atenas não fizesse nada para impedir a guerra, sua lógica essencial poderia pelo menos levar a um impasse, que, por sua vez, seria definido como vitória: (1) evacuar a população rural e a infantaria para dentro das muralhas pelo período aproximado de um mês durante as invasões espartanas anuais; (2) manter alto o moral, mitigar perdas e defender a área rural com patrulhas de cavalaria e guarnições rurais; (3) fazer patrulhas navais no Egeu para garantir que os estados vassalos se mantivessem em dia com suas obrigações e que os navios graneleiros estivessem protegidos; (4) enviar trirremes com marinheiros para hostilizar e bloquear os peloponésios bem na retaguarda de seu exército expedicionário, ao mesmo tempo sitiando súditos rebeldes; (5) buscar oportunidades ocasionais em Mégara ou na Beócia para roubar aliados de Esparta, fosse fomentando uma revolução democrática ou mesmo invadindo lugares onde os espartanos tivessem dificuldade de pôr em ação o exército, ou não quisessem fazê-lo; (6) evitar, a todo custo, tanto expedições dispendiosas ao exterior quanto batalhas campais contra as falanges espartanas.

Façam tudo isso, Péricles sugeria, e a mensagem da cidade sobre a igualdade dos gregos e a prosperidade de um Egeu ateniense poderá encontrar maior ressonância. Se alguém era pobre, poderia preferir ser súdito de um império ateniense democrático a cidadão sem direito de voto em uma oligarquia agrária autônoma. O truque era sustentar tal idealismo com ações, já que o que os Estados gostariam de fazer e o que podiam fazer eram duas proposições totalmente distintas, pois tudo sempre dependia do que estivesse mais próximo em um determinado momento: uma falange espartana ou uma trirreme ateniense.[53]

Por sentir-se tão confiante em uma retirada, Péricles aparentemente imaginou uma guerra que duraria não mais de três ou quatro estações de campanha. Àquela altura, Esparta, frustrada na Ática e furiosa com ataques a suas sagradas planícies costeiras, proporia a paz. Talvez outra guerra de atrito — como a Primeira Guerra do Peloponeso, que durara 15 anos (461-446) — levasse a outro impasse que, da mesma forma, permitiria outro longo período de desobstruído crescimento do poder ateniense.[54]

Relatando a Guerra

Como, então, deveria alguém contar uma história assim complexa? O historiador contemporâneo Tucídides, que buscou fornecer um marco de referência militar e político para a guerra, escolheu narrar os eventos de acordo com a tradição estabelecida pelos autores de anais, registrando a luta ano por ano, de 431 a 411. Mas então sua história incompleta interrompe-se quase que no meio de uma frase. O relato dos últimos sete anos e meio foi retomado por seu sucessor Xenofonte, até o final das hostilidades em 404-403.

Tucídides é um narrador brilhante. Ainda assim, novamente, não é fácil segui-lo em grego nem em inglês. E, mesmo sem considerar seus discursos, nem sempre seu estilo é animado. Os pontos altos são quando ele se volta para descrições detalhadas de horrores: o suplício da Córcira, o sítio de Plateia, a batalha de Mantineia e o frenesi de matanças em Micálessos. A maior parte dos realmente bons historiadores narrativos modernos que escreveram sobre a Guerra do Peloponeso no último século — Julius Beloch, Hermann Bengston, Georg Busolt, George Grote e Donald Kagan — seguiu o padrão de Tucídides de uma guerra contada por estações de campanha. Eles relatam eventos da Guerra do Peloponeso basicamente na mesma ordem cronológica em que o grande historiador os narrou. É o método mais lógico para a história tradicional, entretanto apresenta problemas porque a Guerra do Peloponeso foi empreendida não meramente por Atenas e Esparta, mas também por uma grande quantidade de outros poderes — Corinto, Tebas, Argos, Siracusa e Pérsia — que às vezes conduziam operações por conta própria, sem coordenação com nenhum dos dois principais beligerantes.

Mas mesmo dentro de sua apresentação bastante ordenada dos eventos anuais, o próprio Tucídides às vezes salta inesperadamente de uma luta na Grécia continental e no Egeu para a Sicília e a Ásia Menor, uma sentença sobre uma expedição argiva aqui e, subitamente, um parágrafo devotado a uma guerra civil siciliana ali. Ele raramente faz conexões estratégicas entre operações quase simultâneas. Não porque fosse ignorante da trama central da guerra, mas, ao contrário, porque frequentemente não havia nenhuma: espartanos, atenienses, sicilianos, argivos, coríntios e outros lutavam em uma série de batalhas confusas e por muitas vezes desarticuladas, e então pareciam ficar sem lutar quase nada durante meses e até anos. Estados rivais locais como Argos e Epidauro, por exemplo, podiam subitamente entrar em guerra por causa de uma disputa de pastagens, porém, ainda assim, se referiam a essas lutas breves e confinadas como sendo parte da guerra ideológica maior em andamento.

Existem outros problemas com uma apresentação cronológica de eventos. Na realidade, os contemporâneos de Tucídides não estavam seguros, como ele aparentemente estava, de que realmente ocorrera uma específica e contínua "Guerra do Peloponeso" que havia começado em 431 e terminado com a derrota de Atenas em 404. Alguns gregos pensavam que a guerra havia começado em 433, quando Corinto lutou com a Córcira no mar, ou em março de 431, quando Plateia foi atacada pelos tebanos, e não em maio de 431, quando soldados espartanos alcançaram a Ática. Alguns poucos historiadores antigos, como Teopompo e Cratipo, duvidavam até mesmo de que a guerra houvesse terminado em 404 com a destruição das Longas Muralhas por Lisandro. Em vez disso, acreditavam que talvez não tivesse terminado até Atenas derrotar a frota espartana em Cnidos (394), quando, finalmente, os dois beligerantes puseram de lado sua centenária rivalidade.

De qualquer modo, eis aqui uma breve sinopse da guerra. Ela fornece um esboço geralmente aceito dos eventos e dá ao leitor um contexto político e estratégico para se situar a às vezes uma confusa sequência de batalhas que se segue.[55]

FASE UM: A GUERRA DE ARQUÍDAMOS (431-421)
Capítulos: Fogo, Doença, Terror, Armadura, Muralhas

431   Os tebanos atacam Plateia (março)
      Evacuação da Ática na primavera e primeira invasão peloponésia (maio)
      Navios atenienses assaltam o Peloponeso (julho)
      Primeira invasão de Mégara por atenienses (setembro)

430   Segunda invasão da Ática (maio-junho)
      Grande praga irrompe em Atenas (junho)
      Os habitantes de Potideia, cercados, rendem-se a Atenas (inverno)

429 Peloponésios chegam para sitiar Plateia (maio)
     A frota ateniense de Fórmion derrota os peloponésios
     no golfo de Corinto (verão)
     Ataques marítimos atenienses contra o noroeste da Grécia (verão)
     Morte de Péricles (setembro)

428 Terceira invasão da Ática (maio-junho)
     250 navios atenienses postos em ação no Egeu e no oeste (verão)
     Atenienses sitiam Mitilene, em Lesbos (junho)

427 Quarta invasão da Ática (maio-junho)
     Capitulação dos mitilenos e debate sobre seu destino em Atenas (julho)
     Rendição dos resistentes em Plateia e destruição da cidade (agosto)

426 Retorno da praga a Atenas (maio-junho)
     Demóstenes conduz campanhas em Etólia e Anfilóquia (junho)
     Primeira expedição ateniense à Sicília (inverno)

425 Atenienses ocupam Pilos (maio)
     Quinta e última invasão anual peloponésia da Ática (maio-junho)
     Espartanos se rendem em Sfactéria (agosto)
     Ataque ateniense contra Corinto e batalha de Soligeia (setembro)

424 Beócios derrotam atenienses em Délion (novembro)
     Brasidas captura Anfípolis (dezembro)
     Atenienses navegam de volta a Atenas após a primeira expedição contra a Sicília (inverno)

423 Atenas ataca Mende, Cione e Torone (abril)
     Muralhas de Téspias arrasadas pelos beócios (verão)
     Brasidas ativo no noroeste da Grécia (verão)

422 Clêon e Brasidas mortos em Anfípolis (outubro)
     Negociações de paz entre Atenas e Esparta (inverno)

MEDO | 59

FASE DOIS: A PAZ DE NÍCIAS (421-415)
Capítulos: Terror, Armadura, Muralhas

421   Atenas evacua os messênios de Pilos (inverno)
Beócia, Corinto e Argos discutem várias alianças (verão)

420   Alcibíades exorta a uma aliança antiespartana de Atenas, Argos e Mantineia (julho)
Élis impede que os espartanos participem dos Jogos Olímpicos (verão)

419   Alcibíades entra com uma pequena força terrestre no norte do Peloponeso (verão)
Argos e Epidauro recomeçam guerra de fronteira (verão)

418   Vitória de Esparta em Mantineia (agosto)
Argos e Mantineia retornam à aliança espartana (novembro)

417   Conflito civil em Argos e derrota dos democratas (inverno)
Frota ateniense ativa no norte da Grécia (verão)

416   Ataque ateniense a Melos (maio)
Debate sobre envio de uma armada à Sicília (verão)

FASE TRÊS: A GUERRA DA SICÍLIA (415-413)
Capítulos: Cavalos, Navios

415   Alcibíades, Nícias e Lâmacos zarpam para Siracusa (junho)
Alcibíades chamado de volta, morte de Lâmacos e impasse na Sicília (setembro)

414   Chegada de Gílipos com várias forças de reforço peloponésias (agosto)
Segunda armada ateniense comandada por Demóstenes prepara-se para partir (inverno)
Espartanos chegam a Decêleia, na planície ateniense (inverno)

413 Mercenários trácios atacam Micálessos (primavera)
Derrota de atenienses em Epípolas e no Grande Porto (julho-setembro)
Execução de Demóstenes e Nícias (setembro)

FASE QUATRO: A GUERRA DECÊLEIA e a GUERRA JÔNIA (413-404)
Capítulos: Navios, Clímax

412 Atenienses constroem nova frota (primavera)
Aliança militar persa e espartana (verão)
Revoltas de aliados atenienses no Egeu (junho-julho)

411 Revolução oligárquica em Atenas (junho)
Almirante espartano Míndaros envia frota para o Egeu (setembro)
Dramática vitória naval ateniense em Cinossema (setembro)

410 Vitória naval ateniense em Cízicos (março)
Fracasso da revolução oligárquica e reabilitação de Alcibíades (verão)
Guarnição espartana estabelece base na Ásia Menor (inverno)

408 Atenienses tentam recuperar Bizâncio (inverno)

407 Ciro chega como sátrapa da Ásia Menor e dá mais ajuda a Esparta (primavera)
Alcibíades é expulso (primavera)

406 Almirante espartano Calicrátidas derrota atenienses no Egeu (junho)
Vitória ateniense nas ilhas Arginusas seguida pelo julgamento de generais vitoriosos (agosto)
Atenas rejeita oferta de paz espartana (agosto-setembro)

405 Derrota ateniense em Egospótamos e perda da frota (setembro)
Lisandro prepara-se para navegar até Atenas (novembro)

404 Bloqueio naval de Atenas em curso (inverno)
Lisandro navega até o Pireu e Atenas capitula (abril)
Ascensão dos Trinta Tiranos (verão)

CAPÍTULO 2

FOGO

A Guerra contra a Terra (431-425 a.C.)

Para Matar uma Árvore

Os espartanos votaram a favor da guerra no outono de 432, mas só deram início às hostilidades cerca de seis meses depois. Durante essa falsa guerra, os tebanos, seus aliados agrários, primeiro atacaram a pequena cidade de Plateia, embora vários enviados ainda transitassem entre Atenas e Esparta. Mas, quando chegou a primavera e, com ela, as condições favoráveis para uma invasão tradicional, milhares de espartanos perceberam que teriam de sair dali ou pedir desculpas pelo ataque preventivo imprudente de seu aliado tebano.

A ideia espartana era reunir a Liga do Peloponeso, invadir a Ática, destruir plantações e esperar que os atenienses saíssem para lutar. Se isso não ocorresse, a estratégia era se retirar na esperança de que a perda de alimentos durante a época da colheita causasse custosa escassez em Atenas e que a intimidante presença de espartanos perto das muralhas da grande cidade imperial encorajasse os súditos inquietos a se revoltar. E, se isso não ocorresse, os espartanos poderiam finalmente dizer que haviam estado na Ática, e que os atenienses não haviam estado na Lacônia.

Mas plantações perenes são mais resistentes que os homens. Pomares e vinhas são mais difíceis de derrubar do que pessoas, como rapidamente aprenderam os peloponésios quando cruzaram para a Ática no final de maio de 431. O número de oliveiras e videiras da Ática era maior que o número de habitantes da Grécia clássica. Algo entre 5 a 10 milhões de oliveiras e um número ainda maior de videiras pontilhavam a paisagem de 2.600 quilômetros quadrados. Os milhares de acres de campos de grãos em volta da cidade eram acrescidos de extensões ainda maiores de áreas plantadas por todo o Egeu, sul da Rússia e Ásia Menor, e essas colheitas estavam a apenas umas poucas semanas de transporte por mar. O que, então, estavam pensando os espartanos?

Parcialmente em busca de uma resposta, tentei, faz alguns anos, derrubar várias nogueiras velhas em minha fazenda. Mesmo quando o machado não quebrava, às vezes levava horas para derrubar uma única árvore. Tentativas subsequentes com troncos de laranjeiras, ameixeiras, pessegueiros, oliveiras e pés de damasco não tiveram mais sucesso. Mesmo depois de derrubar com serra elétrica toda uma plantação de ameixas durante a primavera, por volta de um mês grandes brotos saíram dos tocos. Se alguém quisesse restaurar o pomar, novos cultivares poderiam ter sido enxertados aos novos brotos silvestres. Os pés de damasco, pêssego, amêndoa e caqui provaram-se igualmente resistentes. As mais difíceis de arrancar foram as oliveiras. E mais difícil ainda conseguir que pegassem fogo. Árvores frutíferas vivas (como videiras) não queimam facilmente — ou, pelo menos, não mantêm o fogo aceso por tempo suficiente para que o calor as mate. Mesmo quando pus fogo nos arbustos secos ao redor da árvore, as folhas ficaram chamuscadas, o tronco escureceu, mas nenhum dano duradouro foi causado.

Tucídides observa que, durante a quarta invasão da Ática em 427, os espartanos tiveram de cortar de novo aquelas árvores e videiras "que haviam crescido novamente" após suas primeiras devastações alguns anos antes — um fenômeno de regeneração bem registrado em outras partes onde ocorreram ataques desse tipo à agricultura. Foi bastante difícil levar um exército para a Ática, mas ainda mais difícil aceitar que o trabalho de destruição precisava ser refeito após quatro anos. Alguém que tente qualquer uma dessas tarefas de destruição — mesmo sem enfrentar cavaleiros inimigos prontos para o contra-ataque — logo compreende que, quando um antigo autor grego convencionalmente descrevia as tropas como "devastando a terra" (*dêountes/temnontes tên gên*), ele provavelmente queria dizer, de fato, algo como "elas atacavam, mas não puderam destruir a terra com facilidade".[1]

Mas esperem: não é verdade que os gregos viviam de pão, não apenas de vinho e azeite? E, assim sendo, não estavam os espartanos pondo fogo facilmente em todos os estoques críticos de grãos da cidade que eles não consumissem imediatamente? Afinal, deveria ter sido muito mais fácil para os espartanos na Ática queimar uma colheita de grãos amadurecendo do que derrubar árvores ou videiras a machado. Contemplando milhares de acres de talos de trigo seco balançantes, alguém poderia pensar que uma única brasa tornaria toda a tarefa ridiculamente simples. No entanto, até mesmo pôr fogo em grãos nem sempre é fácil, por diversas razões. Se alguém toca fogo em um campo seco de cevada, em vez do súbito inferno esperado, o que acontece é que um fogo localizado queima apenas por uns instantes até que as chamas silenciosamente se apaguem. Os talos com frequência estão mais verdes do que parecem — e o espaçamento entre eles é muito maior do que os olhos percebem.

Quando e *como* alguém queimava um campo parecia fazer a diferença entre um grande incêndio e labaredas esporádicas. Outros fatores envolviam condições atmosféricas, o estágio de maturação e o conteúdo de umidade dos campos de grãos. O mesmo valia para a queima de cultivos permanentes de árvores e videiras. Atualmente, cultivadores exasperados às vezes alugam lança-chamas de quinhentos galões de gás propano para garantir que as pilhas de arbustos não se apagarão antes da hora. E, às vezes, é impossível fazer o fogo pegar até mesmo em pilhas de árvores frutíferas mortas e aparentemente secas.

Mesmo quando alguém não está usando uma armadura ou se desviando de setas e dardos, a arte da combustão de produtos agrícolas é um assunto delicado. Aí reside um dos muitos paradoxos da tradicional guerra campal grega nas décadas antes da Guerra do Peloponeso: com a mesma frequência, a tática baseava-se tanto em danos antecipados quanto em danos reais. Árvores e videiras, afinal, são culturas permanentes cujos danos não envolvem meramente a perda de uma colheita anual, mas o investimento de toda uma vida, com claras implicações psicológicas para fazendeiros sensíveis que se encontrassem no caminho da destruição.

Essa paranoia dos proprietários de terras — especialmente donos de plantações de árvores e videiras — foi o que impeliu um anônimo reacionário contemporâneo ateniense a observar que: "Aqueles que plantam e são os ricos entre os atenienses têm maior probabilidade de ir em busca do inimigo, enquanto as pessoas comuns sabem que nada de sua propriedade será queimada ou cortada, e então vivem sem medo e não buscam estabelecer boas relações com o inimigo."[2] Aristófanes, o autor de comédias, também destacou o estranho cálculo patriótico que surgiu em uma Atenas fortificada: os mais destacados administradores do solo sagrado do Estado — os homens da infantaria hoplita — tinham maior probabilidade de evitar o conflito, enquanto os pobres indolentes estavam mais dispostos a combater os inimigos de seu país.

Em um ambiente agrícola, devastar colheitas era uma afronta à vida espiritual e religiosa da pólis, além de uma ameaça potencial à sua sobrevivência econômica. Por certo, quando se tratava de um Estado no interior do país e sem muralhas, se uma comunidade fosse pega cochilando, e se o inimigo chegasse na hora certa, toda uma colheita de grãos poderia ser incendiada sem muito esforço. Tal perda certamente podia causar imediata morte generalizada por fome — e ocasionalmente causou. No mundo antigo, no entanto, na maior parte das vezes, esse cenário quase perfeito requeria reunir um número muito grande de condições. Assim, nem os espartanos na Ática nem os atenienses na Sicília jamais destruíram completamente o cenário agrícola dos adversários.[3]

Entre os povos mediterrâneos, as criações humanas de cimento e de aço para construção de estradas e fábricas não possuem nenhuma das belezas nem a idade ou a mística das oliveiras. Que a oliveira seja uma árvore perene em um clima quente; que possua enormes poderes de regeneração; que possa crescer quase que em toda parte sem atenção constante nem grandes quantidades de água e fertilizante; que alcance uma idade avançada; que seus frutos forneçam alimento, combustível, óleo para cozinhar — tudo isso combina para cercar a árvore com uma reverência quase religiosa, à altura de sua compreensível utilidade, tanto hoje quanto no passado. Aquela majestade explica por que existiam mitos cercando a supostamente indestrutível oliveira que cresce na Acrópole e por que as peças teatrais louvavam a árvore como símbolo da própria Ática. A oliveira, em outras palavras, era um alvo muito atraente, carregado de capital simbólico.

Terra e Soldados

Fora de Esparta, a maior parte da infantaria hoplita era originalmente composta de agricultores — e, como a maior parte de outros cidadãos gregos antigos, orgulhosos disso; como nos lembra Aristófanes: "Os agricultores fazem o trabalho, ninguém mais."[4] Em um mundo pré-industrial no qual com frequência se necessitava de nove pessoas trabalhando na agricultura para sustentar dez, a agricultura era o eixo de toda a vida social, econômica e cultural. Trabalhar o solo definia a existência espiritual de um homem, desde o cultivo de árvores e pomares ancestrais até a administração de reverenciados santuários rurais e a preservação da casa de seu pai, que ele queria passar para seu filho.

A despeito das imagens do majestoso Partenon, dos sofisticados simpósios de Atenas ou da falange espartana de matadores profissionais de elite, a maior parte dos gregos era constituída de produtores de alimentos. Assim, e de inúmeras maneiras, a guerra era condicionada exatamente por aquele fato. A área rural é o cenário real da Guerra do Peloponeso, a fonte dos alimentos que manteriam os combatentes, a morada da maior parte dos participantes e, de fato, muitas vezes o próprio local onde ocorria a luta.

Os agricultores gregos não eram exatamente animistas que acreditavam que suas árvores e animais fossem espíritos divinos. Ainda assim, para eles o campo estava cheio de divindades menores que protegiam rios, fontes, árvores e santuários. Tal imanência mística era uma das razões por que a agricultura era mais que apenas a arte de produzir alimentos. O filósofo, historiador e guerreiro ateniense Xenofonte resumiu "a melhor vida" como aquela dedicada ao cultivo da terra, que dava ao homem "o mais alto grau de força e beleza". Em termos práticos e morais, a agricultura transformava "aqueles que trabalham o solo em homens corajosos, os melhores cidadãos, os mais leais à pólis". Quando soldados evacuavam suas fazendas, a angústia que sentiam não derivava apenas do medo de perdas econômicas: mais que isso, a provocação destinava-se a ser, tanto quanto um dano material, também uma questão de orgulho ferido e vergonha para aquela geração.[5]

Quando os personagens de Aristófanes são apresentados como apinhados em Atenas durante as invasões espartanas, eles suspiram e desejam retornar às fazendas de seus ancestrais, ver aquelas árvores e videiras que haviam plantado e visitar santuários sagrados. Essas cenas não eram criações fantasiosas de um poeta cômico. Durante a evacuação, Aristófanes havia se familiarizado com as vidas de alguns dos 20 mil agricultores da Ática que possuíam e cultivavam grande parte dos 200 mil acres ao redor de Atenas. Eles eram os valentes interioranos que formavam o núcleo do exército tradicional que havia batido os persas em Maratona, esmagado os temidos beócios na batalha de Enofita e combatido ombro a ombro com os espartanos em Plateia e em Messênia, tudo isso somente no século V. A melhor maneira de impelir esses "mais leais" dos homens de uma milícia agrária a avançar e lutar era assaltar os símbolos do que significava ser um cidadão livre dono de terras — e, mesmo em 431, em uma Atenas marítima e imperial, ainda havia milhares desses resolutos agricultores-cidadãos.

Como quer que fosse impraticável a estratégia espartana, o rei Arquídamos e seus generais pelo menos compreenderam as questões espirituais em jogo. Os maiores teatrólogos atenienses — Sófocles, Eurípides e Aristófanes — num momento ou outro alardearam a santidade da Ática ou lamentaram os sofrimentos causados pela devastação provocada pelos inimigos.[6] Sua angústia durante a guerra refletia uma longa tradição grega: durante a maior parte das atividades bélicas terrestres intramuros entre 700 e 450, a visão de algumas oliveiras ancestrais feitas em pedacinhos por um machado era suficiente para levar à batalha os enfurecidos hoplitas a quem pertenciam. Guerras entre proprietários podem ser deflagradas por agravos percebidos, mais que pelos reais, a respeito de uns poucos troncos talhados, em vez de por milhares de acres de pomares destruídos. Um visitante moderno que examine as árvores dispersas e os arbustos nas fronteiras pedregosas entre a Ática e a Beócia ou entre Argos e Esparta pode ficar se perguntando por que sociedades tão sofisticadas teriam começado uma guerra para disputar uma terra aparentemente sem valor.

Os espartanos reacionários não estavam completamente malucos, então, quando, ao chegar à Ática no final da primavera de 431, pensaram que os atenienses surgiriam marchando de maneira suicida e formariam uma falange tão logo experimentassem fogo e espada. É verdade que a falange espartana por si só instilava terror e aparentemente teria afugentado quaisquer adversários potenciais. Mas em quase 75% dos casos de batalha hoplita, exércitos gregos de defesa derrotaram os invasores e, assim, estavam confiantes em sua vantagem inicial — tamanho era o peso do elemento psicológico para os proprietários de terras quando defendiam o próprio solo sagrado.

A devastação havia se tornado uma tática amplamente aceita, tanto que foi institucionalizada nas cláusulas de arrendamento de terras e tratados de paz. A devastação de terras agriculturáveis estava profundamente arraigada na cultura popular, e era um tema corriqueiro de discussão ética. Frases de efeito ampliavam essa experiência quase anual de atacar culturas permanentes, na forma de bravatas sobre "fazer as cigarras cantarem no chão" ou ameaças de "transformar plantações em pasto para ovelhas" se as demandas não fossem atendidas.[7] Grande parte da lógica da guerra, em outras palavras, tinha permanecido estática durante séculos em uma sociedade rural de aldeias não fortificadas. Aparentemente, apenas umas poucas pessoas no Peloponeso perceberam que todas as regras estavam prestes a desaparecer na medida em que a Grécia se encontrava à beira da primeira verdadeira revolução militar na história da civilização ocidental.

Somente um Estado quase policial que não tinha nenhum dinheiro real, nenhuma muralha, nenhuma vida intelectual que merecesse esse nome, nenhuma noção de mobilidade ascendente e nenhuma imigração podia ingenuamente supor que uma tática paroquial que funcionara com recalcitrantes vizinhos rurais do Peloponeso poderia derrubar o maior Estado na história da civilização helênica. Era ainda pior que isso: durante o século V, Atenas havia construído as mais maciças fortificações municipais do mundo grego precisamente para garantir suprimentos de alimentos importados e, em parte, para criar imunidade contra guerras agrárias. Em uma das mais subestimadas passagens da história de Tucídides, os coríntios censuram severamente seus aliados espartanos, dizendo: "Comparados com os dos atenienses, seus métodos são ultrapassados."[8]

Na realidade, a maior parte dos conservadores gregos também partilhava a ingenuidade espartana e acreditava que seriam favas contadas a vitória para os invasores. Estavam convencidos de que eles matariam os soldados atenienses ou deixariam morrer de fome suas famílias. Antes de os espartanos e seus aliados chegarem concretamente à Ática, Tucídides, por exemplo, escreveu que eles haviam partido da premissa de que poderiam derrotar Atenas "nuns poucos anos, caso devastassem seu território". Observadores neutros concordavam com os prognósticos promissores: "Se os espartanos chegassem a invadir a Ática, alguns pensavam que os atenienses poderiam aguentar durante um ano; outros, dois; mas ninguém imaginava que pudessem ir além de três anos." Tucídides não nos diz quem eram esses "alguns"; provavelmente, eram seus próprios amigos oligarcas atenienses e fontes aristocráticas espartanas que — diferentemente dele próprio — nunca chegaram de fato a entender a natureza revolucionária e a resistência de uma Atenas radicalmente democrática. Só mais tarde, e após uma longa década de guerra, o general espartano Brasidas refletiu sobre o quanto estavam equivocadas essas ideias antigas e simplistas. Admitiu isso perante suas tropas no campo alguns anos após o eclodir da guerra: "Estava errada a ideia que tínhamos então da guerra, quando nos achávamos capazes de rapidamente destruir os atenienses."[9]

Esquecendo que as áreas do interior da Ática haviam sido evacuadas e abandonadas antes da maciça invasão pelos persas de Xerxes em setembro de 480, a maior parte dos espartanos apegou-se à ideia de que os atenienses reagiriam como haviam feito uma década antes da chegada inicial de Dario a Maratona, em 490, quando esteve a cerca de 40 quilômetros a nordeste da cidade. Durante a primeira invasão persa da Grécia, milhares de agricultores atenienses vestiram armaduras e correram para proteger o solo e o prestígio da Ática — ganhando fama eterna como "os bravos de Maratona" que haviam salvado a cidade num só golpe.

Os invasores também baseavam sua confiança em provocar um confronto num exemplo mais recente: 15 anos antes, na iminência da invasão espartana de 446, durante a Primeira Guerra do Peloponeso, os atenienses haviam visto um rei espartano e seu exército darem meia-volta quando chegaram à fronteira, possibilitando assim, na penúltima hora, um alívio tanto para as tropas quanto para os agricultores de Atenas.[10] Consequentemente, em maio de 431, os atenienses mais velhos tinham boa razão para pensar que os espartanos poderiam, mais uma vez, ser bajulados ou subornados para fazer uma demonstração cerimonial de força antes de se retirarem como haviam feito antes. Na véspera da deflagração da guerra, os impacientes coríntios confiantemente exortavam os espartanos a invadir "sem delongas".[11]

Os próprios espartanos imaginavam que a campanha duraria uma ou duas estações: queime alguns grãos e corte algumas videiras e árvores, espere que 10 mil fazendeiros áticos corram para os campos de batalha, e então observe os profissionais da infantaria de Esparta, apoiados por milhares de outros aliados, acabarem com eles num instante. Afinal, 16 anos antes os beócios haviam expulsado os atenienses de sua terra natal e imediatamente posto fim à guerra em uma única e devastadora derrota do exército ateniense na batalha de Coroneia, em 447. Ninguém esperava que os defensores atenienses lutassem exatamente como haviam lutado os beócios em Coroneia, mas muitos pensavam que eles pelo menos lutariam.

Os aliados atenienses no Egeu se sentiriam encorajados pela mera audácia das tropas espartanas acampadas ao lado das muralhas de Atenas e rapidamente se revoltariam. A cidade então proporia a paz. Esparta ditaria os termos: talvez liberdade aos súditos gregos para que deixassem o império ateniense e garantias de neutralidade para Estados do "Terceiro Mundo". Novas concessões atenienses seriam feitas: rendição de fortes na fronteira, redução da frota ou aliança com Esparta. Desse modo, todos poderiam voltar para casa com as questões de prestígio, honra e status claramente resolvidas no campo de batalha. Alguns poucos gregos podem ter se lembrado de antigos esforços espartanos para depor a tirania ateniense e da bravura do exército espartano 50 anos antes, na batalha de Plateia, quando paralisou totalmente os persas, e por isso acharam que a surpreendente postura de Esparta como libertadora das cidades-Estados submetidas a Atenas era algo a que se devia dar algum crédito.

Essa estratégia inflexível foi o primeiro de uma série de trágicos cálculos equivocados, como até o comandante das forças invasoras peloponésias finalmente percebeu antes de começar a marcha. "Os atenienses têm grande quantidade de outras terras em seu império e podem importar o que quiserem por mar", alertou, em um discurso semelhante ao de Lorde Grey, o rei espartano Arquídamos: "as lâmpadas estão se apagando em toda a Europa, e não as veremos brilhar novamente enquanto vivermos".* E acrescentou, de forma perturbadora: "Não nos enganemos com a esperança de que bastará devastarmos o interior do país para que a guerra termine. Em vez disso, temo que deixaremos a guerra de herança para nossos filhos, tão improvável me parece que os atenienses se provem escravos de sua terra ou, como amadores, fiquem chocados com a guerra."[12]

Desde o primeiro momento, os atenienses, ainda que acidentalmente, se deram conta de que a única maneira de perder a guerra seria quando um inimigo conseguisse fazer o que Lisandro acabou logrando, 27 anos mais tarde, quando navegou Pireu adentro e sentou-se no topo da Acrópole. Os atenienses tomaram medidas para reservar a enorme soma de 1.000 talentos — cerca de 480 milhões de dólares atuais — para a criação de um fundo de defesa de emergência destinado a alistar mais tropas e construir mais navios caso os espartanos enviassem uma frota contra o Pireu. De fato, em 429, os frustrados espartanos tentaram justamente isso, e seus audazes atacantes marítimos quase conseguiram chegar perto do porto antes de serem expulsos de Salamina e de volta a Corinto.[13]

A Sombra de Péricles

Como líder popular de um Estado radicalmente democrático, Péricles compreendeu que talvez a quarta parte de seus eleitores — o núcleo de seu eleitorado mais pobre — não possuía praticamente nenhuma terra. A metade dos cidadãos de Atenas remava na frota ou trabalhava no programa de obras públicas para criar sua majestosa cidade imperial. Como reclamavam os indignados filósofos e membros das elites, os tetas mais pobres não sofreriam pessoalmente nenhum dano direto com um ataque

---

*Edward Grey, secretário das Relações Exteriores da Grã-Bretanha, em agosto de 1914, no dia anterior à eclosão da Primeira Guerra Mundial. (*N. da T.*)

às fazendas que não lhes pertenciam.* Muitos moradores da cidade quase não conheciam nenhum fazendeiro ático. Talvez raramente vissem algum na cidade. Em vez disso, podiam ter grandes lucros como remadores pagos para patrulhar e proteger as vias marítimas. A partir desse cálculo político autointeressado de sacrificar a agricultura nativa surgiu também a melhor solução para coletivamente defender o império marítimo de Atenas.

No entanto, Péricles não era meramente um cínico e nem estava ansioso, em um tempo de guerra, para criar divisões políticas entre seu próprio povo. Ele também compreendeu duas outras deficiências essenciais da estratégia espartana às vésperas da primeira invasão de 431. Em primeiro lugar, não era uma tarefa fácil para dezenas de milhares de tipos interioranos deixar as próprias colheitas, marchar quase 250 quilômetros, viver com o que encontrassem nas terras pelas quais passavam e sistematicamente destruir em poucos dias algo como 200 mil acres — especialmente quando invasores em pequenos grupos e fora de formação tornavam-se presa fácil para as guarnições rurais atenienses e as patrulhas de cavalaria. Mais tarde, os atenienses acreditaram que, se pudessem pelo menos tirar da guerra os beócios, que forneciam apoio de cavalaria para os saqueadores peloponésios, as invasões cessariam imediatamente. Aparentemente, cavaleiros lutavam contra cavaleiros para impedir que a cavalaria ateniense perseguisse os invasores vulneráveis.

Os espartanos também chegaram em tal quantidade, que seu exército parecia formidável demais para alcançar o objetivo de levar os atenienses à guerra, além de quase grande demais para ser alimentado.[14] A necessidade de alimentar tantos milhares enquanto estivessem na Ática era, em si, um pesadelo logístico, e o sucesso dependia inteiramente de quão rapidamente eles conseguissem chegar aos grãos atenienses enquanto estivessem maduros e ainda nos campos, sem colher, ou antes de serem transportados para Atenas. Estudos modernos têm sugerido que, durante as cinco invasões, os peloponésios teriam consumido ao todo uma quantidade de grãos equivalen-

---
*Os tetas eram as classes mais pobres do censo em Atenas e em outras partes — em tempo de guerra, eram basicamente assalariados sem terra que remavam na frota ou acompanhavam as falanges como forças irregulares e tropas ligeiras.

te a toda uma colheita anual de trigo e cevada da Ática. À altura de junho de 431, pode ter havido, no total, quase 400 mil peloponésios e atenienses no interior da Ática ou dentro das muralhas de Atenas — uma vasta, quase totalmente anônima multidão de pessoas desesperadas envolvidas na guerra, e à qual não é feita quase nenhuma menção em nossas fontes antigas.[15]

Péricles havia alertado sobre os perigos de enfrentar o exército nacional dos peloponésios: mesmo que os atenienses tivessem vencido uma única batalha campal contra números tão imensos de hoplitas, tal vitória dramática ainda assim não teria decidido a guerra. Enfrentar tal exército em uma batalha campal era "uma coisa terrível" de se considerar, na qual mesmo uma vitória milagrosa poderia ter um efeito estratégico mínimo. É difícil saber se Péricles temia o mero tamanho do exército aliado peloponésio ou a presença dos próprios espartanos, que provavelmente representavam apenas 10% da força agregada, ou entre 4 mil e 6 mil hoplitas. Mais tarde, em 406, o rei Ágis levou um exército de quase 30 mil soldados diretamente às muralhas de Atenas. Mas os espartanos só marchavam em noites sem luar, e não estavam dispostos a entrar em uma batalha à distância de uma flechada da cidade. Por sua vez, a falange ateniense não tinha a menor vontade de enfrentá-los longe do apoio protetor de arqueiros postados nos baluartes.[16]

Enquanto os espartanos tentavam derrubar oliveiras na Ática, os marinheiros e as tropas ligeiras atenienses, embora em menores números, podiam ser transportados por mar até as cidades costeiras do Peloponeso e acossá-las com incursões e saques. Essas táticas haviam sido usadas anos antes em batalhas entre Esparta e Atenas. De fato, durante a primeira década da guerra os atenienses realizaram ataques por todo o Peloponeso. Eles tomavam de assalto pequenas aldeias onde os grãos colhidos ficavam armazenados e vulneráveis. Os invasores de Péricles causavam tamanho terror e perturbação, que começou a circular entre o povo a história de que os atenienses haviam causado mais danos agrícolas no Peloponeso do que os peloponésios na Ática.[17] Foi justamente uma dessas expedições devastadoras realizada muito mais tarde contra o litoral da Lacônia, no verão de 414, que enfureceu suficientemente os espartanos a ponto de levá-los a recomeçar a guerra. Eles afirmavam que tamanha audácia de atacar seu solo sagrado numa época de reconciliação era um insulto a seu orgulho, levando-os assim, formalmente, a anular as cláusulas da Paz de Nícias e, finalmente, recomeçar as hostilidades em grande escala contra Atenas.[18]

Não demorou muito até que os atenienses começassem a explorar a paranoia espartana com relação aos hilotas. Se os próprios aliados agrários peloponésios de Esparta se preocupavam com as colheitas e limitavam o tempo que podiam ficar longe de suas plantações, os espartanos se preocupavam não com campos desatendidos, mas com trabalhadores agrícolas sem supervisão. Tinham uma inquietação constante com o fato de que povos vizinhos como os argivos ou arcádios estavam só esperando a hora para promover rebeliões hilotas que lhes facilitassem as próprias aspirações à independência.[19]

Por todas essas razões, a liderança ateniense havia convencido todo mundo, exceto os próprios agricultores, de que os espartanos não danificariam seriamente as áreas agrícolas de Atenas — e, com toda a probabilidade, não forçariam o Estado ateniense nem a entrar na luta e nem a capitular. Mesmo os súditos marítimos rebeldes de Atenas, que no passado haviam acreditado que, invadindo a Ática, poderiam conseguir se revoltar contra Atenas enquanto ela estivesse distraída com o problema, finalmente acabaram concordando. Ao buscar apoio espartano para sua revolta em 427, após quatro invasões espartanas à Ática, os mitilenos de Lesbos acabaram dando de ombros, dizendo que "a guerra não será na Ática". Para eles, a luta e a vitória se dariam nos mares, e não queimando e cortando plantações.[20]

Tais ideias de uma vitória naval levaram duas décadas para se desenvolver em Esparta. Enquanto isso, a chave para vencer esses reacionários dórios, conforme compreendeu Péricles, era manter todo mundo no lado de dentro das muralhas — uma tarefa nada fácil em se tratando de milhares de fazendeiros áticos de cabeças quentes. Além disso, ele precisava garantir que as rotas comerciais estivessem seguras e as trirremes atenienses atentas a sinais de qualquer rebelião marítima. Mais tarde, Estados peloponésios ambivalentes, como Argos e Mantineia, poderiam passar para o lado ateniense e, assim, cercar Esparta com vizinhos inimigos. A Beócia, como havia acontecido entre 557 e 447, também podia ser invadida e, mais uma vez, ser transformada num aliado democrático.

Mas tudo isso estava no futuro. Por enquanto, na primavera de 431, Péricles tinha o problema mais imediato de lidar com um exército inimigo de 60 mil homens assomando no horizonte. Então ele relembrou aos cidadãos que árvores e videiras — diferentemente de homens — podiam regenerar depois de cortadas. Anunciou a seus compatriotas resmungões: "Se eu achasse que isso persuadiria vocês, faria com que fossem lá e as destruíssem com as próprias mãos."[21]

Porém, é claro, ele nunca poderia convencer aqueles pequenos fazendeiros da Ática. Poucos meses antes da chegada de Arquídamos, os atenienses assistiram à *Medeia* de Eurípides, uma peça na qual o interior do país era louvado como "a terra santa que nunca foi devastada" — um reflexo de quão confortadora era aquela bravata para a maior parte dos atenienses. De fato, existe uma palavra especial na língua grega, *aporthêtos* ("não devastada") que reflete esse orgulho quase religioso com a terra que havia permanecido intocada pelo inimigo em consequência da coragem e da força dos cidadãos hoplitas. Nesse contexto, será que o fato de os espartanos haverem fracassado na Ática, entre 431 e 425, sem conseguir vencer a guerra ou obter concessões, provava que a estratégia de devastação agrícola já não era mais de grande valia em um conflito tão multifacetado e longo como a Guerra do Peloponeso?

Não exatamente. Mais adiante na guerra, a prática reacionária da devastação ainda continuava a deflagrar resistência, lutas internas, capitulação ou fome em lugares como Córcira, Ácantos, Mende e Melos. Mas então, e diferentemente do caso excepcional de Atenas, nenhum desses lugares dispunha de amplas fortificações conectadas a um porto bem protegido, capital de reserva, fornecimento garantido de alimentos importados, um império, uma frota e uma população democrática relativamente unida.[22] Além disso, os gregos acabariam valorizando a devastação como uma tática de guerra econômica em seus próprios termos, em vez de vê-la como forma de deflagrar uma batalha campal.

A Grande Aposta

Se o rei Arquídamos e seu exército peloponésio subestimaram totalmente os problemas de devastar a Ática e a natureza das contramedidas atenienses, o próprio Péricles havia falhado em perceber três falhas fatais naquela estratégia de atrito que, não fosse isso, teria sido perfeita. A primeira foi que ele tomou como certo que uma cidade construída para 100 mil residentes urbanos poderia acomodar — sem problemas de moradia, água e saneamento no calor mediterrâneo do final da primavera e início do verão — uma população adicional de uns 100 mil ou 150 mil refugiados rurais durante um mês ou mais. Ele estava errado. Milhares de refugiados ficariam sem abrigo permanente. Rapidamente levariam à exaustão as fontes, latrinas e os esgotos da cidade. E ficariam cada vez mais enfurecidos por terem sido forçados a deixar suas casas, logo entrando em atrito com os habitantes da cidade — a maior parte dos quais eles nunca haviam visto e de quem provavelmente não gostavam.

Péricles planejou transformar a mais majestosa cidade do mundo grego em um enorme e asqueroso campo de refugiados em uma era anterior ao conhecimento e ao tratamento apropriado de micróbios — uma política radical nunca tentada nem durante a Guerra Persa ou a Primeira Guerra do Peloponeso. Qualquer um que já tenha passado verões na Atenas moderna pode avaliar o calor da tarde que desce sobre a cidade e o ar estagnado — estando ela situada em uma bacia cercada e isolada pelos montes Egaleo, Parnes, Pentélico e Himeto e sem ter em sua vizinhança imediata um grande rio ou o mar.[23]

Mais tarde, um Péricles exausto confessou a uma assembleia desgastada e enfurecida: "A praga foi o único evento que se provou maior que nossas previsões." Há outras ironias trágicas aqui: a construção anterior das Longas Muralhas (461-456) foi a forma de garantir que, no futuro, os atenienses poderiam evitar batalhas campais, permanecer na cidade e, assim, não ter que fugir em massa para as ilhas vizinhas. Com efeito, aquela evacuação traumática de Atenas, em 480, que dispersou a população pelas áreas vizinhas de Egina, Salamina e Trezena, reduziu as chances de superpopulação e praga. O de que Péricles precisava talvez não fosse tanto um estratego militar, mas um especialista em saúde pública. Enquanto isso, ele parecia tão imprudente quanto Arquídamos parecia sábio. Uma pestilência fortuita provou desastrosa a visão estratégica do primeiro — e fez parecer inspiradas as ideias banais do último.[24]

A segunda falha de Péricles foi apostar que os atenienses — um povo que havia uma vez marchado até Maratona para derrotar um exército três vezes o seu e afundado uma frota persa numericamente superior à sua em Salamina, à vista da Acrópole — poderiam agora sentar-se idilicamente sem causar dano à psique nacional enquanto milhares de inimigos se pavoneavam diante das muralhas para desafiar seu orgulho marcial. É claro que os agricultores não tardariam a ficar irados com o fato de suas casas terem sido invadidas. Mas a população como um todo também teria que engolir a ideia ainda mais odiosa de que nenhum de seus homens ousaria lutar com um inimigo estacionado a poucos quilômetros da cidade.

A guerra nunca é um conflito sobre coisas concretas. Em vez disso, como perceberam grandes generais desde o tebano Epaminondas até Napoleão, trata-se de um embate de vontades, de mentalidades e percepções que residem no coração de todas as exegeses militares. É isso o que explica, por exemplo, por que um exército russo, que em 1917 colapsou em sua fronteira, resistiu no interior invadido durante a Segunda Guerra Mundial; ou como um exército israelense completamente suplantado em número e carente de suprimentos, entre 1947 e 1967, derrotou inimigos que contavam com armamentos superiores e com contingentes militares dez vezes maiores.

Assim, uma vez que os atenienses haviam estabelecido o precedente de que inimigos poderiam ocupar suas terras com quase total garantia de que não seriam — ou não poderiam ser — removidos a força, não se seguiria daí, inevitavelmente, um senso coletivo de autodúvida e insegurança? Novamente, não iriam outros inimigos — ou mesmo os críticos e grandes Estados vassalos de Atenas no Egeu, como Quíos, Mitilene e Samos — sentir que Atenas já não podia ou não estava disposta a responder a um ataque? Como, exatamente, poderia um império orgulhoso impedir insurreições em ilhas distantes tributárias, quando não defendia nem mesmo o próprio solo? Os gregos com maior potencial de rebeldia não eram versados em nuanças táticas e, desse modo, usaram o mais primário cálculo moral para indagar algo como: "Será que nossos senhores, os atenienses, lutaram ou, com medo, mantiveram-se por trás das muralhas?"

Anos mais tarde, às vésperas da expedição siciliana, um dos argumentos usados pelo sofista Alcibíades para convencer os atenienses — cidadãos que haviam perdido um quarto de sua população para a praga e tido sua terra ocupada em cinco ocasiões — a atacar Siracusa foi que, por sua própria natureza, Atenas era adequada somente para estratégias agressivas, e deixaria de existir se optasse por uma postura passiva. Talvez uma razão para a lógica frequentemente falaciosa de Alcibíades haver sensibilizado a audiência tenha sido que os cabeças quentes que o ouviam podiam se lembrar das primeiras invasões de Arquídamos — quando os atenienses haviam ficado parados e, com isso, ocasionado a praga e a morte de Péricles, além de não terem obtido nenhuma clara vantagem durante dez anos.

Em última instância, se Atenas entrasse num conflito contra o maior poder terrestre no mundo grego, teria que destruir ou o exército espartano ou o sistema de hilotagem que viabilizava o treinamento daqueles militares profissionais que seriam depois mandados para o exterior. Existem poucos indícios de que Péricles, pelo menos no início, tenha alguma vez imaginado audaciosos golpes ofensivos, tal como organizar uma coalizão pan-helênica para baixar sobre a Lacônia ou, pelo menos, uma forma de sustentar financeiramente o conflito caso durasse mais de cinco anos. Novamente, as guerras não terminam realmente até que sejam eliminadas as condições que as iniciaram — um governo belicoso, um líder agressivo, uma política nacional de assumir riscos extremos calculados. Não sendo assim, permanece uma *bellum interruptum*, bem parecida com a chamada Paz de Nícias, quando Atenas e Esparta concordaram com uma trégua, em 421, pouco antes de se lançarem uma contra a outra com fúria renovada e mortal em 415.

A terceira falha de Péricles foi presumir que um líder com seus talentos retóricos, experiência política e autoridade moral poderia controlar tanto agricultores conservadores quanto extremistas democráticos, e fazê-lo de forma sistemática e firme até que os espartanos desistissem. Em bustos seus talhados em pedra, e tal como no caso de outro líder de guerra, Lincoln, ele parece quase sereno. Seu elmo hoplita está empurrado para trás, revelando a ampla testa e um semblante que reflete preocupação com questões monumentais, ao mesmo tempo sem nenhum indício de arrogância ou insegurança.

Durante mais de trinta anos, Péricles, como um general anualmente eleito, havia exercido influência moral olímpica e, com isso, conferido um senso de consistência e continuidade políticas não usuais em uma democracia antiga que funcionava sem freios e contrapesos constitucionais sobre os votos majoritários de uma assembleia instável. Sua astuta mistura de simpatias radicalmente igualitárias e sobriedade aristocrática o ajudou a liderar — mas sem mimar — a multidão volátil que podia votar a favor de escravizar, matar ou perdoar aliados rebeldes conforme lhe aprouvesse, e a qualquer momento.

É verdade que Péricles, em teoria, era somente um entre dez generais selecionados anualmente — que eram eleitos por um levantar de mãos em assembleia pública e podiam ser reeleitos a cada ano. Ainda assim, sua idade, experiência, caráter e retórica lhe garantiam tamanho apoio público que, pela pura força da vontade, ele era capaz de persuadir os colegas a realizar ou adiar assembleias do povo, e assim facilitar ou bloquear arrebatamentos de expressão popular.[25]

Nas palavras aprovadoras de Tucídides, "nominalmente uma democracia, Atenas tornou-se um governo dirigido por seu maior cidadão". Não está claro se tal encômio incondicional era uma expressão inteiramente correta de como realmente funcionava a política na Atenas de Péricles, especialmente se considerarmos a inclinação de Tucídides de denegrir a assembleia ateniense como uma "turba" ou uma "multidão" de pessoas mais pobres e menos educadas. Mas uma consideração mais relevante era que Péricles tinha então 64 anos. Deve ter havido dúvidas sobre ele ainda possuir a histamina política necessária para enfrentar o maior desafio na história da democracia.[26]

O que, em última instância, acabaria traindo o grande líder seriam tanto os lapsos em lógica quanto a exaustão física e a idade. Péricles provou-se errado nas três apostas que fez sobre a evacuação forçada da Ática. A súbita praga que eclodiu durante o segundo ano das invasões, em 430, exterminou milhares dos soldados de infantaria na linha de frente ateniense. Matou ou deixou doentes dezenas de milhares de outros, tirando mais vidas do que poderia ter feito qualquer falange espartana, recordando-nos de que, na maioria das guerras, morrem mais pessoas de doenças do que pelas armas inimigas.* Ele levou os cidadãos para dentro das muralhas para garantir a milhares sua salvação, mas, em vez disso, garantiu a destruição de um número muito maior. As tensões civis que eclodiram entre vários interesses nunca foram completamente resolvidas, mas logo se manifestaram em operações ofensivas precipitadas e pobremente concebidas, terminando nos dois golpes políticos de 411 e 403. Para Tucídides, um historiador conservador, a morte de Péricles foi uma perda trágica que levou a um infindável ciclo de figuras demagógicas menores: Clêon, Alcibíades, Hipérbolo, Cleônimos e Cleófon, todos jogando uma facção contra a outra em uma cínica busca de poder pessoal.

O Inimigo nos Portões

Ninguém antecipava essas repercussões no final de maio de 431. Logo, um imenso exército aliado de peloponésios, formado por milhares de hoplitas, soldados de cavalaria e tropas ligeiras — dois terços de todas as tropas disponíveis na aliança peloponésia — reuniu-se no istmo de Corinto. A massa então se arrastou na direção norte para a primeira do que acabariam sendo cinco invasões da Ática realizadas nos finais de primavera durante a década seguinte.

De fato, o ataque ocorreu um pouco mais tarde. A despeito de ouvir uma litania de reclamações peloponésias contra os atenienses durante o verão de 432, e então obtendo o parecer de que os atenienses estavam concretamente rompendo o acordo de paz, e finalmente recebendo a notícia de que seus aliados beócios haviam se antecipado a eles no início de março de 431 e atacado Plateia, uma cidade-Estado e protetorado ateniense, os espartanos ainda assim esperaram meses para avançar sobre a Ática. Ostensivamente,

---
*Na Guerra Civil Americana, por exemplo (1861-65), 2/3 de quase um milhão de mortes são atribuídos a doenças. (*N. da T.*)

tinham que calcular o tempo de sua chegada de modo a coincidir com a maturação dos campos de cevada e trigo, as culturas mais importantes para uma cidade antiga e as mais fáceis de destruir pelo fogo.

Em um interior tão extenso quanto o da Ática, repleto de elevações e microclimas diversos, pode haver um hiato de até dois meses e meio entre as épocas de maturação das colheitas. Assim, quando encontravam grãos secos combustíveis, isso não lhes dava nenhuma garantia de que a plantação a apenas alguns quilômetros dali também estaria madura e vulnerável. Os exércitos antigos usualmente levavam rações para mais ou menos três dias, e contavam com as colheitas dos invadidos para suplementar a pouca comida que carregavam. O fato de Arquídamos haver mobilizado um exército tão grande, composto de tantas pequenas comunidades, era um milagre, dado que a maior parte dos habitantes rurais do Peloponeso não tinha nenhum desejo de sair marchando e deixar mulheres e filhos cuidando das plantações quase maduras. De fato, mesmo se o enorme exército marchasse em dez colunas, ele se estenderia por quase 25 quilômetros enquanto lentamente serpenteasse para o norte em direção à Ática. Seu avanço tardio sobre a Ática formalmente deu início à Guerra do Peloponeso. E, quando os peloponésios finalmente cruzavam a fronteira, um arauto espartano voltava de uma fracassada missão de paz de último minuto a Atenas, lamentando o enorme exército que havia entrado na Ática: "Este dia será o começo de uma grande desgraça para os helenos." E assim foi.[27]

Nenhum desses contingentes teria atacado Atenas sozinho. Mas agora eles a atacavam como enxames, contando com duas garantias para sua segurança: o exército era imenso e, assim, invencível, e tanto os espartanos em túnicas vermelhas quanto os temidos cavaleiros beócios haveriam de estar na vanguarda na Ática. Sabe-se lá todos os pensamentos loucos que passavam pelas mentes daqueles oportunistas: será que Atenas se renderia, deixando sua luxuosa cidade pronta para ser saqueada? Será que os desgostosos hoplitas sairiam a campo aberto para encontrar a catástrofe em uma gloriosa vitória peloponésia? Será que 20 mil agricultores juntariam saques em quantidade suficiente para enriquecer toda uma geração? Tucídides escreveu a respeito do consenso helênico nas vésperas da guerra (é claro que isso foi bem antes de os Estados terem muita experiência com espartanos vitoriosos como seus senhores): "Claramente, estava do lado dos lacedemônios."[28]

A despeito das esperanças inimigas de que os aliados ultramarinos de Atenas se rebelassem ao saber que os espartanos afinal andavam livremente a poucos quilômetros da Acrópole ateniense, ou de que os atenienses levantariam seu sítio a Potideia, de fato poucos Estados tributários acreditavam que o poder ateniense estivesse sofrendo algum tipo de erosão. E muito poucos sentiam que o próprio futuro necessariamente seria melhor sob a hegemonia espartana. E os Estados neutros que enviaram os jovens para se juntar à cruzada espartana foram em número ainda menor. No mundo caótico de cerca de 1.500 cidades-Estados autônomas — onde uns poucos bastiões de pedra eram, às vezes, tudo o que mantinha fora da Ágora os invasores que se aproximavam no horizonte —, sempre foi mais sensato, diante de rumores de guerra, fazer uma pausa, respirar fundo, pôr de lado o zelo ideológico e cuidadosamente avaliar as respectivas forças de aliados e inimigos potenciais antes de se lançar à batalha. O voto da Liga do Peloponeso a favor da guerra foi dado em agosto de 432; o exército só chegou às fronteiras da Ática em maio de 431. Durante oito meses — quase exatamente o período da "falsa guerra" na fronteira franco-germana entre a invasão da Polônia e o ataque através de Ardennes (setembro de 1939 a maio de 1940) —, Esparta não apenas se preparou para reunir um exército aliado, como, mais importante que isso, esperou uma resolução final que pudesse obrigar Atenas a fazer concessões.[29]

A jornada dos peloponésios em direção ao norte seguiu basicamente o mesmo traçado das rodovias modernas entre Esparta e Atenas. É uma estrada idílica que, após deixar o istmo em Corinto, atravessa a planície de Mégara em direção aos altos penhascos acima de Salamina. Então, o caminho passa pelo santuário de Elêusis antes de cruzar as colinas do monte Egaleo, no moderno subúrbio de Daphni, e finalmente desce para a planície de Atenas. A estrada não é uma marcha fácil, suave, e fica pior com o calor do final da primavera e a escassez de água durante a maior parte do caminho. O que teriam pensado dezenas de milhares de peloponésios enquanto marchavam ao longo dos penhascos que se elevam acima dos estreitos de

Salamina, onde meio século antes os avós dos dois lados haviam se unido para preservar a liberdade grega?

A multidão que avançava era maior do que a população de quase todas as cidades-Estados gregas. Ia carregada com toneladas de armas de ferro, bronze e madeira, além de armaduras, e sem saber se encontraria patrulhas atenienses nos penhascos. No entanto, nessa invasão inicial antes de atingir a fronteira formal da Ática, o rei Arquídamos primeiro voltou-se para o nordeste. Ele pretendia entrar na Ática por uma rota tortuosa próxima da guarnição noroeste, na pequena aldeia de Enoe, e então descer pelos demos que flanqueavam as encostas externas do monte Parnes.

Ali, os invasores imediatamente se defrontaram com uma miríade de problemas mais mundanos, desde patrulhas montadas e tropas atenienses de guarnição rural até confusão a respeito da delegação de tarefas para devastar os campos. Tucídides relata que Arquídamos havia sido vagaroso em reunir o exército no Peloponeso, vagaroso em juntar o exército final em Corinto, e agora estava também vagaroso — ou talvez empacado — na própria Ática. Em defesa do líder, deve-se dizer que nenhum rei espartano jamais havia sido posto a cargo de tão maciço exército de coalizão, uma força muito maior que qualquer uma das mais tarde comandadas por Filipe ou Alexandre, ambos mestres em logística sofisticada. Em segundo lugar, Esparta nunca fora conhecida por sua audácia para além das fronteiras da Lacônia; num momento ou noutro, todo comandante espartano, com exceção dos raros Brasidas, Gílipos ou Lisandro, havia contemporizado quando se tratava de levar tropas para a batalha, com receio de que, deixados sem supervisão, os hilotas poriam de lado o trabalho agrícola.

A despeito de uma grande variedade de engenhos de cerco, os invasores fracassaram em tomar a base ateniense em Enoe, que era bem fortificada, fora bravamente defendida e era um ponto de convergência de frequentes patrulhas atenienses. Logo em seguida, um Arquídamos frustrado prosseguiu, descendo lentamente para as planícies de Elêusis e de Tria. Ali ele acampou perto de Acarnás, o maior demo rural da Ática, a cerca de 15 quilômetros das muralhas da cidade propriamente dita, e a ocupação significou um afrontoso desafio para os atenienses: teriam que fazer alguma coisa ou se calar.

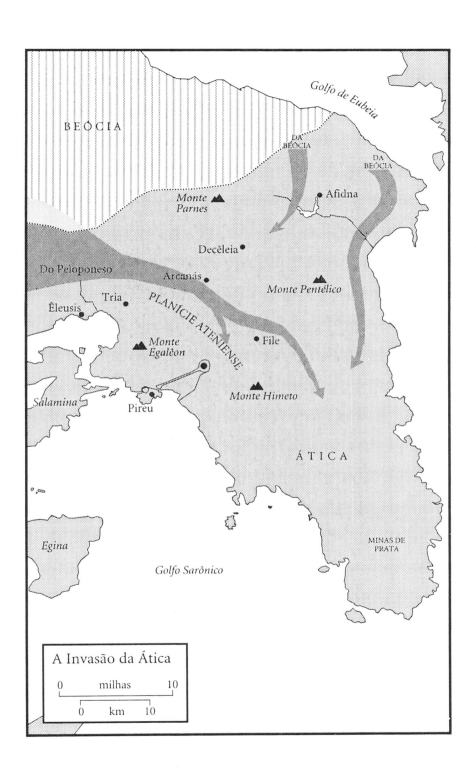

Os acarnânios, plantadores mal-humorados que forneceram o título epônimo de uma comédia de Aristófanes criticando a guerra, podem ter normalmente contribuído com até 3 mil soldados hoplitas para o exército ateniense. Por isso, eram tipos influentes que cultivavam um grande e fértil distrito da Ática perto das encostas do monte Pentélico, não muito longe da cidade. Muitos ganhavam a vida queimando carvão e sabiam alguma coisa sobre fogo no campo. Na mente de Arquídamos, a propriedade desses suscetíveis fazendeiros deveria ser o primeiro solo ateniense a ser atingido, um tipo de teste: os acarnânios furiosos iriam forçar os outros a lutar, ou causariam tamanha dissensão dentro das muralhas a ponto de enfraquecer o apoio civil a toda a estratégia de Péricles. Segundo Plutarco, eles certamente marchariam para a batalha, no mínimo por causa do "orgulho feroz".[30]

A despeito da cínica tentativa espartana de revelar a fragilidade da democracia em época de guerra, Péricles manteve sua posição e conteve os acarnânios com pulso firme. Em desespero, Arquídamos devastou vinhedos e pomares e, quando nenhuma falange inimiga saiu a campo, deixou Acarnás. Péricles continuou enviando patrulhas montadas ofensivas; ele pode ter antecipado aquela necessidade, pois havia providenciado mil montarias nas vésperas da guerra. Também providenciou para que não fosse convocada nenhuma reunião da assembleia na qual demagogos rivais — o tempestuoso Cleôn, especialmente — pudessem excitar a multidão naqueles tempos de tensão. Nas palavras de Plutarco, ele "calou a boca da cidade com firmeza" e "não levou em consideração os difamadores e insatisfeitos".[31]

Em vez do torvelinho político que imaginavam causar, os espartanos haviam, ironicamente, criado uma nova e estranha coesão política no interior das muralhas. Os pobres estavam ocupados trabalhando na frota para atacar o litoral dos peloponésios, fazendo-os pagar pela devastação da Ática. Os agricultores hoplitas estavam furiosos, mas seguros dentro das muralhas e sem necessidade de confrontar os ases da infantaria espartana. E os ricos saíam todos os dias a cavalo para fustigar os devastadores inimigos, e faziam um trabalho soberbo reduzindo as pilhagens no interior do país.[32]

Frustrado pela recorrente inabilidade tanto de arruinar o interior quanto de impelir os atenienses a uma batalha, após alguns dias Arquídamos avançou ainda mais, até a região entre o monte Pentélico e o monte Parnes. De lá, os espartanos saíram da Ática através da fronteira norte de Oropos. O exército acabou parando na vizinha e amistosa Beócia antes de se arrastar de volta para casa, poucas semanas depois de haver se reunido.

Em discussões anteriores à guerra, foi pouco destacado o fato de que, na realidade, Atenas tinha nas mãos uma guerra em duas frentes: peloponésios ao sul e beócios ao norte. Já nos primeiros dias da luta, os atenienses estavam descobrindo que não somente os invasores beócios oportunistas podiam saquear com quase total impunidade, atravessando a fronteira próxima, mas também que os espartanos não podiam ser realmente acuados na Ática e ficar sem uma saída segura. Eles precisavam apenas atravessar a Beócia, descansar, recarregar suprimentos e então, se necessário, tomar um caminho tortuoso de volta para casa, evitando totalmente a Ática.[33]

Teoria *Versus* Prática

Apesar de todo o tamanho do primeiro exército atacante, pelo menos dois terços da Ática foram, ainda assim, deixados intactos. Em contraste, mesmo se todos os mil soldados da cavalaria ateniense tivessem coberto o interior do país imediatamente, em termos teóricos, o efeito dissuasivo da cavalaria seria lamentável. Havia apenas um único defensor para cada 200 acres de terra cultivada. No entanto, dado que os espartanos se centraram em alvos particularmente sensíveis na Ática, tal como o demo de Acarnás, grandes efetivos da cavalaria ateniense podiam impedir que o inimigo se espalhasse demais pelo país. Nessa primeira invasão, parece que o avanço moroso de Arquídamos e a decisão de se concentrar principalmente naqueles demos ricos à vista das muralhas de Atenas foi concebida para provocar os atenienses, mais que para arruiná-los.

Novamente, o que é notável a respeito tanto da Ática antiga quanto da moderna é sua extensão, mais de 2.600 quilômetros quadrados, o que a tornava um dos maiores territórios rurais de qualquer pólis do mundo grego antigo. Se a metade da terra arável da Ática estivesse cultivada com pomares de oliveiras (ou seja, cerca de 100.000 acres, com cinquenta a cem árvores por acre), poderia haver algo entre 5 a 10 milhões de árvores plantadas! Devastar completamente todos aqueles arvoredos era tarefa impossível, especialmente porque, após a invasão inicial de talvez 60 mil peloponésios, o inimigo provavelmente somou apenas cerca de 30 mil homens em quatro invasões subsequentes. Em um espaço de poucas semanas, um único hoplita ou mesmo um devastador com armas leves dificilmente poderia almejar cortar, em média, 250 árvores, sobretudo quando os campos ainda estavam cheios de cavaleiros e de uns poucos agricultores recalcitrantes enfurecidos.

Por ser a Ática tão grande, um corpus inteiro da literatura grega atesta que, mesmo em tempo de paz, muitos atenienses interioranos *nunca* tinham ido à cidade. Esse paroquialismo não era de surpreender, já que algumas fazendas ficavam a 80 quilômetros da Acrópole, ou seja, a uma boa caminhada de distância.[34] A força ateniense não pode ser estimada somente a partir de suas minas de prata, frota e impostos recebidos de aliados tributários ultramarinos. Assim como nos casos de Esparta e Tebas, grande parte do poder financeiro de Atenas derivava de seu amplo território rural e da grande população que ali vivia. Apesar de toda a atenção dada à disponibilidade de ouro, prata e homens, os verdadeiros atores no mundo grego antigo — Esparta, Atenas, Tebas e Corinto — eram precisamente aqueles Estados que controlavam as maiores e mais férteis terras agrícolas, a fonte primordial de toda a riqueza nas sociedades antigas, pré-industriais. Mesmo hoje, a despeito da incontrolável expansão urbana de Atenas, seu novo e amplo aeroporto rural e milhares de imponentes casas de campo, ainda existem dezenas de milhares de acres em pequenos vales e planícies de difícil acesso e, com frequência, bastante isolados; esses se estendem das encostas do monte Parnes até as planícies e vales interiores de Láurion, a cerca de 80 quilômetros na direção sul.

Previamente, mesmo antes do começo da campanha o rei Arquídamos — que, na história de Tucídides, é um personagem trágico semelhante a Hamlet, que hesita antes de atacar — havia resumido perante a assembleia espartana suas dúvidas quanto a devastar sistematicamente toda a planície ateniense e sua crença de que os agricultores gregos prefeririam negociar, em vez de ver a fumaça subindo de suas propriedades. Assim, ele expressou suas preocupações em termos basicamente estratégicos, se não psicológicos:

"Considerem essas terras como nada mais que um refém a ser tomado: quanto mais elas continuarem a ser cultivadas, mais valioso será o refém."[35]

Mais tarde, um tema popular entre historiadores era catalogar aquelas áreas da Ática — Decêleia, a planície de Maratona, a Academia (o futuro local da escola de Platão), e várias propriedades rurais particulares e suas oliveiras consideradas sagradas — que, a despeito de cinco invasões anuais, nunca foram atacadas e, portanto, talvez nunca tenham sido evacuadas. Dizia-se que os espartanos também poderiam poupar a propriedade rural de algumas elites para que, assim, se tornassem suspeitas de filolaconismo ou de simpatia pela oligarquia espartana de direita. E se fazendas como as do rico Péricles fossem poupadas, isso somente inflamaria a opinião pública e dividiria os cidadãos em torno de questões de sacrifícios comparativos no contexto de uma tática tão impopular como a retirada forçada. Algo além da mera destruição de plantações estava se passando na mente de Arquídamos.[36]

Com a notícia de que estavam chegando — espiões e batedores atenienses faziam esses anúncios com vários dias de antecedência —, a reação daqueles que se encontravam no caminho dos devastadores foi imediata. A partir de registros públicos gravados em pedra, parece que, mesmo antes da guerra, os atenienses haviam tomado algumas providências para evacuar os bens de santuários rurais, como se antecipassem justamente uma invasão espartana como aquela. Tucídides, que tinha simpatia pela classe de proprietários rurais e pode ter sido testemunha ocular da evacuação, escreveu detalhadamente sobre como muitos atenienses que viviam no campo transportaram suas posses em carroças para dentro das muralhas de Atenas. Ali eles se abrigaram e deixaram que patrulhas montadas abatessem os grupos isolados de devastadores.

Multidões urbanas se juntavam para discutir e disputar o acerto ou não da retirada, algo de que não se ouvia falar fazia quase meio século, desde que o legendário general Temístocles organizara a fuga para as ilhas próximas e a vizinha Argólida em consequência do avanço de Xerxes na direção sul, vindo das Termópilas. A descrição que Tucídides faz dessa marcha até o interior da cidade é de partir o coração, e uma das mais tocantes em sua história:

Após ouvir as exortações de Péricles, os atenienses ficaram convencidos e então trouxeram de seus campos filhos, esposas e todos os móveis de suas casas, retirando até mesmo as partes de madeira das próprias construções. Enviaram carneiros e animais de carga para Eubeia e as ilhas próximas. Mas a evacuação era para eles algo muito difícil de suportar, pois a maior parte havia passado toda a vida no campo.

Mais adiante ele acrescenta: "Não acharam muito fácil evacuar suas casas, especialmente porque não fazia muito tempo que haviam recuperado suas propriedades após as Guerras Persas. Assim, estavam deprimidos, e sofreram por ter de abandonar suas casas e santuários." Essa súbita entrada de milhares de habitantes rurais no interior das muralhas de Atenas, entre 431 e 425 — os catalisadores da praga de 430 —, causou uma mudança radical na própria sociedade ateniense. Até então, a maior parte dos agricultores e camponeses havia se mantido longe da cidade. Agora, estavam em toda parte. A literatura da guerra, especialmente as comédias de Aristófanes, pela primeira vez na história das letras atenienses começou a ver as coisas a partir da quase esquecida perspectiva dos outros gregos que viviam fora das muralhas.[37]

"Eu Realmente Odeio os Lacedemônios"

O mero trabalho envolvido em destruir campos de grãos pode explicar casos encontrados na história grega de períodos posteriores, relatando que às vezes os exércitos traziam ferramentas especiais de madeira para facilitar a tarefa dos devastadores de bater e derrubar os brotos de grãos ainda verdes. As construções exigiam ainda mais trabalho, fazendo-nos especular sobre a veracidade de todos os lamentos a respeito de luxuosas propriedades rurais perdidas. As casas, como era o caso em grande parte da Grécia até meados do século XX, eram construídas com tijolos de barro e tetos de telhas. Não era nada simples derrubar essas estruturas não inflamáveis. O único método seguro era pôr fogo nas traves internas de madeira e torcer para que tudo desabasse. Isso, também, era um desafio que consumia muito tempo, especialmente quando a maior parte das peças de madeira e portas que poderiam ser usadas como combustível já haviam sido arrancadas e levadas. Os parcos restos dos alicerces de casas de campo de alguns destacados atenienses clássicos foram escavados em locais vulneráveis nos flancos do monte Pentélico, no litoral em Vari e perto de um desfiladeiro estratégico no monte Parnes. Nenhum dos locais parece revelar danos ou destruição no final do século V, sugerindo que as casas não sofreram ataques sérios ou então foram totalmente poupadas.[38]

Enquanto soldados da infantaria espartana em pequenas patrulhas tentavam impedir que a cavalaria ateniense atacasse os devastadores, estes tratavam de saquear tudo o que pudessem carregar e comer, enquanto iam queimando e cortando. Mas os soldados, antigos e modernos, são treinados para lutar, e, assim, não é na infantaria que se encontram os mais eficazes saqueadores, engenheiros ou mantenedores da paz. A guerra seguramente havia começado, porém o inicial teatro de operações não envolvia nada de batalhas campais, embates no mar, grandes cercos e nem mesmo ataques terroristas. Assim, para muitos gregos, aquele já parecia um tipo estranho de luta, especialmente dado o enorme exército de Arquídamos e o ainda maior número de residentes da Ática que haviam se retirado para dentro das muralhas.

Nas comédias *Os Acarnânios* (425) e *A Paz* (421), Aristófanes apresentou rudes agricultores atenienses como mais sábios do que seus líderes, pouco a pouco radicalizando sua raiva contra o inimigo, a própria liderança política e a guerra em geral. Esses não reconhecidos sustentáculos estavam furiosos com o fato de se haver permitido que suas amadas propriedades fossem invadidas por vândalos inimigos. "Eu realmente odeio os lacedemônios", lamenta o agricultor-herói Dicépolis ("Cidade Justa") em *Os Acarnânios*, "pois, no meu caso, também houve vinhas cortadas". Há inúmeras outras passagens na literatura contemporânea nas quais se reconhece que os espartanos não causaram muito dano, pelo menos nessas primeiras breves invasões anuais. Tucídides descreve a agonia das perdas e, ainda assim, alude a áreas da Ática que ficaram totalmente intocadas ou não foram sistematicamente destruídas. No sétimo livro de sua história, ele expressamente declara que "as invasões duraram pouco" e não haviam impedido os atenienses de "fazer pleno uso de suas terras durante o resto do ano". Mas como, então, podia ele mais tarde concluir que os atenienses fizeram "pleno uso" da Ática antes e depois de um enorme exército peloponésio chegar para destruí-la?

Como de hábito, as conclusões genéricas de Tucídides (ou seja, de que houve pouco dano) estão frequentemente em conflito com a apaixonante descrição de devastação apresentada em sua narrativa (ou seja, aparentemente uma grande quantidade de danos). E as observações contemporâneas feitas por ele às vezes são reenfatizadas, modificadas ou mesmo contraditadas mais tarde em seu texto, como se na revisão ele nem sempre mudasse o rascunho para refletir suas últimas conclusões ao final da guerra.

Um historiador anônimo do século IV concordou. O autor — seu trabalho é conhecido somente como *Hellenica Oxyrhynchia*, nome derivado de um papiro encontrado por acaso, em Oxirinco, no Egito — declarou que a Ática "era a área mais luxuosamente provida da Grécia". A razão era que "havia sofrido apenas danos mínimos com os lacedemônios" durante as invasões da Guerra Arquidamiana.[39] A expressão "danos mínimos" talvez indique que 60 mil devastadores pouco podiam fazer, em 431, no meio de 200.000 acres de plantações.

Apesar das descrições emocionais e tocantes de videiras e árvores destruídas feitas pelo poeta cômico Aristófanes, deve-se lembrar que, de suas peças conhecidas, a primeira só foi produzida no ano da *última* invasão, 425. Era ele um observador realista ou um dramaturgo de ficção jogando com a raiva do passado recente? Além disso, igual número de suas passagens sugere que grande parte do interior da Ática não sofreu sérios danos. No famoso *Édipo em Colono*, de Sófocles, uma tragédia produzida depois da devastação agrícola da Guerra Arquidamiana e da ocupação de Decêleia pelos espartanos, em 413, o dramaturgo chamava a oliveira da Ática de "um terror para seus inimigos", que "florescia notavelmente nesta terra". Essa oliveira da Ática era, em suas palavras, uma árvore que homem nenhum, jovem ou velho, podia "destruir ou reduzir a nada". As audiências no teatro teriam achado essa ode uma piada cruel *se* tivessem contemplado milhões de troncos destruídos nos campos.[40]

Todo esse ceticismo faz sentido. A primeira fase do conflito, que durou uma década, chamada de Guerra Arquidamiana, de fato assistiu a poucos combates reais na Ática. As invasões peloponésias estavam rapidamente se transformando em um teatro falso. Os ânimos se exaltaram, mas poucos morreram em combates reais. Após a primeira invasão em 431, houve somente outras quatro invasões inimigas. No total, talvez os espartanos tenham ficado não mais de 150 dias na Ática durante toda a década entre 431 e 421! Nenhuma dessas expedições destrutivas subsequentes foi tão grande quanto o tristemente famoso ataque inicial de 431, embora as duas primeiras invasões fossem consideradas as mais maciças e, em conjunto, tivessem infligido um golpe cruzado que causou profundas feridas psicológicas na população rural de Atenas. Em outras palavras, entre 431 e 425, o maravilhoso exército espartano foi usado contra os atenienses na Ática durante somente três dos primeiros 84 meses da guerra.[41]

Talvez a guerra de atrito de Péricles, financiada com reservas de capital, realmente acabasse exaurindo os peloponésios, levando ao surgimento de facções naquela aliança frouxa à qual faltavam o dinheiro e a unidade do império ateniense.[42]

Não é Fácil Mudar Hábitos

Um rei Arquídamos exasperado voltou um ano depois da primeira invasão e tentou ser mais sistemático em sua segunda tentativa de destruição. Em 430, ele permaneceu dez dias a mais, talvez porque seu exército tivesse só a metade do tamanho da força maciça do ano anterior e fosse muito mais fácil de alimentar. Acamparam além da planície ática, descendo pelas regiões costeiras até atingir as minas, em Láurion. Tucídides acreditava que a permanência mais longa, vinda após uma invasão inicial, e a área maior devastada daquela vez, fizeram com que, retrospectivamente, os atenienses sentissem que havia sido a pior das cinco invasões, levando-os a se prepararem para despachar enviados a Esparta para conversas sobre um possível armistício.

Talvez Arquídamos calculasse que, de alguma estranha maneira, a exibição de força pudesse precipitar uma revolta dos súditos insulares de

Atenas ao verem seu senhor imobilizado na Ática. Tucídides fala um pouco mais sobre essa segunda invasão, do final de maio de 430, ou mesmo dos dois ataques subsequentes, de 428 e 427; apenas relata que o inimigo agora tentava destruir colheitas que haviam passado despercebidas ou crescido novamente, provavelmente vinhas e pomares rebrotados. Ao que tudo indica foi o rei Cleômenes, não Arquídamos, que liderou a quarta invasão, em 427. E fez um esforço sistemático de cobrir a Ática, bem como de refazer o mesmo caminho anterior de Arquídamos, buscando atingir as fazendas que estavam em pleno processo de recuperação.[43]

O medo da praga havia desencorajado os espartanos a fazerem uma terceira invasão anual, em 429. Em vez disso, abruptamente tomaram a direção da Beócia para cercar Plateia. Em 426, também se mantiveram a distância, supostamente por causa de um terremoto. É provável que a verdadeira razão tenha sido a apreensão diante de um novo surto da peste. Se a chave da devastação agrícola eram os repetidos ataques destrutivos para exaurir a população rural e impedir reparos e renovação no interior, então a cruzada espartana — que acabou sendo conduzida por três diferentes reis, Arquídamos, Cleômenes e Ágis, filho de Arquídamos — estava se provando um total fracasso. Nenhum comandante espartano jamais foi capaz de reagrupar o exército e organizar um segundo ataque no mesmo ano. Aquela persistência pode pelo menos ter mostrado que eles estavam decididos a arruinar os campos ou a tornar impossível que os agricultores retornassem para as colheitas. A razão de os espartanos continuarem voltando à Ática sem alterar sua tática é um dos grandes mistérios da Guerra do Peloponeso; após 430, eles aparentemente sentiram que a evacuação ateniense era o que estava exacerbando os efeitos da praga e arruinando a cidade, já que, obviamente, eles não estavam nem destruindo o suprimento de alimentos da cidade nem cortando o acesso ao interior do país.

A quinta invasão, em 425, liderada pelo jovem Ágis, foi um desastre. Durou apenas duas semanas. Os grãos estavam verdes demais para serem consumidos ou queimados. Mas, mais importante ainda, os invasores ficaram histéricos com a notícia de que 292 lacedemônios — entre eles 120 esparciatas da elite — haviam sido capturados ao largo do litoral do Peloponeso, em Sfactéria, e estavam sendo mantidos como reféns em Atenas.

Em nenhuma dessas invasões o grande exército peloponésio perturbou a operação das minas em Láurion de modo a cortar a fonte de cunhagem das moedas atenienses. Após 425, os espartanos não voltariam a entrar na Ática durante o resto da Guerra Arquidamiana, receando as ameaças atenienses de que os prisioneiros seriam executados se um exército entrasse na Ática novamente. Para todos os propósitos práticos, a guerra na Ática estava encerrada.

Como na maior parte das campanhas, uma coisa eram as falas grandiosas a respeito de uma vitória fácil sobre as terras do inimigo, e outra bem diferente era realizar a promessa. Em maio de 431, ninguém poderia ter sonhado que, dentro de meros seis anos, a questão dos reféns — produzida pela rendição de hoplitas espartanos de elite, quem diria! — iria impedir que um exército de milhares de homens cruzasse a fronteira da Ática. Mesmo antes da captura dos reféns espartanos, os relutantes aliados peloponésios reclamavam com os líderes espartanos, pois estavam ocupados com suas plantações e, a despeito de terem assistido a quase nenhum combate, não tinham "nenhuma disposição para entrar numa campanha".[44]

Se o que havia sido um recurso isolado para incitar os hoplitas a entrar na batalha era agora parte integrante da tática de produzir uma perturbação econômica generalizada, não há nenhum sinal de que os exércitos tenham descoberto alguma nova tecnologia para destruir plantações mais efetivamente, fosse com combustíveis especiais, braços ou tropas. É verdade que, em alguns casos, como na cidade costeira de Ácantos, no norte da Grécia, que dependia da exportação de vinho, o medo de ter seus vinhedos destruídos por exércitos que chegassem pouco antes da colheita podia levar a concessões. Mas, com o aumento do número de cidades fortificadas no século V, uma localidade que tivesse levado seus grãos para dentro das muralhas muitas vezes ignorava as provocações inimigas e preocupava-se mais com tropas de cerco do que com a ação de devastadores.[45]

Um bom exemplo era o plano retaliatório de Péricles de promover invasões semestrais das terras agrícolas vizinhas de Mégara, ao sul. Após a partida dos peloponésios, quando estava claro que nenhum exército de grande porte estaria por perto para enfrentar os atenienses em uma batalha, ele mobilizou os hoplitas. Dez mil homens, movidos pela vingança, devastaram a Megárida, uma planície central localizada na rota que os peloponésios usavam para chegar a Atenas. Embora a colheita de grãos já estivesse protegida na cidade, um exército tão grande, sem encontrar resistência, deve ter causado algum dano de curto prazo às fazendas locais nas fronteiras da Ática; nos tempos modernos, a área é notável pelas grandes plantações de oliveiras. Porém, novamente, o verdadeiro propósito era psicossocial e político. O intimidante exército de Péricles queria dar vazão à raiva contra um inimigo que, semanas antes, havia ajudado a atacar fazendas na Ática. O objetivo era humilhar os megáricos por haverem facilitado o trânsito de invasores inimigos e causar uma dissensão civil que pudesse levar a uma mudança democrática e, portanto, amigável, de governo, dificultando, desse modo, uma livre marcha espartana sobre a Ática.

Ainda assim, apesar de toda a imponência da maciça força de devastadores reunida por Péricles ("o maior de todos os exércitos jamais reunido pelos atenienses"), os megáricos permaneceram dentro de suas muralhas e continuaram aliados de Esparta. Tucídides acrescenta que, à altura de 424, os atenienses haviam invadido Mégara duas vezes a cada ano. Se ele estiver certo, isso significa inacreditáveis 14 invasões com uma força de infantaria que poderia, em algumas ocasiões, ter significado 10 mil soldados em campo, ironicamente um testemunho da dificuldade de mesmo grandes forças conseguirem, ao longo do tempo, matar um povo de fome ou obter concessões.[46]

Contemporâneos frequentemente comentam as cinco incursões peloponésias contra a Ática, mas nunca falam das 14 invasões de Mégara pelos atenienses durante o mesmo período. Em termos de simples número de homens, os atenienses podem ter enviado, ao todo, 140 mil devastadores para a estreita planície de Megárida (14 invasões de 10 mil homens cada), aproximadamente o mesmo número de peloponésios que cumulativamente saquearam a Ática (cinco invasões de cerca de 30 mil homens), mas desencadeadas em uma área geográfica menor. No entanto, nenhuma das estratégias conseguiu pôr o inimigo de joelhos, muito menos levar a uma batalha campal decisiva.

Novas Estratégias

Os espartanos aprenderam que precisavam permanecer na Ática durante todo o ano com uma guarnição fortificada — a temida estratégia da segunda fase da guerra. Essas guarnições, que viriam a ser conhecidas como *epiteichismos* ("fortificação avançada"), tinham o propósito de conseguir butins, manter os agricultores afastados dos campos e criar um depósito para armazenar o produto dos saques. Consequentemente, a guarnição espartana no forte de Decêleia, a 20 quilômetros das muralhas de Atenas, fortificado em 413, destinada a perturbar o comércio, interromper comunicações com os depósitos de suprimento na vizinha Eubeia, encorajar a fuga de escravos e manter os agricultores longe dos campos, causou mais danos materiais a Atenas do que *todos* os fúteis esforços anteriores de derrubar e queimar árvores, videiras e grãos durante a Guerra Arquidamiana.

O jovem rei Ágis, que havia conduzido a última fracassada invasão espartana, em 425, retornou uma década mais tarde a Decêleia como um comandante experimentado que agora tinha os recursos, a compreensão e a experiência de primeira mão para conceber uma tática que evitasse os obstáculos responsáveis pelo fracasso da invasão anterior. O forte de Decêleia — ocupado ao longo de toda a guerra por inúmeros espartanos e aliados — provou-se uma das brilhantes estratégias de todo o conflito. Tornou imunes aos ciclos do ano agrícola os esforços espartanos de saquear os campos e ofereceu um reduto e refúgio permanentes diante de contra-ataques e patrulhas da cavalaria ateniense. Com uma base operando durante todo o ano, os invasores podiam chegar bem antes das colheitas e permanecer depois, realizando constantes saques, roubos e sólidas muralhas para seu sustento e proteção.[47]

Mas Decêleia só aconteceria dali a uma década, depois que os espartanos finalmente desocupassem as terras atenienses, em 425. Em alguns aspectos, a ideia foi obra do acaso, crescendo somente como resultado da reação à fracassada estratégia anterior de invasões anuais, de recentes promessas de dinheiro persa e do esgotamento da mão de obra ateniense resultante do desastre na Sicília. De modo geral, os espartanos detestavam bases avançadas, e por isso confiavam tais operações de risco a espíritos independentes como um Brasidas ou Gílipos, homens prescindíveis e de origem inferior, mais adequados para comandar ex-hilotas e mercenários do que preciosos hoplitas esparciatas.

Para o historiador militar alemão Hans Delbrück, essa guerra total evoluiu para uma estratégia de atrito mais complexa desencadeada contra a capital moral e econômica de um Estado, e não para a ideia mais simples de aniquilação, segundo a qual um exército busca destruir sua contraparte no campo por meio de golpes diretos. Por que desperdiçar vidas batendo-se contra forças equivalentes, quando resultados mais sutis e mais importantes podiam ser alcançados em um tempo mais longo e com custo muito mais baixo? Poderia uma pólis grega realmente vencer uma guerra ignorando as principais forças de infantaria do adversário no campo? Péricles achava que sim. A questão moral de engajar-se em uma guerra exaustiva era um empreendimento novo e perturbador para Atenas e Esparta: na medida em que os dois lados careciam de alvos importantes e acessíveis, logo buscaram prevalecer recorrendo à destruição de recursos civis e atacando terceiras partes.

Ainda assim, pelo fato de não sair a campo e lutar, teria Péricles garantido a morte e ruína dos civis de Atenas, tanto dentro quanto fora das muralhas, na vã esperança de vencer os adversários em uma nova guerra total? Pois, em última instância, foi a estratégia de Péricles que definiu a nova guerra como uma batalha não entre hoplitas e nem mesmo marinheiros, mas de soldados contra a propriedade das pessoas comuns. Esse dilema moral também permanece conosco até hoje e tem sido evocado em conexão com as controvertidas carreiras de William Tecumseh Sherman, lorde Kitchener e Curtis LeMay, que argumentavam que, em última instância, as batalhas são movidas por civis e, assim, só terminam quando esses não podem ou não querem continuar empenhando seu trabalho e capital em benefício dos que estão no campo de batalha.

Na Guerra Civil dos Estados Unidos, o que teria sido uma estratégia mais moral e efetiva: queimar as propriedades escravistas e arruinar a propriedade dos donos dos grandes latifúndios da Geórgia que haviam estimulado a secessão, ou deixar Ulysses Grant matar milhares de homens, a maior parte deles jovens e não proprietários de escravos, nos campos de batalha no norte da Virgínia? Ainda pior, teria sido Curtis LeMay um criminoso de guerra que queimou as cidades do Japão, matando dezenas de milhares de civis com seus infernos de napalm? Ou, de fato, teria ele encurtado a guerra e punido aqueles nas fábricas domésticas de Tóquio cujo trabalho produzia as bombas, as armas e os aviões sem os quais o exército imperial japonês nunca poderia ter assassinado milhares de inocentes coreanos, chineses e filipinos e matado tantos militares norte-americanos?

Hans Delbrück não estava interessado nessas perguntas morais abstratas. O que importava para ele era a eficácia das respectivas estratégias. Ele escreveu em uma Alemanha derrotada, pouco tempo depois dos horrores das trincheiras da Primeira Guerra Mundial, e estava buscando uma estratégia de batalha menos custosa, a ser combinada com táticas econômicas, culturais e psicológicas mais abrangentes que ainda pudessem alcançar os objetivos estratégicos alemães. Concluiu que Péricles havia conseguido encontrar uma fórmula de sucesso, uma estratégia que definia o impasse como vitória — sem destruir, no processo, exércitos de homens jovens. *Se* Péricles tivesse sobrevivido, *se* a praga não tivesse eclodido, e *se* os atenienses não tivessem abandonado sua estratégia, Atenas poderia não ter sido derrotada militarmente e ter alcançado bem mais cedo paz semelhante à que obteve em 421 — sem ver milhares de cidadãos mortos, o exército humilhado na Beócia e suas possessões estratégicas no norte em mãos inimigas. Para Delbrück, tal impasse, no estilo das longas campanhas de Frederico, o Grande, terminaria dando a vitória aos atenienses, já que suas maiores reservas de capital lhes conferiam uma capacidade de resistência que Esparta não conhecia. Como Tucídides repetidamente afirmou, Esparta havia iniciado a guerra precisamente "pelo medo" do crescimento do poder ateniense.[48]

O que, então, haviam os antiquados espartanos alcançado na Ática durante a fase inicial da guerra? Nada, e tudo. Embora tivessem estado em guerra com Atenas durante quase sete anos, o exército havia passado, ao todo, menos de cinco meses na Ática, e a principal estratégia espartana de devastações agrícolas anuais não havia alcançado nenhum de seus objetivos. Não era barato enviar milhares de agricultores até a distante Ática. Se os peloponésios pagassem seu exército de acordo com a taxa usual para o serviço militar — 150 dias por ano para cerca de 30 mil homens a uma dracma diária por soldado —, o custo total das cinco invasões de Arquídamos terá sido de cerca de 750 talentos (cerca de 360 milhões de dólares em poder de compra atual), mais até do que a renda de tributos anuais do império ateniense, ou cerca do custo de manter 250 navios no mar durante três meses. O desembolso era suportável para um Estado rico como Atenas — que gastou quase 4.500 talentos com cercos e operações navais somente nos primeiros sete anos da guerra!

Entretanto, para os peloponésios rurais, que tinham pouco capital no início da guerra e estavam acostumados a campanhas breves decididas por choques entre hoplitas, ir para a Ática nos primeiros anos da guerra significou o pagamento de um preço exorbitantemente alto. Quando os coríntios instaram os espartanos a que começassem a guerra, o principal método que conceberam para cobrir os gastos militares foi recorrer às ricas reservas nos santuários pan-helênicos de Olímpia e Delfos. De que outra forma, afinal, um Estado que usava varetas de ferro como dinheiro poderia alguma vez adquirir navios, contratar tripulações ou comprar alimentos em um mercado aberto? Para o mundo grego que dava a mais alta importância a honra e status, os espartanos se exibiam andando livremente sobre o solo sagrado da Ática, enquanto seus hospedeiros se amontoavam no interior de muralhas.[49]

Um Ateniense dos Mais Notáveis

Aquela guerra na área rural era mais do que uma grande estratégia e, com toda certeza, não foi empreendida por milhares de soldados anônimos. Durante as devastações anuais da Ática, um jovem nobre ateniense — aclamado como o mais belo de Atenas — foi lentamente surgindo do caos da guerra e da praga. Alcibíades tinha apenas 19 anos quando eclodiu a Guerra do Peloponeso. Meses antes, ele pode ter servido em Potideia como um mero adolescente na cavalaria durante o cerco àquele recalcitrante Estado, vassalo de Atenas. Em 429, havia retornado a seu país para servir na cavalaria e, sem dúvida, estava na Ática aos 21 anos — um herói desde que fora ferido em Potideia e condecorado por valor, a despeito de haver sido salvo por Sócrates, seu mentor.

Alcibíades vinha de uma linhagem semelhante à dos Kennedy. Ele seria emblemático de toda a glória e tragédia do Estado imperial ateniense do século V, que começou a guerra com tão altas esperanças entre uma geração que herdara o orgulho, mas não a sobriedade de seus pais. Péricles, afinal, havia recebido o crédito por alcançar nove vitórias em batalhas quando estourou a guerra, e bem sabia que os templos majestosos e o brilho dos dramas atenienses representados ao pé do flanco sul da Acrópole eram os dividendos de décadas de duras guerras. Alcibíades, em contraste, cresceu nas décadas de 440 e 430, quando já estava encerrada a maior parte dos primeiros conflitos com a Beócia, Esparta e os aliados rebeldes — e quando as prodigalidades do império já se manifestavam em um porto fervilhante, na construção de fortificações e em uma cidade vibrante cheia de figuras como Sófocles, Sócrates e Eurípides.

Por parte de sua mãe, Deinomache ("Terrível na Batalha"), Alcibíades dizia pertencer aos Alcmeônidas, o mais poderoso e controvertido dos centenários clãs aristocráticos atenienses. Seu pai, Clínias, havia morrido durante a antiga catástrofe hoplita ateniense, em Coroneia, na Beócia (446), após desempenhar papel de destaque na montagem do arcabouço fiscal de todo o sistema imperialista ateniense no Egeu. Aos 3 anos, Alcibíades foi adotado por seus primos distantes, os irmãos Arífron e Péricles, que lhe ensinaram algo sobre o destino manifesto de uma Atenas democrática em ascensão.

Pouco se sabe de Alcibíades entre os 21 e 26 anos, quando pode ter estado constantemente em patrulhas pelo interior da Ática como integrante da cavalaria ateniense. Não existem relatos de como ele evitou a praga que matou seu guardião Péricles. Somente sua vida pessoal anterior despertava muito interesse; após voltar do cerco de Potideia no segundo ano da guerra, imediatamente se espalharam várias histórias obscenas sobre suas escandalosas bebedeiras. Nos intervalos entre os verões em que servia na guarda rural montada, ele bebia e discutia com Sócrates, frequentemente se tornando tema de mexericos sexuais e aparentemente abraçando uma tradição familiar de combinar antecedentes aristocráticos com uma política democrática oportunista.

A considerável propriedade rural da família de Alcibíades, na planície ateniense, provavelmente foi devastada pelos espartanos enquanto ele permanecia leal à política de Péricles de abandonar a Ática e perseguia os devastadores inimigos. Depois que os espartanos suspenderam as incursões anuais, Alcibíades ainda assim relembrou aos atenienses a obrigação que lhes cabia de proteger o solo sagrado de Atenas. Deveriam aderir, enfatizou, ao antigo juramento anual feito pelos efebos a sua *alma mater*, prometendo "considerar o trigo, a cevada, as videiras e as oliveiras como as fronteiras naturais de Atenas".*

Mais adiante na guerra, Alcibíades exibiria um intenso desejo de iniciar ofensivas, talvez como uma reação à absurda guerra de atrito na Ática que marcou seus primeiros anos de serviço militar. Quase 20 anos após a primeira chegada dos espartanos para cortar as árvores da Ática, um Alcibíades de 37 anos, muito mais velho e traiçoeiro, refugiado em Esparta, argumentaria com seus antigos inimigos que tais incursões anuais em nada serviam para destruir sua terra natal. Melhor seria, disse aos novos anfitriões, criar um forte permanente, a 20 quilômetros das muralhas de Atenas, em Decêleia, e então destruir as terras atenienses durante todo o ano.[50]

Mas tudo isso ainda estava no futuro distante. Por enquanto, o adolescente entrava na batalha contra os devastadores cheio de zelo e esperança, confiando, após o assalto do primeiro ano, que a Ática havia recebido o pior golpe que poderia vir de Esparta — mal sabendo que as maiores tragédias, tanto as de seu país quanto as próprias, ainda estavam por vir, dentro de apenas alguns meses.

---

*Em Atenas, e talvez em outras partes do mundo grego, os efebos das classes mais altas, entre os 18 e 20 anos, entravam num programa de treinamento obrigatório, frequentemente na fronteira e como uma transição para o serviço pleno na infantaria ou cavalaria.

CAPÍTULO 3

DOENÇA

As Devastações da Praga em Atenas (430-426 a.C.)

Anatomia de uma Epidemia

À época da segunda temporada de guerra, a luta deveria ser decidida não entre lanceiros ou mesmo entre devastadores e cavaleiros. Parecia depender agora de quão bem os refugiados poderiam aguentar, tanto psicológica quanto materialmente, umas poucas semanas de ocupação inimiga. Graças à estratégia de Péricles, grande parte da população — talvez bem mais do que 200 mil pessoas — ficou mais de um mês novamente amontoada em Atenas, durante uma segunda primavera. A cidade do Partenon e do teatro de Dioniso deveria se tornar, mais uma vez, um fétido campo de refugiados.

O ano anterior de lutas, quando a guerra fora iniciada, havia provado que era possível fazer uma maciça evacuação e realocar as pessoas. No entanto, naquela segunda temporada a sorte da cidade quase literalmente se esgotou. A combinação de calor mediterrâneo, superpopulação, falta de água limpa em abundância e de abrigo e esgotos apropriados, além do desgaste emocional provocado pela guerra e pela invasão, forneceram o terreno propício para uma doença misteriosa e terrivelmente destrutiva. Quando a epidemia passou, Tucídides faria um espantoso balanço das condições na Grécia como um todo durante as três décadas da guerra:

"O que causou o maior sofrimento e matou uma considerável parte da população foi a terrível praga."[1]

Nenhuma das outras cidades-Estados gregas havia jamais experimentado nada parecido com a pestilência ateniense. A população da vizinha e hostil Tebas, capital da Confederação Beócia, havia dobrado desde o início da guerra devido ao influxo de refugiados oriundos das vilas desprotegidas da Beócia, muitas das quais se estendiam ao longo da fronteira porosa e temiam uma invasão ateniense.[2] Ainda assim, mesmo tendo o dobro da população que tinha antes da guerra, Tebas provavelmente não chegava a 50 mil habitantes, o que ainda não era uma densidade populacional suficiente para garantir o fácil contágio de uma doença infecciosa. De qualquer modo, foi muito mais fácil abrigar números menores de refugiados do que as dezenas de milhares que ficaram acampados em Atenas. Mais ainda, os refugiados em Tebas não viviam em uma cidade portuária que era ponto de convergência de milhares de possíveis transmissores de doenças no Mediterrâneo oriental. Tampouco estava a cidade sitiada e desprovida de um acesso direto ao campo, nem era tão visitada por viajantes ou comerciantes. A superpopulação atuou como um catalisador da praga, mas Atenas era também um ímã para uma grande diversidade de pessoas que poderiam ser portadoras de doenças, o que não acontecia em outros Estados que também se encontravam sob pressão durante a guerra e não tinham acesso ao mar.

Militares modernos têm inventado misturas diabólicas de supergermes como potenciais armas de destruição em massa contra seus inimigos porque elas são letais, baratas, de pequeno peso e tamanho e podem anular o efeito de armamentos convencionais ou de um maior número de homens. As doenças também instilam um terror que vai muito além de sua comprovada habilidade de matar, no tanto em que os agentes da morte são bem mais indiscriminados, invisíveis e, como diz o poeta Hesíodo, silenciosos.

Não havia nenhuma expectativa de que um desastre atingisse Atenas, pelo menos naquele momento. Afinal, tratava-se de uma cidade que repetidamente vencera adversidades. Havia sobrevivido a dois incêndios causados pelos persas, meio século antes, durante a invasão e ocupação de 480-479 apenas para, terminada a guerra, surgir das ruínas e tornar-se o centro cultural da Grécia. Nas tensões pós-guerra com Esparta, os cidadãos haviam comparecido em massa, em um estado febril de ansiedade, para construir as Longas Muralhas, completando ao redor de Atenas e do Pireu um vasto circuito de quase 28 quilômetros, 6 quilômetros a mais em circunferência do que as famosas muralhas que protegiam Constantinopla.

Durante 20 anos, Péricles havia mobilizado 20 mil operários para criar suas obras-primas arquitetônicas na Acrópole, o Partenon e o Propileus, bem como maciços edifícios públicos e fortificações na Ágora e no Pireu. A despeito de todas as preocupações com o supostamente terrível grande exército do Peloponeso, Atenas havia sobrevivido à primeira invasão, em 431, bastante bem, e vira o inimigo arrastar-se de volta para casa carregando um senso de fracasso.[3]

O contraste entre a grandeza pericliana anterior e a depravação humana resultante da praga levou Tucídides a interessar-se pela doença e produzir o fascinante relato dos efeitos do contágio no segundo livro de sua história.

> Alguns pereceram por falta de cuidados; outros, a despeito de grande atenção. Nenhum tratamento particular foi descoberto que funcionasse, pois o que trazia a melhora num caso podia piorar as coisas em outro. Tanto pessoas de constituição forte quanto as fracas provaram-se incapazes de resistir, todas elas sendo igualmente levadas, mesmo tendo tido o cuidado de observar estritamente o tratamento. De longe, a pior parte da epidemia era a depressão que se seguia quando uma vítima percebia que estava doente. O desespero que vinha com a doença imediatamente destruía o poder de resistência, e deixava o doente com maior probabilidade ainda de sucumbir. Além disso, havia cenas terríveis de cidadãos morrendo como carneiros depois de adoecerem tentando ajudar uns aos outros. Isso resultou na maior das morbidades.[4]

Sendo ele próprio um sobrevivente da infecção, Tucídides justapôs uma narrativa detalhada do eclodir da peste com a solene oração fúnebre de Péricles aos soldados mortos no primeiro ano, um encômio que recordara aos atenienses a eminência de sua cidade. Aparentemente, o historiador queria enfatizar os caprichos do destino e a imprevisibilidade da guerra — e, assim, transmitir a seus leitores a natureza brutal do homem quando despido de sua preciosa cultura e civilização, tão vangloriada na oração fúnebre feita por Péricles pouco antes do início da praga. Tucídides acreditava que os efeitos deletérios da praga repercutiram durante anos, reduzindo dramaticamente o potencial militar ateniense de empreender uma guerra:

> Os homens faziam o que bem entendiam. Agora, eram facilmente levados a tentar o que no passado haviam feito privadamente, no tanto em que viam a rápida mudança que ocorria àqueles que eram ricos e morriam subitamente, enquanto os que antes eram pobres se apossavam de suas propriedades. Assim, os cidadãos achavam que era melhor fazer logo o que queriam e viver para o prazer, considerando que tanto seus corpos quanto suas posses eram coisas passageiras. A cuidadosa adesão ao que se conhecia como honra não era popular para ninguém, na medida em que era duvidoso que alguém fosse poupado para obtê-la; em vez disso, sentia-se, de modo geral, que desfrutar as coisas aqui e agora, com todos os lucros daí decorrentes, era tanto honrado quanto útil. Não havia nenhuma reverência aos deuses nem respeito pela lei dos homens que pudesse restringir alguém.

Após a leitura do macabro relato que faz Tucídides das consequências sociais da praga, não fica claro, como o historiador talvez pretendesse, se os atenienses permaneceram os homens da Renascença que acabavam de ser louvados por Péricles em sua famosa oração fúnebre, ou se eram totais selvagens lutando uns contra os outros sobre as piras funerárias para queimar os mortos. Claramente, as poucas centenas de homens que tombaram durante o primeiro ano da guerra, patrulhando o interior ou durante o serviço naval fora do Peloponeso, ganharam louvor e funerais públicos, enquanto milhares de homens, mulheres e crianças morreram miseravelmente no ano seguinte em bandos anônimos pelas ruas, muitas vezes apodrecendo sem enterro nem cremação.

Anteriormente, Tucídides havia descrito as condições miseráveis dentro da cidade produzidas pela evacuação de 431, que durou um mês. Famílias agrárias que haviam provavelmente reocupado suas fazendas havia um ano tiveram que marchar de volta para a cidade durante a primavera seguinte, praticamente em números semelhantes. A maior parte dos que chegavam

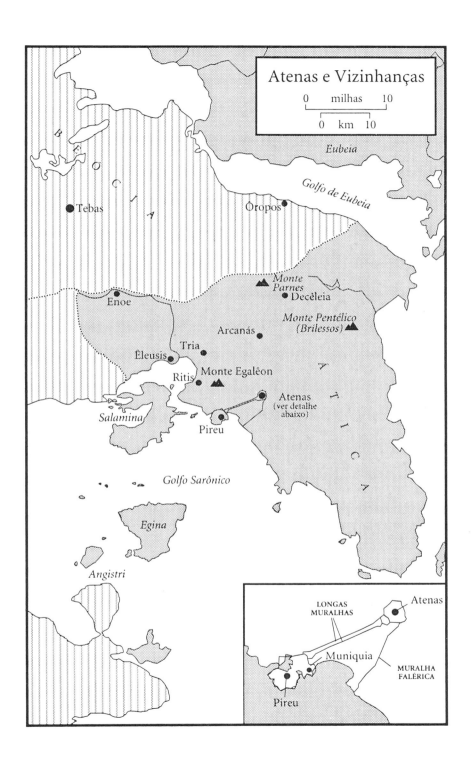

não tinha abrigo permanente, mas ficava acampada em espaços abertos e em santuários. Barracas se espalhavam por toda a base da Acrópole. Alguns refugiados viviam nas torres situadas ao longo das fortificações da cidade. As condições possivelmente eram piores durante essas duas primeiras invasões, pelo menos antes de a cidade tomar providências para construir abrigos mais permanentes no corredor de 6 quilômetros entre a cidade propriamente dita e as fortificações no Pireu. Atenas, assim como Los Angeles, está situada em uma bacia cercada por três grandes cadeias de montanhas. O mar fica a quase 8 quilômetros, e existem apenas alguns riachos que correm perto da área metropolitana. Todas essas condições tornam difícil lançar esgotos numa via hídrica que possa transportar o efluente até o mar.

As barracas não ofereciam nenhum alívio verdadeiro para o calor do verão, e faziam um duro contraste com as agora abandonadas espaçosas casas de campo dos refugiados mais ricos. Mais tarde, Platão argumentaria que os gregos deviam ter duas residências, urbana e rural, para reforçar o tecido social da pólis. Mas ele estava reagindo contra as perturbações da Ática no tempo de guerra, quando grandes proprietários rurais ficaram reduzidos à condição de refugiados em virtude da estratégia de Péricles e os pobres urbanos quase nada sabiam do que era a vida no campo, acostumados ao sofrimento. Na época em que estourou a guerra, mais de 20 mil atenienses não tinham nada a ver com atividades agrícolas.[5]

Dentro em pouco, aqueles que um dia haviam sido donos das melhores moradias rurais na Ática ocupavam o que havia de pior, e isso explica a oposição particularmente hostil dos grandes proprietários refugiados às políticas de Péricles. Aristófanes com frequência observa a cena ridícula de Atenas na época da guerra, uma cidade abarrotada de exasperados habitantes rurais por toda parte, aos quais cabia, como último recurso, viver agachados em ninhos de pássaros e gaiolas. Grande parte da confusão resultava dessa radical mudança de sorte: os ricos agora estavam por baixo e eram autênticos visitantes em sua própria cidade — hóspedes dos pobres e radicais que queriam a guerra, estavam perdendo pouco com ela e antecipavam os lucros decorrentes da contínua demanda de mão de obra pela marinha.[6]

A desconcertante doença eclodiu em algum momento no final de maio de 430. Os atenienses começaram a morrer misteriosamente aos magotes durante os quarenta dias que durou a destruição espartana, a mais longa de todas as invasões peloponésias, e isso deve ter causado um estresse ainda maior aos refugiados que se amontoavam na cidade. A descrição de Tucídides é um tanto vaga sobre a cronologia da irrupção. Ele apenas diz que a praga (chamada de *nosos*) caiu sobre a cidade enquanto a Ática era devastada pelos espartanos.

A doença provavelmente os impeliu a abreviar a devastação; ouviram atemorizantes rumores sobre o caos reinante na cidade e, dos campos onde estavam, podiam ver nuvens de fumaça funerária saindo da cidade. Ainda assim, a segunda invasão acabou sendo a mais longa de todas as que fizeram — quarenta dias durante os quais cobriram uma área maior que nas anteriores e conseguiram terminar o que não haviam completado um ano antes. O mais provável é que o medo de se aproximar da rica planície ateniense próxima da cidade tomada pela doença tenha induzido os espartanos a se afastar na direção sul para devastar os distritos costeiros da Ática e o interior em volta das minas de Láurion.

Os espartanos haviam aprendido que a invasão de 431 não fizera nada para enfraquecer Atenas ou seu império, e conceberam uma campanha muito mais longa para o ano seguinte. Essa estada de dezenas de milhares de pessoas do campo dentro da cidade também ajudou indiretamente a disseminar a doença, que, por sua vez, teve o efeito paradoxal de abreviar o que deve ter sido planejado para ser a mais devastadora e abrangente campanha de destruição da Guerra Arquidamiana.[7]

O fato de a doença aparecer "não muitos dias após" os espartanos se aproximarem da planície e de estar devastando a cidade na época em que partiram sugere que, em menos de um mês, a doença que atingira Atenas havia alcançado proporções epidêmicas. De fato, ela varreu a cidade e, embora inadvertidamente, infectou a frota ateniense. Soldados portadores da doença, mas assintomáticos, embarcaram em navios saindo do Pireu para uma incursão contra o Peloponeso e para expulsar os que sitiavam Potideia no norte, em parte para fugir do sofrimento da cidade infectada. Quando atacaram a cidade peloponésia de Epidauros, para retaliar a invasão liderada pelos espartanos, diz-se que os habitantes locais adoeceram porque haviam se aproximado dos soldados.[8]

Muitos atenienses contemporâneos acreditavam que a praga *não era um acidente*. Certamente, pensavam eles, era resultado direto de deliberados esforços espartanos de infectá-los em tempo de guerra. Essa lógica paranoica fazia algum sentido: pragas de tal virulência eram quase desconhecidas na Grécia clássica, e isso levou os atenienses a recorrer a qualquer hipótese para explicar uma ocorrência tão terrível e rara. Alguns atenienses podem ter se lembrado de histórias folclóricas sobre seu herói Sólon, que um século antes havia facilmente tomado de assalto a cidade vizinha de Cirros depois de jogar um poderoso purgativo no riacho que abastecia a cidade, com isso provocando muitas doenças e causando a capitulação. Os próprios atenienses podem ter poluído o suprimento de água da cidade quando partiram antes da chegada das tropas de ocupação de Xerxes, no final do verão de 480. Em um clima quente mediterrâneo, onde a água era sempre escassa, a poluição de fontes, cisternas e rios pelos inimigos era um medo quase constante durante tempos de guerra. Manuais militares posteriores a esse período recomendariam tal contaminação de suprimentos de água como um meio efetivo de bloquear forças hostis, produzindo doença ou sede. Na Sicília, os próprios atenienses mais tarde tentaram destruir as manilhas de terracota que transportavam água para a cidade sitiada de Siracusa.[9]

Assim, o surto de 430 pareceu coincidir aproximadamente com a chegada de tropas inimigas à Ática. Uma coincidência estranha, não? As mentes conspiratórias tinham ainda mais munição. A doença primeiro atacou aqueles que retiravam água de cisternas no porto de Pireu e que, segundo rumores, haviam sido envenenadas pelo inimigo. O mal nunca infectou as cidades peloponésias, mas seguiu tanto as tropas atenienses que sitiavam Potideia no norte quanto os marinheiros que estavam no Peloponeso. As multidões não se deram ao trabalho de refletir sobre a óbvia correlação entre a superpopulação de Atenas e a singular moléstia; em vez disso, em desespero, devem ter pensado algo como "Nós estamos doentes, eles não; portanto, têm de ser os responsáveis".

Após notícias do surto, parece que algumas comunidades no Peloponeso começaram a construir imponentes templos para seus deuses, precisamente porque haviam sido poupadas daquele terrível pesadelo. Sabiamente, os peloponésios decidiram manter-se afastados no ano seguinte: passaram a primavera de 429 sitiando Plateia, do outro lado do monte Citéron, mantendo uma cadeia de montanhas entre eles e a doença infecciosa.

Nas profecias, a epidemia estava conectada com a concretização de um antigo e muito discutido aviso de que "uma guerra dória virá, e com ela uma praga". Embora negando essas teorias, Tucídides, ainda assim, mostra uma compreensível inclinação para registrar o mito popular da culpabilidade espartana, a ideia de contaminação da água, a ressurreição de antigas profecias e a imunidade geral *de facto* dos espartanos diante da doença, quase como se ele próprio não tivesse muita certeza de que um evento natural como aquele, de uma eficácia militar tão óbvia, pudesse ser inteiramente acidental.[10]

As Limitações da Medicina

O que, exatamente, era então a doença? Hoje em dia, a palavra genérica "praga", quando usada em inglês, invoca a peste bubônica, especialmente as aterrorizantes epidemias da Morte Negra, na Europa medieval e na Itália renascentista, e as imagens de moscas, ratos e pústulas horríveis. De fato, o uso do termo inglês é inexato, na medida em que, muito provavelmente, a epidemia ateniense *não* foi uma peste bubônica, a despeito de desacordos sobre sua etiologia.

Estudiosos do período clássico e médicos que comparam o relato de Tucídides com as narrativas de outras pragas e a sintomatologia contemporânea estão há mais de um século envolvidos em acirradas disputas sobre a natureza da epidemia. Em diferentes épocas, eles postularam uma eclosão em massa de tifo, febre tifoide, sarampo, influenza, catapora, escarlatina ou — um tanto mais extravagantemente — várias febres hemorrágicas, incluindo ebola, leptospirose, tularemia, antrax, dengue e ergotismo.[11]

Os argumentos são complexos. Com frequência, a análise beira o esotérico. Existe pouca concordância sobre se as espécies de ratos transmissores da praga (parece não haver nenhuma palavra em grego para *Rattus rattus*) alguma vez existiram na Grécia antiga, ou se a palavra antiga para "coração" (*kardia*) às vezes realmente se referia à boca do estômago ou, indo ainda mais longe, se os remanescentes bustos de pedra de Tucídides mostram as reveladoras marcas de infecção por varíola. Embora Tucídides ofereça descrições detalhadas de uma série de sintomas terríveis — febre, inflamação, problemas nos olhos, dor e sangue na garganta, espirros, rouquidão, dor no peito, tosse, cólica intestinal, vômito, diarreia, erupções e úlceras na pele, sede e desidratação, fraqueza e fadiga generalizadas, gangrena nas extremidades, permanente dano cerebral —, não é fácil para detetives médicos modernos associar o significado preciso do vocabulário grego a um léxico médico formal, seja antigo ou contemporâneo.

Dado que a medicina antiga tinha uma base empírica — podia oferecer diagnósticos e prognósticos baseados em cuidadosa observação clínica de sintomas registrados, em vez de na identificação científica de micróbios no nível celular —, não existe nenhum catálogo formal antigo de doenças nem ao menos semelhante às nossas classificações clínicas de vírus e bactérias. Talvez a mais provável explicação para a praga, se não era uma forma de varíola confluente maligna, seja que tenha sido causada por um organismo agora extinto, ou pelo menos um que evoluiu durante dois milênios e hoje já não é mortífero.

Qualquer doença infecciosa que alcance uma taxa de letalidade próxima de 30% entre uma população sem imunidade provavelmente imunizará os sobreviventes. Se depender de frequentes contatos pessoa a pessoa, será necessário um suprimento renovado de milhares de hospedeiros urbanos para que o mal se espalhe e sobreviva. Assim, a praga pode ter dado cabo de si mesma nas condições singulares de Atenas no tempo da guerra. Como observa Tucídides, ela retornou apenas esporadicamente após o primeiro surto mortal, mesmo quando as condições dentro de Atenas tornaram-se novamente tão sombrias quanto as de 430, especialmente após a ocupação espartana de Decêleia, em 413.

Em 404, por exemplo, após a debacle de Egospótamos e a destruição da frota ateniense que puseram fim à guerra, a enorme frota de duzentos navios de Lisandro cortava todo o Egeu, mandando de volta para casa dezenas de milhares de atenienses expatriados; a cidade permanecia fechada por causa da contínua presença do rei espartano Ágis no forte vizinho de Decêleia e de um outro exército que partira do Peloponeso e marchava para o norte. Fontes contemporâneas relatam receios de fome generalizada e mortes por desnutrição em Atenas no final da guerra, mas *não* um outro surto da praga.

Um quarto de século mais tarde, a inexistência de surto semelhante entre os atenienses famintos e confinados no final da guerra sugeriria que havia na cidade um número suficiente de sobreviventes já imunizados contra a praga, o que impediria outro fácil ataque, ou que, após anos de fugas para dentro da cidade, os atenienses estavam mais preparados para lidar com súbitas demandas de moradia, remoção de lixo, água e tratamento de esgotos. De qualquer modo, é provável que o vitorioso almirante Lisandro tivesse a vã esperança de que uma Atenas apinhada e sitiada pudesse recriar em 404 o horrível pesadelo de 430, que um quarto de século antes se provara vantajoso para os espartanos.[12]

O surto parece ter se originado na África. Então a praga viajou na direção norte, passando da Etiópia para o Egito e a Líbia. A partir dali, estabeleceu-se em várias partes do Império Persa antes de chegar ao Pireu. A Grécia e as áreas vizinhas no Mediterrâneo oriental estavam a apenas alguns dias por mar dos milhões que viviam na África e na Ásia, e eram um nexo natural na cadeia de disseminação de doenças tropicais. A maior parte das pragas nos tempos gregos e romanos surgia no sul e usualmente eclodia durante o verão, provavelmente quando os micróbios sobreviviam melhor entre águas estagnadas, esgotos abertos, insetos ativos e alimentos apodrecidos. Não obstante, os atenienses nunca haviam visto uma epidemia daquela magnitude, embora formas menos virulentas de doenças semelhantes tivessem aparentemente varrido as ilhas do Egeu, especialmente Lemnos, nas décadas imediatamente anteriores.

Os Infectados

Embora Tucídides obviamente tenha se baseado na própria experiência clínica e reconhecido que a doença afetava os indivíduos de maneiras diferentes, ele buscou fornecer uma descrição genérica da infecção. Tipicamente, os temíveis sinais começavam com um violento calor na cabeça, e rapidamente os olhos ficavam queimando e vermelhos. A garganta e a língua se cobriam de sangue e tinham mau cheiro.

Após esses sintomas iniciais, os infectados começavam a espirrar e ficavam roucos, e isso era logo acompanhado de tosse intensa. Uma vez que o estômago fosse afetado, os doentes começavam a vomitar todo tipo de bile. Ao mesmo tempo, experimentavam vômitos secos e violentos espasmos. Às vezes, essas convulsões seguiam-se imediatamente aos sintomas iniciais, mas em outras ocasiões só se manifestavam muito depois. Em alguns pacientes, a infecção parecia atacar o sistema respiratório e o trato intestinal quase simultaneamente, o que explica, em parte, o terror de uma doença que podia atingir o corpo tão amplamente. Numa época em que a vacinação nos livrou das piores doenças infecciosas do passado, é difícil imaginar um mal pior que esse, como se um paciente moderno sofresse, ao mesmo tempo, de gripe, disenteria, sarampo e pneumonia.

O doente não tinha febre nem ficava especialmente pálido. Em vez disso, o corpo ficava inchado e lívido, com uma erupção de pequenas bolhas e feridas. Os infelizes atingidos eram logo tomados por calor tão intenso, que não podiam suportar nem o mínimo toque de roupas ou lençóis. Muitos frequentemente prefeririam ficar nus. Nos últimos estágios, os pacientes em maior sofrimento queriam se jogar na água fria. Alguns saltavam dentro de cisternas na vã esperança de aplacar uma sede terrível, fato que levou muitos estudiosos do século XIX a pensar, equivocadamente, que se tratava de um surto de raiva.

Ainda assim, embora a maior parte das pessoas acreditasse que a água contaminada havia causado a epidemia, quando se viam nas garras da morte elas não tinham nenhum escrúpulo de se jogar num poço em busca de alívio imediato. Qualquer que fosse a verdadeira etiologia da doença, a medicina usual da época não avaliava o perigo de se passar os micróbios de uma pessoa a outra através da contaminação da água que era bebida por todos.

Ainda pior, o sono não trazia nenhum alívio. As vítimas ficavam irrequietas e sofriam insônia constante. No entanto, mesmo no auge da aflição, a maior parte dos que sofriam do mal não perecia imediatamente; muitos resistiam até o sétimo ou nono dias, quando então sucumbiam à febre e à exaustão. Mesmo quando os mais resistentes ultrapassavam o ponto alto da crise, muitos subsequentemente sofriam úlceras e diarreia, o que, para os sobreviventes, acabava levando à exaustão, desidratação e morte.

Para aqueles que subsistiam mesmo após os ataques intestinais, a infecção passava para as extremidades. Então, deformava e inutilizava os genitais e os dedos das mãos e dos pés. Outros ficavam cegos ou com dano cerebral. Tucídides sugere que, durante décadas após o surto inicial de 430, os deformados e mutilados vagavam mancando por toda Atenas. Talvez ainda fossem vistos, como fantasmas depois da guerra, quando ele voltou para terminar sua história, após o exílio de 20 anos — levando-nos a imaginar como, exatamente, o historiador teria lutado com os efeitos residuais da própria doença enquanto compunha seu trabalho. Embora a taxa de mortalidade tenha limitado as operações militares de Atenas durante toda a década seguinte, não há nenhuma evidência real de que o grande número de sobreviventes enfraquecidos e mutilados representou um peso semelhante sobre a habilidade ateniense de guerrear.

Cuidados atenciosos ou simplesmente negligência — nada parecia fazer muita diferença para os doentes, já que, de qualquer modo, tantos deles morreram. Em um ambiente de tamanha desgraça, os primeiros sintomas da praga usualmente lançavam os vitimados numa profunda depressão. Somente aqueles que haviam sobrevivido à doença e adquirido resistência mostravam verdadeira comiseração pelos que sofriam — por causa da confiança que tinham em sua recente imunidade e pela capacidade de empatia adquirida durante o próprio calvário.

Nós, modernos, precisamos situar a infecção em um contexto de sofrimento ainda maior para compreender plenamente a situação desesperadora da Atenas antiga, em 430. A maior parte de nós, quando atacado por uma febre, vai para a cama e é tomada de grande preocupação se surgem sintomas secundários como vômito ou diarreia. A despeito de cuidados da família, da visita de um médico, de cuidadores pacientes e remédios à vontade, podemos sofrer de fadiga durante dias ou mesmo semanas após passada a doença. Mas imagine tal moléstia em um tempo de guerra. Enquanto os inimigos nos portões da cidade tentavam matar a família do infectado, ele se agarrava à vida em delírio. Medicamentos, água limpa, banheiros, cama — todos os acessórios dos modernos cuidados na convalescença — não estavam disponíveis para os debilitados atenienses. Ao terror inspirado pelos soldados inimigos, acrescente-se o trauma diário das mortes de filhos, irmãos e esposos, atribuíveis a uma doença da qual se ignorava a causa, a duração, a cura ou a profilaxia. No meio de tal calamidade, alguém tinha de fornecer alimentos, cuidar dos doentes, desfazer-se dos cadáveres, além de manter as muralhas protegidas e despachar as patrulhas.

Em um clima assim caótico, tivessem os próprios espartanos assaltado as muralhas durante a segunda invasão de 430 sem se deixar intimidar pela infecção, ou tivessem retornado no ano seguinte, em vez de ir para Plateia, bem poderiam ter tomado Atenas, considerando-se as guarnições depauperadas e o desespero geral que reinava na cidade. Mas as preocupações espartanas com o suprimento de mão de obra — especialmente a percepção de quão preciosa e reduzida era a sua infantaria hoplita, originária da elite que desfrutava a cidadania plena — fizeram o exército ir para casa mais cedo e não retornar até que os soldados tivessem certeza de que o risco de contrair a doença havia passado.[13]

Mesmo os que estavam só meio mortos logo caíram prostrados nas ruas e fontes. Suas últimas visões eram os restos decompostos de amigos e familiares e a compreensão de que eles também logo experimentariam a mesma sorte repugnante. Como poderia uma cidade sob cerco se desfazer dos milhares de cadáveres dentro de suas muralhas? Escavações recentes para a construção de uma estação de metrô em Atenas, perto do antigo cemitério de Kerameikos, revelaram uma enorme sepultura coletiva e mais de mil túmulos bem próximos da superfície. Em alguns casos, dúzias de esqueletos pareciam ter sido jogados de qualquer jeito em grandes covas, aparentemente sem o cuidado normal e as usuais ofertas sacrificiais feitas aos mortos. A evidência de um enterro grupal apressado sugeriu aos escavadores que os engenheiros do metrô haviam encontrado uma das muitas valas comuns requeridas pela epidemia de 430, algo que aparentemente não se repetiu nos 2.500 anos subsequentes da história da cidade.[14]

Um pesadelo semelhante, com enterros em massa numa escala muito maior, ocorreu no mundo antigo durante a peste bubônica que assolou

Constantinopla durante o reinado de Justiniano, no século VI d.C. Lá, os cemitérios logo se esgotaram, fazendo com que corpos apodrecidos se empilhassem nas ruas e ao longo das praias. Mesmo grandes fossos cavados com a intenção de receber 70 mil cadáveres foram insuficientes, levando a que os mortos fossem lançados dentro de torres nas muralhas.[15]

Em Atenas, em poucos dias os oficiais responsáveis não conseguiam mais carregar, e muito menos enterrar ou queimar, as crescentes pilhas de cadáveres. Os indivíduos não tinham recursos para cuidar dos familiares mortos. Às vezes, roubavam combustível ou piras inteiras — ou amontoavam os próprios mortos nos caixões de outros. Conflitos estouraram. Muitos dos antigos residentes da cidade culpavam os recém-chegados do campo, cujos números e hábitos rústicos aparentemente poderiam explicar o surgimento súbito de uma pestilência desconhecida. É bem possível que essa tensão tenha ficado cozinhando em fogo lento durante décadas, estabelecendo as bases para um distúrbio político cerca de vinte anos mais tarde.[16]

A cena de cadáveres apodrecendo e de corpos sem sepultura por toda a cidade deixou uma impressão indelével nos atenienses. Passados apenas seis anos, após a batalha de Délion, em 424, os vitoriosos tebanos deixaram que os corpos dos atenienses mortos na batalha apodrecessem enquanto discutiam a respeito de concessões, um ultraje que encorajou Eurípides a condená-los um ano depois em sua *As Suplicantes*, de 423. De modo semelhante, a histeria que tomou conta da cidade com a notícia de que os corpos de marinheiros atenienses não haviam sido recolhidos após a vitória nas Arginusas, em 406, levou a julgamento os generais triunfantes. Aquele ato suicida parece uma loucura inexplicável até que alguém se lembre de que os atenienses realmente nunca se recuperaram das pavorosas imagens e memórias que se fixaram em suas mentes naquele terrível e desastroso ano de 430. E, na Sicília, os cadáveres frequentemente eram deixados a se decompor nos campos e os ossos dos mortos só eram recolhidos meses depois, quando cessavam as hostilidades.[17]

Cultura e Mortes em Massa

Por que razão, em uma história supostamente militar, teria Tucídides reservado um lugar de tamanho destaque para discutir a doença, cuidando de traçar detalhadamente como os atenienses desceram à barbárie? Além da própria recuperação da doença, ele tinha interesses mais amplos, tanto históricos quanto filosóficos. Primeiro, como um produto do iluminismo ateniense de meados do século V, que buscava explicar os fenômenos naturais por meio da exegese científica, e não religiosa ou folclórica, Tucídides, o historiador didático, queria demonstrar aos leitores a própria fé no método racionalista de identificar sintomas. Uma cuidadosa observação clínica poderia levar a um diagnóstico de alguma doença previamente conhecida. Só assim podia o racionalista, por sua vez, fornecer um diagnóstico ao paciente. Assim, ele queria "descrever os sintomas pelos quais ela poderia ser reconhecida, caso alguma vez voltasse a atacar".[18]

Com frequência, Tucídides faz um esforço especial para descartar conhecimentos falsos, tal como a ideia absurda de que a recuperação dos afortunados lhes garantia a imunidade futura contra todas as outras doenças. Ele também rejeita uma causa supranatural para a epidemia. E ridiculariza aqueles que buscavam explicar o surto associando-o com antigas profecias sobre uma invasão dória. Novamente, foi a superpopulação, e não os deuses, o que causou a doença. A atividade humana, e não a justiça divina, era a culpada.

Como nas famosas descrições posteriores da guerra civil na Córcira, do assassinato em Micálessos de estudantes beócios por mercenários trácios e da destruição final do exército ateniense na Sicília, o discurso tucididiano sobre a praga torna-se um lembrete de quão próximos da selvageria estão sempre os humanos — e de quão preciosa é a salvação que eles recebem da lei, da religião, da ciência e dos costumes. Esse fino verniz de civilização é uma constante universal, imune à arrogância do modernismo que afirma haver a tecnologia finalmente anulado as seculares patologias da natureza humana. A habilidade do historiador ao dissecar a etiologia da doença também serve como lembrete de que a história maior é igualmente empírica e didática, carecendo do romance e do folclore encontrados em Heródoto ou nos poetas épicos.

A praga infectou Atenas com uma extrema anarquia, o que Tucídides chamou de *anomia*. Convencidas de que o fim estava inevitavelmente próximo, as pessoas "exibiam uma ousadia mais descuidada". Quando a morte pairava sobre todos, a maior parte perdeu o antigo autocontrole e "lançou-se aos prazeres do momento". Esqueceram o medo tanto da lei quanto dos deuses, acrescenta Tucídides, porque ninguém podia garantir que a conduta correta proveria uma defesa contra a doença. Mas como uma morte horrível chegava indiscriminadamente e sem aviso, as pessoas viviam um dia de cada vez e, assim, frequentemente agiam de modo criminoso a fim de obter algum "prazer" da vida.[19]

A praga refletiu um tema encontrado durante toda a história: um efeito liberador terrível é igualmente produzido pelas perplexidades trazidas pelas guerras, levando os homens a recorrer a coisas que, de outra forma, jamais cogitariam fazer racionalmente em tempos de paz e tranquilidade, quando têm tanto a perder. E porque Atenas era o centro intelectual da Grécia e alimentava pretensões de representar uma humanidade singular e de possuir uma cultura que se proclamava elevada, o pandemônio produzido pela praga nos recorda que a civilização pode ser perdida em qualquer lugar e a qualquer tempo.

Além disso, como a doença ocorreu no segundo ano de uma guerra que durou 27, um limiar havia sido cruzado: uma vez que os atenienses foram reduzidos a situações tão difíceis, tornou-se praticamente impossível recuperar a compostura moral nos anos seguintes. A criminalidade e a selvageria tornaram-se comportamentos habituais, ou mesmo institucionalizados, quase como se os atenienses, uma vez liberados de décadas de influências civilizatórias, não conseguissem se livrar dos hábitos de brutalidade recém-descobertos. A morte de Péricles durante a epidemia é emblemática da decadência ateniense, sendo ele o último estadista singular que poderia ter tido a autoridade intelectual e moral de abrandar os atenienses em meio à selvageria. Para Tucídides, os danos da praga não foram apenas miséria, morte e invalidez. Essas foram as anárquicas precursoras de políticas mais deliberadas que se seguiram, expressas em uma variedade de brutais ações atenienses contra aliados rebeldes e Estados neutros.

Destarte em uma passagem decisiva, Tucídides diz que a praga "primeiro" introduziu na cidade uma desordem maior. Ele sugere que muitas das coisas horrendas que Atenas fez nos últimos anos da guerra foram inculcadas entre 430 e 426, quando os cidadãos corriam o risco de ser totalmente exterminados. Se essa análise é verdadeira, então a doença também teve um profundo efeito sobre as táticas e métodos usados pelos atenienses para conduzir a Guerra do Peloponeso — um fato talvez ignorado por aqueles historiadores militares que subestimam as ondas culturais de doença que se fizeram sentir por todo o império, de Mitilene a Melos.[20]

O Mais Mortal dos Inimigos

Ainda assim, as preocupações fundamentais de Tucídides continuam sendo militares: as incríveis perdas causadas pela praga quase imediatamente alteraram o tênue equilíbrio de poder e, com isso, todo o curso e estratégia da guerra. Após uma reincidência do surto, embora menos virulenta, entre os anos 427 e 426, o historiador categoricamente conclui: "Nada causou maior dano ao poder ateniense do que a praga" — uma radical avaliação retrospectiva que pareceria incluir as derrotas nas batalhas em Délion, em 424 e Mantineia, o desastre em Siracusa, em 413, as depredações que partiam do forte espartano permanente em Decêleia no período entre 413 e 404 e inúmeros reveses cruciais sofridos pelos atenienses no mar de 411 a 404. Embora Tucídides afirme que houve dois severos surtos da doença, ele também diz: "Em tempo algum ela nos deixou completamente", sugerindo que, durante quase quatro anos, os atenienses continuaram morrendo por causa do misterioso mal.[21]

No entanto, um dos grandes mistérios da guerra continua a ser o exato efeito da praga sobre a capacidade ateniense de fazer a guerra. Tucídides não exagera a calamidade que caiu sobre a cidade, mas não deixa claro como a epidemia alterou as táticas atenienses, além de ter afastado os devastadores espartanos, em 429, do interior da Ática para a vizinha Plateia e ter reduzido a reserva de mão de obra ateniense durante alguns poucos anos seguintes. Ainda assim, e quando mais não fosse, a praga levanta diversos "e se" a respeito do que Atenas poderia ter feito não fosse a súbita perda de dezenas de milhares de seus cidadãos.

O historiador prossegue seu apanhado geral dos efeitos destrutivos da epidemia com a afirmação explícita de que 4.400 soldados da infantaria hoplita "nas fileiras" pereceram, e outros "300 da cavalaria", bem como "um número indeterminável" de pessoas comuns.[22] O que nos dizem esses vastos números sobre o dano fundamental causado à habilidade ateniense de fazer a guerra?

Quando eclodiu a luta, os cidadãos atenienses provavelmente chegavam a algo entre 30 mil e 40 mil homens, e a metade deles teoricamente estava qualificada para servir como hoplita da infantaria pesada. Esses 15 mil a 20 mil hoplitas eram acrescidos de estrangeiros residentes não cidadãos (metecos); eles basicamente prestavam serviços às guarnições e podiam ser incluídos na falange durante emergências. Assim, o exército inteiro também estava dividido em termos de hoplitas na linha de frente (13 mil) e na reserva (16 mil). Se a perda de 4.400 hoplitas "nas fileiras" refere-se apenas a perdas dentre os 13 mil cidadãos preparados para entrar na guerra, então uma terça parte de todos esses soldados da infantaria foi perdida no espaço de quatro anos — representando a perda de 34% das melhores tropas que a cidade podia reunir. Em termos relativos, a praga representou para os antigos atenienses algo equivalente à batalha do rio Somme (onde, em quatro meses e meio de 1916, morreram 1,2 milhão de homens) ou uma Stalingrado (onde, em seis meses e meio, durante a Segunda Guerra Mundial, morreram quase 2 milhões).

Além disso, os trezentos homens da cavalaria perdidos significavam que 30% da preciosa cavalaria de mil homens também se fora. Não existem informações sobre o efeito da doença sobre cavalos estabulados na cidade, ou se patrulhas puderam continuar sendo enviadas contra devastadores peloponésios que haviam avançado para o sul, abaixo da planície ateniense. A única defesa contra patrulhas inimigas na Ática era a cavalaria ateniense, que em um só ano perdeu mais cavaleiros do que as perdas agregadas durante três décadas. Mesmo já se tendo passado nove anos desde a partida da praga, os atenienses ainda se encontraram criticamente carentes de cavalaria na Sicília, justamente no momento em que as patrulhas montadas haveriam de se tornar ainda mais cruciais na Ática.

Tucídides acrescenta que a força expedicionária que sitiava a cidade de Potideia ao norte também foi infectada. Muito embora os atenienses acabassem tomando a cidade, perderam 1.050 hoplitas de um total de 4 mil em meros quarenta dias (26%). A percentagem de perdas e a rápida disseminação da infecção durante as seis semanas em Potideia foram sinistramente similares aos efeitos da doença na própria Atenas.

Qualquer que fosse o organismo causador, a epidemia era de um tipo especialmente letal para ter causado taxas tão elevadas de mortalidade entre homens adultos saudáveis. Os atenienses infectados provavelmente morreram em proporções maiores do que as da população residente na Londres medieval, durante os piores anos da Peste Negra. A doença sempre tem alguma afinidade com a guerra, um tempo em que há poucos alimentos, o estresse é generalizado e os soldados — como os atenienses comandados por Hágnon que cercavam Potideia (432-430) — são forçados a acampar em tendas e barracas. Algumas das maiores pragas do mundo antigo — a peste antonina que chegou a matar um terço da população de certas partes da Grécia, Itália, Ásia Menor e Egito imperial, bem como outras durante os reinados dos imperadores Décio (249-251 d.C.) e Galo (251-253 d.C.) — começaram primeiro em acampamentos militares e, antes de terminar, quase arruinaram os exércitos romanos.

Além desses números explícitos de 5.750 soldados atenienses de elite perdidos, é possível extrapolar a partir das percentagens notavelmente consistentes de perdas (cerca de 30%) para se chegar a algum tipo de cálculo para os hoplitas da reserva (cerca de 4.800 mortos entre os 16 mil?) e ao "número indeterminável" de tetas, metecos, mulheres, crianças e escravos. Esse grupo de residentes da Ática pode ter totalizado pelo menos 200 mil. (Em 1920, antes da chegada do grande êxodo da Ásia Menor, o censo grego registrou que a população total da Ática era de 501.615, excluindo o coração metropolitano e industrial de Atenas e o Pireu.)

Se as pessoas da antiga Ática tiverem sofrido mortes em números comensuráveis com as percentagens de homens na cavalaria e no exército — talvez bem acima de 10 mil —, então pelo menos outros 60 mil civis também terão perecido. Em termos da perda anual de salários que, de outro modo, teriam sido ganhos por esses soldados e trabalhadores abatidos pela doença, a morte de algo entre 20 mil e 30 mil homens adultos de todos os status significou um corte imediato de bem mais de 1.000 talentos para suas famílias — ou o equivalente anual a todo o fundo de reserva que havia sido criado para proteger a cidade de uma frota espartana, um valor equivalente a aproximadamente 500 milhões de dólares norte-americanos atuais de atividades econômicas perdidas. Os problemas financeiros de Atenas nas décadas que se seguiram à guerra foram devidos não apenas aos gastos militares disparados e aos aliados rebeldes, mas também à perda ou incapacitação de milhares de trabalhadores da Ática naqueles primeiros momentos da guerra.

As mortes de outras 40 mil a 50 mil pessoas, entre mulheres, escravos e crianças, provaram-se catastróficas. Além do papel essencial na economia ateniense, mesmo durante tempo de guerra, esses "não combatentes" frequentemente desempenhavam um papel fundamental. Durante os cercos, por exemplo, as mulheres cozinheiras eram inestimáveis para manter vivas e saudáveis as guarnições de defesa. A perda de tais provedoras sem dúvida explica os elevados números de mortes daqueles que, de outra forma, poderiam ter sido alimentados e cuidados durante a doença. A falange ateniense não podia marchar com força total contra Mégara ou a Beócia sem escravos carregadores de bagagem, e milhares de escravos estavam começando a trabalhar como remadores na frota imperial ateniense cujas trirremes requeriam algo entre 40 mil e 60 mil marinheiros.

A praga provavelmente matou pelo menos cinco vezes mais hoplitas da linha de frente do que o número perdido na sangrenta batalha de Délion. Seu custo agregado excedeu até mesmo o número daqueles que pereceram na notória catástrofe na Sicília. Nenhum desses números de perdas inclui os milhares que ficaram mutilados e aleijados pela doença — nem, de forma ainda mais catastrófica, os impactos sobre a demografia ateniense, durante os anos vindouros, do fato de que tantos em idade de procriar houvessem sido varridos pela praga. Pausânias, por exemplo, escreveu que, mais de 30 anos depois, os atenienses rogaram isenção para não integrar a expedição pan-helênica à Ásia Menor, alegando que ainda estavam sofrendo com as vastas perdas de homens por causa da guerra e da praga.[23]

A morte súbita de tantos hoplitas também teve repercussões mais imediatas nos anos seguintes. Em 424, na batalha de Délion, os atenienses puseram em campo somente 7 mil hoplitas. Mandaram menos de mil para a ainda mais crítica batalha de Mantineia, em 418 — milhares a menos de hoplitas do que os 10 mil atenienses que lutaram em Maratona, em 490. Ambas as derrotas foram batalhas definidas com uma pequena margem de diferença. Três ou 4 mil atenienses a mais na infantaria poderiam ter feito a diferença entre a vitória e a derrota total. Se a aliança ateniense tivesse vencido em um desses engajamentos críticos, toda a guerra poderia ter terminado em termos favoráveis a Atenas, com a retirada da Beócia da aliança inimiga e um novo eixo democrático peloponésio circundando um Estado espartano emasculado.

Assim, a morte de algo como 10 mil hoplitas da linha de frente e da reserva, combinada com a perda de trezentos soldados da cavalaria, além dos cercos e das patrulhas navais em andamento, sugere que Atenas permaneceu incapaz de se envolver em quaisquer esforços terrestres sérios durante anos. O desastre também poderia explicar por que não houve nenhuma campanha hoplita, nem mesmo algo como os esforços parciais atenienses em Délion ou Mantineia, nos cinco anos imediatamente seguintes a 429. Em vez disso, os atenienses ficaram paranoicos a respeito de revoltas entre os súditos do império, em parte devido às perdas causadas pela praga e pela impressão de que a cidade estava excessivamente atormentada para conseguir impor seus comandos no além-mar.[24]

Algo havia dado drasticamente errado em apenas poucos anos. O exército que uma vez pusera 16 mil hoplitas em campo para arrasar a Megárida no começo da guerra estava reduzido a menos da metade sete anos depois, em Délion. Para que Atenas derrotasse um exército tebano ou peloponésio, qualitativamente melhores, o essencial era a superioridade numérica, não a paridade. Se os tetas que operavam a frota tiverem perecido por doença em percentagens agregadas comensuráveis com as registradas entre os hoplitas e os soldados da cavalaria (isto é, cerca de 30%), então, do total de 20 mil cidadãos remadores, talvez 6 mil ou 7 mil tenham também morrido no curso da epidemia — o que corresponderia a perder o número de marinheiros necessários para operar de trinta a 35 trirremes. Isso é mais do que o total de todas as mortes atenienses na vitória naval de Salamina, cinquenta anos antes, um evento que havia desencadeado o grandioso meio século ateniense.

Foi somente em 415, quase 15 anos após o eclodir da doença, que a força militar ateniense foi restaurada a um nível pelo menos tolerável. Por exemplo, em uma discussão durante as preparações para invadir a Sicília em 416, Tucídides explica que a população confiava nos procedimentos porque "a cidade tinha acabado de se recuperar da praga e da longa guerra", e acrescenta que o capital financeiro fora restaurado durante a Paz de Nícias "e vários homens jovens haviam crescido".[25]

Somem-se todos os soldados da cavalaria, os hoplitas e os tetas que pereceram, acrescentem-se os homens metecos adultos e suponha-se que uma percentagem igual de mulheres, crianças e escravos de todas as idades e de ambos os sexos tenha morrido: isso significa que algo entre 70 mil e 80 mil residentes da Ática subitamente desapareceram. A maior parte provavelmente sucumbiu durante os poucos meses que se seguiram ao surto inicial de 430. Assim, entre um quarto e um terço de toda a população residente foi dizimada antes mesmo que a guerra tivesse realmente começado. Contudo, por ser a praga uma catástrofe natural, e não induzida pelos humanos, o historiador Tucídides devotou somente uma fração de sua atenção à epidemia, em comparação com a longa descrição do fiasco subsequente da expedição siciliana, muito embora os atenienses mortos nas ruas de Atenas correspondessem ao dobro daqueles que pereceram mais tarde na Sicília.

Crise de Confiança

Se, nas discussões da história militar da Guerra Arquidamiana, os estudiosos modernos nem sempre calculam as perdas causadas pela praga, os atenienses, pelo menos, sabiam que sua cidade havia sido irreparavelmente danificada. Eles certamente viam a força de seu exército e seu poderio naval em termos de "antes" e "depois" da epidemia. Tucídides observou que a invasão da Megárida, durante o primeiro outono da guerra, foi a maior exibição de força da infantaria ateniense em sua história, no tanto em que "ainda não havia sido atingida pela praga". Péricles concluiu a respeito do primeiro ano da praga que ela havia feito mais do que qualquer outra calamidade para arruinar o espírito de Atenas. Ele insinua que sua política inicial teria tido muito mais sucesso se a pestilência não tivesse perturbado sua cuidadosamente forjada estratégia. Mesmo durante a praga, os atenienses já estavam concluindo que nunca houvera nada parecido com aquilo e que a doença havia alterado radicalmente o curso da guerra.

Da mesma forma, os líderes da revolta em Mitilene imploraram a ajuda espartana, com o argumento de que, apenas dois anos após sua eclosão, "Atenas havia sido arruinada pela praga e pelos custos da guerra". Para Tucídides, que sobreviveu à doença, as repercussões da praga seriam sentidas em toda parte: queda da capacidade militar, agitação política, revolta imperial, estratégias mudadas e, pior que tudo isso, morte do único líder ateniense que parecia ser capaz de manter unidos os cidadãos facciosos durante as horas escuras da guerra.[26]

Péricles, exaurido pela idade e pela perda de dois de seus filhos, Xântipos e Paralus, levados pela doença, acabou finalmente sucumbindo. O desastre o atingiu com força. Péricles perdeu uma irmã e também "a maior parte dos parentes e amigos". Ele morreu dois anos e meio depois do começo da guerra, após um prolongado e debilitante combate com a doença, um detalhe omitido no famoso obituário de Tucídides para o grande líder. Sua perda no início do conflito deixou a cidade acéfala — na medida em que, durante quase trinta anos, ele havia de certa forma guiado Atenas, como um oficial eleito anualmente. Atenas não estava segura se a visão estratégica de Péricles era equivocada e havia conduzido ao desastre da praga ou se, de fato, ainda era viável e, após a recuperação da cidade, acabaria levando à vitória.[27]

Se Tucídides reconhecia que a segunda geração de líderes espartanos, incluindo Brasidas, Gílipos e Lisandro, era mais hábil e audaciosa do que o velho Arquídamos, parecia pensar que os sucessores de Péricles, tais como Clêon e Alcibíades, eram apenas mais temerários e amorais. Os modernos às vezes reagem com indignação à teoria do "grande homem" da história, a noção do século XIX de que os eventos podem ser moldados pelas carreiras peculiares de indivíduos, em vez de por mais insidiosos processos demográficos, sociais e culturais de longo prazo. Mas poucos contestariam a ideia de que, se Churchill, Roosevelt, Stalin ou Hitler tivessem sucumbido de varíola, no início de 1939, a Segunda Guerra Mundial poderia ter seguido um curso muito diferente e possivelmente tido um resultado totalmente distinto. Durante toda a Guerra do Peloponeso e logo em seguida, a morte de indivíduos proeminentes parece ter tido um profundo efeito sobre o curso dos eventos: a fala do velho Pagondas sozinho convencendo os beócios a lançar-se contra Délion; o fim de Brasidas e Clêon, em Anfípolis, levando à Paz de Nícias; o desafortunado fim de Lâmacos, em Siracusa, que ajudou a condenar a expedição; o surgimento de Lisandro, que galvanizou a frota espartana; e, logo depois da guerra, a morte de Ciro, o Jovem, em Cunaxa, que deixou os 10 mil vitoriosos na posição de derrotados, apesar de haverem prevalecido no campo de batalha.[28]

Tucídides recuperou-se após seu embate com a doença. Mas não está claro se o sofrimento contribuiu para moldar sua visão amplamente pessimista dos eventos humanos ou se o deixaram com limitações físicas permanentes que impediram sua ascensão ao generalato e, assim, resultaram em seu exílio. Certamente, suas ideias sobre a importância da cultura para manter a natureza sob controle tinham algo a ver com seu esbarrão com a morte em meio a um mar de milhares de doentes que aleatoriamente pereciam à sua volta. Em certo sentido, suas negras impressões da guerra foram formadas no segundo ano da luta, quando a praga quase que literalmente determinou o tom e o tema do próprio futuro como cronista.

Para compensar as perdas com a praga, Atenas recorreu a várias medidas desesperadas que tiveram efeitos incalculáveis ao erodir a coesão cultural da cidade. Mais tarde, um mito popular circulou a ideia de que a poligamia casual havia sido permitida *de facto* pela primeira vez. Luminares como Sócrates e Eurípides, movidos por fervor patriótico, aparentemente tiveram filhos adicionais com segundas esposas.[29] Mudanças nas leis de nacionalidade agora permitiam direitos de cidadãos aos que nasciam na Ática, desde que um dos pais fosse ateniense, enquanto a lei anterior exigia os dois. Péricles havia uma vez lembrado aos atenienses que, tal como no passado, a cidadania era uma honra excepcional e um privilégio. Ainda assim, na Atenas pós-praga, era a quantidade de pessoas, e não necessariamente o *pedigree*, o que agora importava para que a cidade pudesse sobreviver à guerra. Com a morte dos dois filhos legítimos, Péricles imediatamente buscou criar uma legislação para estender a cidadania a seu filho ilegítimo sobrevivente, Péricles, o Jovem.[30]

Uma comunidade antiga que professa fé em uma ciência adolescente — como a Atenas esclarecida do século V — fica com um problema real para explicar a ocorrência de calamidades naturais quando falha seu próprio novo deus, a Razão. Histórias posteriores falam de visitas do lendário Hipócrates, o pai da medicina, à Atenas assolada pela praga. Alguns relatos antigos refletem teorias científicas de que as condições climáticas foram os agentes causadores, ou talvez grãos contaminados em decorrência de uma taxa de umidade excepcionalmente alta. Embora as chamadas conjeturas miasmáticas — o ar de 430 foi contaminado por gases misteriosos, corpos mortos ou água estagnada — fossem explicações aparentemente comuns para o surto, Tucídides não achou que valesse a pena discuti-las em nenhum detalhe. Mas muitos outros achavam que sim. O historiador Diodoro, por exemplo, argumentou que o acúmulo de pessoas havia produzido um ar "poluído" que adoeceu os cidadãos.[31]

No entanto, embora "ar" tenha pouca relação clínica com uma doença infecciosa, os antigos não estavam inteiramente errados em suas suposições empíricas. Muitos vírus e bactérias circulam por meio de minúsculas partículas expelidas pela tosse e transportadas pelo ar. Além disso, águas estagnadas podem explicar surtos de doenças no tanto em que as poças são ambientes ideais para a proliferação de mosquitos que transmitem a malária ("ar ruim").

Ainda assim, se a ciência de Hipócrates não podia explicar adequadamente a praga, e muito menos minorar os efeitos; se os cosmologistas gregos e os filósofos da natureza não ofereciam nenhum indício sobre a verdadeira etiologia da epidemia, e se a ética socrática não conseguia explicar por que razão, para o bem da cidade, alguém deveria manter uma postura cívica em meio a tal calamidade, então até mesmo um povo sofisticado como os atenienses clássicos — inclusive Péricles — podia voltar-se para cultos e superstições, em vez de para a ciência e a religião tradicional regida pelo Olimpo. O que haviam feito Zeus, Apolo ou Atena para sustar a praga? Não mais do que Hipócrates e os doutores. Assim, tanto na história de Tucídides quanto nas comédias contemporâneas de Aristófanes, excêntricos profetas e adivinhos preenchem o vácuo e experimentam um renascimento durante os anos da praga entre uma população desiludida.

O biógrafo Plutarco pensava que a odisseia espiritual do próprio Péricles oferecia uma lição sobre o processo de decadência, que levava da ciência ao falso conhecimento. Os tradicionalistas haviam parodiado o líder ateniense durante a maior parte de sua carreira anterior por ser um racionalista, um estudioso dos filósofos naturais Anaxágoras e Protágoras. Circulavam histórias ridículas sobre como ele desperdiçava seu tempo em dialéticas com Protágoras, tentando descobrir se um dardo ou seu lançador eram moralmente responsáveis pela morte acidental de seu alvo. Contudo, em seus últimos dias, mesmo Péricles, o líder de uma Atenas em guerra, foi reduzido a patéticas noções equivocadas e usava um amuleto em torno do pescoço para salvá-lo da debilitante doença. Antes que aquela terrível guerra terminasse, os atenienses veriam coisas ainda piores do que o grande general racionalista reduzido a abraçar superstições em seu leito de morte.[32]

No período que se seguiu à doença, o culto a Asclépio, junto com o a Higeia ("Saúde"), foi introduzido no Peloponeso, vindo de Epidauro, e chegou a Atenas, em algum momento por volta de 420, como se a veneração regular a esses novos deuses das curas médicas pudesse salvar a cidade de novos ciclos de epidemia. O chamado Asclepion ("Templo de Asclépio") foi construído diretamente a oeste do grande teatro de Dioniso, por trás da Acrópole, uma amarga recordação de que, além do drama público, Atenas agora precisava de um alívio médico divino. Enquanto isso, na fronteira entre a Beócia e a Ática, em Oropos, o legendário herói Anfiaraus pouco depois também ganhou o próprio santuário e era cultuado pelos que esperavam dessa divindade curadora uma profilaxia contra novos surtos.

A população tinha uma preocupação ainda maior com a possibilidade de que os deuses estivessem enfurecidos. Apenas quatro anos após o início da doença, e pouco tempo depois de um novo surto, em 426, os atenienses tomaram a drástica providência de purificar a ilha de Delos — o famoso centro da antiga Liga de Delos — na esperança de recuperar o favor de Apolo, que tradicionalmente afastava doenças. Sob a liderança de Nícias, removeram todos os túmulos da ilha e criaram jogos anuais para honrar o deus.[33]

Cultos menos tradicionais originados no Oriente — a Cibele, a deusa da montanha frígia, a Sabazius, o Dioniso trácio, e o Baco asiático — logo seriam importados pelos atormentados atenienses, que se preveniam fazendo essas apostas alternativas caso os deuses olímpicos tradicionais, como Apolo, Atena e Zeus, falhassem em trazer alívio no futuro. Ainda assim, apesar do crescente apelo a explicações sobrenaturais e da histeria coletiva, mesmo em seus piores momentos os atenienses nunca recorreram a sacrifícios humanos para aplacar os deuses nem se engajaram em julgamentos de bruxas ou sacrifícios rituais de bodes expiatórios em busca de alívio para sua miséria. Não obstante, assim como Atenas estava sendo abalada por inimigos externos, dentro dos muros da cidade começou a maior transformação espiritual e o maior período de incerteza religiosa de sua história. Todas as subsequentes campanhas, em Mitilene, Melos, Cione e na Sicília, devem ser vistas à luz do caos cultural que se abateu sobre a democracia ateniense.

Os Sobreviventes

Tempos difíceis demandam homens diferentes. Péricles estava morto. Ainda assim, seu jovem pupilo órfão, Alcibíades, estava despontando para se provar indestrutível — e, mais tarde, despudorado. Ele havia sobrevivido a quatro anos de exposição à praga, tanto nas zonas quentes de Atenas quanto antes disso, quando a doença matara um em cada quatro soldados em Potideia. Durante os primeiros cinco anos da guerra, no país e no exterior, o veterano cavaleiro havia mantido intacta a honra duramente adquirida. Com a morte do antigo guardião, Alcibíades, em seus meros 20 e poucos anos, estava a ponto de se revelar um dos novos líderes de uma Atenas agora tão cronicamente carente de jovens saudáveis. Plutarco relata como, em meio à miséria da cidade vitimada pela praga, o resoluto e robusto Alcibíades visitou o deprimido Péricles e o persuadiu a ignorar as censuras que havia recebido recentemente e reassumir a vida pública. Em uma situação normal, a idade e a sobriedade podiam garantir o acesso à liderança política; no entanto, juventude, saúde robusta e até mesmo imprudência eram os melhores critérios para os tempos negros da praga.[34]

Antes, a guerra já matara o pai de Alcibíades, e agora fazia dele um herói em Potideia e um leal e respeitado baluarte entre a cavalaria ateniense que mantinha os espartanos longe dos distritos próximos à cidade. A guerra lhe havia ensinado que ninguém estava imune ao destino, enquanto via seu protetor ser vitimado pela praga e a cidade de Sófocles e o Partenon afundarem nos miasmas da morte. Agora, o tempo não esperava por ninguém em Atenas, e era muito melhor aproveitar o dia a morrer ignominiosamente só, coberto de feridas.

Quando a praga abrandou, em 426, Alcibíades tinha apenas 24 anos. Entretanto, durante os cinco anos da guerra, ele assistira a canibalismo, doença e matanças em Potideia, a mulheres e crianças morrendo nas ruas de Atenas, e vira as propriedades de seus amigos ricos sendo abandonadas e às vezes incendiadas no que antes fora o belo interior da Ática, onde a própria família tivera, durante gerações, pelo menos duas grandes fazendas de cerca de 80 acres.[35] As lições que aquele jovem tirou de tudo isso foram tucididianas: a guerra realmente era "um mestre rude", e somente alguns poucos homens astutos, calejados, podiam compreender isso. Quase que o único em sua geração, Alcibíades pôde; mas também levaria sua cidade a cair com ele. Tucídides observa que aqueles que sobreviveram à praga equivocadamente acreditavam que nunca mais estariam suscetíveis a pegar outras doenças. É provável que Alcibíades também tenha sentido que sua sobrevivência e a de seu mentor, Sócrates, fossem de algum modo parte de a sorte excepcional e prova do destino singular que lhe caberia.[36]

Os soldados atenienses foram para as batalhas durante os 23 anos seguintes, de 426 até 404, sabendo que seus pais, eles mesmos, seus filhos ou seus amigos haviam sofrido com a doença e que ela poderia retornar para matar outros milhares a qualquer momento e sem aviso. O terror da epidemia deve ter pesado sobre os combatentes durante a maior parte da guerra. Quando os espartanos e os argivos consideraram um tratado de paz, em 420, redigiram um codicilo afirmando que qualquer um dos lados poderia ser isentado de cumprir alguns dos pontos acordados caso fosse afligido por uma praga na época.[37]

As repercussões da praga também se fizeram sentir tanto na literatura contemporânea quanto na clássica posterior. O dramaturgo Sófocles, que aparentemente se envolveu com o culto do deus da cura Asclépio ao chegar a Atenas, em 420, havia apresentado seu magistral *Édipo Rei* talvez apenas cinco anos após o início do surto a uma audiência que recentemente perdera dezenas de milhares. A peça começa com a cidade de Tebas assolada por uma súbita epidemia que se seguira à perda das colheitas por causa de uma praga, à perda de rebanhos e à infertilidade generalizada. Todas essas calamidades os atenienses na audiência teriam reconhecido como fardos recentes trazidos pela praga ou pelas destruidoras invasões espartanas — e temiam que pudessem retornar a qualquer momento. Enquanto Tucídides se dedica às descrições científicas da epidemia e ignora ou ridiculariza as histórias populares, o pano de fundo religioso da praga é um elemento central na trama da peça de Sófocles: os tebanos precisam sofrer uma punição coletiva pelo incesto do qual não sabiam e pelo parricídio ignorado dentro da família real.

Na peça, a religião tradicional — a sabedoria de Apolo e a vidência de Tirésias — fornece a maneira adequada para descobrir tanto a etiologia da doença quanto a cura. Atenas, pelo menos na mente de Sófocles, pode ter perdido mais de um quarto de seus habitantes, não pelo excesso de pessoas amontoadas em seu interior nem por práticas higiênicas precárias, mas por causa da ausência de uma piedade tradicional. Ele parece sugerir que é uma arrogância supor que a lógica seria suficiente — talvez a elite sofista contemporânea da cidade, ou o próprio Péricles, devessem ser comparados com seu extremamente orgulhoso Édipo — para esquadrinhar a doença e assim achar causas e respostas racionais para o que, em última instância, deve permanecer como problemas divinamente ordenados. Édipo é racional, arrogante e — como Péricles — bate-se contra um inimigo que está acima de cálculos sobre hoplitas e trirremes.

Escritores posteriores como Lucrécio, Virgílio, Ovídio e Josefo também incluíram vívidas descrições de pragas e desastres naturais em suas obras, com frequência em versões notavelmente semelhantes à epidemia ateniense: origem africana, fuga dos habitantes rurais para as cidades, causa misteriosa, cura desconhecida e caos social como dividendo das mortes em larga escala. Em um contexto mais histórico, o cronista bizantino Procópio baseou-se em Tucídides para fazer uma descrição igualmente admirável da calamidade social que se seguiu a uma epidemia (muito provavelmente de peste bubônica) que atingiu Constantinopla na primavera de 542 e, durante um período, talvez tenha chegado a matar até 10 mil pessoas por dia. O desastre ateniense provou-se o *locus classicus* da historiografia ocidental posterior que relatou surtos desastrosos semelhantes, como se qualquer descrição subsequente devesse implicar um relato tucididiano do caos social que inevitavelmente se segue a essas mortes em massa.[38]

Ainda assim, durante os primeiros anos da guerra, as invasões espartanas não conseguiram provocar a ruína econômica nem levaram à tão desejada batalha decisiva, nem mesmo enquanto milhares de atenienses pereciam com a doença. Como nem as tradicionais arenas de devastação da agricultura e das batalhas hoplitas, e nem a praga, levaram à vitória decisiva, cada lado se preparou para redefinir sua estratégia. Os atenienses já não permaneceriam dentro dos muros da cidade esperando a morte. Esparta não podia meramente enviar seus maciços exércitos em uma busca inútil de inimigos hoplitas. Em vez disso, surgiram novos homens em novos teatros para conduzir uma guerra suja nunca antes vista na Grécia.

Essa nova maneira de empreender a Guerra do Peloponeso cairia muito bem a líderes audaciosos como Alcibíades.

CAPÍTULO 4

TERROR

GUERRA NAS SOMBRAS (431-421 A.C.)

Após o hiato de um ano produzido pelo medo da praga, as forças da aliança espartana recomeçaram a invadir a Ática, em 427, enquanto seus parceiros beócios continuavam a pressionar com o cerco de Plateia iniciado durante a epidemia. No entanto, nesses primeiros anos do conflito, nem todos os atenienses estavam morrendo com a pestilência ou patrulhando o interior da Ática em esforços inúteis para repelir os devastadores peloponésios. Milhares na frota imperial, infectados ou não, estavam determinados a fazer Esparta e seus amigos pagarem pelos ataques e experimentarem um pouco da humilhação que haviam infligido a outros, tanto na Ática quanto dentro de Atenas.

Nas palavras de Plutarco, nesses ataques contra território espartano, os atenienses conseguiram tirar algum "consolo daquilo que seus inimigos estavam sofrendo". Se os observadores anteriores à guerra tivessem se preocupado com a possibilidade de o mutuamente destrutivo conflito entre Atenas e Esparta ser muito diferente das guerras gregas anteriores — muito mais demorado —, logo se provariam prescientes.[1]

Os primeiros anos de hostilidades, entre 431 e 423, de certo modo confirmaram esse sombrio prognóstico: os atenienses evitavam entrar em luta com a infantaria espartana, enquanto navios peloponésios usualmente se mostravam pouco dispostos a enfrentar a marinha ateniense em qualquer engajamento de grande porte. O palco estava preparado para uma guerra "assimétrica", "quadridimensional" ou "pós-moderna" — um conflito no qual um grande número de fatores políticos, sociais e culturais, em vez de uma doutrina militar convencional ou combatentes tradicionais, determinava como um dos lados escolheria causar dano ao adversário. Alguns matadores bastante grosseiros sairiam agora das sombras do mundo grego para fazer o que generais e almirantes tradicionais não podiam fazer. Os dois lados usariam o medo de maneiras não convencionais, fazendo-nos recordar que o terror é um método, não um inimigo; é uma manifestação de como determinado beligerante escolhe fazer a guerra, em vez de algum tipo de entidade independente que existe separada de homens, dinheiro e lugares.

Peter Krentz demonstrou que a batalha hoplita não era o principal meio de luta, contando todos os exemplos de engodos e ataques surpresa, frequentemente à noite e envolvendo não hoplitas.* As 37 instâncias que identifica na Guerra do Peloponeso superam, em muito, os dois grandes e isolados encontros hoplitas, em Délion e Mantineia, e o menor número de embates de falanges, em Soligeia e Siracusa. Da mesma forma, W.K. Pritchett recolheu 43 exemplos de ataques noturnos durante a Guerra do Peloponeso, engajamentos que eram antitéticos à velha ideia de formar exércitos à luz do dia para resolver a questão por meio de embates da infantaria.[2]

Tais hostilidades não tradicionais tiveram início imediato na primavera de 431. Previsivelmente, intensificaram-se logo que a guerra convencional saiu do impasse e deslocou-se para teatros muito mais amplos do que as anteriores invasões anuais do interior da Ática, envolvendo grande quantidade de forças substitutas e em números desiguais. A tragédia aqui era que raramente a luta era simétrica e quase nunca havia dúvidas sobre as consequências daqueles engajamentos localizados. É lamentável, porque somente combatentes convencionais e em números equilibrados tinham a probabilidade de aderir à antiga ideia helênica de regras e protocolos que tendiam a impedir a morte gratuita, dada a incerteza de vitória para qual-

---

*"Batalha hoplita" significa aqui lanceiros fortemente armados lutando na formação cerrada da falange contra outra formação semelhante, na maior parte das vezes durante o dia e com base em algum tipo de acordo.

quer um dos lados e, assim, a necessidade de que ambos se preocupassem com o tratamento que receberiam no caso de uma derrota. Mas, naqueles lugares perdidos no interior da Grécia, longe de duelos públicos na planície, os atenienses e os espartanos, e uma multidão de odiosos sequazes, usualmente não se defrontavam com as forças principais do inimigo, porém, em vez disso, aproveitavam-se de uma inquestionável superioridade numérica que pudessem ter em locais particulares, e por breves instantes. Nesses casos, as vidas dos fracos e inocentes dependiam inteiramente da atitude particular de um determinado comandante em um dado dia, e a probabilidade de misericórdia diminuía à medida que a guerra escalava.

Os Novos Matadores

Para esse tipo de guerra, não havia nenhuma necessidade da incômoda armadura pessoal do soldado da infantaria hoplita — peitoral, perneiras, escudo, elmo, lança e espada — nem dos custosos investimentos estatais em trirremes (uma tripulação de 170 a duzentos homens numa embarcação dispendiosa). É verdade que os hoplitas eram usados em navios, durante expedições de ataque e também em cercos, mas, cada vez mais, eles com frequência se aliviavam das armaduras e questionavam o treinamento tradicional, que consideravam equivocado para o novo teatro de guerra. Em vez disso, foram surgindo novos tipos de combatentes — os guerreiros com armas leves, conhecidos pelos gregos por vários nomes como "leves" (*psiloi*), "peltastas" (porque carregavam um escudo pequeno em forma de crescente chamado de *peltê*) ou simplesmente os "nus" (*gymnoi*) e "sem armadura" (*aoploi* ou *anoploi*). Tradicionalmente, os contingentes leves tinham uma organização precária e eram empregados principalmente em perseguições e devastações. Essas eram arenas menos frequentes nas quais as formações hoplitas estavam ausentes ou já desfeitas, e os guerreiros mais leves e mais ágeis podiam superar e derrotar os combatentes com armaduras que ficavam vulneráveis quando se rompia a formação.

Antes de 431, por exemplo, Atenas, fosse por causa de sua enorme frota, que requeria pleno envolvimento da população mais pobre e sem terras, ou porque confiasse em engajamentos navais fora e na defesa hoplita e da cavalaria no próprio território, nunca havia organizado um corpo oficial de tropas ligeiras. Em vez disso, os cidadãos mais velhos e mais jovens podiam integrar expedições às vizinhas Mégara ou Beócia na esperança de conseguir butins ou realizar devastações sob a égide da infantaria pesada. A Guerra do Peloponeso mudaria tudo isso. Ao final da última década da guerra, a própria Atenas estava regularmente empregando e pondo em ação as próprias forças ligeiras, com enormes implicações para o futuro das guerras gregas.[3]

Originalmente, as tropas de infantaria leve eram designadas como as "outras", tanto no sentido geográfico quanto de competência: muitas vezes, estavam concreta e metafisicamente fora da cidade-Estado grega. Na Grécia propriamente, eram formadas pelos mais pobres e sem terras, que não podiam comprar armaduras e menos ainda um cavalo, usualmente brandiam uma lança ou dardo e dispunham apenas de um escudo barato de madeira ou couro. Fora do território central, na periferia do mundo grego, os soldados de armas leves eram mais especializados e frequentemente guerreiros tribais acostumados a lutar em terreno acidentado e com pouca ou nenhuma experiência — nem necessidade — de enfrentar falanges.

No início, os peltastas eram uma especialidade trácia, ágeis guerreiros tribais cuja proteção corporal ia pouco além dos escudos em forma de crescente e, com frequência, gorros de couro, além de lanças longas para arremeter contra o inimigo ou dardos para arremessar. No início da guerra, tanto Atenas quanto Esparta contrataram esses mercenários trácios, que desempenharam papéis cruciais na vitória ateniense sobre os espartanos na ilha de Sfactéria, em 425, e no sucesso de Brasidas contra os Estados vassalos atenienses na península Calcídice, em 423. No entanto, ao final da guerra, as tropas gregas que haviam copiado o equipamento e as táticas dos trácios eram postas em campo muito mais vezes do que os hoplitas.[4]

Os fundeiros, lançadores de pedras com fundas, eram uma especialidade da ilha de Rodes, enquanto os melhores arqueiros eram importados da Cítia e de Creta. Assim como uma cavalaria de qualidade superior cortava as planícies da Tessália e da Macedônia, assim também áreas do mundo de fala grega que nunca haviam antes abraçado totalmente os protocolos agrários da pólis não viram nenhuma razão para utilizar infantaria pesada na disputa pelas extensas planícies. Em vez disso, acharam mais barato e eficiente lutar nas colinas, ou então atacar, correr e destruir, um fato bem ilustrado pela multifacetada força que Tucídides diz ter sido enviada pelos atenienses na primeira expedição à Sicília. Além de hoplitas e marinheiros, havia setecentos atenienses pobres equipados como marinheiros, 480 arqueiros (incluindo oitenta especialistas cretenses), setecentos fundeiros e outros 120 megáricos com armas leves — o que correspondia a uma tropa de 2 mil homens com armas leves, ou cerca de 40% da força hoplita de 5.100 homens. Da força total embarcada nos 134 navios da primeira armada enviada à Sicília, os hoplitas representavam menos de 20% dos aproximadamente 26.800 marinheiros e combatentes. Mesmo antes disso, os atenienses haviam posto fundeiros em campo na Acarnânia na esperança de contrabalançar as tropas irregulares de inimigos não convencionais. Do mesmo modo, os beócios os convocaram antes de dar um fim à guarnição ateniense cercada em Délion, em 424. Guerreiros com armas leves — não hoplitas em falanges — apareceram por toda parte na Guerra do Peloponeso.[5]

Qual era o atrativo desses lançadores de mísseis? Em poucas palavras, podiam matar a distância. Por meio de um longo treinamento, e por suas habilidades, alcançavam alto grau de letalidade sem os custos de armaduras pesadas ou navios. Quando os fundeiros, por exemplo, tiveram acesso a pequenos projéteis aerodinâmicos de chumbo que pesavam entre 20 e 30 gramas, em vez de petardos rústicos de argila ou pedras, podiam facilmente superar os arqueiros e alcançar alvos a cerca de 320 metros. Homens com armaduras pesadas em formação fechada e escudos levantados seriam praticamente invulneráveis sob uma chuva de pedras, mas com que frequência isso aconteceu na Guerra do Peloponeso, quando a maior parte das lutas da infantaria se dava fora da falange?

À medida que progredia a guerra, o uso dessas tropas não convencionais apenas crescia. Até mesmo os reacionários espartanos convocaram um corpo de arqueiros e cavalaria, em 424. Seu súbito recurso a essas forças só ocorreu após o desastre em Sfactéria e quando os atenienses fizeram de Pilos e Citera suas bases avançadas no território peloponésio. Após os fracassos na Ática e a incapacidade de enfrentar Atenas no mar, a liderança espartana finalmente se deu conta de que os próprios hoplitas de elite não eram a resposta. Essa constatação enviou ondas de choque por toda a Esparta, um Estado dependente de uma elite hoplita homogênea que agora se revelava incapaz de vencer a guerra que havia iniciado.[6]

Efeitos sociais e culturais extremos seguiram-se ao emprego disseminado de matadores com armamentos leves nessa nova guerra não convencional. Dado que o serviço militar grego se baseara, durante tão longo tempo, na estrutura de classes — o que determinava como os cidadãos combatiam eram a natureza e o tamanho da terra que possuíam, em vez de a eficácia militar em si mesma —, o recurso aos pobres e às forças irregulares pôs em questão todos os protocolos existentes havia séculos. Essa revolução militar introduziu o risco de que fosse corroída a própria base dos acordos sociais da cidade-Estado grega, e pode ser mais bem avaliada em retrospecto, a partir do século IV, quando nostálgicos pensadores da elite grega deploravam o legado da Guerra do Peloponeso, especialmente a importação de matadores estrangeiros tão letais quanto os hoplitas, mas nem de longe tão respeitados ou honrados como eles.[7]

É uma verdade incontestável entre a maior parte das forças militares ocidentais que, em tempos de paz, as burocracias giram em torno de pesadas forças de infantaria convencional concebidas para lutar com suas contrapartes de um Estado-nação semelhante. Em contraste, o recurso a forças irregulares e especiais não somente põe em xeque tal suposição, mas temporariamente destaca um tipo de guerreiro que se sente desconfortável com qualquer protocolo e, portanto, é o alvo lógico do desprezo social e do preconceito de classe.

A dicotomia é tão velha quanto o próprio Homero, cuja *Ilíada* do final do século VIII a.C. relega o arqueiro e o irregular a uma casta social decididamente inferior. Aquiles ou Ajax, avançando com sua lança no meio do tumulto, parece um lutador mais resoluto e honesto do que o covarde (embora letal) arqueiro Páris. A hostilidade contemporânea contra terroristas, guerrilheiros e insurgentes — que, armados com foguetes lançadores de granadas, minas terrestres e homens-bombas, podem causar danos a divisões blindadas que custam milhões de dólares à nação — não segue motivação muito diferente das antigas lamentações sobre o então recente poder do arqueiro, da catapulta ou das forças irregulares ligeiras que careciam da respeitabilidade dos soldados da infantaria hoplita. Diferentemente desses, os matadores antigos, assim como os insurgentes modernos, tinham maior probabilidade de atingir alvos civis, fosse na Córcira ou na pequena vila beócia de Micálessos. Não existe nenhum registro na história grega mais antiga de que uma falange hoplita tenha matado civis, e há pouca evidência de que hoplitas tenham matado muitos combatentes em debandada.

Na Mesma Moeda

A estratégia de Péricles se provaria enormemente dispendiosa e de longo alcance — e, ironicamente, muito mais complicada do que o plano "ofensivo" bem mais simples de enfrentar os atenienses numa batalha campal. Quase imediatamente após as notícias da primeira invasão espartana da Ática, os atenienses navegaram em direção ao sul para saquear o litoral do Peloponeso. Talvez tenham se lembrado de que, um quarto de século antes, durante a Primeira Guerra do Peloponeso, seu legendário general Tolmides havia sido tão imprudente a ponto de queimar as docas espartanas em Gítium e assolar as planícies costeiras peloponésias. Agora eles pelo menos sentiam que, com a mobilização do exército aliado espartano e sua subsequente marcha sobre a Ática, era provável que a defesa terrestre do litoral do Peloponeso espartano tivesse ficado reduzida. O *modus operandi* da armada aliada ateniense de cerca de cem navios era simples, requerendo apenas embarcações, bases para fornecer alimento e água para a frota e comandantes circunspetos que selecionassem as aldeias e as vilas mais vulneráveis sem se atrasar demais com banhos de sangue, mortes fáceis e saques.[8]

Qual era o principal propósito ateniense por trás dessas operações, dessas estratégias que haviam, de fato, sido tentadas inúmeras vezes durante conflitos com os peloponésios nas décadas anteriores? Era óbvio: desorganizar o comércio terrestre e marítimo, destruir equipamento de guerra, desmoralizar a frente doméstica inimiga e demonstrar que os espartanos não iriam proteger seus amigos, ou não poderiam fazê-lo. Durante todo o tempo, eles deveriam garantir ao muito sofrido público ateniense que, a despeito de evitarem batalhas campais, militares não eram tão inativos ou covardes como pareciam.

No curso dessa longa guerra, houve algo como 55 instâncias bem definidas de luta convencional, ou seja, engajamentos navais, batalhas terrestres e cercos com início e fim identificáveis e visando objetivos táticos. Em contraste, a mera listagem de ataques feitos pelos atenienses a cidades, Estados e regiões nos primeiros poucos anos do conflito chegava a muitas centenas, e representava um quase constante engajamento na medida em que a frota navegava em volta do Peloponeso, pelo golfo de Corinto, ao longo das costas nordeste e noroeste da Grécia e por toda a parte sul do Egeu. Isso significava invadir e matar, e não uma guerra formal como previamente definida pelos gregos.

Não há nenhum registro exato de quantos foram mortos ou perdidos em tais operações. Uma soma parcial cronológica dos alvos, de 431 a 421, acabrunha o leitor: Sôlion, Ástacus, Trônion, Acte, Metone, diversas cidades em Élis, Egina, Epídauros, Trezena, Halieis, Hermione, Prasias, Etólia, Anfilóquia, Acarnânia, Eníadas, Lêucade, Córcira, Anactórion, Melos, Citera e Crômion. Tucídides observa que a segunda expedição marítima punitiva, em 430, liderada pelo próprio Péricles, era, em alguns aspectos, tão grande quanto a primeira armada que partiu para a Sicília.

De fato, 150 trirremes imperiais, 4 mil hoplitas e trezentos cavaleiros davam aos atenienses uma superioridade numérica imediata — embora transitória — em qualquer território peloponésio que decidissem atacar. Os ataques não eram simples reprimendas simbólicas (embora raramente os atacantes se aventurassem por mais de 8 quilômetros terra a dentro). Em vez disso, as incursões eram deliberadamente programadas para ocorrer simultaneamente aos assaltos peloponésios, conseguindo fazer com que o inimigo deixasse a Ática mais cedo — e para ter um efeito dissuasivo retaliatório no futuro. Ainda assim, a constante utilização de tropas atenienses no exterior, entre 431 e 426 — em Potideia, na Trácia, em volta do Peloponeso, no golfo de Corinto, em Mitilene, na Sicília e nas terras agrestes do noroeste da Grécia —, custou a Atenas quase 5 mil talentos e por pouco não levou o Estado à insolvência.[9]

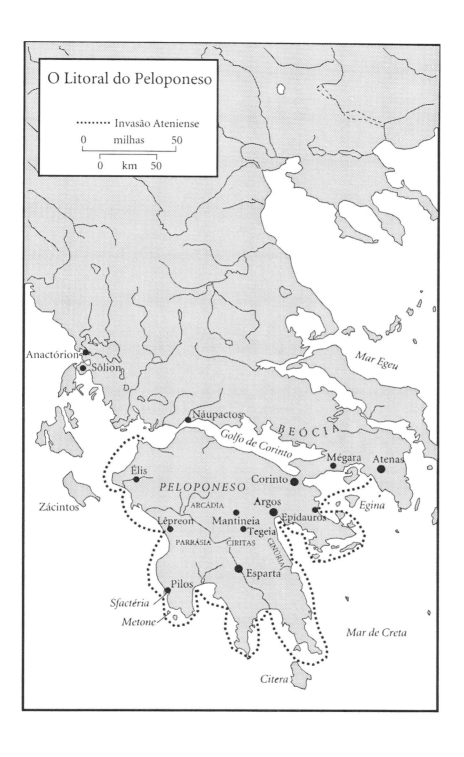

O que ocorria nessas breves incursões? A luta envolvia basicamente um nível reduzido de mortes e saques. O objetivo era provocar dano ao inimigo e durante o processo, também encontrar alguma forma, de cobrir o custo de pôr em ação uma frota tão grande e com tantos marinheiros em um circuito de cerca de 1.300 quilômetros. No litoral do Peloponeso e nas terras do sudoeste, por exemplo, foram feitos reféns em Trônion, Prasias foi pilhada, os argivos de Anfilóquia foram escravizados, a Ambrácia saqueada e os citas mantidos como reféns. Às vezes, eram estabelecidas bases permanentes em lugares como Citera ou Náupactos, onde a frota ateniense podia regularmente encontrar suprimentos para expedições subsequentes, bem como prover uma base para a resistência local. Quanto mais os peloponésios entravam na Ática, nos primeiros sete anos da guerra, maior a probabilidade de os atenienses invadirem as fazendas e cidades aliadas que iam ficando para trás. Eles obtinham com isso muito pouca vantagem material, mas, no processo de ensaio e erro, estabeleceram as bases de uma nova estratégia radical, cujos efeitos sobre a causa espartana logo seriam devastadores.

Cerca de 30 mil atenienses e seus aliados se uniram para navegar pelo litoral. Raramente os devastadores encontraram resistência, tal como quando o espartano Brasidas fez uma heroica defesa da aldeia pouco protegida de Metone no litoral sudoeste da Messênia. Em vez disso, à medida que a frota distanciava-se de Esparta e abria caminho lentamente em torno da Lacônia, seguindo pelo litoral noroeste do Peloponeso, encontrava menos resistência organizada, chegando a parar dois dias para devastar o rico interior de Élis. Antes que os nativos pudessem reunir um exército, os atenienses estavam de volta ao mar e dirigindo-se à crítica boca do golfo de Corinto, onde capturaram o porto coríntio de Sôlion.

Enquanto viajavam ainda mais para o norte, além do golfo de Corinto, tomando de assalto cidades aliadas inimigas, em Acarnânia, uma outra frota de trinta navios atenienses invadia Lócria e Fócida, ao largo do litoral norte continental. Enquanto essas duas armadas de atenienses e aliados — agora totalizando 36 mil combatentes — atingia interesses espartanos, mais uma força marítima ateniense deixou o Pireu e prontamente atacou a ilha vizinha de Egina. Talvez a cólera desencadeada pela devastação espartana explique por que os atenienses não hesitaram em expulsar milhares de eginetas, homens, mulheres e crianças, limpando a ilha de todos os seus habitantes em poucos dias.

Depois de dar início às operações e deixar os corcireus em grande agitação, a frota original de cem navios atenienses partiu para Atenas, mas não antes de uma parada na Megárida para se unir a uma força terrestre de 10 mil hoplitas atenienses que estavam invadindo aquele odiado corredor peloponésio de acesso à Ática. Ao mesmo tempo, 3 mil hoplitas ainda estavam ocupados cercando Potideia ao custo de 2 mil talentos no processo — o preço de construir dois Partenons, ou capital suficiente para construir e lançar uma armada de 2 mil trirremes e mantê-la ocupada durante meio ano. Ao início do terceiro ano da guerra, somente o cerco de Potideia havia custado aos atenienses 40% das reservas de capital que tinham antes da guerra, uma soma enorme que deveria ter alertado todas as cidades-Estados sobre a catástrofe financeira que poderia se seguir a um sítio prolongado.[10]

Sem Regras

Quase imediatamente, após 431, surgiram duas Guerras do Peloponeso. Os historiadores concentram-se mais ou menos nas conhecidas batalhas terrestres em lugares como Mantineia e Délion, nos famosos cercos de Mitilene, Siracusa e Melos e nas decisivas exibições de força naval, como nas Arginusas e em Egospótamos. Mas um combate ainda mais atroz ocorria simultaneamente nas sombras, em lugares isolados como as ilhas Eólias, no litoral italiano, em Sôlion e Citera. A linguagem repetitiva de Tucídides ao descrever esses assaltos — "eles saquearam", "atacaram", "mataram" — é inevitavelmente realista, dada a frequência da matança indiscriminada que rapidamente se tornou parte desses saques de baixa intensidade.

Tanto espartanos quanto atenienses começaram a expandir seus principais teatros de operação com incursões menores, durante os 26 anos seguintes. Antes que a guerra terminasse, quase todos os setores do mundo de fala grega haviam sofrido um ataque súbito de comandos saqueadores espartanos ou atenienses. Num momento ou noutro, os espartanos atingiram Salamina, Hísias, Argos, Íasos, Clazomene, Cós e Lesbos, enquanto os atenienses continuaram seu reino de terror durante a Paz de Nícias e depois dela, entre 421 e 415, desembarcando para saquear Melos, dezenas de aldeias sicilianas, Lâmpsacos, Mileto, Lídia, Bitínia, Cária e Andros.

Com frequência, o próprio Tucídides sentia repulsa diante da selvageria desses ataques. Tanto atacantes quanto atacados não davam trégua, e a batalha muitas vezes se transformava em pouco mais do que caçar homens desesperados e matá-los pelas costas. Um exemplo particularmente ilustrativo foi o desastre ateniense no noroeste da Grécia, durante o sexto ano da guerra, no verão de 426. Depois que os atacantes atenienses ficaram confusos e foram emboscados em um terreno com o qual não tinham familiaridade, nas colinas de Etólia, o general Demóstenes perdeu o controle de seu exército em pânico. E quando terminaram as flechas dos arqueiros atenienses sobreviventes — o último bastião de segurança do exército —, as forças irregulares tribais dos etólios surgiram de todos os lados. Foi uma cena aterrorizante, na qual os atenienses caíram em "fossos sem saída", muitos deles enterrados sob um mar de dardos, e um número ainda maior acabou preso em densos matagais e bosques onde foram queimados vivos:

> Tentaram todo tipo de fuga; mas todas as maneiras de destruição foram empregadas contra a força ateniense. Com dificuldade, os sobreviventes conseguiram fugir para o mar em Enoe, em Lócria, exatamente de onde haviam partido. Muitos dos aliados pereceram, assim como 120 hoplitas atenienses. Foi imenso o número de mortos, e eram todos da mesma idade os que ali morreram — verdadeiramente os melhores homens que a cidade de Atenas perdeu durante toda a guerra.[11]

A expressão "os melhores homens" sugere que o aristocrático Tucídides, como Platão mais tarde, detestava particularmente esse tipo de combate no qual a boa infantaria não encontrava nenhum teatro convencional para exibir seu preparo e sua bravura. Um massacre ainda pior ocorreu não longe dali, em Anfilóquia, poucos meses depois (inverno de 426) durante outro grande assalto ateniense. Isso se deu no contexto dos esforços feitos no início da guerra para garantir as praias do golfo de Corinto e o ponto de entrada a oeste que levava à Sicília e à Itália. Após uma trégua, alguns ambraciotas tentaram fugir de seus captores sem serem notados pelo general Demóstenes e seus aliados acarnânios. Mas quase imediatamente os atenienses saíram em sua perseguição e destroçaram cerca de duzentos deles. Enquanto isso, uma coluna de apoio de ambraciotas aproximou-se e, ignorando o que ocorria, acampou nas vizinhanças durante uma noite. Os homens de Demóstenes caíram sobre os soldados adormecidos e começaram a matar os que lutavam para se salvar.

A maior parte dos ambraciotas que conseguiu fugir do campo foi caçada pelos nativos anfilóquios. Como no caso dos atenienses, no verão anterior em Etólia, foram caçados pelas ravinas e pelos terrenos irregulares e mortos aos magotes. Uns poucos ambraciotas aterrorizados lançaram-se ao mar e enfrentaram as ondas, a despeito da presença de uma frota ateniense patrulhando as praias. Por estarem tão desesperados para fugir do matagal e escapar das odiosas tribos de anfilóquios, preferiram ser mortos ou capturados na água por marinheiros atenienses. Tudo isso estava muito distante da pompa e do protocolo de uma batalha hoplita.

Não se sabe o número exato daqueles que morreram na fuga. Mortos enquanto dormiam, nos bosques ou na água, o número de ambraciotas chegava a bem mais de mil. Em uma incomum nota editorial de repulsa, Tucídides observa que o holocausto ambraciota foi o maior desastre que caiu sobre uma cidade grega em um espaço de tempo tão curto. E acrescenta que não podia dar nenhum número exato das mortes, pois "o montante dos que se diz terem perecido parece inacreditável, considerando-se o tamanho da cidade".[12]

Durante esse triste espetáculo em Anfilóquia, os aliados acarnânios dos atenienses massacraram tropas que se retiravam durante tréguas, derrubaram os próprios generais que tentaram conter aquela violência gratuita e confundiram-se com as exatas nacionalidades das tropas que supostamente deveriam matar. Em sua época, de 429 a 347, o arquiconservador Platão detestava esse tipo de guerra não convencional, e parece que atribuía a culpa de sua ubiquidade, durante o século IV a seu odioso surgimento durante a Guerra do Peloponeso. Quando na adolescência e na juventude, ele vira a Atenas imperial perder a guerra, falharem os esforços de seus amigos aristocráticos para derrubar a oligarquia, e seu mentor Sócrates ser executado por democratas radicais logo em seguida. Aparentemente ligando os pontos, ele fez um estranho discurso vituperante sobre o uso pernicioso de "soldados da infantaria naval". Platão deplorava uma batalha na qual não houvesse combatentes bem definidos para resolver a questão por meio de disciplina e coragem.

Em vez disso, a corja "salta para a praia em frequentes desembarques e depois corre o mais rapidamente possível de volta aos navios. Eles pensam que não há nenhuma vergonha em não morrer corajosamente em seus postos". Aparentemente, ele achava repugnante a prática de usar navios para empanar a reputação da guerra e o heroico código da boa infantaria hoplita, a ponto de escarnecer que, nos tempos míticos, os atenienses teriam feito melhor entregando ao velho rei Minos todos os reféns que ele exigia em vez de resistir por mar e, assim, ter iniciado a série de embates marítimos bem-sucedidos que levaram à vergonha a que assistia.[13]

A Libanização da Grécia

Um clima de anarquia logo varreu a Grécia, bastante parecido com o terror e o caos que caracterizaram Beirute entre os anos 1975 e 1985, quando 150 mil libaneses perderam suas vidas. Imediatamente depois de os espartanos cruzarem a fronteira da Ática, quase qualquer grego em trânsito tornou-se um alvo fácil — caso se arriscasse no lugar errado e na hora errada. Em 430, por exemplo, alguns enviados peloponésios viajavam cruzando a Trácia a caminho da Pérsia, como parte do plano inicial espartano de obter capital persa. No entanto, os embaixadores atenienses locais convenceram os trácios a prender os diplomatas e extraditá-los para Atenas. Uma vez lá, foram sumariamente executados sem julgamento e seus corpos jogados em um buraco sem as cerimônias de praxe. O sequestro de diplomatas foi uma abjeta violação dos costumes gregos, que respeitavam a santidade de mensageiros e enviados e frequentemente proviam sepultamento adequado aos mortos.

Como explicação desse comportamento chocante, Tucídides relata que os atenienses estavam furiosos com a recente prática espartana de interceptar todos os navios atenienses ou neutros, tanto de guerra quanto mercantes, encontrados ao longo das costas do Peloponeso e então executar toda a tripulação. Não se sabe quantos marinheiros civis e quantos membros de tripulações militares foram mortos nesse tipo de pirataria tão atroz, tal como não se sabe a respeito dos mortos em tantos incidentes sangrentos da Guerra do Peloponeso. Ainda assim, o número bem pode ter chegado na casa dos milhares. Essas eram operações sancionadas pelo Estado para causar danos ao inimigo, mas, em muitos casos, os lucros pessoais eram o principal incentivo para os milhares que, de forma oportunista, se juntavam a elas.[14]

A covardia era o requisito para essas matanças, já que raramente as tropas se dispunham a defrontar seus iguais. Um bom exemplo é o especialmente cruel almirante espartano Alcidas, um bandido que encontrou sua vocação natural na guerra logo que ela rapidamente degenerou para o vale-tudo de roubos e assassinatos. Com quarenta trirremes, ele foi enviado do Peloponeso, em 427, para ajudar os rebeldes cercados em Mitilene, na ilha de Lesbos, que em pouco tempo se renderiam e seriam executados em massa pelos atenienses. Enquanto Alcidas estava em trânsito, chegou-lhe a notícia de que Mitilene caíra e a revolta contra Atenas havia sido esmagada. Em resposta, ele imediatamente descartou sugestões tanto de navegar até Mitilene e confrontar a vitoriosa frota ateniense, quanto de dar início a uma revolta geral entre as comunidades tributárias de Atenas na Ásia Menor. Ambas eram propostas arriscadas que poderiam resultar em uma luta bem delimitada com a superior frota ateniense.

Em vez disso, Alcidas procurou uma vítima mais fácil — e então bateu rapidamente em retirada para o Peloponeso. Antes do desastre ateniense na Sicília e da perda de dois terços da frota imperial, em 413, era perigoso para uma frota espartana permanecer por muito tempo em qualquer ponto do Egeu. Alcidas se ocultou na pequena cidade jônia de Miônesos, onde sumariamente executou as tripulações de todas as embarcações que suas trirremes haviam interceptado a caminho do Peloponeso, de acordo com o juramento espartano, feito no começo da guerra, de matar qualquer marinheiro que pudesse estar aliado com a causa ateniense. Não está claro como Alcidas promovia os objetivos bélicos de Esparta, e de que modo sua frota de matadores se encaixava no cálculo geral da guerra; aparentemente, no entanto, ele queria passar aos neutros a mensagem de que sua viagem devastadora através do Egeu significava que os mares já não eram domínio exclusivo das embarcações atenienses.[15]

Agora, garantias não significavam nada. O general ateniense Paques, por exemplo, que estava no encalço de Alcidas, desistiu de seu propósito e acabou atracando sua frota em Nôtion, na Ásia Menor. Ali, ele rapidamente tratou de recuperar a cidade para os atenienses e abafar uma rebelião incipiente. Em vez de ficar indignado com o comportamento de Alcidas, o general ateniense adotou a mesma tática do inimigo. Assim, ofereceu-se para parlamentar com um dos comandantes mercenários, o arcádio Hípias. Quando este deixava o local das negociações, Paques rapidamente o atacou, tomou sua guarnição e, quebrando a promessa de imunidade, ali mesmo o matou.

Em seguida, Paques foi negociar com os rebeldes em Mitilene. Cercou o instigador espartano Sáletos e o mandou de volta a Atenas, onde foi executado — enquanto a assembleia mandava instruções a Paques para a matança em massa de todos os culpados em Mitilene.[16] Em uma metáfora que sintetizava a guerra inteira, os atenienses enviados para caçar o carniceiro espartano provaram-se carniceiros ainda piores, cada um dos lados temendo agora que a misericórdia fosse vista como fraqueza, enquanto o assassinato representava um aviso de que o resultado da rebelião ou mesmo da neutralidade seria a morte.

Não havia nenhuma regra geral — não mais do que havia em Beirute durante a crise libanesa — indicando se os captores, fosse pela possibilidade de conseguir algum dinheiro de resgate ou por sentimentos transitórios de misericórdia, manteriam vivos seus reféns. Em vez disso, civis inocentes eram raptados, arrastados para esconderijos e depois tirados dali para serem executados em um momento mais oportuno. Tal foi o destino de trezentos conservadores argivos que Alcibíades sequestrou no verão de

415, sob a acusação de que haviam abrigado simpatias "pró-espartanas" e eram, assim, um perigo para os esforços de se restabelecer uma aliança democrática argivo-ateniense. Um ano depois, quando os democratas argivos estavam preocupados com um possível golpe e uma invasão estrangeira, e o próprio Alcibíades encontrava-se sob suspeita, os atenienses resgataram os trezentos das ilhas e os mandaram para Atenas, onde foram executados logo que chegaram.

Essa prática de fazer reféns não era nova. Bem no começo da guerra, os atenienses haviam prendido todos os beócios encontrados na Ática por causa da notícia de que terroristas e insurrectos tebanos haviam atacado Plateia. E, em 424, os atenienses haviam capturado alguns eginetas em Tirêa, cidade argiva da fronteira, mas só depois de saquear a cidade, derrubar as muralhas e escravizar todos os habitantes. Transportaram toda a carga de cativos para alguma ilha segura e depois, cumprindo ordens da assembleia ateniense, executaram todos eles — aparentemente, um evento nada excepcional, dado o ódio entre Egina e Atenas.[17]

Conforme observou o historiador Xenofonte, o pânico estourou entre os cidadãos quando chegaram a Atenas notícias de que Lisandro estava a caminho do Pireu: eles achavam que poderiam sofrer algumas das selvagerias que haviam infligido a outros, desde cortar os polegares direitos ou as mãos de marinheiros cativos, ou lançar pelas amuradas dos navios, em alto-mar, as tripulações capturadas, até destroçar os hestieus, cioneus, toroneus, eginetas "e muitos outros povos gregos". No novo mundo ateniense, não havia nada intrinsecamente contraditório no fato de os cidadãos assistirem a uma peça de Eurípides em um dia e votarem pelo assassinato de todos os homens adultos de Cione no outro.[18]

De fato, em plena guerra, os atenienses ainda assim cultivavam a arte e a cultura como sempre haviam feito. Tome-se, por exemplo, uma amostra do período entre 411 e 408, quando uma Atenas aparentemente exausta foi assolada por uma revolução interna e saqueada pelos espartanos que estavam em Decêleia, enquanto lutava pela vida em uma série de batalhas navais decisivas em Cinossema, Ábidos e Cízicos. No entanto, no meio de tais matanças e calamidades, Aristófanes apresentou sua magistral comédia contra a guerra, *Lisístrata*, de 411, seguida por *As Tesmoforiantes* — peças fantasiosas nas quais as mulheres assumem o controle das políticas do Estado e dos tribunais nas próprias mãos. E enquanto os pedreiros estavam quase completando o Erecteion, o último e mais ousado dos templos da Acrópole imaginados por Péricles, Eurípides produziu uma das tragédias mais negras, *Orestes*, e Sófocles seu majestoso *Filoctetes* — sobre a inquebrantável vontade de um herói injustamente atormentado que resiste às forças da acomodação. Atores, público e artesãos podiam cavalgar, remar ou criar tumultos quando não estivessem representando ou cortando pedras.

Enquanto isso, uma vez que esses atenienses haviam decidido em suas mentes coletivas que iriam massacrar, assim o fizeram, e com impunidade, independentemente de as vítimas serem os cidadãos de Melos ou o velho Sócrates. Sob as leis da democracia ateniense, não existia um judiciário independente para derrubar um decreto popular, declarando-o inconstitucional, e tampouco um corpo soberano e imutável de leis constitucionais para proteger direitos humanos e revogar os poderes da assembleia. A condução de Atenas durante a guerra e logo depois dela — fosse para matar mitilenos, mélios ou Sócrates — foi toda feita de acordo com o voto da maioria, manchando a reputação da própria democracia durante os séculos seguintes. Quase todas as medidas selvagens tomadas por generais no campo eram pré-aprovadas pela assembleia soberana ateniense ou então compreendidas por temerosos comandantes como se estivesse de acordo com as duras imposições de cidadãos eleitores dispostos a não perdoá-los quando estivessem de volta a Atenas.

Com frequência, os espartanos eram piores ainda — como atesta o horrendo caso de assassinato em massa de 2 mil hilotas messênios. Aterrorizados com a base ateniense, em Pilos, em 425, que fez surgir o espectro de uma generalizada revolta hilota, os espartanos proclamaram que dariam a liberdade a qualquer de seus servos messênios cujo registro militar de ações anteriores em benefício do Estado pudesse servir como prova de coragem e de boas ações passadas. Quando 2 mil deles se apresentaram, os espartanos os coroaram e os fizeram desfilar como heróis em volta dos templos. Então, em segredo, executaram todos eles, movidos pelo medo lógico de que tais homens resolutos pudessem algum dia representar uma ameaça ao estado espartano. Não nos é dito como tantos servos foram assassinados em segredo. Tucídides diz que "ninguém sabia como nenhum deles morreu". O assassinato dos hilotas nunca foi reconhecido pelos espartanos. É um dos trágicos caprichos da história, ou talvez seja um reflexo das tendenciosidades dos próprios historiadores antigos: sabe-se mais sobre como morreram 120 atenienses na Etólia do que sobre a morte de 2 mil servos assassinados no Peloponeso.[19]

De que modo, exatamente, foram executados em massa tantos gregos, como os 2 mil hilotas ou os mil mitilenos, em 427, ou os milhares de atenienses aprisionados depois de Egospótamos? "Executados" é um eufemismo numa era em que ainda não existiam a guilhotina, a câmara de gás, a cadeira elétrica ou injeções letais. Para aqueles que não foram perseguidos e apunhalados ou atingidos por forças irregulares hostis e arqueiros, existem registros de uma variedade de métodos macabros, além do usual de enfileirar cativos amarrados e cortar gargantas. Os espartanos, por exemplo, com frequência jogavam prisioneiros vivos amarrados em um precipício não longe da cidade, o temido Caiadas, onde os inválidos e feridos lentamente morriam de fome ou se esvaíam em sangue até o fim.

Tucídides relata um método especialmente brutal de matar usado em Corfu, onde, em 425, os atenienses tomaram de assalto o monte Istone na tentativa de pôr fim às agitações civis que os oligarcas haviam precipitado mais de dois anos antes. Os atenienses então afirmaram que concederiam indulgência à guarnição capturada, desde que nem um único dos prisioneiros ousasse escapar. Mas depois de induzir uns poucos a arriscar a fuga, executaram os demais com o argumento de que o acordo havia sido violado. Aparentemente, os prisioneiros restantes foram amarrados em duplas e açoitados por verdugos especialmente equipados com chicotes de tiras com nós, enquanto eram forçados a atravessar um longo corredor de hoplitas que os golpeavam (uma versão grega do "corredor polonês"). Depois de sessenta ou mais deles serem destroçados, os outros se recusaram a sair das barracas. Pereceram todos, seja sob uma chuva de flechas e telhas, ou se matando, enfiando na garganta flechas que haviam recolhido ou se enforcando com laços feitos com as próprias roupas.[20]

Golpes e Limpeza Étnica

Um estudo sistemático de todas as principais traições registradas nas fontes literárias durante a Guerra do Peloponeso, por exemplo, revelou 14 instâncias explícitas, entre 431 e 406, de várias facções conspirando com o inimigo para derrubar cidades e guarnições. Tais táticas produziam muito mais dividendos do que as batalhas campais, pois os colaboradores tiveram sucesso na metade dos casos registrados. De fato, ambos os lados estavam ocupados minando a base civil do outro, e o número de agentes que se esforçavam para criar intrigas, fosse contra Atenas ou Esparta, estava simetricamente distribuído. De sua parte, os traidores buscavam engrandecimento pessoal, mudança política, vingança contra antigos inimigos — ou um simples fim à guerra e às misérias que a acompanhavam. O uso da quinta coluna era parte integrante dos esforços de Nícias de vencer Siracusa por meio de siracusanos traidores e dos esforços do rei Ágis de vencer a resistência de Atenas a partir de Decêleia, convidando insurrectos e exilados para se juntarem ao forte espartano que ficava bem ao lado da cidade.[21]

Quando a guerra parecia alcançar um impasse e não se tinha certeza de quem seria o vencedor, era menor a probabilidade de uma revolução interna. Ainda assim, após um revés em particular — fosse a rendição espartana em Pilos ou a catástrofe ateniense na Sicília —, um dos lados ou o outro ficava encorajado com a ideia de que o curso da guerra como um todo poderia refletir-se em mudanças no próprio país. Se fosse necessário provar que muitas pessoas carecem de uma ideologia e preferem cuidar primeiro dos próprios interesses, não haveria melhores exemplos do que os fornecidos pela Guerra do Peloponeso; Tucídides observa repetida e secamente as idas e vindas da opinião popular grega que se seguia a cada revés espartano ou ateniense. A guerra, o "mestre rude", quando combinada com tensão política, transformava o que de outra forma teriam sido disputas civis acirradas, mas basicamente mantidas dentro de limites, em desenfreados derramamentos de sangue. Como a praga, os levantes internos serviam como exemplos didáticos nos quais todos os cuidadosos constructos da sociedade — linguagem, misericórdia, razão e costumes, indo desde os enterros até a obediência a processos legais — eram desfeitos pela guerra. Tucídides achava que os distúrbios civis e os golpes eram aspectos centrais de sua história da guerra e que, logo após o início das hostilidades, "todo o mundo grego, por assim dizer, ficou convulsionado".[22]

Aqueles gregos que possuíam grandes fazendas (isto é, de 20 a 100 acres) e capital acumulado geralmente eram a favor da oligarquia constitucional ou, pelo menos, de governos exercidos por grandes proprietários e com privilégios sociais garantidos aos de "boa" estirpe. A despeito da natureza peculiar do estado espartano, os oligarcas gregos ainda assim buscavam Esparta para ajudá-los a garantir o próprio comando ou, se não estivessem em bons termos com o governo, a encontrar apoio para uma tentativa de golpe. Em contraste, as democracias acreditavam que todos os residentes, ricos ou pobres, que fossem filhos de pai e mãe cidadãos — mais tarde, bastaria um deles — deveriam ter plenos privilégios de cidadania e o direito de ocupar a maior parte dos cargos. Por conseguinte, elas com frequência criavam várias instituições, que iam de liturgias* forçadas até o ostracismo, para produzir uma igualdade de resultados, em vez de uma mera igualdade de oportunidades.

A despeito das táticas coercitivas do império ateniense, a maior parte dos pobres do mundo helênico na época da Guerra do Peloponeso percebeu que a frota de Atenas podia ser um instrumento de mudança revolucionária. Uma vez iniciada a guerra, a tensão perene entre ricos e pobres assumiu nova urgência, pois havia agora poderes externos desejosos e capazes de levar a questão adiante — e isso aconteceu frequentemente na Córcira (427), Mégara (424), Mende (423), Tessália (424-423) e Argos (417). A promessa de insurreições e intervenções externas estava por trás do morticínio que ocorria em todo o mundo grego, desde a revolta em Lesbos (427) e todo o episódio em Pilos (425) até a campanha de Délion (424) e os esforços de Brasidas na península Calcídice (423-422). Usualmente, os oligarcas buscavam apresentar sua causa sob a enganadora rubrica de desejarem "uma aristocracia moderada" (*aristokratia sôphrôn*). Os democratas respondiam

---

*A palavra vem do grego clássico *leitourgia*, significando "serviço público" financiado com os recursos pessoais de um cidadão, voluntariamente ou por lei. (N. da T.)

professando lealdade à ideia de "igualdade perante a lei" (*isonomia*). Uma vez iniciado o conflito, os primeiros raramente mostraram moderação e os últimos raramente se curvaram à lei.

Os aliados de Atenas tinham a maior parte das vantagens. Os pobres eram sempre mais numerosos. Nos primeiros anos da guerra, a frota ateniense em geral podia chegar ao local da crise mais rapidamente do que os hoplitas espartanos, sobretudo porque a assembleia democrática de Atenas era muito mais audaciosa do que sua contraparte, a *gerousia* espartana composta de homens velhos e avessos a correr riscos. Além disso, a classe de pequenos proprietários que constituía quase a metade da população — às vezes conhecida como "os do meio" (*mesoi*), os "hoplitas" (*hoplitai*) ou os "fazendeiros" (*geôrgoi*) — não era tão reacionária. O nascimento da cidade-Estado grega resultou justamente do surgimento dessa classe de proprietários de terras armados que muitas vezes não tinham nenhum desejo de devolver o governo nem para tiranos nem para uma pequena roda de aristocratas. Eles frequentemente ficavam fora das disputas. Às vezes, chegavam a se juntar a democratas radicais desprovidos de terras contra os oligarcas. Pequenos proprietários rurais em armaduras de bronze não eram uma força a se desprezar quando os pobres com armamentos leves se levantavam contra os aristocratas, que tradicionalmente cavalgavam pequenos pôneis e tinham armas tão leves quanto as dos sem-terra.[23]

Tal conflito nem sempre terminava em um impasse, mas somente cessava quando uma facção expulsava ou matava os mais importantes representantes do outro lado. Na maior parte dos casos, os oligarcas locais pareciam ter começado a agitação na esperança de alcançar o poder durante a dissolução do império ateniense, especialmente após catástrofes estratégicas como a praga, a Sicília ou Egospótamos. Porém, os democratas, com a ajuda de uma ágil frota ateniense, usualmente terminavam matando seus oponentes mais ricos, que pagavam o movimento inicial equivocado com as próprias vidas, com suas propriedades ou ambas. No meio de tal disputa política, essas revoluções com frequência se tornavam mais do que falsas guerras entre Atenas e Esparta, desencadeando uma verdadeira fúria que transcendia o cálculo estratégico da guerra. Cidadãos ricos juntavam-se aos democratas se vissem vantagem em eliminar rivais poderosos. Por sua vez, entre as massas (*dêmos*) sempre existiram facções que saudavam a ajuda ateniense ou se ressentiam dela ou fechavam acordos privados com os ricos. Grande parte do sucesso ateniense em disseminar a democracia — Platão uma vez observou que os atenienses haviam dirigido um império durante setenta anos fazendo amizades cruciais em cada uma de suas comunidades tributárias aliadas — dependia de convencer as pessoas ricas a apoiar a nova ordem democrática. O resultado foi que, no caos generalizado, milhares foram mortos por razões que nada tinham a ver com Atenas ou Esparta e de forma alguma afetaram o conflito básico entre elas.[24]

Mitilene, Córcira — e Além

O próprio Tucídides tinha interesse particular em quatro ou cinco dos incidentes mais sangrentos. Por exemplo, em 428, cerca de mil dos mais ricos residentes de Mitilene, capital da ilha de Lesbos, não distante do litoral da Ásia Menor, tentaram mudar a configuração do corpo de cidadãos levando para a cidade simpatizantes e conservadores das áreas rurais. Aparentemente, esses idealistas desconectados pensaram que poderiam unir toda a ilha sob auspícios nacionalistas, oligárquicos e antiatenienses. Parece que foram impelidos tanto por agentes espartanos quanto tebanos que, em conivência com a classe de proprietários, desejavam remover Mitilene do império ateniense fazendo dela um aliado neutro ou *de facto* dos peloponésios. Não se sabe exatamente em que medida a ideia de abandonar o império ateniense tinha apoio popular entre os mitilenos. Ainda assim, enquanto o plano dos direitistas teve alguma chance de ser bem-sucedido, até mesmo as classes mais pobres podem ter apoiado a ideia nacionalista de pôr fim ao pagamento de tributos a Atenas e aumentar o poder de Lesbos. Uma Esparta imersa na intriga a princípio pensou que tal defecção poderia se espalhar e alcançar o que sua frota de qualidade inferior não teria conseguido.

Apesar dos efeitos da praga e da presença de milhares de peloponésios na Ática, Atenas respondeu — como sempre fazia diante de revoltas — com um rápido assalto naval contra a capital rebelde. Um Estado podia juntar-se ao império ateniense ou permanecer nele, mas raramente poderia abandoná-lo.

Assim, logo foi feito um bloqueio sistemático à cidade. Em um típico estilo dilatório, os espartanos não fizeram uma segunda invasão suficientemente grande à Ática para remover o apoio ateniense a Mitilene e nem enviaram uma frota rápida o bastante para ajudar a cidade. O resultado foi que a revolução logo fracassou.

Os enfurecidos atenienses levaram cativas umas mil cabeças. Prenderam até mesmo alguns dos mais pobres que, durante algum tempo, haviam se juntado aos ricos para se contrapor ao bloqueio ateniense. No fim, depois de tumultuadas discussões em Atenas — o líder popular Clêon havia expressado o desejo de massacrar milhares, sob a acusação de culpa coletiva —, cerca de mil deles foram executados. Grande parte da ilha sofreu uma limpeza étnica e as terras foram redistribuídas entre colonos atenienses. O número de mitilenos mortos foi igual ao de todos os hoplitas que Atenas perdeu na batalha de Délion, o que basicamente exterminou a aristocracia de Lesbos de um só golpe. O usualmente contido Tucídides chamou de "selvagem" (*ômon*) a ação de seus compatriotas.[25]

O banho de sangue na Córcira (atualmente a ilha de Corfu), em 427, foi ainda pior. A série de revoluções e contrarrevoluções é quase impossível de ser reconstituída, dada a enorme quantidade de complôs e contracomplôs. Basta dizer que os peloponésios pensaram que, por meio de subterfúgios, poderiam afastar de Atenas, logo no início da guerra, a Córcira, que tinha a segunda maior frota da Grécia e ocupava uma posição-chave para monitorar o tráfego naval para a Itália e a Sicília. Em lugar de uma batalha naval, começaram devolvendo uns 250 corcireus que haviam sido feitos prisioneiros de guerra durante lutas nas vizinhanças de Epídamnos. Esses tipos suspeitos poderiam, como células terroristas, induzir um golpe de direita, garantindo o retorno da Córcira ao status de neutralidade e, com isso, tirar de ação cerca de cem trirremes da frota ateniense.

Logo os terroristas corcireus assassinaram o líder democrático Pítias e cerca de 60 de seus principais seguidores, encorajados a essa ação desesperada pela chegada oportuna de alguns agentes espartanos. Em resposta, o "povo" deu início a uma contraguerra de guerrilha dentro da cidade. Os pobres esperavam que sua superioridade numérica e a libertação de centenas de escravos prevalecessem sobre o capital dos oligarcas — que, em resposta, imediatamente contrataram oitocentos mercenários estrangeiros. Os contratados e os não livres, em vez de milícias hoplitas, foram a chave para ganhar a Córcira.

Em seguida, os democratas desceram da cidade alta para aniquilar seus adversários, que estavam aterrorizados com a chegada de uma frota ateniense. Escravos mataram seus senhores. As mulheres da cidade juntaram-se aos democratas e apedrejaram os ricos com cacos de telha. Em desespero, os oligarcas tentaram incendiar a cidade, em uma vã tentativa de impedir o levante popular, enquanto os soldados contratados desertavam aos montes. Após longas e confusas negociações com os democratas e seus partidários atenienses, cerca de quatrocentos dos oligarcas concordaram em sair de seus santuários e ser transferidos para uma pequena ilha ao largo da Córcira para se protegerem. Naquele ponto crítico — casas queimadas, escravos libertados, mercenários alugados, políticos importantes assassinados, e mortes nas ruas — o impasse (*stasis*) instalou-se de fato, em vez de amainar. A Córcira era um dos maiores estados do mundo grego; sua população total, considerando os homens livres e os escravos, não era muito menor que a da Ática, talvez quase um quarto de milhão de residentes.

Em uma estranha sequência de eventos, agora aparecia uma frota peloponésia de mais de cinquenta navios comandada pelo notório Alcidas, o carniceiro espartano de Miônesos, que vinha renovado de seu surto de matanças no Egeu oriental. Ele rapidamente enfrentou a frota córcira de cerca de sessenta trirremes, reforçada por 12 navios atenienses. Diversos oligarcas simpatizantes estavam nas trirremes dos corcireus. Esses direitistas locais imediatamente tentaram atrair as tripulações para o lado de Alcidas; no meio de uma batalha naval, havia uma luta adicional também entre as tripulações das trirremes.[26] Tal como era tão frequente durante a Guerra do Peloponeso, fosse em Plateia, Mitilene ou Anfípolis, havia duas guerras em andamento ao mesmo tempo: a luta convencional ostensiva entre atenienses e peloponésios e a batalha ideológica interna, não tradicional, entre os conservadores mais ricos e os democratas mais radicais.

Os peloponésios venceram a luta subsequente, o que não era de surpreender dada a aberta dissensão entre as tripulações de corcireus e considerando-se o número irrisório de navios atenienses. Ainda assim, Alcidas escolheu ignorar o conselho de seu brilhante subordinado Brasidas, de prosseguir com um assalto geral à cidade. Em vez disso, ele se retirou. Sua decisão talvez não tenha sido precipitada: havia boatos de que uma imensa frota de uns sessenta navios atenienses estava a caminho para ajudar os democratas, comandada pelo resoluto Eurímedon, um calejado almirante que, 15 anos mais tarde, teria seu encontro com a morte durante a destruição da armada ateniense no porto grego de Siracusa.

Imediatamente, os democratas corcireus, tendo adquirido confiança, voltaram-se para os quatrocentos oligarcas prisioneiros e começaram a matá-los, prosseguindo então em uma espiral de mortes indiscriminadas contra qualquer um suspeito de simpatias oligárquicas. Eurímedon apenas assistiu. Aparentemente, ele estava convencido de que tais assassinatos em massa somente poderiam beneficiar Atenas, que dava boa acolhida a uma permanente aliança com um forte e democrático Estado marítimo como a Córcira. A Guerra do Peloponeso havia começado com execuções na cidade de Plateia, e agora muitos gregos estavam percebendo que assassinato e insurreição eram armas tão letais quanto falanges hoplitas ou trirremes.

Muitos dos oligarcas presos se mataram em desespero. Cerca de quinhentos outros escaparam para o interior do país e, durante algum tempo, retomaram as operações de guerrilha contra a Córcira. Mas se renderam meses mais tarde, tendo recebido a promessa de julgamentos legais em Atenas. Em vez disso, os democratas submeteram alguns ao "corredor polonês", executaram muitos e permitiram que os restantes cometessem suicídio. Quantos pereceram na revolução na Córcira nessa primeira rodada de mortes? Se incluirmos os 250 instigadores originais mandados de volta pelos coríntios, acrescentarmos os quatrocentos reféns levados para uma ilha e contarmos os quinhentos que fugiram para o interior, então veremos que pereceram bem mais de mil homens com simpatias oligárquicas, e um número desconhecido de seus inimigos. Essa soma não inclui aqueles que morreram mais tarde lutando na acrópole, nos incêndios subsequentes, na batalha no mar ou no cerco geral aos oligarcas. A descrição detalhada de Tucídides implica um holocausto que bem pode ter engolfado outros milhares mais, que caíram sob a acusação de subverter a democracia:

Alguns também pereceram meramente por causa de ódios pessoais. Outros foram assassinados pelos que lhes deviam dinheiro. Assim, a morte assumiu todas as formas. E como usualmente acontece em tempos como esses, não havia limite ao qual a violência não chegasse. De fato, filhos foram mortos por seus pais, e suplicantes nos templos foram arrancados do altar e ali mesmo assassinados; alguns chegaram a ser emparedados no templo de Dioniso e assim morreram.[27]

Tucídides prossegue com outro aparte famoso para mostrar como, no caos que logo se disseminou por toda a Grécia, a língua perdeu seu significado à medida que os extremistas assumiam o controle do debate público e difamavam os homens moderados. Juramentos, a antiga simplicidade de negócios honestos, a ausência de astúcia e o império da lei, tudo isso eram coisas do passado e refúgio dos ingênuos e dos fracos. O objetivo do historiador ao fazer um comentário assim tão sombrio sobre a natureza humana é prover um pano de fundo para as inúmeras outras revoluções que estourariam mais tarde na guerra e que iriam requerer muito menos de sua atenção, pois ele já havia exposto a detalhada matriz da insurreição civil na Córcira. Quase a quarta parte do terceiro livro da história de Tucídides é devotada às matanças que ocorreram apenas em Mitilene e na Córcira.

O Terceiro Mundo

A despeito da falta de quaisquer claros resultados estratégicos da prática de fomentar revoluções na primeira década da guerra, tanto espartanos quanto atenienses ainda assim compreenderam que, a um custo muito baixo para eles mesmos — quase nenhum ateniense nem espartano havia morrido em Mitilene ou na Córcira —, podiam instigar distúrbios civis que, em teoria, poderiam fazer um Estado inteiro passar para seu lado. É preciso não esquecer que o general ateniense Eurímedon, que comandava a segunda frota ateniense de sessenta navios, assistiu à matança prosseguir, embora tivesse cerca de 12 mil marinheiros e quinhentos hoplitas sob seu comando, que poderiam facilmente ter restaurado a ordem. E a Córcira haveria de experimentar mais mortes e impasses durante anos; em 410, outras 1.500 pessoas foram assassinadas, 15 anos depois do primeiro surto de destruição.

Ainda assim, nem um único aliado importante de Esparta — Mégara, Corinto, Tebas — foi permanentemente tomado por insurrectos democratas. Em contraste, dada a extensão que caracterizava o império ateniense, Atenas perdeu, pelo menos durante algum tempo, uns poucos de seus mais fortes aliados e súditos — Argos, Messana, Quíos e Mantineia — que ficaram enredados em lutas civis ou viram seus governos transferidos para as mãos de oligarcas ansiosos em aliar o Estado com a causa antiateniense. Mais importante ainda, quando se examinam até mesmo os números parciais de mortos fornecidos por Tucídides sobre essas guerras sujas, a contagem das vítimas rapidamente chega a muitos milhares: mil executados em Mitilene, em 427, outros mil na Córcira, entre 427 e 426, centenas chacinados em Argos, 417, bem como aqueles assassinados nos levantes em Mégara, Beócia e Trácia.[28]

Em 411, por exemplo, duzentos foram mortos em Samos, outros quatrocentos exilados e as terras e as casas dos ricos confiscadas, tudo isso seguido, meses depois, por uma segunda rodada em que foram mortos os suspeitos de fomentar uma revolução oligárquica. Em 412, a luta civil retornou a Lesbos. Uma década e meia após as horrendas execuções atenienses na ilha, as frotas espartana e ateniense mais uma vez competiam para apoiar os próprios sub-rogados locais. Em 412, Quíos também se revoltou e, durante os dois anos seguintes, foi assolada por contínuos conflitos civis. A ilha rebelde foi convulsionada pelas execuções dos democratas que apoiavam Atenas e depois constantemente saqueada por forças atenienses que partiam de seu forte permanente em Delfínion, tudo isso enquanto maciças revoltas escravas ocorriam no interior do país e toda a população era acossada pela fome.[29]

A limpeza étnica em escala maciça era um expediente comum para "purificar" santuários, eliminar populações suspeitas ou roubar terras e distribuí-las entre povos amigos. Assim, todos os eginetas foram removidos à força de sua ilha pelos atenienses no primeiro ano da guerra. Os atenienses também exilaram a população inteira da ilha de Delos, em 422. Em 415, Melos foi devastada, deixada à míngua de alimentos, saqueada, conquistada e a população encurralada; todos os homens adultos foram assassinados e as mulheres e crianças foram escravizadas. Sabe-se pouco do destino final dos colonos atenienses instalados em lugar dos mortos, já que, após o final da guerra, Lisandro levou de volta alguns mélios nativos e esses, por sua vez, completaram o ciclo de violência, exilando ou matando os intrusos atenienses que haviam cultivado sua ilha durante uma década. Tais pesadelos foram reeditados em Mitilene, Náupactos e Cione.[30]

Finalmente, havia simplesmente a guerra tal como os gregos sempre a haviam conhecido, as disputas fronteiriças que prosseguiram durante todo o grande conflito, aqui e ali aumentadas pela lealdade de uma das partes à causa maior espartana ou ateniense. Quantos foram mortos, feridos ou escravizados nessas guerras tangenciais nas fronteiras quase esquecidas não interessava muito a Tucídides. Mas, repetidas vezes, ele insinua em sua história, em termos bem terra a terra, que milhares de outros também foram perdidos em expedições por muitas vezes enormes.

Um bom exemplo foi o maciço exército reunido pelo rei Sitacles da Trácia, o ex-aliado de Atenas que, no inverno de 429, invadiu a planície Calcídice e a Macedônia. Aquele talvez tenha sido o maior exército terrestre de toda a guerra — uns 100 mil soldados de infantaria e uma imensa força de cavalaria de 50 mil homens trazidos de milhares de quilômetros do território da Trácia — que, durante um mês, invadiu grande parte do norte da Grécia e ameaçou pontos tão distantes quanto o desfiladeiro das Termópilas, ao sul.

Da mesma forma, em 425, uma coalizão de siracusanos e italianos invadiu a vizinha Messana e atacou Région. Grande parte do norte da Sicília e do sul da Itália foi subsequentemente envolvida em uma contínua conflagração nas fronteiras. No verão de 419, os argivos reuniram um formidável exército e marcharam para Epidauro, destruindo o interior do país e causando tamanha destruição que acabaram atraindo os espartanos, o que contribuiu, em parte, para provocar a batalha de Mantineia, no ano seguinte. Talvez a maior invasão de todo o período tenha sido o ataque cartaginês à Sicília pouco depois da derrota ateniense, entre 410 e 404, uma guerra selvagem que viu dezenas de milhares mortos, muitos mais ainda do que os perdidos durante os maciços e fracassados esforços atenienses. Em certo sentido, o ataque púnico à Sicília baseou-se na ideia de que a ilha ainda estava abalada com a fracassada invasão ateniense e, portanto, no ponto certo para ser atacada.[31]

A Abordagem Indireta

Nem Atenas nem Esparta tinham uma política deliberada e consistente para derrubar Estados neutros, muito menos uma compreensão geral de como frustrar o potencial bélico um do outro atacando pela retaguarda. Mas alguns poucos homens notáveis surgiram na primeira década para refinar esses métodos não convencionais de vencer a guerra. O ponto-chave da nova estratégia era um fato que se destacava: tanto Atenas quanto Esparta dependiam dos escravos e da força de trabalho de súditos dependentes.

Atenas tinha milhares de escravos que serviam como carregadores de armas para hoplitas, remadores na frota imperial, mineradores de prata e mão de obra agrícola na Ática, além de contar com trabalhadores nos Estados aliados que proviam os grãos e a madeira tão cruciais para o funcionamento do império ateniense. Esparta estava em uma posição ainda mais vulnerável. Sentava-se sobre um vulcão de hilotas enfurecidos, talvez 250 mil servos, tanto na Lacônia quanto na Messênia, cujo trabalho agrícola alimentava o Estado espartano e liberava seus quase 10 mil guerreiros de elite da carga do trabalho nas fazendas para que pudessem treinar durante todo o ano.

Rapidamente, dois hábeis generais, o ateniense Demóstenes e o espartano Brasidas, perceberam que, em teoria, o inimigo podia ser roubado de seus meios de fazer a guerra se os milhares que trabalhavam para qualquer um dos impérios fossem induzidos à revolta ou fossem mortos. No entanto, havia inúmeros problemas com uma estratégia assim tão audaciosa. Seriam necessárias expedições até o âmago do território controlado pelo inimigo — longas e muitas vezes isoladas operações no exterior —, e mais algum tipo de base ou fortificação permanente para servir como depósito de butins e refúgio para escravos fugitivos. A proposta de incitar os escravos também encontrava oposição entre os generais tradicionais que não tinham nenhuma confiança nessas novas estratégias e não estavam convencidos de que revoltas de servos não iriam degenerar em uma noção pan-helênica de igualdade radical, dada a presença de escravos em todas as forças militares. No entanto, foi precisamente desses cálculos que surgiu a estratégia de *epiteichismos*, ou fortificação de bases avançadas e criação de exércitos ligeiros, móveis, que pudessem funcionar bem com tropas de cavalaria e ser facilmente transportados por mar.

Para homens como Brasidas ou Demóstenes, o mundo não estava, como no passado, dividido entre escravo e senhor, mas, em vez disso, entre os pró-Atenas e os pró-Esparta. Um hilota era um melhor amigo de Atenas do que um espartano livre; e os escravos atenienses que mais tarde fugiram para Decêleia eram vistos pelos espartanos como se estivessem ao seu lado, e não os homens livres que estavam no interior das Longas Muralhas a uns 20 quilômetros de distância. Pode ser que Clêon cheirasse a couro curtido (pois, de fato, era filho de um curtidor), mas foi ele, não Nícias, quem melhor compreendeu a fraqueza do império espartano.

Era aterrorizante para os atenienses a ideia de atracar em um canto distante do Peloponeso e no cerne da escuridão, por assim dizer, a mais de 300 quilômetros de casa, tentar destruir as próprias bases do Estado espartano. A campanha de Pilos, em 425, é semelhante, em alguns sentidos, às operações de penetração de longo alcance do general de divisão inglês Orde Wingate, cujos muito celebrados *chindits* conduziram, em 1943-44, ataques arrepiantes por trás das linhas japonesas em Burma para desorganizar o suprimento e as comunicações, mas, no processo, sofreram perdas terríveis sem conseguir desbaratar sistematicamente as principais forças inimigas. O general Demóstenes, um pensador independente ateniense, era ele próprio um arquetípico Wingate. Em 425, desembarcou no sudoeste do Peloponeso, no acanhado porto de Pilos, e quase imediatamente construiu uma pequena fortificação para servir como base de hostilidades contra os espartanos em Messênia e oferecer abrigo a hilotas fugidos.

Antes de Pilos, Demóstenes tinha tido um desempenho irregular naquela guerra não convencional — o desastre na Etólia seguido por sucesso militar na Ambrácia —, embora conseguisse mobilizar povos nativos para garantir uma presença ateniense em locais estrategicamente importantes. Tais operações estavam carregadas de perigos. Elas se baseavam na surpresa e em boas comunicações numa era em que a inteligência era rudimentar e os generais frequentemente faziam pouca ideia do tempo ou distância exatos envolvidos nas operações. Mesmo após notável sucesso em Pilos, Demóstenes se mostraria totalmente incapaz de produzir uma insurreição na Beócia, no ano seguinte, durante a campanha em Délion — e então concebeu um ataque noturno ainda mais insensato na Sicília antes de ser executado pelos siracusanos após a rendição geral dos atenienses derrotados. Mas fosse por sorte ou pelo apoio oportuno de Clêon, em 425, seu audacioso plano de atingir os espartanos pela retaguarda produziu resultados surpreendentes que reverteram o curso da guerra em cerca de poucas semanas.

Na primavera de 425, uma frota ateniense de uns quarenta navios sob o comando de Eurímedon e Sófocles partiu em direção à Grécia ocidental e para mais além, com dois propósitos. Eles buscavam restaurar o prestígio ateniense na Sicília (desgastado após reveses que se seguiram à primeira invasão de 427) e dificultar todo o comércio no Peloponeso, assim fornecendo apoio às facções democráticas na Córcira. Demóstenes acompanhava a frota. Ele tinha apenas um vago mandato da assembleia "para utilizar os navios, se quisesse, em volta do Peloponeso". Essa decisão quase resultou na total derrota de Esparta, pois uma série de eventos improváveis concedeu uma bonança inesperada aos atenienses.[32]

Uma súbita tempestade impediu o avanço do general na direção da Córcira. Demóstenes foi capaz de persuadir a frota a atracar primeiro em Pilos, um pequeno promontório no sul do Peloponeso. Ali, ele aparentemente planejava fortificar uma base e atacar a Messênia, mantida pelos espartanos. Enquanto o alto-comando esperava que passasse a tempestade, Demóstenes persuadiu as tripulações ociosas a construir um muro em volta da base, apesar da inexistência de ferramentas de ferro. Depois que o tempo melhorou e a frota partiu, Demóstenes ficou com pelo menos uma posição defendida temporariamente e uma pequena frota de cinco navios. Por uma das poucas vezes na história grega, uma força ateniense permanente estava agora agindo independentemente a 300 quilômetros de casa e em território controlado por espartanos. Demóstenes parecia contar com a notória falta de habilidade dos espartanos de tomar posições fortificadas, com o apoio espontâneo de hilotas na região e com a determinação da marinha ateniense de manter a distância os navios espartanos que estavam operando em seu próprio país.

"Uma Coisa das Mais Notáveis"

Um evento ainda mais miraculoso seguiu-se a essa ousadia. Os aterrorizados espartanos abreviaram a invasão da Ática. Provaram-se mais temerosos diante da presença de umas poucas centenas de atenienses no Peloponeso do que de dezenas de milhares deles na Ática. Mas, em vez de imediatamente tomarem Pilos de assalto, os espartanos desembarcaram 420 hoplitas na ilha vizinha de Sfactéria. Esperavam que, ao fortificarem a ilha e mobilizarem uma frota, pudessem impedir que a pequena base de Pilos, com uns seiscentos marinheiros atenienses, recebesse apoio terrestre e marítimo, e então impor a fome aos hoplitas e às tropas ligeiras até que se submetessem.

Os espartanos empreenderam um assalto contra Pilos, liderado por não menos que o brilhante Brasidas. Mas rapidamente se retiraram e viram-se diante da frota ateniense que prontamente retornou da Córcira com cinquenta navios aliados. Os atacantes eram agora os atacados, com pouca chance de sucesso mesmo em águas conhecidas. Após derrotar a frota espartana e expulsá-la, os atenienses bloquearam Sfactéria, causando uma onda de medo descontrolado em Esparta. As elites na assembleia espartana agora estavam aterrorizadas com a ideia de que alguns de seus principais guerreiros estivessem imobilizados em uma ilha desolada no litoral da Messênia, cercados pela frota ateniense e perto de uma guarnição destinada a atrair hilotas fugitivos.

Sfactéria estava longe de ser uma Stalingrado. Os 420 hoplitas na ilha representavam somente cerca de 5% da força hoplita do Estado espartano. Além do fato de que muitos daqueles em Sfactéria podiam ter boas conexões, grande parte da miragem espartana apoiava-se na aparência de invulnerabilidade. Assim, mesmo uma pequena perda perto de casa — ou, pior, a aniquilação de uma pequena força no campo — poderia enviar ondas de instabilidade por toda a Messênia, onde uns poucos milhares patrulhavam dezenas de milhares.

Após breve trégua, os dois lados se curvaram. Ainda não estavam seguros, nessa nova guerra de atrito, se seria mais difícil para os atenienses manter uma grande frota de bloqueio e uma força expedicionária totalizando algo como 14 mil homens em território espartano, ou se os espartanos teriam maior dificuldade para suprir adequadamente seus hoplitas quando isolados do continente. Mas logo Esparta propôs uma cessação geral das hostilidades. Atenas recusou — em uma trágica antecipação do que aconteceria inúmeras vezes na guerra mais tarde, após decisivos malogros espartanos. Ambos os lados então levaram adiante o conflito, que assumiu a importância cósmica que antes não tivera nem mesmo para os milhares que lutaram em Potideia, Plateia e Mitilene.

Após recriminações em Atenas por causa do fracasso em aceitar o armistício, estando tão longe de casa, e do impasse que se seguiu, a assembleia conferiu plenos poderes a Clêon para se juntar a Demóstenes e, ao lado dos almirantes na região, tomar Sfactéria. Como diz Tucídides, "os homens sensatos ficaram encantados: concluíram que estavam destinados a alcançar um de dois bons resultados — ou se veriam livres de Clêon, algo que preferiam, ou, se fossem desapontados, Clêon derrotaria os espartanos para eles".[33]

Clêon reuniu-se a Demóstenes. Enquanto isso, este último, em uma incursão exploratória a Sfactéria, acidentalmente provocara um incêndio nos matos fechados da ilha e com isso, inadvertidamente removera grande parte da cobertura que havia ajudado a esconder o fato de que a guarnição espartana era chocantemente pequena. Com a chegada dos auxiliares de Clêon, os dois generais atacaram a ilha. Usaram suas tropas de lançadores de projéteis com bons resultados no cenário recém-desbastado, mataram 128 espartanos e levaram 292 prisioneiros, entre eles 120 da elite esparciata. Poucos atenienses pereceram. Como registrou Tucídides, "a batalha não foi um corpo a corpo". Clêon havia se vangloriado de que resolveria o problema em vinte dias. E foi exatamente isso o que aconteceu: "uma coisa das mais notáveis", concluiu Tucídides, mais do que qualquer outro evento em toda a guerra.

Nada no conflito — exceto a espantosa vitória naval de Atenas nas ilhas Arginusas, em 406, duas décadas depois — foi tão inexplicável quanto ver um desacreditado político ateniense se vangloriando de que derrotaria os espartanos no Peloponeso lançando seus navios ao mar para conseguir exatamente isso numa questão de dias. Não muito depois, o próprio aristocrata Tucídides falharia redondamente em salvar Anfípolis, a despeito do fato de que seu conhecimento sobre a região trácia era muito maior que o de Clêon sobre o sudoeste do Peloponeso.

Subitamente, a psicologia de toda a guerra sofreu uma mudança. Hoplitas espartanos, os míticos heróis que haviam perecido até o último homem nas Termópilas, não perdiam batalhas de infantaria. E nas raras ocasiões em que isso ocorreu, pelo menos eles nunca se renderam, especialmente a atenienses: "De tudo o que ocorreu na guerra, isso veio como a maior surpresa para os gregos. Pois ninguém acreditava que os espartanos alguma vez entregariam suas armas, fosse por fome ou qualquer outra necessidade, mas as manteriam e lutariam enquanto conseguissem, até morrer".[34]

O mito da invencibilidade espartana estava agora abalado. Pior ainda, todo o Estado espartano havia sido feito refém do medo de que os 120 esparciatas de elite, nesse novo estilo de guerra, pudessem ser executados em Atenas caso não cumprissem os termos do novo armistício. No ano seguinte, Atenas perdeu mil soldados na batalha de Délion e teve outros duzentos levados como reféns pelos tebanos. Ainda assim, a perda de tantos homens e o fato de haver atenienses cativos na Beócia tiveram pouco efeito sobre a democracia, que não podia ser nem intimidada nem chantageada. Atenas tinha muito mais recursos humanos do que Esparta e nunca havia investido na mitologia da infalibilidade hoplita.

Os espartanos então cessaram suas invasões da Ática, com receio de que os prisioneiros fossem executados. Não voltaram até que seus reféns fossem recuperados e os atenienses estivessem abalados pelo desastre na Sicília — durante mais de uma década, entre 425 e 413. O pequeno forte em Pilos permaneceria como um espinho no flanco espartano durante 17 anos, pois não foi entregue durante a chamada Paz de Nícias e sua guarnição messênia caiu somente em 409, após um período de retirada ateniense que se seguiu às perdas na Sicília e no Egeu.

O Outro

Até recentemente, o papel dos escravos na guerra frequentemente passava despercebido — o que é estranho, dado que tanto Heródoto quanto Tucídides observam que as mais ricas cidades-Estados do mundo grego, como Atenas, Siracusa, Quíos e Naxos, possuíam milhares de servos.[35] Mas na Guerra do Peloponeso eles começaram a desempenhar papéis críticos em diversas situações de luta, especialmente durante os últimos anos do conflito, à medida que foram se reduzindo as reservas de braços dos dois lados.

Considerando-se que mais de 100 mil hoplitas podem ter tomado parte na guerra (o total da força da infantaria pesada de Argos, Atenas, Corinto, Esparta, Siracusa, Tebas e das principais cidades da Ásia Menor), pelo menos a metade desse número em escravos que carregavam bagagem deve ter participado, num momento ou noutro, de campanhas da infantaria. Além disso, ao final do conflito quase um de cada cinco remadores da marinha ateniense pode ter sido um escravo — talvez tantos quantos 10 mil remadores ou mais —, com números ainda maiores servindo nas marinhas aliadas e peloponésia. Na decisiva batalha naval que pôs fim à guerra em Egospótamos, Atenas tinha mais de 180 navios, e isso foi apenas uma década após perder mais de 40 mil marinheiros imperiais na Sicília. Somente o alistamento de escravos poderia ter garantido remadores para tão imensa mobilização na penúltima hora da cidade. Desembolsos para financiar a marinha tinham quase arruinado Atenas, mas a despesa não era tanto com a construção das trirremes, mas em prover tripulações para elas. Quando o custo mensal de equipar um navio de guerra com remadores igualou-se ao de construí-lo, o recrutamento de escravos tornou-se a única maneira de diminuir os gastos.

Milhares de escravos mudaram de lado durante o conflito, afetando marcadamente o ritmo da guerra tanto por servir nas forças militares dos adversários de seus senhores quanto por roubar os proprietários anteriores de uma mão de obra essencial. Tucídides, por exemplo, pensava que mais de 20 mil escravos fugiram do interior de Atenas para a base peloponésia em Decêleia, e sugere que tal perda teve um efeito terrível sobre a economia e a segurança da Ática na última década da guerra. Não se sabe quantos hilotas fugiram para Pilos, durante os 17 anos da ocupação ateniense, mas o número de fugitivos deve ter chegado a centenas, se não a milhares. Uma das razões da rápida deterioração da frota e do exército, na Sicília, durante os últimos miseráveis meses foi a fuga de escravos, cruciais para carregar as armas e bagagens da infantaria e dos marinheiros.[36]

Pilos era uma metáfora de quão radicalmente a guerra evoluíra desde que os espartanos haviam cruzado a fronteira da Ática seis anos antes. Toda a campanha da infantaria envolveu apenas 420 espartanos e oitocentos hoplitas atenienses. Em contraste, algo como 8 mil remadores, oitocentos arqueiros e 2 mil soldados da infantaria ligeira ateniense haviam arrasado a elite espartana em Sfactéria — um triunfo de soldados das classes mais baixas, sem armaduras, que não se esperava que derrotassem hoplitas, e muito menos hoplitas espartanos, apesar da vantagem numérica de vinte contra um. Tucídides observou que a agilidade e habilidade dos soldados atenienses para bombardear com projéteis os desajeitados hoplitas tornava "extremamente difícil lutar com eles".

O generalato ateniense era igualmente não convencional. Clêon era um demagogo radical, odiado por Tucídides (que bem pode ter sido exilado em consequência de suas maquinações) e criticado por Aristófanes em *Os Cavaleiros* como um curtidor demagogo e agitador das massas. No entanto, ele havia alcançado o que nem o majestoso Péricles nem o aristocrata Nícias poderiam algum dia ter antecipado. Tudo sobre a campanha bem-sucedida fugia à tradição. Muitos homens das tropas de Demóstenes eram exilados messênios, ou seja, antigos hilotas que haviam fugido de seus senhores espartanos. Além disso, a estratégia não tinha nada a ver com forçar a frota espartana a enfrentar a mais formidável armada ateniense (embora o tenha feito, e perdido) e muito menos com empreender uma batalha campal contra a infantaria espartana.

Em vez disso, a visão de Demóstenes baseava-se na ideia de servos rebeldes: qual a melhor maneira de encorajar a deserção de hilotas e, assim, roubar o Estado espartano de seus cruciais ajudantes de campo? É verdade que a ideia de que todos os 250 mil hilotas pudessem fugir para um santuário tão pequeno como Pilos era uma fantasia; mas Demóstenes aparentemente pensou que a mera ameaça de insurreição seria suficiente para provocar alguma resposta desesperada dos espartanos. Pilos ajudou a expor o absurdo do Estado espartano: era paranoico a respeito da perda de qualquer de seus escassos esparciatas e, ainda assim, reconhecia que essas mesmas tropas de elite fossem de pouca valia para impedir que marinheiros, tropas ligeiras, arqueiros e hilotas fizessem o que bem entendessem no próprio quintal.

Logo após Pilos e Sfactéria, os atenienses ocuparam Metana, no litoral da Argólida, esperando que uma base fortificada no Peloponeso ajudasse a deflagrar novas insurreições entre aliados em toda a península argiva. Na estação seguinte, as tropas navais atenienses se apossaram de Citera, no mar ao largo de Esparta. Essa era uma base-chave para navios mercantes que se dirigiam ao norte da África, e uma fortificação ideal da qual poderiam partir contínuos ataques marítimos contra a parte sul do Peloponeso. Com os atenienses instalados no Peloponeso em terra (em Pilos) e no mar (em Citera), Tucídides concluiu que uma mudança espantosa havia subitamente atingido os espartanos, e fora realizada com a perda de somente umas poucas vidas atenienses. Pois esses últimos haviam de certa forma ignorado os milhares de exímios hoplitas estacionados em Esparta e, em vez disso, tentaram romper o próprio tecido político e econômico do Estado espartano:

> Ao mesmo tempo, as inversões da sorte que haviam ocorrido em tão grande número e num período tão curto causaram um enorme choque, e os espartanos começaram a temer que a sorte lhes trouxesse outro revés, tal como ocorrera na ilha. Por essa razão, estavam muito menos confiantes na batalha e perceberam que qualquer movimento que fizessem terminaria em fracasso, pois haviam perdido toda a confiança porque nunca haviam experimentado no passado uma verdadeira adversidade.[37]

Os atenienses não haviam derrotado Esparta — fazê-lo teria requerido uma invasão do interior da Lacônia —, mas pareciam ter alcançado o impasse que Péricles uma vez imaginara. A síndrome de Pilos provou-se contagiosa. Poucos meses depois daquele sucesso, a tática de instalar bases avançadas estava sendo utilizada em quase toda parte. À altura de 424, quase todo o Peloponeso parecia estar contornado por fortalezas atenienses permanentes — em Egina, Cefalênia, Citera, Metana, Niseia, Náupactos, Pilos e Zácintos — concebidas para impedir que chegassem a Esparta as mercadorias vindas da Sicília, Itália, Egito e Líbia, bem como para encorajar rebeliões de hilotas e provocar dissensões entre os membros da aliança peloponésia.

Ainda assim, esse plano de bloqueio conceitualmente brilhante surgido depois de Pilos tinha três problemas. A manutenção dessas bases com tropas permanentes em número suficiente para causar dano à economia do estado espartano estava além dos recursos de Atenas. A estratégia presumia que os próprios espartanos não iriam copiar a ideia e enviar patrulhas de longo alcance para o interior do território ateniense. E ainda não havia nenhum plano para lidar com os 10 mil hoplitas espartanos que, em teoria, podiam marchar para onde bem entendessem para subjugar estados rebeldes.

Depois de Pilos

Se Clêon e Demóstenes tinham revelado não ter muito em comum com os generais atenienses convencionais, tampouco tinha Brasidas. Ele havia começado como um éforo espartano tradicional, ou supervisor do governo, e terminou como algo totalmente diferente. Mas, mesmo nos primeiros anos da guerra, Brasidas havia se provado mais do que um mero funcionário. Em 430, por exemplo, correra para salvar a cidade messênia de Metone, que estava sendo atacada por mar pelos atenienses. Durante grande parte do início da década de 420, ele patrulhou o golfo de Corinto e tentou intervir a favor dos oligarcas na matança na Córcira. Brasidas liderou um enérgico ataque contra o forte ateniense em Pilos, em 425, e quase foi morto durante a ação. No ano seguinte, esse reserva espartano correu para Mégara para liderar uma revolução democrática.

Obviamente, Pilos lhe causou uma terrível impressão. Consequentemente, no ano após a captura dos espartanos em Sfactéria, Brasidas buscou virar a mesa contra os atenienses, golpeando-os seriamente na retaguarda para desorganizar o comércio na região da Trácia, no norte da Grécia, e incutir um medo descomunal no coração do império ateniense para que esse pensasse duas vezes antes de persistir com as penetrações de longo alcance no Peloponeso. Como Tucídides secamente relata, "os lacedemônios pensaram que a melhor maneira de revidar o ataque ateniense seria enviando um exército contra seus aliados".[38]

Diferentemente dos generais espartanos tradicionais, Brasidas mobilizou um novo exército de aliados peloponésios, soldados mercenários e, o que era o mais interessante, setecentos hilotas — os "brasidanos", uma força não muito diferente daquela formada por muitos dos povos escravizados do Terceiro Reich que às vezes eram alistados na Wehrmacht como se essa fosse a melhor de duas alternativas ruins. Na verdade, os oficiais espartanos estavam muito felizes vendo hilotas potencialmente rebeldes (e talvez também Brasidas) enviados para longe de suas casas como tropas de choque espartanas. E assim partiu Brasidas, marchando centenas de quilômetros na direção norte para libertar alguns dos mais importantes Estados do império ateniense.

Uma vez lá, em menos de dois anos ele "liberou" Anfípolis, uma cidade de grande importância estratégica súdita de Atenas — o próprio Tucídides foi exilado por uma assembleia ateniense furiosa por não ter conseguido manter Brasidas longe da cidade — e começou a atiçar uma insurreição geral nas comunidades vizinhas. Essas não eram cidades marginais. Ao contrário, os alvos de Brasidas eram famosos por suas ricas terras agricultáveis, suprimentos de madeira cruciais para a construção naval ateniense e numerosas minas de ouro e prata — uma área onde o aristocrático Tucídides tinha propriedades substanciais e na qual tentava, inutilmente, com a frota ateniense, frustrar a invasão espartana.

A maior cidade, Anfípolis, situada no rio Strímon, podia oferecer uma boa base para rotas de ataques contra o Helesponto por terra e mar. Com um exército quase particular, Brasidas ignorou o breve armistício de 423 e ateve-se ao seu grande plano de causar danos em toda a extensão do teatro norte do império ateniense, até morrer — junto com seu adversário ateniense Clêon — em um embate desesperado durante a defesa de Anfípolis. Na batalha, pereceram cerca de seiscentos atenienses, em contraste com apenas sete espartanos; mas a morte de Brasidas significou que Esparta havia perdido o único líder excepcional da Guerra Arquidamiana e, com ele, também a confiança para dar continuidade ao conflito.

As batalhas de Brasidas eram diferentes de todas as outras já empreendidas pelos espartanos — oferecendo o atrativo da autonomia e da liberação a cidades tributárias que tinham um papel-chave para o império ateniense e, ao mesmo tempo, empunhando o porrete de uma guerra brilhantemente não convencional que ignorou a antiga tradição helênica de distinguir entre civis e combatentes. Na cidade portuária de Ácantos, produtora de uvas, ele ameaçou destruir a safra local, pronta para ser colhida fora das muralhas — a única cultura com a qual contava toda a comunidade costeira. Em seguida, armou acampamento fora da vizinha Anfípolis e começou a saquear as ricas fazendas da área rural em volta, enquanto os agentes dentro da cidade faziam o trabalho de base atraindo os habitantes para o lado espartano. Chegando a Torone, mandou assassinos à cidade durante a noite para abrir os portões a fim de que suas tropas ligeiras a tomassem de assalto. Depois de tomar Cione, ele se recusou a entregá-la, muito embora o armistício de 423 recentemente concluído houvesse deixado claro que a cidade deveria ser devolvida aos atenienses.[39]

Quando Brasidas foi finalmente morto na defesa de Anfípolis, os habitantes locais lhe deram um funeral de herói, erigiram um monumento a ele como "o libertador da Hélade" e instituíram jogos e sacrifícios anuais em sua honra. A preferência de Brasidas por tropas irregulares e soldados de antecedentes questionáveis, junto com suas falas românticas sobre a necessidade de liberação do imperialismo ateniense, fizeram dele quase um santo no Terceiro Mundo grego — um espartano muito pouco espartano.

De fato, seu dinamismo e magnetismo devem ter sido formidáveis, pois conseguiu que milhares se esquecessem de que ele era um agente do mais repressivo Estado do mundo grego, que havia escravizado 250 mil messênios. Nesse sentido, o dano ocasionado pelos setecentos brasidanos à causa de promover a sublevação hilota foi maior do que todo o bem feito pelos libertadores em Pilos. O que é notável a respeito das quase simultâneas carreiras de Demóstenes e Brasidas é que, enquanto os atenienses no sul tentavam promover a instabilidade oferecendo liberdade à classe inferior de Esparta, no norte os espartanos usavam aqueles mesmos servos para promover a liberdade e a autonomia entre os Estados tributários de Atenas — sugerindo que os dois homens, e as políticas que promoviam, eram impulsionados pela *realpolitik*, e não por um idealismo consistente.

De todos os tipos encontrados na história de Tucídides, Brasidas é o mais intrigante, uma versão romântica antiga de Fidel Castro ou Che Guevara que combinava um idealismo ostensivo e uma brutal guerra de guerrilha de maneira tão fascinante que a maior parte dos soldados, ex-escravos, esquecia a natureza do violento senhor para o qual estavam trabalhando. Em última análise, os esforços de Brasidas contrabalançaram Pilos e produziram certo impasse, pois ele provou que os atenienses tinham tanto a perder na retaguarda quanto os espartanos. Os mercenários vindos do populacho e umas poucas centenas de hilotas libertos causaram mais dano a Atenas do que o enorme exército de 60 mil homens do rei Arquídamos que oito anos antes havia marchado penosamente para o interior da Ática convencido de que, por seu mero tamanho, poderia pôr o império de joelhos.

Nos tratados de paz que se seguiram ao longo da guerra, os termos às vezes refletiam as novas realidades. Um armistício já não era uma questão de cessar hostilidades entre marinheiros e hoplitas. Raramente havia uma demanda para pôr fim a um cerco, delimitar um território a ser devolvido ou estabelecer alianças. Em vez disso, à medida que os dois lados tomavam conhecimento formal do novo e multifacetado tipo de guerra, iam sendo elaborados os mais variados tipos de codicilos para definir uma conduta específica relativa a pragas, revoltas de escravos, tomada de reféns, saques e fortificações avançadas no campo.[40]

Onde estava Alcibíades em meio a todos os ataques e terrores da Guerra do Peloponeso? Na realidade, nenhum modelo de guerra era mais adequado a suas habilidades, tanto como intrigante quanto como praticante da subversão diplomática. Onde quer que fossem necessárias as artes da traição, complô e execução, Alcibíades podia ser encontrado. Além de sua presença nas principais batalhas hoplitas, nos engajamentos navais e cercos, a simples listagem de seus feitos depois do conflito agrícola na Ática e da praga em Atenas revela que, durante todos os seus 20 anos e início dos 30, Alcibíades esteve atolado até o pescoço no novo terror. De fato, estava agora em seu verdadeiro elemento.

Além de fazer intrigas para estabelecer governos democráticos em Argos e Patras, saltar fora da Sicília, persuadir os espartanos a atacar seus concidadãos tanto na Sicília quanto na Ática, triangular com os persas e então juntar-se novamente aos atenienses após se divertir com revolucionários em Samos, Alcibíades estava mais diretamente envolvido com uma série de operações paramilitares. Ele bem pode ter sido um dos arquitetos da ideia de mandar a frota ateniense cercar Melos, e depois pode ter defendido enfaticamente na assembleia a subsequente execução e escravização de todos os habitantes da ilha.

No mesmo ano de 416, Alcibíades chegou a Argos e sequestrou trezentos direitistas como garantia contra um golpe oligárquico que poderia resultar na entrada dos espartanos. Mais tarde, foram todos levados a Atenas e executados. É provável que também estivesse envolvido no assassinato do líder popular ateniense, Ândrocles, e de outros democratas radicais, um ato que poderia facilitar o próprio retorno ao lado ateniense, em 411. Pouco mais tarde, Alcibíades também foi responsável pelo assassinato do direitista Frínicos. Novamente, sua marca registrada era o emprego do terror, sem nenhum sinal de consistência ideológica.

Após seu segundo exílio, no final da guerra ele usou as habilidades adquiridas nos ataques à costa da Ásia Menor para ganhar a vida como corsário na Trácia, contratando o próprio exército. Alcibíades, como poucos na Guerra do Peloponeso, percebeu que o conflito não era uma luta convencional, mas, em vez disso, um novo tipo de guerra civil na qual não havia nenhuma distinção entre guerra e política, política externa e intriga interna, morte no campo de batalha e assassinato fora dele.[41]

É difícil calcular exatamente o efeito que teve a luta não convencional sobre o resultado final da guerra. Certamente, a campanha de Pilos e as subsequentes operações espartanas em Anfípolis resultaram na paz temporária de 421, de uma maneira que nenhuma das batalhas tradicionais no mar ou na terra havia conseguido para nenhum dos lados. O forte em Decêleia prejudicou Atenas de forma irreversível. A própria cidade logo sofreu também um dano psicológico irreparável com uma revolução direitista ocorrida em 411. No final da guerra, a cidade foi tomada por oligarcas que concluíram a paz com Lisandro. Em última instância, no entanto, terror, revolução e assassinato não eram substitutos para as batalhas decisivas nas quais milhares haveriam de decidir teatros inteiros. Se os espartanos tivessem perdido a batalha de Mantineia, se os tebanos tivessem sido derrotados em Délion ou se os atenienses tivessem vencido em Egospótamos — meros três dias críticos, em um total de 27 anos de conflito —, a consequência da guerra teria sido mudada para sempre; teria sido impossível imaginar tal fato como resultado de todas as ousadias e maquinações de um Brasidas, Demóstenes, Clêon ou Alcibíades. Assim, Atenas, entre todas as cidades, foi a que finalmente resolveu organizar exércitos aliados para terminar as guerras com a Beócia e Esparta por meio de batalhas de um dia — esforços ao mesmo tempo heroicos e fadados ao fracasso.

CAPÍTULO 5

ARMADURA

BATALHAS CAMPAIS HOPLITAS (424-418 A.C.)

Por que Nenhuma Batalha?

Após sete anos de guerra, ainda havia um impasse prático na luta. Já era 425 e nenhuma frota espartana surgira para desafiar a supremacia naval ateniense. Os coríntios haviam deixado os mares, exceto nas regiões próximas ao golfo. Navios, espartanos, tais como a armada de Alcidas, que haviam partido para Lesbos, em 427, só eram capazes de viagens curtas equivalentes às rápidas incursões do navio de guerra alemão *Bismarck* no Atlântico Norte, em 1941. Esses ataques peloponésios de curta duração pretendiam hostilizar mercadores e súditos tributários, antes de serem localizados e expulsos pelas superiores trirremes atenienses. Por sua vez, Atenas não tinha nenhum desejo de forçar uma confrontação de forças com a falange espartana nem habilidade para fazê-lo. As invasões das terras atenienses haviam cessado em 425, depois que prisioneiros espartanos foram capturados em Pilos e levados de volta a Atenas com o aviso de que seriam mortos no momento em que outro exército peloponésio entrasse na Ática.

O estabelecimento de uma série de bases atenienses no Peloponeso e em volta dele não resultou em revoltas hilotas por toda parte. Ataques atenienses por mar haviam aborrecido os espartanos, mas sem causar nem defecção maciça dos aliados nem fome ou pânico. Talvez entre uma quarta parte e um terço da população ateniense existente no começo da guerra estivesse morta sete anos depois, mas principalmente por causa da devastação causada pela praga, e não pelas lanças espartanas. Enquanto pequenos bandos de assassinos e comandantes inovadores matavam e saqueavam, o império ateniense permanecia intato até aquele momento. Mitilene foi subjugada. A Córcira não se tornou um aliado oligárquico de Esparta. A Pérsia ainda hesitava quanto a começar a subsidiar a construção de uma frota espartana que pudesse se apossar do Egeu oriental.

Uns poucos generais da velha guarda de cada lado começaram a ver que somente uma vitória dramática, em grande escala, poderia ainda produzir mudanças significativas no cálculo estratégico da guerra. Aos olhos atenienses, isso significava tirar a Beócia da guerra ou marchar para dentro do Peloponeso e armar uma aliança hoplita para derrotar Esparta de uma vez por todas no próprio solo. Bastaria que Atenas e Esparta tivessem concordado em se defrontar, plenamente armadas, em uma tarde de verão — o que Heródoto uma vez chamou de "uma estúpida e quase ridícula" maneira de lutar "no melhor e mais plano terreno" —, pois assim, pelo menos, Esparta poderia ter vencido a guerra em poucos minutos e livrado a Grécia de 27 anos de desgraças. No entanto, e por aquela mesma razão, Péricles havia pensado, em 431, que seria "uma coisa terrível" para os atenienses entrar sozinhos em uma batalha contra 60 mil hoplitas peloponésios e beócios para arriscar a sobrevivência da própria cidade "numa batalha campal".[1]

Tanto em 410, quanto em 406, pareceu, durante algum tempo, que um contingente espartano de ocupação, muito menor, poderia precipitar uma batalha no velho estilo se marchasse da fortaleza em Decêleia até as muralhas de Atenas. Ainda assim, na primeira oportunidade de confronto, a força menor do rei espartano Ágis bateu em retirada no último minuto. Na segunda ocasião, em 406, seu exército mais formidável de 14 mil hoplitas, com o mesmo número de tropas ligeiras e 1.200 cavaleiros, dirigiu-se novamente à cidade. Mas essa força de quase 30 mil homens não estava disposta a se defrontar com a falange ateniense até que ela se aventurasse para além da proteção dos arqueiros e dos lançadores de pedras e dardos que se encontravam sobre as muralhas. Como isso não ocorreu, uma guerra entre Atenas e Esparta grassou durante quase três décadas, e nela o principal método helênico de resolver conflitos — batalhas campais de hoplitas — não foi utilizado nem uma só vez entre os dois principais contendores! Contudo, havia hoplitas demais em lugares demais em outras partes do mundo grego para que não acontecesse aqui e ali, durante tantos anos, alguma confrontação do tipo antigo. Assim, perto do pequeno santuário costeiro de Délion, na fronteira entre Atenas e a Beócia, uma das batalhas tradicionais finalmente ocorreu no sétimo ano da guerra, em novembro de 424.[2]

Hoje, é difícil andar livremente sobre as colinas à beira-mar que se debruçam sobre a moderna cidade balneária de Dilesi. Casas de férias, cercas de arame e estradas de acesso brotam no que há apenas trinta anos eram campos abertos e pastos. Poucos dos atenienses ricos que hoje passam os fins de semana nesse lugar sabem que milhares de homens alguma vez lutaram perto de seus quintais. Essa foi uma luta que viu um Sócrates de meia-idade derrotado e lutando implacavelmente contra perseguidores, o cadáver do sobrinho de Péricles apodrecendo na lama durante mais de duas semanas, o bravo Alcibíades ganhando um prêmio de bravura e galopando pelas suaves colinas, e o covarde sogro de Platão correndo para salvar a vida. Délion estava a apenas dois dias de caminhada da Acrópole ateniense.

A Esperança de Délion

Por que teria Atenas, que aparentemente sabia não ser de bom alvitre lutar nessas batalhas campais contra melhores hoplitas, arriscado uma campanha que poderia envolver um confronto com os beócios? Novamente, foi o velho desejo de se livrar de uma guerra em duas frentes, o mesmo fantasma que mais tarde atormentou Roma quando enfrentou os cartagineses e Filipe V da Macedônia, o tradicional dilema da Alemanha imprensada entre a Rússia e a França, e a situação difícil em que se viram os Estados Unidos durante a Segunda Guerra Mundial no teatro do Pacífico e no europeu. Em poucas e apressadas palavras logo antes da luta, o surpreso general ateniense Hipócrates havia incentivado seus homens com a promessa de que a vitória significaria que os espartanos não mais poderiam cruzar a Ática como bem quisessem e entrar no santuário da Beócia, já que a frente norte estaria para sempre fechada. Em contraste, ele supunha que uma derrota condenaria Atenas a uma perpétua guerra de atrito em duas frentes nas quais ela não conseguiria vencer.

Assim, uma única e audaciosa vitória em Délion, tal como ocorreu após o triunfo ateniense na batalha de Enofita, em 457, poderia levar à democratização da Beócia, à cessação do apoio explícito a Esparta e dos quase constantes ataques por meio da fronteira. Brasidas e os espartanos que estavam operando no norte seriam isolados, com um território hostil barrando seu retorno ao Peloponeso. Em suma, os atenienses acreditaram que poderiam ter uma chance de derrubar a Beócia de único golpe, o que pensavam não poder fazer com Esparta, cujo território estava muito distante, era invencível por terra e tinha um exército esmagadoramente formidável. De outro lado, os beócios mais velhos, como o experiente general tebano Pagondas, lembravam que, durante uma década antes da guerra, de 457 a 447, Atenas havia feito da Beócia uma federação democrática amiga, e uma vez havia tido ideias que representavam perigo semelhante para os interesses espartanos. De qualquer modo, Alcibíades, cujo pai, Clínias, havia morrido durante a derrota ateniense, em Coroneia, na Beócia, em 447, compreendeu que uma mudança de regime ali não era uma proposição inviável.

Os atenienses, encorajados pelos recentes notáveis sucessos em Pilos e Sfactéria, haviam tentado subverter o governo da Beócia de maneiras que poderiam ter evitado uma única batalha campal como a de Délion. O general ateniense Demóstenes havia partido de Atenas com seus navios três meses antes, pretendendo fazer um desembarque anfíbio inesperado e provocar insurreições democráticas em todo o interior do sul da Beócia. Assim, ajudado por partidários, ele marcharia para o leste na direção de Délion ao mesmo tempo em que Hipócrates e seus hoplitas atenienses marchavam rumo ao norte na direção da fronteira. O exército beócio, superado em número, se dispersaria, entre o martelo e a bigorna. Então, as terras vizinhas do interior se levantariam numa revolta aberta, em uma operação que aplicaria a lógica da campanha de Pilos numa escala ainda mais audaciosa. Afinal de contas, dois anos antes, no verão de 426, Nícias havia desembarcado 2 mil hoplitas atenienses no litoral, em Oropos, se unido a um exército ainda maior que saíra de Atenas sob o comando de Hipônicos e Eurímedon e, juntos, vencido uma escaramuça contra os tanagranos e uns poucos tebanos, em uma pequena antecipação do que seria Délion. Aparentemente, sua subsequente fanfarronada havia convencido o alto-comando dos generais atenienses de que uma outra armada muito maior, combinando forças de terra e mar, poderia repetir, em uma escala maciça, aquela pequena vitória na Beócia.[3]

Ou assim pensaram. Mas o triunfo só seria possível se as forças superiores de infantaria dos beócios tivessem que enfrentar, ao mesmo tempo, dois exércitos atenienses avançando simultaneamente e o interior do país revoltado e ansioso por um governo mais igualitário. Infelizmente, o assalto naval de Demóstenes à cidade beócia de Sifas no oeste foi muito precipitado e ocorreu antes da hora. Uma vez que seus planos de insurreição foram traídos pelos oligarcas locais, que os denunciaram às autoridades beócias, ele foi de pouco valor para impedir a oposição local às forças terrestres atenienses que vinham marchando do sul. Diodoro diz que, dificilmente disposto a encarar uma assembleia agitada quando chegasse a Atenas, Demóstenes enfunou as velas e partiu "sem conseguir nada".[4]

Mas foi ainda pior que isso. O fracasso de Demóstenes havia garantido que um exército de reservistas da ralé ateniense, por conta própria, enfrentaria numa batalha campal o que pode ter sido a melhor força de infantaria da Grécia. Após a batalha de Plateia, em 479, todos os gregos falavam da "lança dória" dos espartanos. Mas, durante os séculos IV e V, foram os fazendeiros tebanos que se provaram "os mais fortes na guerra" — lutando uma série de batalhas ferozes em Délion, Nemeia, Coroneia, Haliártios, Tegira, Leuctra e Mantineia, onde esmagaram os oponentes ou morreram tentando. Em 424, Tebas estava relativamente incólume. Até então, sua parca contribuição à guerra fora parasítica e oportunista: atacando uma Plateia neutra, fazendo incursões contra a fronteira da Ática e juntando-se à invasão da Ática depois que milhares de peloponésios já haviam chegado. Em contraste, nos primeiros sete anos da guerra uma Atenas exausta havia perdido milhares para a praga, esvaziado seu tesouro para manter a mobilização quase constante de mais de duzentos navios e tido seu solo sagrado violado em cinco ocasiões.

Durante o final do século V, raramente houve batalhas de campo hoplitas, basicamente devido a duas razões poucas vezes enfatizadas: primeira, a reputação espartana, adquirida 50 anos antes, em Plateia, na batalha contra os persas, sugeria que era um suicídio nacional engajar-se contra tal exército; segunda, o único outro poder terrestre igualmente formidável, os beócios, era também oligárquico e amigo de Esparta. Mas, depois de terminada a Guerra do Peloponeso, quando o império espartano rapidamente implodiu e a Beócia tornou-se mais liberal e, finalmente, democrática, o monopólio hoplita que partilhavam chegou ao fim. Surgiram velhas diferenças étnicas e novas diferenças políticas; e eles subsequentemente lutaram um contra o outro, por vingança, em pelo menos meia dúzia de vezes. A batalha hoplita, então, retornou à sua frequência pré-clássica, embora servindo para ajustar disputas em teatros definidos, em vez de guerras locais por causa de fronteiras. Meros três anos depois, 421, os atenienses aceitaram uma oferta de paz de Esparta, com o argumento ostensivo de que haviam sido derrotados em duas batalhas, em Délion e Anfípolis, e haviam perdido "a confiança em sua força".[5]

O Enfrentamento Prometido

A tão esperada batalha finalmente teve lugar no final de 424. A falange ateniense cruzou a fronteira para encerrar a frente norte contra a confederação Beócia no final de uma tarde de novembro, precisamente porque tinha certeza de que os espartanos estavam longe dali e de que a maioria dos beócios mais pobres poderia ser receptiva aos invasores, em vez de se opor a eles, se recebesse a promessa de uma liberação democrática e de se livrar dos oligarcas donos de terras.

Entre 40 mil e 50 mil guerreiros se defrontaram em Délion. Além dos 7 mil hoplitas em cada exército, milhares de outros sem armadura estavam presentes do lado ateniense, ultrapassando até mesmo os 10 mil ou mais das tropas com armamentos leves dos beócios. O engajamento formal teve início quando milhares de desmoralizados atenienses foram pegos de surpresa voltando para casa após a fracassada invasão do general Hipócrates. A maior parte dos perseguidores beócios também estava envolvida em rixas internas, sem nenhum desejo real de se arriscar em batalhas campais com um inimigo já em retirada. Mas então um general beócio veterano com mais de 60 anos de idade, Pagondas, persuadiu seus relutantes generais a avançar com o ataque e infligir o primeiro golpe. Eles têm de atacar, gritou o velho a seus beócios, mesmo no caso de os inimigos em retirada poderem escapar para a Ática.

O exército perseguidor de Pagondas ocultou-se em um monte que ficava à direita do flanco ateniense, na indefinida fronteira entre Atenas e a Beócia. Subitamente, sem muito aviso, seus fogosos hoplitas avançaram colina abaixo e atacaram. O general Hipócrates estava fazendo uma preleção para as tropas e foi interrompido no meio de uma frase. A hora avançada, o terreno acidentado, a poeira do outono e a abordagem de surpresa dos beócios fez de Délion um tipo diferente de batalha hoplita na qual, desde o começo, nada era exatamente o que parecia à primeira vista.

Pagondas havia composto a falange observando as origens dos soldados confederados, com tebanos ocupando o lugar de honra na ala da direita que cabia aos aliados beócios. O terreno ondulado provavelmente explica por que, até o último minuto, os atenienses tinham pouca ideia de que o inimigo estivesse tão próximo, e muito menos de que havia ocupado uma posição superior. Pegos desprevenidos, os atenienses tinham poucas escolhas. Dessa vez, não estavam queimando os campos da vizinha Mégara sem inimigos à vista, mas lançados contra os hoplitas tebanos, os mais ferozes da Grécia, que sessenta anos mais tarde arrasariam a falange espartana não muito longe dali na batalha de Leuctra, em 371. As alternativas para os surpreendidos atenienses eram subir a colina e enfrentar a massa tebana, retirar-se, ou permanecer onde estavam e ser esmagados. Dois grandes fossos a cada lado do campo de batalha eliminavam qualquer chance real de uma saída pelos flancos. Na realidade, os dois exércitos mal cabiam na planície de pouco mais de 700 metros. As ravinas a cada lado do campo de morte podem explicar por que Pagondas foi capaz de, no último minuto, deslocar alguns de seus homens e, com segurança, fazê-los penetrar 25 escudos no flanco direito, três vezes a profundidade normal de oito homens da falange.

Para o bem ou para o mal, Hipócrates e atenienses de elite à direita escolheram carregar bravamente colina acima. Os atenienses podem ter pensado que as colinas e ravinas ofereciam algumas vantagens ao limitar o uso dos cavaleiros inimigos. Eles provavelmente não podiam ver quão profundamente a ala direita tebana havia penetrado e assim, não tinham nenhuma ideia do perigo que viria à esquerda, com o maior peso do inimigo. A batalha que decidiu toda a fronte norte do conflito parece ter durado não mais que uns poucos minutos — dando algum crédito à antiga ideia agrária, vinda de dois séculos, de que breves embates de hoplitas podiam decidir uma guerra inteira em um teatro específico. No início, a despeito da corrida colina acima, a ala direita ateniense irrompeu por meio dos fracos confederados de Pagondas. Desde o início, tratava-se de um caso clássico de cada exército buscar vencer a batalha em sua forte ala direita antes que o lado esquerdo mais fraco a perdesse.[6]

Os aldeões aliados de Téspias receberam todo o peso do assalto da ala direita ateniense que subia a colina. Tucídides diz que o horripilante embate ali foi "corpo a corpo", o que provavelmente significa luta de lanças, empurrões, luta de espadas e, finalmente, embates com escudos, hastes de lanças quebradas e até mãos nuas. Em pouco tempo, todos os quinhentos téspios estavam a ponto de serem exterminados. Os contingentes aliados de outros 2 mil hoplitas imediatamente à sua direita tomaram a decisão sábia, mas menos corajosa, de fugir dos atacantes atenienses.

O colapso da maior parte da ala esquerda beócia condenou os téspios. Eles agora ficariam isolados, destacados da falange principal, cercados e então seriam estraçalhados. O grau em que eles conseguiram retardar a devastadora força ateniense foi seu principal legado de sacrifício, dando à ala direita chefiada por Pagondas tempo para dar fim a seus oponentes sem ter que se preocupar com um ataque pela retaguarda. Perto dos téspios encurralados, nem todos os outros aliados beócios da esquerda e do centro escaparam. Alguns em vão tentaram simplesmente fugir. Outros lutaram. Os mais resolutos mantiveram-se firmes até que o próprio flanco direito, do outro lado, dispersou os atenienses e veio dar apoio. Quase todos os quinhentos homens da infantaria beócia mortos na batalha eram ou téspios ou seus desorientados e debandados vizinhos. O historiador Diodoro diz que, àquela altura, a ala direita ateniense "trucidou grandes números" do inimigo. Não se sabe precisamente o que significa "grandes" aqui. Mas a observação casual sugere que a luta foi feroz, já que centenas de soldados protegidos por maciços escudos, peitorais, elmos e perneiras foram, ainda assim, apunhalados e feitos em pedaços.

Matar um homem vestindo uma armadura de bronze completa — peitoral, elmo e perneiras — não era uma tarefa fácil, especialmente quando as primeiras preocupações de todos os hoplitas eram manter-se próximos uns dos outros e ter seus escudos de madeira encaixados de modo a quase formar um muro de defesa. O dramaturgo Sófocles uma vez caracterizou a batalha de hoplitas gregos como a "tempestade de lanças". A imagem sugere que hoplitas pesadamente vestidos eram golpeados repetidamente de todas as direções por um redemoinho de pontas de lanças e cortados por espadas nas pernas, na virilha e no pescoço — um tipo de guerra muito diferente daquela lutada por homens sem armaduras que podiam se matar uns aos outros com um ou dois golpes. De qualquer modo, comparada com a letalidade da maça ou da espada romana, a lança não penetrava a armadura muito facilmente, e usualmente só conseguia matar um hoplita de uma só vez quando descarregada com um golpe de cima para baixo contra o pescoço ou a virilha, alvos relativamente pequenos.

Ocupados demais em golpear os téspios inimigos e não conseguindo manter suas posições, os atenienses vitoriosos da ala direita, que era a posição mais importante da falange, logo começaram a fazer um círculo completo, mas que girava na direção errada. Então, os confusos atenienses deram de frente com suas próprias tropas que vinham se embaralhando pela retaguarda. Ali, subitamente, muitos se viram usando suas lanças contra outros atenienses, entre eles o general Hipócrates e um sobrinho do falecido Péricles, provavelmente o filósofo Sócrates, Alcibíades e muitos outros da elite da sociedade ateniense, incluindo o próprio sogro de Platão, Pirilampes, e Laques, que aparece mais tarde em um diálogo platônico epônimo. Antes que aqueles enlouquecidos hoplitas pudessem escapar, dúzias devem ter sido empalados pelos próprios irmãos, pais ou amigos.

Tucídides secamente comenta sobre esse caos: "Alguns dos atenienses ficaram confusos porque o cerco deu errado, e mataram uns aos outros."[7] É difícil imaginar como uma calamidade autoinfligida como essa foi possível em um combate corpo a corpo. No entanto, a literatura grega tem outras instâncias de hoplitas que ficaram desorientados e atacaram os soldados errados. Mortes por fogo amigo em batalhas não são apenas um fenômeno da idade moderna, com armas de alta tecnologia e bombas lançadas de grandes altitudes, mas foram resultado de pânico, medo e confusão endêmicos ao tumulto da guerra em todas as épocas. No mundo antigo, mesmo marinheiros às vezes se confundiam e matavam amigos em navios da mesma frota. As trirremes, assim como os braços hoplitas, eram armas igualmente adotadas por amigos e inimigos, parcialmente um reflexo da aceitação pan-helênica dos protocolos de batalha, e parcialmente um testemunho da excelente forma e função desses mesmos acessórios.

Em seguida, algo ainda mais inexplicável ocorreu em Délion: no clímax da batalha, essa vitoriosa ala direita ateniense abruptamente se desintegrou quando equivocadamente confundiu uns poucos esquadrões de cavaleiros beócios que se aproximavam no alto da colina com um exército que estaria chegando. Homens em bronze com lanças e escudos, arranjados em colunas, eram usualmente capazes de enfrentar aqueles ricos aristocratas sentados sobre cavalinhos e sem estribos (que ainda não existiam). Mas, para os vitoriosos e exaustos atenienses comandados por Hipócrates, parece que a ideia de que a cavalaria fosse desempenhar papel decisivo na batalha da falange foi algo inteiramente inesperado. Ainda mais inesperada era a noção de que essas tropas frescas que surgiam no horizonte ainda não tivessem sido engajadas e aparentemente surgiam do nada. Finalmente, eufóricos com a sensação de que a batalha em sua ala estava ganha, os instáveis atenienses subitamente imaginaram que um exército inteiramente novo estaria caindo sobre eles, repleto de cavaleiros, e então se desesperaram. Novamente, rumor e pânico eram as principais forças na batalha quando milhares gritavam, atacavam e se chocavam sem enxergar claramente e sem conseguir ouvir nada. "Numa batalha", escreveu Tucídides uma vez, "ninguém sabe muito bem de nada, exceto do que está acontecendo imediatamente ao seu redor".[8]

O que estava acontecendo lá na extrema direita com Pagondas e a seleta falange de tebanos? "Gradualmente, de início", diz Tucídides, eles "empurraram" os atenienses colina abaixo à esquerda e limparam o campo de batalha aproveitando-se do terreno favorável e da maior profundidade. Diodoro acrescenta que seu sucesso deveu-se à superior força física de hoplitas tebanos individuais — como se o estilo de vida do campo do outro lado da fronteira tivesse criado homens mais fortes do que a maior parte daqueles encontrados na mais sofisticada Atenas. Mas é igualmente provável que o impulso se devesse aos números, e não a músculos protuberantes — a força de 25 escudos concentrados contra oito, e o fato de que os mais experientes beócios estavam dispostos ao lado dos menos confiáveis dos atenienses. Uma massa maior (o que os historiadores gregos chamavam de *baros* ou *plêthos*) frequentemente decidia batalhas, qualquer que fosse o caso. A pobre esquerda ateniense se desintegrou. Em pouco tempo, o exército inteiro estava "em pânico" — os que antes compunham a vitoriosa e selvagem ala direita agora corriam de um imaginado novo exército e os da ala esquerda exausta, batida, eram fragmentados pela pressão dos escudos acumulados da massa de Pagondas que descia a colina e caía com todo o peso sobre eles.

Guerreando Contra os Mortos

Todos os atenienses agora fugiam para o vizinho monte Parnes, para o santuário fortificado em Délion e para a segurança dos navios atenienses, ou para os bosques, no Oropos, ao longo da fronteira na Ática — o equivalente antigo da desastrosa batalha de *First Bull Run* da Guerra Civil nos Estados Unidos, em 1861, quando milhares dos derrotados correram em pânico em busca de refúgio na própria capital. Em poucos momentos, as ordenadas colunas de uma falange bem formada estavam feitas em pedaços. Escudos, elmos, perneiras e peitorais cobriam as colinas; cada homem calculava sua sobrevivência em termos de quão rapidamente poderia livrar-se de seu pesado equipamento e correr mais do que os vitoriosos. Era assim que se supunha que a Guerra do Peloponeso devesse ser empreendida: brutal, rápida e decisivamente. Mas, para aqueles suficientemente desafortunados que ficassem presos em um redemoinho de lanças, nada seria semelhante ao derramamento do sangue de milhares amontoados nos poucos milhares de metros quadrados de um campo de morte.

Alguns cavaleiros lócrios oportunistas, os perenes abutres montados do clássico campo de batalha, chegaram para os espólios e juntaram-se aos predadores beócios em um frenesi de matança sem fim que prosseguiu até cair a noite. Délion foi a primeira batalha na Ática, ou em sua fronteira, desde Maratona, em 490, e iria provar-se embaraçosa na mesma medida em que aquela anterior, exibida como modelo da coragem e da habilidade nativas da Ática, havia sido gloriosa. A retirada ficou indelevelmente impressa na memória popular coletiva, tema tanto de historiadores atenienses contemporâneos quanto de diálogos platônicos posteriores. A questão "O que você fez em Délion?" parece haver atormentado homens como os fujões Cleônimos, Laques e Pirilampes e orgulhado tipos resolutos como Alcibíades e Sócrates.

Em pouco tempo, os beócios ficaram sabendo que pelo menos alguns dos aterrorizados fugitivos atenienses haviam se retirado para a guarnição no litoral, em Délion. Esses empedernidos resistentes não apenas continuaram, embora derrotados, a ocupar terra tebana, como se entrincheiraram em um recinto beócio consagrado a Apolo. Por que os atenienses não desistiam e se retiravam envergonhados, como usualmente as "regras" da batalha hoplita determinavam que deveriam fazer os derrotados? Sem dúvida, fazia muito tempo que as cinco invasões peloponésias da Ática, os 80 mil atenienses perdidos com a praga, a quase constante mobilização de 60 mil remadores imperiais e o terrorismo endêmico que assolava a Grécia haviam destruído qualquer noção de que a Guerra do Peloponeso seguiria as gentilezas da guerra agrária, onde um lado admitia a derrota quando todos os homens tivessem sido aniquilados de uma maneira óbvia e decisiva.

Os próprios beócios decidiram manter como "reféns" os corpos em decomposição dos atenienses mortos, até que a guarnição inimiga abandonasse o santuário em Délion. O sacrilégio ateniense de ocupar um lugar sagrado na Beócia deveria ser agora respondido com o crime ainda maior de manter os inimigos mortos e deixá-los apodrecer. Após 17 dias expostos ao ar do outono, a maior parte dos cadáveres devia ser uma massa pútrida. A indignação de um povo que acabava de se recuperar dos horrores de cadáveres insepultos durante a grande pestilência provavelmente levou o dramaturgo Eurípides a produzir a tragédia *As Suplicantes* no ano seguinte. Ele reviveu o mito dos "Sete Contra Tebas", que em tempos lendários haviam atacado Tebas, sido mortos e então deixados para apodrecer. A peça pretendia levar a uma audiência de veteranos o recente ultraje de negar sepultura apropriada aos soldados. A selvageria dos tebanos, assim foi lembrado aos atenienses no teatro, permanecera a mesma durante séculos. Eurípides logo imprimiu a suas tragédias sobre a guerra — talvez começando com o horrendo derramamento de sangue em *Medeia* (431) — uma nova direção que, durante quase três décadas, serviria de comentário moral sobre a crescente selvageria da guerra em andamento.

Após quase três semanas, os beócios receberam mais reforços de seus aliados e formalmente sitiaram, em Délion, os atenienses refugiados, que não tinham como fugir. Chegaram a inventar algo que parecia um enorme lança-chamas, um tronco oco através do qual lançavam uma mistura pressurizada de enxofre, carvão e piche que atingia os peitorais atenienses como uma geleia em chamas. Rapidamente, toda a guarnição pegou fogo, homens e tudo. As poucas tropas aterrorizadas que sobreviveram às chamas e à fumaça venenosa embarcaram em navios para evacuar o santuário, deixando para trás os corpos carbonizados de duzentos de seus companheiros atenienses.

O sórdido último ato da batalha estava finalmente encerrado. Novamente, não se sabe com precisão quantos cadáveres foram devolvidos aos atenienses para serem queimados, os ossos recolhidos e enterrados. O total bem pode ter sido acima de 2 mil se forem incluídos tanto hoplitas quanto tropas irregulares. As perdas atenienses, em Délion, constituíram apenas uma fração das baixas que se seguiriam nove anos depois, durante a debacle na Sicília, e provavelmente não foram maiores do que o que fora perdido em qualquer período de duas semanas durante a grande praga. No entanto, as consequências estratégicas foram igualmente calamitosas: a Beócia, na fronteira norte da Ática, permaneceria uma oligarquia e um aliado especialmente poderoso de Esparta. A contínua hostilidade significava que Atenas estaria enredada em uma guerra em duas frentes durante toda a duração do conflito. Diferentemente das notícias sobre a Sicília, que levaram vários dias para chegar ao Pireu, os rumores sobre a total debacle espalharam-se pela Ágora ateniense em questão de horas, lembrando aos cidadãos que um inimigo vitorioso estava a apenas poucas horas de marcha.

Couraçados do Campo de Batalha

Certos tipos de luta são mais memoráveis que outros. O mundo do samurai, a bravura do desajeitado cavaleiro medieval, as cores e a pompa das colunas napoleônicas capturaram a imaginação popular de uma maneira que não se explica somente pelo registro de batalhas ou pelo grau de letalidade dos guerreiros. Os embates hoplitas eram igualmente inesquecíveis. Talvez fosse a aparência amedrontadora das reluzentes armaduras de bronze ou a formalidade e grandiosidade das colunas em massa. Certamente, o choque e os sons de exércitos colidindo deixavam uma impressão duradoura. Com certeza, tal maneira de lutar seguindo uma fórmula permitia que milhares de combatentes se reunissem em um espaço relativamente pequeno — algo impossível durante ataques, saques ou assaltos anfíbios. Várias expressões na língua grega — "batalhas na planície", "batalhas por acordo", "batalhas justas e abertas" e "formação" — eram usadas para evocar a formalidade e a moralidade de tradicionais forças hoplitas preparando-se para lutar.

Aquela luta anacrônica em um único embate em Délion nos dá uma vaga ideia dos reais fundamentos culturais da cidade-Estado grega — os protocolos de uma era passada na qual pequenas colônias rurais concordavam em resolver as diferenças a respeito de terras na fronteira por meio de batalhas campais formais entre milicianos cobertos com armaduras. Embora existam apenas poucos registros da história militar das pólis antes dos tempos clássicos, os gregos pelo menos preservaram uma tradição de que, entre 700 e 500, a guerra hoplita havia sido a maneira mais comum e preferida de lutar. Em um tempo passado, a guerra fora heroica, local e empreendida por comunidades agrárias semelhantes para disputar fronteiras. Na *República* de Platão, os estados ideais naturalmente teriam disputas de fronteiras, pois se presumia que um povo orgulhoso e dominante sempre cobiçaria ("dedicar-se-ia à infindável aquisição de coisas materiais") os recursos de um vizinho.[9]

Nas lendas românticas tardias sobre a supremacia hoplita, as guerras anteriores supostamente haviam sido decididas de forma honesta por contingentes selecionados que lutavam em horas e locais pré-arranjados para evitar derramamento maior de sangue. As regras formais com frequência proibiam o lançamento de projéteis. No mito popular, os exércitos deveriam buscar terrenos planos nos quais cada lado, usando armaduras igualmente pesadas, poderia mais facilmente lançar-se contra o outro. A batalha então era não só utilitária, mas também moral: o que importava não era apenas contra quem ou por que alguém lutaria, mas, aparentemente, também *como* o faria.

Durante séculos após a Guerra do Peloponeso, os gregos se referiram nostalgicamente àqueles momentos hoplitas perdidos, embora, na realidade, tivessem sido bastante raros. Os reacionários lamentavam que os militares do final do século V até o III não mais tivessem buscado "esmagar o espírito" do inimigo "lutando uma batalha aberta" — e que o fato de evitarem simples colisões resultara em desastres como os 27 anos da guerra de Esparta contra Atenas, de 431 a 404, a quase constante luta entre Tebas e Esparta tempos depois, de 378 a 362 e a ascensão de Filipe da Macedônia de 358 a 338).[10]

O próprio Tucídides, quando quer que registre em sua história a morte de soldados hoplitas causada por tropas ligeiras, guerrilhas ou arqueiros, faz questão de lamentar a perda em termos tocantes. Apesar disso, essa presença mítica do hoplita na imaginação popular grega parece não ter feito nenhum sentido racional. Por exemplo, durante toda a Guerra do Peloponeso, quando houve apenas poucas ocasiões para uma guerra de falanges, os autores continuavam a falar da guerra somente em termos de soldados pesadamente armados. Assim, os personagens pacifistas nas comédias de Aristófanes referem-se a se livrar de peitorais e lanças, enquanto o autor descreve a coragem na batalha como privilégio dos hoplitas, que também eram a figura marcial favorita de pintores de vasos contemporâneos e dos que faziam esculturas para os frontões dos templos. Mesmo assim, os governos civis após a idade clássica raramente se engajariam em um tipo de guerra que fosse basicamente definida pela infantaria pesada, algo tão pouco apropriado para o terreno irregular, os verões mediterrâneos e os estreitos desfiladeiros do sul dos Bálcãs.[11]

Arquídamos e seus espartanos, que originalmente esperavam um enfrentamento hoplita em maio de 431, não imaginaram a aniquilação do povo ateniense ou de suas propriedades pela praga ou pelo fogo. Em vez disso, ao lutarem sem muitas táticas e em espaços abertos, os reacionários espartanos achavam que não haveria nenhuma desculpa real, além da coragem e da força, para decidir a vitória ou a derrota. Portanto, não havia nenhuma razão para que se engajassem em repetidas batalhas até que todos os homens de um lado tivessem sido eliminados e nem, o que seria pior, para que transferissem o conflito para confusos terceiros teatros que, além de inconclusivos, eram mortais para os bons soldados da infantaria hoplita.

Mesmo no início da Guerra do Peloponeso, havia uma lógica brutal nesse pensamento simplista dos espartanos. Após a derrota sofrida pelos atenienses em Délion, eles *nunca mais* tentaram invadir a Beócia, a despeito de mais tarde terem à sua disposição muito mais tropas do que em 424. Do mesmo modo, depois que a aliança espartana venceu na grande batalha hoplita de Mantineia, em 418, que será discutida em detalhes neste capítulo, não se falou mais de uma grande aliança democrática para derrubar sua hegemonia no Peloponeso, até a invasão de Epaminondas meio século depois. Ainda restava alguma mística em torno do código hoplita nas mentes do final do século V, baseada na antiga aura de grandes batalhas que conferiam a ele uma relevância não totalmente explicável em termos de perdas, táticas ou estratégias. Afinal, para os propósitos de matar, a guerra hoplita fazia pouco sentido: menos de 40% dos combatentes da falange podiam chegar a alcançar o inimigo com suas lanças, as armaduras de meio centímetro impediam que a maior parte dos golpes atingisse a carne, e a própria lança não era uma arma especialmente letal.

Ainda assim, não se tratava apenas do fato de que Atenas havia perdido mil de seus 7 mil hoplitas em Délion, uma surpreendente baixa de 14% jamais ocorrida em batalhas clássicas de falanges, nas quais 10% eram a média usual. Em vez disso, o real significado era que eles haviam sido atingidos tão pesadamente em uma luta aparentemente limpa. O embate e a subsequente fuga dos atenienses enlouquecidos pareciam oferecer um claro *referendum* sobre a respectiva coragem e habilidade de ambos os lados. Após a dramática vitória em Mantineia, seis anos antes, Tucídides relata que os espartanos "haviam neutralizado, naquela ocasião", todas as recentes calúnias que surgiram sobre sua suposta covardia em Sfactéria.[12]

Mais tarde, Alcibíades pôde se gabar de haver forçado a questão, em 418, de modo que "os espartanos haviam arriscado tudo em um único dia em Mantineia". Embora a derrota tivesse de fato prejudicado terrivelmente a causa de Atenas e seus aliados, Alcibíades afirmava que a luta fora uma obra de seu próprio gênio, que finalmente havia conseguido levar os dois lados ao campo de batalha. Ali, sua coalizão aliada tinha, em teoria, 50% de chance de ganhar a guerra de uma vez por todas. Quando, afinal, seria possível encontrar chances tão boas na Guerra do Peloponeso? "Uma ocasião" e "um único dia" eram expressões associadas apenas a batalhas campais, e totalmente inadequadas para caracterizar as devastações na Ática, o ciclo de revoluções na Córcira ou as operações em Pilos e Anfípolis.

Se houve apenas duas grandes batalhas hoplitas na Guerra do Peloponeso, o ubíquo Alcibíades esteve envolvido em ambas de alguma maneira. A fama que havia angariado salvando seus iguais durante a traumática retirada em Délion, combinada com uma sucessão de mortes de atenienses preeminentes — Péricles, Hipócrates e Clêon — e com a desmoralização de outros, como Cleônimos e Laques, significava uma ascensão meteórica na carreira daquele herói de 22 anos.

Mais tarde, ele concebeu toda a resistência argivo-ateniense na batalha de Mantineia, a despeito do fato de que os atenienses haviam mobilizado apenas um pequeno número de combatentes e sacrificado apenas duzentos hoplitas à causa envolvida na batalha. Ainda assim, naquela época, o próprio Alcibíades não era oficialmente um general eleito, e sua oratória era muito mais influente do que seu peso político real para transformar palavras em lutas com soldados de verdade. De fato, diferentemente de sua ubiquidade em Délion, ele não foi visto em nenhum lugar no dia da batalha de Mantineia.

Churchill comentou a respeito da Batalha de Jutlândia, na Primeira Guerra Mundial, que o comandante da frota britânica, almirante Jellicoe, foi o único homem cujo fracasso poderia ter feito a Inglaterra perder a guerra em um único dia: navios de guerra, como hoplitas, eram recursos raramente usados, mas sua destruição, contudo, deixava ao inimigo uma mortífera liberdade de ação. Atenas pode ter tido fortificações que impediam os espartanos de alcançar a Acrópole, mas o mero fato de que o exército não pudesse impedir hoplitas inimigos de marchar até as muralhas impôs um preço psicológico à reputação da grande cidade.

Uma Coisa a se Temer

Foi isso precisamente o que Píndaro, o poeta beócio, falou da guerra grega antes do início do século V, quando a batalha hoplita era a maneira usual de resolver disputas. Como era a carnificina para esses homens da velha falange em batalhas como Délion? Bastante terrível, para as sensibilidades modernas. Inimigos ou aliados, beócios de Pagondas ou hoplitas atenienses de Hipócrates, todos eles usavam elmos, peitorais e perneiras forjados no bronze. Com uma espessura entre 5 e 10 milímetros, essa armadura provia uma proteção substancial contra os golpes da maior parte das espadas, projéteis e lanças, mas a um custo terrível em termos de peso, desconforto e calor. O fato de que milhares em ambos os lados da linha de batalha, muitas vezes vindos das mais diversas cidades-Estados, possuíssem armaduras quase idênticas indica a existência de uma compreensão implicitamente compartilhada de tais lutas na vida das cidades-Estados gregas.

O conjunto completo poderia custar a um cidadão-soldado bem mais de 100 dracmas. Isso era o equivalente a cerca de três meses de salários. Quando a guerra ia avançada, pequenas fábricas — como a da família do orador Lísias, em Atenas, que fornecia escudos — conseguiam produzir em grande escala os elementos padronizados de madeira da panóplia. Quando a guerra ficou mais desesperada, na segunda e terceira décadas, a antiga ideia de se pendurar sobre o coração armas herdadas de ancestrais estava ficando fora de moda, já que o estado armava milhares dos mais pobres independentemente de seu status particular no censo. A maior parte dos guerreiros agora usava as panóplias para lutar como forças irregulares ou marinheiros, em vez de como hoplitas tradicionais alinhados nas fileiras formais da falange. Às vezes, os hoplitas abandonavam totalmente o peitoral e o elmo coríntio. Em lugar deles, muitos usavam bonés cônicos (*piloi*) e coletes de couro para combates que, cada vez mais frequentemente, eram contra tropas com armamentos leves, e não contra outros hoplitas em batalhas campais.

Exemplares ainda existentes do miolo de madeira dos escudos e das finas camadas de bronze que eram aplicadas sobre a madeira — no museu do Vaticano, na Ágora ateniense e no santuário em Olímpia — indicam uma real perícia, refletindo o orgulho do possuidor e revelando o corpo pequeno e a baixa estatura dos que os portavam. Até a Guerra do Peloponeso, a maior parte das armaduras só era usada por seus proprietários em tempos de convocação nacional. O peso e o desenho da panóplia tornavam-na quase inútil em perseguições ou em escaramuças — de fato, para quase tudo que não fossem batalhas campais. Mas, tal como ocorre com os tanques modernos, que às vezes ficam isolados de uma divisão blindada e caem nas mãos do inimigo, um soldado isolado que estivesse usando toda a desajeitada armadura hoplita e carregasse um pesado escudo era com frequência facilmente cercado e emboscado por outros mais ágeis e menos carregados, que na barganha ganhavam a satisfação psicológica de matar um hoplita supostamente superior a eles. Alguns dos mais notáveis dos atenienses — por exemplo, os generais Clêon, Laques e Lâmacos — foram mortos usando armaduras pesadas quando lutavam em formação desfeita ou em retirada, mais provavelmente por forças irregulares ou peltastas.

Desde o advento da pólvora, os modernos têm sido levados a rechaçar a ideia de armadura corporal. As vibrantes artes ofensivas têm, há uns seis séculos, eclipsado os muito mais antigos movimentos da defesa pessoal, tanto mais que as panóplias que restaram nos museus modernos parecem ridículas aos olhos modernos. Ainda assim, a milenar tensão entre ataque e defesa não é estática. Só recentemente retornou a ênfase na armadura corporal, quando os cientistas finalmente descobriram combinações de fibras sintéticas, plásticos, cerâmicas e metais que resistem até mesmo à arremetida violenta de projéteis de ligas metálicas em alta velocidade e de fragmentos de granadas que podem atingir o corpo instantaneamente com incrível força e em grande número. Ironicamente, as motivações para criar elmos Kevlar, coletes à prova de balas e variadas placas de cerâmica que podem ser inseridas na roupa são, de certa forma, semelhantes àquelas que levaram à forte blindagem dos hoplitas: primeira, tal proteção pode salvar vidas; segunda, o valor de cada combatente é avaliado agora de uma maneira que não ocorria nas guerras anteriores do século XX.

As grotescas insígnias dos escudos, o trabalho artístico de incisão nos peitorais e nas perneiras de bronze e a aparência de máscara dos elmos com cristas de pelo de rabo de cavalo, tudo isso indica que esses elementos que compareciam no drama da batalha hoplita eram quase sinistramente ostentosos. Certamente, o equipamento apenas tornava mais pesado o terror psicológico do encontro formal de duas falanges. Deve-se recordar que os dois exércitos igualmente armados formavam-se em colunas semelhantes, encarando um ao outro através do campo de batalha, e baixavam as lanças sob comando. Pã (cujo nome deu origem à palavra "pânico") era considerado uma divindade volúvel que podia aparecer no campo de batalha para dispersar as colunas antes mesmo de o embate começar.

Exatamente por essa razão, os espartanos poliam as coberturas de bronze dos escudos até que cintilassem, usavam longas capas escarlates, jogavam sobre os ombros os cabelos oleados e trançados e pintavam lambdas brilhantes (a letra inicial de "Lacedemônia") em seus escudos. Conseguiam assim um efeito visual espantoso, se pudermos acreditar nos relatos antigos de que, às vezes, os inimigos davam meia-volta e saíam correndo para não ter de suportar a lenta e cadenciada marcha espartana para a zona de morte, acompanhada pela música de gaitas de foles. Em Mantineia, a despeito de ficarem surpreendidos e confusos com o súbito aparecimento de uma grande força da coalizão inimiga, os espartanos nunca perdiam a calma. Em vez disso, silenciosamente caminhavam em direção ao paredão de lanças inimigas, em um grande contraste com o "som e furor" produzido por seus adversários.[13]

Durante a batalha, o hoplita dependia do homem próximo a ele para escudar seu lado direito desprotegido e manter a coesão de toda a falange. Desse modo, o serviço militar agora solidificava o igualitarismo valorizado pelos cidadãos proprietários. Durante toda a sua história, Tucídides comenta essa questão da proteção mútua oferecida pelas fileiras próximas e ordenadas — implicando que a memorização de técnicas era uma questão decisiva, já que os homens não estavam agindo isolados, como guerreiros individuais, mas iam sabedores de que todos deveriam atacar com as lanças sempre ao mesmo tempo. Mais tarde, escritores enfatizaram a importância da agilidade que tem de ser formalmente inculcada por meio do domínio de movimentos programados e danças de guerra, mas ainda não temos certeza se essas habilidades individuais eram advogadas para perseguir ou bater em retirada, ou simplesmente para ajudar os hoplitas a atacar dentro dos limites das colunas e fileiras.

De fato, é difícil pensar qualquer outra forma de luta na qual se dependa tanto do apoio dos homens nas colunas. Quando o general espartano Brasidas invadiu a Ilíria, em 423, lembrou aos hoplitas sob seu comando que sua disciplina e interdependência faziam deles guerreiros muito mais formidáveis do que a barulhenta turba de bárbaros à sua frente. Aos olhos do Brasidas de Tucídides, os gregos diferiam dos bárbaros precisamente na maneira em que preferiam lutar, como se sua singular disciplina grupal no campo de batalha fosse um dividendo da própria civilização helênica. Brasidas troçava com seus homens dizendo que os ilírios "não são o que parecem", já que "não têm uma ordem regular" e não passam de "uma turba".[14]

Desses gregos supostamente preeminentes, os espartanos eram, de longe, os melhores. Sua dominação não se devia necessariamente à força física (nesse aspecto, os tebanos rurais eram muito mais formidáveis), aos números (Atenas podia pôr em campo mais hoplitas do que o número total de esparciatas) ou aos equipamentos (escudos e proteções corporais eram quase idênticos em tamanho, forma e construção em todo o mundo grego). Em vez disso, o fascínio espartano era produto de uma disciplina e organização singulares, e da habilidade de manter a formação. E por que não seria a ordem um prêmio, quando o típico hoplita da falange estava sujeito a tremendas pressões em todas as direções: homens empurrando às suas costas, camaradas em colunas amontoadas à sua direita, as fileiras diante dele apresentando um obstáculo impenetrável? Enquanto era atingido pela força de corpos blindados, o hoplita também tinha que se esquivar do ferro do inimigo, das pontas de bronze afiado no cabo das lanças dos amigos em frente, que oscilavam diante de seu rosto, e das pontas afiadas das lanças dos que vinham atrás dele, revoluteando sobre seu pescoço e ombros. Ele tropeçava o tempo todo nos corpos caídos de hoplitas feridos ou mortos, amigos e inimigos, frequentemente filhos e pais.

A Lógica Hoplita

Dessa perspectiva da luta em formação cerrada, nossa noção atual de disciplina ocidental — marchar em cadência, avançar e recuar sob comando, preservar a formação, a mútua proteção dentro de fileiras e alas — é muito antiga. Ela começou com a falange grega, foi passada adiante pelas legiões romanas e sobreviveu durante a Idade Média nas colunas e terços de piqueiros na Suíça, Espanha e Itália até alcançar a idade da pólvora e o domínio europeu do treinamento e do fogo de artilharia. Se isso parece um longo tempo, devemos lembrar que, com o surgimento das armas de fogo, os europeus, mais que outros, pareciam ter as tradições adequadas para usar essas armas de modo mais eficaz, em coesão e em massa, dando grande atenção a disparar em uníssono e de acordo com protocolos de grupo. Aquele legado dos gregos definindo coragem como o ato de permanecer na formação, em vez de pelo número de inimigos mortos, parece tão importante para a sobrevivência da tradição ocidental quanto ideias mais propagandeadas de democracia e racionalismo, embora seja atualmente uma herança bastante subvalorizada.

A tecnologia hoplita significava o mais alto nível de perícia. O escudo de 90 centímetros de diâmetro, às vezes conhecido como *aspis* ou *hoplon*, cobria a metade do corpo. Uma peculiar combinação de apoio de braço e mão permitia que o peso opressivo fosse sustentado pelo braço esquerdo somente. Tiras que saíam do perímetro do escudo mostram que ele podia ser mantido mesmo se a mão fosse atingida e o guerreiro perdesse o apoio principal, um contratempo comum dado o peso do escudo e os golpes constantes durante os combates em massa. A estranha forma côncava do escudo permitia que os soldados das últimas fileiras o apoiassem em seus ombros, cobrindo suas costas. Qualquer um que tenha tentado segurar de 7 a 10 quilos com um só braço, mesmo sem o peso de outra armadura durante o rigor da batalha, pode garantir que a exaustão se instala em apenas 20 minutos. Ainda assim, o escudo hoplita era uma maravilha de engenharia: a forma arredondada permitia que ele fosse girado em quase qualquer direção, e a superfície inclinada de madeira provia maior proteção diante da trajetória angulada das pontas das lanças que vinham contra ele.

Pior que o peso de tais armas e armamentos era a visão de centenas de pontas de lanças inimigas, que os autores antigos às vezes comparavam com as cerdas de um porco-espinho. Aquele mar de ferro que se aproximava explica por que era necessário um escudo tão grande, bem como a peculiar compactação e densidade das colunas e fileiras para defletir golpes em todos os ângulos e direções. Novamente, o alvo não era acumular mortes através de proezas individuais — a pólis grega reprovava como "bárbaros" aqueles que, como os cartagineses, mantinham tais contagens —, mas manter a lança no ângulo certo, o escudo elevado, o corpo dentro da formação, e então defender, empurrar e matar anonimamente, à medida que o corpo coletivo avançava em colunas e em formação.

Na batalha de Mantineia, Tucídides faz um grande esforço para explicar a tendência natural de cada hoplita de buscar proteção para seu lado direito vulnerável no escudo do companheiro à sua direita. Aqui se pode ver quão cruciais eram a natureza e a forma do escudo para o conjunto do método hoplita de lutar: os autores gregos quase sempre se referiam às fileiras como tendo tantos "escudos" de profundidade — raramente como tantas "lanças" ou tantos "homens". Ainda assim, apesar de todo o talento envolvido na combinação de concavidade e flexibilidade, havia sérios problemas com o escudo redondo. A forma circular, em vez de retangular, fazia com que o corpo não estivesse inteiramente protegido. Assim, todo soldado, por instinto, precisava inclinar-se para a direita para encontrar cobertura na parte esquerda do escudo de seu vizinho.

Generais gregos — exceto os monarcas espartanos, usualmente amadores e oficiais eleitos — iam à frente das tropas na ala direita, que era usada como ponta de lança do ataque. Na derrota, os líderes quase sempre pereciam: Hipócrates, em Délion, o general coríntio Licofron, em Soligeia, em 425, e ambos os comandantes atenienses, em Mantineia, em 418, uma batalha na qual o pequeno contingente ateniense sofreu 20% de baixas (duzentos de seus mil hoplitas morreram). Essa exposição dos líderes às vezes contrastava bastante com a prática dos adversários estrangeiros. Nenhum oficial grego eleito, como fez Xerxes nas Termópilas ou em Salamina, sentava-se acima dos homens em um trono, assistindo à luta que ocorria abaixo dando ordens a uma multidão de lacaios da corte para matar a companhia acovardada e premiar a corajosa. O próprio Tucídides foi exilado por permitir que Brasidas tomasse Anfípolis, provavelmente devido a alguma pequena falta, já que sua prontidão e audácia possivelmente salvaram a vizinha Êion. Também não há na história clássica da Grécia nem um único general grego importante de nenhuma cidade-Estado — Miltíades, Temístocles, Pausânias, Aristides, Péricles, Clêon, Brasidas, Gílipos, Lisandro ou Epaminondas — que não tenha sido levado a julgamento, decapitado, multado, exilado, executado ou morto em batalha. Após a grande vitória naval nas Arginusas, em 406, a assembleia ateniense ainda assim entregou-se a um de seus surtos assassinos e executou seis dos dez almirantes responsáveis pela vitória — entre eles, um filho do próprio Péricles — com acusações dúbias de negligência por terem deixado que marinheiros feridos se afogassem. Estranhamente, o principal crime dos comandantes gregos não parece ter sido propriamente o de perderem as lutas. É provável que as acusações tenham sido feitas contra aqueles que alegadamente evitaram a batalha ou fracassaram em recuperar os mortos. Ocupar o posto de general no campo era também, em si mesmo, um empreendimento mortal: 22 líderes atenienses eleitos morreram em batalha durante a Guerra do Peloponeso, ou 12% de todos aqueles que assumiram algum tipo de comando.

Ainda mais assombroso era o costume pan-helênico de prestação de contas e auditoria do generalato, frequentemente ainda no campo de batalha. De fato, alguns generais pediam desculpas às tropas no campo por alguma derrota tática, parcialmente para ajudá-las a recuperar o moral, parcialmente usando os erros passados para instruí-las, na esperança de um melhor desempenho no futuro. O general espartano Gílipos, após uma pequena perda de seu forte siracusano, disse que lamentava o ocorrido, indicando que fora falha sua liderar contra hoplitas, e em um espaço confinado, uma força que dependia de infantaria ligeira e tropas montadas. Embora Nícias fosse comandante *de facto* de toda a primeira expedição à Sicília, ele ainda assim sentiu necessidade de explicar detalhadamente sua difícil situação numa longa carta à assembleia ateniense. No mundo moderno, muitos generais bem-sucedidos têm em mente uma carreira política após a guerra; na Guerra do Peloponeso, a maior parte dos comandantes militares já estava na vida política.[15]

Matando Hoplitas

Por causa das limitadas opções táticas abertas a uma falange depois de começada a batalha, manobras e táticas complexas eram problemáticas e, assim, raramente tentadas. Uma falange lançava-se "como o aríete de uma trirreme" contra o lado direito mais forte, antes que a própria ala esquerda mais fraca colapsasse e destruísse a coesão de todo o exército. Muito diferente de se ter um rei observando do alto de uma colina, não havia nem mesmo um oficial graduado a cavalo galopando na retaguarda — dando ordens complexas por trompete e sinalizando com bandeiras para que segmentos particulares da falange atacassem em escalão, se retirassem ou fossem mantidos de reserva. Tais articulações de força ainda esperariam um século, até Alexandre e seus falangeanos.

Tucídides faz um grande esforço para explicar quão inovadoras eram as decisões tebanas de criar um corpo compacto e uma cavalaria coordenada em Délion, bem como os desesperados e pontuais esforços espartanos de redirecionar ataques no meio de todo aquele tumulto em Mantineia. Na maioria dos casos normais, os generais aparentemente enviavam suas colunas similarmente formadas para se arremessarem umas contra as outras; o pensamento tático praticamente não existia, e era quase malvisto.[16]

Nas duas grandes batalhas da Guerra do Peloponeso, em Délion e Mantineia, assistimos ao verdadeiro início das táticas da infantaria grega: colunas profundas, homens na reserva, unidades de cavalaria integradas, adaptação ao terreno e manobras secundárias. Tudo isso se aceleraria no século IV sob o comando de Epaminondas e seria plenamente implementado por Filipe e Alexandre. Na Guerra do Peloponeso, a batalha hoplita começou a sofrer uma lenta transformação, passando de falanges que decidiam guerras de forma bastante artificial a hoplitas que se juntavam a uma força integrada de cavaleiros, tropas ligeiras e tropas de lançadores de projéteis que, juntos, podiam vencer teatros de conflito com base na eficácia militar, e não em um protocolo tradicional.

Para matar e mutilar, o hoplita dependia de sua lança. Se a haste quebrasse, ele podia virar a parte que sobrava de seus quase 3 metros para empregar a outra ponta, provida de um cravo de bronze às vezes chamado de um "matador de lagartos" (*saurotêr*) e que servia para atravessar os inimigos caídos. Pois alguns hoplitas tropeçavam e caíam, apenas para serem pisoteados pelos soldados da infantaria do outro lado, que neles enfiavam suas lanças eretas. A ponta de bronze constituía o golpe de misericórdia que penetrava a armadura dos infelizes e lhes rompia o peito ou o estômago.

Carregava-se também uma pequena espada de ferro para o caso de a lança ser totalmente perdida. Pinturas em vasos frequentemente mostram lanças quebradas; a referência a uma batalha "corpo a corpo", em Délion, provavelmente significava golpes com espadas ou com a outra ponta da lança. Dada a natureza congestionada da luta, os hoplitas eram atingidos repetidamente de todos os lados. Mas, para ser letal, o golpe tinha que ser dirigido às partes desprotegidas, ou seja, virilhas e pescoço. Usar uma armadura hoplita na batalha era, em certo sentido, o equivalente a desenhar um alvo sobre a garganta e a genitália, que ficavam desprotegidas.

Em algum momento durante a Guerra do Peloponeso, os gregos começaram a explorar pela primeira vez o dilema entre profundidade apropriada *versus* largura. Tirar homens da linha de batalha e encaixá-los mais profundamente no exército inimigo do que a medida padrão de oito escudos dava à falange maior poder de penetração, mesmo que isso deixasse a frente encurtada mais vulnerável a movimentos pelo flanco. Os inexperientes siracusanos, por exemplo, lutaram sua única batalha hoplita contra os invasores atenienses em uma profundidade de 16 homens, na esperança de que as colunas de penetração dessem reforço moral às tropas sem experiência, enquanto os resultantes flancos vulneráveis e estendidos eram cobertos por uma grande força de cerca de 1.200 homens da cavalaria.

Em Délion, os enérgicos hoplitas de Pagondas, de modo semelhante às colunas de Napoleão, pensavam que podiam arrebentar os adversários sem que fossem flanqueados, mas apenas com a garantia de que a cavalaria ou um terreno acidentado protegeriam as margens do campo de batalha. Todo esse moderno dilema militar de coluna ou fileira, profundidade em contraste com amplitude (ou força *versus* manobra), também apareceu pela primeira vez na busca da equação adequada dentro das falanges gregas. O problema continuou sem solução até grande parte do século XIX, mesmo na era da pólvora, até que "a tênue linha vermelha" de Wellington em Waterloo rasgou a compacta formação da Velha Guarda francesa. Aqueles que penetravam profundamente, como os siracusanos e tebanos, à maneira dos macedônios tempos depois, usualmente tinham uma cavalaria superior para proteger as longas colunas expostas. Da mesma forma, George S. Patton repetidamente incitava os comandantes das divisões a avançar, sem se preocupar com os flancos; mas ele contava com a proteção de um apoio aéreo superior, o moderno equivalente à antiga cavalaria pesada.

Se o hoplita mantivesse a coragem e a formação junto com os companheiros combatentes, os 30 quilos de armadura e o comprimento da lança tornavam-no invulnerável a cargas de cavalaria e também a forças irregulares *em terreno plano*. Mesmo nas circunstâncias mais desesperadas, sua linha era impenetrável, exceto por outros hoplitas, desde que todos os homens (*parastatês*, ou "um que se mantém lado a lado na formação") mantivessem a coragem na batalha, não vacilassem, sustentassem o escudo levantado e a lança em riste. Em Délion, os quase 20 mil guerreiros auxiliares desarmados ou com armas leves não ousaram atacar nenhuma das duas falanges enquanto elas mantiveram a formação. O excepcionalmente grande contingente de 1.200 cavaleiros, em Siracusa, lançou-se na confusão da fuga e perseguição somente quando ambos os lados haviam perdido a formação. Quando os vitoriosos atenienses da direita fugiram diante da súbita aparição da cavalaria por detrás das colinas de Délion, foi sobretudo por causa da impressão de que aquilo pressagiava a chegada de todo um outro exército de infantaria.

No início da Guerra do Peloponeso, uma das peculiaridades da maneira grega de guerrear era a ideia arcaica de que a classe, não a eficácia militar, era o que determinava o papel dos soldados. Em teoria, os sem-terra remavam e lançavam projéteis. Os fazendeiros serviam como hoplitas. Somente os muito ricos montavam cavalos ou equipavam e comandavam trirremes. Assim, as fileiras blindadas de lanceiros não eram somente uma proteção militar contra a cavalaria inimiga, mas também uma declaração social de que, para a defesa coletiva de suas sociedades, os maiores proprietários da cidade-Estado que podiam adquirir pôneis não tinham, ainda assim, a mesma importância que os fazendeiros. Essa preciosa ideia foi outra das vítimas que tombaram com a Guerra do Peloponeso.

Esse aspecto de classe na guerra clássica sempre me intrigou, sempre o vi como um paradoxo. No antigo mundo grego, aqueles com propriedades eram os que tinham probabilidade de lutar da maneira mais mortífera, como se possuir uma fazenda lhes conferisse o privilégio de ser apunhalados no rosto de uma maneira pouco provável de acontecer com os sem-terra. De tempos em tempos, ricos cavaleiros atenienses podiam sentir a pressão de virar hoplitas. Assim, eles se gabavam de que haviam escolhido abrir mão de suas montarias para poder lutar como hoplitas, ilustrando que o que dava maior prestígio militar era adquirir uma "experiência de combate" real no meio da confusão, lado a lado com a infantaria agrária, em vez de como cavaleiros aristocratas em patrulhas.[17] Em geral, como tudo o mais na Guerra do Peloponeso, 27 anos de luta finalmente erodiram a estrita correlação entre status e serviço militar. Nos últimos anos da guerra, cidadãos (assim como metecos e escravos) lutavam de qualquer modo, conforme a cidade precisasse em momentos de crise, com cavaleiros remando e os pobres vestindo armaduras fornecidas pelo Estado.

Após o choque das falanges, os hoplitas se lançavam uns contra os outros com seu brado de guerra *Eleleu!* ou *Alala!*. Sem poder enxergar por causa da poeira e dos elmos desajeitados, atingiam a quem quer que fosse com suas lanças e avançavam em uníssono empurrando com os escudos, às vezes agarrando, chutando e mordendo, desesperadamente, esperando fazer algum avanço para dentro da falange inimiga. Usualmente, tinham pouca ideia de se haviam matado ou ferido alguém, e de quem se tratava. A audição e a visão para os que se encontravam nas fileiras eram difíceis, quando não totalmente impossíveis. As duas descrições que faz Tucídides das principais batalhas hoplitas da guerra — Délion e Mantineia — revelam exatamente essa desenfreada confusão e desorientação: os atenienses matando por acidente os próprios atenienses, em Délion, ou os argivos, em Mantineia, sendo completamente incapazes de ver todo um exército espartano que já se aproximava nas vizinhanças.

O estrépito do choque de metais e os gritos dos homens devem ter sido ensurdecedores, mas passavam relativamente despercebidos aos hoplitas, cuja audição ficava obliterada pelo pesado elmo de bronze sem recortes para as orelhas. A visão também ficava seriamente limitada pela poeira, pela multidão apinhada no campo de batalha e pelos elmos, que dispunham apenas de pequenos orifícios para os olhos. Era comum a confusão de identidades, já que muitas vezes não havia diferenças nos uniformes, nem insígnias nacionais que distinguissem os dois exércitos.[18]

A literatura grega está cheia de descrições de enormes ferimentos no pescoço e nas virilhas, fezes e urina involuntárias e pânico. Esse lado negro e quase totalmente esquecido da batalha hoplita sugere que, uma vez que os dois lados se chocassem, o centro do tumulto era puro pandemônio. Em tal desordem, peso e disciplina eram fundamentais para o sucesso hoplita: quanto maior a coesão e o empuxo da coluna, maior a probabilidade de que a falange conseguisse penetrar e atravessar a massa de inimigos. Talvez todo o terrível cálculo envolvido nesse tipo de luta tenha sido o que horrorizou Péricles. Certamente, a mera ideia de enviar cidadãos para tal inferno a fim de enfrentar matadores treinados como os espartanos deve tê-lo impelido a conceber uma estratégia para vencer a guerra sem correr o risco de confrontações hoplitas.

Usualmente, o embate (*ôthismos*) cessava em uma hora, quando um dos lados colapsava e então fugia do campo. Os vitoriosos, exaustos, despiam e devolviam os mortos e erigiam um ostentoso troféu como testemunho da própria proeza. Com frequência, anexavam o território que haviam disputado com os derrotados. Há poucos casos de batalhas de campo que duravam mais de um dia à maneira das de Shiloh ou Gettysburg, na Guerra Civil nos Estados Unidos, e muito menos de um holocausto de semanas ou meses como no rio Somme ou em Verdun. Em vez disso, em Soligeia, Délion, Mantineia e nos arredores de Siracusa, a luta provavelmente foi encerrada em poucos minutos. Durante 27 anos de guerra, os hoplitas gregos lutaram em batalhas campais provavelmente não mais do que quatro ou cinco horas ao todo.[19]

Os especialistas debatem incansavelmente sobre se as regras provincianas da guerra hoplita impediam inovações táticas e tecnológicas ou se refletiam o estado atrasado preexistente da guerra grega antes de Alexandre. Por exemplo, será que a perseguição caracteristicamente limitada realmente refletia as regras da batalha, ou era uma admissão realista de que vencedores exaustos cobertos com armaduras, sem contar com muitos cavaleiros, dificilmente poderiam agarrar perdedores que jogavam fora seus equipamentos e disparavam quando se viam livres de 30 quilos? Bastante diferente do tumulto que ocorreu em Délion, em Mantineia toda a ala esquerda derrotada dos aliados democráticos fugiu para a segurança sem que os espartanos os perseguissem com muito empenho: "Os que fugiram não foram perseguidos, nem a retirada foi até muito longe, pois os lacedemônios lutam em suas batalhas longa e obstinadamente até que rechacem o inimigo; mas, uma vez que o inimigo tenha fugido, a perseguição é breve e apenas por uma pequena distância."[20]

Termos de deprecação como *lipostratia* (abandonar as fileiras) e *tresas* (tremedor) ou "fujões" referem-se àqueles que fugiam da falange ou mostravam claros sinais de medo. A língua grega clássica também tinha pelo menos dois termos específicos de difamação somente para os que jogavam fora o escudo hoplita (*rhipsaspis*, "jogador de escudo", ou *apobolimaios*, "aquele que joga fora") — um ato que ameaçava a integridade da falange e revelava a preocupação do hoplita com a própria sobrevivência, e não com a do grupo. Essas calúnias públicas eram coisa séria e duradoura, perseguindo um homem pelo resto de sua vida, dada a natureza pública tanto da guerra de falange quanto da vida civil dentro da pólis. Em suas comédias, Aristófanes era implacável com Cleônimos, o líder popular ateniense, por ter-se livrado do escudo para salvar a vida em Délion. Três anos depois da batalha, sua infâmia tornou-se uma piada batida repetida *ad nauseam* diante de diversos milhares de atenienses nos teatros.

Da mesma forma, o jovem Platão provavelmente ficou envergonhado do sogro, Pirilampes, que também correu ao primeiro sinal de problema, em Délion, e foi capturado pelos beócios (e mais tarde resgatado), em uma batalha onde a firmeza de seu mestre Sócrates, em contraste, tornou-se um tema de conversa em volta da mesa durante toda uma geração de jantares atenienses subsequentes. Grande parte do prestígio de família que elevou o adolescente Alcibíades à proeminência, em Délion, derivava do fato de que seu pai, Clínias, havia morrido bravamente nas linhas de frente não muito longe dali, 23 anos antes, em Coroneia.

Se os gregos pensavam que pavor e coragem não eram tão públicos durante cercos, ou no meio da luta civil ou no mar, a história era diferente na batalha hoplita. Podia garantir ou destruir a vida pública de um homem durante décadas por vir. O bom cidadão, em outras palavras, ao longo de toda a Guerra do Peloponeso, não era o que jogava fora as armas, mas o *aspidephoros* ("aquele que carrega o escudo"), que sempre mantinha seu escudo firme e bem posicionado permanecendo em formação na falange — muito embora não tivesse tido quase nenhuma oportunidade de fazê-lo durante 27 anos de guerra.[21]

Pânico e medo corriam à solta no campo de batalha, dada a limitação da visão e da audição e dado o sempre presente risco de pavor entre grupos tão imensos de homens. Muitas vezes durante a Guerra do Peloponeso, eventos naturais inesperados — súbitos trovões e raios, um eclipse ou um terremoto — arrasariam com o moral de um bando de humanos gregos comprimidos numa falange.

Ocasionalmente, podia ocorrer um massacre generalizado, mas a análise cuidadosa revela a economia de batalhas campais, e que a verdadeira matança ocorria bem longe do campo de batalha hoplita. Raramente morriam mais de 10% dos homens que lutavam em uma única batalha de campo — no total, 1.500 hoplitas foram mortos em Délion, ou um pouco mais de 10% dos 14 mil soldados blindados reunidos dos dois lados. Embora os atenienses tenham tido uma perda assombrosa de 14% de seus hoplitas, tal número de mortos era incomum e fez de Délion uma das mais trágicas batalhas da história grega clássica em termos de vidas perdidas. Em Mantineia, o total de 1.400 hoplitas mortos sugere uma taxa de baixas similar, algo em torno de 7 ou 8% — se, de fato, o número dos que se enfrentaram tiver sido de 17 mil a 20 mil. Durante toda a guerra, Atenas perdeu pouco mais de duzentos hoplitas por ano, em média. O agregado de 5.470 mortos em batalhas hoplitas era menos da metade do número de homens da infantaria pesada que pereceram durante a guerra somente com a praga — e a vasta maioria deles não foi abatida durante batalhas hoplitas, mas em escaramuças, cercos e no mar.[22]

A Guerra Pós-hoplita

No século V, dois novos fatores haviam mudado as práticas hoplitas que já duravam três séculos. Primeiro, as Guerras Persas, particularmente a invasão de Xerxes, em 480, haviam mostrado que mesmo batalhas bem-sucedidas como as de Maratona ou Plateia não podiam garantir vitória total contra um inimigo que não partilhava as mesmas ideias sobre a primazia da guerra agrária, mas buscava aniquilar o inimigo por terra e mar usando qualquer meio disponível. Em resposta, aquela guerra foi ganha, em grande parte, por meio da destruição da frota persa nas batalhas navais de Artemísio e Salamina, mas somente depois de Atenas, assim como a maior parte do norte da Grécia, haver sido queimada e ocupada. Se os defensores atenienses tivessem dependido somente dos hoplitas, as Guerras Persas teriam sido perdidas. Dez mil atenienses, mesmo se fossem os bravos veteranos de Maratona que uma década antes haviam derrotado 30 mil dos invasores de Dario, dificilmente poderiam ter resistido a 100 mil persas numa batalha campal na planície ateniense.

Os hoplitas clássicos e os falangeanos que vieram depois podiam derrotar a infantaria persa — como atestam as vitórias da infantaria helênica desde Maratona e Plateia até Issus e Gaugamela — mesmo com uma desvantagem numérica de cinco contra três, mas *não* de dez contra um. Na batalha de Cunaxa, em 401, os Dez Mil gregos aniquilaram os adversários persas. Mas, após a morte de seu líder Ciro, o Jovem, a força mercenária vastamente suplantada em números viu-se no Eufrates enfrentando dezenas de milhares de inimigos no que agora é o sul do Iraque e fez uma retirada lutando, em vez de chamar para uma batalha campal.

À época da Guerra do Peloponeso, os hoplitas desfrutavam um papel semelhante ao dos majestosos couraçados da Primeira Guerra Mundial, formidáveis recursos de capital que, da mesma forma, "a nada temiam". Altamente louvados e muito propagandeados mesmo em seu anacronismo, tais imponentes navios podiam, em questão de minutos, fazer em pedaços toda uma frota e, com isso, mudar a guerra — mas, mesmo assim, raramente tiveram a chance de participar de alguma. O mesmo acontecia com a clássica falange hoplita. Às vésperas da expedição a Siracusa, Alcibíades menosprezava o suposto poderio hoplita da Sicília, ironizando que, durante toda a Guerra do Peloponeso, os Estados usualmente se jactavam de hoplitas que não tinham, muito embora tais forças tão prestigiadas raramente ainda vencessem guerras de uma vez por todas.[23]

Alcibíades parece ter desejado assegurar aos atenienses que eles poderiam vencer, dada a penúria da infantaria pesada siracusana — e então levou com ele um número muito pequeno de cavaleiros, apenas para descobrir que eram os homens montados da Sicília, não hoplitas, os que mais dano causariam ao exército ateniense. Tal chauvinismo hoplita persistiu mesmo após a Guerra do Peloponeso. No século IV, o Sócrates de Platão faz a quase traiçoeira afirmação de que a grande vitória naval em Salamina fora uma ocasião infeliz, pois dera poder à multidão de sem-terras que servia na marinha, em prejuízo dos orgulhosos hoplitas proprietários de terras. Novamente, o que importava era *como* a pessoa lutava, e não se ganhava ou perdia. A guerra tinha tantas ramificações internas quantas eram suas consequências externas. Para o fundador da filosofia ocidental, a grande catástrofe não foi a democracia de Atenas ter perdido, mas ter inaugurado um tipo de luta na Guerra do Peloponeso que significava o divórcio entre a virtude e a eficácia militar.

Durante a discussão sobre a Paz de Nícias, em 421, os argivos sugeriram aos atenienses que ambos resolvessem suas disputas "exatamente como antes", selecionando campeões para se encontrarem num local e hora determinados. Até os espartanos conservadores de início debocharam desse pensamento reacionário. "Coisa de estúpidos [*môria*]", foi a reação inicial à estranha proposta de decidir uma guerra inteira permitindo que uns poucos hoplitas se chocassem em falanges. Após uma década de frustrações na Ática e tendo sido bloqueados pelas tropas ligeiras em Sfactéria, os espartanos já não alimentavam a ilusão de que batalhas cerimoniais pudessem resolver qualquer disputa.[24]

As trirremes, junto com os homens pobres que remavam nelas, os marinheiros que embarcavam como forças irregulares e os impostos públicos usados para construí-las provaram-se muito mais fundamentais para o esforço de guerra do que milícias agrárias. Ainda assim, no eclodir da guerra, Tucídides tem o cuidado de observar que Atenas tinha pelo menos 13 mil hoplitas de primeira classe e outros 16 mil homens na reserva em guarnições de infantaria constituídas de cidadãos velhos e jovens e aumentadas por metecos com armaduras pesadas. Em outras palavras, os atenienses tinham homens suficientes que poderiam ter operado outros 150 navios. O propósito desses quase 30 mil hoplitas atenienses mobilizáveis, no âmbito de uma política que buscava evitar usá-los em batalhas campais, não é de todo claro, a não ser que fosse para marchar contra Mégara a fim de intimidar a cidade menor e dar cobertura enquanto tropas ligeiras devastassem a agricultura.

Quando estourou a Guerra do Peloponeso, tanto Atenas quanto Esparta, muito mais que qualquer outra das cidades-Estados, encontraram-se imunes às antigas restrições aplicadas às guerras hoplitas. Nenhuma das duas precisava estar no campo para as colheitas — trirremes ou hilotas, respectivamente, podiam fornecer alimentos suficientes para liberar milhares de homens dos trabalhos nas fazendas. Assim, nenhuma aprendeu a justificar guerras mais curtas em nome do prestígio de ganhar faixas de fronteira bastante insignificantes. Durante toda a Guerra Arquidamiana, de 431 a 421, foram os aliados peloponésios agrários, não os espartanos propriamente, que relutaram em marchar para o norte contra a Ática. Por quê? Diferentemente de Esparta, eles trabalhavam os próprios campos, e, como Péricles havia antecipado no eclodir da guerra, não tinham capital para sustentar uma guerra longa.[25]

Atenas, através de seu império ultramarino de tributos e alimentos importados que supriam pelo menos dois terços da população, havia igualmente transcendido a guerra hoplita sazonal. Com o porto no Pireu, uma marinha de cerca de trezentos navios, uma grande multidão de eleitores que não cultivavam terras, e uma receita comercial anual, também não se confinou a umas poucas semanas de campanha na primavera com a esperança de decidir conflitos em batalhas gloriosas. Além disso, desde a vitória grega, em Plateia, contra os persas, a falange espartana havia estabelecido uma reputação de invencibilidade que duraria até quando já ia bastante avançado o século IV e o desastre em Sfactéria, em 425, foi considerado uma aberração e rapidamente redimido pela dramática vitória hoplita em Mantineia.

Quase Hoplitas

Assim, durante toda a Guerra do Peloponeso os atenienses acharam que ir ao encontro de tais hoplitas em um terreno plano era o mesmo que cometer suicídio — o mesmo que mandar cruzadores para enfrentar navios de guerra quando houvesse porta-aviões disponíveis.[26] Os vitoriosos de Délion e Mantineia — os beócios e os espartanos — saíram do conflito convencidos de que os próprios hoplitas eram imbatíveis, assim explicando por que esses dois exércitos confiantes estavam dispostos a se enfrentar nas inúmeras batalhas que aconteceriam em Haliártios, Nemeia, Coroneia, Tegira, Leuctra e novamente em Mantineia, após a Guerra do Peloponeso. A despeito de registrar apenas duas grandes batalhas no velho estilo, a luta durante os 27 anos da guerra foi quase constante e aconteceu em todas as partes — em terrenos irregulares, em desfiladeiros nas montanhas e em operações anfíbias. De fato, há algo como 83 instâncias no texto de Tucídides do que poderia ser legitimamente chamado de algum tipo de "engajamento" em terra, ilustrando o fato de que a maior parte dos soldados foi morta bem longe de uma típica batalha entre falanges.

Nas marchas longas, era necessário contar com cavalaria, tropas com armamentos leves e arqueiros para garantir reconhecimento, cobertura e perseguição a suas contrapartes inimigas. As tropas ligeiras, a maior parte constituída de lançadores de dardos extremamente móveis e livres de armaduras corporais, eram especialmente valorizadas quando a batalha se afastava das planícies e passava para terrenos difíceis. Hoplitas desajeitados e distantes da falange eram frequentemente emboscados, e os peitorais de meio centímetro de bronze nem sempre garantiam defesa contra uma chuva de flechas e projéteis lançados por forças irregulares que podiam visar braços, pernas e o pescoço. Em vez de meros auxiliares nas periferias da batalha hoplita, como anteriormente, os cavaleiros muitas vezes eram cruciais para o sucesso militar contra uma *mélange* de inimigos numa variedade de lugares. Homens pobres, figurões ricos, escravos, estrangeiros, metecos, até mesmo mulheres e crianças durante épocas de sítios — todos eles entravam na luta, uma vez mais contrariando a ideia antiga de que comunidades rurais permitiriam que os fazendeiros adjudicassem disputas fronteiriças por meio de breves embates.[27]

À medida que a luta prosseguia, o nostálgico Tucídides encontraria cada vez mais razões para lamentar a destruição da velha infantaria hoplita dos dois lados da Guerra do Peloponeso, especialmente quando aqueles soldados morriam fora de batalhas campais ou nas mãos de homens socialmente inferiores. Quando faz a lista das perdas dos atenienses com a praga, ele começa com o número de hoplitas mortos. Um espartano que se rendeu em Sfactéria, após ver seus camaradas hoplitas sofrendo sob um ataque de flechas, suspirou dizendo: "Uma flecha valeria muito se pudesse distinguir nobres e grandes homens dos restantes." Quando 120 hoplitas atenienses foram mortos nas terras selvagens da Etólia por homens da colina, ele observou que os mortos "eram verdadeiramente os melhores homens que a cidade de Atenas perdeu durante toda a guerra".

Evocando um incidente que ocorrera antes da guerra, quando hoplitas coríntios haviam sido emboscados e chacinados, ele o chamou de uma grande "tragédia". Também concluiu que os hoplitas téspios mortos em Délion haviam sido a "flor" de sua cidade-Estado.[28] De acordo com Tucídides, os hoplitas deveriam ter lutado em batalhas campais — em vez de serem derrubados menos gloriosamente por doença, emboscadas ou projéteis. Os próprios gregos estavam conscientes da revolução militar que ocorria em seu meio. No quarto ano da Paz de Nícias, em 418, Tucídides lamenta que os dois lados houvessem se lançado um sobre o outro em emboscadas e ataques isolados, precisamente porque nenhum deles marcharia para lutar numa batalha "com preparação formal". Aristófanes ridicularizava os jovens de sua época. Eles não podiam nem mesmo manter no alto seus escudos — como se aquela habilidade alguma vez fosse necessária numa guerra sem batalhas hoplitas. Tanto durante a Guerra do Peloponeso quanto depois dela, os gregos concordaram que algo havia saído do controle e levado a matanças nunca antes antecipadas. Nisso, mostravam uma perplexidade não muito diferente da moderna repulsa à Primeira Guerra Mundial, que logo se provou não corresponder à expectativa de que seria uma curta e decisiva campanha semelhante à de meio século antes, durante a Guerra Franco-Prussiana de 1870.[29]

Além de Délion e Mantineia, houve apenas umas poucas ocasiões em que duas falanges se chocaram. Esses engajamentos eram, em geral, questões pequenas e, assim, pouco decidiram. No verão de 425, por exemplo, no ano anterior a Délion, os atenienses haviam embarcado um pequeno exército de cerca de 2 mil hoplitas perto de Corinto, bem o tipo de mistura não tradicional de hoplitas que Platão mais tarde condenaria como impura. Na pequena vila de Soligeia, hoplitas atenienses desembarcados por mar foram confrontados pela pesada infantaria coríntia. Os dois lados se empenharam em uma dura, embora atípica, batalha hoplita, em terreno difícil. Tucídides observa que a batalha foi "inteiramente corpo a corpo", e aparentemente brutal. As tropas de reserva, uma retirada para dentro de fortificações e o papel proeminente da cavalaria — bem como confusão, pânico, nuvens de poeira, empurrões e a morte do general derrotado — provaram-se mais cruciais para a vitória ateniense do que a coragem hoplita.

Os atenienses afirmaram que Soligeia foi uma vitória tática, em virtude de terem expulsado os coríntios do campo e perdido pouco mais de cinquenta homens contra os 212 dos coríntios, que também perderam seu general Licofron. Ainda assim, não conseguiram estabelecer uma base segura e sofreram um revés estratégico ao terem que retornar a seus navios e partir. Então, o general Nícias, um velho hoplita conservador, tardiamente descobriu que dois cadáveres de atenienses haviam sido deixados para trás, e exigiu um embaraçoso retorno para reclamar os corpos aos derrotados, anulando, em termos formais, os dividendos psicológicos da limitada vitória.[30]

Cerca de um ano e meio depois, no inverno de 423, os mantineios lutaram contra os vizinhos tegeatas, um evento precursor da grande batalha de Mantineia que teria lugar no mesmo vale cinco anos mais tarde e finalmente envolveria os grandes poderes da Guerra do Peloponeso. Sobre esse evento menor, Tucídides observa apenas que o engajamento foi duro e menciona alguns elementos característicos da batalha de falanges: cada lado declarou vitoriosa sua ala direita e encerrou as hostilidades ao escurecer. Essas lutas secundárias entre hoplitas, quase nunca registradas, devem ter ocorrido por toda parte na medida em que Estados menores, durante as três décadas da guerra, prosseguiram com o procedimento normal para resolver disputas de fronteiras — enquanto Esparta e Atenas simultaneamente tentavam transportar os próprios grandes exércitos hoplitas para teatros periféricos a fim de obter vantagens locais contra milícias numericamente inferiores, precariamente armadas e mal lideradas.[31]

Assim, essas batalhas "hoplitas" não eram exatamente acontecimentos puramente hoplitas. Na maior parte delas, houve emboscadas, ataques por mar e hoplitas empregados em tarefas de guarnição, mais do que nas fileiras. Talvez a mais famosa tenha sido o engajamento em Anfípolis, em 422, quando seiscentos hoplitas atenienses foram mortos ao custo de meros sete homens no lado espartano. Os dois generais oponentes que haviam se empenhado na continuação de uma guerra que já durava uma década, o demagogo ateniense Clêon e o rebelde Brasidas de Esparta, foram mortos em ação. Com o desaparecimento de ambos, surgiram facções a favor da paz, e a Paz de Nícias foi obtida no ano seguinte. Isso sugere que a maior parte das figuras-chave da guerra morreu vestindo armaduras, e que uma batalha hoplita que durasse apenas um dia ainda tinha a tendência de alterar o curso da guerra. Obviamente, Tucídides faz questão de observar que Anfípolis não foi exatamente uma "batalha regular" (o que ele chama de *parataxis*). Para ele, tratou-se de um esforço mais confuso da parte de Clêon para abordar a guarnição espartana em Anfípolis — apenas para ser surpreendido por assaltos de espartanos que saíram de dentro das muralhas da cidade, cercaram os atenienses e rapidamente lhes infligiram uma completa derrota.[32]

Assim, o que veio a significar o termo "hoplita"? Não muito mais que um homem da infantaria pesada com algum tipo de armadura de bronze. Já não era mais, *per se*, uma classe em particular. Nem necessariamente lutava numa falange — ou nem sequer observava os seculares protocolos sobre notificação e cessação de batalhas campais.

O Último Hurra em Mantineia

Após o fracasso das devastações espartanas anuais, de 431 a 425; após as perdas de vidas atenienses decorrentes da praga de 430 a 426; depois de os espartanos terem perdido em Sfactéria, em 425 e alguns de seus melhores guerreiros — entre eles oficiais de alta patente — terem vergonhosamente se rendido e sido levados como reféns, de 425 a 421; após os espartanos terem ficado aterrorizados com a ideia de que seus hilotas poderiam se revoltar em massa depois da derrota dos atenienses na Beócia, em 424, e após Clêon e Brasidas terem perecido em Anfípolis, em 422, os dois lados reconheceram que a guerra havia degenerado numa calamidade desordenada na qual nenhum deles poderia alcançar uma vitória definitiva.

Um alívio seria bem-vindo. Depois de algumas breves tréguas frustradas, o conservador estadista ateniense Nícias negociou com os espartanos a paz que carrega seu nome e que duraria por volta de seis anos, de 421 a 415. Se Atenas estava exaurida pela praga e pelos deslocamentos envolvidos na evacuação do interior da Ática, Esparta havia ficado extremamente abalada com as perdas (embora bastante leves) em Sfactéria e com a perda de Pilos e Citera para as guarnições atenienses, e seus cidadãos "pensaram que fracassariam em qualquer situação de risco, pois haviam perdido a autoconfiança depois de experimentar uma calamidade que ainda lhes era desconhecida".[33]

Por estarem tão ansiosos para resgatar os prisioneiros feitos em Sfactéria, quatro anos antes, os espartanos assinaram o acordo a despeito das objeções de suas aliadas, Tebas, Mégara e Élis, que, de fato, permaneceram nominalmente em guerra com Atenas. No entanto, acordos de paz raramente duram quando ainda persistem as condições que originaram as hostilidades. Nem o suposto receio de Esparta diante do poder e do crescimento do império ateniense, nem a falta de disposição de Atenas para fazer dolorosas concessões a fim de aplacar as ansiedades dos peloponésios havia mudado. A despeito de uma década de carnificina, à altura de 421, nenhum dos lados acreditava que havia sido realmente derrotado.

Assim, a "guerra fria" no Peloponeso durou somente uns poucos anos antes de começar a esquentar novamente, em 418, perto da pequena cidade de Mantineia, quando a velha aliança espartana ameaçava se desfazer. Alcibíades e o partido favorável à guerra em Atenas eram os atores substitutos. Sua grande estratégia — mais um dos ambiciosos esquemas que não haviam resultado em nada, em Délion, em 424 — era audaciosa e dependia de se criar um movimento revolucionário democrático que pudesse transformar peloponésios antes hostis em amigos e, assim, em uma única grande batalha, fechar todo um teatro de guerra no sul.

Sob a liderança de Alcibíades, os atenienses armaram uma intriga com Argos para criar uma coalizão improvisada de Estados peloponésios recentemente democráticos — Argos, Élis e Mantineia — que poderiam cercar Esparta e dissolver as alianças espartanas, especialmente considerando que Tebas e Corinto ainda alimentavam ressentimentos marginais com relação à recente paz com Atenas. A Liga Peloponésia estava carregada de tensões. Argos havia combatido Esparta repetidamente no início do século V, tanto em batalhas campais quanto em escaramuças na fronteira, e sempre representara um centro de rebelião potencial. Élis era uma cidade-Estado unificada e rica de onde se originaram os jogos olímpicos, sede do magnífico templo a Zeus (maior que o Partenon) e quase democrática, desde a década de 460.

Durante a paz, os atenienses estavam finalmente começando a visualizar os toscos contornos de uma abordagem vencedora para fomentar a rebelião hilota na Messênia — o tempo todo esperando liberar os principais aliados peloponésios na Argólida, Arcádia e Élis. A ocupação e fortificação de Pilos, junto com a derrota dos espartanos na ilha de Sfactéria e o aprisionamento de reféns, deveriam agora ser complementadas com ações que deixassem Esparta cercada de estados democráticos hostis. No centro desse grande plano de antiespartanismo no Peloponeso, tanto figurativa quanto geograficamente, estava Argos. Sua liderança percebeu que a rendição espartana em Sfactéria, combinada com o fracasso da devastação na Ática, havia aumentado as chances de Argos servir como um ponto de convergência democrático e autônomo no Peloponeso. A liderança espartana pós-Pilos não fizera nada entre 420 e 418 para suprimir essa crescente aliança, a não ser reunir algumas poucas tropas na fronteira e então dispensá-las por causa de "maus augúrios".

Atenas, no entanto, falhou em agarrar tal oportunidade de ouro para desfazer o império peloponésio. Alcibíades liderara o trabalho preliminar para essa aliança antiespartana, mas, numa manobra imprudente, os atenienses haviam rejeitado sua candidatura para general em 418, preferindo, em vez dele, o letárgico Nícias e seus associados. Isso garantiu que o máximo que poderiam fazer seria apoiar a resistência quando finalmente chegasse a hora da luta verdadeira no Peloponeso.

Alertas ao perigo, no início do verão de 418, os espartanos liderados pelo rei Ágis chegaram à planície de Mantineia para dar um fim a tal disparate e proteger Tegeia, o primeiro posto avançado aliado a ser alvo das grandes ambições da nova coalizão. A insurreição provou-se diferente de todas as outras na história recente de Esparta. Os Estados recalcitrantes eram os mais poderosos do Peloponeso e podiam pôr em campo uma boa infantaria. Se tivessem vencido naquela ocasião, a Guerra do Peloponeso teria terminado, para todos os propósitos práticos, em apenas uma tarde — e os espartanos nunca mais teriam marchado sobre a Ática, Corinto e Tebas não teriam retornado à coalizão espartana e o próprio Estado provavelmente teria sido imediatamente vitimado por maciças revoltas hilotas internas.

O rei Ágis levou uns 12 mil hoplitas para Arcádia a fim de forçar um confronto e restaurar a antiga reputação de que não era coisa sábia enfrentar os espartanos numa batalha. Tucídides achava que o rei tinha "o melhor exército grego até então reunido" — aparentemente sugerindo que aqueles hoplitas de elite estavam dispostos não a devastar o interior da Ática, mas a matar argivos em uma batalha campal. Após alguns começos falsos, cada exército — os aliados tinham forças basicamente equivalentes — manobrou para sua posição na planície de Mantineia antes de assumir posição de combate e lançar-se contra o outro. A matança final provavelmente ocorreu em algum momento por volta de 1º de agosto de 418 — a época mais quente do ano numa das mais quentes e úmidas planícies do interior da Grécia.

Desde o início da guerra, Péricles, ao aconselhar seus concidadãos a se retirarem para dentro das muralhas, havia admitido que os peloponésios *poderiam* derrotar "todos os gregos juntos numa única batalha". Infelizmente, seria possível provar, em retrospecto, que ele estivera certo, pois Mantineia agora confirmaria os piores receios do falecido líder ateniense sobre a valentia dos hoplitas espartanos. Diferentemente da entrada dos espartanos na Ática, em 431, o rei Ágis chegou às planuras da Mantineia com uma força muito menor, o que convenceu seus adversários a marchar a seu encontro na esperança de que, afinal, uma vitória seria possível. Ainda assim, por estarem os argivos e os mantineios tão ansiosos para iniciar a batalha contra os peloponésios, sua arrogância deixou estupefatos os metódicos espartanos que chegavam atrasados. Tucídides afirma que poucos podiam se lembrar de alguma outra ocasião em que o exército espartano parecera tão aturdido.[34]

De uma perspectiva tática, tanto Délion quanto Mantineia foram quase acidentes. Os respectivos exércitos não sabiam muito bem onde o adversário estava acampado, e menos ainda sua localização exata até poucos segundos antes de atacar. Remova apenas dois homens idosos — Pagondas, em Délion, e um velho hoplita espartano anônimo que avisou o rei Ágis de que deveria desistir da abordagem que pretendia — e os dois engajamentos hoplitas decisivos da guerra não teriam acontecido ou, pelo menos, não onde e quando aconteceram.

Se alguém tivesse que escolher um lugar para uma batalha hoplita, Mantineia seria uma escolha perfeita. Para matar pessoas em um espaço aberto, os generais precisam de um amplo espaço, grande quantidade de alimentos, água limpa, terreno plano, fácil acesso e proteção próxima. Diferentemente de Délion, Mantineia atende a todos esses requisitos. Como prova a moderna autoestrada que passa a seu lado, ela fica na rota estratégica que liga norte e sul. Mantineia é também uma planície estreita onde 20 mil guerreiros podiam se encaixar facilmente, como fizeram em agosto de 418 — e em várias ocasiões depois daquilo.

Os campos de morte estão cercados por montanhas que fornecem tanto defesa para os flancos da infantaria pesada quanto um refúgio após a derrota. Uns poucos milhares de homens corajosos que possam cobrir aquela planície afunilada são capazes de parar exércitos inteiros. Assim, Mantineia servia como um ponto de estrangulamento onde as grandes rotas do sul da Grécia se estreitam até não mais de 1,5 quilômetro — antes de se abrir novamente sobre terras planas e várias estradas que se espalham na direção norte para Argos, Corinto e Atenas. Se Esparta tivesse perdido aquela batalha, não apenas teria ganhado toda uma multidão de novos inimigos, mas veria praticamente bloqueada sua principal artéria de saída da Lacônia.

Mantineia é fértil. Naquele tempo, e até hoje, a terra negra podia produzir trigo em abundância e garantir alimento para milhares de homens que andavam de um lado para o outro durante dias, concebendo manobras que lhes dessem alguma vantagem para se matarem. A planície sofre de um excesso de água, não de carência. As águas que descem das montanhas escarpadas à sua volta explicam os sumidouros e riachos encontrados por toda parte. Os generais gregos daquela época gostavam de Mantineia. Inúmeras vezes na história helênica, reis espartanos, os tebanos sob o grande libertador Epaminondas, e o herói nacional Filopoemen (253-182), todos lutaram ali em nome de causas e ideias que agora são temas de estudiosos do período clássico, mas de pouco interesse para praticamente ninguém além deles.

Assim, poucos turistas visitam Mantineia atualmente. O entroncamento da nova autoestrada fica a cerca de 9 quilômetros, e Trípole, a feia cidade moderna de cimento, fica a cerca de 15 quilômetros. Não há nada ali no campo de batalha além de umas poucas casas de campo, uma igreja bizarra que um tipo excêntrico e quixotesco levou toda uma vida construindo com mármore e tijolos que esmolava nas terras vizinhas, e os traços de uma vasta cidade perdida que desponta no meio de ervas daninhas e campos de trigo.

Mas caminhe novamente, com cuidado, por essa planície. Esquadrinhe os blocos de pedra do anfiteatro, espalhados por toda parte. Suba por entre os bastiões caídos do que antes foi uma grande muralha circular, navegue por entre os recintos dos antigos santuários de Hércules e Possêidon, e, longe de estar vazia, Mantineia revela-se, de fato, cheia de fantasmas. Milhares morreram ali ao longo dos séculos. As vozes dos maiores estadistas, generais e escritores da Grécia em algum momento ecoaram entre essas colinas antes que eles tombassem na lama aluvial do campo de batalha. Bem distante está a pequena colina de Skopê ("Colina do Mirante"), onde o maior militar que a Grécia já produziu, o libertador Epaminondas, morreu em 362 — os homens do seu séquito arrancaram a ponta de uma lança enfiada em seu ventre enquanto ele lançava um olhar embaciado a seu exército tebano que batia em retirada, após os soldados haverem se alquebrado com a notícia de que seu amado general estava sendo levado, esvaindo-se em sangue, para morrer sobre a colina acima deles.

Em algum lugar sob onde estão as cercas de arame farpado e os canais de cimento de irrigação estão as pegadas do agitador Alcibíades, que bem antes da batalha atravessara aquele cenário tentando criar uma aliança de Estados democráticos para cercar Esparta e esmagar a oligarquia de uma vez por todas — apenas para, de maneira típica, perder totalmente a luta real, em 418. Suas grandes maquinações para terminar a Guerra do Peloponeso em uma hora também deram em nada ali, no campo de batalha de Mantineia.

Alcibíades não foi encontrado em nenhum lugar. Após montar a aliança, sua candidatura ao generalato foi rejeitada e sua terra natal enviou meros mil hoplitas atenienses e trezentos cavaleiros para lutar na batalha decisiva que ele havia maquinado. Talvez Atenas estivesse preocupada em evitar uma chegada em massa de suas forças em uma época de paz ostensiva, algo que poderia incitar os espartanos; pois nada na guerra é tão perigoso quanto uma pequena agressão ou, de alguma forma, uma provocação.

O exército espartano que se alinhou na planície era emblemático da crise demográfica que acabaria desfazendo todo o sistema de casta militar do Estado. Em suma, seus hoplitas já não eram um exército de Iguais da elite espartana. A esquerda da formação era ocupada por cerca de seiscentos cirtas, um povo rude montanhês das fronteiras da Arcádia que desfrutava alguns limitados privilégios da cidadania espartana — e, como prova de reconhecimento, usualmente ficava posicionado na batalha voltado para a ala direita dos guerreiros de elite do inimigo. Ao lado deles ficavam diversas centenas de hilotas libertados. Também eram homens corajosos, mas sem o treinamento ou o entusiasmo da classe esparciata.

O corpo principal do exército espartano ocupava o centro, junto com alguns aliados arcádios; a direita cabia aos tegeatas locais e a outra divisão de esparciatas. Se acrescentarmos mais uns 12 mil hoplitas peloponésios, 5 mil homens com armas leves e mil beócios a cavalo, o rei Ágis tinha aproximadamente 18 mil homens com os quais superar o empenho argivo por um Peloponeso livre.

A coalizão aliada inimiga tinha, de alguma forma, juntado entre 11 mil e 12 mil hoplitas, que correspondiam aproximadamente às forças pesadas do rei Ágis. Cerca de 2 mil hábeis mantineios ancoravam a ala direita, frente a frente com a ala esquerda dos cirtas. Junto com mil profissionais seletos de Argos e alguns arcádios, eles constituíam uma força de hoplitas tão boa quanto qualquer outra no Peloponeso, e estavam determinados a se livrar do jugo espartano.

O restante dos argivos, os nativos de Élis e milícias de algumas cidades menores ocupavam o centro e a ala esquerda da linha de batalha (cerca de 7 mil homens), junto com meros mil atenienses no extremo da ala esquerda. Infelizmente, o centro e a direita encaravam, através da terra de ninguém, a nata do exército espartano. A única esperança de salvação era aguentar por tempo suficiente para que os mantineios e a elite argiva acabassem com os cirtas e imediatamente viessem em seu auxílio. Abaixo do desolado monte Barberi, o rei Ágis marchou com seus matadores espartanos irrompendo diretamente através da esquerda inimiga. Seu centro e a ala direita imediatamente destroçaram os homens de Argos, junto com os atenienses encurralados. Seus matadores profissionais marcharam em frente e baixaram as lanças, "caminhando lentamente ao som das gaitas de foles", e então empalaram os poucos que não conseguiram fugir.

Tucídides escreveu que os hoplitas da aterrorizada e debilitada falange aliada "tropeçavam uns nos outros" na pressa de escapar dos temíveis lanceiros de túnicas escarlates. Todo um corpus de passagens na literatura grega reflete a visão antiga de que o exército espartano — sua aparência, disciplina, habilidade, organização e método — aterrorizava qualquer hoplita grego suficientemente desafortunado que o olhasse através do campo de batalha enquanto aquela massa lentamente se dirigia para a zona de morte. Assim como se sentia como algo terrível enfrentar o exército alemão nas duas guerras mundiais do século XX, assim também o mundo grego reconhecia que era mortal posicionar-se contra os espartanos.[35]

Como um metódico *cyborg* moderno, o centro e a direita da falange vitoriosa espartana pararam, fizeram uma curva para a esquerda, permitiram que a maior parte dos apavorados e derrotados sobreviventes argivos fugisse — após matar uns setecentos deles e de seus aliados — e avançaram lateralmente através da linha de batalha agora rompida. Toda a bravata a respeito de ensinar aos espartanos uma lição como a de Pilos havia desaparecido diante da realidade de ter que enfrentar tão implacáveis matadores em seus próprios termos. Mais uma vez marchando em massa e em silêncio, os Iguais buscaram bater de frente com a outra ala inimiga, formada por mantineios e aliados, que se encontrava a uns 800 metros de distância.

Por um breve instante, aqueles argivos e mantineios haviam ficado relaxados e eufóricos por terem repelido os cirtas mais fracos e os hilotas que estavam diante deles. Loucos! O transitório senso de vitória somente incitou ainda mais os espartanos que se aproximavam; como se picados por um inseto incômodo, agora soltavam tudo o que restara de sua fúria contra aqueles homens, planejando fazê-los em pedaços sem misericórdia. Mal sabiam os vitoriosos argivos e mantineios que, durante alguns minutos, alguns poucos milhares de homens quase tinham tido em seu poder a capacidade de reverter todo o curso da Guerra do Peloponeso, uma breve janela de oportunidade para conseguir o que toda a guerra de ataques, cercos e trirremes da década anterior não havia conseguido. Aquele momento inesquecível foi perdido quase tão rapidamente quanto surgira.

O único problema no plano da batalha final espartana para acabar com a coalizão ocorreu durante os primeiros minutos iniciais. Os menos numerosos cirtas da esquerda haviam sido flanqueados pelos argivos e mantineios. Enquanto as companhias peloponésias do meio da fileira derivavam para a esquerda para formar um anteparo contra a direita inimiga, por um momento se abriu uma perigosa brecha nas fileiras espartanas. O rei Ágis ordenou que duas companhias da direita vitoriosa se deslocassem e cobrissem a esquerda hemorrágica. Os dois oficiais espartanos se recusaram a cumprir ordem tão sem precedentes — e mais tarde foram exilados, acusados de insubordinação causada por alegada covardia — com o argumento de que o temerário inimigo iria primeiro saquear e caçar os derrotados, em vez de aproveitar sua vitória temporária e atingir os espartanos em seus vulneráveis lados esquerdos. Assim, logo os argivos e mantineios se encontrariam vulneráveis e visados pela elite da direita espartana, uma vez que ela havia liquidado o inimigo e agora se voltava para lidar com esses aliados insuspeitos.

Se a batalha hoplita tinha a ver com cada ala direita vencer enquanto a esquerda perdia, então a vitória total era determinada somente por uma segunda fase da batalha — por quão rápida e efetivamente a direita triunfante podia fazer uma curva fechada para a esquerda e atingir sua contraparte no flanco. Às vezes, tal colisão levava apenas a mais mortes e a um impasse, na medida em que as duas melhores alas se batiam de frente e encontravam como adversários tipos diferentes daqueles soldados das tropas inferiores que haviam acabado de aniquilar. Infelizmente para os aliados, isso não aconteceu ali, e a segunda colisão espartana provou-se quase tão mortal para a coalizão quanto a primeira. Em Mantineia, Esparta venceu a segunda fase da batalha e com isso obteve a vitória ao destroçar os argivos e mantineios antes que eles se dessem conta do que os havia atingido. Para profissionais que tão raramente tinham a oportunidade de pôr em prática seu longo treinamento, os hoplitas espartanos, em Mantineia, mataram como se isso fosse sua segunda natureza.

A maior parte dos duzentos mantineios que, após a breve vitória, foram alcançados e mortos pelos espartanos foi enterrada no solo onde havia nascido e que havia cultivado. Durante séculos, eles permaneceram na obscuridade, até que, faz algumas décadas, arqueólogos norte-americanos encontraram uma inscrição numa pedra embutida numa das casas abandonadas da região. É bem póssível que se trate de uma lista parcial dos mantineios mortos há cerca de 2.400 anos. Quem eram esses hoplitas com nomes como Eutélion e Epaines, e onde morreram no campo de batalha? Leitores modernos de inscrições lapidares não têm nenhuma ideia do que Glausidas e Mnasias fizeram em seus últimos minutos. Mas eles e dezenas de outros pelo menos continuam vivos como nomes gravados em pedra porque morreram na glória, e não de velhice e na obscuridade — e então foram comemorados em listas de heróis que acabaram, ao longo das eras, como soleiras e parapeitos nas casas dos igualmente batalhadores fazendeiros da mesma planície de Mantineia.[36]

O próprio Tucídides provavelmente sentou-se nessas colinas e escreveu o que via, com uma visão panorâmica da matança que se desdobrava abaixo. Sua descrição testemunhal da grande luta de 418 permanece como a mais detalhada e informativa narrativa de uma batalha do mundo antigo, terminando com a seca afirmação de que ali ocorrera "entre os helenos a maior batalha de todas, havia muito tempo". Por "maior" Tucídides aparentemente não queria dizer em tamanho. Possivelmente, um maior número de soldados havia estado presente sete anos antes, em Délion. Em vez disso, ele sugeria que, daquela vez, os resultados de uma única batalha poderiam ter determinado todo um conflito, no tanto em que Esparta finalmente conseguira o que havia muito buscava: um embate hoplita contra a maior parte de seus inimigos.[37]

Ainda assim, há uma outra Mantineia que transcende tática, estratégia e política, uma história de acidentes, brutalidade e volubilidade humana. A intriga de Alcibíades ocasionou a batalha. Mas outros generais atenienses, não ele, lutaram e morreram ali, entre eles Laques, o epônimo interlocutor de um diálogo platônico, apunhalado nas costas enquanto fugia. Anos antes, o mesmo Laques havia escapado de Délion; dessa vez, ele estava tão nervoso quanto antes, mas não teve a mesma sorte. O rei espartano Ágis, considerado incompetente ou pior que isso, não teve coragem para lutar em Mantineia e por duas vezes retirou seu exército do vale na semana anterior à batalha. Mas acabou lutando, e conseguindo a maior vitória espartana numa batalha de um único dia durante toda a Guerra do Peloponeso — garantindo assim que Esparta pelo menos não perderia a luta com Atenas e que ele conduziria uma guerra bem-sucedida contra os atenienses na década seguinte.

A Anatomia da Batalha

Quando os espartanos invadiram a planície de Mantineia para acabar com a nascente aliança democrática de Estados peloponésios rebeldes, defrontaram-se com um exército inimigo de coalizão cuja composição era radicalmente original. Aquele grupo de mil argivos da elite, treinados à custa dos recursos públicos e basicamente de origem oligárquica, devia ostensivamente servir como tropa de elite na ala direita da coalizão. Junto com os mantineios, eles inicialmente haviam penetrado no fraco lado esquerdo espartano, onde uma brecha fora aberta entre os soldados e o centro. Mas então os aliados insensatamente fizeram uma pausa para saquear o carro de bagagens e deixaram de atacar o centro espartano pela retaguarda. Se tivessem levado adiante os ataques contra a retaguarda da elite do rei Ágis, os espartanos provavelmente teriam perdido a batalha e as centenas de atenienses e argivos no lado esquerdo provavelmente teriam sido salvos. Essa hesitação fatal poderia ser explicada pela chance de saquear ou pelo simples medo de se defrontar com os esparciatas — mesmo que na retaguarda. Claramente, nem sempre aliados no mesmo lado da linha de batalha operavam de forma coordenada.

A concessão de tal indulgência a um adversário encurralado logo seria retribuída. Os espartanos à direita e no centro arrasaram o exército regular argivo e mataram centenas. Então, por alguma razão, quando deram meia-volta e dirigiram sua atenção aos mantineios vitoriosos, deixaram de lado os mil argivos de elite — a verdadeira ponta de lança da coalizão inimiga — que se retiravam. Imediatamente surgiu a suspeita de que os espartanos estavam fazendo vista grossa e tramando o retorno de uma dócil Argos oligárquica. Mais tarde, tal aliado conservador reconstituído precisaria de homens como os mil da elite para manter a distância os instigadores democráticos. Em contraste, quanto mais hoplitas mantineios fossem mortos, melhor, para ensinar a eles o quanto custava impor a democracia contra a vontade dos peloponésios.

E o que aconteceu àqueles igualmente derrotados atenienses na esquerda aliada? Os espartanos mataram somente duzentos deles, permitindo que outros oitocentos fugissem. Afinal, os dois Estados ainda estavam oficialmente em paz. Assim, não fazia sentido aniquilar atenienses, especialmente quando uma junta moderada de generais em Atenas já havia escolhido não enviar um exército inteiro para Mantineia, o que teria significado diversos milhares de hoplitas adicionais que bem poderiam ter levado à derrota dos espartanos.[38]

Em uma guerra de coalizão na qual diversas cidades-Estados aliadas lutavam uma ao lado da outra, a quem cabia determinar qual falange lutaria de que lado, fosse na valorizada ala direita, onde havia pouco perigo, ou na inglória esquerda, onde o perigo era maior? Usualmente, os espaços na prestigiada ala direita eram oferecidos às cidades anfitriãs — os tegeatas e mantineios, respectivamente, em 418 — ou à força mais forte e mais numerosa, usualmente Tebas, Atenas, ou Esparta. Em resposta, os aliados quase sempre se ressentiam do fato de que haviam seguido a liderança de cidades-Estados tão maiores apenas para acabar lutando com os adversários mais fortes, enquanto os aliados supostamente melhores lutavam na ala direita e enfrentavam as tropas mais fracas do inimigo.

A inovação tática introduzida mais tarde pelo general Epaminondas na batalha de Leuctra, em 371, não foi meramente a de posicionar os melhores homens na ala esquerda até uma profundidade de cinquenta escudos para garantir uma luta pesada com a ala direita da elite espartana; mais que isso, ele garantiu aos próprios aliados — e também aos confederados espartanos do outro lado do campo de batalha — que nenhum dos lados mais fracos teria que enfrentar os melhores do outro e fazer o papel de cordeiros sacrificiais. No inverno seguinte, Epaminondas invadiu a Lacônia com um exército unificado e encontrou Estados peloponésios que levaram em consideração sua magnanimidade no passado e estavam agora ansiosos para se juntarem a ele. É estranho que a ideia básica de que um líder deveria assumir os maiores riscos na batalha, pondo seus homens na ala esquerda da falange, só tenha surgido já no crepúsculo da era hoplita.

Normalmente, no entanto, dado que tais alianças eram frequentemente mutáveis e baseadas em levantes políticos internos — várias facções instalando um governo democrático num dia, outro oligárquico no seguinte —, havia constante suspeita dentro de um exército de coalizão. Às vezes, surgia tanta inimizade no interior da falange quanto a que havia entre os dois lados que se enfrentavam. Em Délion, por exemplo, a confederação beócia foi atormentada por conflitos internos entre suas diversas cidades-Estados. Os líderes tebanos tinham uma desconfiança especial de seus vizinhos, os téspios. Foi provavelmente por causa de uma inimizade que Pagondas e seus generais puseram os suspeitos téspios diretamente em frente à ala direita ateniense, talvez na esperança de que lutassem bem e contivessem Hipócrates, ou de que fossem aniquilados durante a tentativa.

À medida que a batalha se desenrolava, os tebanos viram realizados seus dois desejos. Os téspios foram quase totalmente exterminados, mas, ainda assim, conseguiram conter a elite ateniense até que chegassem as forças de reserva para estabilizar a ala enquanto Pagondas destroçava a esquerda ateniense. O resultado de tal sacrifício foi que houve pelo menos trezentos téspios mortos em Délion, de um contingente original que talvez chegasse a seiscentos ou setecentos homens.

Quais foram os desdobramentos das baixas em Délion? *Cui bono*? Quase 50% dos téspios presentes na batalha foram mortos em mais ou menos uma hora. Tais perdas catastróficas significavam que um terço de *todos* os pequenos agricultores téspios agora estava morto. Dos aproximadamente 7 mil hoplitas beócios presentes, talvez 60% dos mortos tenham vindo daqueles que constituíam 10% do exército.

Esses sacrifícios unilaterais tiveram consequências imediatas. Tucídides relata que, poucos meses depois de Délion, no verão de 423, "os tebanos destruíram as muralhas dos téspios, com a alegação de que eram simpáticos a Atenas. Sempre haviam desejado fazer isso, mas agora encontravam uma oportunidade fácil, dado que a fina flor dos téspios havia sido aniquilada na batalha contra os atenienses". Deve-se observar que Téspias havia sofrido o mesmo destino quando seu exército hoplita foi dizimado nas Termópilas, meio século antes, e novamente perderia quase todo o seu pequeno exército em Nemeia, em 394, trinta anos depois de Délion.[39]

Fúrias Hoplitas

Após a batalha de Mantineia, os aliados de Atenas nunca mais lutaram contra os espartanos em batalhas campais. Em apenas 60 minutos, aproximadamente, os espartanos e seus aliados haviam matado pelo menos 1.100 homens da coalizão democrática, ao preço de somente trezentos peloponésios mortos. Como na batalha de Délion, uma maneira supostamente anacrônica de lutar havia decidido todo um teatro de guerra, algo que não voltou a se repetir até o final do conflito. Durante os 14 anos finais de luta, houve somente mais uma batalha hoplita tradicional — uma pequena escaramuça entre atenienses e siracusanos na Sicília. À altura de 413, Esparta começou a desenvolver uma frota significativa e a construir fortificações permanentes na Ática, desistindo do velho e inalcançável sonho de que qualquer exército enfrentaria o seu em uma batalha.

A batalha hoplita fora das muralhas de Siracusa, em 415 não envolveu todos os combatentes da campanha siciliana, e a vitória dos atenienses em nada contribuiu para impedir que acabassem sendo derrotados. Os atenienses repetiram a formação quase exatamente como haviam feito três anos antes, em Mantineia: argivos e os melhores mantineios à direita, atenienses no centro e diversos aliados à esquerda. Mas, dessa vez, os atenienses e seus aliados estavam mais confiantes porque iriam se defrontar com amadores siracusanos, não com mortíferos espartanos.

A luta mais uma vez revelou a usual cadeia de eventos. A confusão ficou evidente desde o primeiro momento. Os siracusanos, como os atenienses, em Délion, ficaram surpreendidos com o ataque súbito. Trovões e chuva causaram pânico nos menos experientes defensores sicilianos. Após uma luta feroz, a batalha foi vencida na ala direita, como de costume, onde os argivos e mantineios dispersaram o inimigo. A cavalaria já não protegia somente os flancos, mas desempenhou um papel crucial tanto na perseguição dos derrotados quanto na defesa dos seus.

A pequena batalha foi semelhante ao engajamento prévio em Soligeia, até mesmo no número de mortos: 260 sicilianos, pouco mais que cinquenta atenienses e aliados. Mas, assim como os hoplitas atenienses desembarcados por mar, com trezentos cavaleiros, haviam obtido uma vitória tática sobre os coríntios, embora incapazes de traduzir tal sucesso em termos de uma vantagem estratégica, assim também, em 415, os atenienses venceram uma pequena batalha, mas não puderam levar adiante essa vantagem. Em suma, uma luta entre números tão pequenos de hoplitas tinha pouco efeito sobre a meta estratégica da campanha: a capitulação de Siracusa.[40]

Se, durante a Guerra do Peloponeso, as cidades buscavam cada vez com mais frequência se proteger por detrás de fortes muralhas de pedra, e se avaliavam cuidadosamente a sabedoria de comprometer seus exércitos inteiros em embates no estilo antigo contra falanges numericamente superiores ou mais experientes, então com certeza a luta seria redirecionada contra toda a própria comunidade urbana. Além disso, como os dois mais temidos exércitos da época — os de Esparta e Tebas — eram aliados, que exército seria suficientemente louco para lutar contra qualquer um deles e, assim, garantir a própria destruição?

Ainda assim, se houve uma escassez de batalhas hoplitas na Guerra do Peloponeso, os ataques a cidades cresceram de uma maneira que não encontrava precedentes na história grega até então. Cada lado rapidamente passou a ignorar a velha ideia de que a coragem devia determinar a vitória e, em vez disso, buscou inovação, capital e mero acúmulo de homens para tomar de assalto as fortificações adversárias. Praticamente nenhum grego foi executado ou escravizado após as batalhas hoplitas de Mantineia ou Délion. Dezenas de milhares certamente seriam quando a guerra passou para as cidades.

CAPÍTULO 6

MURALHAS

Sítios (431-415 a.C.)

Pesadelo em Plateia

Às vezes, os cercos de pequenas aldeias e cidades que têm pouco significado estratégico — como Guernica ou Sarajevo — tornam-se emblemáticos tanto pela falta de sentido quanto pela barbaridade da guerra, seja por sua deliberada destruição ou pela inabilidade ou falta de disposição de outros de salvá-las. Assim foi com a aldeia neutra de Plateia, que lentamente pereceu sob uma série de golpes mortais.

O fato de Plateia ter acabado capturada fez muito pouca diferença no cálculo maior do conflito, embora ostensivamente guardasse um desfiladeiro chave nas montanhas que levavam à Ática e pudesse representar um obstáculo para qualquer exército beócio que pretendesse uma grande invasão da Ática partindo do noroeste. À medida que a cidade morria, os atenienses a 80 quilômetros de distância dali, praticamente ignorando seu drama, morriam aos montes de uma doença misteriosa, enquanto os espartanos tratavam de cortar oliveiras e queimar casas na Ática. Ainda assim, durante quatro anos de provações, o cerco que foi armado e desarmado muitas vezes para tomar essa pequena aldeia beócia ilustra as múltiplas maneiras usadas pelos gregos clássicos para assaltar e defender cidades fortificadas. Nesse sentido, a morte de Plateia ganhou a atenção de Tucídides, que ficou fascinado com o gênio científico mal direcionado tanto dos atacantes quanto dos atacados e viu o destino daquela cidade estrategicamente irrelevante como sendo emblemático da selvageria da guerra como um todo.

Hoje, o local tem pouco mais que umas poucas fundações de pedra e os traços das muralhas circulares e das torres — tudo bastante parecido com os restos da cidade reconstruída no século IV que cresceu por cima das ruínas de sua antecedente do século V. De fato, uma nova estrada pavimentada passa diretamente sobre o que resta da antiga Plateia, quase exatamente onde 2.500 anos atrás os tebanos e espartanos tão desesperadamente tentaram entrar. O moderno visitante de Plateia raramente vê um único turista. Essa solidão é comum à maior parte dos campos de morte que pontilham o interior da Beócia e que já foram tão famosos na literatura grega: perto de Délion (casas de campo agora invadem o cenário onde Sócrates uma vez retirou-se da batalha), Leuctra (um tranquilo campo de grãos e canais de irrigação marcam o local onde Epaminondas esmagou o exército espartano) e Queroneia (agora um pomar oculto onde Filipe e o filho adolescente destruíram a liberdade grega).

O fim da cidade fortificada começou em tempo de paz, numa noite de final de março de 431, sete meses depois de os espartanos haverem oficialmente rompido a paz com Atenas e também 70 dias antes que eles e seus aliados cruzassem a fronteira ateniense. A Guerra do Peloponeso ostensivamente lançava Atenas contra Esparta, mas seus precursores foram ataques coríntios e tebanos contra os aliados corcireus e plateus de Atenas.[1]

Durante uma noite fria e chuvosa, cerca de trezentos preeminentes tebanos secretamente se encaminharam para Plateia, seguindo os 13 quilômetros de uma estrada ligeiramente íngreme que subia de Tebas. Os cabeças oligarcas haviam contado com reacionários favoráveis dentro da cidade fronteiriça para abrir os portões, já que teria sido impossível tomar de assalto a comunidade murada durante o dia. Encorajados pela chegada inesperada de uma força estrangeira dentro das muralhas, os fanáticos plateus poderiam então cercar seus oponentes democráticos que dormiam, matar seus líderes e entregar a cidade a Tebas. Ou assim pensaram os conspiradores direitistas.

Não há nada pior para um Estado do que ter inimigos próximos e amigos distantes — como atestam as experiências solitárias da Armênia, de Cuba,

Taiwan e Tibet. Os adversários surgem diariamente no horizonte; aliados distantes frequentemente prometem apoio que de fato não podem dar, o que faz com que essa amizade seja igualmente custosa e inconfiável. A cidade de Plateia — como a pobre Polônia espremida entre a Alemanha e a Rússia — tinha o azar de estar logo na fronteira da poderosa e hostil Tebas, mas a muitos quilômetros de distância da mais forte e amistosa Atenas.

De fato, durante grande parte do final do século V os plateus deveram sua independência frente à Confederação Beócia tebana não a uma assistência militar ateniense tangível ou à localização estratégica na principal via de entrada para a Ática. Em vez disso, o atraso da arte grega de montar cercos significava que as imponentes muralhas de pedra da cidade ainda poderiam garantir autonomia perante toda a Confederação — a despeito de a população total confederada chegar a pelo menos 100 mil pessoas e cobrir um território de aproximadamente 2.600 quilômetros quadrados.

Nas antigas batalhas, as vantagens entre ataque e defesa dependiam dos pedreiros e canteiros, cujos sólidos trabalhos com blocos de pedra — passadiços, torres e parapeitos —, bem como portões de madeira reforçados, podiam aguentar os golpes dos aríetes e de projéteis lançados manualmente. Naquela época anterior à catapulta de torção e à artilharia móvel — que, na era que se seguiu à guerra, podiam lançar pedras com mais de 70 quilos a uma distância de quase 300 metros —, paciência, perfídia, fome e doença eram os melhores recursos dos que faziam o cerco. As exceções durante a Guerra do Peloponeso, quando muros foram rompidos, são instrutivas: Torone, Lêcitos e Micálessos foram tomadas de assalto precisamente porque se dizia que suas muralhas estavam mal conservadas.

Atenas era uma velha inimiga dos vizinhos imediatos de Plateia, os beócios. Não era acidental, por exemplo, que grande parte dos incestos, parricídios e lutas civis dos palcos atenienses clássicos — envolvendo Édipo, Antígona, Creonte, Tirésias, Penteu e as Bacantes — ocorresse em Tebas ou perto dela, a adversária contemporânea de Plateia e a principal cidade da Beócia. Quase 30 anos antes da destruição de Plateia, Atenas havia uma vez subjugado a Beócia, e por mais de uma década a havia restabelecido como um Estado cliente amigo e democrático. Mas quando os atenienses, por sua vez, foram derrotados, em 447, na batalha de Coroneia, e depois se mantiveram basicamente de seu próprio lado do monte Citéron, Plateia foi novamente deixada sozinha como um vestígio isolado do odiado imperialismo ateniense. Consequentemente, os beócios, durante as crescentes tensões de 431, substituíram os espartanos e buscaram vencer Plateia ou lhe dar um fim numa vitória barata, antes mesmo que os atenienses se dessem conta de que estavam em guerra.

Uma vez que os trezentos tebanos entraram na cidade e chegaram até a praça pública, subitamente tudo deu errado. Seus coconspiradores direitistas plateus queriam matar imediatamente todos os democratas. Os invasores tebanos, mais sóbrios, preferiram, em vez disso, despertar a cidade. Em virtude de sua presença inesperada, eles chocariam as pessoas e as levariam a uma forçada e pacífica inclusão na Confederação Beócia. Ainda assim, não era uma coisa muito sábia para insurrectos direitistas propor uma conciliação no meio de um ataque noturno e cercados por uma grande população de democratas — especialmente quando não havia mais que trezentos deles para intimidar a oposição.

De início, a tática do pequeno grupo de invasores de causar "choque e assombro" pareceu funcionar. Os atônitos plateus estavam ostensivamente considerando os termos da proposta. Contudo, durante as negociações improvisadas, os sonolentos democratas rapidamente despertaram para dois fatos surpreendentes: não havia muitos tebanos, e o número de seus próprios traidores que haviam facilitado a entrada dos estrangeiros era menor ainda. Dentro de poucos minutos, eles silenciosamente se retiraram para suas casas e tramaram um contra-assalto. Logo, dezenas deles começaram a fazer buracos nas paredes de suas casas geminadas — as casas gregas eram feitas com tijolos de barro sem pilastras de reforço e frequentemente eram separadas por tabiques. Sem serem vistos, os engenhosos democratas se reuniram para conceber da melhor maneira possível uma contrarresposta imediata. Em pouco tempo, armaram barricadas nas ruas e avançaram em massa para confrontar os chocados tebanos, que se viram vastamente superados em número.

Os atacantes viraram atacados. Tudo agora se voltava contra aquele pequeno bando de intrusos tebanos que, afinal, estavam ensopados de chuva, cansados e com fome. Era uma noite escura, tempestuosa, quase sem lua: boa para os que se infiltravam, terrível para quem buscava uma saída. A chuva e a lama aumentaram o senso de desorientação dos recém-chegados, mas, de qualquer modo, nenhum deles sabia como escapar por aquelas ruas tortuosas.

Em uma frenética retirada, os tebanos se perderam enquanto buscavam o portão principal pelo qual haviam entrado; encontrava-se então misteriosamente trancado. Os trezentos tebanos imediatamente se espalharam em grupos. Alguns tentaram escalar a muralha — e então a maior parte pereceu ou ficou mutilada com a subsequente queda de uns 6 ou 9 metros de altura em terreno pedregoso. Outros ficaram acuados em ruas sem saída e foram destroçados por seus perseguidores. Outros foram capturados nos esconderijos nas construções. Em uma guerra para decidir o futuro do mundo grego, aquele ataque preventivo foi um começo particularmente inglório.

Barbárie Compartilhada

Os estonteados plateus rapidamente mandaram arautos para abortar uma outra força inimiga de apoio muito maior que, conforme fora planejado, estava chegando à cidade. Após batalhar contra a chuva e um rio cujas águas haviam subido, as colunas tebanas de auxílio ficaram chocadas ao ver a cidade trancada. Pior ainda, surgiu da escuridão um enviado plateu avisando-as de que se retirassem sem molestar nenhuma pessoa ou propriedade fora das muralhas; de outra forma, todos os seus companheiros atacantes capturados dentro das muralhas seriam sumariamente executados. Na primeira noite da luta, os plateus — que não eram conhecidos como tipos particularmente selvagens — ameaçariam, e logo concretizariam, a execução de cativos. Quando os plateus fizeram chegar a Atenas a notícia de sua situação difícil, a primeira providência dos atenienses foi prender beócios que residiam na Ática ou estavam ali de visita, aparentemente para usá-los em barganhas na guerra que inevitavelmente se seguiria ao ataque noturno a Plateia.

Esse recurso imediato a fazer reféns — seis anos mais tarde, os atenienses também ameaçariam executar imediatamente 120 esparciatas de elite se o exército peloponésio invadisse novamente a Ática — sugere que a Guerra do Peloponeso foi como remover a casca de uma ferida e descobrir profundas lesões já existentes, que se agravavam havia meio século. Estudiosos que catalogaram todos os massacres importantes documentados em nossas fontes literárias durante o século V notam a tendência deprimente: sete massacres na longa história de lutas anteriores ao eclodir da guerra e outros 24 perto do começo e ao longo das três décadas de duração do conflito.[2]

Após cercar os beócios, os atenienses responderam marchando para Plateia e deixando algumas tropas de guarnição, ajudando a armazenar provisões na cidade e providenciando a evacuação da maior parte das mulheres, crianças e aleijados para a Ática. Tendo se refeito do pesadelo que havia sido essa experiência com traição, assassinato e juramentos quebrados, uns 480 plateus e uns poucos atenienses na cidade se prepararam para o inevitável contra-assalto.

Foi uma longa espera. Uma surpreendida Esparta tinha preocupações prioritárias e logo se veria ocupada com duas estações de campanha na Ática antes que eclodisse a praga. Não está claro o que aconteceu dentro de Plateia nos 24 meses que se seguiram, além do fato de que Tebas aparentemente não podia ou não queria dar início a um cerco com tudo o que isso requeria. Parece que era mais uma cidade fantasma de homens adultos do que uma comunidade real, enquanto a minúscula guarnição montava guarda à espera de um assalto que, misteriosamente, não vinha. Uns poucos habitantes rurais podem ter voltado para suas fazendas e feito alianças pessoais com beócios que agora cercavam as áreas do interior e patrulhavam os campos. Plateia, de fato, estava se tornando uma questão de prestígio para os dois lados: os espartanos não podiam permitir que seus aliados tebanos falhassem em apagar do mapa uma pequena cidade renegada, enquanto Atenas, para a segurança do próprio império, tardiamente compreendeu que era fundamental provar que ela pagaria qualquer preço para ajudar a salvar seu mais próximo e leal aliado. Dito isso, ambos os lados se viram extremamente ocupados poucos meses depois, quando eclodiu a guerra real.

Foi somente no início do terceiro ano da guerra, em maio de 429, que finalmente os peloponésios chegaram à Beócia para ajudar seus aliados tebanos a lidar com a ferida infeccionada representada por Plateia. No entanto, mesmo quando Arquídamos conduziu sua força maciça até as muralhas, ele fez duas surpreendentes propostas no último minuto: aqueles plateus ainda escondidos na cidade meio deserta poderiam escolher anunciar imediatamente sua neutralidade, deixar entrar a guarnição e, assim, continuar como estavam — e vivos. Ou então, se ainda desconfiados de seus vizinhos tebanos, poderiam deixar a cidade em segurança mediante a garantia de que suas propriedades e terras seriam cuidadas pelos espartanos — com não menos que um aluguel integral a ser pago durante uma década ou até que a guerra terminasse.

Os espartanos, que não tinham boa reputação de saber fazer cercos, não estavam exatamente ansiosos em levar adiante um sítio prolongado, pois, mesmo que bem-sucedido, isso seria custoso e beneficiaria, principalmente, seus volúveis aliados tebanos, que haviam agido unilateralmente e sem consulta prévia. Arquídamos também recordou as questões simbólicas envolvidas, ou seja, o papel intrépido que fora desempenhado pelos plateus nas Guerras Persas anteriores, em 490 e de 480 a 479. Naquele momento, ele estava acampado justamente nas vizinhanças do campo de batalha santificado onde, meio século antes, o exército persa havia sido esmagado pelos avós daqueles que agora se encontravam dentro e fora das muralhas.

O piedoso rei espartano também tinha algum problema com juramentos ancestrais, bem conhecidos de todos os gregos, que prometiam proteger a autonomia de Plateia, agora vista, consensualmente, como um monumento partilhado por todos os helenos. Fazia mais de 50 anos que as planícies onduladas em volta de Plateia haviam sido consagradas no mundo grego: um campo de batalha santificado e um cemitério pan-helênico onde, em melhores tempos, aliados em disputa haviam, em algum momento, lutado, morrido e sido enterrados juntos para se contrapor à autocracia. Esse foi um dos crimes da Guerra do Peloponeso: que muitos dos locais consagrados das Guerras Persas, onde gregos haviam antes se unido para preservar sua liberdade, fossem lentamente dessacralizados por um banho de sangue entre eles mesmos. Primeiro, o campo de batalha de Plateia; depois, uma outra evacuação da Ática, mas por causa de um invasor grego, e não persa; e, logo em seguida, ataques marítimos espartanos ao largo da sagrada Salamina.

Os plateus pediram mais tempo a Arquídamos e conseguiram. Então, imediatamente mandaram novos emissários a Atenas para explicar o novo dilema em que se encontravam. Estando cercados por espartanos, os plateus também se preocupavam com muitos de seus dependentes que havia mais de dois anos estavam residindo dentro de Atenas, alguns como hóspedes, e a maioria talvez como quase reféns na cidade infestada pela praga. Quando receberam a notícia de que finalmente uma ajuda concreta ateniense estava a caminho para enfrentar a última ameaça, os plateus se sentiram suficientemente encorajados para rejeitar a oferta final de Arquídamos. Eles podem ter se lembrado de que os espartanos tinham má reputação quanto a tomar cidades de assalto e de que haviam fracassado, dois anos antes, quando tentaram capturar até mesmo a pequena guarnição Ática, em Enoe. Os plateus então se prepararam para o cerco.

Se haviam cometido um erro terrível dois anos antes, ao violar juramentos e executar os sabotadores tebanos, foi ainda mais desastroso para os plateus pôr o futuro da cidade sob a proteção de um aliado que se encontrava do lado errado do monte Citéron: além de estar em guerra e acossado por uma praga terrível, tinha tão pouca probabilidade de defender uma minúscula e distante comunidade estrangeira quanto de proteger os próprios fazendeiros e as terras agrícolas em volta das próprias muralhas. Em suma, os plateus pareciam ser prisioneiros dos espartanos dentro das muralhas de sua cidade, embora seus familiares estivessem vivendo como detidos entre seus "amigos" atenienses.

Um Gênio Fora de Lugar

O segundo assalto a Plateia provou-se o mais notável exemplo das variadas artes gregas de sitiar usadas durante toda a Guerra do Peloponeso. O ataque feroz e a defesa enérgica conseguiram capturar toda a atenção de Tucídides, em parte por causa de sua selvageria e da criatividade dos combatentes. Em apenas um dia, Arquídamos havia cercado toda a cidade com uma paliçada improvisada de madeira, feita com os troncos empilhados de árvores frutíferas que os devastadores estavam mais do que satisfeitos em derrubar. A circunferência das muralhas de Plateia era de apenas 1.400 metros. O exército peloponésio que chegou à Beócia provavelmente tinha algo em torno de 30 mil combatentes, além de vários servos e auxiliares. Isso significava que havia facilmente mais de vinte homens responsáveis por cada metro de circunvalação, o que explica por que terminaram a primeira cerca de bloqueio em algo como 24 horas. Claramente, essa era uma tarefa muito mais fácil do que devastar a Ática. Diferentemente do que haviam feito os atenienses em Siracusa, os espartanos compreenderam que a chave para um cerco bem-sucedido era improvisar de imediato algum tipo de muro para que, desde o início, o inimigo não tivesse acesso a alimentos e água. Dessa maneira, poderiam começar a contagem regressiva para o começo da fome, e bem antes que fossem construídos muros permanentes, mais elaborados e trabalhosos, para completar o cerco.

Convencido de que a guarnição estava presa em uma armadilha, um impaciente Arquídamos começou então a construir uma rampa de terra que poderia servir de acesso ao topo das almeias. A construção daquela rampa — tão famosa nos cercos relatados no Velho Testamento e, mais tarde, no terrível cerco romano a Massada — pode ter sido o único caso em que se usou tal técnica em toda a Guerra do Peloponeso. No entanto, ela não era desconhecida dos gregos. Durante séculos, eles haviam construído planos inclinados temporários para assentar os capitéis e as arquitraves sobre as colunas dos templos antigos. Mas, fosse em tempo de paz ou de guerra, essa construção era sempre uma tarefa que consumia muito tempo: demandou cerca de 70 dias até mesmo da imensa força de Arquídamos, ou quase o dobro do tempo que ele teria gastado devastando a Ática.

Imediatamente, a reação e a contrarreação dos combatentes alcançaram um ritmo febril, no tanto em que os plateus estavam lutando pela própria existência e os espartanos lutando contra o tempo, pois grande parte do exército do rei Arquídamos era constituída por agricultores peloponésios que precisavam voltar para casa e cuidar das colheitas de verão. Além disso, os que faziam o cerco rapidamente teriam devorado a maior parte das provisões e logo descoberto que os campos de trigo de Plateia eram insuficientes para alimentar toda aquela horda — que era, provavelmente, maior do que a população de qualquer cidade da Beócia.

Enquanto crescia a rampa, os espartanos a reforçaram com troncos e pedras para manter a terra compactada e estável. Em resposta, os plateus tentaram aumentar a altura das muralhas num ritmo mais acelerado que o da construção da rampa, acrescentando camadas adicionais de tijolos de barro reforçados com madeira. Para o caso de a força inimiga mais numerosa conseguir vencer a corrida para o topo, os plateus também secretamente fizeram furos na base de suas muralhas, até alcançar as fundações da rampa, e começaram a remover terra dali — insidiosamente fazendo com que o monte afundasse tão rapidamente quanto era aumentado por cima! Os espartanos responderam entupindo os buracos com buchas improvisadas de argila e junco. E assim prosseguiram as contínuas idas e vindas entre desafios e respostas, com os gregos de uma dúzia de cidades-Estados agora usando a mesma energia e o mesmo talento com que haviam erigido templos magníficos e criado a literatura clássica para disputar as minúsculas muralhas de uma cidade minúscula.

Para reforçar suas chances, caso a rampa espartana subisse mais rapidamente do que todos os esforços no interior da cidade, os plateus também construíram uma nova fortificação semicircular por dentro da outra, a uma pequena distância. Se a rampa chegasse a alcançar as fortificações originais, os espartanos que a tomassem de assalto seriam surpreendidos por uma nova muralha e forçados a recomeçar todo o sítio.

Mas os espartanos eram igualmente adaptáveis. Durante as primeiras poucas semanas, pelo menos, tinham a vantagem de um suprimento regular de alimentos e provisões, e um número muito maior de homens trabalhando para entrar do que o daqueles se esforçando para impedi-los. Começaram então a se utilizar de diversos engenhos de cerco toscamente construídos — grandes aríetes feitos com troncos, muito provavelmente sobre rodas —, não apenas empurrando um deles até o topo da rampa, mas também arremessando outros contra as partes menos bem defendidas das fortificações.

Para não serem superados, os desesperados plateus — continuamente engajados em fazer túneis, minar as bases da rampa e construir uma muralha totalmente nova — começaram a produzir contra-armas ainda mais estranhas. Alguém teve a ideia de fazer algo como um mecanismo com enormes laços na ponta que seriam baixados para prender os aríetes. Com ele, os engenhos dos inimigos eram laçados, levantados e depois tombados. Caso as cabeças dos aríetes não se quebrassem com a queda, os plateus também inventaram algo para levantar pesados troncos na horizontal até o topo das muralhas e deixá-los cair sobre alvos cuidadosamente mirados, arrancando a cabeça dos aríetes.

Arquídamos ficou profundamente exasperado com tão incômoda criatividade. A diminuta guarnição de Plateia — 480 combatentes e 120 mulheres cozinheiras — havia paralisado todo o seu exército durante semanas. Esses obstinados defensores não mostravam nenhum sinal de fome ou de dissensão civil, as indicações usuais de que a capitulação era iminente. Se a devastação havia se provado inútil tanto para levar a fome aos atenienses quanto obrigá-los a entrar numa batalha, o cerco estava se provando ainda mais enlouquecedor.

Então ele apelou para o fogo. Os engenheiros tentaram incendiar a cidade que não podiam tomar de assalto. Levaram galhos até o alto da rampa e os jogaram do outro lado da muralha, e também os empilharam em volta dela. Misturaram betume e enxofre, jogaram sobre as pilhas e atearam fogo. Se o fogo não enfraquecesse os tijolos de barro e os suportes de madeira, então talvez a fumaça adoecesse a guarnição. Tucídides acreditava que a maior parte da cidade teria sido tomada pela fumaça se os ventos tivessem sido favoráveis aos atacantes e o tempo continuasse seco.

Em vez disso, as brisas permaneceram calmas e vieram chuvas súbitas. O fogo apagou sem danificar as muralhas de pedra e seus suportes de madeira, nem os suportes de madeira das casas no interior da cidade. Tampouco a fumaça produzida por aquela mistura envenenante incapacitou os que se defendiam — se essa também fosse uma intenção do incêndio.

Com o fracassado ataque com fogo e a descoberta da nova muralha secundária, os espartanos se sentiram embaraçados. Já era final de setembro. Fazia mais de três meses que estavam imobilizados em Plateia, sem nada para mostrar como resultado de seus esforços naquela aldeia do interior. No mínimo, Arquídamos estava provando às cidades-Estados gregas neutras que a reputação espartana de incompetência para tomar posições fortificadas era mais do que merecida — fato desastroso para um Estado que exercia uma autoridade às vezes tênue sobre inúmeras cidades fortificadas no Peloponeso.

As tropas aliadas estavam inquietas. Arquídamos finalmente compreendeu isso quando reconheceu que não poderia nem tomar a cidade nem se permitir abandoná-la. Então fez alguma concessão, permitindo que a maior parte dos hoplitas marchasse de volta para suas casas no Peloponeso, enquanto ele organizava alguns outros para construir uma muralha de circunvalação mais permanente destinada a aumentar aquela temporária feita com árvores frutíferas. Daí seus homens começaram a cavar trincheiras dos dois lados de um circuito de muros gêmeos. Dessa maneira, buscavam não apenas aumentar a altura da rampa e criar fossos de proteção, mas também fornecer tijolos de barro para sua construção.

Na realidade, os peloponésios estavam construindo uma curiosa circunvalação como nada ainda visto na história dos cercos na Grécia — embora numa escala menor, era talvez tão sofisticada quanto as paliçadas duplas que Julio César construiria uns quatrocentos anos mais tarde no cerco de Alésia, na Gália. Duas paredes paralelas foram construídas a uma distância de cerca de cinco metros uma da outra, cobertas por um telhado e providas não apenas de torres, almeias e portões, mas também com cômodos interiores para abrigar a guarnição. Embora os parapeitos devam ter sido um tanto frágeis — alguns plateus que mais tarde escaparam derrubariam parte deles quando escalavam o muro —, os sitiantes ainda assim teriam boa proteção contra o inverno e estariam a salvo de ataques tanto do interior da cidade quanto das áreas rurais vizinhas.

Em outras palavras, para tomar a cidade Arquídamos teve basicamente que construir uma cidade alternativa no meio do nada. Os muros tinham o dobro da circunferência dos muros da própria Plateia e eram quase tão elaborados quanto os dela. Quando terminou, dividiu novamente o exército e deixou para trás uma guarnição, repartindo entre as forças de peloponésios e beócios locais a responsabilidade de estrangular Plateia. Para um observador externo neutro, todo aquele trabalho e capital gastos numa mera aldeia não faziam nenhum sentido; mas, para os peloponésios e seus aliados beócios, Plateia havia se tornado um símbolo tanto da determinação quanto da habilidade de que agora dispunham para empreender uma guerra assassina contra o império ateniense.

Alívio

Durante algum tempo, a coragem e o talento dos plateus conseguiram vencer. Mas logo perceberam que, com a edificação daquela curiosa barreira, eles não poderiam nem sair nem ser resgatados. Ainda assim, o impasse persistiu por outro ano e meio após a partida de Arquídamos — ou 45 meses desde o ataque noturno inicial feito pelos tebanos. Nesse meio-tempo, Péricles havia morrido, a Ática fora devastada duas vezes, a praga havia matado mais de um quarto da população ateniense — e os seiscentos defensores de Plateia prosseguiam sobrevivendo em uma cidade fantasma com estoques de provisão cada vez mais limitados, havia muito abandonada pela maior parte de seus habitantes e praticamente esquecida por seus supostos protetores atenienses afligidos e atacados pela doença do outro lado da montanha.

Em 429, os cidadãos de Potideia, um Estado do norte, haviam finalmente entregado sua cidade aos sitiantes atenienses depois de um bloqueio contínuo que espelhava o cerco contemporâneo de Plateia, bem mais ao sul. Os potideus sobreviventes, quase mortos de fome, tiveram permissão para sair apenas com as roupas que vestiam e uma mínima quantia em dinheiro para acudi-los durante o êxodo. Na época, o cruel tratamento dispensado aos potideus — usualmente, os cativos que resultavam de batalhas hoplitas eram trocados ou resgatados, e civis das vizinhanças deixados em paz — deve ter indignado o mundo grego, e as ondas de indignação se espalharam até alcançar o assalto a Plateia, ainda em andamento. Se o destino de Potideia instigou os espartanos a perseverar contra os plateus, eles deveriam ter se lembrado de que os atenienses pelo menos não haviam executado os que se renderam. Mas, no futuro, também se lembrando do destino dos plateus que logo seriam assassinados, os atenienses raramente mostrariam alguma misericórdia.

A primeira fase do longo calvário de Plateia chegou ao fim após lenta fome. Mas antes, em dezembro de 428, quase quatro anos depois de os tebanos terem irrompido na cidade, a assolada guarnição votou a favor de uma fuga. Cerca de 220 dos mais audaciosos esgueiraram-se para fora da cidade numa noite tão chuvosa e escura como a do assalto tebano inicial anos antes. Os fugitivos escalaram as contravalações duplas usando escadas sob medida, especialmente construídas, mataram alguns soldados da guarnição espartana e escaparam para Atenas. A fuga foi brilhantemente planejada, no tanto em que a altura das escadas havia sido exatamente dimensionada em função do número de fileiras de tijolos das contrafortificações inimigas. E os fugitivos haviam esperado uma noite escura de inverno, enquanto a guarnição que permanecia em Plateia desviava a atenção para si.

Cada homem saiu com um único pé descalço para garantir boa estabilidade na lama. Somente um plateu foi capturado e uns poucos retornaram; ao todo, escaparam 212 homens de Plateia, mais de um terço da reduzida guarnição. Embora a partida tenha significado menos bocas para consumir o cada vez mais reduzido estoque de alimentos da cidade, também deixou os desesperados defensores com quase nenhuma possibilidade de continuar a vigiar a fortificação, em teoria uns meros 267 homens e mulheres, em duvidoso estado de saúde, para guardar algo como 1.400 metros de parapeitos.

Cada defensor agora seria responsável por quase cinco metros do circuito de muralhas. Os espartanos poderiam tomar a reduzida guarnição a qualquer momento que quisessem, embora ainda estivessem cautelosos quanto a tomar de assalto o lar ancestral de um povo tão honrado. Assim, em vez de escalar as muralhas, acharam mais sábio que os poucos plateus que haviam sobrado pedissem a paz e se rendessem, no tanto em que mais tarde poderiam argumentar em qualquer negociação de paz que a cidade não havia sido tomada e precisava ser devolvida, como se fosse uma convertida que tivesse voluntariamente se juntado aos espartanos e seus aliados.

Naquele mesmo instante em que o fim se aproximava para os plateus cercados, seus benfeitores atenienses, a uma distância de apenas 80 quilômetros, ignoravam os sitiados e, em vez disso, estavam concluindo mais um assalto bem-sucedido que haviam acabado de empreender contra os rebeldes mitilenos, em Lesbos, do outro lado do Egeu. Após a capitulação da cidade, os atenienses executaram mais de mil dos cabeças da revolta e entregaram todas as terras confiscadas a colonos atenienses. Entre os capturados estava um oficial expedicionário espartano, Sáletos, que pediu para ser poupado com a condição de que à décima primeira hora ele poderia usar sua influência para terminar o sítio que seus companheiros faziam a

Plateia. Mas os obstinados atenienses estavam mais interessados em matar um membro da elite espartana do que em salvar uns poucos plateus que haviam insensatamente contado com a promessa de proteção ateniense feita uns quatro anos antes, durante tempo de paz, quando Péricles estava vivo e a praga ainda era desconhecida.

Assim, Plateia caiu pouco depois de os atenienses haverem arrasado Mitilene, durante o verão de 427, no início do quinto ano da guerra que havia começado tanto tempo antes com o assalto tebano. Os esquálidos defensores deixados para trás finalmente desistiram, incapazes de enfrentar um dos mais fortes ataques preventivos espartanos. Tucídides registra as negociações de rendição, anotando especialmente a patética fala dos cativos plateus. Eles recitaram perante os espartanos uma ladainha de por que e como toda aquela calamidade havia começado anos antes, quando um povo historicamente honrado havia sido tão injustamente atacado em tempo de paz.

As Recompensas da Resistência

Os furiosos tebanos demandaram uma oportunidade de refutar os cativos e insistiram em sentenças de morte coletivas. No final, os espartanos ficaram preocupados com o mero embaraço de tudo aquilo, quase quatro anos e milhares de homens-hora desperdiçados para capturar uma minúscula guarnição. Provavelmente não mais que duzentos homens e mulheres dos defensores originais ainda estavam vivos. A raiva devida ao fracasso e a necessidade de pacificar os frustrados tebanos selaram o destino dos plateus.

Foi-lhes feita mais uma vez uma única pergunta: haviam feito eles alguma coisa para ajudar os espartanos naquela guerra? Era uma pergunta estúpida: que chances tinham tido os plateus de ajudar amigo ou inimigo enquanto estiveram cercados dentro de sua cidade durante quatro anos? À medida que cada homem adulto respondia que não, era imediatamente executado. As mulheres e crianças foram vendidas como escravas.

A própria Plateia, como ocorrera a Mitilene algumas semanas antes, foi destruída. O butim de suas ruínas foi usado para construir um recinto sagrado dedicado a Hera, como se um simbólico ato de piedade pudesse aplacar os pecados de invadir uma cidade neutra em tempo de paz e executar os descendentes dos heróis das Guerras Persas. Os beócios vizinhos, que haviam começado tudo ao atacar cidadãos que dormiam, alugaram as fazendas dos novos donos espartanos, que desesperadamente queriam alguma recompensa para o custoso fiasco que lhes dera tão pouca vantagem estratégica. Tucídides termina o triste relato com uma afirmação objetiva: "Tal foi o fim de Plateia no 93º ano depois de se ter aliado a Atenas."[3]

O demorado sítio também fascinou o historiador, que retornou três vezes à saga da guarnição durante aqueles quatro anos. O que se pode aprender com a debacle dos pobres plateus a respeito da competência grega para fazer cercos? Primeiro, provou-se quase impossível tomar de assalto uma cidade murada sem dispor de artilharia, torres móveis, forças irregulares com armamentos leves ou escadas para escalar e grande quantidade de arqueiros e tropas de lançamento de projéteis. A despeito da improvisada criatividade dos atacantes, os peloponésios eram o tipo errado de sitiadores, sendo, em sua maior parte, hoplitas desajeitados que somente empregavam aríetes primitivos e abrigos cobertos. Os plateus que escaparam portando armas leves e escadas provaram-se mais aptos para subir sobre os elaborados muros duplos de circunvalação dos espartanos do que esses em tentar penetrar através das fortificações da cidade. As muralhas de Plateia, como aquelas de tantas outras cidades-Estados gregas, parecem ter sido reforçadas nas décadas anteriores à guerra com a suposição de que, nos sítios contemporâneos, a vantagem sempre estaria com os que se defendiam se tivessem resistentes muralhas de pedra.

Segundo, tomar uma cidade realmente significava matar de fome os que estivessem dentro dela. A única maneira garantida de reduzir uma guarnição grega era por meio da fome resultante de isolá-la tanto de sua própria terra quanto de ajudas de fora. Mas um poder terrestre como os peloponésios era curiosamente inadequado para essa tarefa. Os soldados tinham compromissos com as próprias colheitas. Desde o momento em que chegava um exército, o relógio começava a marcar a hora em que um dos dois, defensores ou atacantes, ficaria primeiro sem alimentos e água. As probabilidades deveriam estar a favor dos que montavam o sítio. Ainda assim, sua maior quantidade, falta de familiaridade com o cenário local e a preocupação com a chegada de forças hostis que viessem em ajuda poderiam às vezes deixá-los tão famintos, sedentos e doentes quanto aqueles dentro da cidade. Além disso, em quase *nenhum* caso de um grande cerco, fosse em Plateia, Mitilene ou Melos, nem os atenienses nem os espartanos designaram forças de socorro significativas para salvar seus respectivos aliados ideológicos acossados. É verdade que os peloponésios tardiamente enviaram ajuda a Siracusa, mas somente após estarem guerreando fazia um ano, e mais com o propósito de prejudicar Atenas do que de salvar os siracusanos.

Ostensivamente, os sítios envolviam adversários convencionais dentro e fora de muralhas. Na realidade, eram frequentemente precipitados pela intriga e traição de fanáticos e agentes estrangeiros — e às vezes também resolvidos por meio deles. Os gastos exorbitantes incorridos em Plateia — a maior parte dos saques rurais havia sido transportada em carroções pelos beócios e a vasta maioria dos cidadãos havia muito deixara a cidade com seus bens — também tiveram um efeito catastrófico sobre a disposição dos espartanos de continuar se engajando em intrigas nas quais houvesse tanto em jogo. Plateia havia custado muito e, quando tomada, lhes dera de volta muito pouco. Em vez disso, à medida que a guerra avançava, os cercos se tornariam, cada vez mais, principalmente uma especialidade dos atenienses, muito mais capazes de pagar seu preço — e que tinham um número muito maior de súditos desejosos de se revoltar.

A Política do Cerco

A Guerra do Peloponeso, uma suposta luta entre a frota ateniense e os hoplitas espartanos, começou com o sítio de Plateia e terminou quase três décadas mais tarde com o bloqueio de Atenas. Na realidade, mesmo os precursores dessa guerra envolveram cercos. Os corcireus cercaram a cidade de Epídamnos, no noroeste da Grécia, e os atenienses atacaram em Potideia, já que tais poderes navais buscavam garantir que cidades portuárias subservientes e tributárias continuassem alinhadas e bem comportadas.

O ataque a cidades não era algo novo na guerra grega. Era tão antigo quanto Troia e o mítico assalto a Tebas pelos sete heróis pan-helênicos. Foi recorrendo a cercos que o império marítimo ateniense havia sido adquirido e mantido em lugares tão distantes como Êion, Sestos e Samos. Ainda assim, a frequência cada vez maior desses elaborados e longos bloqueios era também resultado da crescente riqueza da Grécia do século V, que podia se dar ao luxo de fazer tão custosos investimentos.[4]

Dependendo de como se defina um "cerco" propriamente dito — se uma guarnição rural cercada deve ter o mesmo status de toda uma municipalidade sitiada —, houve provavelmente pelo menos 21 deles durante a guerra, ou quase um para cada ano de hostilidades formais. Alguns eram esforços elaborados contra grandes cidades como Potideia, no norte da Grécia (431-429), ou Siracusa (415-413), na Sicília, talvez o maior Estado do mundo de fala grega. Outros envolviam cidades menores como Plateia (431-427) e Melos (415). Às vezes, os sítios eram pouco mais que exércitos matando guarnições que se defendiam detrás de fortificações improvisadas, como foi o ataque espartano em Enoe, em 431 ou o assalto tebano ao santuário em Délion, em 424, ambos cheios de soldados, e não de civis.

A ubiquidade dos cercos não pode ser avaliada por seu mero número, mas talvez seja muito mais bem indicada pelo total de anos investidos pelos combatentes em sitiar fortalezas. Por exemplo, foram gastos quatro anos em Plateia, três em Siracusa, dois em Potideia e dois em Cione. É muito provável que alguma cidade-Estado estivesse sofrendo um assalto em algum lugar durante quase todos os meses da Guerra do Peloponeso, desde a Sicília no oeste, até a Ásia Menor no extremo leste, e desde as regiões de Bizâncio, no norte, até o sul do Egeu. Enquanto os inimigos se ocupavam com as intermitentes operações contra a vizinha Plateia, Atenas estava conduzindo cercos muito mais onerosos em Potideia e depois em Mitilene. Com um número muito maior de cercos do que de batalhas hoplitas — 21 sítios *versus* duas grandes batalhas hoplitas —, a prática da guerra grega havia mudado quase que da noite para o dia.

Durante alguns anos da guerra, inúmeras cidades e guarnições gregas estiveram sob assalto simultâneo. Entre 424 e 423, os atenienses estavam bloqueando Niseia, em Mégara, enquanto no norte faziam uma série de ataques concorrentes em Torone, Mende e Cione, enquanto os beócios cercavam a guarnição ateniense em Délion e os espartanos tomavam de assalto uma fortaleza em Lêcitos. Em termos de perdas totais em batalha, embora sejam poucos os números exatos, o total de gregos que morreram no mar ou atacando e defendendo cidades durante a guerra foi muito maior do que o daqueles mortos em batalhas de infantaria. Entre 416 e 413, por exemplo, os atenienses e seus aliados aniquilaram muitos dos homens residentes em Melos e Micálessos, enquanto perdiam quase 45 mil — muitos deles considerados os melhores do império ateniense — num esforço inútil de tomar Siracusa. De fato, os maiores desastres na história do império ateniense foram devidos aos dois colossais fracassos em Mênfis, no Egito, antes da guerra, em 454, e na Sicília: ambos foram sítios que, juntos, podem ter custado as vidas de mais de 90 mil soldados imperiais atenienses. Acrescente-se a isso a praga, e em apenas quarenta anos o império terá perdido quase 200 mil de sua população residente como resultado direto de atividades bélicas fora do campo de batalha tradicional.

Durante a guerra, algumas tendências gerais surgiram a partir desses assaltos acerbamente respondidos. Primeiro, a maior parte dos cercos era conduzida pelos atenienses. Embora houvesse alguns poucos casos além de Enoe e Plateia em que os espartanos e seus aliados atacassem cidades-Estados e guarnições menores (mais frequentemente já perto do fim da guerra, em Lêcitos, Íasos, Náupactos e Cedreae), eles muito raramente tentaram tomar cidades grandes recorrendo a um assalto formal. Algo na escala do bloqueio ateniense às cidades portuárias de Potideia, Mitilene, Melos ou Siracusa estava além da competência e dos recursos dos espartanos, até que construíssem uma frota com dinheiro persa.[5] No entanto, desde os primeiros momentos da guerra, e a despeito de serem completamente incapazes de conduzir um sítio contra as muralhas de Atenas ou mesmo a uma pequena guarnição rural na Ática como Enoe, os espartanos mostraram alguma imaginação em Plateia ao construir uma plataforma e fabricar alguns aríetes e equipamentos primitivos antes de conseguir a capitulação submetendo a população à inanição. Assim, existe uma melhor razão para explicar por que a arte do cerco durante a Guerra do Peloponeso era principalmente uma atividade ateniense, e envolve a natureza assimétrica da própria luta.

Durante a maior parte da guerra, até sua última década, Esparta e seus aliados não possuíam navios suficientes para patrulhar com força total o litoral grego, muito menos o Egeu inteiro. A habilidade para projetar seu poder além das rotas terrestres normais era limitada em comparação com a de Atenas, que, em contraste, levou sitiadores por mar para assaltar as distantes Potideia, Mitilene, Minoa, Mende, Cione, Anfípolis, Melos, Siracusa, Calcedônia e Bizâncio, cidades da Sicília no mar Negro com mais de 1.600 quilômetros entre elas.

Atenas havia exibido sua competência para fazer fortificações ao construir o vasto circuito de muralhas que cercava a própria cidade. Esparta, em contraste, não tinha baluartes; seu porto em Gítium ficava a cerca de 50 quilômetros de distância da cidade. Um povo que sabe como construir baluartes na própria terra está mais preparado para construí-los ou tomá-los no exterior. Grande parte da política de Atenas de isolar cidades sitiadas e impedir acesso pelo mar era o reverso da própria construção das Longas Muralhas que a ligavam ao Pireu, e assim os atenienses tinham intimidade tanto com o procedimento quanto com as implicações psicológicas de se ter um porto fortificado.

O sítio de Plateia foi singular não só por sua duração e pelas táticas bizarras, mas porque nunca mais se viu nada parecido, já que havia apenas umas poucas cidades-Estados bem fortificadas no interior da Grécia central ou do sul que ainda não eram aliadas dos espartanos ou dos tebanos. As cidades que constituíam os grandes prêmios no mundo grego — Siracusa, Atenas, Corinto, Córcira, Argos, Bizâncio, Samos e Mitilene — estavam no litoral ou ligadas a ele por longas muralhas. Nenhum Estado podia tentar capturá-las sem uma grande frota que lhe garantisse a superioridade naval.

Diferentemente de Esparta, era Atenas que assaltava os próprios Estados tributários rebeldes, como Potideia e Mitilene, em quase todos os casos onde se fazia necessário um cerco. Em ocasiões mais raras, ela buscou coagir neutros, como Melos ou Siracusa, para que aderissem ao império. Atenas raramente realizou uma grande invasão terrestre de território espartano, coríntio ou tebano para longas operações de sítio contra uma cidade inimiga do interior — essas eram operações impossíveis, casos onde suas linhas de suprimento eram indefensáveis e sua vasta frota não tinha nenhuma utilidade.

Como disseram os atenienses aos mélios no famoso diálogo registrado no quinto livro da história de Tucídides, a principal preocupação não era realmente com Esparta e seus aliados. Em vez disso, o problema eram os próprios "povos tributários de Atenas que poderiam talvez atacar e derrotar os que os dominavam". Adicionalmente, lembraram aos já condenados mélios que era precisamente pelo receio de que contínuas revoltas se espalhassem por todo o Egeu que eles haviam navegado até Melos para dar um exemplo a quaisquer outros que pudessem ter ideias tão perigosas de oposição aos "senhores do mar". Naquele contexto, eles haviam dominado as artes do cerco, movidos pela necessidade, e se vangloriavam de que "nunca, em nenhuma ocasião, os atenienses se retiraram de um cerco devido ao medo de qualquer inimigo", uma bravata que o irônico Tucídides tratou de relembrar e enfatizar às vésperas do desastrado e fracassado sítio na Sicília.[6]

Sítios — fossem o bem-sucedido ataque de Esparta em Plateia ou a ruína de Melos por Atenas —, com frequência, não podiam ser explicados por um cálculo estratégico tradicional de custos *versus* benefícios. Afinal de contas, o que a posse de Plateia fez pela causa espartana? Como Atenas teria se tornado mais segura, mais rica ou mais forte por tomar Melos? O aluguel das terras agrícolas pago pelos colonos atenienses que se estabeleceram nos campos circundantes depois que a cidade caiu dificilmente teria coberto o custo do longo sítio. Nem a venda de cativos como escravos recuperaria as despesas dos que fizeram o cerco. Em vez disso, os esforços para tomar de assalto cidades recalcitrantes pareciam ter enormes implicações psicológicas sobre a reputação e a competência dos dois poderes. Deixar Plateia permanecer desafiadoramente separada de Tebas, ou Mitilene se vangloriar de sua independência, era visto como um risco de contágio capaz de enfraquecer todo o sistema de alianças que havia se desenvolvido após as Guerras Persas.

Com a continuação da guerra, uma estratégia ateniense popular era realizar uma ação preventiva contra súditos problemáticos. Após o custoso fiasco em Potideia — no início do conflito, o sítio já havia custado aos atenienses quase 2 mil talentos (algo como um bilhão de dólares atuais) —, a frota ateniense aprendera a usar a mão de ferro rapidamente para não ficar enredada em cercos dispendiosos. Em outras palavras, a maneira mais eficaz de conduzir um sítio pode ter sido derrubar as muralhas de uma cidade neutra ou amistosa antecipadamente, com base em meros rumores de que se estava armando uma insurreição. No caso dos potideus, os atenienses haviam pedido que os próprios habitantes derrubassem suas fortificações, em vez de eles mesmos o fazerem — e, como resultado, acabaram se envolvendo no mais custoso cerco da história grega clássica.

Em contraste, durante o inverno de 425, os atenienses garantiram-se de que não haveria mais insurreições como as de Potideia ou Mitilene. Assim, a frota navegou para a vizinha Quíos e forçou os ilhéus a derrubar as muralhas recém-construídas, com a promessa de não haver represálias — uma estratégia firme que parece haver impedido mais problemas ali durante quase duas décadas. Os tebanos praticaram o mesmo tipo de ação preventiva após a batalha de Délion. Dadas as horrendas perdas sofridas pela pequena Téspias na vitória beócia sobre os atenienses, os tebanos marcharam até a suspeitosa cidade aliada e arrasaram suas fortificações, com base em rumores de simpatias pró-atenienses. A última coisa de que necessitavam era de um outro dispendioso cerco a um vizinho neutro, à moda da recalcitrante Plateia, e assim era melhor derrubar as muralhas antes que os téspios se dessem conta do que os havia atingido.[7]

Os Holocaustos

Assaltar cidades é uma das mais antigas ações de guerra, e frequentemente a mais brutal. As primeiras obras da literatura ocidental começam com o cerco bíblico de Jericó e o ataque dos aqueus a Troia. As mais tocantes passagens em toda a história da guerra de Tucídides giram em torno do assalto a comunidades de homens, mulheres e crianças quando a guerra chegou à soleira da família grega: os plateus que imploraram misericórdia, o debate entre Clêon e Diôdotos sobre o destino dos mitilenos, o Diálogo Mélio, a matança dos meninos em Micálessos e o grande sítio a Siracusa. Na verdade, Micálessos provou-se algo terrível precisamente porque os mercenários trácios não buscavam nenhum objetivo militar real além do terror psicológico de destroçar crianças na escola — a versão antiga do assalto de terroristas chechenos à escola russa, em Belsan, no início de setembro de 2004, que chocou o mundo moderno e confirmou o prognóstico de Tucídides de que sua história realmente seria válida para todos os tempos, no tanto em que a natureza humana, como ele a via, tem permanecido constante ao longo do tempo e do espaço.

Há algo surrealista a respeito de tomar de assalto uma cidade. Os cercos são veredictos finais e últimos sobre a sorte não apenas de soldados, mas de todo um povo. Nada é mais arrepiante, por exemplo, do que as horas finais de Constantinopla — 10 mil pessoas amontoadas sob o domo de Santa Sofia, rezando em vão aos anjos da libertação no início da tarde de 29 de maio de 1453, enquanto as tropas de choque do sultão irrompem para acabar de vez com a milenar cultura de Bizâncio. Durante cercos, mulheres e homens velhos lutam do alto das muralhas. Uma genialidade improvisada manifesta-se em contramedidas — existe uma enorme quantidade de histórias sobre projéteis, chamas, gruas e lançamento de telhas — quando o destino de milhares às vezes depende unicamente da inteligência e da determinação coletivas. Na era dos bombardeios, cujas armas aéreas podem tornar supérfluas as paredes, os sítios podem parecer coisa do passado, até que nos recordemos de que Leningrado e Stalingrado foram dois dos maiores e mais custosos sítios de todas as épocas.

Os sítios também refletem uma exaustão da habilidade dos soldados para conduzir a guerra ou, melhor ainda, o fracasso de um lado em oferecer resistência no campo e, assim, manter as mortes bem distantes dos civis e de suas casas. É verdade que existem os chamados estatutos de guerra; pelo menos, havia, nos tempos mais calmos antes da escalada da violência na Guerra do Peloponeso. As "leis dos gregos" no mundo antigo, por exemplo, presumiam que, com a chegada do inimigo, civis sitiados quase sempre teriam livre passagem para sair de sua cidade, com o reconhecimento de que deveriam deixar para trás propriedades, casas e, na realidade, suas próprias existências. Diante da recusa em se submeter, todas as negociações seriam encerradas, como se subitamente se transformasse num ato moral matar homens adultos e escravizar suas mulheres a partir do momento em que não estivessem dispostos a entregar tudo ou porque, afinal, não conseguissem proteger tudo que lhes era mais caro.

Qual era o cálculo moral na mente dos que se defendiam? Tinham apenas quatro opções uma vez que o inimigo cercasse sua cidade: rendição, resistir de cima das muralhas, contra-atacar com surtidas, ou escapar. Os plateus adotaram todas as quatro estratégias em diferentes momentos, à medida que suas forças foram minguando. Durante o ataque tebano inicial, os plateus precipitaram-se sobre os intrusos e os mataram. Então, se recusaram a negociar durante quatro anos. A metade da guarnição saiu escondida à noite e escapou. O restante finalmente capitulou e foi executado ou escravizado.

Em que medida, então, os civis dentro da cidade eram culpados do próprio destino? Se não lutassem ativamente sobre as muralhas, seriam eles considerados não combatentes e, assim, deveriam ser poupados após a capitulação, ou simplesmente executados por seus pares enquanto as muralhas se mantivessem firmes? Haveria uma diferença moral entre fornecer alimentos para os defensores e concretamente lutar sobre as muralhas? Seria traição não oferecer nenhuma resistência? E, de qualquer modo, qual o significado de tal não envolvimento uma vez que os soldados inimigos se espalhassem pelas ruas? Estar sob um cerco com frequência tinha um efeito ostensivo de unificar a população, para o bem ou para o mal; como era perfeitamente possível que o vencedor aplicasse uma punição coletiva aos derrotados, a maior parte dos que estavam do lado de dentro compreendia que precisava resistir a todo custo. A despeito de todas as disputas em Atenas, tanto Péricles quanto seus sucessores foram capazes de manter a população unida, observando o inimigo de cima das muralhas, combatendo a praga e aprendendo a lidar com a superpopulação da cidade.

As questões éticas não terminam aqui. Seria um exército de defesa culpável do ponto de vista moral caso se retirasse para sua base civil, como se deliberadamente arrastasse os não combatentes a uma guerra que seus soldados não poderiam vencer no campo de batalha? Ou seria sábio proteger soldados no interior de muralhas em vez de vê-los perecer no campo de batalha, tendo todas as probabilidades contra eles e deixando as cidades sem proteção quando, em vez disso, poderiam ter armado uma defesa viável de dentro das muralhas?

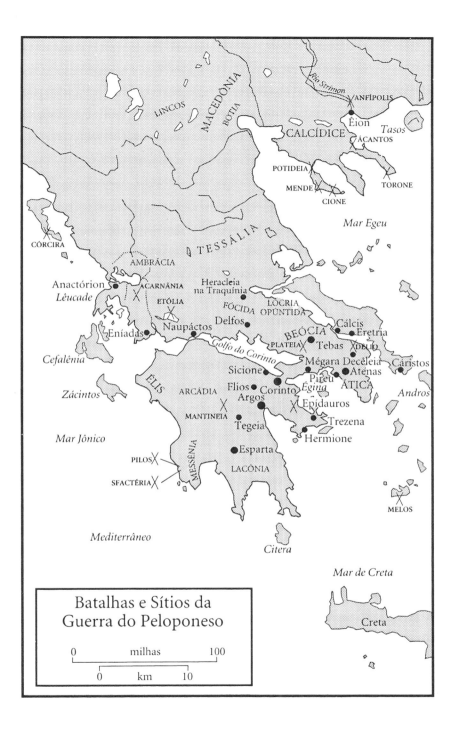

Os gregos estavam conscientes de todas essas contradições e ambiguidades, e presumiam que raramente existia uma unidade política, mesmo antes de eles chegarem a uma cidade, e menos ainda quando se elevavam os contramuros do inimigo e a pressão da fome e da doença aumentava as tensões. Bem antes da Guerra do Peloponeso, exércitos haviam submetido cidades à fome e escravizado cidadãos. Cidades por todo o mundo grego que escolheram resistir a um cerco — Cáristos, em 474, na ilha de Eubeia; Naxos, em 470, no Egeu; Micenas, em 468, na Argólida; as ilhas de Tasos no Egeu, em 465, a cidade beócia de Queroneia, em 447, e Samos, em 440, ao largo do litoral da Jônia — usualmente viram suas populações vendidas como escravas após a capitulação. Às vésperas da guerra, os corcireus haviam tomado Epídamnos, vendido parte de sua população e mantido outros como reféns — mas não haviam executado os cidadãos.[8]

Uma Colheita de Escravos

Pôr em fila e assassinar a população adulta masculina grega que se rendia era ainda algo raro antes da Guerra do Peloponeso; essas matanças tornaram-se habituais somente após o sítio de Plateia. Então surgiu um padrão discernível: oferecia-se aos sitiados a possibilidade de deixar a cidade sem suas propriedades, antes do começo da luta. Após se fechar aquela alternativa, presumia-se que todas as garantias haviam sido retiradas, e morte e escravidão, respectivamente, eram iminentes para homens e mulheres capturados. O destino dos vencidos, em suma, pertencia inteiramente aos vitoriosos — ou, nas palavras do seco e empírico Aristóteles "A lei é um tipo de pacto sob o qual se diz que as coisas conquistadas na guerra pertencem a seus conquistadores." O dramaturgo Eurípides, que refletia eventos contemporâneos reelaborando mitos e produziu *Hécuba*, em 425, dois anos após a brutal repressão ateniense de Mitilene, faz com que Hécuba relate à audiência ateniense reunida o infeliz destino da casa real troiana derrotada: Hécuba foi escravizada, sua filha Polixena foi sacrificada, Cassandra levada como butim, Polidoro assassinado, tudo isso em seguida à morte em combate de seus filhos Heitor e Páris e à execução de Príamo, seu marido.

"Olhem para mim e avaliem cuidadosamente os males que tenho suportado", diz Hécuba, lamentando a captura de sua cidade e a própria escravização. "Já fui uma governante, mas agora sou sua escrava. Uma vez tive filhos bons, agora estou velha e sem filhos. Estou desterrada, sozinha, a mais miserável dos mortais." Aqueles na audiência que ouviram essas palavras estavam pensando nos pobres gregos de seu próprio tempo, não em míticos troianos.⁹

Mais adiante na guerra, quando a onda do conflito voltou-se a seu favor, os generais espartanos às vezes anunciavam que os peloponésios não acreditavam em escravizar outros gregos. Ainda assim, essa magnanimidade professada raramente pretendia incluir os atenienses. Quando Esparta às vezes punha em liberdade os aliados de Atenas que havia prendido, era primariamente para efeito de propaganda, e contrabalançava esse ato escolhendo alguns atenienses que receberiam a punição especial de escravização ou morte.¹⁰

Como a escravidão antiga não se baseava na pseudociência da inferioridade genética, todos os gregos, como as troianas reais Hécuba, Cassandra e Andrômaca do mito, eram, em teoria, passíveis de serem escravizados em alguma cidade. O grande suprimento de trabalho escravo no mundo grego antigo era provavelmente obtido por meio de assaltos a cidades, uma tática inquietantemente concomitante com a disseminação da própria escravidão desde o século VII até o V.

É difícil dizer se a Guerra do Peloponeso resultou em um aumento ou em um decréscimo líquido do número de escravos helênicos a partir da comparação entre tantas cidades tomadas e o número de escravos libertados alistados em exércitos e marinhas. Por exemplo, em contraste com aqueles escravizados em lugares como Mitilene e Melos estavam os hilotas libertados por Brasidas, um número muito maior que fugiu para zonas seguras como Pilos, Decêleia e Quíos, e milhares que foram emancipados para lutar em batalhas como a das Arginusas. De qualquer modo, W. K. Pritchett uma vez somou todos os casos de escravização após batalhas e sítios durante a Guerra do Peloponeso registrados em nossas fontes literárias. A lista incompleta tinha 31 casos e, ainda assim, revelava um total de diversos milhares de gregos vendidos como escravos. A Guerra do Peloponeso provou-se o grande exemplo de reversão humana na história da Grécia clássica quando centenas de milhares de ex-escravos foram libertados enquanto um número ainda maior de cidadãos foi reduzido ao status de servos. Esse fato explica parcialmente o caos social do século seguinte, quando mercenários substituíram milícias e quando as disputas do pós-guerra em torno de propriedade e cidadania dominaram os trabalhos dos tribunais. A Grécia do século IV também assistiu a um súbito aumento de furor democrático, especialmente em Tebas e no Peloponeso. Em Atenas, subsídios especialmente elevados foram dados aos mais pobres para que participassem das votações — uma liberalização que também refletia as vastas mudanças na vida política e social durante a guerra, na qual escravos ganharam a liberdade e homens livres foram feitos escravos.[11]

Uma Especialidade Ateniense

Além de Plateia, houve uma variedade de outros sítios na Guerra do Peloponeso que terminaram não apenas com a derrota dos habitantes, mas em sua completa aniquilação. Em 423, os atenienses conduziram uma série de ataques contra três cidades no norte da Grécia — Mende, Torone e Cione. Todas haviam se revoltado contra seu domínio. Aquelas insurreições foram particularmente mortificantes para os atenienses, já que se afirmava estar em ação um armistício pedindo a cessação temporária das operações militares. Mas as três cidades, localizadas na estratégica península Calcídice e não distantes da desafortunada Potideia, ficaram encorajadas com o sucesso do insurrecto espartano Brasidas — o chamado libertador da Hélade — e sentiram o enfraquecimento da velha determinação ateniense.

Brasidas estava operando muito longe de casa na esperança de trazer para o lado espartano as cidades-chave do norte do império ateniense antes que fosse estabelecido o prazo final de um armistício geral. Em resposta, os atenienses acabaram submetendo as três e mostraram pouca misericórdia com os habitantes. No primeiro caso, foram introduzidos em Mende por traidores, mataram diversos cidadãos, cercaram os insurrectos direitistas na Acrópole e então permitiram que seus aliados democráticos de Mende dessem fim aos revolucionários encurralados.

Não muito tempo depois, os atenienses voltaram com grande determinação para lidar com as duas outras cidades recalcitrantes da Calcídice. Atacaram Torone por terra e mar e entraram na cidade seguindo uma surtida espartana que buscava abrigo dentro das muralhas, penetrando por uma parte danificada. Todas as mulheres e crianças de Torone foram escravizadas; setecentos dos homens encontrados ainda vivos na cidade foram enviados a Atenas como reféns. Mais tarde, quando houve a aceitação formal da Paz de Nícias, foram devolvidos.

Cione, no entanto, foi uma história totalmente diferente. A cidade sitiada teria um destino igual ao de Plateia. No verão de 421, os cidadãos bloqueados finalmente desistiram após uma brutal circunvalação de dois anos. Dessa vez, os atenienses deram às vítimas o mesmo tratamento que os espartanos haviam dado aos plateus: executaram todos os homens adultos, venderam mulheres e crianças e entregaram as terras abandonadas e a cidade aos plateus sobreviventes que haviam perdido sua capital quando os espartanos começaram o sítio de 429.

Cione, assim como Plateia, havia deixado de existir como uma cidade. Havia se juntado temporariamente aos espartanos e, na lógica ateniense, o certo seria que agora passasse como espólio aos plateus, a quem os espartanos haviam expelido de maneira igualmente brutal. Parece que Cione foi deliberadamente escolhida para ser um "paradigma" (*paradeigma*), no tanto em que "os atenienses queriam incutir medo naqueles de quem suspeitavam estar planejando revoltas", e assim usaram os habitantes da cidade como um exemplo para outros gregos do que poderia acontecer se um Estado deixasse o império ateniense ou apoiasse aqueles que tentavam sair.

A viciosa política ateniense continha certa lógica previsível durante aquela nova luta irrestrita na Guerra do Peloponeso. Inúmeros dos cidadãos não envolvidos em planejar a revolta e que se entregaram relativamente cedo, como aqueles presos em Torone ou em Mitilene antes, tiveram permissão de viver. No entanto, cidades como Cione, que coletivamente escolheram resistir até o amargo fim, receberiam o mesmo tratamento que os espartanos haviam estabelecido no início da guerra — um suposto sinal da dureza ateniense que, no entanto, causou pouca impressão na minúscula Melos, que não levou em conta o destino de Cione e, menos de seis anos depois, encontrou a mesma sorte.

Na mente ateniense, os espartanos haviam iniciado bem no início da guerra o ciclo de execução de cidadãos que se rendiam, e haviam continuado com aquela política durante toda a primeira década de luta. No inverno de 424, por exemplo, no pequeno posto fronteiriço em Lêcitos, Brasidas, que não tinha nada da moderação aristocrática de Arquídamos, havia executado todos os defensores atenienses que não conseguiram escapar. Os espartanos prosseguiriam repetindo tal matança, em Hísias, em 417, eliminando todos os homens livres da cidade condenada.[12]

Ao final da primeira década da guerra, os dados estavam lançados. Com a relutância dos mais beligerantes de se engajar em batalhas hoplitas, qualquer cidade grega poderia, em vez disso, ser sitiada em um quadro mais amplo de saques, assassinatos e terror generalizado. Os defensores tinham apenas uma oportunidade inicial de rendição. Falhando isso, poderiam ser executados quando a cidade caísse — uma probabilidade cada vez maior à medida que a Guerra do Peloponeso avançava. Quando os atenienses, desesperados para terminar o custoso bloqueio a Potideia, ofereceram uma saída livre da cidade à população capturada, a assembleia em Atenas, ainda abalada pela praga e pelo ataque traiçoeiro de plateus amigos, ficou enfurecida com o fato de que não tivessem sido impostos termos mais duros. Nem mesmo as notícias de que Potideia deveria sofrer uma limpeza étnica e ser entregue aos colonos atenienses aplacaram a democracia, que provavelmente acusou os generais de insubordinação. Durante o longo curso da guerra que se seguiria, a assembleia ateniense nunca mais ofereceu tais termos "lenientes" a nenhum povo derrotado. Assim, a engrenagem da severidade ateniense — fosse em Mitilene ou em Melos — não foi posta em marcha por generais destrutivos, mas, em vez disso, pelo voto majoritário dos próprios cidadãos atenienses.[13]

Ainda assim, uma coisa era visar insurrectos como aqueles responsáveis pelas revoltas em Mitilene ou Mende, e outra bem diferente era matar todos os cidadãos que escolhiam resistir e então apagar os vestígios da existência de um povo inteiro, derrubando as muralhas e reocupando as terras com intrusos estrangeiros. Em Plateia e Lêcitos, os espartanos não apenas executaram a guarnição, mas demoliram a própria cidade e consagraram o terreno aos deuses, uma política ligeiramente menos utilitária que a de Atenas, que preferia apagar do mapa as cidades capturadas, mas dava as terras a colonos atenienses.

Cerca de seis meses depois de os espartanos haverem marchado contra Argos para arrasar as incipientes longas muralhas da facção democrática e tomado de assalto a vizinha Hísias, massacrando todos os habitantes, uma frota ateniense com 38 navios, equipada com uma força de hoplitas e arqueiros que chegava a quase 3.500 homens, navegou até o porto da minúscula ilha de Melos, no Egeu. Mesmo no verão de 416, uns 15 anos depois do começo da guerra, os mélios continuavam como uma cidade-Estado autônoma e quase neutra situada em uma ilha e, durante uma década e meia, haviam astutamente evitado tomar partido na luta, embora talvez tenham sido submetidos a ocasionais extorsões atenienses. Os atenienses não haviam conseguido tomar a ilha durante a Guerra Arquidamiana. A partir de uma leitura equivocada da história recente, os mélios aparentemente pensaram que estavam, de certo modo, seguros.

No entanto, do lado ateniense havia um crescente sentimento de que a indulgência com relação aos neutros não era valorizada, mas, em vez disso, vista como evidência da própria fraqueza em explorá-los. Nas mentes deles, havia certa lógica que os levara a Melos: embora os espartanos tivessem massacrado os neutros plateus e vários outros gregos em Hísias, a generosidade passada dos próprios atenienses havia produzido somente mais rebeliões. O fato de terem deixado que os potideus capturados partissem, conservando suas vidas e seu dinheiro, talvez explicasse em parte a revolta em Mitilene, em 427, um inconfiável e, em Estado tributário que oportunisticamente calculou que Atenas estava enfraquecida pela praga e pelo menos daria termos moderados para os capturados se a rebelião falhasse.

A Nova Barbárie

Os atenienses então decidiram que o cerco seguinte levaria à morte de todos os homens capturados, e não à preservação de todos ou alguns, como acontecera respectivamente em Potideia e Mitilene. No longo prazo, pode ter sido uma estratégia contraproducente, já que muitos cercos dependiam de cultivar a traição dentro da cidade, um impulso mais difícil de encorajar se os cercados pensassem que todos iriam morrer indiscriminadamente. Cione não havia convencido as cidades de que a oposição a Atenas era sinônimo de extermínio. Mesmo assim, ao desembarcar em Melos, os generais atenienses Cleômedes e Tísias imediatamente enviaram mensageiros para exigir que os mélios se unissem ao império ateniense, ou então pereceriam; estavam dispostos a fazer com eles o que seus amigos espartanos haviam feito com a pobre guarnição em Hísias. Os mélios não permitiram que os atenienses falassem perante a assembleia popular, para evitar que os pobres locais achassem sedutoras para os cidadãos sem terras as ofertas de inclusão sob os auspícios do império democrático ateniense. O diálogo que se seguiu entre os mensageiros atenienses e a elite mélia, como relatado por Tucídides, é uma magistral exploração do direito moral *versus* a *realpolitik*, e uma das mais famosas passagens de toda a literatura grega. Os ex-perdedores e idealistas atenienses, que mais de 60 anos antes haviam salvado os gregos da horda persa, esqueceram-se de que, no passado, haviam lutado por ideais de independência e liberdade mesmo quando tudo parecia contra eles.

Agora, como futuros conquistadores, tal como Xerxes antes, os atenienses faziam um sermão aos mélios sobre por que deveriam aceitar a realidade do poder, desistir da esperança ("ela é um estimulante para o perigo"), abrir mão da liberdade e submeter-se, lembrando-lhes, às vésperas da própria maior derrota da guerra, em Siracusa, que, "até então, os atenienses nunca haviam se retirado de um sítio". Nas mãos de Tucídides, o relato sobre Melos vem depois de os espartanos haverem massacrado os sitiados em Hísias, mas imediatamente antes do iminente desastre ateniense em Siracusa, pois a tragédia da Guerra do Peloponeso assistiu a um infindável ciclo de violência e contraviolência, de conquistadores audaciosos discursando, sem o saber, a respeito do destino que eles mesmos encontrariam dentro de pouco tempo.

Quando os mensageiros atenienses estavam prontos para partir após a conversa infrutífera, eles zombaram da ingenuidade dos idealistas mélios, que contemplavam a esperança, em vez de enxergar a formidável frota ateniense em seu porto:

> A julgar pelo resultado das deliberações, parece-nos que são os únicos a considerar o futuro como coisa mais garantida do que aquilo que está diante de seus olhos; seus desejos lhes fazem ver o irreal como se já estivesse acontecendo. Estão arriscando tudo ao depositar toda a confiança nos lacedemônios; a eles confiaram sua sorte e suas esperanças, e perderão tudo.

Da maneira usual — à altura de 416, os atenienses haviam dobrado pela fome pelo menos seis outras cidades-Estados desde o começo da guerra —, os sitiantes circunvalaram Melos, deixaram uma guarnição e navegaram de volta para Atenas. Embora os mélios tenham conseguido organizar algumas surtidas bem-sucedidas para obter mais alimentos e abater alguns elementos da guarnição ocupante, a maioria deles estava completamente presa dentro da cidade. Cerca de seis meses após o começo, os atenienses enviaram tropas adicionais para apertar o cerco e garantir a prometida capitulação por meio da fome. Tucídides observa que alguns mélios traidores podem ter permitido que os atenienses entrassem na cidade, sugerindo a existência de um grupo de conspiradores democráticos que nunca teve a oportunidade de argumentar a favor de sua inclusão no império ateniense e buscou salvar as próprias vidas com ajuda secreta. Mas, de qualquer modo, a cidade-Estado propriamente dita estava condenada, uma vez que fora isolada do porto e tivera cortada sua conexão com as terras agrícolas.

Nenhuma clemência foi oferecida. Os espartanos foram em ajuda a sua aparentada Melos não mais do que os atenienses antes haviam corrido com grande ímpeto para proteger Plateia. Em vez disso, os dois poderes concentraram esforços no defensor mais fraco e neutro, em vez de no atacante forte e belicoso. Após a rendição, a maior parte dos homens adultos mélios ainda vivos foi executada. As mulheres e crianças foram vendidas como escravas. Tucídides não fornece os números exatos daqueles mortos ou escravizados em Melos, mas o total deve ter sido de várias centenas. A terra foi dividida entre quinhentos colonos atenienses. Melos, assim como Cione, já não existia. Críticos antigos e modernos deploraram o massacre e não prestaram nenhuma atenção ao fato de que os generais atenienses não tiveram permissão de apresentar suas ofertas diretamente ao povo mélio, ou que Melos provavelmente não era tão neutra como professavam os funcionários oligárquicos. Assim, mesmo o grande defensor de Atenas, George Grote, uma vez lamentou: "Quando examinadas todas as medidas dos atenienses com relação a Melos, desde o começo até o fim, elas formam uma das mais brutais e mais inescusáveis peças de crueldade, combinada com injustiça, que a história grega nos apresenta."[14]

Um holocausto era uma coisa; uma série deles finalmente causou uma profunda impressão nos gregos. Novamente, após o assassinato de mais de mil cabeças da revolta em Mitilene, Eurípides, em seu quase contemporâneo *Hécuba*, faz a heroína amaldiçoar o "voto assassino" da assembleia dos aqueus que havia proferido uma injustificada sentença de morte contra sua filha Polixena. O dramaturgo faz uma levemente velada alusão a Clêon, "o sedutor", e aos demagogos que induziram a volúvel assembleia ateniense contemporânea, através de um "truque hábil" (*sophisma*), primeiro a matar todos e, então, após reconsideração, a matar alguns dos reféns mitilenos: "Uma raça amaldiçoada são todos vocês, que buscam honra através de demagogia. Por mim sejam para sempre ignorados, vocês que não pensam duas vezes antes de causar danos a seus amigos — desde que possam dizer alguma coisa para agradar à multidão."

Mas, para Eurípides, o que aconteceu a Melos mais de uma década depois foi muito pior. Em *As Troianas*, apresentada durante a primavera após o sítio aos mélios, ele relata o horror que assoma quando caem as muralhas de uma cidade e os atacantes não dão trégua. E, ao reelaborar mais uma vez o mito da queda de Troia nos termos do massacre contemporâneo, Eurípides também predisse o desastre que os atenienses iriam enfrentar na Sicília desde o momento em que começaram a se preparar para zarpar: "Tolo é aquele que arrasa cidades, templos, tumbas e os santuários dos mortos: assim como ele semeia destruição, assim também ele mais tarde perecerá."

Quatro anos depois, em *As Fenícias*, Eurípides apresentou uma longa descrição — "cadáveres empilhados sobre cadáveres" — do terror de estar cercado por inimigo implacável. Não há dúvida de que seu relato de "uma cidade condenada que se tornou uma completa ruína" era, em parte, uma reação à série de matanças promovidas pelos atenienses em Mitilene, Melos e Micálessos e a seu próprio desastre na Sicília. Em *Hécuba*, *Andrômaco* e *As Troianas*, Eurípides escolheu representar os conquistadores gregos como brutais e vorazes, e as vítimas troianas como sensíveis explicadores do que era a servidão para os fracos e vulneráveis quando suas cidades caíam.[15]

Quando os espartanos estavam prestes a zarpar para o Pireu após a vitória naval em Egospótamos, em 405, a fim de encerrar a Guerra do Peloponeso, os próprios atenienses foram tomados pelo terror diante do adversário. Conforme disse o historiador Xenofonte, os atenienses haviam massacrado tantos civis inocentes gregos em lugares como Cione, Torone e Melos, que seguramente esperavam que os espartanos lhes fizessem o mesmo que eles, atenienses, haviam infligido a outras guarnições desamparadas e acuadas. Se os atenienses tivessem vencido, os espartanos teriam ficado igualmente temerosos, relembrando como haviam massacrado os homens livres de Lêcitos e Hísias, ou como Lisandro escravizara toda a comunidade de Cedreae, no sul da Ásia Menor.[16]

Do Cerco ao Massacre

Menos de três anos após o massacre dos mélios, no verão de 413, os atenienses soltaram em campo alguns mercenários trácios sob a liderança do general ateniense Diítrefes. Essas forças irregulares com armas leves haviam chegado tarde demais para se juntar à armada de reforço que partira para a Sicília com Demóstenes. Para recuperar parte de seu investimento, os atenienses decidiram usar os trácios ao longo do litoral vizinho da Beócia para saquear e devastar. Para uma Atenas que se encontrava na penúria, era inconcebível permitir que 1.300 mercenários que recebiam uma dracma por dia — o equivalente a 40 mil dracmas por mês, ou ao capital para manter pelo menos seis trirremes — permanecessem ociosos. Além disso,

Délion havia provado que era impossível derrotar os beócios em batalhas campais, e talvez a única forma de fazê-los pagar pelos saques à Ática e pela ajuda recente que haviam prestado a Siracusa fosse conduzindo ataques de terror contra eles.

Diítrefes desembarcou numa praia perto da cidadezinha beócia de Micálessos, que, infelizmente, estando no interior da Confederação Beócia, não poderia esperar um súbito ataque de estrangeiros que chegassem pelo mar. Seus portões estavam abertos, e grande parte das muralhas precisava de reparos. Tucídides faz questão de comentar a falta de boas fortificações. Em parte, ele quer explicar a anomalia de uma força de ataque entrar com tanta facilidade numa cidade no interior da bem guardada Beócia. Assim, os trácios que vinham em marcha acelerada conseguiram entrar quase imediatamente pela muralha dilapidada. Após saquear os templos e santuários, começaram a abater qualquer coisa que se movesse:

> Eles massacraram os habitantes, não poupando jovens nem velhos, mas matando todos os que encontravam, um após outro, crianças e mulheres, e até animais de carga e qualquer outra criatura viva que viram; o povo trácio, como o mais sanguinário dos bárbaros, tornava-se cada vez mais assassino quando não tinha nada a temer. Em toda parte reinavam a confusão e a morte sob todas as formas; e atacaram particularmente uma escola de meninos, a maior que havia no lugar, onde as crianças tinham acabado de chegar, e massacraram todas elas.[17]

Navios atenienses e um general ateniense, devemos recordar, haviam transportado os trácios a Micálessos. A assembleia ateniense havia contratado os trácios como terroristas para causarem o maior dano possível. Os atenienses eram quase tão culpados do mini-holocausto quanto se tivessem acompanhado os trácios até a escola condenada. Se a guerra havia começado com a bárbara noção de que cidadãos sitiados receberiam somente uma chance de se render e sair vivos antes que os muros de circunvalação cercassem a cidade, à altura da terceira década, os gregos algumas vezes foram além até mesmo desses duros protocolos, presumindo que podiam irromper cidade adentro sem aviso, saquear e matar indiscriminadamente cavalos, bois, cachorros e qualquer outra coisa que respirasse.

Como era a vida para quem estava preso nos usualmente estreitos circuitos de cidades-Estados bloqueadas? No caso de Atenas, em 430, a praga rapidamente eclodiu e a população chegou ao ponto de roubar carretas fúnebres. Em Potideia, no ano seguinte, os pobres residentes acabaram comendo os mortos antes de entregar sua exaurida cidade-Estado. Talvez não se possa excluir a possibilidade de canibalismo também em qualquer um dos outros cercos. A luta entre elementos de uma mesma tropa de guarnição era comum, tanto em torno de alimentos quanto da decisão de resistir ou se submeter. Tucídides tinha um grande interesse na total depravação que via nesses assassinatos em massa. Ele registra com detalhes o debate sobre o destino dos capturados em Plateia e a discussão preliminar do sítio contra Melos. O tom dessas conversações parece-se com os espetáculos que eram os julgamentos da era stalinista, quando os poderosos sitiantes recorriam a argumentos de investigação e lei para explicar uma decisão previamente tomada de executar os inocentes e os fracos.[18]

Novamente, quantos morreram nesses aterrorizantes cercos da Guerra do Peloponeso? Não existem números exatos, mas é provável que dezenas de milhares tenham perecido. Os poucos números que chegaram até nós podem ser somados rapidamente: 1.050 atenienses perdidos tomando Potideia, sem nenhum número exato de quantos potideus morreram dentro da cidade; mais de mil executados em Mitilene; cerca de 45 mil atenienses e aliados que não retornaram do sítio a Siracusa e mais um número não mencionado de sicilianos sitiados não muito depois pelos cartagineses. Com mais frequência, as fontes somam as perdas atenienses, mas talvez se esqueçam de que o mesmo número de sicilianos também pereceu. Outros milhares, de ambos os lados, morreram em Torone, Cione, Melos e Micálessos.

Se incluirmos a execução de prisioneiros retirados de navios capturados, houve mais de vinte ocasiões na Guerra do Peloponeso em que marinheiros capturados ou habitantes de cidades foram sumariamente executados em massa. Uma listagem de tal barbaridade é salutar, pelo menos para nos lembrar quão frequentes se haviam tornado as matanças. Deve-se notar especialmente o ano de 427, quando civis estavam sendo simultaneamente executados no extremo oeste, na Córcira; no continente, em Plateia; no Egeu, em Mitilene; e na Ásia Menor, pelo almirante espartano Alcidas.

Os plateus mataram todos os reféns tebanos, em 431. Os peloponésios deram um fim a todos os atenienses encontrados em navios no Peloponeso, em 430. Alcidas massacrou atenienses capturados, em 427. Plateus e atenienses foram eliminados depois de se renderem, em Plateia em 427. Os atenienses executaram mil mitilenos, em 427. Oligarcas corcireus foram executados, também em 427. Dois mil hilotas na Messênia foram cercados e mortos, em 424. Eginetas foram capturados em Tirêa, em 424. Oligarcas de Mégara executaram democratas em 424. Brasidas massacrou todos os que não conseguiram escapar em Lêcitos também em 424. Espartanos mataram cidadãos de Hísias. Mende foi saqueada em 423 e Melos destruída em 416. Messênios foram mortos por insurrectos pró-Atenas na Sicília, em 415. Até meninos de escola foram massacrados em Micálessos, em 413. Os atenienses foram cercados e chacinados no rio Assínaros, e sobreviventes abandonados à morte nas pedreiras de Siracusa, em 413. Democratas de Samos assassinaram oligarcas, em 412; em troca, oligarcas em Quíos destroçaram quianos democratas. Lisandro executou atenienses após Egospótamos, em 404. Além disso, nossas fontes registram outros 20 mil soldados gregos feitos prisioneiros e vendidos como escravos. Dadas essas atrocidades e o número dos que morreram com a praga, o termo "Guerra do Peloponeso", no sentido de quem morreu, e como, parece equivocado. Um nome muito melhor poderia ser "O Massacre dos Trinta Anos".[19]

Como Tomar uma Pólis

Em um obscuro tratado militar do século IV sobre como proteger cidades-Estados contra exércitos sitiantes e contra intrigantes dentro das muralhas, um misterioso autor grego, Eneas, o Tático, que pode ter sido um general arcádio contemporâneo, faz uma revisão do componente dramático intrínseco ao cerco. Eneas observa que, caso os cidadãos sitiados sobrevivam, devem enviar uma poderosa mensagem aos inimigos para que não tentem nenhum outro ataque insensato no futuro. Por outro lado, se uma cidade cair, isso pressagia um destino muito pior do que o de um exército derrotado: "Mas se os defensores fracassarem nos esforços para enfrentar o perigo, então não restará nenhuma esperança de saírem com segurança."[20]

Em grego, a palavra para designar sítio ou arte de fazer sítios era *poliorkia* (daí o termo "poliorcética", ou "arte ou técnica de efetuar cercos militares"). Embora à altura de 431 houvesse uma ciência avançada para tomar cidades, envolvendo aríetes, terraplenagem e armas de fogo, as muralhas propriamente ditas permaneciam quase totalmente inexpugnáveis; foram ficando cada vez mais altas e mais espessas, chegando a muito além das antigas dimensões de 3 a 4 metros de altura e 1 a 2 metros de largura, comuns antes de meados do século V. Ao longo de toda a guerra, a disseminação do uso de blocos de pedra e camadas regulares de calcário, que vieram substituir tijolos de barro, cascalho e pedras de formatos irregulares, ampliou ainda mais as vantagens dos que se defendiam, comparadas com as dos que atacavam. Assim, existe mais um paradoxo no que se refere ao cerco de cidades na Guerra do Peloponeso, que nos conta muito a respeito da natureza geral da sociedade e da cultura gregas: quase todas as cidades-Estados assaltadas acabaram capitulando, e, ainda assim, quase *nenhuma* delas teve suas muralhas derrubadas.

Em vez disso, em um mundo onde a arte de fortificações defensivas tinha superado em muito a ciência do sítio ofensivo, cidades-Estados como Plateia, Potideia, Mitilene, Cione e Melos foram vencidas pela fome somente após meses, ou mesmo anos, de circunvalações sistemáticas. Às vezes os cercos se precipitavam por causa de traições, basicamente sob a forma de partidários que abriam os portões à noite. Mesmo os supostos especialistas, os atenienses, não sabiam tanto assim a respeito de atacar diretamente muralhas e torres, atravessar fundações de pedra ou derrubar portões de madeira.

Escalar uma muralha não era tão simples como parece. Muitas cidades tinham estruturas de 6 a 10 metros de altura. Necessariamente, as escadas eram compridas e, portanto, frágeis: sua altura era calculada contando as fileiras de pedras ou tijolos nos muros. Era fácil para os defensores empurrar qualquer um que chegasse a seu alcance, especialmente se as tropas de assalto fossem hoplitas pesados empoleirados em frágeis escadas e carregando 25 a 30 quilos de equipamento. Nenhum exército de nenhum dos lados sabia ainda construir torres de assalto sobre rodas, com artilharia e rampas dobradiças que pudessem funcionar como uma ponte sobre as fortificações

— engenhos que se tornariam amplamente utilizados somente um século depois, durante a febre de cercos entre os sucessores de Alexandre Magno. As desajeitadas tentativas atenienses de construir uma torre primitiva em Lêcitos terminaram com seu colapso.[21]

A última chance de romper as muralhas era seguindo um exército derrotado quando esse estivesse entrando na cidade, antes de os portões serem fechados. Nem mesmo aríetes — aparentemente, os atenienses foram os primeiros a construí-los, junto com os abrigos de proteção, ou "tartarugas", no sítio contra a rebelada Samos, em 440, antes da guerra — podiam atravessar portões reforçados de madeira, pelo menos não tão rapidamente quanto era necessário para salvar as equipes que operavam o aríete da chuva de pedras e projéteis lançada pelos defensores no topo das muralhas. As primitivas máquinas de sítio (*mêchanai*) foram usadas não apenas pelos espartanos em Plateia, mas também pelos atenienses em Potideia ("todo tipo de engenhos usados em cercos") e, mais tarde, em pequenas escaramuças em Éresos e na Sicília. Em todos os casos, esses engenhos, provavelmente não mais que troncos de madeira com pontas de bronze sobre rodas, provaram-se um fracasso, e as equipes às vezes se exauriam em vãos esforços para derrubar as fortificações. Em outras ocasiões, os soldados ficavam expostos à captura ou ao fogo lançado pelo contra-assalto.[22]

Por que ocorria isso? Raramente as abordagens a cidades antigas aconteciam em terreno plano. Em vez disso, mais frequentemente, os portões visados ficavam em rampas. Era quase impossível para equipes de assalto empurrar pesados aríetes em um aclive sobre solo pedregoso e sob ataque dos que estavam em cima das muralhas. Uma melhor solução era derrubar os parapeitos. Mas catapultas e outros tipos de artilharia só foram inventados *depois* da Guerra do Peloponeso.

Não houve nenhum general no século V comparável ao tristemente famoso Demétrio Poliorcetes, apelidado de "o Sitiador", que em seu fracassado sítio a Rodes, em 304, empregou catapultas, sapadores, minas e torres de assalto (inclusive o também tristemente famoso *helepolis*, ou "tomador de cidade", com 40 metros de altura e recoberto com placas de ferro). É verdade que, em três casos ocorridos relativamente cedo na guerra, as tropas empregaram fogo — em Plateia, Délion e Lêcitos. Mas somente em Délion pareceu funcionar um estranho aparato: um tronco oco, preenchido com piche incendiário e que cuspia chamas lançadas com um fole. Aquele raro sucesso deveu-se, provavelmente, apenas ao fato de que o alvo era uma fortificação improvisada de madeira, e não uma muralha permanente de pedra.

Não há dúvida de que se usaram sapadores na maior parte dos cercos durante a guerra. Mas esse trabalho sujo parece ter sido uma tática muito temida e raramente bem-sucedida: Eneas, o Tático, mais tarde nos dá inúmeros conselhos sobre como acabar com ela. Em teoria, os sitiantes poderiam cavar um túnel que lhes daria acesso secreto por baixo das muralhas. Se isso não fosse possível, traves de reforço feitas com madeira poderiam ser queimadas em um tempo programado, o que causaria o desabamento da passagem subterrânea e das fundações das próprias fortificações acima. Em alguns casos, até mesmo abelhas e vespas foram soltas dentro de túneis inimigos para atacar os que cavavam.

Assim, fazer túneis era um empreendimento problemático. A Grécia tem um solo pedregoso que dificulta qualquer escavação em quase qualquer circunstância. Às vezes, as cidades construíam substanciais fundações subterrâneas de pedra que bloqueavam a entrada por baixo, ou abriam fossos secundários internos para garantir que eventuais cavadores saíssem em um espaço aberto onde defensores armados estariam à espera. Tampouco era fácil cavar túneis sem chamar a atenção dos que estavam sobre as muralhas. Os cavadores eram forçados a começar de uma grande distância ou a camuflar as escavações construindo abrigos sobre os pontos de entrada.

Em resposta, os defensores podiam usualmente ouvir os cavadores. Com frequência, os defensores colocavam escudos invertidos sobre o solo para ampliar o som do trabalho de escavação abaixo; então, bloqueavam os túneis por trás, fazendo desabar uma parte dele, enchiam o buraco com fumaça, ou jogavam terra dentro dele com a mesma rapidez com que era removida. Novamente, não houve nem uma única instância na Guerra do Peloponeso em que uma cidade fortificada tenha caído devido unicamente ao trabalho de sapadores.

A maior parte das cidades, especialmente se havia provisões e fortificações sólidas, recusava os termos de rendição antes que o cerco começasse. Mas se um exército calculasse sua chegada para coincidir com a época da colheita de grãos ou de uvas, privando os defensores do suprimento anual de alimentos ou da potencial renda de exportações, então havia casos em que algumas poucas comunidades se entregavam no início. Ácantos, por exemplo, uma comunidade exportadora de vinho no norte da Grécia, rendeu-se imediatamente a Brasidas, em 422, para não perder sua preciosa safra de uvas.[23]

Traição

Uma tática popular era a traição. Recorriam a agentes dentro das muralhas para abrir a cidade durante noites escuras ou chuvosas e assim salvar a vida e a propriedade dos sitiados. Os atacantes tebanos que começaram a Guerra do Peloponeso com seu assalto a Plateia entraram na cidade apenas porque oligarcas simpáticos de dentro desparafusaram os portões para os coconspiradores estrangeiros. As cisões entre facções oligárquicas em conflito, democratas *versus* oligarcas, Tebas contra Atenas, desconfiança entre as amistosas Atenas e Plateia e hostilidade generalizada entre Esparta e Atenas, tudo isso se fundiu naquela cidadezinha. Essas multifacetadas rivalidades e tensões explicam por que a comunidade foi assaltada à noite, prisioneiros foram assassinados, juramentos quebrados, e a assistência prometida não chegou.

Por que teria a perfídia desempenhado papel assim tão importante durante os cercos? A explicação é tanto geral quanto também parece peculiar à natureza específica da cidade-Estado grega e à era da Guerra do Peloponeso. Havia dificuldade em manter a harmonia política entre uma população confinada, com diversas centenas ou até mesmo milhares amontoados num espaço reduzido durante um sítio. Cresciam suspeitas de que negociações privadas poderiam resultar em tratamentos mais brandos para os traidores oportunistas depois que a cidade fosse tomada. Fazendeiros conservadores frequentemente vinham de seus campos para dentro das muralhas e não apreciavam suas contrapartes urbanas. Essas dominavam a cidade e estavam mais dispostas a sacrificar os campos dos mais ricos do que lutar fora das fortificações e arriscar as próprias vidas. Em tais casos, "patriotismo" significava para os homens de propriedade o sacrifício de suas fazendas, enquanto "traição" refletia um desejo de retornar ao campo.

A natureza fragmentária da política grega, especialmente na época em que eclodiu a Guerra do Peloponeso, também garantia, em todas as cidades, um grande número de partidários de ambos os lados. Atenas lutou contra Esparta não meramente como uma cultura jônica em oposição ao povo dório, ou mesmo como um estado marítimo do norte ameaçado por um poder de infantaria no sul. Em vez disso, a cisão era ainda mais agudamente definida por profundas divisões políticas, a democracia no estilo ateniense contra a oligarquia espartana.

Dado que a democracia era o mais revolucionário dos dois credos, e que os atenienses eram mais frequentemente os sitiantes, o resultado foi que sempre havia democratas potenciais ou agentes atenienses prontos para abrir os portões ou, em contraste, uns poucos exilados oligarcas que desesperadamente queriam encontrar alguma forma de devolver a cidade aos grandes proprietários. No entanto, como destacam observadores desde Tucídides até Eneas, profissões de fé ideológicas eram, com frequência, disfarces altissonantes para agendas pessoais — feudos privados, preocupações com dívidas, pequenas invejas e ciúmes — que se inflamavam quando quer que o tecido social fosse rompido pelos cercos: esses, assim como as pragas e revoluções, tinham o efeito de arrancar a pátina de civilização.

Com frequência, Atenas e Esparta hesitavam em intervir, dados os custos para os sitiantes. Em Potideia, por exemplo, a quarta parte dos atacantes atenienses, 1.050 hoplitas, pereceu somente devido à praga. Em Plateia, após quatro anos de guerra intermitente e a mobilização de milhares de tropas peloponésias e beócias, somente 225 plateus e atenienses dentro da cidade foram oficialmente registrados como mortos, menos do que os trezentos atacantes tebanos que caíram somente na primeira noite do assalto, em março de 431! Não há números sobre as centenas adicionais de espartanos e tebanos feridos ou mortos fora dos muros em seus esforços de quase quatro anos para tomar a cidade.

Durante a história, os atacantes frequentemente pagaram o preço mais alto. Durante o selvagem, embora malsucedido, cerco de Malta, em 1565, mais de 30 mil otomanos pereceram, enquanto somente 7 mil dos defensores foram mortos. Em Viena, em 1683, os turcos que faziam o cerco se retiraram após sofrer mais de 60 mil baixas, 12 vezes as 5 mil mortes dos aliados cristãos na defesa. Os japoneses tomaram Porto Arthur (1904-05), após um cerco de cinco meses, mas só depois de sofrer 90 mil mortes e de os atacantes ficarem incapacitados por fome, doença e o fogo russo — três vezes as baixas da guarnição russa derrotada. A despeito dos sofrimentos dos que estavam dentro de uma cidade cercada, às vezes era pior estar exposto do lado de fora, sem contar com abrigo permanente, muros seguros e alimentos estocados.

O estudo estatístico de 69 cercos gregos registrados ao longo de todo o século V revela que somente 16 cidadelas foram tomadas por meio de um bloqueio forçado, enquanto 11 casos envolveram alguma traição de dentro das muralhas. Mas, antes que reprovemos a arte do cerco, nos outros 42 casos a cidade e seus atacantes chegaram a algum acordo que permitiu a capitulação negociada, usualmente envolvendo o compromisso dos sitiados de pagar indenizações ou desistir sob a condição de garantias às vidas e propriedades. Assim, surgiu esse paradoxo que ilustra toda a experiência de atacar cidades durante a Guerra do Peloponeso: poucas foram efetivamente tomadas de assalto, e a maior parte chegou a algum acordo de capitulação diante da ameaça de uso da força e do espectro da fome.[24]

Muralhas Pós-heroicas

Por que razão, e até tão tarde quanto na época da Guerra do Peloponeso, um povo como o grego, imerso no método científico e adepto da construção de templos majestosos que seguiam desenhos detalhados, sabia tão pouco a respeito de tomar de assalto as imponentes muralhas que construíam tão rotineiramente? Pelo pouco que se sabe da história antiga da cidade-Estado entre os séculos VIII e V, as disputas eram frequentemente resolvidas por milícias rurais de infantaria pesadamente armadas que se defrontavam em batalhas campais. Seguindo essas regras de guerra, um lado muitas vezes ameaçava devastar as plantações do outro para precipitar a batalha. Embora as cidades-Estados primitivas possam ter tido muralhas rudimentares de tijolos de barro em volta das pequenas cidadelas, a maior parte das comunidades até o século V não tinha recursos para envolver com sólidas fortificações de pedra todas as áreas onde viviam. Por que deveriam os proprietários de terras agrícolas gastar trabalho e capital ampliando as muralhas da cidade para além da Acrópole, especialmente para proteger os mais pobres, aqueles que não tinham terras e viviam nas áreas urbanas? Mas, após o trauma da invasão persa, em 480, a subsequente guerra fria entre Atenas e Esparta durante a maior parte dos meados do século V e a espetacular construção das Longas Muralhas, um número crescente de Estados gregos lentamente começou a investir em fortificações para se proteger tanto de uma súbita marcha de hoplitas espartanos quanto da inesperada chegada da frota ateniense.

Ainda hoje, uma das coisas mais incompreensíveis sobre os tempos antigos da Grécia são os abundantes vestígios de torres, muros e templos em terreno relativamente plano e a quilômetros de distância de pedreiras — o que parece prova de que os fragmentados e belicosos gregos clássicos careciam do conceito unificador de nacionalidade (ou mesmo de uma palavra comparável com a *natio* latina). Além disso, parece miraculoso que os antigos tenham podido cortar pedras com frágeis serras de mão e depois usar equipes para transportar os blocos desde pedreiras distantes, especialmente quando se tem em mente que mesmo pedras pequenas, com não mais de 70 centímetros de diâmetro, podiam pesar quase uma tonelada.

Em comparação com a economia da batalha hoplita, as muralhas e o esforço para capturá-las eram um investimento caro. Assim, após as Guerras Persas, foram feitas inúteis chamadas aos Estados gregos para que não reconstruíssem ou circuitos ou que derrubassem os que ainda sobreviviam. Os espartanos alegavam que não queriam que os persas pudessem transformá-los em redutos seus caso retornassem. De fato, tinham mais receio ainda de que os atenienses pudessem usar fortificações para disseminar um credo de guerra sem batalhas hoplitas. Ou seria que todos os lados concordavam com a ideia de que os gregos como um todo fariam melhor se investissem milhões de homens-hora em algo mais produtivo do que cortar e carregar dezenas de milhares de pedras para se murarem uns contra os outros?

Durante décadas antes da Guerra do Peloponeso, os gregos haviam buscado evitar algo como o pesadelo no qual se transformou o sítio de Potideia, uma provação de dois anos que custou aos atenienses mais de 2 mil talentos e acima de um quarto de sua força de cerco original. Isso equivalia a um investimento suficiente para construir dois Partenons completos, ou cobrir com cinquenta camadas de placas de ouro a monumental estátua de Atena feita por Fídias, ou produzir *todas* as peças encenadas em Atenas durante o século V. Nesse sentido, grande parte das realizações culturais do mundo grego anterior podia ser explicada pela relativa economia da guerra hoplita, que não requeria investimentos em navios, docas ou muralhas e limitava a luta a umas poucas horas macabras.

Com frequência, os vitoriosos tentavam recuperar parte dos custos de um cerco expropriando as terras agrícolas e as propriedades dos derrotados, tanto antes quanto depois da capitulação. Por exemplo, os espartanos demandaram a posse de Plateia e alugaram as terras para os beócios vizinhos. Eles provavelmente saquearam casas, estouraram o gado e roubaram as colheitas depois de os cidadãos terem fugido para dentro das muralhas ou para Atenas. Os atenienses deram a quinhentos de seus próprios colonos as terras capturadas de Melos. Depois do famoso bloqueio dispendioso a Potideia e do sítio em andamento em Mitilene, os empobrecidos atenienses não apenas deram a cidade e os arredores aos próprios colonos, mas imediatamente enviaram navios para coletar de seus súditos as receitas de que tanto necessitavam e votaram para aumentar ainda mais os impostos sobre si mesmos.[25]

Vendedores de butins rapidamente caíam sobre as cidades capturadas para comercializar os espólios. Cada mulher e criança, mesmo quando vendidas em massa a preços de liquidação, podia sair por 100 dracmas, ou cerca de três meses de salário para um sitiante. Portanto, para que um Estado recuperasse o que fora gasto com um sítio de um ano, precisaria do equivalente à venda de três ou quatro cativos saudáveis para cobrir o custo de cada um de seus atacantes — não levando em conta as fortunas pessoais dos prisioneiros, que muitas vezes eram consideráveis. Quando o general ateniense Demóstenes rendeu-se com seu contingente aos perseguidores siracusanos, os vitoriosos encheram quatro escudos invertidos com moedas, uma soma estimada pelos estudiosos de hoje em cerca de 55 talentos, ou algo como 27,5 milhões de dólares atuais. Se aproximadamente 6 mil atenienses tiverem se rendido, então cada homem estava levando cerca de dois meses de salário. Assim, a capitulação de grandes cidades em alguns casos pode ter acabado em lucro, mesmo nos cercos mais dispendiosos. O ponto-chave era o desembolso inicial, ou a confiança de que um Estado tinha reservas suficientes para pagar as forças sitiantes e podia prometer que a cidade capturada traria lucro tanto para os soldados quanto para o Estado.

As muralhas eram consideradas a antítese da coragem e, em abstrato, sempre vistas com desconfiança pelos conservadores agrários. Moralmente, acreditava-se que lutar era coisa apropriada para soldados; em termos práticos, era dispendioso cercar municipalidades inteiras com fortificações. As falanges hoplitas fortaleciam laços civis através da solidariedade nas fileiras; em contraste, os cercos faziam surgir diferenças pessoais e acentuavam o conflito político. Todos os principais filósofos — Platão, Aristóteles e Xenofonte — refletiam um ceticismo moral amplamente partilhado a respeito das fortificações. As muralhas, escreveu o ateniense Platão, logo após a Guerra do Peloponeso, eram ruins em todos os sentidos: enfraqueciam a saúde coletiva da população; criavam uma cidade complacente que perdera a confiança na própria coragem muscular para repelir o inimigo; e acentuavam o conflito entre os cidadãos que desejavam defender suas fazendas do lado de fora e aqueles que não viam nenhuma necessidade de proteger o que não lhes pertencia. Os cercos, então, eram tão odiosos quanto as batalhas navais — caros, covardes e um afastamento do código heroico dos proprietários que lutavam em terra para defender terras.[26]

A Herança dos Cercos

Os componentes-chave de um cerco bem-sucedido — torres de assalto sobre rodas, aríetes sofisticados e catapultas — apareceram pouco *depois* do final da Guerra do Peloponeso. Os gregos haviam aprendido que a batalha agora iria além do âmbito da guerra hoplita: com maior frequência, a chegada de um exército de elite significava que um inimigo vacilante retirava-se para dentro de suas muralhas, em vez de sair para a batalha aberta. Os cercos em geral acabavam funcionando porque os sitiados se rendiam à fome, mas o custo inicial era proibitivo. Durante toda a guerra, os dois lados haviam experimentado aríetes e lançamento de fogo, mas com resultados apenas parciais.

Poucos anos depois de começada a guerra, homens mais audaciosos e amorais como Dionísio de Siracusa e Filipe da Macedônia deram início a um novo tipo de sítio que era tão engenhoso quanto mortífero, envolvendo catapultas de flexão e torção, torres de assalto com quase 40 metros de altura e contingentes mistos de sapadores, soldados de artilharia e operadores de aríetes que trabalhavam simultaneamente. Plateia durou quase quatro anos após o primeiro ataque tebano. Em contraste, os macedônios conseguiriam romper as muralhas de uma cidade numa fração do tempo requerido pelo velho e laborioso trabalho de contravalação, mas herdaram uma arte que havia nascido logo depois de uma guerra de 27 anos e milhares de mortes. Se os espartanos tivessem contado com as catapultas de torção de Filipe, poderiam ter derrubado as muralhas de Plateia em uma questão de dias, com pedras de 70 quilos que cairiam sobre os parapeitos e em todas as direções lançadas por uma artilharia postada a uma distância segura, fora do alcance de flechas e projéteis.

Epaminondas é lembrado como o grande vitorioso sobre os espartanos, em Leuctra, mas seu verdadeiro legado foi a nova ciência da fortificação, que teve rápido progresso após a Guerra do Peloponeso. Em certo sentido, a tríade das novas cidades muradas democráticas e autônomas, Mantineia, Megalópolis e Messene — talvez todas elas construídas segundo o mesmo esquema dos engenheiros tebanos —, refletia lições aprendidas no final do século V, quando uma vitória da infantaria, em Mantineia, anunciou o fim das esperanças de autonomia peloponésia. Se os hilotas, mantineios ou arcádios dispusessem já, na década de 420, dos enormes circuitos que construíram depois, Esparta teria sido deixada impotente meio século mais cedo.

Finalmente, como era de se esperar, Alcibíades estava envolvido em todos os mais óbvios cercos da guerra. Mesmo antes do começo da luta, esteve entre os atenienses que cercavam Potideia. Autores posteriores atribuem à liderança de Alcibíades a brutal política ateniense de reduzir Melos por meio do cerco. Ele foi o arquiteto da fracassada expedição à Sicília. Em sua segunda encarnação, durante a Guerra Jônica, conduziu, com sucesso, o sítio tanto de Calcedônia quanto de Bizâncio e, recorrendo a traição e negociações, conseguiu que se rendessem.

Assim, os cercos caracterizaram a guerra de Alcibíades. Aos 19 anos, ele começou a luta tentando romper as elaboradas muralhas de Potideia com um grande exército; uns 27 anos depois, já um homem de 45 anos e cansado, exilado e desacreditado, foi alvejado quando tentava impedir que uns poucos assassinos entrassem em sua casa fortificada numa obscura cidadezinha da Frígia.

O maior sítio da guerra, no entanto, não foi no continente grego, mas na distante Sicília. O esforço para tomar de assalto a cidade ou submeter pela fome os siracusanos exigiu mais dinheiro e maior número de homens do que qualquer operação que os atenienses conduziram durante toda a guerra. Seguiu-se imediatamente aos esforços vitoriosos em Melos e pôs em prática toda a experiência e competência ganhas com uma série de operações bem-sucedidas em Potideia, Mitilene, Cione e Melos. Ainda assim, mais atenienses foram mortos no esforço de tomar Siracusa do que em todos os outros sítios em conjunto. Após o desastre na Sicília, Atenas raramente tentou tomar uma cidade fortificada de novo — enterrando de uma vez por todas a velha bravata feita aos mélios de que os atenienses nunca haviam abandonado um cerco.[27]

CAPÍTULO 7

CAVALOS

O DESASTRE NA SICÍLIA (415-413 A.C.)

A Grande Ideia

À altura de 415, a guerra ainda estava em um impasse e no seu décimo sétimo ano. Durante a instável Paz de Nícias, Atenas havia perdido uma rara ocasião de promover uma revolta democrática de Estados peloponésios contra Esparta. O enfrentamento hoplita, em Mantineia, foi uma catastrófica oportunidade perdida, em parte como resultado da insignificante contribuição de Atenas ao exército aliado. Depois de as ideias radicais de Alcibíades terem sido desacreditadas pela derrota da coalizão, em 418, o contemporizador Nícias — um especialista em meias medidas e no taticamente bem-sucedido, mas muitas vezes estrategicamente insignificante, desembarque anfíbio — estava novamente em ascensão.

A Pérsia não estava realmente pronta para antagonizar Atenas assumindo o compromisso de fornecer dinheiro para subsidiar a criação da frota peloponésia. Enquanto isso, no Terceiro Mundo grego os sucessos de Pilos e outros postos avançados atenienses em volta do Peloponeso foram contrabalançados pelas defecções do império causadas pela atividade insurrecionista de Brasidas no norte, em volta de Anfípolis. Após o fracasso em Délion, Atenas ainda estava emaranhada numa guerra em duas frentes contra Tebas e Esparta, enquanto a frota espartana havia se saído miseravelmente e visto falhar seus esforços de subverter a Córcira após uma violenta e sangrenta guerra civil.

Muitos dos líderes da guerra e seus sucessores — Arquídamos, Brasidas, Péricles e Clêon — estavam mortos agora. Milhares haviam perecido com a praga em Atenas, enquanto Esparta rapidamente perdia recursos com as constantes fugas de hilotas para Pilos. Ainda assim, nenhum dos lados achava que a guerra estava realmente encerrada. Enquanto os espartanos buscavam maneiras de criar uma frota para destruir o império ateniense, alguns atenienses estavam elaborando um plano ainda mais amplo para ganhar vantagem durante aqueles anos de trégua. O que acabaram produzindo mudou todo o curso da guerra, embora de formas que a assembleia ateniense nunca imaginara.

Grandes invasões de lugares distantes evocam nossos piores medos. As comunicações são difíceis; quando a maior parte dos franceses ficou sabendo que Napoleão havia tomado Moscou, seu exército em retirada já estava quase arruinado nas neves da Rússia. Dada a grande distância, a fragilidade da logística e o perigo de um transporte de longo curso, as perdas em trânsito podem ser tão severas quanto as baixas nas batalhas. A segurança, especialmente em operações anfíbias de longa distância, depende de se dispor de uma maneira de voltar para casa. E um retorno seguro, na era antes do petróleo, dependia, na maior parte dos casos, de navios ou cavalos. Depois de sua frota ter sido afundada em Salamina, Xerxes compreensivelmente se preocupou em saber se suas pontes de barcas sobre o Helesponto ainda estariam intactas. Em contraste, um desafiador Cortês queimou seus navios no porto de Vera Cruz para lembrar a seus homens que a derrota militar significava não um fracasso, mas a própria destruição. Em apostas assim tão altas, a vitória usualmente não depende meramente do sucesso na batalha, mas demanda a completa subjugação dos invadidos — que, por sua vez, estão lutando pela sobrevivência, e não apenas contra a conquista.

É somente dentro desse grande e arriscado contexto de tentar conquistar uma cidade do mesmo tamanho de Atenas em população, extensão e riqueza, ou talvez maior que ela, a 1.300 quilômetros de distância, que se pode avaliar plenamente o desastre da expedição siciliana. O trauma para

Atenas resultou não apenas das perdas materiais e humanas que se seguiram à derrota; ela sofrera piores baixas com a praga e perderia muito mais nas grandes batalhas navais que iriam ocorrer no teatro jônico. Mas a debacle foi também espiritual, o mero horror de, no intervalo de apenas dois anos, drenar o império para mandar mais de 40 mil homens a um lugar tão distante com a missão de conquistar ou morrer tentando.

Por que razão, no outono de 416, já bastante avançado o sexto ano de um armistício com Esparta, teria a assembleia ateniense votado a favor de atacar Siracusa, a capital da Sicília? Os estudiosos do período clássico têm compilado as razões ostensivas dadas por Tucídides e por outras fontes antigas. Há uma legião delas, e continuam misteriosas. Primeiro, os atenienses afirmavam que estavam obrigados pelos termos de um tratado a honrar os pedidos de ajuda recebidos dos pequenos estados sicilianos de Segesta e Leontini, ostensivamente ameaçados de absorção por um crescente império siracusano (e dório) na ilha. Ambos buscavam desesperadamente o auxílio externo de um benfeitor étnica e politicamente afinado para preservar sua autonomia.

Ainda assim, na realidade da guerra, nem sempre são cumpridas todas as promessas, como os pobres mélios haviam aprendido no ano anterior quando depositaram suas esperanças na ajuda espartana. Os de outra forma atarefados atenienses tinham razões adicionais, além de simplesmente fazer justiça e cumprir promessas, para navegar até tão longe.[1] O que as pessoas comuns em Atenas sentiram foi o cheiro de dinheiro na proposta: lucrariam com o que havia sido prometido pelos Estados ofendidos para cobrir as despesas atenienses, e tinham esperanças ainda maiores de lucrar com os saques quando a própria Siracusa fosse conquistada. Alguns imperialistas atenienses, mais destacadamente Alcibíades, imaginavam a Sicília como um trampolim para aquisições ainda maiores na África do Norte e na Itália. Já haviam se refeito da praga e agora antecipavam o começo de algum tipo de império transmediterrâneo que se estenderia da Ásia Menor até Gibraltar, o que teria antecipado o Império Romano por quatro séculos. Na realidade, após a derrota ateniense na Sicília, Estados neutros deram um suspiro de alívio. A maior parte deles havia aparentemente se convencido de que uma vitória ateniense poderia ter significado que seriam os próximos numa longa lista de alvos.[2]

Enquanto isso, o debate sobre a Sicília tornava-se a arena de uma renovada rivalidade entre Nícias e o imperialista Alcibíades. Após a derrota inicial da aliança pró-ateniense, em Mantineia, a antiga política de precaução de Nícias parecia haver eclipsado os esquemas mais delirantes de Alcibíades. Em resposta, os imperialistas argumentavam que os atenienses deveriam ver a vitória na Sicília como parte integrante da atual *bellum interruptum* com Esparta, uma forma de os atenienses impedirem qualquer ajuda siciliana a Esparta em uma época de tensão geral, quando ambos os lados buscavam ganhar vantagem durante uma paz ilusória.

Ganhar o controle do suprimento de grãos da Sicília — ao visitante moderno, as terras agricultuáveis da ilha têm uma clara superioridade, em termos de qualidade e extensão, sobre qualquer coisa encontrada no Sul da Grécia — poderia resolver para os peloponésios a questão da importação de alimentos. Compare as terras ressecadas do Peloponeso ou da Ática com a verdejante Sicília, e a ideia adicional de que os atenienses também estavam interessados em importar grãos para eles mesmos fará todo sentido. Os recursos populacionais e militares da ilha também seriam muito convenientes quando a guerra com os peloponésios fosse retomada, como inevitavelmente seria, e mais intensamente que antes. De qualquer modo, a expedição anterior contra a ilha, de 427 a 424, havia sido concebida para negar importações de grãos ao Peloponeso.[3]

O renegado Alcibíades, que trairia a causa ateniense poucas semanas depois de chegar à Sicília, era suficientemente esperto para compreender que, quando mudara de lado, em 415, e passara para Esparta, tivera que fazer alguma conexão dramática entre a sobrevivência de Siracusa e o autointeresse de sua nova cidade anfitriã. A melhor maneira de mobilizar os peloponésios para ajudar a derrotar seus ex-conciadãos, em Siracusa, era garantindo a eles que a invasão ateniense realmente era dirigida a Esparta. "Se Siracusa for tomada", disse Alcibíades à assembleia espartana, "então toda a Sicília será deles, e imediatamente também a Itália. E aquele perigo do qual acabei de lhes falar imediatamente cairia sobre vocês. Assim, não pensem que estão deliberando somente sobre a Sicília; trata-se também do Peloponeso".[4]

Fazia seis anos que Atenas não se engajava em uma batalha ativa com Esparta. A cidade começava a se recuperar das perdas com a praga. Estava cheia de jovens instigadores que tinham apenas uma vaga memória de infância das piras funerárias na cidade ou de hoplitas espartanos pisoteando os vinhedos da Ática. Atenas também havia acabado de sair de um sítio bem-sucedido a um protetorado dório de Esparta, a ilha de Melos, sem reacender a guerra com Esparta. Um fluxo contínuo de tributos, a ausência de operações ofensivas por quase cinco anos e uma recuperação do comércio significavam que Atenas encontrava-se numa situação quase tão boa quanto a dos anos antes da guerra. Por todas essas razões, os cidadãos estavam mais uma vez prontos para se reafirmarem militarmente.[5]

A campanha era, ao mesmo tempo, plausível e insana: factível no sentido de que o potencial militar de Atenas era tão grande que, a despeito da praga e da guerra, ela havia restaurado poder suficiente; e louca no sentido de que os próprios súditos, especialmente na região da Trácia, estavam a ponto de se revoltar, e Esparta era tanto imprevisível quanto ainda inconquistada. As pró-atenienses, mas fracas, Segesta e Leontini eram aliadas sicilianas dúbias, se não traiçoeiras. A mera distância e a impossibilidade de comunicações e suprimentos fáceis tornavam intimidantes os aspectos operacionais da expedição.

Nícias, de modo excessivamente dramático, apresentou todas essas razões para que Atenas não fosse para a Sicília, e alcançou o resultado oposto de inflamar os cidadãos atenienses. Nisso, ele não foi diferente do sexagenário rei Arquídamos, às vésperas da guerra, quase duas décadas antes, que havia previsto uma luta dura apenas para ser ignorado pela assembleia espartana. Em última análise, não há como derrotar o inimigo oligárquico vizinho navegando 1.300 quilômetros para atacar um democrata neutro.

O que chama a atenção a respeito do *casus belli* para a expedição siciliana é que Siracusa, embora dória e siciliana, *não* era oligárquica. Bem antes do início da guerra, um observador anônimo conservador comentou que, cada vez que Atenas deixava de apoiar a democracia no exterior, ela se saía mal, dadas as afinidades naturais com governos populares. Os siracusanos podem não ter sido tão radicalmente democratas quanto Atenas, mas sua constituição era liberal, no sentido antigo. Uma assembleia popular siracusana soberana garantia trocas livres entre os pobres e os ricos, o que significava que a expedição siciliana era, desde o início, uma traição aos professados valores atenienses de promover a cultura democrática pan-helênica. Para o conservador Tucídides, a anomalia era não apenas que Atenas havia abandonado sua agenda ideológica de proteger democracias contra reacionários, mas que, pela primeira vez na experiência grega, duas grandes democracias marítimas estavam em guerra. Elas levariam para a refrega todos os recursos militares que aquelas sociedades ricas de imaginação e recursos caracteristicamente possuíam. E essas vantagens — navios, dinheiro, mão de obra e liderança popular — eram muitas e não podiam ser ignoradas impunemente.

Os Estados democráticos envolviam todo o corpo de cidadãos em seu processo decisório. Não definiam a defesa coletiva como defesa das terras agrícolas em benefício apenas de uma classe hoplita. Dado o fato de que tais governos concediam poder aos pobres, encorajavam a mobilidade social e a imigração, tinham taxas mais elevadas de crescimento populacional, instilavam uma maior disciplina cívica ("como é próprio de uma democracia") e destinavam capital tanto para frotas quanto fortificações, eles faziam a guerra de maneira mais formidável que suas contrapartes oligárquicas (apodadas por Tucídides de "lentas" e "tímidas").

Como acrescenta Tucídides: "De todas as cidades contra as quais Atenas havia feito a guerra, os siracusanos eram os mais semelhantes aos atenienses, sendo igualmente democráticos e fortes em termos de navios, cavalos e tamanho." Mais tarde, ele concluiu: "Porque os siracusanos eram mais semelhantes aos atenienses, tiveram maior sucesso na guerra que empreenderam contra esses." A despeito dos horrores da praga e de mais de uma década de guerra, havia milhares de jovens atenienses dispostos a enfrentar o desafio de navegar mares perigosos para lutar contra outros gregos quase desconhecidos em uma luta para tomar de assalto a maior cidade do mundo de fala grega. Embora possamos nos horrorizar com sua loucura, sua audácia é ainda mais notável.[6]

Como Tucídides devotou dois livros inteiros de sua história à campanha — 25% de toda a narrativa tratam de apenas três dos 20 anos relatados —, existe um bom registro dos principais eventos do desastre. Após duas inflamadas assembleias, os atenienses votaram a favor de se enviar uma maciça armada a Siracusa, em junho de 415. Ela seria comandada por uma troica de generais: o confiável veterano Lâmacos, o velho conservador, mas tímido, Nícias, e o sempre intrigante Alcibíades. A ideia inicial era enviar uma força de tamanho moderado de sessenta trirremes, mais ou menos o mesmo número que havia partido anos antes em uma tentativa infrutífera de intimidar Siracusa, entre 427 e 425, mas, em uma assembleia subsequente, a retórica inflamada e a acrimônia levaram a uma total revisão, que se provaria desastrosa.

Diferentemente de outras invasões anteriores da Sicília, agora os atenienses, num momento de grande entusiasmo, despachavam uma força ainda maior: 134 navios (cem deles atenienses), incluindo mais de noventa trirremes, e 5.100 hoplitas atenienses e imperiais. Foram feitos arranjos para um conjunto de 480 arqueiros, setecentos fundeiros, trinta cavaleiros e montarias e trinta navios cargueiros.[7]

Em termos materiais, o que havia sido imaginado como outro ataque punitivo foi então redefinido como uma tentativa de conquista e anexação. Por mais impressionante que a ostentosa armada possa ter parecido quando desfilava no porto de Pireu no momento da partida, a frota talvez fosse bastante pequena para subjugar toda uma ilha do tamanho da Sicília, especialmente se não desse início imediato a ações decisivas logo após o desembarque e, assim, se estabelecesse uma presença desencorajadora. Os especialistas às vezes falam sobre a natureza opressiva do império ateniense, mas sua força agregada, em 415, era, de certa forma, patética — a contribuição dos aliados de cerca de duzentos Estados foi de somente 2.850 dos 5.100 hoplitas. Os atenienses experimentaram a falsa segurança de todos os exércitos que se põem em movimento e julgam a extensão do próprio poder pela impressão que causam sobre eles mesmos, em vez de exclusivamente sobre o inimigo.

O espantoso a respeito da força expedicionária ateniense foi sua sorte inicial. A frota desfrutou um bom tempo durante o trajeto. Fez a complicada viagem por centenas de quilômetros de mar sem perdas ou atrasos; por isso, o que poderia ter sido uma viagem especialmente perigosa recebe um tratamento superficial na narrativa de Tucídides. A despeito da extravagante e pública largada, a chegada das trirremes à Sicília foi quase uma surpresa total para os siracusanos. Em contraste, durante os dois anos seguintes os reforços peloponésios tiveram muito menos sorte para alcançar Siracusa, e frequentemente eram soprados para fora do curso, naufragavam ou sofriam atrasos por causa de tempestades. Em outras palavras, nessa primeira onda os atenienses provavelmente haviam transportado mais de 25 mil combatentes por mares abertos sem nenhuma perda real e chegado em boa forma, para o completo espanto e terror de seus inimigos, mas, quase de imediato, a tragédia inexplicavelmente começou a se desenrolar.

Paralisia

Bem no cerne do desastre estava a natureza equivocada do comando tripartite. Não era somente que a responsabilidade pela batalha estivesse dividida entre três generais, nem mesmo entre os dois usuais. Afinal de contas, os atenienses desconfiados eram notórios por, às vezes, terem um excesso de comandantes disputando no campo ao mesmo tempo. O problema era que os três eram muito diferentes em temperamento e, além disso, levavam considerável bagagem política com eles durante a viagem. O oficial mais graduado, o naturalmente cauteloso Nícias, estava com a saúde abalada e havia sido contra a expedição desde o começo. Assim, durante os dois anos seguintes ele só lutou ocasionalmente, e sempre com receio de ser dispensado e enviado de volta a Atenas por negligência. A natureza peculiar do comando ateniense era tal que às vezes os generais que não aprovavam a expedição ficavam responsáveis por ela, com base na dúbia lógica de que eles se preocupariam em prestar contas do que fizessem tanto no campo quanto, mais tarde, no país, e isso era visto como uma vantagem.

Alcibíades pouco depois foi convocado de volta a Atenas por causa de alegações de sacrilégio. Na véspera de zarpar, dezenas de jovens instigadores direitistas, em um surto de bebedeira e audácia politicamente inspirada, haviam sido acusados de sacrilégio público, o que atrairia maus agouros para a expedição prestes a partir. Talvez a verdadeira intenção fosse assustar os eleitores pobres supersticiosos para que cancelassem de uma vez por todas a expedição. Pois só assim Atenas poderia se assegurar de que uma Esparta oligárquica permanecesse neutra e seu exército se mantivesse longe do interior da Ática. Embora Alcibíades possa ter estado envolvido com os desordeiros que difamaram os ritos secretos de fertilidade em Elêusis, ele provavelmente não tinha nada a ver com a escapada mais temerária para mutilar as hermas, totens sagrados de pedra dedicados a Hermes salpicados pela paisagem da Ática para garantir a proteção divina a viajantes e casas particulares. De qualquer modo, a frota partiu sob uma nuvem escura, mas a ironia foi que, ao acusar Alcibíades *in absentia* de um crime capital e então tentar trazê-lo de volta da Sicília, os ultrajados atenienses talvez tenham feito justamente o jogo dos conspiradores: o homem mais responsável por liderar a democracia em uma vasta aventura imperial seria sabotado por seus ex-apoiadores, cujas ideias radicais ele levara adiante.

Pouco depois de chegar à Sicília, Alcibíades recebeu a intimação para retornar. Percebendo claramente que a extradição era o equivalente a uma sentença de morte, fugiu dos carcereiros e, em vez disso, navegou para o Peloponeso. Ali ele acabou em Esparta, exortando-a a reiniciar a guerra tanto por meio de ajuda à Sicília quanto da ocupação da Ática com guarnições espartanas. Enquanto isso, na Sicília, o prático e resoluto Lâmacos aparentemente carecia de estatura política ou riqueza para convencer os outros dois a aprovar seus planos prescientes de um ataque imediato a Siracusa. Um ano depois, ele foi morto em batalha durante o cerco à cidade. Sua impotência e depois sua morte foram trágicas, já que, sob sua liderança, Atenas não só poderia ter tomado de surpresa a despreparada Siracusa e provocado sua rendição, ou tê-la levado ao pânico, mas também teria realizado uma grande quantidade de saques no interior do país antes que a área fosse evacuada.

Os atenienses quase imediatamente ignoraram a regra fundamental de qualquer grande invasão: a necessidade de ação direta. Após a chegada a território inimigo, existe um tempo determinado para se garantir a vitória, já que o impasse pesa a favor dos que se defendem. Ainda assim, os atenienses não quiseram seguir direto para Siracusa, como aconselhara Lâmacos, quando descobriram que a maior parte dos sicilianos não estava assim tão ansiosa para ser liberada, que os poucos Estados aliados de Atenas não eram nem ricos nem resolutos, e que os próprios siracusanos não ficaram chocados nem aterrorizados quando começaram a ver que aquela frota impressionante era mais hesitante e protelatória do que determinada e agressiva.

Apesar disso, durante os dois anos seguintes os atenienses lutaram corajosamente de quase todas as formas imagináveis, tal como cabe a um engenhoso povo democrático. Mas nunca mais, após sua chegada no final do verão de 415, eles recuperariam o que o general norte-americano George S. Patton uma vez chamou de "o minuto inesquecível" — aquela breve janela de oportunidade que se abre quando uma ação fulminante pode atordoar o inimigo, vencer todo um teatro e produzir resultados dramáticos sem grande carnificina. No exato momento em que os surpreendidos siracusanos descobriram que não eram o objeto imediato da armada ateniense, os cidadãos assim encorajados se recuperaram e demandaram operações ofensivas contra os invasores.[8]

Os atenienses pouco fizeram ao chegar. Em vez de atacar Siracusa, após caloroso debate seguiram para Région. Uma vez lá, não conseguiram nenhuma ajuda. Pior ainda, logo descobriram que os supostamente opulentos aliados de Segesta estavam falidos. Não contando com muito dinheiro aliado e nem antecipando a chegada de muitas tropas, dirigiram-se à cidade de Catana, a 80 quilômetros ao norte, e instalaram uma base para as operações que se seguiriam contra Siracusa.

O primeiro sucesso após meses de ociosidade foi a captura da pequena comunidade de Hícara. Após uma experiência de quase duas décadas tomando de assalto pequenas cidades, de Potideia a Melos, os atenienses tiveram pouca dificuldade em tomar a insignificante cidade. De acordo com os novos protocolos de guerra, todos os habitantes foram vendidos como escravos. Àquela altura, já era quase outono e os primeiros quatro meses da campanha haviam produzido quase nada: Alcibíades havia sido chamado de volta, escapado e agora assessorava os inimigos de Atenas; o indolente Nícias estava praticamente no comando, e os atenienses ainda tinham que atacar uma Siracusa cada vez mais confiante.

A Luta pela Supremacia Montada

Em Atenas, os homens que conheciam bem a guerra basicamente avaliaram mal o tipo de forças necessárias para se conseguir uma vitória na Sicília, uma ilha distante cujas amplas planícies verdejantes eram mais semelhantes à paisagem da Tessália do que à da Ática ou do Peloponeso. As informações sobre a natureza da arte da guerra siciliana, a confiabilidade dos aliados e os recursos dos inimigos eram falhas ou não existiam. Em um tom perfunctório, Nícias havia avisado aos atenienses que haveria necessidade de tropas montadas, mas, sendo um soldado tradicional, ele previsivelmente ainda deu muito mais atenção à necessidade de hoplitas. Até mesmo Alcibíades, o cavaleiro experimentado, havia assegurado aos atenienses que eles poderiam facilmente derrotar Siracusa justamente porque a infantaria dos estados sicilianos era notoriamente fraca! No entanto, quase imediatamente após a chegada, os atenienses descobriram que os milhares de hoplitas eram basicamente irrelevantes para a vitória, e que careciam do principal recurso — grande quantidade de cavaleiros — que lhes poderia ter dado a proteção necessária para um sítio bem-sucedido. Havia poucas desculpas, além do chauvinismo hoplita, para explicar tamanha ingenuidade estratégica. Afinal, os atenienses já sabiam que um maior número de cavaleiros teria tido papel crítico em Spártolos, em 429, e fora usando a cavalaria que eles haviam mantido os espartanos sob constante ataque na Ática — operações nas quais tanto Nícias quanto Alcibíades haviam estado totalmente envolvidos.[9]

Uma vez entrincheirados em Catana, os atenienses perceberam que a Sicília era enorme e requeria quase constantes comunicações com sua rede de cidades. Para que um invasor tivesse alguma chance de sucesso contra Siracusa, uma cidade-Estado tão grande quanto Atenas, com centenas de cavaleiros bem treinados, a supremacia montada era um dado crítico. Em vez disso, os siracusanos rotineiramente cavalgavam até a base ateniense em Catana e insultavam os atenienses acampados, tentando provocar deliberadamente um invasor que, poucas semanas depois da chegada, parecia mais o sitiado do que o agressor real. Para vencer aquela guerra, seria necessário dispor de um número maciço de cavaleiros atenienses para proteger os pedreiros e as forças irregulares, os únicos que poderiam isolar Siracusa das terras vizinhas construindo fortificações à sua volta.

Se os siracusanos aparecessem para uma batalha hoplita convencional, os cavaleiros atenienses seriam necessários para proteger os flancos e fazer perseguições nas planícies da Sicília. E quando os atenienses começaram a devastar o campo e negar aos fazendeiros acesso às plantações, novamente os cavaleiros eram essenciais. Lâmacos, como um antigo veterano de lutas contra os espartanos na Ática, sabia algo sobre ataques e saques e acreditava que, ao chegarem, os atenienses deveriam ter imediatamente varrido o interior siracusano para encontrar suprimentos nas fazendas desprotegidas e cortar o acesso da cidade às vitais terras agrícolas.

Alguma coisa drástica precisava ser feita para exercer uma dissuasão contra o que se provaria ser o maior corpo de cavaleiros inimigos que os atenienses haviam enfrentado desde as invasões persas, mais de meio século antes. Mas a cavalaria era justamente o recurso de que mais careciam os atenienses na Sicília. Fosse pelo medo dos grandes mares entre a Grécia ocidental e o sul da Itália, ou talvez compreendendo a necessidade de manter uma patrulha de cavalaria para guardar o interior da Ática caso os espartanos voltassem enquanto estivessem ausentes, os atenienses haviam inicialmente levado com eles um único navio transportando cavalos e trinta cavaleiros. Talvez isso seja compreensível para qualquer um que tenha feito a viagem do oeste da Grécia até a Sicília em mares moderadamente agitados: imagine uma armada de dez ou mais navios transportando cavalos — trezentos pôneis em trirremes adaptadas, com deques a pouco mais de um metro acima da água — e cavalgando as ondas que frequentemente deixam enjoados até os turistas contemporâneos em imensos navios modernos. Não era provável que Atenas arriscasse em mar aberto toda a sua frota de transportes de cavalos e quase a terça parte de sua vital força de defesa montada da Ática.

Após descobrir, de sua base em Catana, que os hoplitas e forças irregulares não poderiam destruir a agricultura siracusana mais do que os espartanos haviam conseguido arruinar a Ática, os atenienses buscaram alguma forma de voltar para perto de Siracusa sem que fossem constantemente atacados pela cavalaria. Finalmente, disseminando informações falsas, fizeram com que os siracusanos mobilizassem suas forças terrestres. Enquanto isso, eles sub-repticiamente navegaram pelo litoral até Siracusa sem encontrar resistência. Ali desembarcaram com segurança antes que a cavalaria enganada pudesse voltar. Embora bem-sucedido, esse estratagema anunciava desgraça: umas poucas centenas de cavaleiros haviam mantido dezenas de milhares da tropa ateniense confinados à base. Somente recorrendo a um ardil os atenienses puderam se aproximar do alvo propriamente dito de toda a expedição — e tiveram que fazê-lo navegando, e não marchando por terra.

Mesmo quando a falange ateniense se formou diante da cidade surpreendida, teve o cuidado de pôr o exército em ação apenas em terrenos onde "a cavalaria siracusana pudesse causar menores danos, tanto no campo de batalha quanto antes". Uma fonte antiga acreditava que os desesperados atenienses na realidade cavaram armadilhas para os cavalos nas laterais do exército a fim de impedir a chegada do temido inimigo montado — uma humilhante admissão de que a infantaria pesada já não lutava "no melhor e mais plano solo". E por que não fazê-lo, se os furiosos siracusanos enganados iriam descarregar contra eles, com força total, cerca de 1.200 cavaleiros loucos para abater qualquer um fora da formação? Embora na batalha real que se seguiu os hoplitas atenienses tenham derrotado os mais inexperientes soldados da infantaria siracusana — aparentemente aterrorizados com o som de trovão, e sem o hábito de guerrear a pé —, não conseguiram destruí-los, dada a cobertura da imensa massa de cavaleiros. Em momento algum na Guerra do Peloponeso haviam os atenienses se defrontado com uma força de mais de seiscentos cavaleiros de uma só vez. Só a ideia de que 1.200 cavaleiros inimigos pudessem cruzar o campo de batalha grego como bem entendessem era algo além de sua compreensão.

Mesmo aquela minúscula batalha hoplita baseava-se nas crenças de que somente um truque permitiria que os atenienses tivessem sossego para se pôr em formação; de que apenas o uso sábio da geografia poderia protegê-los durante a luta, e de que a vitória nunca poderia ser plenamente explorada enquanto inimigos montados patrulhassem o campo de batalha. Da noite para o dia, na Sicília, a guerra helênica, tal como a haviam conhecido os gregos, havia mudado. A presença de 1.200 cavaleiros siracusanos impediu que um empate se transformasse em uma total aniquilação, pois seu número esmagador transformou a ação na retaguarda numa vitória: os atenienses navegaram de volta para Catana e desistiram das operações durante o inverno. Uma vez de volta à base, os atônitos invasores tomaram providências para encontrar o maior número de cavaleiros que pudessem, e o mais rapidamente possível.[10]

A única esperança dos atenienses sob aquelas condições surrealistas da guerra siciliana era compor uma adequada contraforça de cavalaria com ajuda de seus aliados e, de alguma maneira, receber reforços de Atenas. Uma vez que obtivessem a superioridade montada, poderiam se mover, buscar alimentos e montar fortificações conforme quisessem; mas, se falhassem, os sitiadores poderiam acabar confinados ao acampamento e, assim, se tornarem os sitiados.[11]

Apesar de estarem vivendo em acampamentos improvisados, milhares de atenienses agora tinham que se preparar para passar o inverno nos arredores de Catana, enquanto Nícias fazia arranjos improvisados para adquirir cavalos o mais rapidamente possível e enviar embaixadores a potenciais aliados. Ele ingenuamente esperava que tanto sicilianos quanto cartagineses pudessem ajudar um invasor que havia vencido apenas uma pequena batalha hoplita. Em contraste, os siracusanos não ficaram nem um pouco abatidos com um pequeno revés, mas, em vez disso, sentiam-se encorajados pelo quase completo domínio do interior propiciado por uma cavalaria cada vez mais audaciosa. Enquanto os atenienses perdiam tempo, os siracusanos reformaram seu comando e começaram a preparar as fortificações da cidade para enfrentar o cerco inevitável. Enviaram notícias encorajadoras aos distantes espartanos, que logo sucumbiriam ao fascínio de seu recentemente descoberto defensor, Alcibíades, que lhes dizia ser a hora de reiniciar a guerra e acabar com uma Atenas já nos últimos estertores.

Após escapar da custódia ateniense, Alcibíades havia imediatamente se reinventado no Peloponeso como um valente lacônio e tecia histórias fantásticas sobre como os atenienses haviam o tempo todo tentado recomeçar a guerra e ganhar hegemonia sobre todo o Mediterrâneo: primeiro a Sicília, depois a Itália, e finalmente a própria Cartago. Da mente de Alcibíades jorravam mais e mais histórias: tais conquistas ganhariam novos aliados da

Ibéria, trirremes construídas com madeira das florestas italianas e dinheiro tomado dos povos conquistados. Teria essa expedição a Cartago existido apenas em sua mente, ou seria ela a consequência lógica de uma vitória na Sicília? As respostas variam, mas certamente tais visões de engrandecimento democrático imperial ateniense podiam deixar nervosos os paranoicos espartanos e induzi-los a recomeçar a guerra — e, por enquanto, aquilo estava de acordo com o interesse pessoal do exilado Alcibíades.

Com o zelo de um convertido, ansioso para dar o troco a seus conterrâneos, salvar a própria pele e cair nas boas graças de seus anfitriões, Alcibíades continuou a aterrorizar a atônita audiência espartana com casos de fantásticos complôs atenienses para cercar o Peloponeso por terra e mar. Completou sua traição fazendo um esboço da única maneira de destruir sua cidade natal, de um modo tão sóbrio e judicioso quanto suas histórias sobre os objetivos imperiais de Atenas eram provavelmente delirantes: os peloponésios deveriam imediatamente invadir a Ática, estabelecer uma base fortificada em Decêleia, enviar ajuda à Sicília e fomentar a insurreição no Egeu.[12]

Na Sicília, quando voltou a primavera, os atenienses tentaram alguns ataques. Mas estavam basicamente esperando a chegada dos cavaleiros solicitados de Atenas. Os oito meses em Catana foram essencialmente perdidos. Por fim, chegaram de Atenas 250 cavaleiros experientes, trinta arqueiros montados e trezentos talentos para comprar cavalos em Segesta e Catana. Permanecia o fato de que os atenienses não haviam conseguido praticamente nada desde o verão anterior. Com sua inação, haviam encorajado os siracusanos e, pouco depois, também seus antigos inimigos peloponésios na Grécia continental. Ainda assim, com a chegada de uns poucos cavaleiros sicilianos, Nícias reunira uma força improvisada de 650 cavaleiros, o que constituía cobertura suficiente para permitir que seus engenheiros de cerco começassem o assalto à própria Siracusa.[13]

Apesar da quase fatal lassidão da parte de Nícias, os atenienses ainda possuíam várias vantagens que bem poderiam haver arrancado a vitória das garras da derrota. Com a partida e traição de Alcibíades, Lâmacos, o sempre confiável terceiro general, lentamente recuperou o bom-senso e conseguiu galvanizar os atenienses para que navegassem de volta a

Siracusa e finalmente dessem início à guerra verdadeira que deveriam ter começado no dia da chegada.

Ali eles usariam a nova cavalaria para proteger os sitiadores enquanto começavam a campanha de construir fortificações a sério para cercar a cidade. Após os siracusanos recusarem outra oferta *pro forma* para um encontro numa batalha hoplita, os atenienses subitamente deram sinal das antigas habilidades com as quais haviam subjugado toda uma série de cidades, desde Potideia até Melos. Quase imediatamente, tomaram grande parte do platô de Epípolas, a parte superior da cidadela, e começaram um sofisticado plano de, partindo de cima, isolar toda a cidade das terras do interior. Para isso, rapidamente construíram um forte redondo ("o Círculo") e começaram a usá-lo como uma base a partir da qual lançariam os muros de circunvalação tanto na direção do mar, até Trogilus, quanto na direção sul do Grande Porto de Siracusa, impedindo que o núcleo da cidade recebesse reforços de infantaria ou navais.

Após terem lidado com sucesso com cinco invasões no próprio território e tomado de assalto Potideia, Mitilene, Cione e Melos, os atenienses haviam acumulado grande dose de experiência tanto ofensiva quanto defensiva em operações conjuntas de terra e mar. Diferentemente da cidade de Atenas, Siracusa não tinha um porto bem fortificado como o Pireu, uma frota poderosa e nem nada parecido com as Longas Muralhas. Se os atenienses conseguissem finalizar a fortificação em torno da cidade alta, patrulhar as muralhas do sul até o mar, manter ocupados no interior do país a recém-adquirida cavalaria e seus hoplitas e guardar as saídas do Grande Porto, Siracusa realmente poderia ser isolada tanto do fornecimento de suprimentos nativos quanto dos importados, e a guerra estaria ganha.

Contando pelo menos com um suprimento adequado de cavalos, os ventos da guerra lentamente começaram a soprar a favor dos atenienses à medida que eles passaram a transitar livremente em volta da cidade visada. Talvez logo se seguissem a fome e a praga, dado que Siracusa seria mais facilmente isolada do que fora Atenas, em 430, quando afundara na epidemia e no caos. Corriam rumores de que, à medida que a muralha aumentava na direção da cidade, os siracusanos estavam à beira da capitulação, prontos a reconhecer que a tardia tentativa ateniense de isolá-los das terras do interior prognosticava desgraça para a cidade.[14]

Desespero Crescente

O aspecto trágico a respeito das operações atenienses fracassadas no ano seguinte não foi a combinação de erros estúpidos e oportunidades perdidas, mas a frequência com que a coragem e a audácia atenienses quase anularam os monumentais erros de comando e quase ganharam a parada. Durante o inverno de relativa inação, Nícias não havia feito nenhum esforço para impedir as contrafortificações siracusanas. Permitira que o recém-chegado general espartano Gílipos levasse para dentro da cidade, por terra, um exército aliado de apoio. Os atenienses deixaram que um esquadrão naval coríntio, sob o comando do almirante coríntio Gôngilos, navegasse até o porto de Siracusa. Eles erraram ao não assaltar a contramuralha inimiga nas primeiras fases da construção, e então se dedicaram a um laborioso trabalho de construir muralhas de circunvalação e contravalação em vez de imediatamente isolar a cidade com uma única fortificação improvisada. Ainda assim, e a despeito de tudo isso, os atenienses quase tomaram Siracusa poucas semanas depois de haverem dado início a sérios esforços para isso, na primavera de 414.

Por causa de alguns ataques no litoral peloponésio, Esparta agora tinha o pretexto de que a Paz de Nícias havia sido rompida. E começou abertamente a organizar uma sistemática corrente de reforços à Sicília e, ao mesmo tempo, a se preparar para invadir a Ática pela primeira vez em mais de uma década. Esparta havia concordado com a paz, no inverno de 421, quando era um estado desmoralizado, cheio de desânimo por causa de Pilos e dos fracassos na Ática e no noroeste. Mas, após a vitória em Mantineia e o crescente embaraço do inimigo na Sicília, não via agora nenhuma razão para adiar o momento de acabar com Atenas, especialmente quando uma derrota ateniense de grande porte poderia convencer a Pérsia a efetivamente subsidiar uma frota espartana.[15]

Após concluir o forte circular, a cavalaria e a infantaria atenienses imediatamente rechaçaram um contra-assalto siracusano. Com uma infantaria muito mais disciplinada e o novo apoio da cavalaria, os atenienses sistematicamente atacaram os siracusanos na parte mais elevada da cidade, em uma guerra tragicômica de fortificações rivais: os invasores buscavam desesperadamente completar suas muralhas sobre o terreno rochoso que ia até o mar enquanto os inimigos lançavam linhas perpendiculares de obstrução. Nessa bizarra mistura de tentativas simultâneas de construção e destruição, Lâmacos foi morto em uma breve refrega, roubando aos atenienses o único general excepcionalmente competente de que dispunham.

Pior ainda, Nícias divagava nos momentos mais cruciais e parecia subestimar o significado psicológico da chegada dos peloponésios. Ele não conseguia perceber a criticamente breve janela de oportunidade de que dispunha para terminar as muralhas antes que os cada vez mais desesperados siracusanos se entusiasmassem diante da visão de novos hoplitas e navios peloponésios. Dado que Nícias talvez tivesse 10 mil homens disponíveis para a tarefa e cerca de 8 quilômetros de fortificações para construir partindo de dois lados do forte circular, não havia nenhuma razão para que um general decidido não pudesse ter terminado o projeto antes que reforços vindos do Peloponeso erodissem suas vantagens tanto psicológicas quanto numéricas.

Mais no início da guerra, os atenienses haviam construído muralhas muito mais rapidamente em Niseia, Délion e Pilos. Mesmo os supostamente lentos espartanos haviam cercado Plateia com uma muralha dupla em menos de três meses. Quase cinco séculos depois, Tito cercou Jerusalém com uma fortificação que tinha aproximadamente o mesmo comprimento da feita pelos atenienses em Epípolas usando praticamente a mesma quantidade de homens e em apenas três dias. Assim, a despeito do terreno irregular e da resistência obstinada, a linha ateniense não conseguiu chegar até o mar, principalmente por causa de uma liderança apagada.

Nícias continuava a procrastinar. Os dois lados lutavam sobre amuradas nas alturas. E, de modo quase imperceptível, a marinha ateniense frequentemente ociosa, que era o único meio disponível para retornar a Atenas com segurança, deteriorava: os navios estavam saturados de água, e a deserção das tripulações aliadas e escravas indicava que os atenienses já não eram capazes de realizar um bloqueio cerrado ou de conseguir uma vitória automática no Grande Porto caso a frota siracusana e seus novos aliados coríntios finalmente resolvessem entrar na batalha.

O aparecimento da frota coríntia seguiu-se à marcha de ajuda de Gílipos por terra. Essa súbita chegada de liderança e reforços peloponésios não apenas acrescentou recursos militares à causa siracusana, mas também começou a ganhar a adesão de cidades sicilianas neutras. Em questão de dias, Siracusa foi salva de uma derrota garantida. Em resposta, Nícias, recuperando-se de algum tipo de doença dos rins, aumentou sua já longa fieira de erros no final do verão enviando a Atenas um pedido para ser substituído. Defrontando-se com a possível escolha de morrer na Sicília ou ser executado em sua terra quando voltasse de uma catástrofe militar, Nícias tentou transferir a responsabilidade pelo destino da campanha, mais uma vez, à assembleia ateniense. Assim, ele aconselhou os atenienses a chamar de volta toda a expedição ou enviar reforços maciços.

Em uma das mais memoráveis cenas de sua história, Tucídides começa o famoso sétimo livro com o surgimento do socorro peloponésio na décima primeira hora do sítio, quando os siracusanos estavam à beira da rendição:

> Gílipos aconteceu de ter chegado no momento crítico em que a dupla muralha de sete ou oito estádios [cerca de 1.500 metros] já havia sido completada pelos atenienses até o Grande Porto — exceto por uma pequena distância perto do mar que ainda estava sendo construída. Com relação ao restante da muralha em círculo, na maior parte da distância até Trogilus e o mar aberto, as pedras já haviam sido depositadas e algumas partes estavam meio completadas, enquanto outras já estavam terminadas. Tão perto assim da catástrofe haviam estado os siracusanos.[16]

O momento em que os peloponésios interromperam a construção da decisiva fortificação sendo feita pelos atenienses acima de Siracusa provou-se o mais importante de todo o conflito. Os dois lados buscavam agora agregar novas forças à confusa e às vezes contínua batalha nas alturas acima da cidade: os atenienses desesperados para completar a muralha dupla até o porto e a linha de fortificação mais longa que dava em Epípolas, e os agora energizados siracusanos igualmente ansiosos para bloquear o progresso ateniense e, ao mesmo tempo, continuar atacando as equipes de construção do inimigo.

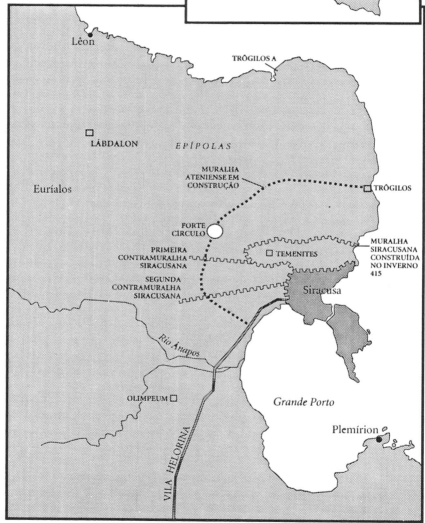

A despeito de ocasionais vitórias táticas, a guerra das muralhas foi um conflito que Nícias acabou perdendo, pois Gílipos habilmente barrou o caminho com uma série de fortes e contramuralhas. Em certa ocasião, a cavalaria siracusana foi instrumental para aniquilar os atenienses: lançou-se contra hoplitas num terreno acidentado e fez todo o exército recuar para trás das fortificações inacabadas. Tais interrupções essencialmente eliminaram qualquer chance de os atenienses poderem algum dia romper através das contramuralhas e completar os cruciais segmentos finais de seu próprio circuito até o mar, dos dois lados.

Nos relatos periódicos à assembleia ateniense, Nícias alegou diversas razões para o fracasso do exército, desde a cavalaria insuficiente até o constante desfazer-se de navios e tripulações. Mas, em última instância, o problema estava na minúscula margem de erro de que dispunha uma força que, no total da primeira e segunda armadas, chegava a apenas 45 mil homens. A expedição realmente sempre havia sido uma grande aposta de que uma frota ateniense com pouco mais de duzentos navios poderia tomar uma das maiores cidades no mundo de fala grega a cerca de 1.300 quilômetros de distância e do outro lado do mar — algo que sempre se baseava na existência de uma liderança audaciosa e resoluta.

É verdade que as carreiras de Alexandre Magno e Julio César provaram que forças com menos de 50 mil homens poderiam conquistar e ocupar com sucesso imensas porções de terras inimigas, mas um cálculo militar assim tão audacioso demandava comandantes ainda mais audaciosos que percebessem que somente a combinação de moral, vontade e espírito agressivo poderia anular a superioridade numérica do inimigo. A esse respeito, Nícias — velho, doente e tímido por natureza, e explicitamente contrário àquela invasão — deixava muito a desejar e, portanto, naturalmente tentou conseguir recursos cada vez maiores para preencher um vácuo que a própria liderança não podia preencher. Com frequência, um generalato medíocre é sinônimo de repetidos pedidos de tropas adicionais.

Às Voltas com um Dilema

Seguiu-se um desvario ainda pior. Em Atenas, os atenienses, excepcionalmente obtusos na ocasião, mais uma vez interpretaram mal as afirmações cautelosas de seu general, tomando por conselhos sóbrios a respeito de como obter a vitória o que era um urgente pedido de retirada mal disfarçado. Prepararam uma segunda armada para chegar em algum momento da primavera seguinte. É preciso reconhecer que os atenienses estavam às voltas com um dilema: retirar as tropas significaria apenas encorajar os inimigos, enquanto mandar novos reforços faria crescer o espectro de transformar uma derrota tática manejável numa catástrofe militar.

No início de 414, a maior parte do mundo grego estava lentamente tomando conhecimento do crescente dilema na Sicília e preparando-se para entrar na matança de diversas maneiras. Estados tão diferentes como Corinto, Sicione e Beócia estavam agregando os próprios contingentes hoplitas a uma outra força expedicionária espartana programada para zarpar para Siracusa. Uma crescente frota peloponésia despachou mais navios para Siracusa. Gílipos agora descobria outros Estados sicilianos vizinhos tão ansiosos para ajudar Siracusa quanto haviam uma vez ficado interessados em se juntar aos atenienses no momento em que a cidade estivera à beira da capitulação. Enquanto o mundo grego acorria para derrotar a frota expedicionária ateniense, os peloponésios se preparavam para invadir a Ática e fortificar Decêleia.[17]

Atenas nunca titubeou. Em uma atitude majestosa de desafio ou insensatez, a assembleia ateniense enviou Demóstenes — o herói de Pilos, o bode expiatório da campanha de Délion, e de certo modo esquecido durante mais de uma década — com uma frota imperial auxiliar com outras 65 trirremes e 1.200 hoplitas, apoiados por contingentes aliados adicionais. Quando aportou na Sicília de uma maneira ostentosa, com gaitas de foles e timoneiros anunciando aos brados sua chegada, as forças combinadas somavam já mais de setenta novas trirremes e outros 5 mil hoplitas, além de mais auxiliares com armas leves.

Novamente, os atenienses mal conseguiram enviar outros cavaleiros ou montarias para substituir a exaurida cavalaria ateniense, cada vez mais incapaz de rechaçar suas contrapartes siracusanas mais qualificadas. Ao todo, em menos de dois anos os atenienses haviam lançado na disputa quase 45 mil homens e 216 navios, bem mais do que a metade de todos os recursos militares disponíveis do império. Essa loucura acontecia em uma época em que os espartanos estavam acampados a 20 quilômetros das muralhas de Atenas, milhares de escravos desertavam da Ática e aliados tributários, desde o Helesponto até o sul do Egeu, estavam à beira da revolta.

Era precisamente essa resistência o que tanto assombrava Tucídides. Ele enfatizou repetidamente os incríveis recursos de Atenas e sua habilidade de levar adiante a luta a despeito de perdas esmagadoras e de uma crescente lista de adversários. Além disso, exatamente quando milhares sitiavam Siracusa, os sátrapas persas também estavam em conchavo para financiar uma nova frota peloponésia que pudesse fazer em pedaços o império marítimo. Tucídides pode ter ficado horrorizado com a lógica insensata por trás de tão imenso equívoco, mas mostrava-se também admirado com o espírito democrático que, ainda assim, seguia adiante com a aposta, e assombrado por Atenas haver conseguido levar a cabo tudo aquilo.[18]

Demóstenes era tão audacioso quanto Nícias era tímido. Mas, depois de mobilizar uma segunda força de apoio e fazer todo o percurso até a Sicília, os atenienses descobriram que as coisas na ilha haviam piorado ainda mais desde que Nícias enviara sua lúgubre carta a Atenas, no outono anterior. Frustrado, lá no topo de Epípolas e incapaz de abrir caminho através das contramuralhas do inimigo, Nícias havia abruptamente voltado sua atenção para o mar e traçado uma nova estratégia: a marinha deveria agora tomar a ofensiva no Grande Porto de Siracusa enquanto tropas terrestres continuavam no impasse nas alturas.

No entanto, em uma série de brutais batalhas marítimas no Grande Porto e em volta dele, as trirremes atenienses foram duramente tratadas pelas frotas menos hábeis de coríntios e siracusanos. O inimigo, tendo aprendido com a batalha de Sibota, em 432, onde os coríntios haviam superado os mais experientes corcireus transformando uma batalha naval em uma batalha terrestre com abordagens e ataques frontais, havia reforçado os aríetes e se aproveitado das condições confinadas do porto.

Pior ainda, Nícias havia perdido um forte decisivo em Lábdalon, no alto da crista norte de Epípolas, fundamental para fornecer forças de proteção aos que trabalhavam construindo a muralha. Em resposta, havia mudado sua base de operações para Plemírion, na entrada sul do porto — um lugar quase indefensável que dispunha de pouca água e menos combustível ainda. Mas então Nícias já havia desistido de cercar e isolar a cidade. Estava mais preocupado com assegurar uma base na qual reparar as trirremes para uma partida rápida caso as coisas piorassem. Aquele forte mal escolhido também foi perdido rapidamente, junto com a maior parte dos equipamentos e dos suprimentos para a frota.

Os esforços atenienses anteriores de usar aríetes para derrubar a contramuralha siracusana haviam falhado. Foi esse cenário crescentemente sombrio que o recém-chegado Demóstenes imediatamente avaliou e que o influenciou a tomar a decisão drástica de atacar as contrafortificações siracusanas durante a noite. Só por um momento, refletiu Demóstenes, os atenienses haviam recuperado o impulso e talvez uma superioridade local em número de homens, e não podiam se dar o luxo de jogar fora essa segunda, embora efêmera, chance de vitória.

O ataque foi um desastre, como seria de se esperar de milhares de soldados pesadamente armados marchando sobre terreno íngreme com o qual não tinham familiaridade para lutar contra um inimigo desconhecido no meio da noite. Os novos reforços de Demóstenes logo se viram em plena retirada colina abaixo, perdidos na escuridão, frequentemente caindo e lutando uns contra os outros, e por fim sendo massacrados pela sempre vigilante cavalaria siracusana. Dois mil homens podem ter sido mortos em apenas poucas horas, mortes horríveis para atenienses que poucas semanas antes estavam passeando por sua Ágora em um tempo de relativa paz.

Em um dos mais famosos pronunciamentos sobre a confusa natureza da batalha de infantaria grega, Tucídides concluiu sobre a calamidade noturna ateniense em Epípolas: "Não era fácil certificar-se com nenhum dos lados sobre o que exatamente havia ocorrido ali; por certo, as coisas eram mais claras durante o dia, mas, mesmo então, aqueles que estão presentes dificilmente sabem tudo o que está acontecendo — exceto o que cada pessoa percebe, e com dificuldade, na própria vizinhança." Totalmente desmoralizado, Demóstenes então considerou diversas opções antes de concluir que o mais sábio provavelmente era juntar as duas forças e navegar de volta a Atenas. Os atenienses, pensou ele, ainda tinham navios e uma tênue superioridade naval. E os espartanos que se reuniam na Ática, não siracusanos democráticos que viviam a 1.300 quilômetros de distância, representavam o maior perigo para Atenas. O novo dilema não era vencer ou perder, mas sim escolher entre derrota e ruína.[19]

Destruição Total

Após longo debate e um atraso desnecessário, os dois lados ficaram prontos para uma grande batalha naval final no Grande Porto, maior ainda do que as lutas iniciais poucas semanas antes que, em algum momento, haviam envolvido cerca de 160 navios. Os atenienses lançaram ao mar tudo o que havia sobrado, umas 110 trirremes. Tucídides sugere que foi a mais congestionada e desesperada batalha na história da guerra naval grega. Ele pode ter tido razão, pois havia mais de 20 mil marinheiros atenienses e imperiais nas embarcações, além de tropas de projéteis e soldados da marinha. Talvez houvesse também o mesmo número de soldados da infantaria e de escravos observando da praia. Mas os invasores já eram uma força derrotada muito antes de a batalha sequer começar, no tanto em que a maior parte dos empreendimentos que haviam iniciado na Sicília — o esforço para atrair os Estados neutros da ilha, a tentativa de murar e isolar Siracusa, as batalhas navais com a frota inimiga e as intrigas políticas para vencer Siracusa pela traição — havia fracassado. Nem mesmo vitórias ocasionais, fosse sitiando cidades pequenas ou derrotando hoplitas siracusanos no campo, haviam conduzido a um sucesso estratégico.

Ao final do dia, os atenienses estavam totalmente derrotados. A última batalha no porto de Siracusa foi uma autêntica tragédia grega na qual os soldados atenienses em formação assistiram às duas enormes frotas se lançarem ao ataque — às vezes acenando e gritando da praia "Estamos vencendo", e depois, em desespero, gritando "Estamos perdendo". Finalmente, compreendendo que os melhores marinheiros não podiam se beneficiar nem de seu número nem de suas habilidades naquelas águas confinadas do porto, marujos e hoplitas se deram conta de que a derrota de sua frota não era um revés, mas uma sentença de morte. Aquelas trirremes, afinal, eram seu único meio de voltar para casa.[20]

Nícias e Demóstenes então escolheram marchar seu ainda enorme exército conjunto de 40 mil sobreviventes por um curso sinuoso para o oeste e depois para o sul, atravessando a ilha na esperança de encontrar refúgio entre aliados amistosos. Apesar de toda a calamidade, Demóstenes e Nícias ainda comandavam mais tropas do que os peloponésios e sicilianos combinados. É verdade que em dois anos de atritos os atenienses haviam perdido muitos em batalha e por doenças. Ainda assim, era surpreendente que talvez quatro de cada cinco combatentes que haviam chegado à Sicília ainda estivessem vivos e decididos a encontrar abrigo em algum lugar. Não era uma esperança vã: pouco mais de uma década depois, uma força muito menor de 10 mil mercenários hoplitas gregos lutou para abrir passagem para a segurança, contra perspectivas muito piores, desde o centro da Mesopotâmia até o mar Negro, a despeito de serem superados em número e constantemente atacados por grande quantidade de cavaleiros asiáticos e povos tribais.

Este ainda era o maior exército que Atenas havia mobilizado durante toda a guerra. Na verdade, talvez fosse a maior força grega deslocada em massa desde que Arquídamos invadira a Ática quase vinte anos antes. Mas, embora vivos e basicamente saudáveis, os soldados, em sua maioria, eram homens derrotados, desmoralizados ao ver desaparecer o que fora uma magnífica frota e, com ela, o único modo de voltar para casa. Os atenienses estavam em território hostil com o qual não tinham familiaridade, onde eram constantemente perseguidos e forçados a marchar sob um sol de pleno verão sem ter acesso fácil a água.

Os cavaleiros siracusanos os perseguiam sem piedade. A infantaria e tropas com armas leves os atormentavam sem dar trégua. A retirada logo se tornou uma aniquilação e, então, uma matança. Cerca de oito dias mais tarde, depois de uma contínua marcha de uns 30 quilômetros, eles terminaram no leito lamacento do rio Assínaros, sedentos, desmoralizados e incapazes de prosseguir. Quantos homens da tropa imperial conseguiram retornar a Atenas é algo que não se sabe. Os aliados e escravos capturados foram vendidos, enquanto 7 mil atenienses foram capturados vivos e enterrados nas pedreiras de Siracusa. Diodoro acreditava que 18 mil homens foram mortos em umas poucas horas, um número pavoroso que, se verdadeiro, representaria a mais elevada taxa de baixas em um único dia na história da guerra grega do período clássico. Na realidade, estaria no mesmo nível de pesadelos romanos como em Trasimene, Canae e Carrae, ou mesmo de modernos banhos de sangue como os primeiros dias de Antietam na Guerra Civil nos Estados Unidos, em 1862, ou do Somme. Tanto Demóstenes quanto Nícias se renderam e foram executados, e o que fora uma grande força expedicionária literalmente deixou de existir, encontrando não exatamente a derrota, mas a aniquilação. Demagogos siracusanos argumentaram que, após a barbárie ateniense em Cione e Melos, os cativos não mereciam nenhuma clemência por terem tentado repetir sua selvageria na Sicília.

Anos mais tarde, surgiu toda uma mitologia em Atenas em torno dessa geração perdida. Apenas umas poucas notícias emergem das listas de nomes de mortos atenienses gravados em pedra — menos de duzentos entre as dezenas de milhares que pereceram, com nomes como Nicon, Euages, Blepirus ou Atemion. Pode-se ler sobre um Frinus assassinado ou um Carpides morto, mas nunca saberemos como ou onde eles morreram.

Ainda assim, alguns intransigentes aparentemente prosseguiram lutando como guerrilhas para vingar as mortes de seus camaradas. Outros se resgataram recitando versos de Eurípides, muito em voga entre os siracusanos, talvez porque fosse visto como uma voz antibélica que evocava simpatia pelas vítimas da agressão ateniense. Na mais tocante passagem de toda a sua história, Tucídides registra os últimos momentos dos desesperados atenienses que lutavam para permanecer vivos nas águas lamacentas do rio Assínaros, enquanto eram abatidos um a um por seus inimigos postados nas margens elevadas. A força que havia deixado Atenas no meio de tanta celebração e chegado com a mesma pompa a Siracusa agora encontrava a destruição por afogamento, sob projéteis inimigos e sob os próprios companheiros:

> Na medida em que eram forçados a mover-se numa massa compacta, eles caíam e tropeçavam uns sobre os outros. Alguns eram imediatamente mortos ao serem atravessados pelas próprias lanças e afundavam junto com

o equipamento. Outros eram arrastados pela correnteza. Os siracusanos estavam sobre a margem oposta, elevada, e atingiam os atenienses de cima com projéteis. Mas esses estavam ocupados aliviando a sede desesperada e amontoados no leito oco do rio, em grande confusão. Então os peloponésios desceram até a água e os mataram, especialmente os que estavam dentro do rio. E a água imediatamente ficou asquerosa, mas ainda assim eles a bebiam — misturada com lama e vermelha de sangue. De fato, a maior parte deles a disputava.

Naquela sangueira, havia milhares de homens dos extremos confins do império ateniense e de Estados amigos — gente da Calcídice, Eubeia, Argos, das ilhas do Egeu, mercenários de Creta, da Arcádia e da Itália — que, poucos meses antes, não tinham nenhuma ideia do destino que encontrariam na distante Sicília contra um inimigo do qual sabiam muito pouco. A destruição final das forças gregas foi um espetáculo sinistro que afetou Tucídides como nenhum outro desastre numa batalha o fizera. Ao ler a passagem hoje, lembramo-nos do horripilante relato de Plutarco sobre o fim do triúnviro romano Crasso, em Carrae, em 53 a.C., quando quase o mesmo número de legionários foi cercado e massacrado por arqueiros partos a cavalo. Infelizmente, a história está repleta desses horríveis cenários de soldados veteranos da infantaria que, longe de casa, são destruídos por inimigos montados que eles não podem arrastar para uma batalha campal — um sedento exército de cruzados destroçado por 12 mil cavaleiros de Saladino, em Hattin, em julho de 1187, ou a retirada de Napoleão perseguido pelos cossacos russos. Os atenienses haviam chegado à ilha no final do verão de 415 apenas para descobrir que precisavam da cavalaria, e haviam perecido em agosto, dois anos mais tarde, ainda lamentando que lhes faltassem bons cavaleiros em número suficiente para possibilitar sua retirada. A incongruência de que tantos milhares tenham sido reduzidos a um bando caótico por inimigos que eles não conseguiram levar ao campo de batalha não apenas horrorizou, mas também entristeceu Tucídides:

Essa foi a mais notável ocorrência de todas as registradas durante a guerra — de fato, parece-me que de todos os eventos gregos conhecidos —, a mais ilustre para os conquistadores e a mais ruinosa para os derrotados. Quanto àqueles totalmente derrotados e que, em todos os aspectos, encontraram não poucos reveses — mas, em vez disso, como está dito, uma total destruição —, tudo pereceu, suas forças terrestres, frota e tudo o mais, e poucos dos que haviam sido muitos voltaram para casa. Tais foram os eventos que ocorreram na Sicília.[21]

Batalha de Pôneis

Qual era a aparência dos cavaleiros da Guerra do Peloponeso, esses mortíferos soldados montados que mataram centenas de atenienses e arruinaram-lhes as esperanças imperiais na Sicília? O típico cavaleiro do final do século V dificilmente se pareceria com um conquistador medieval plenamente aparatado ou mesmo com um invasor das estepes seguido por uma fila de montarias. Em vez disso, imagine-se um jovem aristocrata com peitoral, elmo e botas altas de couro — jovem, orgulhoso e privilegiado, como os cavaleiros que aparecem esculpidos para toda a eternidade nas frisas do Partenon de Péricles. Poucos levavam escudos na batalha. Tal proteção podia significar um peso adicional de 7 a 9 quilos, desequilibrando o cavaleiro e atrapalhando o manejo das rédeas.

Os cavaleiros não mediam muito mais que 1,65 e não pesavam mais de 55 quilos. Montavam pôneis com menos de 1,40 acima do solo. Essas minúsculas montarias, a maior parte garanhões, eram apenas parcialmente protegidas com um acolchoado leve sobre a face, ancas e peito, e era mais difícil cavalgá-las do que a cavalos castrados. Sem a ajuda de estribos, os cavaleiros requeriam um treinamento intensivo para poder agarrar os lados do animal com as coxas. A maior parte levava uma lança curta e um ou dois dardos auxiliares. Nas lutas em formação cerrada, um sabre pequeno provava-se eficaz para desferir golpes de cima para baixo em cabeças, pescoços e costas de soldados a pé. Arqueiros montados eram muito valorizados, mas raros, no tanto em que precisavam combinar as artes da cavalaria e do tiro com arco.

Em vasos pintados, os cavaleiros parecem estar se lançando contra homens da infantaria com a mesma frequência com que os bombardeiam de longe com projéteis. A desastrosa perda de Lâmacos, em Epípolas, reflete o que poderia acontecer a hoplitas veteranos, em fuga ou perseguição, caso se encontrassem fora de formação e confrontados com até mesmo um único cavaleiro. Se a morte por pisoteio parece improvável dado o pequeno peso e a pequena altura dos pôneis, é importante lembrar que os próprios soldados da infantaria também eram pequenos, mais ou menos da altura de um garoto moderno de 12 anos, e lutavam como hoplitas desajeitados sem dardos ou arcos.[22]

Embora teoricamente a cavalaria da maior parte das cidades-Estados gregas fosse frouxamente organizada em grandes regimentos de cerca de quinhentos — e, mais tarde, na era helenística, se agrupasse em formações táticas romboides de 120 para romper as linhas da infantaria ligeira —, durante a maior parte da Guerra do Peloponeso grupos menores cavalgavam em bandos de trinta a cinquenta, muitas vezes no formato aproximado de um retângulo. É verdade que a cavalaria provavelmente foi utilizada em formações cerradas nas batalhas campais de Soligeia, Délion e Mantineia, mas, com a mesma frequência, cavaleiros clássicos se espalhavam para atacar pequenos bolsões de devastadores ou forças irregulares. Uma cavalaria pesada e lanceiros atacando ao mesmo tempo que a infantaria foram invenções posteriores de Filipe e Alexandre, quase um século após o início da Guerra do Peloponeso.

A despeito da maior velocidade dos cavaleiros e da habilidade dos exércitos montados de viajar centenas de quilômetros mantendo a média de 50 quilômetros por dia, os militares gregos, por uma série de razões, e estranhamente, não tinham dado muita importância aos cavalos antes da Guerra do Peloponeso. É claro que eram sempre valiosos para vigilância e reconhecimento. Como auxiliares em batalhas hoplitas, uns poucos cavaleiros também podiam proteger as alas que não estavam cobertas por escudos e atingir pelas costas os elementos em fuga da infantaria inimiga — lugares e momentos em que os cavaleiros não eram confrontados com fileiras cerradas de lanças. Mas havia uma variedade de razões para que as cidades-Estados gregas nunca dessem muita ênfase a forças montadas no Mediterrâneo oriental, onde as guerras haviam sido tradicionalmente decididas por grandes colisões de carros de batalha no Oriente Médio ou pelas temidas cargas de cavaleiros persas nas vastas planícies da Ásia.[23]

No interior do continente grego, fazia pouco sentido criar cavalos em pequenos vales. Os pastos eram raros e as colinas, em geral, rochosas. Comer carne de cavalo era considerado um erro, crença refletida pela deferência generalizada concedida ao cavalo na religião e na mitologia gregas. Curiosamente, o papel auxiliar e subordinado dos cavalos na sociedade grega lançava uma aura de excepcionalidade reverente sobre eles, tornando sua posição ali diferente da que tinham nas estepes, onde eram vistos de maneira mais pragmática e utilitária. Além disso, numa era anterior aos arreios sofisticados, os bois se provavam animais de carga mais confiáveis e econômicos, fosse puxando carroções ou arados. Um acre destinado ao cultivo de trigo, cevada, uvas ou azeitonas sustentaria uma família muito mais facilmente do que transformando a terra em pastos para carneiros, cabras ou vacas — e, menos ainda, para cavalos.[24]

Cálculos sobre a Cavalaria

O custo é sempre mencionado em qualquer discussão sobre criação de cavalos, uma profissão confinada aos ricos que, por sua vez, publicamente reclamavam de suas despesas ruinosas. À época do final da guerra, mesmo um pônei de tamanho médio poderia custar o equivalente a quase um ano e meio de salário para a média dos trabalhadores não qualificados. O preço de um cavalo típico podia sustentar uma família de seis pessoas durante quase dois anos. Claramente, uma montaria era um luxo que somente uma pequena parcela da população poderia se dar. O ateniense médio que caminhasse pela cidade ou arasse a terra com um boi via um cavalo não como um recurso fundamental, mas como um luxo, algo que, em uma sociedade radicalmente democrática, talvez devorasse os recursos comunais que deveriam ir para os mais necessitados. A verdade simples era que não existiam milhares de acres de pastos comunais em volta da maior parte das cidades-Estados onde bandos de cavalos pudessem pastar a um custo reduzido.

O preço de aquisição de algumas das melhores montarias podia exceder 1.000 dracmas, ilustrando um outro dilema da Atenas democrática: à medida que a guerra se alongava e os cavalos se provavam mais cruciais para a sobrevivência coletiva, somente os muito ricos tinham possibilidade de patrulhar as terras. E se acrescentarmos os custos adicionais de ferrar o cavalo — e manter um cavalariço que com frequência acompanhava o cavaleiro em uma montaria barata, levando suprimentos e equipamentos —, um cavaleiro poderia precisar de quase uma dracma por dia para comprar cevada. É verdade que o Estado frequentemente subsidiava parte da aquisição e manutenção do cavalo, mas, com a queda das receitas imperiais, Atenas viu-se falida e cada vez mais dependente da generosidade particular para garantir que cavaleiros continuassem a patrulhar o interior do país.

Em teoria, apenas Estados ricos como Tessália ou Siracusa, com terras exuberantes no interior, podiam assumir os custos de pôr em campo uma força gigantesca de 1.200 cavaleiros, o que representava um investimento inicial de pelo menos 100 talentos, além de mais de cinco talentos por mês para a manutenção coletiva. Com essas quantias, um Estado poderia optar por manter um exército hoplita de 20 mil soldados de infantaria durante um mês, ou mesmo equipar uma frota de cem trirremes.[25] Assim, a cavalaria era um luxo que a maior parte dos estados não podia sustentar — exceto Siracusa, Beócia e Tessália, que dispunham de amplas extensões de pastos. A maior parte dos generais calcularia que a manutenção de uma trirreme ou a confecção de sessenta conjuntos de armaduras pesadas de bronze eram gastos muito mais sábios do que fazer o investimento equivalente em meros 12 cavalos.[26]

Ainda assim, o que é quase inexplicável é que, segundo as práticas da típica pólis antes da Guerra do Peloponeso, o esnobismo hoplita e agrário *estendia-se também até os muito ricos*, a elite proprietária de fazendas de talvez 100 acres ou mais e que poderia arcar com o custo de possuir um ou dois cavalos. Talvez não haja nem uma outra sociedade antiga na qual um cidadão rico pudesse se gabar perante a assembleia de que havia desmontado e, em vez disso, decidira servir ao Estado como um soldado nas fileiras, a despeito do valorizado e privilegiado papel desempenhado pelos cavaleiros na defesa da infantaria. Quando eclodiu a guerra, os gregos pensavam que o serviço de cavalaria era fácil e que os cavaleiros eram tipos menos resolutos quando comparados aos hoplitas. Em Esparta, basicamente não havia nenhuma força formal de cavalaria até o sétimo ano da Guerra do Peloponeso. E em Atenas, mesmo em 431, quando teve início a luta, fazia muito pouco tempo que haviam sido reunidos cerca de 1.200 cavaleiros, representando menos de 3% da população de cidadãos votantes.[27]

Em um dos raros momentos na história, a distribuição da posse da terra na pólis era comparavelmente igualitária. Assim, os muito ricos não desfrutavam prestígio automático, e certamente não recebiam deferência em questões políticas e militares. Suas terras podem ter sido dez vezes o tamanho de uma propriedade média, mas certamente não seriam cem vezes. Esse cenário relativamente equitativo estava a grande distância do modelo de posse da terra dos senhores de cavalos da Tessália ou dos príncipes macedônios que criavam rebanhos inteiros em vastas propriedades.

Em contraste com o norte, mesmo na Esparta oligárquica o Estado era governado por um número de Iguais da elite. Esses soldados da infantaria possuíam parcelas de terra do mesmo tamanho e ocupavam posições idênticas na falange, a base real de seu prestígio. Em Atenas, os tetas, que não possuíam terras, gradualmente assumiram o papel predominante na política da cidade, fato que explica desde o maciço programa de construções de Péricles, os subsídios estatais para serviços governamentais, uma imensa frota, até a primazia dada às Longas Muralhas. Na Tebas agrária, a despeito de planícies achatadas e de uma rica herança de *hippotrophia* (criação de cavalos), o poder real igualmente residia nos fazendeiros hoplitas, que à altura do século IV se tornariam plenamente democráticos e os mais temíveis militares da Grécia.

As duas revoluções oligárquicas que derrubaram a democracia ateniense, aquelas de 411 e 403, ocorreram durante a guerra e no seu final, em seguida às catástrofes militares na Sicília e em Egospótamos, cuja culpa foi atribuída aos democratas radicais. Em contraste, os chamados "cavaleiros", no sentido de uma categoria de homens superiores, eram os privilegiados homens montados que haviam assumido um papel cada vez mais vital (pelo qual pagaram um alto preço) na defesa da cidade durante a luta e, de certa forma, limpado a confusão criada por seus inferiores. Na verdade, em quase todos os engajamentos terrestres nos quais lutou Atenas — Spártolos (429), Soligeia (425), Délion (424), Anfípolis (422), Mantineia (418), Siracusa (415-13), Éfesos (409), Ábidos (409) e Querata (409) —, a cavalaria ateniense teve papel fundamental, e a usualmente hostil maioria de cidadãos mais pobres desenvolveu um estranho tipo de admiração por ela. Durante a maior parte das expedições, um décimo da força ateniense total era composto de cavaleiros.

Além dessas considerações políticas e econômicas peculiares à Grécia, havia outras explicações mais pragmáticas e gerais, de natureza militar, para o papel inferior atribuído à cavalaria. O terreno rochoso encontrado em toda parte significava que cavalos sem ferraduras muitas vezes ficavam mancos ou só podiam ser usados em terras planas. Dado que os cavalos gregos ficavam a menos de um metro e meio acima do solo, em uma época em que não existiam selas, estribos nem ferraduras, eles não estavam equipados para carregar nem mesmo um cavaleiro pequeno encouraçado e a galope numa batalha de choque. Seja nas piadas encontradas em comédias antigas ou em alertas encontrados na literatura equestre, há frequentes referências aos perigos de cair dos cavalos, mesmo sem a preocupação de atacar e defender-se durante uma batalha.

Cavaleiros sem selas podem ser guerreiros mortíferos (vejam-se os nativos norte-americanos). Mas ainda é uma habilidade difícil cavalgar e golpear ou atirar sem uma sela moderna e sem a perícia adquirida com anos de treinamento do tipo detalhadamente descrito por Xenofonte em seu tratado sobre a antiga arte da equitação. A cidade-Estado, diferente de uma nação do século XIX, não podia pôr milhares de recrutas inexperientes sobre pôneis e, sem selas comuns, estribos ou ferraduras, esperar que se tornassem lanceiros completos capazes de romper as fileiras de lanceiros hoplitas. Em vez disso, o mais frequente era que apenas os mais ricos, que eram poucos, crescessem montando cavalos e aprendessem a lançar o dardo, atirar com arco e flecha ou golpear com uma espada curta montados numa simples manta — mas não, como veio a ocorrer depois com Alexandre Magno, a coordenar ataques com companheiros da infantaria.[28]

Os Novos Cavaleiros

A Guerra do Peloponeso mudou a maior parte do protocolo equestre então existente, na medida em que a eficácia militar, e não estereótipos sociais, racionalismo econômico ou considerações políticas, passou a determinar como os homens lutavam. Os cavalos não cresceram subitamente. Os estribos não foram magicamente inventados, e os aristocratas não ganharam o controle das rédeas do governo. Enquanto progredia a guerra, e as estratégias tradicionais, que iam desde a devastação agrícola até a batalha hoplita, provavam-se limitadas, as cidades-Estados começaram a compreender que os cavaleiros eram vitais em todos os tipos de operações que fossem fundamentais para determinar o resultado da guerra, desde lançar-se sobre hoplitas e tropas ligeiras em fuga até patrulhar as terras do interior e manter o inimigo longe de campos, fortificações e fazendas.

Diferentemente do que ocorrera na maior parte das batalhas das décadas anteriores — os gregos haviam vencido em Salamina e Plateia com navios e hoplitas, e lutado uns contra os outros durante os cinquenta anos seguintes em batalhas campais clássicas em Sêpea, Tânagra, Enofita e Coroneia —, os cavaleiros apareceram por toda parte na Guerra do Peloponeso e mataram muitos mais milhares de gregos do que os soldados da falange hoplita. Tipicamente, a cavalaria galopava contra pequenos grupos de infantaria que estavam marchando fora de formação ou espalhados em duplas ou trios. Os cavaleiros se acercavam, muitas vezes em curtos galopes a 50 quilômetros por hora, lançavam um dardo ou disparavam uma flecha e então facilmente escapavam de perseguidores, esperando cansar qualquer soldado da infantaria suficientemente estúpido para caçá-los.

Como o cavaleiro estava lançando somente com o braço e dificilmente poderia chegar até uma distância de 60 a 90 metros do alvo, algo possível para um lançador experiente de dardos a pé, ele podia, no máximo, fazer seu lançamento de uma distância de 9 a 12 metros, e então bater em retirada como único recurso para se pôr a salvo, dada sua mobilidade e velocidade Quando o número de cavaleiros superava o dos grupos de infantaria — na Sicília, isso não era incomum, dado o imenso tamanho dos contingentes montados siracusanos —, eles podiam cavalgar em formação e atingir os que estavam abaixo deles pelas costas ou pelos lados, semelhante ao que fizeram os pilotos de caças alemães na Segunda Guerra Mundial ao se lançarem como um enxame sobre os B-17 norte-americanos que haviam saído da formação protetora.

Os cavaleiros atenienses atacaram os devastadores espartanos na Ática em cinco ocasiões diferentes durante a Guerra Arquidamiana, em 431 e 421. Eles acompanharam todos os exércitos atenienses durante a invasão anual da Megárida, participaram de muitos dos ataques por mar no litoral peloponésio, exauriram suas montarias atormentando a guarnição espartana permanente em Decêleia e tiveram papel ativo na última década da guerra na Jônia. Em 424, durante a campanha de Mégara, seiscentos cavaleiros protegeram milhares de soldados da infantaria, fornecendo o tipo de cobertura da qual precisariam desesperadamente na Sicília uma década mais tarde. Na Megárida, eles mantiveram a distância a mais temida cavalaria da Beócia [que também parecia ter seiscentos] enquanto mais de mil homens montados dos dois lados lutaram pelo empate.[29]

Tucídides, pelo menos, acreditava que, em diversas instâncias, a presença de cavaleiros atenienses havia garantido a vitória, como em Soligeia na planície coríntia durante a batalha que ocorreu ali, em 425.[30] Na batalha final de Clêon, em Anfípolis, onde pereceram tanto ele quanto Brasidas, no verão de 422, havia no mínimo trezentos cavaleiros. O valor do cavaleiro na primeira década e meia da guerra sugere que os atenienses perceberam que eles seriam cruciais na Sicília. Ainda assim, por alguma razão, calcularam mal a facilidade de obter montarias com seus aliados e não tinham nenhuma ideia real da eficácia ou do tamanho da cavalaria siracusana.

O resultado de teatros inteiros ocasionalmente dependia de cavaleiros. Por exemplo, na batalha de Délion, Tucídides faz o general ateniense Hipócrates afirmar que a derrota dos beócios poria um fim definitivo à invasão espartana da Ática, no tanto em que a cavalaria beócia nunca mais se aventuraria a entrar na Ática para proteger devastadores espartanos. Na batalha propriamente dita, os cavaleiros foram responsáveis, em grande medida, pela vitória beócia. Como forças de reserva, surpreenderam a ala direita dos vitoriosos atenienses e derrubaram o moral de todo o exército. Só a presença de umas poucas centenas de cavaleiros atenienses impediu que a fuga se tornasse um desastre completo, quando eles desesperadamente tentaram impedir que hoplitas tentando escapar fossem atingidos pelas costas pelas lanças dos perseguidores montados. No único outro grande encontro hoplita da guerra, o de Mantineia em 418, Tucídides observa que, se a cavalaria ateniense não estivesse presente, os atenienses poderiam ter perdido mais do que duzentos mortos e dois generais.[31]

A enorme força de Sitacles que invadiu a Macedônia com 150 mil soldados incluía 50 mil cavaleiros. Em resposta, os macedônios revidaram com uma cavalaria pesada, homens usando peitorais, equipados com lanças e cavalgando animais cujos corpos eram protegidos. A invasão de Sitacles deve ter sido a maior luta de cavalaria no mundo antigo na era anterior a Alexandre Magno.

Post Mortem

Os atenienses haviam zarpado para a Sicília na primavera de 415. Naquele momento, ainda estavam em paz com Esparta e no processo de recuperação das devastações causadas pela praga e pela guerra, e também encorajados pela recente conquista da minúscula Melos. Dois anos mais tarde, entre 40 mil e 50 mil atenienses, aliados e escravos estavam mortos, desaparecidos ou capturados. Um total de 216 trirremes imperiais havia se perdido. O tesouro ateniense estava falido. Pela primeira vez na guerra, Atenas já não tinha como sustentar as patrulhas no litoral do Peloponeso. A antiga estratégia de ativamente atingir o inimigo pela retaguarda chegara ao fim. Aliados e povos tributários estavam falando sobre revolta precisamente na época em que Atenas precisava deles como fontes de dinheiro, materiais e tripulações para construir uma frota totalmente nova. Após gastar bem mais de 3 mil talentos num empreendimento fracassado, o resultado para Atenas havia sido apenas o ter recomeçado uma guerra com uma aliança peloponésia sempre crescente. Haveria um forte espartano permanente diante das muralhas de Atenas, uma nova aliança a ser firmada entre a Pérsia, Esparta e Siracusa, e o espectro de uma frota peloponésia muito maior que a sua e agora acrescida de algumas poucas trirremes siracusanas.

Curiosamente, Siracusa saiu-se apenas pouco melhor que isso. O sítio de dois anos havia custado ao Estado quase tanto quanto a Atenas. A despeito dos inimigos na ilha e ao sul, Siracusa agora estava obrigada perante os espartanos a enviar tropas e navios de seus exaustos cidadãos para 1.300 quilômetros dali, para uma outra guerra que se desenrolava no Egeu. Dentro de cinco anos, os siracusanos enfrentariam uma maciça invasão cartaginesa, pois os norte-africanos haviam se regozijado enquanto assistiam ao banho de sangue entre os gregos.

Ainda havia uma ironia adicional. Os pobres que trabalhavam na frota e os que lutaram com armamentos leves sentiram que o papel que haviam desempenhado na vitória não fora adequadamente valorizado, embora seus feitos tivessem exatamente a mesma importância daqueles dos mais reconhecidos cavaleiros aristocratas. Em resposta, em 409, eles arrancaram do poder os moderados e transformaram a conservadora democracia siracusana em algo mais semelhante ao governo radical de seus opressores atenienses. O próprio Hermôcrates, o astuto estadista que havia concebido a bem-sucedida defesa siracusana, foi exilado e mais tarde morto durante agitações no país.

Contudo, essa democracia siracusana mais radical não chegou a durar quatro anos. Em 406, num momento da crise de Siracusa contra Cartago, apenas a visão tirânica do homem forte Dionísio uniria a Sicília, impedindo que toda a ilha, exceto a parte oriental, caísse sob o jugo cartaginês. Novamente, o paradoxo era que, se os atenienses tivessem levado a cabo sua iniciativa hegemônica, a Sicília provavelmente teria sido unificada antes, sob os mesmos auspícios democráticos que ela mais tarde acolheria. Teria permanecido basicamente autônoma perante Cartago — assim como os peloponésios provavelmente teriam proposto continuar o armistício de 421 com receio dessa mais recente exibição do poder ateniense. A invasão púnica da Sicília após a derrota de Atenas foi um dos mais selvagens encontros na história grega, um tipo de míni Guerra do Peloponeso na qual, em diversos momentos, os cartagineses ritualisticamente executaram, em poucas horas, 3 mil sicilianos, arrasaram Himera e Selinus, massacraram dezenas de milhares de civis e então perderam a metade de todas as suas forças com a praga.[32]

Houve um legado final da invasão ateniense. Depois de consolidar sua tirania sobre os siracusanos, o tirano Dionísio os reuniu em massa, em 401, para garantir que jamais um poder estrangeiro fosse capaz de isolar a cidade, separando-a de Epípolas — talvez provando, *ex post facto*, que os atenienses haviam tido homens suficientes, mas carentes de audácia, para fazer em dois anos o que Dionísio fez em menos de um mês. Cerca de 60 mil sicilianos, auxiliados por 6 mil juntas de bois, construíram 6 quilômetros de fortificações de pedra em apenas 20 dias, tão traumáticos para os siracusanos haviam sido os duradouros efeitos do esforço ateniense de destruir a cidade a partir de seu ponto mais elevado.[33]

Teoricamente, os espartanos eram os principais beneficiários, na medida em que o pequeno contingente expedicionário chefiado por Gílipos havia encorajado uma resposta maciça contra os atenienses, causando mais perdas aos inimigos do que qualquer batalha individual da guerra. No entanto, e a despeito do alardeado tamanho e da suposta riqueza da ilha, os exaustos siracusanos mais tarde contribuíram com somente vinte navios para a crescente, mas distante, frota peloponésia no Egeu — um compromisso que, ainda assim, pôs um peso excessivo sobre o frágil equilíbrio político e levou à destruição do partido oligárquico, exatamente os bastiões que Esparta havia esperado promover com sua intervenção. Embora possa ser lógico presumir, retrospectivamente, que um papel siracusano assim tão irrisório na renovada Guerra do Peloponeso enfraqueça o argumento usado pelos atenienses para justificar a intervenção, é preciso lembrar que o ataque de Atenas à Sicília representou uma enorme perda para o inimigo, o que explica melhor por que Siracusa pôde contribuir tão pouco quando se tratou de acabar com os atenienses.

Lições da Sicília

O que, então, se pode fazer com a Sicília? O problema não eram apenas os custos. Antes da guerra, os atenienses imperiais haviam perdido no Egito o mesmo número de homens e navios — e mais tarde sofreriam mais baixas ainda na Guerra Jônica. Se o plano para conquistar Siracusa era insano, ainda assim ele não era intrinsecamente irrealizável. A ilha não era fácil de ser defendida e tem sido frequentemente conquistada na história — pelos romanos em 211 a.C., pelos muçulmanos no ano 878, seguidos por uma sucessão de francos, espanhóis, normandos, italianos e os aliados comandados por George Patton e Bernard Montgomery, em 1943. Nem mesmo a quase suicida estrutura tripartite do comando, a caça às bruxas em andamento, em Atenas, a traição de Alcibíades, a doença de Nícias e a retomada da guerra com Esparta eram razões suficientes para inevitavelmente condenar o plano ateniense. O esforço, afinal, havia sido intenso, e talvez faltassem apenas poucos dias para o sucesso quando ocorreu a chegada inesperada dos espartanos e coríntios.

No que se refere a uma análise básica de benefícios *versus* riscos, retrospectivamente a invasão da Sicília parece absurda. É verdade que, se os atenienses tivessem vencido, teriam adquirido enorme prestígio, aterrorizado os espartanos, eliminado Esparta do comércio siciliano e talvez encontrado algumas recompensas materiais, grãos adicionais e novos aliados. Mas a Sicília estava muito distante, e significava levar longe demais a ideia de uma "abordagem indireta" para derrotar inimigos sem ter que recorrer a um choque frontal em uma batalha convencional. Assim, embora os atenienses tivessem algo a ganhar na Sicília se tudo desse certo, também havia muito mais a perder se qualquer coisa desse errado na guerra como um todo. Essa avaliação ambígua parece ter sido a do próprio Tucídides, quando, paradoxalmente, ele reconhece que Atenas poderia ter prevalecido, mas que a maneira como a campanha se desenrolou ainda assim constituiu o maior equívoco ateniense na guerra.[34]

O que deu errado?

Em quase todas as situações cruciais, a inexistência de uma cavalaria em número suficiente arruinou os atenienses. Embora o teatro fosse uma campanha multifacetada que envolvia cercos, batalha hoplita, devastação agrícola, terror e dramáticas batalhas de trirremes, no final foram as não aclamadas forças irregulares da cavalaria que fizeram grande parte da diferença. Nos primeiros meses da campanha, os atenienses foram impedidos por cavaleiros siracusanos de causar qualquer dano a partir de sua base em Catana. Somente um engodo que funcionou durante alguns dias para enganar as forças da cavalaria inimiga permitiu que se aproximassem de Siracusa; uma vez ali, uma importante vitória hoplita ateniense resultou em diminuto sucesso estratégico, dada a presença de 1.200 cavaleiros que impediram que a pequena derrota se transformasse em uma séria aniquilação. Esses cavaleiros siracusanos — não sabemos seus nomes nem nenhum outro detalhe sobre eles — deixaram aturdidos os vencedores. Junto com suas patrulhas anteriores, eles arrasaram o moral ateniense, em grande parte explicando a virtual cessação de hostilidades durante o inverno de 415, quando os atenienses timidamente se mantiveram nas proximidades de seus acampamentos em Catana.

Em contraste, quando conseguiram juntar uma pequena força de 650 cavaleiros, o ritmo da campanha mudou radicalmente. A cavalaria permitiu que os atenienses subissem até Epípolas e começassem a trabalhar para cercar a cidade a partir de cima. A subsequente guerra nas alturas, que durou um ano, foi muitas vezes determinada por tropas montadas, mais notavelmente quando os siracusanos repeliram a ofensiva de Lâmacos e o mataram na confusão. A marcha terrestre de Gílipos desde Himera — o verdadeiro ponto de inflexão da guerra — foi protegida pela cavalaria. Se os atenienses tivessem contado com uma força montada do tamanho da cavalaria siracusana, poderiam ter virado o jogo e vencido a guerra de uma vez por todas quando completassem suas fortificações. De qualquer modo, o único revés subsequente de Gílipos foi devido à insensata decisão de atacar os atenienses sem escoltas montadas, uma imprudência que ele lamentou e não repetiu.

No ano final, a perda ateniense de sua base fortificada em Plemírion, no porto ao sul da cidade, resultou, em grande parte, dos ataques constantes de centenas de cavaleiros siracusanos, que afugentavam qualquer ateniense que se aventurasse fora das muralhas para buscar água ou madeira. A tomada daquela base naval e de seus suprimentos contribuiu, em grande medida, para dar início à ruína da frota ateniense. E a única razão para Nícias ter voltado sua atenção para o bloqueio da cidade por mar foi o papel proeminente desempenhado pela cavalaria inimiga ao repelir as abordagens atenienses a Epípolas, o que definitivamente impediria que ele pudesse tomar de assalto a contramuralha siracusana que impedia o avanço das próprias fortificações. O plano audacioso de Demóstenes de tomar Epípolas à noite foi um fracasso. A mortal perseguição noturna dos cavalos siracusanos transformou o plano em um banho de sangue, destruindo o moral do próprio exército e pondo um fim a operações ofensivas por terra.

Uns meros 1.200 siracusanos alteraram a balança da guerra e garantiram que 45 mil inimigos invasores fossem derrotados. Na Sicília, a experiência de uma guerra com cavalos, por si mesma, não levou imediatamente à integração da cavalaria e da infantaria, tal como realizada magistralmente por Filipe e Alexandre. Ainda assim, a despeito das circunstâncias peculiares da topografia e da cultura sicilianas, a espantosa derrota ensinou aos gregos que os dias da exclusividade hoplita haviam chegado ao fim. Também ficara no passado a ideia limitada de que cavaleiros aristocratas deveriam permanecer pavoneando-se nos flancos da falange, em vez de compor pelotões de matadores montados que, se não fossem defrontados por outros iguais, poderiam limitar as operações de até mesmo as maiores forças — e alterar todo o curso de sítios e engajamentos navais.[35]

Alcibíades tinha 35 anos quando os atenienses desembarcaram na Sicília. Se havia uma única pessoa responsável pelo nascimento e pela morte da ideia siciliana, seguramente era ele. Sua oratória e demagogia foram instrumentais para convencer a multidão volátil, em primeiro lugar, a lançar os navios ao mar. No entanto, sua esperança de que toda uma ilha pudesse ser subjugada por meio de intrigas, em vez de sangue e ferro, provou-se tão catastrófica quanto a timidez e a inação de Nícias. Complôs e engodos certamente eram marcas registradas de Alcibíades, que antes, em Mantineia, havia costurado uma aliança de Estados democratas para destronar Esparta da hegemonia do Peloponeso — apenas para fracassar em mobilizar os próprios atenienses para que enviassem a força necessária que garantiria a vitória.

Excessos pessoais, arrogância, licenciosidade — chame-o como quiser — deram munição a seus inimigos, que o chamaram de volta de Siracusa tanto por boas quanto más razões, envolvendo acusações legítimas e forjadas de impiedade e indecência. Não é claro se Alcibíades estava sempre mentindo ou se passou informações estratégicas exatas para os espartanos, mas o fato é que, sem sua presença no Peloponeso, Esparta poderia muito bem ter levado mais tempo para enviar auxílios. Deve-se lembrar que, se Gílipos ou Gôngilos tivessem chegado poucos dias mais tarde, Siracusa já teria sido perdida.

A despeito da coragem de Alcibíades no sítio de Potideia, de seu serviço na Ática durante as invasões e a praga, seu heroísmo em Délion e suas maquinações que levaram a Mantineia e talvez a Melos, a guerra estava se afastando das grandes personalidades e agora dependia mais de força de trabalho e material bélico. Cavalos deveriam ter ganhado a Sicília para Atenas — e agora navios decidiriam a última fase da guerra, um conflito no qual Alcibíades entraria novamente, mas de uma maneira das mais inesperadas e, em última instância, trágica.

Existe um epitáfio definitivo e triste para o pesadelo siciliano. Em um tributo adequado aos cavaleiros que haviam vencido a guerra, os siracusanos marcaram as testas dos milhares de prisioneiros atenienses usando um ferro quente para imprimir na carne de cada um a figura de um cavalo.

CAPÍTULO 8

NAVIOS

A GUERRA NO MAR (431-404 A.C.)

Uma Tempestade se Armando

A Sicília não terminou, mas, de fato, reacendeu a velha luta com Esparta. Subitamente, toda a guerra foi reativada e seu foco abruptamente passou do oeste para o leste distante, nas águas litorâneas da Ásia Menor. O desastre ateniense seria seguido por um Armagedom naval final, no Egeu oriental, quando uma Esparta triunfante conseguiu atrair suficientes aliados e dinheiro persa para cumprir sua bravata de uns vinte anos antes: de que venceria construindo uma frota maciça. Ainda assim, no período que se seguiu à Sicília havia o consenso de que Atenas estava imediatamente condenada — sem dispor de quantidades suficientes de navios, cidadãos guerreiros ou de capital para manter os inimigos longe do Pireu.

Se os peloponésios não podiam tomar de assalto uma Atenas enfraquecida ou destruir seus hoplitas, então eles iriam espremer a cidade, esperando destruir seu poder marítimo com uma exibição de força no Egeu. Em Decêleia, o rei Ágis ordenou que seus aliados imediatamente levantassem fundos para construir uma nova armada de cem trirremes a fim de coordenar uma estratégia conjunta terrestre e marítima para acabar com o adversário ferido. O que havia acontecido à frota peloponésia durante as primeiras duas décadas da guerra não está claro; mas mesmo o novo plano de lançar cem trirremes não era muito ambicioso — e, ainda assim, dependia de subsídios persas que envolveriam anos de concessões e negociações.

Durante esse período de incertezas logo após o desastre na Sicília, Estados tributários de Atenas, inicialmente Eubeia, Lesbos e Quíos, começaram a conspirar com Esparta para abandonar o império, enquanto o sátrapa Tissafernes despachava enviados a Esparta para oferecer apoio à supremacia marítima peloponésia. Os aliados de Atenas perceberam que o fim estava próximo e, de qualquer modo, estavam furiosos com o fato de que a cidade imperial havia enviado tantos de seus filhos para uma matança em massa na Sicília. Enquanto isso, do outro lado da fronteira, em Tebas, os beócios ampliavam seus saques das fazendas da Ática e se preparavam para retomar as disputadas fronteiras do Oropos, uma iniciativa que aumentaria o sucesso da insurreição na ilha vizinha de Eubeia. Diodoro concluiu que "todo mundo presumia que a guerra havia chegado ao fim — já que ninguém esperava que, sequer por um momento, os atenienses pudessem suportar aqueles reveses tão sérios".[1]

Na própria Atenas, uma junta especial de auditores (os *probouloi*) foi nomeada para conceber maneiras de salvar a cidade e impedir que a assembleia propusesse quaisquer outras aventuras temerárias. O fundo de contingência de 1 mil talentos, intocado desde o início da guerra, estava agora sendo usado para começar a reconstruir a frota. Essa nova ideia de que a nomeação de estadistas atenienses mais velhos — o idoso dramaturgo Sófocles estava entre eles — ofereceria um contraponto sóbrio à vontade popular pressagiava crescentes cisões entre os cidadãos e, de fato, a revolução oligárquica que viria, em 411. Enquanto isso, com a crescente força de peloponésios em Decêleia ainda mantida do lado de fora pelas muralhas de Atenas, sem nenhuma esperança de uma batalha final de falanges nas planícies da Ática, e com a atenção de toda a Grécia agora voltada para o fluxo de alimentos e capital para o Pireu, o resultado desse último capítulo do conflito peloponésio dependeria principalmente de que milhares de marinheiros gregos embarcassem em estranhos navios propelidos a remo para matar uns aos outros do outro lado do Egeu.

Um Navio dos Mais Peculiares

Provavelmente, nunca existiu uma embarcação tão original e, ao mesmo tempo, tão bem-sucedida quanto a trirreme grega. Certamente, nunca antes havia sido construída e usada no Mediterrâneo uma nau a remo como ela, e nem depois. Se a batalha hoplita antes da Guerra do Peloponeso pode ter tido uma história anterior de aproximadamente dois séculos e meio, a guerra com trirremes era algo relativamente novo. As próprias trirremes possivelmente surgiram apenas entre os meados e o final do século VI. Embora fenícios e egípcios talvez tenham sido os primeiros a dominar a arte de construir trirremes, foi no período de crescimento do império ateniense, em meados do século V, que se assistiu ao surgimento de sofisticadas táticas navais.

Leveza e equilíbrio, e não resistência ao mar e proteção, parecem ter sido os principais objetivos quando se construíam boas trirremes. Se os proprietários de terras da classe intermédia eram quase invulneráveis dentro de sua tradicional armadura hoplita, os sem-terra lutavam absolutamente desprotegidos, remando quase nus através dos mares naquelas naus que eram, de certo modo, uma novidade. Embora a trirreme não fosse uma plataforma particularmente grande, tendo cerca de 35 metros da proa à popa e 6 de largura no meio, ainda assim podia carregar duzentos marinheiros, oficiais e marujos. A tripulação podia alcançar quase cinquenta remadas por minuto para conseguir curtos impulsos de velocidade de luta de quase dez nós e lançar seu aríete com uma força devastadora. Usava-se uma vela para poupar os remadores durante o trajeto e quando não havia perspectiva de combate.

O sistema tríplice de remos era tão peculiar que, até poucas décadas passadas, os especialistas ainda não conseguiam nem mesmo concordar quanto à maneira como as trirremes (do grego *trieres*, "com três") eram movidas. Dado que elas usualmente podiam flutuar e raramente eram equipadas com um lastro, nunca naufragavam completamente até o fundo — o que faz com que existam hoje poucos restos de trirremes que os arqueólogos mergulhadores possam examinar. Qual é exatamente o significado da partícula "tri" no nome do navio? Será que havia três homens sentados lado a lado num banco, manejando em conjunto um mesmo remo? Ou será que três remadores moviam três remos? Ou, o que é o mais provável, haveria três tipos de remadores, sentados em três níveis diferentes, atingindo a água de três alturas e ângulos diferentes com remos que provavelmente tinham 4 metros de comprimento?

Supunha-se que grande parte do quebra-cabeça que vinha provocando acalorados debates desde a Renascença havia sido resolvido em 1987, quando uma equipe de pesquisadores formada por ingleses e gregos lançou a *Olympias*, uma réplica moderna em tamanho natural de uma clássica trirreme ateniense. A despeito de problemas no desempenho da *Olympias*, mesmo seus limitados testes confirmaram que os testemunhos antigos sobre as trirremes, frequentemente conflitivos, provavelmente significavam que poderia haver três níveis de remadores, cada homem com seu tipo padronizado de remo. Mas as simulações com a *Olympias* também nos lembraram quão miserável era o serviço naval para milhares de marinheiros — a despeito de não serem agrilhoados e acorrentados como os escravos que remavam nas galeras romanas — e como era difícil para os remadores sincronizar os movimentos com leves remos de pinho. Na verdade, até agora as embarcações modernas nunca chegaram a alcançar níveis de desempenho semelhantes aos dos navios antigos, tal como sugerido nos textos clássicos.

As posições mais apertadas e mais desagradáveis no navio de 35 metros de comprimento provavelmente eram as dos 54 talamitas (27 a cada lado do navio). Esses pobres tripulantes remavam de um lugar no fundo do barco (*thalamos*) amontoados a não mais que 45 centímetros acima da água. Um tampão de couro teoricamente impedia a entrada das ondas. Mas, de qualquer modo, a água sempre espirrava — o navio era perfurado por mais de uma centena de buracos para os remos — e a água sempre se infiltrava pelas tábuas sob seus pés. É provável que os marinheiros estivessem encharcados durante boa parte da viagem. Quando um remador puxava o remo, inclinava-se para trás e depois empurrava para a frente, suas nádegas resvalavam no banco, o que explica por que os marinheiros consideravam as almofadas dos assentos tão importantes quanto bons remos — e por que feridas no traseiro eram uma reclamação frequente.

Por causa das vigas transversais e dos outros homens que remavam diretamente acima de suas cabeças, os talamitas não podiam enxergar praticamente nada. O suor das duas outras camadas de remadores — a parte das costas dos marinheiros acima ficava mais ou menos na direção do rosto dos talamitas — também os empapava. O poeta cômico Aristófanes brincava que os talamitas com frequência recebiam peidos e até excrementos dos remadores que se esforçavam acima deles, uma referência escatológica certamente baseada nas misérias comuns e coletivas da vida real dos veteranos na plateia do teatro. Suor, sede, bolhas, exaustão, urina e fezes — tudo isso em acréscimo ao balanço do mar e ao ferro do inimigo.[2]

Gritos, confrontações, talvez mesmo lutas abertas eram comuns entre remadores assim amontoados. Qualquer um que tenha tentado vestir um uniforme e ajustar equipamentos esportivos antes de uma disputa num vestiário abarrotado e no calor sufocante de um dia de verão pode fazer ideia das discussões por mesquinharias e dos ataques de mau humor que aconteciam na parte inferior do convés. Às vezes, os remadores se atrapalhavam com os remos uns dos outros, ou invadiam o apertado espaço de remar de alguém. Ao final da guerra, muito tempo depois de milhares de cidadãos remadores haverem morrido, foram convocados os pobres, estrangeiros, metecos e escravos. Todos eles se sentavam lado a lado, encontrando naqueles bancos uma confusa igualdade que não existia nem mesmo na assembleia democrática.

As tripulações sempre preferiam remar em um mar calmo para conseguir a maior eficiência possível. No entanto, por causa da desarmonia das três ordens de remadores, somente 30 dos 170 homens conseguiam alguma vez remar em águas completamente tranquilas. A maior parte deles puxava seus remos na esteira de outros e tinha dificuldade para usar sua força naquelas águas picadas e revoltas.

Exatamente acima dos modestos talamitas sentava-se a classe intermediária de 54 remadores zeugitas, que ficavam empoleirados nas principais vigas transversais (*zyga*) do navio. Eles também não conseguiam ver a água e remavam através de portinholas. Mas, pelo menos, os zeugitas na camada do meio tinham mais espaço e não precisavam lutar com as pernas e as ancas dos remadores acima deles.

A camada superior, a cada lado do navio, onde ficavam os espaços de maior prestígio e frequentemente mais bem pagos, era ocupada por 62 tranitas ao todo, bordo e estibordo. Esses remadores de elite ficavam acima dos respingos do mar e desfrutavam uma brisa constante. Sentavam-se numa viga que se projetava para fora do navio e, além do ar fresco, da luz do sol e de maior espaço, eram os únicos que viam seus remos bater na água e podiam se comunicar com os remadores abaixo. Se eram os mais vulneráveis aos projéteis do inimigo, eram também os que tinham a maior probabilidade de sair vivos se o navio fosse atingido por um aríete e naufragasse.

Presume-se que aqueles remadores que tivessem maior experiência ou habilidades superiores demonstráveis, fosse por consistentemente atingirem a água com um golpe direto ou por terem histamina para manter um ritmo constante durante horas a fio, seriam os selecionados para esses bancos favorecidos. Parece que os tranitas eram os que davam o ritmo da remada para toda a tripulação. Eles eram os mais sintonizados com os caprichos do vento e das correntes, dos navios próximos e com o efeito combinado de tudo isso sobre a velocidade e a firmeza da trirreme. De fato, por causa da competência e experiência dos remadores de elite, alguns tranitas nominais podem às vezes ter sido distribuídos por todo o navio, nas três ordens, para garantir que modelos de excelência sempre estivessem ao alcance da vista dos demais.

A competência dos remadores variava amplamente dentro de uma frota. Às vezes, alguns deles podiam ser selecionados e reunidos para criar uma pequena frota de elite que pudesse obter velocidades consistentemente maiores que as normais. Parece que a experiência era o requisito para se alcançar a excelência no remo. Assim, é provável que muitos dos melhores remadores estivessem em seus 30 ou 40 anos de idade e — em Atenas, pelo menos — fossem veteranos de dezenas de campanhas quando a guerra estourou.[3]

Batalha Flutuante

Quando uma falange — milhares de homens em armaduras polidas organizados em colunas bem ordenadas — baixava as lanças em uníssono, era louvada como um feroz porco-espinho eriçando suas cerdas. Para os gregos, os remos superpostos de uma trirreme que se movia a grande velocidade, sibilando num ritmo perfeito quando entravam e saíam da água, causavam a impressão igualmente profunda de uma entidade viva, pulsante. Quando dezenas de tais assustadores vasos se lançavam sobre um inimigo, em perfeita ordem e cadência, tanto as tripulações quanto os espectadores eram tomados pelo espetáculo. Nas proas dos navios, pintados ou incrustados com mármore, olhos apotropaicos luziam como monstros marinhos que miravam o condenado alvo à sua frente.

Parte do truque de transformar mundanas trirremes de madeira em amedrontadores espetáculos visuais baseava-se em suas múltiplas decorações: olhos, placas com nomes, figuras de proa pintadas e vários ornamentos. Talvez a única maneira de saber o Estado de origem de uma trirreme fosse pela estátua de madeira de uma determinada divindade tutelar fixada acima do aríete — no caso de Atenas, representações de Palas Atena. Como muitos daqueles navios eram financiados e equipados com recursos particulares, havia uma rivalidade natural entre os ricos para lançar à água a mais impressionante trirreme da frota, uma que poderia não apenas assustar potenciais inimigos, mas também encorajar os melhores remadores a se inscreverem em sua tripulação.

As frotas podiam se tornar símbolos de poder nacional e frequentemente eram especialmente adornadas para galvanizar apoio público e aclamação. Muitas vezes, os almirantes que regressavam enfeitavam suas trirremes com guirlandas, expunham no convés as armas tomadas e arrastavam dezenas de navios capturados para dentro do porto — tal como no magnífico retorno de Alcibíades ao Pireu, após o triunfo no Helesponto, quando a frota ateniense chegou rebocando duzentas trirremes peloponésias.[4]

"Um terror para os inimigos" e "uma alegria para seus amigos": assim Xenofonte descreveu um navio movido a remos investindo contra o alvo com seu aríete, que era o principal método de ataque. Era famoso o silvar dos remos, chamado o *rhothion*, de uma trirreme que avançava a toda velocidade. Tanto o som quanto a aparência aumentavam o drama e pressagiavam algo terrível prestes a acontecer. Tucídides enfatizou "o terror causado pelo silvo dos remos" (*phobos rhothiou*), que apenas intensificava a apavorante imagem da investida de uma trirreme. As trirremes, como depois os galeões com suas velas desfraldadas, eram naus bonitas e ocasionalmente ruidosas, e capturavam a imaginação dos contemporâneos de uma maneira que a maior parte dos outros navios de guerra mais eficientes, desde as galeras romanas até couraçados, não conseguia fazer. Com um comprimento que era seis ou sete vezes sua largura e dispondo de um aríete maciço, a fina e elegante trirreme era, em certo sentido, simplesmente uma lança flutuante.[5]

Os protocolos da guerra marítima intencional pareciam um encontro hoplita na água. Os generais falavam às suas tropas antes do embarque. Os dois lados usualmente tentavam atingir o outro com o aríete e esmagá-lo. Os combatentes usavam um grito de guerra. Concluída a batalha, fazia-se uma trégua para cada lado recolher seus mortos e um troféu era erigido em uma praia próxima. Os homens da infantaria grega corriam para a batalha gritando *Eleleu!* ou *Alala!*, mas os marinheiros basicamente se mantinham em silêncio, pelo menos até os segundos finais. Às vezes, quando davam as últimas remadas com força total nos últimos milhares de metros antes da colisão, cantavam em uníssono *Ryppapai! Ryppapai! Ryppapai!* e *O opop! O opop!* — ou assim escreveu Aristófanes.

Com a mesma frequência, como se fossem hoplitas na falange, subia um grito de guerra mais longo e mais prosaico, o peã, que era como um canto para manter a cadência, aumentar o entusiasmo, aterrorizar o inimigo e afastar o mal. Quando as trirremes se aproximavam do inimigo, soavam trombetas, o grito de guerra reverberava por toda a frota e irrompia uma gritaria geral. Os remadores veteranos eram os mais ansiosos para que seu navio fosse o primeiro a atingir a frota inimiga.[6]

A ordem e a unidade eram cruciais a bordo de navios a remo, tomados pelo alto silvo dos remos e pelo som das gaitas de foles tocadas para garantir o bom desempenho dos remadores. Conversa fiada e as resultantes distrações poderiam significar que os 170 remadores de uma trirreme grega — dando amplas e curtas remadas adequadas às águas calmas do Mediterrâneo — logo perderiam a sincronização. Em uma questão de segundos, a nau relativamente leve poderia encalhar ou ser golpeada pelos ventos. Assim, por exemplo, em 429, o almirante ateniense Fórmion relembrou a seus marinheiros, quando partiam para um segundo engajamento contra a frota peloponésia no golfo de Corinto: "Tenham o cuidado de manter ordem e silêncio" — as chaves para o sucesso de uma batalha —, "especialmente numa batalha no mar". O desafio numa guerra de trirremes não eram apenas os navios inimigos, mas também os mecanismos muito intrincados da própria propulsão a remo.[7]

A maior parte dos marinheiros que iam numa trirreme remava às cegas, não apenas de memória e pela prática, mas também pela mera impossibilidade de ver o mar abaixo deles. Na verdade, 108 dos 170 remadores, aqueles que ficavam nas duas camadas inferiores de bancos, sentavam-se num espaço dentro do casco. Não podiam nem mesmo vislumbrar seus remos batendo na água. Para saber onde e a que distância estava o inimigo, os remadores sem visão dependiam dos avisos do timoneiro, e talvez até mesmo os remadores da camada superior, empoleirados nas vigas transversais que se projetavam do casco. Esses últimos poderiam, durante alguns segundos, levantar a cabeça para dar uma olhada na remada e alertar para problemas, periodicamente informando o restante da tripulação sobre a eficácia de suas remadas às cegas.

No entanto, dada a pequena altura de uma trirreme acima da linha de flutuação, mesmo os oficiais e marinheiros na camada superior dos remos podiam ver muito pouco da batalha. As terras altas e os promontórios que se encontram por toda a Grécia com frequência bloqueavam o campo de visão nas batalhas, que eram tipicamente empreendidas perto da praia. No caso do teatro jônico, especialmente nas batalhas no Helesponto, em Egospótamos, Cinossema, Cízicos e Sestos, raramente as trirremes ficavam a mais de 4 ou 5 quilômetros do litoral. Diferentemente da guerra terrestre, não havia colinas das quais os trierarcas pudessem avaliar de cima a posição de suas tropas, fosse antes da batalha ou durante — e nem os mastros elevados dos galeões futuros, aos quais o piloto podia enviar vigias para gritar coordenadas aos oficiais no convés.

O mundo cego de um navio de guerra grego terminava subitamente quando a trirreme atingia o inimigo ou era ela própria atingida por um aríete. "Muito simplesmente, por todo o porto subiu o estrondo de navios se chocando e o grito de homens desesperados em luta, matando e, por sua vez, sendo mortos", assim Diodoro descreveu a frota ateniense quando ela se chocou contra sua contraparte siracusana no Grande Porto. "Ninguém podia ouvir nenhum dos comandos a partir do momento em que os barcos se chocaram e seus remadores foram lançados uns contra os outros e a tudo aquilo se juntou o alvoroço dos homens que lutavam nos navios e daqueles que os encorajavam da praia." Diodoro nos lembra que, "quando um navio era cercado por diversas trirremes e atingido de várias direções por seus maciços aríetes, uma vez que a água entrasse o barco e toda a tripulação eram engolidos pelo mar".

Quando as trirremes colidiam, os homens eram lançados fora de seus assentos e se instalava um pandemônio. Se estivessem no ataque, as ordens — não se sabe como os comandos do contramestre podiam ser ouvidos no meio da batalha — eram de imediatamente remar para trás a fim de desembaraçar o aríete preso no navio atingido e evitar que os marinheiros e marujos da nave inimiga condenada se lançassem como um enxame sobre seus conveses.

Por sua vez, quando atingidos no costado a uma velocidade de dez nós com um aríete de madeira pesando por volta de 300 quilos, coberto com lâminas de bronze e com um esporão também de bronze, os marinheiros ou se jogavam à água ou abordavam os atacantes nos poucos segundos antes que sua própria trirreme, penetrada na linha de flutuação, ficasse parcialmente submersa. Quando a assembleia ateniense votou a favor de reprimir a rebelião em Mitilene ou enviar uma armada contra a Sicília, a maior parte dos 6 mil a 7 mil eleitores que se amontoaram no rochoso Pnix — o ponto de encontro abaixo da Acrópole — era de veteranos dessa macabra guerra no mar: antes de mais nada, eram remadores e arieteiros e, só depois, membros da democracia.

A plena velocidade, uma trirreme podia lançar-se contra o casco do navio visado com uma força de destruição equivalente a 50 toneladas, fazendo entrar milhares de litros de água do mar em poucos segundos. De fato, às vezes, o primeiro golpe fazia um rombo tão imenso no casco inimigo, que o navio afundava imediatamente. Mas um navio de guerra grego podia atacar somente em uma direção. Mesmo suas poucas tropas de artilheiros ofereciam pouco poder ofensivo num embate entre navios. Em alguns casos, membros experientes da tripulação conseguiam orquestrar ataques de aríetes contra um grupo de navios que estivessem impossibilitados de manobrar, golpeando e rompendo as trirremes visadas quando buscavam fugir para a praia.

Vale-tudo

Na luta de trirremes, o pré-posicionamento era tudo. Em meio a vento, ondas e outros navios, e uma vez começada a batalha, o esforço para fazer uma volta completa com um navio tão grande a fim de enfrentar um atacante inimigo poderia consumir minutos cruciais. Em um navio normalmente equipado, somente quatro ou cinco arqueiros e uns dez marinheiros no convés atingiam os navios que passavam com projéteis ou estavam prontos para abordar e lutar nos conveses inimigos uma vez que uma trirreme estivesse a seu alcance. Se a luta fosse nas águas calmas de um porto, a tripulação podia fazer pilhas de pedras. Então, quando dois navios ficavam presos um ao outro num abraço mortífero, dezenas de homens que não fossem arqueiros treinados ou marinheiros podiam apedrejar os adversários na esperança de matar os remadores inimigos disponíveis. Essa tripulação auxiliar de soldados tinha importância vital: se um navio perdesse seus próprios defensores da infantaria, os hoplitas inimigos poderiam facilmente dizimar os remadores amontoados abaixo quando tentassem subir, a maioria deles seminus e sem armas. E quando uma trirreme afundava, marinheiros inimigos podiam ficar em volta para atingir com suas lanças os indefesos remadores que emergiam buscando freneticamente o ar para respirar. Na batalha no Grande Porto de Siracusa, em 413, "aqueles que estavam nadando para longe de seus navios afundados foram feridos por flechas ou simplesmente mortos a golpes de lanças".[8]

Em geral, os almirantes comandavam a frota a partir dos navios líderes. Não havia nenhum navio-almirante cheio de oficiais na retaguarda. Alguns dos mais conhecidos comandantes — tal como lorde Nelson — morreram no mar, como o ateniense Eurímedon, em Siracusa, e o espartano Míndaros, na batalha de Cízicos. Muito raramente, comandantes derrotados se matavam e seus corpos eram ignominiosamente lançados à praia — como foi o caso do espartano Timócrates na segunda derrota no golfo de Corinto, em 429.[9]

Os remadores tinham que tomar o pulso da batalha, já que era impossível ouvir a maior parte das ordens verbais quando madeira se chocava contra madeira. A maior parte dos marinheiros provavelmente era treinada para remar às cegas e ajustar o ritmo ao que sentia e percebia, em vez de ao que via ou ouvia. Ser atingido por um aríete no costado vulnerável não era a única preocupação. Às vezes, os navios colidiam de frente e ficavam presos um ao outro. Nesses casos, a vitória iria para a nau que conseguisse se desembaraçar mais rapidamente e que tivesse sofrido menos com a inundação causada por um aríete danificado. Teoricamente, havia uma dezena de homens que corriam de um lado para outro com remos de reserva, pranchas e equipamentos para tampar buracos e garantir que um navio danificado se mantivesse flutuando. Na realidade, até mesmo um pequeno furo poderia fazer submergir parcialmente uma trirreme em poucos minutos. Em engajamentos de duzentos a trezentos navios — e houve várias demonstrações de força como essas na fase final da Guerra do Peloponeso —, havia de 40 mil a 60 mil homens, o equivalente a uma cidade grega de grande porte, simultaneamente lançando projéteis, remando, abordando, agarrando-se a destroços e nadando para a praia. Assim, em questão de minutos, os mares ficavam coalhados com destroços e cargas de trirremes partidas, cadáveres e homens se debatendo e agarrando-se aos escombros.

Como não havia uniformes nem insígnias navais distinguíveis — os remadores provavelmente usavam pouco mais do que uma faixa enrolada em volta dos quadris durante viagens no verão —, às vezes as tripulações atacavam navios da própria frota, matando marinheiros amigos no calor e pânico da batalha. De fato, como as duas frotas tinham aparências tão semelhantes, os dois lados com frequência não conseguiam saber se os reforços que chegavam subitamente eram amigos ou inimigos. Com frequência, os navios eram agarrados com ganchos e puxados. Então, a batalha naval "no estilo antigo" poderia se assemelhar mais a uma batalha terrestre, pois tanto marinheiros quanto remadores se lançavam na confusão. O objetivo imediato era matar mais marinheiros inimigos do que perder marinheiros amigos, e então escolher a nau que estivesse em melhores condições, tentar soltá-la e remar para longe do naufrágio. Tucídides conclui a respeito da batalha de Sibota, que aconteceu dois anos antes da guerra, que, de tão tumultuada a matança, ninguém podia ouvir absolutamente nada no meio do clamor; ele acrescenta que a vitória dependia mais da força do que da habilidade:

A batalha no mar era brutal, não tanto por causa da destreza, mas sim porque era mais parecida com uma batalha de infantaria em terra. Pois, quando quer que os navios se chocassem um contra o outro, não era fácil separá-los, em parte por causa do grande congestionamento de naus, porém, mais ainda, porque eles confiavam nos hoplitas nos conveses, que lutavam de pé enquanto os navios permaneciam imóveis.[10]

Os peloponésios e, mais tarde, os siracusanos aprenderam que, para derrotar os atenienses, era necessário neutralizar sua superioridade nos mares — na medida em que quase todos os Estados marítimos gregos em todo o leste mediterrâneo haviam adotado as trirremes e produzido navios notavelmente uniformes em tamanho e construção. Às vezes, era possível superar a competência ateniense lutando nos estreitos, usando aríetes reforçados para choques frontais ou pequenos botes com tropas de lançamento de projéteis para remar ao lado do navio inimigo e atingi-lo com uma chuva de dardos. Assim como os atenienses haviam aprendido a nunca se defrontar com hoplitas espartanos numa chamada luta limpa em terreno plano, seus inimigos reconheceram que era igualmente perigoso enfrentar uma experiente frota ateniense em águas abertas nos primeiros anos da guerra. A chave para compreender a Guerra do Peloponeso não é apenas que Atenas era um poder naval e que Esparta lutava em terra; em vez disso, das mais de 1.500 cidades-Estados, Atenas era, de longe, o mais forte poder naval, enquanto os hoplitas espartanos eram a mais destacada infantaria grega.

Apenas tripulações magnificamente treinadas podiam manter as trirremes em algum tipo de formação, dados os caprichos do vento e das correntes e o receio de ataque inimigo. O almirante ateniense Fórmion, por exemplo, na primeira batalha de Náupactos, cercou completamente a frota coríntia e a lançou na desordem, deixando-a jogada de um lado para outro por marinheiros em pânico que se esforçavam para remar em mares agitados e cheios de trirremes confusas. Um dos problemas de empreender a Guerra Jônica no Helesponto, ou nas proximidades, era que a poderosa corrente do estreito muitas vezes tornava as operações quase impossíveis.

Mesmo no início da luta, a correria, os encontrões e os pulos de até mesmo uma meia dúzia de combatentes no convés, além de seu mero peso, deve ter tornado quase impossível que os remadores abaixo deles se concentrassem em seu trabalho. Isso explica por que as trirremes com frequência ficavam "imóveis" enquanto procedia a luta no convés. Raramente na história da guerra naval a gama de opções foi tão severamente limitada pela frágil natureza da arte envolvida. Muitas vezes, a derrota no mar é atribuída não à ação inimiga, mas à simples confusão e falta de rumo de remadores desesperados tentando manter os navios na formação de ataque contra as variações do vento e das correntes marítimas. Por exemplo, o general espartano Gílipos garantiu às suas tripulações, em Siracusa, em 413 que o plano ateniense de carregar suas trirremes com marinheiros extra — para transformar a batalha no Grande Porto num tipo de tumulto de infantaria — seria contraproducente justamente porque tantos homens correndo no convés, e sem experiência em lançar dardos na posição sentada, era algo que confundiria os remadores e desestabilizaria os navios.[11]

Simulações modernas têm sugerido que mesmo a presença de um único homem movendo-se de um lado para outro no convés de uma trirreme poderia afetar adversamente o trabalho dos remadores. E a precisão dessas tropas de lançamento de projéteis não era muito boa, de qualquer maneira, exceto de distâncias muito curtas, dado que tanto a plataforma quanto o alvo oscilavam com as ondas. Parte do treinamento da tripulação, portanto, era não apenas remar, mas desenvolver a habilidade de trabalhar sem movimentos inúteis que pudessem interromper as operações ofensivas do navio e até mesmo comprometer a segurança da nau quando em trânsito.

Todos os lados tentavam introduzir inovações no desenho básico da trirreme para ganhar uma vantagem no que era basicamente uma colisão entre navios semelhantes. Quando as trirremes corriam para a batalha, as tripulações frequentemente usavam telas laterais (*pararumata*) para desviar projéteis que vinham em linha reta e impedir que atingissem a camada superior dos remadores (os tranitas) ou impedir que lançamentos em arco caíssem como uma chuva sobre toda a tripulação. A ideia de tais assaltos marítimos não era matar toda a tripulação, mas talvez fraturar, ferir ou incapacitar um número suficiente de remadores para atrapalhar o próprio movimento do navio, já que as remadas cadenciadas de uma trirreme poderiam ser arruinadas caso remadores-chave fossem feridos ou entrassem em pânico.[12]

Em outras instâncias, engajamentos navio a navio nem mesmo eram o foco da batalha naval. Em vez disso, durante batalhas num porto, às vezes havia mergulhadores que enfiavam estacas em águas rasas para rasgar os cascos de trirremes desavisadas. Em resposta a essas táticas próximas à praia, trirremes especiais eram equipadas com gruas para arrancar esses obstáculos do fundo dos portos, enquanto forças terrestres lutavam sobre fortes e docas na expectativa de que em algum momento a frota teria que entrar no porto para ser reabastecida e reparada.[13]

A mesma engenhosidade de resposta e contrarreposta que havia caracterizado o sítio de Plateia estendeu-se ao mar, ou pelo menos às lutas nas águas mais calmas próximas da terra. Navios mercantes poderiam juntar-se em volta de portos ou pontos de refúgio para dar proteção às próprias trirremes em retirada. Em raras ocasiões, as tripulações penduravam enormes pesos de chumbo ("golfinhos") ou até pedras pesadas na ponta de longos mastros para deixá-los despencar oportunamente sobre trirremes inimigas que passavam em disparada, quebrando bancos e deques e fazendo buracos no casco.[14]

Mesmo batalhas navais regulares raramente se limitavam a um simples contato entre duas trirremes inimigas. Mais frequentemente, era mais uma questão de três navios atingindo dois, ou de quatro contra um — e sendo arietados enquanto arietavam o inimigo. Além de arietar e abordar navios, havia uma terceira forma de destruir uma trirreme: impedindo que saísse para o mar aberto, gradualmente forçando-a em direção à terra. Se fosse levada à praia, a tripulação ficaria temporariamente indefesa enquanto a infantaria baseada em terra se lançava nas ondas para dar fim aos marinheiros que tentavam abandonar o navio.

Tucídides enfatiza exatamente esse caos na tristemente famosa batalha de Sibota, às vésperas da guerra, quando os coríntios não tinham a menor ideia se estavam vencendo a frota dos corcireus ou sendo conquistados por ela. No meio daquele pandemônio, dentro de uma ou duas horas surgiu o consenso de que um lado — nos primeiros poucos anos da guerra, usualmente os mais hábeis e numerosos atenienses e seus aliados — estava destruindo mais navios do que perdendo. Então correu entre os derrotados a ordem de cada navio se salvar e remar freneticamente de volta para a base.

Porque as trirremes eram caras e, como a panóplia de bronze, universalmente usadas por todos os lados que combatiam na Guerra do Peloponeso, navios danificados e mesmo destroços flutuantes eram preciosos. Também era fácil salvá-las, pois, não tendo lastro, as naus danificadas raramente eram perdidas: flutuavam à deriva, apenas parcialmente submersas. Como as trirremes contavam com a velocidade, e não com a estabilidade, para garantir sua sobrevivência, havia muito pouca areia ou pedra estocada para servir de lastro, e vasos com água provavelmente eram tudo que se carregava para prover estabilidade.

A flutuabilidade das trirremes explica por que as descrições antigas de batalhas navais estão repletas de navios partidos e pranchas coalhando a superfície. Os vitoriosos imediatamente tentavam amarrar com cordas e rebocar qualquer navio que valesse a pena salvar, com base na teoria de que era muito menos dispendioso reparar esses vistosos troféus do que construir trirremes inteiramente novas, podendo assim reduzir os enormes custos envolvidos em uma guerra naval. Como no caso das panóplias hoplitas, o equipamento da guerra de trirremes era reciclável, e os vencedores às vezes terminavam duras batalhas com mais navios do que quando começaram. O cenário que se seguia a um engajamento de trirremes deve ter sido estranho, com dezenas de destroços amarrados aos navios vitoriosos que os puxavam com dois cabos.

Em geral, as lutas no mar duravam muito mais tempo do que as batalhas hoplitas, na medida em que marchar adiante para atacar com uma lança ou com uma espada usando uma armadura pesada era uma tarefa mais exaustiva do que remar no mar.

Muitas Maneiras de Morrer

Os marinheiros gregos tinham familiaridade com os mares, e em quase todas as batalhas marítimas a luta teve lugar a poucos milhares de metros da praia. Afogamentos em massa devem ter sido relativamente evitáveis, o que não aconteceu na debacle em Salamina, onde talvez 40 mil persas e seus aliados, muitos deles com armaduras completas e desacostumados com a água, se perderam entre os navios naufragados. O escândalo na batalha das ilhas Arginusas, depois da qual seis dos vitoriosos generais atenienses foram executados por terem permitido que centenas de seus marinheiros se afogassem agarrados aos escombros em um mar tempestuoso, foi uma aberração, o que explica a ira inusitada da assembleia ateniense, que não pôde ser aplacada nem mesmo quando se soube que o inimigo havia sofrido perdas muito maiores.

Os afogamentos eram relativamente comuns, na medida em que poucos gregos nadavam em uma base regular para garantir sua sobrevivência em mares agitados. Quando um navio era atingido, não era fácil sair dos apertados bancos dos remadores, subir abrindo caminho entre dezenas de marinheiros em pânico, evitar destroços de madeira denteada, projéteis e inimigos que já haviam invadido o navio e então nadar milhares de metros até a praia. Em um navio danificado, a chave para a sobrevivência era conseguir se desengajar, remar para longe e permitir que a tripulação se jogasse de sobre a amurada a uma boa distância do inimigo — tal como fizeram os atenienses que escaparam após a derrota em Nôtion, em 408, perdendo 22 navios, mas salvando a maior parte dos marinheiros.

Não há registros de qual a percentagem da tripulação de um navio que se perdia quando uma trirreme era afundada. No entanto, as abundantes descrições na literatura grega permitem sugerir que, de tempos em tempos, todos os marinheiros num navio podiam ser mortos, perdidos ou feitos prisioneiros. O tempo inclemente — como, por exemplo, ao largo do cabo Atos, em 411 (somente 12 entre 10 mil se salvaram) ou na batalha de Arginusas, em 406 — parecia garantir que navios que naufragavam condenariam toda a tripulação.[15]

Não era nada fácil para os que estivessem feridos e sangrando ser recolhidos por navios amigos ou nadar até a praia. E apenas uns poucos dos que não estavam feridos conseguiam deixar o casco apertado com segurança e com a rapidez necessária — e sabemos que a simples tarefa de embarcar tomava vários minutos enquanto a tripulação tentava encontrar seus lugares. Mesmo que os remadores conseguissem sair de um navio atingido, sem ferimentos graves, não estavam em uma posição garantida. Mares agitados, tempo ruim, o frio e outras dificuldades poderiam facilmente fazer com que milhares afundassem mesmo quando agarrados a destroços flutuantes.

O afogamento era considerado a mais tormentosa das mortes na religião popular grega. Foi a angústia causada por aquele fim apavorante encontrado por centenas de seus camaradas que fez com que os atenienses levassem a julgamento os próprios generais após a vitória nas Arginusas, em 406. Milhares em Atenas lamentavam que as almas de seus conterrâneos estivessem vagando no além sem repouso, enquanto seus corpos abandonados apodreciam sem receber o enterro ritual. A busca de bodes expiatórios após Arginusas, as duas votações relativas ao destino dos prisioneiros em Mitilene, bem como o julgamento *post-bellum* de Sócrates são usualmente evocados como entre os piores momentos na história da democracia ateniense. Uma das cenas mais sinistras na *Constituição de Atenas*, de Aristóteles, é seu relato dos julgamentos espetaculares: o inebriado demagogo passeando pelo salão da assembleia, engalanado com seu peitoral, pronto a denegrir, pressionar ou acusar qualquer um que se interpusesse entre ele e sua proposta de massacrar nada menos que aqueles homens que deram a Atenas sua maior vitória. De qualquer modo, o povo logo se arrependeu de seu ato estúpido e imoral. Calixeinos, o proponente da moção ilegal para julgar todos os generais que lutaram nas Arginusas, acusando-os de mortes em massa, "era odiado por todos e morreu de fome".[16]

Com frequência, os vitoriosos eram mais brutais do que os mares gelados e agitados. Afinal, os remadores, assim como as tripulações de aeronaves, também eram valiosos recursos militares que requeriam meses de treinamento e que, uma vez perdidos, não podiam ser substituídos com facilidade. Embora as regras da guerra teoricamente protegessem os que eram aprisionados no mar, à medida que o conflito se prolongava a clemência era ignorada e os protocolos mais selvagens do cerco e da emboscada passavam a prevalecer. Frequentemente, fazia mais sentido remar para longe e deixar os feridos do inimigo entregues ao mar. Somente daquela maneira poderia o estoque de remadores experientes ser permanentemente reduzido sem que se incorresse em ódio por violar convenções reconhecidas, o que poderia provocar a retaliação — o mar, não outros homens, é que teria matado os indefesos na água.

Ainda assim, às vezes tripulações capturadas eram levadas para a praia e mortas ou aleijadas — muitas vezes de modo grotesco, cortando-lhes a mão direita ou o polegar para garantir que nunca mais pudessem remar. Não está claro qual dos lados deu início a essas práticas brutais. Mas, no período final da Guerra Jônica, o general ateniense Fílocles persuadiu a assembleia ateniense a registrar sua permissão para que capitães de trirremes cortassem a mão direita de todos os feitos prisioneiros no mar. Presumivelmente, a ideia era que somente essas medidas duras poderiam impedir as deserções de marinheiros imperiais tentados a se juntar aos espartanos, atraídos por promessas de melhores salários.

O próprio Fílocles era conhecido por haver ordenado que remadores capturados fossem afogados, mandando serem lançados por sobre as amuradas em alto-mar, o que explica por que os espartanos executaram quase todos os atenienses nos quais puseram as mãos após sua vitória final em Egospótamos — um assombroso número que pode ter chegado a 3.500. Nas pinturas negras em um vaso de cerâmica do início do século V, veem-se prisioneiros no mar amarrados com cordas, lançados por sobre a amurada e então afundados na água com varas e lanças — sugerindo que um destino assim cruel não era incomum.[17]

A execução dos prisioneiros atenienses após Egospótamos — o próprio Fílocles foi executado por ordem de Lisandro — pode ter sido o pior dia em termos de execuções de gregos durante toda a guerra. O número dos massacrados pode ter sido maior que o dos mortos em Mitilene, Cione e Melos, e excedeu o número dos assassinados pelos tristemente famosos Trinta Tiranos que derrubaram a democracia no final da guerra. O preço de Egospótamos só foi superado por Alexandre Magno, que matou quase todos os homens tebanos quando destruiu Tebas, em 335, e eliminou a maior parte dos mercenários gregos após a batalha de Granico, um ano depois. Lisandro teria feito melhor, poupando a tripulação, vendendo os homens como escravos e dividindo os lucros com seus próprios remadores, uma prática que também era comum ao final de uma guerra.[18]

Talvez o método mais comum de eliminar marinheiros derrotados fosse navegar entre os destroços e fisgá-los como peixes. A ideia aceita era que a batalha ainda não havia terminado totalmente e, portanto, homens se agarrando a destroços inimigos ainda eram um alvo legítimo e podiam ser mortos sem censura moral ou medo de retaliações. Após a batalha ao largo das ilhas Sibota, os navios coríntios remaram entre os destroços matando todos os sobreviventes corcireus que encontravam. Por estarem tão decididos a acabar com os inimigos indefesos, deixaram de lado a tarefa de rebocar os navios danificados e, finalmente, mesmo sem querer, começaram a matar seus próprios homens na água. Na segunda batalha ao largo de Náupactos, um contingente de navios atenienses foi separado dos demais e empurrado para a praia. Ali, todos os homens da tripulação que não conseguiram se arrastar para fora de suas trirremes foram executados nos bancos pelos inimigos que subiram a bordo.[19]

Dois milênios antes de os vitoriosos cristãos, em Lepanto, em 1571 haverem esquadrinhado os destroços para executar qualquer otomano encontrado vivo na água — presume-se que pelo menos 30 mil turcos foram mortos depois daquela batalha —, os gregos da Guerra do Peloponeso aceitaram o brutal cálculo de que o assassinato de marinheiros indefesos significava menor chance de reencontrar aqueles experientes remadores na rodada seguinte da batalha. Os hoplitas de todos os lados eram fazendeiros ou proprietários de terras; em contraste, os remadores eram os pobres e os estrangeiros — às vezes, até mesmo escravos — que não partilhavam nenhuma pretensão de refinamento associado a algum mítico status agrário comum. Com frequência, eram os marinheiros, a maior parte deles também soldados hoplitas em armaduras, que basicamente se encarregavam de atingir com suas lanças os remadores capturados — e que teriam sido os primeiros a morrer com todo aquele peso tão logo o navio afundasse. A maior parte dos mortos nos conveses provavelmente era atingida por projéteis, e não afogada. Ainda assim, como Tucídides e outros historiadores quase sempre registram perdas navais em termos de trirremes destruídas ou capturadas, torna-se quase impossível traduzir essas generalizações em números mais exatos de mortos ou feridos. A condição particular dos mares, a natureza das terras vizinhas, a atitude com relação ao inimigo e o status do navio eram fatores que poderiam determinar quantos marinheiros escapavam de uma trirreme condenada.[20]

Reputação e Medo

Os espartanos foram quase exterminados na batalha naval de Arginusas. A frota ateniense deixou de existir depois de Egospótamos. No primeiro caso, os atenienses adquiriram uma supremacia naval imediata e os espartanos buscaram a paz. No segundo, os atenienses perderam a guerra num único dia quando a frota de Lisandro preparou-se para entrar no porto de Atenas.

Com frequência, frotas inteiras que reconheciam a inexperiência de seus marinheiros temiam que uma marinha superior acabasse com elas. Foi precisamente esse medo que impeliu Atenas a manter um fundo de reserva de mil talentos e cem "das melhores" trirremes para proteger o Pireu, como um último recurso caso os peloponésios alguma vez alcançassem a supremacia naval, navegassem livremente pelo Egeu e, então, atacassem diretamente seu principal porto. Até mesmo os atenienses aceitavam o fato de que, no mar, qualquer coisa podia acontecer, e que frotas inteiras com milhares de homens poderiam afundar em poucas horas.[21]

Dado que não havia como parar a marinha de Péricles nos primeiros anos da guerra, navios coríntios ficavam com frequência aterrorizados com a mera aproximação das trirremes atenienses. Contra Fórmion no golfo de Corinto, ficaram tão confusos com a perícia naval ateniense que desistiram de se defender e tentaram remar para longe e pôr-se em segurança. Em resposta à reconhecida assimetria, o siracusano Hermôcrates reconheceu perante seus seguidores a superior proficiência de seus inimigos atenienses — "a habilidade do inimigo que vocês tão especialmente temiam" —, mas insistiu em que o maior número de navios siracusanos e a coragem ainda podiam derrubar as vantagens atenienses se eles confinassem a batalha a locais favoráveis. *Phobos*, ou medo da "apavorante presença ateniense", é frequentemente mencionado como o principal fator em todas as batalhas com os atenienses antes da catástrofe que os derrubou na Sicília, como se a maior parte dos outros gregos admitisse que havia pouca chance de sobreviver em uma luta contra tais marinheiros.[22]

Quando a guerra irrompeu, os próprios atenienses se provaram arrogantes, pois, após os 50 anos de administração de um império marítimo, estavam convencidos de que eles eram de fato invencíveis no mar, "senhores do mar", como eram geralmente reconhecidos. Como a marinha britânica do século XIX, a frota ateniense sentia que a superioridade qualitativa significava que ela poderia atacar qualquer inimigo a qualquer momento — qualquer que fosse o desequilíbrio de números em um teatro específico. Na famosa batalha no golfo de Corinto, em 429, Fórmion disse a seus homens para ignorar o tamanho da armada inimiga: "Na medida em que eles eram atenienses, nunca se retirariam diante de navios peloponésios, por maior que fosse seu número." Na mente ateniense, uma vitória naquele momento renderia dividendos mais tarde, já que o resto do mundo helênico seria constantemente lembrado da futilidade de desafiar navios atenienses. Como expressou Fórmion, "depois de passar pela experiência de uma derrota, os homens não estão dispostos a manter as mesmas ideias a respeito de enfrentar os mesmos perigos".

Ironicamente, nunca aquele truísmo fizera mais sentido do que após a calamidade ateniense na Sicília; os atenienses ficaram tão paralisados pelo medo quanto os espartanos uma década antes, após a própria debacle em Pilos. Imediatamente, os atenienses perderam sua confiança no mar. Pela primeira vez em duas décadas, sistematicamente começaram a perder navios para a recém-construída frota peloponésia. Durante dois anos, os marinheiros imperiais tiveram medo de entrar em qualquer batalha, até que a vitória em Cinossema, no verão de 411, restaurasse algo de sua antiga arrogância.[23]

Dado que as batalhas navais tinham lugar entre navios frágeis e frequentemente em águas agitadas, e envolviam dezenas de milhares de combatentes, os verdadeiros teatros letais da Guerra do Peloponeso acabaram sendo não os campos de batalha hoplitas, ou mesmo os cercos. O historiador Barry Strauss uma vez contou sistematicamente os números exatos de baixas apenas na infantaria ateniense e entre suas contrapartes não proprietárias de terras, tal como registrados por fontes contemporâneas — uma fração do número real, já que, na maior parte dos casos, a maioria dos historiadores gregos usa palavras vagas como "muitos foram perdidos" ou omite totalmente os números de baixas em batalhas específicas. Ainda assim, ele observou que, durante os 27 anos de guerra, o número de tetas atenienses (que eram basicamente marinheiros) que morreu foi o dobro do número de hoplitas, a maior parte deles na brutal década final de lutas navais. Se os hoplitas e os soldados da infantaria haviam sofrido exorbitantemente em sítios e operações anfíbias durante a primeira década da guerra, as maiores perdas, após 413, foram quase todas entre remadores. Quando se fala da Guerra do Peloponeso, os fantasmas da Sicília, da praga e das execuções em Melos e Cione rondam nossa imaginação. No entanto, a verdadeira carnificina ocorreu mais tarde na guerra e em batalhas navais cujos nomes estão agora quase esquecidos.[24]

As Tripulações

A faceta mais original do antigo poder naval era o método geral de operar as trirremes, uma mistura de financiamento e controle particulares e públicos que era prática comum na maior parte das cidades-Estados. A cada ano em Atenas, por exemplo, quatrocentos dos cidadãos mais ricos recebiam a notificação de que deveriam cumprir sua obrigação como trierarcas (comandantes de trirremes), o que significava, entre outras responsabilidades, assumir o comando ativo de um navio de guerra no mar. Como a frota durante a guerra tinha cerca de trezentos navios — em um dado momento na guerra, 250 trirremes estavam no mar ao mesmo tempo —, três de cada quatro designados anualmente eram selecionados e partiam para as docas no Pireu para assumir o controle de seus navios durante um ano.

O Estado usualmente fornecia o casco, os equipamentos e a tripulação, embora em poucos casos alguns homens ricos comprassem e equipassem por completo os próprios navios de guerra. Mas o trierarca era responsável principalmente por grande parte das despesas diárias do navio — manutenção, alimentos e água para a tripulação — e usualmente servia como o capitão *de facto* durante as patrulhas. Embora alguns dos homens importantes buscassem racionar despesas, com mais frequência os trierarcas gastavam muito mais do que o exigido, em acirrada rivalidade uns com os outros para encontrar os melhores remadores e pilotos. Isso indica quão grandes eram, possivelmente, os benefícios da filantropia militar.

A generosidade dos gastos privados com os navios públicos — dispor dos melhores equipamentos, contratar os melhores pilotos e acrescentar um bônus ao salário diário dos remadores — podia não apenas dar renome aos trierarcas, mas também aumentar as chances de que, nas batalhas, eles próprios sobrevivessem. Tucídides diz que, quando os atenienses zarparam para a Sicília, levavam o que havia de melhor em matéria de tripulações, navios, equipamentos e figuras de proa. Tanto na habilidade de luta quanto na aparência, a flotilha de 415 era muito mais impressionante do que qualquer outra armada anterior, mesmo aquelas grandes expedições mandadas a Epidauro e Potideia no começo da guerra, e, ainda assim, haviam partido com "equipamentos precários".

À primeira vista, essa iniciativa privada parece inconsistente com o governo de um Estado que a tudo incluía, como o da Atenas imperial. Na realidade, a trierarquia era uma contribuição forçada dos ricos ao Estado, o que os gregos chamavam de uma liturgia. Além de encontrar uma forma de extrair o capital dos ricos, a pólis também queria que os cidadãos mais aquinhoados servissem lado a lado com os mais pobres enquanto estavam no mar. Alguns hoplitas e cavaleiros donos de fazendas e conservadores em seu pensamento político poderiam se ressentir diante da ascensão de um Estado naval. No entanto, em tempos de guerra os mais ricos de todos viram-se recebendo honras por servirem na vanguarda do poder ateniense. A trirreme, em outras palavras, era uma extensão do Estado democrático ateniense e servia ao interesse cívico maior de aculturar milhares enquanto trabalhavam juntos em espaços apertados e em circunstâncias extremas.[25]

Em toda a literatura clássica, a necessidade de remadores experientes é um refrão constante. Três homens trabalhando a três diferentes alturas e remando com remos de comprimento aproximado teriam que manter um ritmo sincronizado, sempre batendo na água, nunca tocando um remo vizinho, e assim garantindo o que os gregos chamavam de "os golpes simultâneos dos remos" (*kôpês xynebolê*). A prática de remar em uníssono era uma exigência constante e, aparentemente, uma habilidade que se perdia com a falta de exercício permanente. Não era apenas que os remadores tivessem que ter força e aprender a remar em sincronia; também tinham que se acostumar a trabalhar com seus remos em mares agitados, acostumar-se com os choques e o rugir da batalha e saber que teriam de remar durante longas horas tanto no frio quanto no calor.[26]

Os estados no Peloponeso estavam sempre buscando alcançar paridade náutica com Atenas ou a Córcira, prometendo que pagariam mais que seus competidores no mercado aberto e que contratariam remadores mercenários experientes dos quais havia um estoque aparentemente limitado. Mas até os líderes peloponésios reconheciam que "levaria tempo" para se chegar ao mesmo nível da longa experiência ateniense com os remos. Assim, eles concordavam com as confiantes previsões de Péricles antes da guerra de que o poder naval era "uma ocupação de tempo integral", algo não tão facilmente adquirido por fazendeiros e amadores. O fato de que, durante 20 anos, as trirremes espartanas tiveram pouca chance contra as atenienses confirma sua presunçosa afirmação, tal como a frota napoleônica no início do século XIX descobriu que os navios maravilhosamente construídos ainda não eram páreo para séculos de supremacia naval britânica. Péricles aparentemente foi presciente quando alertou que haveria poucas oportunidades para os espartanos ganharem uma excelência tardia numa guerra real — como se inimigos pudessem de súbito aprender a remar quando a frota ateniense estivesse sistematicamente varrendo suas praias. Ao final da guerra, quando foi alcançada a paridade espartana com os atenienses, é difícil afirmar se os peloponésios haviam se tornado qualitativamente melhores como remadores ou se, após as perdas devidas à praga e à Sicília, os atenienses haviam ficado muito piores.[27]

Trirremes Encharcadas

Qual era então a meta dos gregos clássicos quando adotaram um método tão desajeitado de construção e operação naval, uma ciência náutica que parece haver alcançado o ápice em Atenas pouco tempo antes do começo da guerra? Claramente, um elemento propulsor fundamental foi o desejo de velocidade e força no que se referia ao deslocamento: batalhas no mar haveriam de ser decididas nem sempre por soldados da marinha, mas por navios rápidos que pudessem atingir outros com seus aríetes, afastar-se e habilmente manobrar para atacar de novo. Para conseguir poder de golpe, era preciso ter velocidade, e, por sua vez, a velocidade necessitava de 170 remadores concretos em uma nau relativamente leve — e esse cálculo quase impossível de peso, velocidade e homens explica o complexo método de acomodar três remadores de modo que tantos homens coubessem em um espaço tão pequeno. Filósofos impressionados frequentemente comentavam a respeito desse peculiar método de remar, chamando de "usinas" os navios a remo, uma fábrica apinhada que entregava como produto a pura propulsão muscular.

Os atenienses, que gritavam à vontade entre seus melhores na assembleia, batizavam suas trirremes com nomes (aparentemente sempre do gênero feminino) não apenas como "Império" (*Hegemonia*) ou "A Mais Poderosa" (*Kratistê*), mas também "Liberdade" (*Eleutheria*), "Democracia" (*Dêmokratia*), "Livre Expressão" (*Parrhêsia*), e "Justiça" (*Dikaiosynê*). Talvez as frequentes referências à excelência marítima ateniense não decorram do fato de o Estado se comprometer a construir numerosas trirremes e nem mesmo do longo serviço requerido pela supervisão de um império marítimo. Pelo menos no início da guerra, a maior parte dos remadores atenienses era toda de cidadãos livres eleitores numa medida que não era verdadeira para a frota peloponésia, e isso sugere que seu entusiasmo inigualado no mar seria um reflexo do fato de que sentiam ter um interesse investido na própria sociedade que remavam para defender. De qualquer modo, eram raros os motins de larga escala na frota ateniense; talvez fossem mais comuns entre os peloponésios, mesmo na última década da guerra, quando as coisas estavam começando a pender a favor de Esparta.[28]

Os atenienses — que davam muito mais importância às habilidades náuticas do que à presença de hoplitas e abordadores em suas trirremes — eram exímios em dois métodos básicos de remar. Ambos requeriam tripulações bem treinadas e navios rápidos, leves. Quando empregando o *diekplous* ("navegando entre outros e saindo"), uma linha de navios tentava romper a linha de trirremes inimigas. Uma vez que a atravessassem, os atacantes podiam atingir seus alvos de dentro da formação inimiga. Em contraste, quando usando o método mais sutil de *periplous* ("navegando em volta"), a frota tentava flanquear ou mesmo rodear o inimigo. A maior parte das frotas carecia dessas habilidades, e, se fosse uma questão de atingir com aríetes as trirremes atenienses numa luta limpa, os peloponésios normalmente perderiam, sugerindo a alternativa mais desesperada de abordar e atacar com projéteis.

O objetivo ateniense, novamente, era manobrar contra a linha formada pelas laterais expostas dos navios, que podiam ser atingidas pelos aríetes de trirremes em alta velocidade — um tipo de manobra que depois veio a ser adotada pelos couraçados, no século XX. Os atenienses acreditavam que, em mares relativamente abertos, a maior capacidade de manobra e a velocidade dos próprios navios acabariam garantindo que o inimigo usualmente mais inepto ficasse confuso e exposto a um ataque fácil. Em outras palavras, sob ótimas condições, a disputa seria uma verdadeira batalha naval, em vez de uma luta terrestre entre hoplitas e tropas de lançamento de projéteis sobre conveses adernados próximos à praia.[29]

Nos filmes de Hollywood, às vezes uma galera estraçalha os remos de outra. Muitos especialistas clássicos duvidam de que isso fosse possível. Como, afinal, poderia uma trirreme navegar perfeitamente até uma distância de poucos metros ao lado de outra, os remadores atacantes dando um último impulso poderoso antes de recolher seus remos da água enquanto sua nave deslizava ao lado do adversário derrubando em sucessão os desavisados remos inimigos? No entanto, embora sem dúvida fosse uma tática rara que dependia de uma tripulação bem treinada enfrentando uma trirreme com remadores menos bem preparados, às vezes a quebra de remos parece ter funcionado. Ao largo de Mitilene, em 406, por exemplo, o almirante ateniense Cônon foi forçado a bater em retirada — mas não antes de "podar os remos de alguns navios".[30]

Com frequência, as tripulações recorriam ao uso de ganchos de abordagem. É provável que fossem levados à bordo de todas as trirremes. Os atacantes buscavam fisgar um barco inimigo e puxá-lo para a abordagem, na expectativa de que os próprios remadores tivessem força suficiente para puxar o outro, em vez de serem puxados. E se um navio visado ficasse danificado, ou parte de sua tripulação tivesse sido morta, ele poderia ser enganchado e rebocado, fosse na direção da frota ou de praias amigas onde a tripulação seria capturada ou morta. Os que faziam a abordagem preferiam colocar-se ao lado da nave inimiga e atingi-la com suas lanças; mas, com a mesma frequência, também podiam saltar sobre o inimigo e usar as espadas para terminar o trabalho.³¹

Trirremes em luta tornavam-se um verdadeiro espetáculo. A habilidade dos pilotos para manobrar suas trirremes para colisões, a coesão das tripulações quando aumentavam a velocidade nos últimos momentos antes da colisão e o impacto explosivo de 170 remadores se chocando contra suas contrapartes inimigas — não é de admirar que Diodoro tenha chamado tudo aquilo de "um espetáculo extraordinário" (*kataplêktikon*). Às vezes, milhares de espectadores se alinhavam nas praias para apreciar dezenas de navios se abalroando, abordando e lançando uma chuva de projéteis uns contra os outros. Os soldados ficavam ansiosos para assistir ao trabalho mortífero, aplaudindo seus respectivos lados, lançando-se às ondas para ajudar e exterminando ou ajudando qualquer membro das tripulações cujos navios encalhassem. Em parte alguma foi a horrível luta no mar mais notória do que no Grande Porto de Siracusa. Ali, numa sucessão de batalhas navais, milhares de atenienses combateram os sicilianos de quase todas as maneiras imagináveis — atingindo-os com aríetes, abordando navios, lançando projéteis, usando ganchos, forçando navios para a praia, usando guindastes para lançar pedras e empregando estacas submersas. Apesar de as ondas levarem embora os destroços e despojos das batalhas, pelo menos no período imediatamente seguinte a um grande embate naval poderia haver milhares de corpos e centenas de destroços nas águas, enquanto as praias rapidamente se tornavam um horrendo cenário de corpos inchados, restos de carga e pedaços de navios.³²

Em uma batalha naval entre os coríntios e corcireus, dois anos antes da Guerra do Peloponeso, os dois lados lutaram "da maneira antiga". Ou seja: lançadores de dardos e arqueiros abordaram navios e, num conflito "mais parecido com uma batalha em terra", caíram sobre as tripulações. O que se lê nas entrelinhas da descrição de Tucídides é quão inferiores eram as duas frotas comparadas com a marinha ateniense, que nunca teria permitido que seus navios fossem fisgados, puxados e abordados, uma vez que remadores de alto nível poderiam facilmente vencer uma batalha de manobras e ataques com aríetes.

O general espartano Brasidas uma vez resumiu as respectivas estratégias navais das duas frotas: os atenienses contavam com a velocidade e a habilidade de executar manobras no mar aberto para golpear à vontade, com aríetes, os navios mais pesados; em contraste, uma armada peloponésia poderia vencer somente quando lutasse perto da terra em águas calmas e confinadas, tivesse a maior parte dos navios em um teatro local e quando seus mais bem treinados soldados no deque, e hoplitas na praia, conseguissem transformar uma batalha naval numa luta de infantaria. Um personagem numa comédia contemporânea de Aristófanes diz a respeito dessa dominância naval: "Atenas é o lugar de onde vêm as boas trirremes." A maior parte dos gregos concordava. Para os atenienses, remar era uma "segunda natureza", uma habilidade aprendida "desde a infância".[33]

Na primeira grande batalha naval da guerra ao largo de Náupactos, em 430, Fórmion, com apenas vinte navios atenienses, atacou e aniquilou um contingente de 47 naves coríntias. Tal superioridade haveria de durar quase vinte anos, até que o desastre da Sicília enfraquecesse Atenas, requerendo um programa intensivo de reconstrução de navios e contratação de novas tripulações. Aquela catástrofe não antecipada impeliu Esparta a renovar seus esforços para adquirir uma frota de primeira classe e, assim, preparar as condições para as decisivas e mortais batalhas da última década no Egeu, que encerrariam a guerra.

Em algum momento, as marinhas começaram a reforçar seus aríetes com traves laterais concebidas para garantir que a trirreme mais pesada pudesse sobreviver a uma colisão de frente. Foi o que aconteceu mais tarde na guerra perto de Náupactos, quando algumas trirremes coríntias especializadas conseguiram inutilizar sete navios atenienses atingindo sua proa com os aríetes. Durante toda a guerra, as marinhas menos hábeis dos peloponésios buscaram expedientes como esse para anular as vantagens atenienses no mar: se os coríntios eram menos competentes em realizar manobras para atingir com seus aríetes os costados dos navios inimigos, então talvez no início da batalha eles pudessem lançar-se diretamente contra a frota ateniense que chegava, na expectativa de que seus aríetes mais pesados lhes dessem maiores vantagens em uma colisão. Assim, enquanto os atenienses investiam tempo e esforço para se aperfeiçoar na arte das colisões laterais, mais difíceis, mas com maiores chances de sobrevivência, seus inimigos contavam com uma construção naval superior para destruir navios de frente. Tucídides parece indicar exatamente isso quando nos lembra que "os coríntios se consideravam vencedores se não fossem decididamente batidos, e, em contraste, os atenienses aceitavam que haviam perdido se não fossem claramente vitoriosos".[34]

Ainda assim, durante toda a guerra, foram os peloponésios, não os atenienses, senhores do mar, que se mostraram mais inclinados a adotar novas táticas e modificar seus navios para anular a superioridade ateniense nas artes náuticas. A tragédia ateniense no Grande Porto de Siracusa foi um caso de complacência e até mesmo de arrogância. Os aguerridos siracusanos e seus aliados peloponésios construíram e instalaram novos aríetes para atingir seus inimigos mais ágeis em choques frontais em águas confinadas, bem como enfiaram estacas no fundo do porto, puseram correntes fechando a entrada e dispuseram fundeiros nos conveses. Foi somente no final da guerra que o almirante ateniense Cônon tomou medidas especiais para preparar navios de uma maneira totalmente diferente das frotas anteriores, aparentemente para garantir que as trirremes estivessem tão preparadas para o mar e tão reforçadas quanto as do inimigo.

Remadores inexperientes não davam bom suporte a seus navios. Num ataque com aríetes, essas trirremes precariamente manejadas muitas vezes ficavam presas no navio atingido, na esperança de que hoplitas e tropas com armas leves pudessem matar as tripulações inimigas e finalmente liberar o navio, junto com o troféu capturado. Às vezes, a potência do choque derrubava oficiais e marinheiros para fora do navio, já que não havia amuradas em volta dos conveses subitamente instáveis. Tal foi o destino do almirante espartano Calicrátidas, que caiu de seu navio nas Arginusas, quando esse foi atingido por um aríete durante a batalha.[35]

Um Jogo de Soma Zero

Muitas vezes, as trirremes eram consideradas "rápidas" ou "lentas" em função da qualidade das tripulações, da natureza de sua construção e das condições dos cascos. Teoricamente, navios mais novos, operados por uma equipe completa de 170 remadores experientes, eram muito mais ágeis e rápidos que trirremes mais antigas, com fundos cheios de vazamentos ou encharcados e mantidos por marujos inexperientes — uma deterioração que podia se instalar em poucos meses se os navios não fossem postos para secar na praia entre as viagens e não tivessem os cascos periodicamente raspados e calafetados. Na verdade, a habilidade do construtor, a qualidade da madeira e as modificações no desenho eram fatores que influenciavam a velocidade de uma trirreme, além de sua idade e manutenção.

Contudo, não sabemos todos os critérios que resultavam em uma trirreme "rápida", mas era fato reconhecido que "a excelência das tripulações durava apenas algum tempo". Após um breve período no mar, dada a probabilidade de doença e exaustão física, restavam apenas uns poucos marinheiros experientes que podiam manter um navio em movimento constante e "sustentar as remadas compassadas". Mesmo entre os navios de uma frota em alto-mar, muitas vezes havia uma seleção para pôr os melhores remadores numas poucas trirremes selecionadas que serviriam como um tipo de flotilha avançada para adiantar-se à armada principal. A presunção era que sempre existiam uns poucos remadores mais fortes ou mais experientes — ou ambos — do que os demais.

Os oficiais de um navio eram fundamentais para o desempenho. Além do trierarca (que era o oficial no comando do navio) e o *kybernitês*, ou piloto, que supervisionava os remadores e dava ordens, o sucesso dependia da qualidade do *proratês* (piloto) no leme e do *keluestês* (mestre dos remadores), que ou gritava a cadência das remadas ou batia uma pedra na outra marcando o ritmo para os remadores. Eles eram para a tripulação o mesmo que o maestro é para a orquestra, e, durante a maior parte da guerra, Atenas teve milhares desses veteranos que haviam cruzado durante décadas os mares do império.

Havia diversos outros inconvenientes nesse elegante navio, que provavelmente pesava pouco mais de 25 toneladas quando vazio e não muito mais de 50 quando carregando uma tripulação completa. Primeiro, uma trirreme equipada como um puro navio de guerra podia transportar, além dos remadores, somente cerca de trinta tripulantes e combatentes, incluindo marujos, arqueiros, capitão, piloto, contramestre, tocadores de gaitas de foles e tripulantes variados encarregados de equipamentos, velas e reparos. Isso significava que, para se dispor de qualquer força numerosa, os 170 remadores teriam de desempenhar algum papel como soldados de infantaria, resultando em remadores ou soldados menos experientes.

Alternativamente, o número de remadores poderia ser reduzido talvez para dois terços, e o navio se transformaria essencialmente em um lento transporte de tropas ou "carregador de hoplitas". Usualmente, os tranitas nos bancos superiores remavam sozinhos, enquanto hoplitas com equipamentos pesados sentavam-se nos dois níveis inferiores. Não se sabe em que medida um "carregador de hoplitas" significava que nenhum, alguns, ou, às vezes, todos os soldados da infantaria ajudavam a remar.

Na frota ateniense, havia por volta de dez trirremes especializadas, com apenas sessenta remadores, que eram usadas para transportar cavalos. Elas podiam levar até trinta montarias em distâncias curtas se todos os bancos da primeira e da segunda camada fossem retirados. Uma frota com dez desses transportes teria dado a Atenas a habilidade de transportar cerca de trezentos cavalos em uma emergência. À medida que o conflito continuava, aumentava a frequência com que tropas de todos os tipos eram deslocadas por mar entre diferentes teatros. Na realidade, um dos grandes temores dos atenienses, na Sicília, foi o rumor de que os peloponésios estavam usando navios mercantes para enviar quantidades consideráveis de seus melhores hoplitas e tropas de hilotas libertos.[36]

Assim, era impossível enganar a aritmética desse jogo de soma zero: para transportar qualquer grande número de soldados da infantaria, o navio teria que reduzir significativamente o número de remadores, e isso o tornaria lento e vulnerável. Em contraste, manter intacta a tripulação garantiria velocidade, mas apenas uns poucos bons soldados de infantaria. Ter hoplitas ou soldados de armamentos leves trabalhando nos remos significava que eles não poderiam ser usados no mar, e, como eram remadores medíocres, apenas prejudicavam a otimização do uso do navio. Se marinheiros hábeis devessem tornar-se hoplitas em terra, então a qualidade do exército resultante era questionável desde o começo.

Como ondas com cerca de um metro de altura poderiam encharcar os navios, com frequência as frotas eram mantidas no litoral mesmo durante tempestades leves. Vários comentaristas antigos expressaram a velha máxima de que "uma batalha naval só poderia ocorrer em águas calmas". Tucídides, por exemplo, evocando a luta no relativamente calmo golfo de Corinto entre os atenienses e os peloponésios, observa como esses últimos caíram numa confusão fatal logo que chegou um vento leve e as águas se encresparam:

> Imediatamente se instalou a confusão: navio colidia com navio, enquanto as tripulações os empurravam com varas tentando desvencilhá-los, e tanto gritavam, praguejavam e brigavam umas com as outras, que as ordens dos capitães e os gritos dos contramestres tornavam-se inaudíveis, e, como lhes faltava treinamento e prática para evitar que seus remos se chocassem em águas agitadas, isso impedia que os navios obedecessem aos pilotos adequadamente.

A grande maioria dos engajamentos navais na Guerra do Peloponeso teve lugar em três ou quatro áreas de mar relativamente protegidas: o golfo de Corinto, o porto de Siracusa, o estreito do Helesponto e as águas protegidas entre o litoral da Ásia Menor e as grandes ilhas egeias próximas à terra. Embora todas essas regiões pudessem experimentar súbitos mares agitados e ventos fortes, pelo menos eram mais seguras do que a quilômetros de distância do litoral, em mar aberto.

Não houve uma única batalha importante de trirremes em alto-mar, fosse no Mediterrâneo ou no Egeu, e todos os grandes engajamentos navais da história — como em Salamina, Lepanto, Trafalgar, Midway e golfo de Leyte — ocorreram relativamente próximos de ilhas ou do continente. Almirantes, antigos e modernos, gostam de mares calmos, refúgios e portos de escala próximos. Se surgisse uma tempestade súbita, as batalhas de trirremes cessavam enquanto as tripulações quase imediatamente se dirigiam para a praia; achavam impossível usar os aríetes ou mesmo navegar em mares agitados — como aprendeu Alcibíades quando se aproximou do Helesponto, em 411: encontrou águas tão agitadas, que abandonou seu propósito de perseguir a frota espartana.[37]

É difícil falar, no sentido normal, de um verdadeiro "bloqueio", ou mesmo de "viagem" ou "patrulha", na Guerra do Peloponeso, já que as trirremes podiam ficar no mar somente umas poucas horas por dia. Dependiam inteiramente de praias amigas para o fornecimento diário de alimentos e água. Havia muito pouco espaço para armazenagem nos navios, dado o número de remadores e a necessidade de equipamentos e peças sobressalentes. Ainda assim, eram necessários quase 8 litros de água por dia para cada remador a fim de evitar a desidratação. Não se sabe como os remadores recebiam rações periódicas e água enquanto estavam trabalhando em seus bancos, mas, a cada noite, todos os capitães tinham que atracar sua trirreme em algum lugar onde houvesse água fresca em abundância. Na maioria das vezes, os remadores traziam uma parte de suas rações e as armazenavam perto de seu posto. Se os remadores fossem mantidos no mar por tempo demasiado, a fadiga logo se instalava. Não se conhece o cálculo exato dos efeitos do calor, luz solar e falta de ventilação sobre a eficácia dos remadores, mas simulações modernas sugerem que a velocidade de uma trirreme podia ser marcadamente reduzida se sua tripulação fosse exposta ao constante sol de verão, não recebesse brisas refrescantes e dispusesse de pouca água para beber.[38]

Era comum que marinheiros em busca de alimentos, água e madeira fossem emboscados — especialmente por cavaleiros e tropas ligeiras. De fato, a busca de provisões foi a principal razão da derrota ateniense, em Siracusa. Seus marinheiros tiveram que acampar e buscar suprimentos. Os siracusanos, em contraste, tinham grande quantidade de cavalos para caçar e afugentar os inimigos. O resultado final de toda a guerra acabou dependendo de questões de logística: tendo aprendido muito pouco com o desastre na Sicília, a frota ateniense não fez nenhum preparativo para garantir um aprovisionamento fácil em Egospótamos, e por isso foi arruinada quando Lisandro surpreendeu as tripulações que, em sua maior parte, estavam em terra buscando alimentos.[39]

Mesmo para viajar distâncias curtas, as trirremes precisavam de portos seguros em intervalos aproximados de 80 quilômetros onde os navios pudessem encontrar alimento (pão de cevada, cebola, peixe seco, carnes, frutas e azeite), água, vinho e abrigo para as tripulações passarem a noite. Nem todos os portos eram iguais. Mais frequentemente, os navios eram forçados a atracar na areia ou aventurar-se em braços do mar ou rios, às vezes com resultados desastrosos. Lâmacos, por exemplo, em 423, nove anos antes de ser morto na Sicília, buscara refúgio para sua pequena frota de dez trirremes atenienses perto de Troia, no rio Cales, que flui perto de Heracleia. Mas surgiu uma tempestade súbita e, com a forte correnteza que se formou, as trirremes se soltaram e foram completamente destruídas nas pedras num rio interior aparentemente protegido.

Mesmo uma pequena frota de vinte ou trinta trirremes poderia significar uma força agregada de bem mais de 5 mil homens — mais do que a população da maior parte das cidades-Estados da Grécia —, todos eles desembarcando num porto ao mesmo tempo em busca de alimentos e água. Se não houvesse um planejamento cuidadoso, os recursos de comunidades litorâneas poderiam ser totalmente insuficientes para uma frota que se aproximasse no horizonte. A maioria das comunidades pequenas não se incomodava com o lucrativo negócio de vender provisões a marinheiros desesperados — desde que aqueles homens suspeitos se mantivessem afastados da cidade e ficassem confinados a mercados improvisados na praia.[40] Grande parte da política externa ateniense, incluindo os esforços de manter um império além-mar no Egeu, cultivar aliados como Argos e Córcira e estabelecer dependências nas distantes Anfípolis e Potideia baseava-se justamente na necessidade de criar bases permanentes para facilitar viagens de longa distância. Os portos de trirremes não eram diferentes da rede de estações de abastecimento de carvão do Império Britânico distribuídas por toda a África e no Pacífico para servir a sua frota global, no final do século XIX.

As Limitações das Trirremes

A moderna trirreme *Olympias* descobriu que precisava ser limpa a cada cinco dias aproximadamente, tão ruim era o cheiro que resultava apenas do suor coletivo de 170 remadores; os de hoje pelo menos deixam seus bancos para fazer suas necessidades em vez de se aliviarem, à maneira antiga, no interior do navio. Nos tempos venezianos, as galeras que retornavam eram periodicamente afundadas em portos amigos para lavar e remover a crosta de excrementos, lixo e vermes. Para os soldados na Guerra do Peloponeso, poucas coisas podem ter sido tão desagradáveis quanto o trabalho nos remos pelo tempo que fosse, dados os caprichos dos ventos, o frio, o sol e o miasma humano de duzentos homens amontoados durante horas a fio em espaços tão pequenos.

Os cascos rapidamente absorviam água e ficavam encharcados e cheios de vazamentos se não fossem periodicamente levados à praia para secar.[41] Frequentes referências aos constantes ajustes e consertos das trirremes no meio de campanhas sugerem que cordas, remos, timões, mastros e velas também requeriam uma atenção permanente. A necessidade de secar o casco na praia frequentemente deixava uma frota inteira vulnerável desde o cair da noite até o amanhecer, caso um inimigo atacasse os navios sem aviso. Em uma das mais longas operações contínuas na história grega, a frota imperial ateniense de mais de duzentas trirremes esteve na água quase constantemente, exceto por uma breve abicada nas praias em volta de Siracusa, desde a partida do Pireu, em 415, até sua destruição final em setembro de 413, no Grande Porto.[42]

Mesmo com excelente manutenção, os navios duravam apenas por volta de 25 anos. Por causa dessa taxa de desgaste, em tempo de paz Atenas teve de construir vinte naus quase todos os anos apenas para manter uma frota de trezentas trirremes. Aquele número ideal havia sido alcançado durante a pretendida Paz de Trinta Anos (que só durou de 446 a 431), quando Atenas não apenas fizera regularmente a manutenção e a substituição de sua marinha de duzentos navios que haviam vencido a Guerra Persa, mas acrescentara outras 100 trirremes à armada. As praias em volta do porto de Atenas estavam perenemente cobertas com os destroços e cascos de velhas trirremes abandonadas para apodrecer uma vez que não fosse mais possível repará-las, em um ciclo contínuo de abandono e construção de naves. O desafio para a burocracia marítima ateniense era não só que, em teoria, 60 mil marinheiros — atenienses pobres, alguns fazendeiros, metecos, remadores aliados e súditos, libertos e escravos — estivessem disponíveis para operar trezentos navios, mas também que talvez outros 10 mil ou 20 mil trabalhadores se ocupassem nas docas do Pireu construindo e reparando os cascos e os equipamentos de tão imensa frota.

A mais tocante história sobre como a qualidade de desempenho de uma frota ficava comprometida com o passar do tempo é encontrada no patético relato do general ateniense Nícias de quão rapidamente aquela que fora uma magnífica armada havia se desgastado com as constantes patrulhas marítimas fora do porto de Siracusa e com uma miríade de problemas que marcadamente diminuíram sua eficácia nos combates. "Os navios", lamentou Nícias, "estão encharcados devido ao fato de estarem no mar há tanto tempo, e as tripulações se desfizeram. A razão é que não tem sido possível arrastar as naus até a praia para secá-las." Em contraste, os siracusanos sob bloqueio pelo menos podiam fazer a manutenção periódica de seus cascos.[43]

Quase não se ouvia falar de viagens transmediterrâneas como as que eram possíveis na época das galeras venezianas — e, quando tentadas, frequentemente davam em desastre. A frota ateniense que partiu para a Sicília traçou seu curso pulando de porto em porto ao longo dos litorais grego e italiano para poder cruzar o Adriático no ponto mais estreito — 130 quilômetros da Córcira até o salto da Itália. Nunca se cogitou de fazer uma viagem direta da Grécia até Cróton (uns 320 quilômetros), sem nenhuma parada noturna.

Dependendo dos ventos e das correntes, as trirremes podiam facilmente ser movidas pela força muscular durante 6 a 8 horas a uma velocidade de 4 a 5 nós por hora — ou à batida regular de umas trinta remadas por minuto. Em raros casos, se não encontravam nenhum vento pela frente, os marinheiros podiam remar por mais tempo ainda e cobrir distâncias de 50 a 60 milhas náuticas. Mas se surgisse um vento forte de, digamos, 20 nós, ele poderia quase anular o esforço dos remadores e obrigar o navio a buscar a praia para evitar ser continuamente golpeado pelo mar. Em raras ocasiões, tripulações de qualidade excepcional e navios novos podiam remar durante 16 horas e assim cobrir quase 200 quilômetros em um dia. Tucídides recorda o singular sucesso de um navio mensageiro despachado para Mitilene que cobriu em 24 horas a distância entre o Pireu e Lesbos (quase 300 quilômetros), conseguindo fazer quase 8 milhas náuticas por hora. Ainda assim, o feito de uma tripulação de elite que audaciosamente atravessou o Egeu a remo de uma só estirada era algo claramente excepcional. Em frotas de setenta a cem navios, a armada usualmente tinha que se mover à velocidade dos navios mais lentos a fim de manter a formação. E os pilotos tinham que ter cuidado para não exaurir suas tripulações prematuramente; às vezes, uma fuga excessivamente obstinada podia resultar em marinheiros exaustos que, por sua vez, não eram capazes de manter a formação e acabavam vítimas de um contra-ataque oportunista do inimigo. Determinar o ritmo dos remadores de uma trirreme era fundamental, já que qualquer navio de guerra com homens exauridos ficava vários minutos essencialmente morto e desprotegido na água, inteiramente dependente do vento para velejar em busca de segurança — e nem mesmo esse recurso era possível se o equipamento tivesse sido deixado na praia por causa da expectativa de uma batalha.[44]

Também não existem registros de "cruzeiros" nos quais velas e remos fossem usados simultaneamente — talvez por causa da quase impossibilidade de coordenar o ritmo dos remadores e as brisas imprevisíveis. Qualquer vento próximo de 15 nós exigiria que os navios baixassem as velas e se dirigissem à praia para manter a quilha no prumo e evitar que as ondas entrassem pelos orifícios de encaixe dos remos inferiores ou se lançassem acima dos costados. Na maior parte dos casos, os navios velejavam entre um porto e outro, sempre que possível, movidos pelo vento a uma velocidade baixa de 3 ou 4 nós. Assim, as trirremes usualmente recorriam aos remos somente ao partir para a batalha, quando mastros e velas eram recolhidos ou, mais provavelmente, deixados em terra.

No entanto, as operações navais na Guerra do Peloponeso não ficavam sujeitas meramente às limitações desses frágeis navios a remo no mar. A construção das trirremes também era dispendiosa, usualmente requerendo o equivalente a 6 mil homens-dia de trabalho. Para um estado como Atenas, lançar uma frota de trezentas trirremes requeria aproximadamente o mesmo desembolso necessário para equipar um imenso exército hoplita de 18 mil homens com armaduras completas. Mas mesmo isso é uma comparação simplista: os hoplitas quase sempre compravam as próprias panóplias e iam para a batalha e voltavam em poucos dias, requerendo poucas despesas logísticas adicionais do Estado.

Cada trirreme, em contraste, demandava um talento para ser construída e outro talento por mês de gastos particulares e públicos para mantê-la à tona.

Se Atenas tivesse uma média de dois terços de seus navios no mar durante os 240 dias dos oito meses em que era possível navegar, de março a outubro, esses duzentos navios podiam, em teoria, custar à cidade 1.600 talentos, ou mais de duas vezes todos os tributos anuais recolhidos do império. Tais custos eram insustentáveis por mais de um ou dois anos. Empreender uma guerra naval multifacetada, na qual tamanha frota saiu em patrulhas anuais, durante 27 anos, da Sicília à Córcira e do Egeu à Jônia, poderia ter custado mais de 43 mil talentos, sete vezes todas as reservas financeiras de Atenas no começo da guerra e mais do que sua receita imperial agregada em mais de três décadas. Teria o império existido para fornecer uma marinha, ou teria a marinha criado o império — ou ambos?

Rico *Versus* Pobre

Os trierarcas a bordo também assumiam algumas das despesas de manutenção. Assim, grande parte do orçamento militar do Estado era coberta por contribuições privadas que não figuram na contabilidade fiscal do Estado, o que explica por que o custo da frota podia exceder a receita da cidade. Talvez mais da metade de todas as despesas de Atenas viesse de doações compulsórias de cidadãos ricos. Naquele contexto de custos navais disparados, exacerbados por catastróficas derrotas, no mar na Sicília e em Egospótamos, era natural que reacionários, nas duas revoluções de 411 e 404 tentassem limitar o poder do *lobby* naval e buscar algum tipo de paz com Esparta. Quando, após 413, a elite agrária com frequência era obrigada a se afastar de suas propriedades na Ática, o que era ruim ficou ainda pior quando lhe pediram para pagar a reposição de uma frota perdida a 1.300 quilômetros de distância e que em nada serviria para proteger o solo da cidade-Estado contra as invasões espartanas destrutivas que ocorriam a uns poucos quilômetros dali.

Assim, a guerra estava quase literalmente quebrando os conservadores ricos atenienses, que pagavam para empregar os pobres a fim de manter o que parecia uma guerra perpétua que devorava centenas de trirremes atenienses. Caso Atenas, arauto da democracia e fonte de ajuda imperial aos igualitários radicais em todo o Egeu, "perdesse o juízo" e se tornasse oligárquica, não haveria nenhuma base para nenhum tipo de império, pelo menos um que professasse como razão de ser a proteção do "povo" diante das elites coercivas. Mais tarde, direitistas como Platão, por exemplo, sempre tinham a esperança de que ocorresse essa mudança radical, pois sentiam que o declínio moral da cidade havia começado quando Temístocles criou uma marinha e diminuiu as oportunidades de guerras hoplitas — um processo acelerado pela Guerra do Peloponeso e que só poderia ser interrompido com uma revolução.[45]

Ainda assim, o desafio financeiro não era apenas construir navios e pagar tripulações. Havia também a necessidade de enormes investimentos em docas e abrigos para os navios. Como os materiais de construção tinham que ser importados (principalmente do noroeste da Grécia), armazenados e protegidos contra os elementos, foi construído um verdadeiro arsenal, no Pireu para fazer e reparar navios — quase dois milênios antes da extravagante fábrica de galeras em Veneza. Não havia nada parecido no mundo antigo; e o inventário de peças de navios e a sofisticação desses arsenais explicam por que, entre todas as cidades-Estados, Atenas era a única que podia construir e manter uma frota de trezentas trirremes em bom estado de navegabilidade. A manutenção de longo prazo envolvia a limpeza total das pranchas abaixo da linha de flutuação dos navios, que rapidamente ficavam cobertas de moluscos, encharcadas e infestadas de vermes. Para manter à tona uma trirreme dispendiosa durante vinte anos, ela tinha que ser arrastada para a praia e protegida em um abrigo coberto, e o trabalho de manutenção daquela peça delicada era quase constante.

Um Investimento Precioso

As naus mais rápidas provavelmente eram construídas com abeto branco ou, em alguns casos, com pinho ou cedro, materiais mais leves aos quais faltavam a força e resistência das madeiras mais duras empregadas ocasionalmente, como o carvalho. A reconstrução moderna também revelou quão rapidamente as inúmeras partes intrincadas de uma trirreme podem quebrar. Tão logo a *Olympias* foi lançada ao mar, imediatamente surgiu a necessidade de manutenção e reparo. Apenas o fato de reunir trezentas ou quatrocentas trirremes em um único local, como aconteceu nas últimas gigantescas batalhas da Guerra do Peloponeso, era um feito admirável de logística, quando milhares remavam em embarcações frágeis e temperamentais através do Egeu sem garantias de provisões, sem cartas de navegação ou qualquer conhecimento real de meteorologia.[46]

O principal problema da guerra de trirremes, no entanto, sempre era a mão de obra. Em teoria, Atenas tinha mais de 20 mil tetas que usualmente estariam nos remos. Mas tal número seria suficiente para operar apenas uma centena de navios aproximadamente, mesmo se todos os cidadãos deixassem seus empregos municipais ou atividade privada para servir durante meses na frota ateniense. Assim, para fazer funcionar uma frota imperial de duzentas a trezentas trirremes eram necessárias dezenas de milhares de remadores fornecidos pelos povos tributários do Egeu, junto com os metecos e, em muitas ocasiões, milhares de escravos, quando não trabalhadores do campo fora das estações agrícolas. Perto do final da guerra, depois que dezenas de milhares haviam sido perdidos devido à praga e à guerra na Sicília, não atenienses podem ter representado até 20 ou 30% de algumas das tripulações. Pagar tal multidão era uma coisa; perdê-la no mar era catastrófico, pois enfraquecia a própria estabilidade do império.

Diferentemente de uma batalha hoplita, que raramente era ruinosa — a média de baixas nesses engajamentos terrestres ficava usualmente em torno de 10 a 15% das forças conjuntas —, a guerra naval tinha o potencial de, em um único embate, eliminar toda a frota de uma cidade e seu enorme investimento humano. Além do desastre na Sicília, os números envolvidos em batalhas às vésperas da Guerra do Peloponeso ou no seu decorrer foram assombrosos: Sibota, em 433: trezentos navios, 60 mil marinheiros; Cinossema, em 411: 162 navios, 33 mil marinheiros; Arginusas, em 411: 263 navios, 55 mil marinheiros; e Egospótamos, em 404: mais de trezentos navios e 60 mil marinheiros. Assim, tais perdas no mar poderiam, em teoria, quase derrubar todo um Estado em poucas horas. Os 216 navios, 45 mil homens e talvez 3 mil talentos em salários, investimento de capital e provisões que foram perdidos nas duas armadas enviadas à Sicília mudaram o curso da guerra, representando uma soma quase equivalente a todas as reservas financeiras da cidade existentes nas vésperas das hostilidades, capital adquirido ao longo de uns cinquenta anos de império. O desastre ateniense em Egospótamos, quase uma década mais tarde, imediatamente levou a guerra ao ponto decisivo, no final de 405, uma vez que uma Atenas já exaurida havia se arriscado a lançar ao mar suas últimas reservas de 180 navios com 36 mil homens. Em pouco mais de uma hora, perderam-se 170 navios e a grande maioria das tripulações foi morta, capturada ou espalhada por todo o Helesponto. Egospótamos foi um desastre financeiro, perdendo-se, num único dia, cerca de 400 talentos apenas em capital e salários — além da despesa adicional de não poder contar com milhares de homens-hora de trabalho, tanto militar quanto civil, nos anos que se seguiram.

A Vantagem do Poder Naval

Dados os perigos e os horrendos custos da guerra de trirremes, por que lutar no mar? Tucídides aparentemente sentiu necessidade de explicar em termos bastante explícitos por que os navios eram tão valiosos. Ele começa sua história com uma lição sobre as antigas talassocracias ("poderes marítimos") gregas. E seu longo relato da guerra termina abruptamente, praticamente no meio de uma frase, centenas de páginas mais tarde, com a vitória ateniense em Cinossema, em 411. O tema que perpassa toda a obra é sua crença de que dinheiro, muralhas e navios representavam um novo horizonte na arte da guerra, algo não vislumbrado até a ascensão de poderosos Estados marítimos. O comércio e os fortes governos centrais desses Estados surgiram no meio século de prosperidade após a Guerra Persa e bastaram para produzir suficiente mão de obra e capital para criar marinhas verdadeiras. Todavia, teria a Guerra do Peloponeso provado que Tucídides estava certo a respeito das vantagens do poder naval? Afinal de contas, a Esparta anterior à guerra, com um custo muito menor, havia criado no Peloponeso um sistema de alianças terrestres que rivalizava com o poder de Atenas.

É verdade que a Esparta do final do século IV conseguia manter uma grande frota; mas, ainda assim, ela só seria emasculada por lanceiros tebanos, não por remadores. Em geral, ao longo da história, pode-se contar nos dedos de uma mão os comandantes formidáveis — Temístocles, Dom João da Áustria, Nelson, Jones, Nimitz —, em contraste com dezenas de grandes capitães como Alexandre, Aníbal, César, Gêngis Khan, Saladino, Cortês, Napoleão, Wellington, Grant, Rommel e Patton. Guerras inteiras foram empreendidas — a Segunda Guerra Púnica, as Cruzadas, a Revolução e a Guerra Civil nos Estados Unidos, as frentes ocidentais na Primeira e na Segunda Guerra Mundial — basicamente sem batalhas navais decisivas. Afinal, as pessoas vivem na terra, não na água; a maior parte dos alimentos cresce no solo, não no mar; e os homens não precisam construir navios para lutar em terra. A Inglaterra vitoriana pôde bloquear a Alemanha imperial, mas a vitória somente foi possível com a destruição do formidável exército alemão. Por sua vez, a Alemanha provavelmente poderia ter vencido as duas guerras mundiais no continente sem derrotar a frota britânica. A União Soviética foi mantida viva pelas marinhas mercantes norte-americana e inglesa, mas as batalhas que derrubaram o Terceiro Reich na frente oriental foram todas terrestres.

Por que então os Estados, antigos e modernos, quando pretendem ser grandes e imperiais, voltam-se para o mar? O dilema de navios *versus* infantaria é mais bem resolvido em termos de uma análise de custo-benefício, e não com uma fórmula ou-ou. Em um sentido estritamente militar, será que a construção e a manutenção de uma grande frota trazem vantagens que justifiquem o imenso investimento humano e material, bem como o risco de perder esse capital agregado em um único dia de má sorte? Alexandre, César, Napoleão e Hitler poderiam argumentar o contrário; afinal, o poder de que dispunham foi criado e mantido por forças de infantaria que basicamente agiam sozinhas contra exércitos semelhantes. Mas então os dois últimos acabaram em ruína, e os primeiros com frequência venceram somente com apoio e transporte marítimos.

No nível mais básico, os navios davam a um Estado uma ampla gama de alternativas, tanto militares quanto econômicas. Com o acréscimo de uma frota potencial de mais de duzentos navios ativos e cem na reserva, Atenas descobriu que, num raio de 500 quilômetros, ela podia unir, ou de fato coagir, quase duas centenas de Estados gregos — talvez abrangendo quase um milhão de pessoas e todos alcançáveis por uma frota de trirremes em pouco mais de três ou quatro dias. Os Estados nas ilhas que haviam sido forçados a entregar suas marinhas foram facilmente mantidos separados e isolados, sem nenhum mecanismo para se unirem, coisa que não ocorreu com os poderes continentais. Por sua vez, o poder imperial que os dominava podia coagir um de cada vez com sua magnífica frota, tornando um império marítimo mais fácil de controlar do que sua contraparte terrestre. Era uma tarefa difícil isolar e cercar uma cidade no interior, mas não tanto quando se tratava de uma ilha, que podia ser bloqueada e impedida de realizar comércio e receber ajuda.[47]

De todos os Estados gregos, Atenas era o único que dispunha da habilidade de alcançar pontos ainda mais distantes no exterior e chegar a milhões adicionais de povos mediterrâneos vivendo em Chipre, no Egito, sul da Rússia, Itália e Sicília, de modo muito parecido com a minúscula Veneza, do século XVI, que também enriqueceu com grande quantidade de entrepostos comerciais no Mediterrâneo oriental. Mas o que significa aqui "alcançar"? Talvez aquele comércio marítimo fosse possível apenas com a presença de navios de guerra que protegessem navios mercantes contra ataques de piratas e poderes hostis e fornecessem um grau de coerção necessário para estabelecer relações de troca favoráveis. Daquele comércio livre e seguro surgiu uma economia egeia integrada por constante exportação e importação de bens — e também de humanos.

O Pireu e as Longas Muralhas que o ligavam à cidade tornaram-se quase uma entidade religiosa secular no pensamento ateniense. Durante toda a guerra, havia uma fixação paranoica a respeito da segurança do porto, aquele empório vital do império no Egeu. Tucídides observou uma vez que um ataque peloponésio abortado contra o Pireu criara entre os atenienses "um pânico maior do que qualquer outro em toda a guerra".[48] Aristófanes usava um tom quase reverente para descrever o caos no porto quando a frota ateniense se preparava para partir: capitães gritando, pagamentos em dinheiro, as figuras de proa dos navios sendo pintadas de dourado, alimentos e água transportados para bordo, festas de despedidas, lutas de punhos e reparos de última hora. Um crítico conservador ateniense anônimo, às vezes chamado de "Velho Oligarca", odiava o poder naval de sua cidade e a cultura democrática que ele gerava, mas então falava com eloquência sobre como isso garantia um comércio lucrativo e uma vivacidade que eram únicos no mundo grego.[49]

Assim, os atenienses compreenderam que tais fortificações eram a base de todo um modo de vida próspero e democrático. A despeito da total destruição de sua frota, de estar enfrentando a fome e com os espartanos acampados do lado de fora das muralhas e exigindo a rendição, ainda assim a assembleia ateniense inicialmente declarou ser um crime a concordância de qualquer cidadão ateniense com as condições para um armistício impostas pelos espartanos: derrubar grandes porções das Longas Muralhas e, com elas, a garantia real e simbólica de toda a ideia de uma democracia radical ateniense.[50]

Em termos militares, a Atenas marítima podia fazer mais do que a Esparta distante do mar: enviar tropas para Pilos, atacar o litoral do Peloponeso, suprir uma guerra duradoura no noroeste da Grécia, abafar revoltas na ilha de Lesbos e bloquear as cidades rebeldes nas praias da Calcídice. Como disse Péricles, o poder naval não podia ser comparado ao "uso de casas ou terras agrícolas". Em vez disso, ele representava uma força totalmente diferente, algo sem rival que deu aos atenienses a liberdade de irem aonde bem quisessem, algo não conseguido nem pelo rei da Pérsia nem por "nenhuma outra nação das que existem agora na Terra". O que ele queria dizer com essa retórica majestosa era que a frota ateniense permitia que a cidade alcançasse superioridade numérica em quase qualquer teatro local sem ter de mobilizar um enorme e pesado exército terrestre do tipo que havia se arrastado pesadamente pela Ática na primeira década da guerra.

A flexibilidade marítima ateniense, combinada com a proteção da cidade propriamente dita oferecida pelas Longas Muralhas, era o tema de quase todos os discursos em que Péricles esboçava a estratégia bélica ateniense. Bem no início da guerra, os atenienses pensavam que, ao conquistar os estados vizinhos e ganhar as ilhas mais importantes ao longo do litoral do Peloponeso — Citera, Córcira, Cefalênia e Zácintos — "eles poderiam cercar o Peloponeso e conquistá-lo".

Além disso, alimentos, suprimentos, armas e as próprias tropas — tudo isso podia ser transportado por mar a uma fração do que custaria um apoio por terra. Além dos assistentes hilotas, o exército espartano praticamente não tinha nenhuma capacidade de transporte e só podia operar no exterior na medida em que pudesse levar alguns dias de suprimento de alimentos e surripiar o resto das terras agrícolas circunvizinhas. Os gregos deploravam a pouca habilidade espartana para realizar cercos, mas inerente àquela percebida fraqueza estava sua inferioridade em termos de navios, na medida em que os assaltos eram mais frequentemente realizados contra cidades portuárias. Tampouco era a Grécia uma Mesopotâmia ou um Vale do Nilo onde a viagem por terra significava marchas sobre terrenos com muita água disponível; em vez disso, era uma região montanhosa e, com frequência, inóspita, e mesmo hoje algumas das comunidades costeiras montanhesas só são acessíveis por mar. O rei Ágis avançou contra Atenas a partir da base espartana em Decêleia apenas quando as trirremes de Lisandro estavam no porto. Poderes terrestres podiam lutar uns contra os outros sem guerrear no mar. Tebas e Esparta, por exemplo, mais tarde fariam justamente isso durante quase trinta anos, na primeira metade do século IV. Mas podiam fazer poucos avanços em terra contra um poder naval que contasse com fortificações urbanas.

O Ônus da Marinha Ateniense

Foi somente quando as guerras se transformaram em um verdadeiro empreendimento transcontinental que a importância de se ter grande número de trirremes diminuiu em certa medida. Por exemplo, no século IV, após a perda do império e de tributos, a frota ateniense chegou a um tamanho jamais alcançado antes ou depois, quatrocentas trirremes por volta de 300 a.C. Mas em um mundo onde a nova composição do exército de Alexandre — cavalaria pesada, tropas de lançamento de projéteis, falangianos e logística sofisticada — foi concebida para marchar milhares de quilômetros até o interior do Império Persa, os novos portos locais e os pontos de bloqueio da entrada de inimigos nas cidades-Estados tornaram-se irrelevantes, e o mesmo aconteceu com as próprias trirremes.

Mesmo nos tempos gloriosos das trirremes, no século V, a superioridade naval tinha seu preço. As despesas podiam quase levar à falência um Estado marítimo em umas poucas estações, como os ingleses quase aprenderam no começo do século XX e os russos descobriram em seu final. Durante alguns anos, Atenas despachou entre duzentas e 250 trirremes de uma única vez, e as despesas quase exauriram o Estado.[51] A única catástrofe naval no Egito, em 457, um pesadelo em que pelo menos cem trirremes foram perdidas e, com elas, teoricamente até 20 mil marinheiros imperiais e tropas de apoio, enviou ondas de choque por todo o império ateniense. É provável que a destruição tão rápida de tantos navios e homens explique por que, após o desastre, o tesouro de Délion foi transferido para cofres-fortes em Atenas, a guerra terrestre no continente foi reduzida, o império no Egeu foi reforçado e emissários de paz foram enviados à Pérsia.[52]

Os filósofos avaliaram negativamente os efeitos sociais do poder naval. Um Platão desgostoso escarneceu que o mar era um "mau vizinho" e que a gloriosa vitória em Salamina, onde tudo aquilo começara, havia tornado "piores" os atenienses. Teria sido melhor, disse ele em um acesso de mau humor, enviar jovens atenienses ao mítico Minotauro cretense do que a cidade ter encontrado sua autonomia e segurança numa odiada armada! Aristóteles também não podia negar o valor das marinhas, mas exortava a que os marinheiros fossem mantidos longe da cidade, em quarentena, numa existência à parte em um porto isolado para impedir o abastardamento da sociedade que a vida marítima produzia. Como era insidiosa uma cidade construída a partir do poder naval! Pagando seus escravos para remar, oferecendo-lhes liberdade após a vitória, conferindo poderes aos pobres. O resultado caótico, de acordo com esses críticos tão abstratos, era que um cavalheiro de verdade, caminhando por uma rua ateniense, não podia distinguir entre um homem livre e seu servo, e muito menos esperar que um escravo lhe desse passagem![53]

No entanto, acaba parecendo incrível que Atenas pudesse construir e perder pelo menos duas frotas inteiras, rejeitar pelo menos três pedidos de paz dos espartanos e prosseguir com a guerra durante 27 anos. Mas não era apenas a derrota de Atenas o que estava em jogo. Ao contrário, para 20 mil atenienses pobres, que representavam a metade dos cidadãos da cidade no início da guerra, a vitória significava liberdade e prosperidade, enquanto a derrota era vista por muitos como presságio de um retorno a uma existência desprovida de poder sob uma oligarquia agrária odiada. Eram as pessoas pobres, não uma elite reacionária de cavaleiros ou pequenos proprietários rurais conservadores, que queriam a Guerra do Peloponeso e a garantia de que seu baluarte de democracia radical, uma frota imperial e um império de Estados tributários democráticos viessem a ser o futuro da Grécia. Por conseguinte, a última década de lutas no mar foi tão violenta e selvagem precisamente porque centenas de milhares de gregos pobres, em lugares como Bizâncio, Quíos e Samos, compreenderam que ou continuariam a votar sob a égide de um imperialismo ateniense frequentemente severo ou, com a derrota de Atenas, seriam forçados a aceitar um governo oligárquico. Os ricos de Atenas sentiram que não tinham mais capital que pudesse ser taxado. A despeito da riqueza gerada pelas minas de prata do Estado, havia necessidade de receita adicional do exterior se fosse para manter as trirremes flutuando. No segundo ou terceiro ano da guerra, a cidade já estava próxima da insolvência financeira como resultado dos constantes patrulhamentos em volta do Peloponeso. Em resposta, foram tomadas medidas para aumentar os tributos e as receitas imperiais, já em 428. Mas, com as contínuas ações navais na Sicília, Melos e Mitilene, à altura de 426, os custos das trirremes haviam crescido vorazmente. No período antes da guerra, o antigo valor extraído anualmente de cerca de duzentos Estados tributários imperiais ficava entre 500 e 600 talentos, pois Atenas era como um esquema mafioso que cobrava dos clientes o custo de prover proteção. No entanto, ainda no quarto ano da guerra esse valor havia disparado para 800 talentos.

Afinal de contas, se duzentos navios estavam em serviço durante oito meses por ano, teoricamente, e se poderiam consumir quase 2 mil talentos com equipamentos, mão de obra e operações, eram necessários ainda mais tributos. Em 425, a tributação imperial alcançou as alturas de algo entre 1.200 e 1.300 talentos. Ainda assim, as famélicas trirremes de Atenas continuavam com pouco dinheiro. Uma cidade que, em algum momento, havia se engajado em uma discussão sem saída, que durou vinte anos a respeito do custo excessivo de 1.000 talentos para os templos na Acrópole, estava agora consumindo mais do que isso todos os anos, mostrando, porém, pouco progresso na guerra em troca de todo o sacrifício.

Todas aquelas despesas fúteis iriam mudar na última década da guerra, quando Esparta afinal saiu para enfrentar os atenienses no mar. A partir do momento em que os combatentes finalmente concordaram em se confrontar em batalhas decisivas e resolver a guerra de uma vez por todas, o número de gregos que lutaria e morreria no Egeu, após 411, seria maior do que o dos mortos durante todas as batalhas das primeiras duas décadas do conflito.[54]

CAPÍTULO 9
CLÍMAX
LUTA DE TRIRREMES NO EGEU (411-405 A.C.)

Esparta Constrói uma Frota

Após a derrota de grande parte da frota coríntia por Fórmion, em 429, os peloponésios haviam basicamente desistido da ideia de derrotar os atenienses no mar, na mesma medida em que esses últimos evitavam batalhas campais com hoplitas espartanos. Em resposta, os atenienses com frequência recebiam carta branca para patrulhar o império. Eles fizeram isso praticamente com total impunidade durante os quase 16 anos seguintes; os peloponésios, em contraste, pareciam-se mais com a marinha alemã mais reduzida das duas guerras mundiais, aventurando-se para aterrorizar navios mercantes e neutros somente quando a frota britânica estava em outro lugar ou dormindo.

Então, subitamente, a inesperada catástrofe ateniense de 413, na Sicília —, onde 216 trirremes imperiais (talvez pelo menos 160 delas atenienses) e quase 45 mil homens do império foram perdidos ou capturados — deu novo ímpeto aos esforços de Esparta para tirar o atraso e construir uma nova frota panpeloponésia abastecida pelo dinheiro persa. A vasta armada de Atenas sempre havia tido a sorte de poder ir além do que permitiriam os possivelmente limitados recursos de qualquer cidade-Estado. De fato, sua criação, em 482, foi resultado somente de um rico veio de prata encontrado nas minas de Láurion, e mais tarde foi sustentada pelos tributos imperiais de centenas de Estados. Em contraste, sem minas nem súditos tributários, a velha fantasia espartana do início da guerra de criar uma vasta armada de quinhentos navios só podia ser realizada por meio de uma nada santa aliança com o império da Pérsia.

O fato não era apenas que Atenas havia perdido dois terços do que um dia fora sua magnífica frota imperial, ou que as aproximadamente cem trirremes de reserva que restaram no Pireu apresentassem diferentes graus de precariedade. Antes disso, o maior dilema era que as perdas humanas na Sicília, combinadas com os milhares de mortos pela praga, haviam eliminado uma geração inteira de experientes remadores atenienses, instrutores e estudantes do mar, sendo quase impossível substituí-los de uma hora para outra. Num exemplo similar, após a derrota de Lepanto, em 1571, a catástrofe otomana não foi apenas a perda de quase 30 mil homens e duzentas galeras — ou os outros milhares adicionais de marinheiros mortos que não foram registrados. Em vez disso, a destruição de milhares de arqueiros treinados que tornavam mortíferos os navios turcos, e que levara anos para preparar adequadamente, resultou em que, mesmo após a apressada reconstrução da frota no ano seguinte, os otomanos raramente se aventurariam novamente em águas controladas pela Itália.

Entre um terço e a metade dos milhares de remadores imperiais perdidos na Sicília era provavelmente composto de cidadãos atenienses e estrangeiros residentes (os metecos). A morte ou captura dos demais 20 mil marinheiros estrangeiros e aliados não apenas drenou o império de recursos humanos, mas também criou ondas de ressentimento contra Atenas entre súditos enlutados. Fazia muito tempo que ficara para trás a memória do festivo espetáculo de vivas e regozijo e as expectativas de butins fáceis e de glória imediata que marcaram o dia em que a grande flotilha zarpou do Pireu, em 415. Navegar com os atenienses podia resultar para um homem, quase certamente, na sua morte e na dos seus filhos.

Uma outra coisa também acontecera aos gregos após a Sicília. Talvez fosse a duração da guerra; já se haviam passado quase vinte anos desde que Esparta invadira Atenas e os dois lados, igualmente desesperados, estavam começando a sentir que o final não podia estar muito longe. Ou, talvez, a cada vez maior selvageria fosse atribuída às perdas crescentes e ao barbarismo liberado em Cione, Torone e Melos. De qualquer modo, na Guerra Arquidamiana não se sente que espartanos e atenienses se odiassem. Mas, na última fase do conflito, é possível perceber uma fúria crescente de ambos os lados, e pode-se pensar que a guerra de trirremes, no Egeu oriental, talvez fosse mais parecida não com o teatro europeu da Segunda Guerra Mundial, mas com o japonês, onde a maior parte dos soldados não dava nenhuma trégua e alimentava uma profunda hostilidade racial contra seus inimigos.

Se, no futuro, o habitante de uma ilha decidisse ser remador, poderia ser mais sábio alistar-se por melhor pagamento na nova e maior frota peloponésia, que tinha a probabilidade de patrulhar com mais navios o Egeu oriental, agora cada vez mais vazio das antigas trirremes atenienses. Na medida em que a guerra recrudescia no Egeu oriental e ficavam claros os limites dos recursos humanos gregos após cerca de duas décadas de contínuas perdas em combate, as batalhas navais finais tornaram-se tanto uma guerra contratual para remadores mercenários quanto um teste de habilidades navais. Em outras palavras, a guerra resvalaria para uma disputa financeira desequilibrada entre o ilimitado ouro da Pérsia e uma empobrecida Atenas.[1]

Atenas começou a guerra com 5 mil talentos de reserva. Mas, após a Sicília, tinha menos de quinhentos em seu tesouro, o que mal dava para construir cem trirremes e mantê-las no mar, mesmo que apenas durante quatro meses. A reserva especial de mil talentos para garantir a segurança do Pireu em uma emergência subitamente deixou de ser tão sacrossanta. Tucídides concluiu que, além da falta de homens para cobrir as perdas e das poucas trirremes que restavam nos abrigos de barcos, também não havia "nenhum dinheiro nos cofres públicos". Além disso, as duas fontes tradicionais de financiamento naval ateniense — prata de Láurion e tributos do Egeu — estavam agora em perigo devido à ação de devastadores e navios espartanos. A maior parte dos gregos pensava que, após a Sicília, "a guerra estava terminada". Assim, se Esparta de alguma forma encontrasse capital para construir uma frota e pagar suas novas tripulações, havia uma boa chance de que, à altura de 413, seus remadores fossem não mais inexperientes do que a maior parte dos remadores atenienses que substituíram os perdidos.[2]

Depois de poucos anos de valiosa ajuda à marinha peloponésia, os persas decidiram assumir um papel mais ativo quando o independente almirante espartano Lisandro e o renegado jovem príncipe aquemênida Ciro celebraram uma parceria de conveniência, em 407, segundo a qual os peloponésios teriam um praticamente ilimitado fornecimento de capital para construir navios e contratar tripulações. Com uma esmagadora superioridade numérica, os espartanos podiam se dar ao luxo de continuar desafiando os atenienses no mar, apoiados pela garantia de que as perdas seriam compensadas na medida em que eles exauriam a frota ateniense num teatro vital para a continuação da importação de alimentos e do fluxo de tributos preciosos.³ Mesmo antes disso, após a derrota em Cízicos, na primavera de 410, o sátrapa persa Farnábazos havia encorajado os desmoralizados espartanos a se lembrar de que havia na Pérsia madeira suficiente para fabricar navios e grande quantidade de armas de reposição, dinheiro e roupa para reequipar quaisquer marinheiros que tivessem sobrevivido à derrota.⁴

Imediatamente após a catástrofe ateniense na Sicília, quando chegou a hora de pagar pelas trirremes peloponésias, a Beócia, Corinto, Lócria, Fócida, Arcádia, Mégara e os Estados da Argólida enviaram não mais que 75 navios. Junto com as irrisórias 25 trirremes dos próprios espartanos, isso compunha uma frota conjunta de apenas cerca de cem navios. Os aliados sicilianos provaram-se um desaponto semelhante. A despeito de terem sido salvos pela chegada oportuna da frota peloponésia no porto de Siracusa, em recompensa eles acrescentaram pouco mais de vinte navios à causa espartana — pois estavam preocupados com a vizinha e agressiva Cartago. Assim, havia uma chance iminente de que, em 412, os peloponésios pudessem alcançar paridade numérica no mar, uma situação que, no curto prazo, significava que Esparta podia pelo menos enfrentar a frota ateniense recém-reconstruída com um número igual de navios e com tripulações não mais inexperientes que as dela.

A inclusão de oficiais navais experientes de Siracusa e Corinto, que já haviam organizado muitas frotas, deve explicar alguma troca de experiência náutica entre o alto-comando da grande frota peloponésia. Às vezes, por exemplo, existe uma menção especial a navegadores hábeis como Aríston, o Coríntio, que era "o melhor piloto da frota siracusana". Ele havia inventado um estratagema para alimentar seus homens rapidamente em terra e pôr as trirremes em ação novamente tão rápido quanto possível. O mesmo inovador provavelmente foi o responsável por fixar aríetes mais curtos e mais baixos aos navios siracusanos para garantir que eles atingissem a nau inimiga abaixo da linha de flutuação e com maior força.[5]

Contudo, o que nunca foi adequadamente explicado é como um Estado reacionário como Esparta, no interior do continente, que não apenas tinha pouca experiência com o mar, mas era abertamente contrário a toda a carga social que acompanhava o poder naval, no espaço de menos de uma década transformou tripulações despreparadas e trirremes novas em folha em um formidável e experiente oponente da grande frota de Atenas. A criação dessa flotilha espartana, no Egeu oriental, bem como a armada romana durante as Guerras Púnicas, e a frota imperial japonesa, no início do século XX, estão entre as grandes realizações navais na história.

Observadores antigos comentaram a pura audácia do poder naval espartano, usualmente com base no reconhecimento dos próprios espartanos de que não tinham nenhuma ideia real do que estavam fazendo. "Enviar homens que não tinham nenhuma experiência com o mar" para substituir "homens que estavam apenas começando a entender as questões navais" resumia a política espartana no Egeu oriental — como se um hoplita espartano no convés fosse tão bom quanto qualquer outro.[6] Contemplando espartanos no meio do Egeu, em trirremes balouçantes, podemos parafrasear Samuel Johnson e nos assombrar não com que aquilo tenha sido bem-feito, mas, antes de tudo, com o mero fato de que tenha sido feito.

Banho de Sangue

No entanto, se o Egeu havia estado relativamente quieto, desde 429, subitamente, de 411 a 409, os atenienses se defrontaram com os espartanos e seus aliados em pelo menos sete importantes engajamentos. Ao longo do tempo e espaço, raramente frotas rivais se dispõem a engajar uma a outra repetidamente até que um lado seja não apenas derrotado, mas aniquilado. Isso mostra o conservadorismo de almirantes que tão ciumentamente protegem seus preciosos recursos quando em alto-mar. Como no caso da sistemática destruição britânica da armada de Napoleão ou da brutal luta de morte entre a Sétima Frota dos Estados Unidos e a japonesa que finalmente terminou com a completa aniquilação da mais letal força de porta-aviões e navios de guerra do mundo pré-Segunda Guerra Mundial, Atenas e Esparta agora buscavam não só a mera vantagem técnica, mas estavam dispostas a arriscar tudo o que tinham para acabar com o inimigo.

Para vencer, Esparta tinha de matar, capturar ou dispersar uma coorte final de pelo menos outros 50 mil marinheiros atenienses e aliados e afundar mais duzentos navios que, de outra forma, durante uma década, poderiam substituir as perdas na Sicília. Essas últimas batalhas em vários pontos do Egeu — são com frequência reunidas indiscriminadamente e chamadas de Guerra Jônica — foram decididas nas águas ao largo da Ásia Menor (Jônia) e no Helesponto (atual Dardanelos) ou perto dele. Se a Beócia, onde estavam nove importantes campos de batalha hoplitas, à altura do século IV, foi uma vez chamada de "o salão de danças da guerra" pelo general tebano Epaminondas, podia-se chamar o Helesponto e o vizinho Propontis (o mar de Mármara) de "mares da morte". Naqueles cenários somente, 50 mil homens provavelmente foram mortos, desapareceram ou foram capturados em apenas três batalhas, em Cinossema, Cízicos e Egospótamos, tudo num raio de cerca de 100 quilômetros. Além disso, entre 412 e 404, outros milhares de atenienses, persas e peloponésios morreram em emboscadas, ataques por mar e circunstâncias aleatórias em toda a extensão do litoral jônico.[7]

Com o estabelecimento de uma guarnição permanente em Decéleia, a nova frota peloponésia estava convencida de que tinha agora força suficiente para bloquear os navios graneleiros que chegavam da Ática. Assim, dessa vez, sob um assalto combinado por terra e mar ao longo de todo o ano, a cidade, pensavam eles, logo ficaria falida e se renderia diante da fome: mantenha os fazendeiros da Ática longe de suas terras, destrua navios que importam alimentos, negue acesso às áreas de cultivo de grãos no exterior, garanta aos súditos que eles podem se revoltar com segurança e parar de pagar tributos, e, durante tudo isso, afunde as trirremes atenienses. Decéleia foi a antítese da fracassada estratégia anterior de Arquídamos, que não havia oferecido nem presença permanente nem uma estratégia naval complementar.

Não muito tempo após a derrota no Grande Porto de Siracusa, uma armada espartana encorajada e reconstituída engajou o que havia restado da frota ateniense numa série de batalhas navais inconclusivas no Egeu, em Spiraeum, em 412, Cime, em 411, Quíos, em 411 e Eretria, em 411. Embora as perdas nessas batalhas navais bastante obscuras tenham sido mínimas dos dois lados, a sucessão de colisões começou a desgastar uma Atenas abalada e teve o efeito prático de destruir cerca de outras trinta trirremes atenienses.

Mais importante ainda, talvez 5 mil homens tenham sido mortos, dispersados ou capturados. A despeito de gastar os últimos mil talentos de reserva para reconstruir a frota, estrategicamente Atenas já não podia controlar nem mesmo os mares ao longo do próprio litoral. Estava também a ponto de perder grande parte da Jônia e, com ela, um império rico em tributos. Após a derrota, em Eretria, na vizinha Eubeia — os atenienses perderam 22 navios e a maior parte das tripulações foi morta na batalha ou capturada —, a cidade foi tomada por um pânico ainda maior do que a quase revolta que havia eclodido após chegarem ao Pireu as notícias sobre o desastre siciliano, dois anos antes.[8]

As fases finais da guerra passaram, em seguida, para o litoral norte do Helesponto. Ali, perto da península chamada o Quersoneso Trácio, os espartanos apertaram o cerco, esperando cortar as rotas marítimas entre Propontis e Atenas. No verão de 411, em Cinossema, 76 navios atenienses, sob o brilhante general Trasíbulos, repeliram a frota peloponésia de 86 trirremes. Talvez 32 mil marinheiros estivessem envolvidos. Pelo menos 36 navios foram perdidos na luta que se espalhou por cerca de 18 quilômetros no estreito. O número total de baixas é desconhecido — embora seja provável que até 7 mil homens tenham sido mortos, dispersados ou feridos. Os atenienses proclamaram a vitória com base no argumento de que pelo menos conseguiram manter intacta sua última frota. Haviam recuperado o moral em seu primeiro grande embate após o desastre na Sicília, derrotado uma frota que incluía diversas odiadas trirremes siracusanas encontradas pela última vez no desastre do Grande Porto e garantido que o comércio com Atenas permanecesse aberto. Como Tucídides acertadamente diz, "eles pararam de considerar que seus inimigos tivessem tanto valor assim em questões navais".[9]

No entanto, em tais batalhas de atrito os maiores recursos agora começavam a pender para o lado dos peloponésios. Sua recém-descoberta coragem nos mares estimularia mais contribuições de seus aliados e da Pérsia, que os observava de perto. Em contraste, para vencer a guerra nos mares os atenienses teriam de infligir perdas esmagadoras aos espartanos, ao mesmo tempo em que não poderiam perder quase nenhuma de suas agora preciosas trirremes. Tucídides, por exemplo, disse a respeito da vitória ateniense em Cinossema (que teve lugar não muito longe de Galípoli) que ela viera "na hora exata", no tanto em que pequenas perdas para os peloponésios nos dois anos anteriores e a grande catástrofe na Sicília os haviam tornado "temerosos da frota peloponésia".[10]

Para aumentar a desgraça peloponésia, não muito longe, em Ábidos, poucas semanas depois, os espartanos mais uma vez forçaram um confronto em batalha. Ali eles haveriam de perder outros trinta navios, junto com milhares de tripulantes. Ainda assim, Alcibíades — em 411, ele havia retornado a Atenas em mais uma de suas encarnações, agora como o almirante chefe ateniense — foi quem fez o melhor resumo do dilema ateniense antes da batalha de Cízicos. Após explicar por que suas tripulações tinham de "lutar no mar, lutar em terra, e lutar contra fortalezas muradas", ele terminou com a admissão de uma amarga realidade: "A razão é que não há dinheiro entre nós, enquanto o inimigo recebe tudo o que deseja do rei da Pérsia."[11]

A perda em Ábidos não haveria de dissuadir Esparta de seus ambiciosos esforços para destruir o que restara da antes grande frota ateniense. Nos períodos entre batalha e revolução, os espartanos ofereceram bônus persas para remadores no mercado livre, calculando corretamente que os pagamentos mais elevados na marinha peloponésia causariam deserções na frota ateniense que agora dependia de remadores mercenários.[12]

Cerca de seis meses depois, em março de 410, a quase 60 quilômetros de distância de Cinossema, a frota espartana explicitamente forçou nova batalha, perto de Cízicos. Nessa terceira batalha consecutiva da Guerra Jônica, após Cinossema e Ábidos, os peloponésios sofreram mais um revés, a despeito de sua agora costumeira superioridade numérica. Uma inspirada liderança dos veteranos generais Trasíbulos e Alcibíades e a extraordinária destreza da nova geração de remadores atenienses, que saiu ao mar durante uma tempestade e teve um desempenho impecável durante o difícil *periplous*, explicam a vitória notável. De fato, Cízicos provou-se um dos maiores desastres navais de qualquer frota grega durante toda a guerra. Ainda assim, foi o começo, não o final, do banho de sangue no Egeu.

Outros sessenta navios, inclusive vinte trirremes siracusanas, estavam agora perdidas, algumas das quais as desoladas tripulações queimaram após ver a derrota de seus aliados. As baixas não são conhecidas, mas devem ter sido altas; talvez bem mais de 10 mil marinheiros tenham sido capturados, dispersados ou mortos, incluindo o general espartano Míndaros. O historiador Xenofonte, em uma das passagens mais famosas em sua história helênica, cita uma carta lacônica mandada a Esparta pelo vice-almirante Hipócrates — interceptada pelos atenienses vitoriosos — que diz: "Os navios se foram. Míndaros está morto. Os homens estão morrendo de fome. Estamos sem saber o que fazer."[13]

O que fazer? Em menos de um ano, Esparta havia sofrido perdas assombrosas. Algo entre 130 e 160 trirremes estavam perdidas — o que representava quase toda a contribuição feita dois anos antes por seus aliados peloponésios e siracusanos. Não há registros de quantos foram mortos, feridos ou perdidos. Em teoria, entre 20 mil e 30 mil marinheiros estavam naqueles navios que afundaram; na realidade, não há dúvida de que pelo menos uns poucos milhares provavelmente escaparam ou foram capturados.

Subitamente, todo o curso da guerra começou a mudar. Após a Sicília, os gregos haviam tomado como certo que Atenas estava acabada. Agora, não tinham mais tanta certeza. O suprimento de alimentos para os atenienses ainda estava garantido. A rebelião entre os aliados era menos provável. O prestígio naval ateniense era novamente inquestionável. E, mais importante, generais como Trasíbulos, Terámenes e Alcibíades haviam provado que eram táticos muito melhores do que quase todos os almirantes que haviam acompanhado os espartanos até o Egeu.

Após Cízicos, uma Esparta desolada aparentemente se lembrou de por que não havia buscado engajamentos navais contra Atenas alguns vinte anos antes. Frustrada, rapidamente enviou emissários de paz a Atenas: "Queremos ter paz com vocês, homens de Atenas", rogaram seus embaixadores ao oferecer um retorno ao *status quo* anterior à guerra. Mas a assembleia ateniense, talvez levada por demagogos agitadores como Cleófon, estava agora excitada, embriagada com o sucesso e paranoica após o fracassado golpe oligárquico, em 411. Pela primeira vez em cerca de três anos, os atenienses consideravam a possibilidade de demandar o controle de todo o Egeu. Talvez eles realmente pudessem destruir a frota espartana de uma vez por todas e expulsar os persas dos assuntos gregos. Na dúvida a respeito de como dar prosseguimento a seus sucessos espetaculares, os atenienses insensatamente mantiveram uma posição defensiva durante quase quatro anos, entre 410 e 407, enquanto os espartanos recompunham suas forças e encontravam para dirigi-los um verdadeiro gênio militar como Lisandro, embora ele só viesse a ter papel de destaque, em 407, perto do final da guerra.

Desafortunadamente para os atenienses, poucos dos políticos da cidade viram a real complexidade daquela nova Guerra Jônica e ignoraram o conselho dos três brilhantes generais, Alcibíades, Trasíbulos e Terámenes, que lhes haviam propiciado tão espantosas vitórias. A verdade era que a guerra havia agora mudado dramaticamente e já não podia mais ser vista em termos da velha e simples dicotomia de décadas atrás: terra espartana/ mar ateniense. A recém-descoberta habilidade espartana de obter recursos dos tesouros imperiais da Pérsia por meio do auxílio direto fornecido pelas satrapias persas ocidentais garantiu aos inimigos de Atenas um suprimento inexaurível de mercenários, novas trirremes e dinheiro para contratar tripulações de remadores experientes, e não fazendeiros rústicos do Peloponeso.

A fim de anular a vantagem numérica espartana e a determinação do inimigo de impeli-la à luta repetidamente, Atenas tinha que contar com alto nível de competência naval e comando em *todas as principais batalhas*, sem nenhuma margem de erro. Não podia lutar na defesa, já que estava tentando conservar um império e isso envolvia mais do que simplesmente manter a distância a frota espartana. E um resultado não antecipado da vitória ateniense, em Cízicos, foi uma reavaliação do comando espartano que levou à nomeação de um novo almirante, Lisandro, que, mais ainda que Brasidas, provar-se-ia o gênio militar insuperável em toda a guerra em qualquer dos lados e o mais implacável, brilhante e multidimensional líder de batalha que a Grécia havia produzido desde Temístocles. A maior

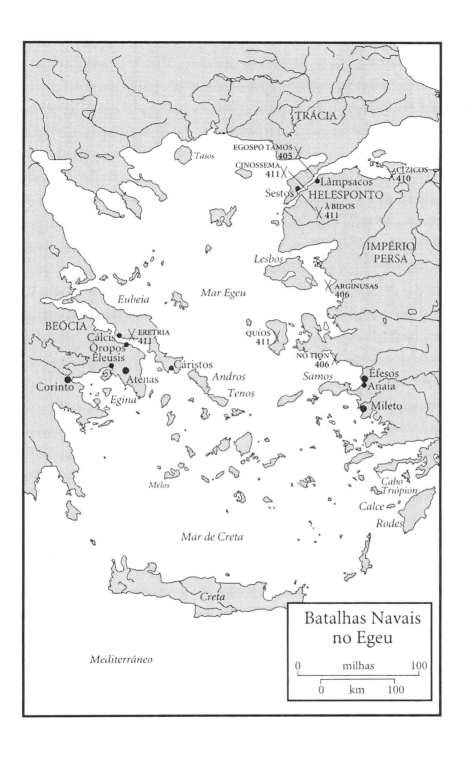

parte dos generais espartanos era de lutadores (com nomes potentes como Tórax e Leão), mas raramente algum deles era igualmente heroico e cheio de ideias estratégicas sobre como derrotar algo tão insidioso quanto o império ateniense. A presença de Lisandro — um homem basicamente do mesmo tipo que Brasidas e Gílipos (nenhum deles era da realeza espartana e, assim, eram todos considerados, de certa forma, prescindíveis) —, junto com uma maior infusão de capital persa, foi sentida quase imediatamente, na medida em que o espartano de espírito independente sistematicamente caçava navios graneleiros, tomava de assalto praças-fortes atenienses e escravizava os povos capturados. Na grande batalha seguinte, em Nôtion, na primavera de 406 os espartanos haviam feito uma pausa de três anos nas confrontações navais para reconstruir sua frota, Alcibíades temporariamente passou o comando para Antíocos, um capitão de patente inferior, com ordens estritas de evitar qualquer um engajamento em sua ausência.

Em vez disso, os atenienses imprudentemente lutaram com Lisandro ao largo de Éfesos e, de uma só vez, perderam 22 insubstituíveis navios. Como quer que seja, isso representou quase nada em comparação com a espantosa sequência de vitórias, em Cinossema, Ábidos e Cízicos. Por outro lado, toda trirreme ateniense agora era preciosa. A despeito do fato de que, quando Alcibíades retornou a Nôtion, após a derrota de seu preposto, os atenienses ainda tivessem tantos navios quanto Lisandro, a perda causou indignação em uma Atenas desesperada, fazendo surgir o espectro das antigas maquinações e triangulações de Alcibíades.

Mais uma vez, Alcibíades foi banido e, com isso, Atenas ficou sem seu mais capaz e popular almirante. É verdade que havia perdido poucos navios e sua frota de 108 trirremes restantes era basicamente do mesmo tamanho da armada peloponésia. Mas o problema de Atenas não se restringia a deter a frota persa, havia um império a proteger na Jônia e isso, em termos estratégicos, significava que, quanto ao número de navios, precisava ter superioridade, e não apenas paridade.[14]

Poucos meses mais tarde, em Mitilene, os atenienses, comandados por Cônon, perderam outros trinta navios para uma frota espartana que, mais uma vez, havia alcançado a marca de 140 a 170 navios. Em resposta, os atenienses começaram a buscar desesperadamente mais e mais homens, enchendo as trirremes com velhos e jovens, escravos e livres, pobres e ricos, na esperança de ter número suficiente de navios em operação para desbaratar as monstruosas forças espartanas. Ao final da primavera daquele ano, a luta mortal continuou, com as frotas partindo mais uma vez para se enfrentar ao largo do litoral jônico. Nos cinco anos anteriores, nas batalhas menores de Spiraeum, Cime, Quíos, Eretria e Ábidos, e nas três grandes lutas em Cinossema, Cízicos e Nôtion, pelo menos 84 trirremes atenienses haviam sido perdidas, junto com talvez até 16 mil marinheiros. Esparta, por sua vez, havia sofrido quase o dobro de perdas — 160 navios afundados ou capturados e, com eles, talvez até 30 mil homens.[15]

As Últimas Batalhas

Ao todo, os primeiros inconspícuos anos da Guerra Jônica haviam se provado mais catastróficos do que o mais bem conhecido desastre ateniense na Sicília. Quase 50 mil gregos agregados às forças imperiais se afogaram ou foram capturados, mortos em ação, executados ou dispersados, junto com quase 250 trirremes. Em números reais, não relativos, isso seria o mesmo que a enorme marinha norte-americana perder dez modernos porta-aviões junto com suas respectivas tripulações de 5 mil marinheiros. E o pior ainda estava por vir.

Perto do final do verão, não fazia nenhuma diferença para os atenienses o fato de que, ao longo dos últimos sete anos, eles haviam batido mais do que apanhado. O que importava agora era que, após as duas últimas perdas de Mitilene e Nôtion, a frota havia ficado reduzida a menos de oitenta trirremes e poderia não ser capaz de garantir a importação de grãos da Crimeia ou de manter as cidades-Estados gregas tributárias na Ásia Menor. Em vez de desistir de seu império, os desesperados atenienses de alguma forma equiparam e lançaram ao mar sessenta novas trirremes — com escravos e homens livres embarcando como remadores — e as despacharam para a Jônia para se juntarem ao que havia restado no mar. Os construtores navais haviam produzido dezenas de novas trirremes em pouco mais de um mês, enquanto a cidade raspava os folheados de metal precioso das estátuas da

Acrópole e os derretiam para fazer moedas destinadas a construir e equipar os navios montados às pressas. A esperança era reconstituir uma frota de mais de 140 trirremes que pudesse ter alguma chance contra a sempre crescente frota peloponésia. Não se tratava de um feito impossível, dado que uns setenta anos antes, entre 483 e 480, Temístocles, com muito menos experiência, havia construído a primeira grande frota ateniense de cerca de duzentas trirremes em pouco mais de dois anos. Na realidade, com a ajuda da população de Samos, a nova armada agora tinha 155 trirremes, um número espantoso à luz dos recentes desastres.

O fato de Esparta lançar uma série de novas frotas é compreensível, dado o capital persa e as perdas relativamente leves durante as primeiras duas décadas da guerra. Mas como Atenas, depois da praga, da Sicília e do contínuo atrito na Guerra Jônica, ainda podia projetar tais forças navais perto do fim da terceira década da guerra é algo que aturde a imaginação. Poucos contemporâneos teriam imaginado que, à altura de 406, após 25 anos de guerra e milhares de mortos, Atenas lançaria uma frota quase tão grande quanto as maiores da história grega.

Ao largo das ilhas Arginusas, a despeito da preponderância de tripulações substitutas inexperientes (milhares de escravos áticos agora se alistavam atraídos pelas promessas de liberdade, enquanto os cavaleiros mais ricos da cidade se apresentavam voluntariamente para remar) e de navios apressadamente construídos que eram inferiores aos da frota peloponésia, os atenienses desfrutavam a velha superioridade numérica pela primeira vez desde o desastre na Sicília. Cerca de 120 trirremes peloponésias foram preparadas para encontrá-los sob o comando de Calicrátidas, que mais recentemente, em Mitilene, havia derrotado o hábil almirante ateniense Cônon. Além de citar uma vantagem numérica de poucas dúzias de trirremes, até hoje os especialistas ficam perplexos pela maneira como os atenienses, com trirremes novas, tripulações aumentadas com escravos, e saindo de uma derrota, puderam tão decisivamente aniquilar a veterana frota peloponésia.

O confronto nas Arginusas provou-se a mais violenta batalha naval da Guerra do Peloponeso. O engajamento talvez tenha marcado a maior coleção de navios de guerra em um único encontro desde Salamina, com mais de 270 trirremes e 50 mil remadores se chocando. Diodoro achava que essa havia sido a maior batalha naval de gregos contra gregos na história, na qual trirremes atenienses propelidas em grande parte por escravos deram à democracia sua maior vitória desde Salamina.

Após um brutal choque de navios, os atenienses destruíram 77 trirremes espartanas e aliadas, em troca de apenas 26 das suas, uma fantástica proporção de mortes de três para uma. A frota peloponésia teve 64% de sua capacidade destruída em poucas horas, bem mais do dobro da séria taxa de perdas registrada anteriormente em Ábidos, Cinossema e Cízicos, que haviam alcançado uma média insustentável de 28%. Com essa perda de dois terços de suas forças nas Arginusas, Esparta e seus aliados, no espaço de apenas cinco anos, haviam sofrido o afundamento de 250 navios operados por 50 mil remadores e marinheiros, um desastre raramente reconhecido que fez parecer pequeno o dos atenienses na Sicília, em 413.

Havia, no entanto, duas diferenças. Os comandantes espartanos reportavam a uma oligarquia, onde o cidadão médio mal podia fazer calar um orador e incitar a multidão. A segunda é que a maior parte do perdido era de fora da Lacônia: os marinheiros mortos eram mercenários, e as trirremes afundadas haviam sido financiadas pelos persas. Essa disparidade pode explicar por que os atenienses, em triunfos duramente obtidos, entraram em desespero, enquanto, na catástrofe, os espartanos continuaram com sua política de atrito constante.[16]

O paradoxo de Arginusas não era que os atenienses tivessem quase aniquilado a frota espartana, mas que, no processo, tivessem perdido 26 trirremes com a maior parte das tripulações. Pouco depois, histórias horripilantes chegaram a Atenas falando do abandono de "milhares" de sobreviventes balançando nas águas agitadas a agarrados a destroços e do "abandono" dos cadáveres, que também não foram resgatados. No tumulto que se seguiu, seis dos dez generais foram executados por negligência de suas obrigações (entre eles, o último filho sobrevivente de Péricles). Os demais, que eram os mais talentosos oficiais de Atenas, fugiram para o exílio com receio de uma sentença de morte semelhante.

Ainda assim, mesmo a pequena perda de 26 navios atenienses nas Arginusas, ou 16% da frota, menos de uma década após a perda de duzentos navios imperiais na Sicília e outros cem na Guerra Jônica, representava um revés. Esparta, em mais um momento de desespero, pode ter novamente despachado mensageiros pedindo a paz, oferecendo-se para evacuar Decêleia e deixar sossegado o truncado império ateniense. E a democracia, no período que se seguiu ao engajamento, pode ter obtido uma vitória decisiva na maior batalha de trirremes ocorrida em meio século, mas a multidão na assembleia ainda se sentia mais angustiada após o triunfo do que antes. Assim, rejeitou os emissários de paz, mas não deu prosseguimento à vitória com outro ataque direto à frota espartana; em essência, desperdiçou recursos de poder obtidos com tanto esforço e preferiu se comprazer em destruir o próprio alto-comando.[17]

Uma cidade que tendia a se culpar mais na vitória do que na derrota estava dando manifestações de uma doença terminal, conduzindo julgamentos pós-guerra para estabelecer culpas durante uma guerra na qual a própria sobrevivência estava em jogo. Nas realmente imensas batalhas da Guerra Jônica, como Cinossema, Cízicos e Arginusas, Atenas havia vencido todas as vezes. Mas agora, de algum modo, sentia-se mais desmoralizada do que Esparta, que sofrera o dobro de perdas: cada marinheiro perdido era visto como insubstituível e, assim, todos os generais eleitos eram responsabilizados por qualquer perda. A guerra, como Arquídamos havia uma vez alertado, acabaria girando em torno da questão financeira; mas nem mesmo ele havia feito a menor ideia de que, um quarto de século depois, os próprios espartanos, não a Atenas imperial, teriam as maiores reservas de dinheiro e homens e, em Lisandro, um comandante muito mais audacioso e versátil do que qualquer um dos mais experientes almirantes atenienses.

Dois anos mais tarde, a sorte de Atenas finalmente se esgotou em Egospótamos (rio das Cabras), a poucos quilômetros ao norte das Arginusas. Com generais como Alcibíades e Trasíbulos exilados ou expulsos, faltavam comandantes talentosos, mas, de algum modo, ainda havia quantidade suficiente de tripulações inexperientes, trirremes construídas às pressas e um grande número de amadores ansiosos para comandar e lutar pela ideia de uma Atenas imperial. Não distante de Sestos, no Helesponto, Lisandro encontrou uma displicente frota ateniense perto da praia, ou na areia; após quatro dias de uma pretensa inatividade dos espartanos, a maior parte das tripulações estava convencida de que era improvável uma demonstração de força. Mas, no quinto, Lisandro subitamente atacou e apanhou desprevenidos milhares de atenienses espalhados na praia em busca de alimentos e suprimentos. Imprudentemente, os almirantes haviam acampado a mais de 3 quilômetros de distância de seus suprimentos, em Cízicos, e isso deixou o apoio logístico em constante descompasso com a prontidão necessária para a batalha. Apenas uns poucos navios conseguiram sair ao mar para enfrentar o ataque espartano de surpresa. A maior parte deles tinha apenas um ou dois bancos de remadores completos.[18]

O resultado foi uma matança abjeta. A frota espartana destruiu, inutilizou ou capturou 170 das 180 trirremes atenienses, dispersou milhares de remadores e então executou entre 3 mil e 4 mil dos atenienses capturados, poupando apenas os aliados e escravos. O massacre empreendido pelos vitoriosos excedeu, em poucos minutos, o número de todos aqueles que haviam perecido durante as duas grandes batalhas hoplitas da guerra, em Délion e Mantineia. Essa derrota naval, que resultou ser das mais decisivas na história de qualquer cidade-Estado grega, nem ao menos aconteceu realmente no mar e, em certo sentido, não foi nem mesmo uma batalha entre trirremes. Em vez disso, as trirremes de Lisandro surpreenderam milhares de homens enquanto comiam, dormiam ou descansavam na praia. E quase todos os navios atenienses que conseguiram sair ao mar foram afundados em águas rasas.[19]

Em seguida à batalha, a vitoriosa armada de Lisandro aumentou para duzentos navios, talvez a maior concentração de trirremes de uma cidade-Estado a navegar em uníssono desde que a frota ateniense juntara-se aos aliados em Salamina quase oitenta anos antes. A nova monstruosa frota dos peloponésios navegou sistematicamente por todo o Egeu, estacionando trirremes em portos-chave e declarando que o império ateniense estava acabado. Egospótamos, ao lado da destruição das trirremes de Xerxes em Salamina, em 480, da obliteração da frota otomana ao largo de Lepanto, em 1571, da ruína da armada espanhola durante a batalha e a retirada de 1588, e do desastre francês ao largo de Trafalgar, em 1805, aparece como um dos mais decisivos engajamentos navais na história europeia. Diferentemente de catástrofes navais anteriores, Egospótamos é uma das poucas batalhas da história na qual um revés tão sério levou não apenas à retirada e fuga, mas ao próprio colapso de todo um Estado imperial.[20]

E o que estaria acontecendo com nosso Alcibíades, que aos 19 anos havia começado a guerra tão heroicamente no sítio de Potideia? Enquanto outro Alcibíades, um primo seu com o mesmo nome e companheiro de exílio, foi capturado após a batalha de Nôtion pelo general ateniense Trásilos e apedrejado até morrer, acusado de traição, o próprio Alcibíades provou-se, mais uma vez, um sobrevivente.[21]

A sangrenta Guerra Jônica fez dele herói, bode expiatório e, finalmente, irrelevante. O gênio e o heroísmo que inicialmente o haviam catapultado para a fama quando adolescente em Potideia nunca foram mais evidentes do que em Cízicos, quando o recém-chegado Alcibíades desempenhou papel decisivo na derrota da frota espartana e no encerramento da carreira do almirante Míndaros. Entre 410 e 408, Alcibíades integrou um grupo de remadores experientes da frota ateniense, começou a obter dinheiro de Farnábazos, o sátrapa persa no Helesponto, e foi responsável pela captura das cidades-chave de Calcedônia e Bizâncio.

Aos 40 anos, Alcibíades estava agora no auge de seus poderes, treinado em cerca de vinte anos de intriga política e em um grande número de campanhas. Foi condecorado no cerco a Potideia, patrulhou o interior da Ática, guarneceu a retaguarda na derrota em Délion, urdiu uma aliança política em Argos, concebeu a expedição siciliana, criou uma frota espartana a partir do nada e buscou ganhar o apoio persa prometendo a ruína tanto de Atenas quanto de Esparta.

Quase literalmente, foram poucas as batalhas importantes durante toda a guerra às quais não compareceu Alcibíades. Em 411, retornou triunfalmente ao lado ateniense, e a multidão lhe perdoou a Sicília, devolveu sua propriedade e louvou-o por haver ressuscitado a frota ateniense ao largo da Jônia. Mas, dada sua própria extravagância e a inconstância da assembleia, essa mera reconciliação não podia durar. Após deixar suas trirremes em Nôtion com seu subordinado Antíocos, que insensatamente se bateu contra Lisandro e perdeu, em 406, Alcibíades foi uma vez mais amaldiçoado e deposto do comando. As acusações acumuladas durante duas décadas vieram à tona novamente — imoralidade pública, triangulação com persas e espartanos, abandono, negligência das obrigações — e, devido tanto à inveja quanto por uma boa causa, ele deixou Atenas pela segunda e última vez.[22]

O fim de Alcibíades foi uma metáfora adequada para toda a experiência ateniense durante aquelas três horrendas décadas de guerra. Durante os dois últimos anos do conflito, de 406 a 404, ele esteve no exílio em uma de suas fortificações particulares na Trácia, sem dúvida tramando algum fantástico terceiro retorno. Egospótamos, ironicamente empreendida à vista de sua residência temporária no litoral jônico, impediu que isso acontecesse. Mais uma vez, nas horas que antecederam o ataque de Lisandro, ele ofereceu sólidos conselhos táticos aos generais, apenas para ser recusado por motivos que tinham tudo a ver com inveja e falta de confiança em seus comprovados recursos, e pouco com a perspicácia de seu pensamento militar.

Naquele momento tardio, o único ateniense que talvez pudesse ter salvado ou arruinado Atenas foi mandado embora. Os competentes generais ignoraram seu sábio conselho de instilar disciplina em suas equipes de busca de alimentos e transferir-se imediatamente para uma posição mais defensável, e assim perderam Egospótamos, sua frota e a própria guerra. Alcibíades foi assassinado na Frígia pouco após a rendição. Não se sabe se os responsáveis eram agentes direitistas dos Trinta Tiranos, que temiam seu apelo popular perante as massas atenienses; se assassinos do sátrapa persa Farnábazos, que temia que Alcibíades pudesse revelar sua própria intriga contra o rei; se enviados de Lisandro, que lembravam a antiga traição contra Esparta, ou um enraivecido irmão de mais uma jovem virgem que ele seduzira. Nenhum outro ateniense havia exibido tamanha habilidade tanto para salvar quanto arruinar sua cidade natal, e nenhum tinha tantos amigos poderosos e inimigos perigosos. Como a própria experiência de Atenas na Guerra do Peloponeso, assim também a vida de Alcibíades espelhava o conflito e, da mesma forma trágica, provou-se um desperdício colossal. No fim, tanto a cidade quanto seu mais extravagante e talentoso cidadão partilharam um destino idêntico: um enorme potencial arruinado, em vez de plenamente realizado.

Ainda assim, no amargo pós-guerra, o sonho ainda não morreria. No nadir do verão de 403, quando hoplitas espartanos patrulhavam a Acrópole e os Trinta Tiranos mandavam na cidade, foi dito que os atenienses ainda não se desesperariam enquanto soubessem que, em algum lugar, o exilado Alcibíades estivesse vivo:

> Não obstante, a despeito de suas atuais dificuldades, ainda prevalecia uma vaga esperança de que os interesses dos atenienses ainda não estariam completamente perdidos enquanto Alcibíades estivesse vivo. No passado, ele nunca estivera disposto a viver uma vida ociosa e calma de exilado, e nem ignoraria agora — se pudesse dispor de algum mecanismo — a arrogância dos lacedemônios e a loucura dos Trinta Tiranos.[23]

Mas, dessa vez, tanto o que fora uma frota majestosa quanto o legendário Alcibíades estavam desaparecidos havia muito tempo, meros fantasmas cultivados por uma população chocada que não podia realmente aceitar que, em algum lugar, não houvesse uma outra armada de trirremes no horizonte.

O Sonho Termina

Após Egospótamos, não houve mais navios atenienses se interpondo entre a frota espartana e o Pireu. A guerra e a própria Atenas estavam agora, para todos os propósitos práticos, terminadas. Uma das mais tocantes passagens da literatura grega é o relato de uma testemunha ocular, o historiador Xenofonte, da calamidade que se abateu sobre Atenas quando as primeiras notícias sobre o desastre em Egospótamos chegaram ao Pireu:

> Foi à noite que o *Paralos* chegou a Atenas com um relato do desastre, e ouviam-se lamentos desde o Pireu, por todas as Longas Muralhas, até dentro da cidade à medida que um homem passava a notícia para outro. E ninguém dormiu durante a noite, não apenas pelo desconsolo com as perdas, mas muito mais ainda pelo receio a respeito do próprio destino, imaginando se sofreriam exatamente as mesmas coisas que haviam feito aos mélios, aos colonos lacedemônios após subjugá-los com um sítio, e também aos hestieus, aos cioneus, e aos toroneus, aos eginetas e a muitos outros povos gregos.[24]

Por qualquer estimativa justa, a carnificina em Egospótamos foi um fim adequado à Guerra Jônica, um desastre que durou uma década na qual mais de 270 navios atenienses e acima de 50 mil marinheiros imperiais foram capturados, perdidos, espalhados ou mortos. No total, quinhentas trirremes helênicas foram provavelmente afundadas ou danificadas no teatro. Talvez 100 mil perdas tenham sido infligidas aos dois lados.

Em termos de luminares, a Guerra Jônica foi também um banho de sangue de iguais proporções. Os espartanos perderam generais, homens duros como Calicrátidas, Míndaros, Labotas e Hipócrates, enquanto os atenienses, entre 412 e 403, sacrificaram em batalha, baniram ou executaram quase todos os talentosos almirantes que restaram na cidade. Após Egospótamos, não havia um só comandante naval experiente à volta. *Todos* os antigos veteranos estavam mortos ou exilados — Alcibíades, Aristógenes, Aristócrates, Cônon, Diomêdon, Erasinides, Lísias, Péricles, o Jovem, Protômaco, Trasíbulos e Trásilos. Alguém que queira compreender por que Atenas perdeu a Guerra do Peloponeso e Esparta emergiu sem nenhuma posição verdadeira para impor sua vontade, provavelmente encontrará no banho de sangue da Guerra Jônica, que dizimou tanto marinheiros quanto comandantes, boa parte da explicação.

Após a derrota de outubro de 405, em Egospótamos, Atenas só se rendeu depois de seis meses, em março de 404 — bloqueada pela frota de umas 150 trirremes de Lisandro, enquanto dois reis espartanos, Ágis, vindo de Decéleia, e Pausânias, com uma enorme força que marchava do Peloponeso, aproximavam-se de suas muralhas. No entanto, as fortificações da cidade ainda eram inexpugnáveis, dada a natureza rudimentar das técnicas gregas de cerco. Assim, os espartanos tiveram que esperar até que a fome e a dissensão política fizessem efeito.

Seis meses após Egospótamos, a fome e a revolução finalmente obrigaram Atenas a buscar termos de concessão. Alguns oligarcas receberam garantias espartanas de que a cidade propriamente dita não seria derrubada, a despeito da fúria dos tebanos, coríntios e de uma multidão de outros ansiosos por dar um fim a Atenas. Eriantos, o almirante tebano de Egospótamos, havia proposto — à maneira do tristemente famoso plano do secretário do Tesouro dos Estados Unidos, Henry Morgenthau de transformar a Alemanha pós-guerra em um Estado perpetuamente pastoril — que Atenas não apenas fosse derrubada, mas que todos os atenienses fossem escravizados e o local transformado em pasto. No final, foi suficiente que a Atenas imperial e tudo o que ela representara deixassem de existir — quando a cidade concordou em derrubar suas Longas Muralhas, desmontar as fortificações no Pireu, libertar os Estados tributários, manter uma marinha que não excedesse seus restantes 12 navios, permitir o retorno dos exilados direitistas, estabelecer uma oligarquia e fazer uma aliança militar com Esparta.[25]

CAPÍTULO 10

RUÍNA?

Vencedores e Perdedores (404-403 a.C.)

Morte ou Renovação?

Terá sido Atenas — ou a própria Grécia — destruída pela guerra? Houve toda uma linha de estudos de especialistas que escreveram sobre o período clássico falando do "declínio" helênico e da subsequente onda de pobreza, perturbações sociais e lutas de classes que surgiu no século IV, após a Guerra do Peloponeso. Os vitorianos, por sua vez, sentiram que a perda tinha mais a ver com "o que poderia ter sido", um conflito que pusera fim não apenas à ideia de Atenas, mas "à glória que era a própria Grécia" e à influência civilizatória helênica no Mediterrâneo como um todo.

Bernard Henderson, por exemplo, terminou sua história da Guerra do Peloponeso com a melancólica reflexão de que o fascínio da história grega "durante meio século iluminou a Democracia Imperial de Atenas e os líderes do povo. Atenas caiu, e o resplendor já não a ilumina. A Cidade, apesar de toda a ardente, embora equivocada, eloquência de Demóstenes, jaz desde então sob uma sombra perpétua". Alfred Zimmern, um utopista profundamente envolvido com o trabalho da Liga das Nações, fez o melhor resumo da visão vitoriana de que a guerra havia sido o trágico divisor de águas da história antiga e, na verdade, da história mundial:

Durante um maravilhoso meio século, o mais rico e mais feliz período da história registrada de uma comunidade, a Política e a Moral, as mais profundas e fortes forças da vida nacional e individual, haviam avançado de mãos dadas na direção de um ideal completo, o cidadão perfeito no estado perfeito. Todas as coisas elevadas da vida humana pareciam estar dispostas ao longo daquele caminho: "Liberdade, Lei e Progresso"; Verdade e Beleza; Conhecimento e Virtude; Humanidade e Religião. Agora os deuses as haviam feito em pedaços.[1]

No curto prazo, talvez essas sombrias avaliações soassem verdadeiras. Logo após o final da luta, no outono de 405, a democracia, esmagada sob a humilhação da derrota militar e a perda de milhares de desafortunados apoiadores que haviam afundado no Egeu durante os quase dez anos de duração da Guerra Jônica, começou a se decompor. Após a capitulação formal, na primavera de 404, foi substituída por uma oligarquia de visão estreita e espírito medíocre (os Trinta Tiranos), enquanto os antigos súditos tributários de Atenas no exterior eram "liberados" e deixados por conta própria. Egospótamos marca o fim oficial das hostilidades diretas entre atenienses e espartanos, embora a guerra não tenha sido formalmente concluída até que uma Atenas sitiada desistisse da democracia naquela primavera.

Em lugar de uma hegemonia democrática esclarecida, um incompetente protetorado espartano desajeitadamente tentou impor aos ex-súditos de Atenas oligarquias que deixaram os Estados mais vulneráveis da Ásia Menor abertos à insidiosa suserania persa, fosse direta ou indiretamente. Na paz, o conquistador Lisandro rapidamente se provou um estadista de um tipo diferente do de Péricles, um oligarca e não um imperialista democrático, cuja brutalidade não era mitigada por nenhum senso de majestade.

Após breve guerra civil e a derrubada dos Trinta Tiranos, no final de 403, um governo democrático mais uma vez estava firmemente no controle de Atenas, de maneira gloriosa. Ele proveria outras seis décadas de relativa tranquilidade e estabilidade, talvez até uma perigosa negligência, antes da investida de Filipe da Macedônia, na década de 340. Uma segunda liga marítima ateniense, sem o odioso tributo ou os confiscos forçados de terra, estava funcionando em 378, 30 anos após o final da guerra. O Egeu seria patrulhado por outra frota de cerca de trezentas trirremes ativas e mais semelhante à equilibrada Liga de Delos do que ao velho império explorador. Cidadãos atenienses agora eram até pagos para participar da assembleia, talvez porque tantos dos pobres urbanos que costumavam fazer isso rotineiramente tivessem sido mortos nas batalhas navais da Guerra Jônica.

Alguns estudiosos até mesmo acreditam que a frota ateniense do século IV às vezes ultrapassou aquela do século V. As muralhas que Lisandro um dia mandara derrubar ao som de flautas foram reconstruídas dentro de 11 anos, junto com uma crescente linha de fortes fronteiriços áticos que foram reformados. Isso permitia à cidade uma maior flexibilidade estratégica e, teoricamente, a chance de deter inimigos antes que alcançassem as terras agrícolas mais ricas em volta da cidade. Como o real dano à agricultura da Ática durante os anos de guerra havia ficado confinado a perdas anuais de grãos e à impossibilidade de alcançar os campos, quase imediatamente após a guerra os trabalhadores agrícolas estavam de volta às vinhas e aos pomares. Assim que Atenas capitulou e o cerco de seis meses foi levantado, no final da primavera de 404, a fome que se seguiu à guerra foi surpreendentemente pouca, e não houve um maciço suprimento de fazendeiros áticos arruinados ansiosos para se alistar no exterior como hoplitas mercenários.[2]

No perturbado mundo do pós-guerra, a velha Atenas imperial não parecia tão mal assim. Em comparação, a ameaça real da Pérsia reapareceu, Esparta provou-se cruel e havia menos generosidade imperial para custear peças teatrais e templos majestosos. A despeito de Mitilene, Melos e Sicília, permanece como uma das grandes controvérsias da história a questão de se, de fato, o velho império ateniense que Esparta destruiu era uma hegemonia coercitiva que extorquia dinheiro e pisoteava a autonomia local. Ou seria a Atenas de Péricles um motor cultural para a Grécia, que canalizava capital para as artes enquanto servia de escudo protetor para os pobres e despossuídos de todo o Egeu?[3]

De sua parte, Esparta e Atenas logo passaram a viver um clima de reconciliação com base na suspeita de ambas quanto ao crescente poder de Tebas e de sua ressurgente e reunida Confederação Beócia. Vinte anos após a conclusão da Guerra do Peloponeso, teriam a ruína e o genocídio do passado se transformado em um sonho ruim? Dessa perspectiva revisionista, teria Tucídides (o suposto determinista, que bem pode ter vivido até o início da década de 390) interrompido sua história *in medias res,* em 411, por razões outras que não doença ou morte? Talvez enquanto labutava nos anos 390 para terminar seu grande relato sobre a loucura ateniense e a inevitável punição e declínio, a democracia ressuscitada, bem diante de seus olhos, tivesse ressurgido das cinzas da guerra e da oligarquia, pondo em xeque grande parte dos drásticos julgamentos pessimistas que ele havia formulado em seu exílio durante a guerra.

Xenofonte, cuja narrativa é retomada em 411, parece ter sido um dos poucos historiadores contemporâneos que aceitou a noção de Tucídides de uma guerra de 27 anos que começou em 431 e terminou em 405 com a derrota em Egospótamos, seguida pela capitulação da cidade em 404. Outros observadores, como os historiadores Teopompo e Cratipo, achavam que a Guerra do Peloponeso só terminara realmente em 394, tendo durado 38 anos. Dessa perspectiva, as hostilidades só cessaram quando a frota espartana foi derrotada por Atenas na batalha naval em Cnidos, em 394. Então seu exército expedicionário foi forçado a sair da Jônia e voltar para Esparta a fim de enfrentar uma nova e crescente ameaça vinda de Tebas, enquanto as Longas Muralhas de Atenas eram reconstruídas. Assim terminou de uma vez por todas a saga do velho mundo bipolar do século V e da hegemonia ateniense e espartana.

As histórias de Teopompo e Cratipo foram perdidas, exceto por uns poucos fragmentos. Ainda assim, elas podem ter refletido uma crença generalizada de que Atenas não perdera a "Guerra do Peloponeso", nos anos 405 e 404, assim como não sofrera um revés de dois anos — não diferente do desastre siciliano — antes de prosseguir para encontrar uma paridade precária e uma paz permanente com Esparta em algum momento por volta de 394.

O Final do Grande Século?

Bem no início de sua história, Tucídides justifica parcialmente aquela longa narrativa recorrendo à magnitude do sofrimento produzido pelo conflito:

Mas a Guerra do Peloponeso foi estendida por um longo tempo. E, no curso da guerra, os desastres se multiplicaram na Grécia como nunca antes em nenhum espaço de tempo comparável. Nunca tantas cidades haviam sido tomadas e deixadas em ruínas — algumas por bárbaros, outras pelos próprios gregos que guerreavam uns contra os outros. Na verdade, diversas daquelas cidades capturadas sofreram uma mudança de habitantes. Nunca tantos seres humanos haviam sido forçados ao exílio, nem houvera tamanho banho de sangue — fosse como resultado da própria guerra ou de insurreições civis.[4]

Claramente, alguma coisa havia sido perdida nos 27 anos de luta daquela que foi, de fato, a primeira grande guerra civil na história ocidental. Mas qual terá sido, precisamente, o dano que explicaria por que Atenas, que antes encabeçara uma coalizão pan-helênica para aniquilar cerca de 250 mil invasores persas, não pôde, em meados do século IV, proteger-se de outra invasão de apenas 40 mil combatentes macedônios vindos do norte? Entre as brilhantes vitórias contra os persas, em Maratona e Salamina, em 490 e 480 e a traumática aniquilação por Filipe e Alexandre, em Queroneia, em 338 avulta a Guerra do Peloponeso, cujos custos ascendentes eram um trauma tanto psicológico quanto material.

Grande parte da noção atual de que se perdera uma brilhante cultura helênica clássica do século V foi criada pelos próprios oradores atenienses do século IV. Retóricos como Demóstenes e Isócrates habitualmente lembravam a suas audiências quão eminentes seus avós haviam sido antes da eclosão da grande guerra ateniense; e que a catástrofe, de acordo com um consenso reconhecido, havia reduzido os gregos a homens pequenos como eles próprios ali, que agora se ajoelhavam servilmente diante do rei da Pérsia e de um assassino meio grego vindo das terras áridas da Macedônia, em vez de pô-los em fuga. Meio século após o final da guerra, Isócrates ainda podia fazer recordar a uma audiência ateniense a carnificina que aquela terrível guerra havia imposto à cidade, acrescentando detalhes bombásticos e frequentemente incorretos:

Na Guerra de Decêleia eles perderam 10 mil hoplitas seus e dos aliados, enquanto na Sicília perderam 40 mil e 260 navios. Finalmente, duzentos navios foram perdidos no Helesponto. Mas quem poderia contar aqueles navios que eram destruídos em grupos de cinco, dez ou mais — ou os homens que pereceram em exércitos de um ou dois milhares?[5]

Na visão de mundo de Isócrates, império e arrogância haviam destruído Atenas e, mais tarde, também Esparta, uma vez que as cidades-Estados gregas abandonaram suas alianças pan-helênicas contra o inimigo comum que era a Pérsia. Uma Atenas ressuscitada no século IV, a despeito da ainda proeminente presença de seu Partenon intacto, do gênio de Aristófanes e Platão e do florescimento da arte cerâmica com figuras vermelhas e de esculturas de mármore idealistas, era um lugar totalmente diferente. Ostensivamente, o declínio era devido à perda de tributos, à destruição da frota e ao custo de construir uma nova, ao gasto de milhares de talentos das reservas, a agitações políticas e à humilhação de ver seu solo ocupado. A combinação de sofrimentos trazidos pela praga e pelo pesadelo da Sicília, das terríveis perdas da Guerra Jônica e da violência cometida contra Mitilene, Cione e Melos, que atormentava a população, haviam feito de Atenas uma cidade diferente.

Existe hoje, e também existiu na época, um consenso sobre essa ideia de uma cultura helênica declinante após a guerra: grandeza no século V, declínio no IV, e a Guerra do Peloponeso como o grande divisor de águas entre os dois. É claro que esse pensamento também é parcialmente arbitrário, um artefato do calendário moderno. Nosso atual sistema de datação, que substituiu a antiga contagem da Grécia e de Roma — sistemas clássicos baseados, respectivamente, na fundação das Olimpíadas e na data da criação de Roma — só foi criado em algum momento do século VI d.C. Surgiu então um bizarro artefato histórico: o passado era visto ao longo de uma série de "séculos" distintos delineados pelo nascimento e a morte de Cristo. Assim, a antiga Atenas perdeu para Esparta em algum momento perto do "fim do século V a.C.". Haveria uma conexão adequada entre derrota e uma transformação *fin de siècle*?[6]

Durante pelo menos 14 séculos, estudantes da Grécia assim pensaram. Com isso, os ocidentais frouxamente associavam o final da Guerra do Peloponeso com o fechamento dos grandes cem anos atenienses que começaram aproximadamente após as vitórias sobre a Pérsia. Dado que os modernos põem fé em ideias carregadas de valores a respeito da peculiaridade dos séculos — a América do século XVIII, os valores do século XIX, o modernismo do século XX —, acostumaram-se a ver a Atenas do século IV a.C. como um tanto decadente e uma pálida imitação de sua grande predecessora do século V, dizimada por uma guerra pavorosa que terminou em 404.

Acrescente-se a isso o fato de que Sócrates, que personificava o iluminismo ateniense do século V, foi executado em 399 e estará quase completo o quadro de um brusco afastamento (ou, melhor ainda, declínio) dos majestosos cem anos anteriores. Nesse modo de pensar, um grande homem como Péricles e sua sóbria contraparte, Arquídamos, haviam começado a guerra. Mas ela chegaria ao fim com figuras de um tipo diferente, como Alcibíades e Lisandro, que eram ambos mais versáteis e repreensíveis do que a geração mais velha de atenienses e espartanos.

Além disso, os grandes dramaturgos Sófocles e Eurípides provavelmente morreram ambos em 406. Essa coincidência reforçou a crença comum de que a tríade de mentes elevadas formada por Ésquilo, Sófocles e Eurípides era produto do século V, e não do IV. Terá a excelência da tragédia morrido a partir do momento em que a singular atmosfera da Atenas imperial foi derrubada por Esparta? E terá a Velha Comédia do século V terminado com as últimas peças de Aristófanes na década após a guerra?

Certamente, as percepções modernas seriam diferentes se a guerra tivesse começado em 470 e terminado em 440. Mas existe ainda uma reflexão tardia igualmente perturbadora: teriam o próprio caos e sofrimento da Guerra do Peloponeso alguma coisa a ver com a súbita grandiosidade das realizações gregas na última terça parte do século? Pode a genialidade de Tucídides ser explicada somente pelo conflito? E podem as maiores peças de Eurípides — *Medeia, Hipólito, As Troianas, As Bacantes* — ser vistas como uma resposta à brutalidade reinante em Atenas? Seria o pensamento de Platão, nas décadas de 380 e 370, igualmente um produto tanto das caminhadas pela cidade com o mestre Sócrates durante a guerra quanto da própria alienação do discípulo durante o conflito anterior? E seriam as melhores comédias de Aristófanes — *Os Acarnânios, A Paz, Lisístrata* — apenas reações aos constantes reveses da guerra? Tais ideias de a guerra, por ela mesma, produzir obras geniais são talvez perturbadoras demais para serem levadas a sério, especialmente diante do fato de que homens como Antífon, Górgias e Tucídides não eram meramente intelectuais afetados pelos conflitos, mas personagens-chave do próprio drama. Ainda assim, em termos humanos e materiais, o quê, precisamente, foi perdido durante os terríveis 27 anos?

Destroços e Despojos

Por padrões materiais, o dano imediato sofrido pelo mundo grego como resultado de três décadas de guerra civil foi assombroso. Por essa razão, uma recuperação material radical dentro de uma década era ainda mais impressionante. A lista de ruína e morte é uma leitura deprimente. Quase toda uma geração de líderes atenienses foi consumida pela guerra. Seus membros, que haviam se aventurado fora do país numa medida muito mais ampla do que suas contrapartes espartanas e perdido muito mais batalhas, foram mortos em ação, exilados ou, de alguma forma, destruídos no tumulto político produzido pelo conflito. A esse respeito, Isócrates não estava realmente exagerando ao afirmar que as "grandes casas" de Atenas, que haviam sobrevivido a pesadelos anteriores de revolução e ocupação pelos persas, foram dizimadas. Poucos dos mais preeminentes atenienses morreram de causa natural, ou pelo menos encontraram um fim apartado dos eventos da guerra que haviam ajudado a empreender.

Em Atenas, *quase todos* os estadistas que assumiram um papel mais relevante de liderança política ou militar durante o conflito pereceram. Um breve exame dos generais e líderes políticos mortos é horrorizante, vendo-se a lista de mortos crescendo ano a ano ao longo de toda a guerra: Alcibíades, morto em 404; exilado duas vezes, assassinado logo após a guerra; Ândrocles, morto em 411, assassinado em Atenas; Antífon, morto em 411, executado em Atenas; Asópios, morto em 428, em Lêucade; Caroeades, morto em 426 na Sicília; Clêon, morto em 423, em Anfípolis; Cleófon, morto em 404, em Atenas; Demóstenes, morto em 413, executado na Sicília; Eurípedes de Melito, morto em 429, enquanto no comando em Spártolos; Eurímedon, morto em 413, numa batalha naval em Siracusa; Hipócrates, morto em 424, em Délion; Hipérbolos, morto em 411, assassinado em Samos; Laques, morto em 418, em Mantineia; Lâmacos, morto em 413, na Sicília; Melêsandros, morto em 429, em Lícia; Nícias, morto em 413, executado na Sicília; Péricles, morto em 429, pela praga; seus três filhos, também foram perdidos para a praga ou executados em Atenas; Fílocles, morto em 405, executado após Egospótamos; Fórmion, morto em 428, depois de acusado de corrupção; Frínicos, morto em 411, assassinado em Atenas; Procles, morto em 426, na Etólia; Trásilos, morto em 406, executado com os generais após Arginusas; e Xenofonte, morto em 429, em Spártolos.

Enquanto pelo menos 22 generais atenienses eleitos foram mortos em combate ou imediatamente após a batalha durante a guerra, a carnificina entre a liderança em Esparta foi marginalmente menor, devido apenas ao fato de que, durante as duas primeiras décadas da guerra, os espartanos não espalharam seus comandantes por todo o mundo grego — e então Esparta acabou vencendo o conflito. Ainda assim, as mais agudas mentes militares espartanas (nem sempre uma contradição) foram quase todas devoradas pela guerra, na maior parte dos casos na última década no Egeu oriental: Alcamenes, morto em 412, em Spiraeum; Brasidas, morto em 423, em Anfípolis; Calicrátidas, morto em 406, afogado perto de Mitilene; Calcideus, morto em 412, perto de Míletos; Epitadas, morto em 425, em Pilos; Eurílocos, morto em 426, perdido em Olpae; Eutidemos, morto em 413, na Sicília; Hipócrates, morto em 408, na Calcedônia; Labotas, morto em 408, em Heracleia; Macários, morto em 426, em Olpae; Míndaros, morto em 410, no mar no Helesponto; Sáletos, morto em 427, executado em Atenas; Tórax, morto em 404, executado por impropriedade financeira; Timócrates, morto em 429, ao largo de Náupactos e Xenares, morto em 420, no norte da Grécia. Somente no texto de Tucídides, 22 generais da infantaria espartana ou ateniense são explicitamente registrados como tendo sido mortos em algum tipo de batalha terrestre.

Quantos gregos comuns morreram na guerra? Nas fontes antigas, as expressões "um grande número" (*polus arithmos*) ou "muitos" (*polloi*) são mais frequentemente usadas do que números exatos. Tais generalizações referem-se a dezenas de milhares de gregos cujas vidas permanecerão para sempre anônimas e esquecidas. Ainda assim, se alguém contasse todas as quantidades explícitas de mortos conforme relatadas por Tucídides, Diodoro e Xenofonte, durante os 27 anos de guerra relativas a bem mais de 150 engajamentos, emboscadas, sítios, execuções e tipos variados de combates, há uns 43 mil gregos listados como mortos em combate propriamente dito — novamente, uma fração do total verdadeiro, já que não aparece nenhum número na vasta maioria das descrições de batalha que surgem em relatos de historiadores antigos.

Para as perdas atenienses em combate, pelo menos, Barry Strauss uma vez empreendeu esforço semelhante para cotejar todas as evidências literárias, combinadas com estimativas de senso comum, e chegou a um número mínimo e muito conservador de 5.470 hoplitas mortos em batalha, junto com pelo menos 12.600 da classe mais pobre dos tetas. Em certo sentido, o fato de que a última década da guerra se tenha provado um banho de sangue para o pobre que remava nas trirremes perdidas em todo o Egeu pode explicar por que a democracia ateniense estava, de algum modo, mais tranquila no século IV após a guerra. Este foi então um outro legado da Guerra do Peloponeso: o crítico equilíbrio entre os pobres sem-terra e os cidadãos hoplitas médios foi alterado pelas exorbitantes perdas no mar, reduzindo os tetas em talvez 20% em relação aos cidadãos mais favorecidos dos estratos médio e alto.[7]

Mas mesmo os números conservadores de cerca de 20 mil baixas atenienses nos combates registrados são apenas a ponta do *iceberg*. A população de cidadãos adultos da cidade, fosse em consequência de serviço militar extenso, praga ou forme, passou de uns 40 mil, existentes no início da guerra, para cerca de 15 mil na data da rendição, representando uma perda de 60% sobre as três décadas anteriores. Se, além dos hoplitas, forem incluídos pelo menos uns 80 mil residentes da Ática, de todas as idades, que pereceram com a praga (não há números para os que morreram de fome ou doença em outros anos), chega-se à conclusão de que bem mais de 100 mil atenienses de todas as classes (não incluindo aí súditos imperiais e aliados) morreram como resultado direto da guerra. Para avaliar, em termos contemporâneos, o efeito sobre a Ática de perder um terço de sua população, imagine que os Estados Unidos teriam sofrido não um pouco mais de 400 mil mortes em combate na Segunda Guerra Mundial, numa população total de aproximadamente 133 milhões (0,3%), mas sim um número cem vezes maior — ou algo como se 44 milhões de norte-americanos tivessem sido mortos em combate nos teatros europeu e japonês.

Tebas, em contraste, que nunca sofreu uma ocupação e nunca arriscou sua força hoplita em nenhuma batalha depois de Délion, saiu-se bastante bem. Suas perdas ligeiras, em comparação com as de seus rivais tradicionais, junto com o que acabou sendo a democratização da Beócia, explica em parte sua crescente proeminência no século IV. Os tebanos também saquearam o quanto quiseram as áreas rurais da Ática do outro lado da fronteira, uma região que havia se tornado famosa na antiguidade pelos butins que propiciava. Somente quinhentos hoplitas beócios pereceram em Délion e outros mil homens adicionais das tropas ligeiras. Talvez outros mil beócios tenham sido perdidos atacando ou defendendo pequenas cidades como Plateia, Micálessos e Téspias. De qualquer modo, a guerra foi boa para Tebas e ruim para Atenas e Esparta, e os eventos políticos dos trinta anos seguintes refletiriam essa realidade.

Assim como Esparta e Atenas haviam se combatido após encabeçarem a vitória pan-helênica contra a Pérsia, assim também Tebas e Esparta quase imediatamente se lançaram uma sobre a outra tão logo Atenas foi derrotada. Ostensivamente, elas lutavam pela partilha dos amplos espólios retirados da Ática como resultado de Decêleia. Mas o problema que haveria de dividir a Grécia durante o meio século seguinte era intratável: Tebas era tão poderosa quanto Esparta; sua infantaria era maior que a do inimigo e logo a superaria; e suas instituições políticas estavam se tornando mais liberais, enquanto as de Esparta, exclusivas, voltavam a uma insularidade ainda maior.[8]

Existe pouca informação sobre o número dos mortos em outras cidades-Estados. Por exemplo, não se sabe quantos aliados morreram nas quase quinhentas trirremes atenienses e peloponésias que afundaram durante os oito anos da Guerra Jônica. Menos ainda se sabe sobre o número exato daqueles gregos massacrados em Mitilene, Córcira, Cione ou Melos ou sobre o total que pereceu em mais de 21 sítios, centenas de escaramuças e ataques ou na expedição à Sicília, que eliminou quase 45 mil marinheiros e hoplitas atenienses e aliados, assim como também se desconhece o número de sicilianos mortos.

As perdas materiais foram igualmente severas, mas são ainda mais difíceis de calcular. A frota ateniense no final da guerra tinha não mais de 12 trirremes. Talvez bem mais de quatrocentos ou quinhentos navios atenienses, sem contar os dos aliados imperiais, tenham sido perdidos durante a guerra. Para a Grécia como um todo, as perdas podem ter sido o dobro disso. Todas as reservas financeiras de Atenas foram gastas. No século IV, as liturgias para a construção de navios eram partilhadas entre diversos cidadãos ricos, o que significa que já não existiam centenas de atenienses com riqueza suficiente para equipar uma trirreme durante uma temporada.

Embora a infraestrutura agrária da Ática não tenha sido permanentemente destruída pelas invasões peloponésias anuais — as árvores e vinhas, por exemplo, eram numerosas demais e muito difíceis de erradicar de modo a garantir um dano agrícola sistemático —, muitas das fazendas mais ricas na planície ateniense haviam sido saqueadas durante quase uma década. As fontes antigas falam de 20 mil escravos que fugiram para Decéleia e comentam sobre a crescente riqueza da vizinha Beócia, onde os ladrões e atacantes puderam agir livremente durante os últimos anos da guerra.[9]

Outras cidades gregas como Melos, Cione, Torone e Plateia deixaram de existir. Suas infraestruturas físicas foram derrubadas ou então suas casas abandonadas foram reocupadas por populações estrangeiras. Alguns dos principais Estados, como Argos, Quíos, Córcira, Lesbos e Samos, foram dilacerados por guerras civis. Outros, incluindo Anfípolis, Corinto, Mantineia e Mégara, haviam sido repetidamente atravessados por exércitos e eram cenários de lutas constantes. Mégara havia sido invadida duas vezes por ano durante a maior parte da Guerra Arquidamiana. Ela provavelmente sofreu maior dano agrícola do que a Ática ou, de fato, do que qualquer outra região da Grécia — fornecendo provisões para milhares de peloponésios que cruzavam seu território a caminho da Ática ou na volta e, na ausência deles, sendo assolada por vingativos atenienses enfurecidos.

Sonhos Perdidos?

Mesmo assim, o resultado das mortes, dos saques e das doenças não foi que a Grécia ficasse reduzida a uma pobreza abjeta, e muito menos que suas fazendas ficassem arruinadas durante meio século ou que o interior tenha sido despovoado por causa das mortes na guerra. Em vez disso, o custo foi mais em termos da exorbitância do gasto de recursos materiais e da energia intelectual da Grécia, que ficaram exauridos. Assim, a prosperidade e riqueza resultantes dos séculos anteriores se foram. Nos anos seguintes à guerra, dificilmente havia alguma margem de segurança para financiar e subsidiar os esforços artísticos e literários do passado. As feridas psicológicas da Guerra do Peloponeso — a miríade de ódios étnicos, facções políticas e vendetas privadas — afligiriam os gregos durante décadas, muito embora suas consequências tenham vindo à luz somente através de fragmentos de casos e boatos incidentais na literatura posterior da qual restaram registros.

As comédias que Aristófanes escreveu depois da guerra, os tratados menores de Xenofonte e a literatura utópica de Platão refletem algum tipo de crise de confiança no Estado ateniense. São oferecidos, de forma implícita, conselhos políticos ou econômicos sobre como ressuscitar a glória perdida, pondo o bem público acima do bem privado. A oratória ateniense do século IV, por exemplo, talvez reflita esse senso de uma eterna disputa em torno de uma torta que encolhia — com casos de famílias anteriormente prósperas desfeitas pela guerra, seus irascíveis órfãos e descendentes ainda lamentando os pais e tios perdidos ou as propriedades confiscadas ou destruídas. Novamente, a percepção do esplendor e da riqueza perdidos, em vez de pobreza abjeta, parece caracterizar a angústia pós-guerra.[10]

Esparta, pelo menos durante algum tempo, sentia que havia se saído bem, a despeito das terríveis perdas na Guerra Jônica. Conforme os atenienses haviam avisado aos condenados mélios, a retórica espartana nunca era acompanhada de ações e sacrifícios na mesma medida, pelo menos quando o envio de esparciatas para fora do país envolvesse riscos reais. Exceto pelos ataques à costa peloponésia, o berço da Lacônia escapou da guerra virtualmente incólume. Quando Epaminondas a incendiou meio século depois, diversas fontes registraram o choque no mundo grego diante de um cenário que havia passado quase setecentos anos *"aporthêtos"* ("sem sofrer saques").

A guerra, no entanto, pode alterar os vencedores tanto quanto perdedores com uma série de consequências não intencionais. As repúblicas, sejam elas a Roma, no século III a.C., ou os Estados Unidos na década de 1940, que são arrastadas a guerras globais, podem descobrir que o sucesso resultante, tanto em termos da riqueza adicional quanto de recursos necessários para atender a novas responsabilidades militares, é tão desafiador quanto uma derrota. Assim, Esparta aprendeu que, nos anos 390, ela estava psicológica, econômica e culturalmente incapaz de administrar um império, mesmo um muito menor e menos demandante do que aquele que Atenas havia comandado durante meio século. Suas elites paroquiais eram facilmente corrompidas no exterior, em proporção direta ao tempo em que haviam permanecido afastadas da sala de rancho e à quantidade de ouro que lhe era oferecido por uma série de persas importantes. Enquanto hoplitas espartanos assumiam novas responsabilidades na Ásia Menor, os hilotas em Esparta ficavam cada vez mais fortes e o Estado espartano cada vez mais fraco. À altura de 398, um esparciata que havia sido privado de seus direitos civis, Cinadon, foi considerado culpado de organizar uma maciça rebelião de todos os não esparciatas da Lacônia e Messênia contra os esparciatas que, dizia ele, seus apoiadores queriam "comer vivos".

Dentro de trinta anos após a conclusão da guerra, o serviço no exterior e as constantes campanhas para preservar o império recém-conquistado haviam criado uma classe permanente de procônsules e generais espartanos, e o resultado líquido disso foi um rápido declínio no número de esparciatas. Quarenta por cento de toda a terra na Messênia e na Lacônia logo estariam nas mãos de mulheres, o que não é de surpreender dadas as mortes e longas ausências da elite espartana, cada vez mais reduzida. O número de esparciatas caiu a meros 1.500 na época da batalha de Leuctra, em 371, enquanto Atenas, a perdedora da grande guerra, logo havia alcançado uma população de mais de 25 mil cidadãos.[11]

Lições Militares da Guerra

Mais de três décadas de luta liberaram os talentos criativos de milhares de gregos para o esforço singular de se matarem uns aos outros sem restrições éticas ou muita deferência ostensiva a protocolos anteriores. Tal como o horror da Segunda Guerra Mundial ainda hoje prefigura todas as estratégias e práticas militares atuais — desde bombardeios estratégicos e armas atômicas até compactos assaltos de blindados e guerra de porta-aviões —, assim também as inovações ao longo de trinta anos de lutas puseram fim a antigos conceitos e, durante os três séculos seguintes, até a chegada de Roma, liberaram a talentosa criatividade grega para matar.

AS REGRAS DA GUERRA EXISTEM PARA SER VIOLADAS

Antes da Guerra do Peloponeso, os gregos pelo menos fingiam respeitar a noção de protocolos, ou "leis dos gregos" (*nomima*). Esses eram obscuros ideais helênicos, supostamente partilhados por muitos, que haviam surgido para mitigar a destrutividade da guerra. Embora sempre tivessem ocorrido violações e atrocidades nos séculos anteriores, havia, ainda assim, o sonho de que a guerra podia e devia ser decidida por dois exércitos terrestres que se enfrentavam em uma batalha aberta. Pouco importava se tal idealismo reacionário realmente fosse verdade em todas as guerras entre as cidades-Estados. Em vez disso, a nostalgia tendia a retardar inovações militares e conter a brutalidade e a duração de muitas guerras.[12]

A Guerra do Peloponeso enterrou para sempre tais noções paroquiais — da mesma forma que a carnificina da Primeira Guerra Mundial, com os maciços exércitos de conscritos, metralhadoras, gás e artilharia, pôs fim à ideia romântica de que se tratava de uma boa luta, no estilo das do século XIX. Mais de sessenta anos após o final da guerra, o orador Demóstenes lamentava que as antigas concepções de uma era passada não tivessem sobrevivido até seus próprios dias:

> Enquanto todas as artes fizeram grandes avanços, e nada é o mesmo que era no passado, acredito que nada tenha sido mais mudado e aperfeiçoado do que as questões relativas à guerra. [...] Os lacedemônios, como todos

os outros, costumavam gastar quatro ou cinco meses, na época do verão, invadindo e saqueando o território inimigo com hoplitas e exércitos de civis, e então voltavam para casa. [...] Eles eram tão apegados à tradição, ou, melhor ainda, tão bons cidadãos da pólis, que não usavam dinheiro para obter vantagem, e a guerra pautava-se por regras e acontecia em terreno aberto.[13]

A guerra "pautada por regras e em terreno aberto" era corretamente vista como um impedimento à mera eficácia de matar tantos quanto possível, dadas as limitações de tempo e espaço. Campanhas de inverno eram comuns de ambos os lados. Após Délion, os corpos dos atenienses mortos em toda a extensão desde a Sicília até a Ásia Menor foram abandonados para apodrecer. Os cativos, fosse em Plateia, Melos ou Cione, eram com frequência massacrados, seus números talvez chegando a diversos milhares durante a guerra. Os civis foram os únicos alvos em Micálessos.

Os princípios da Paz de Nícias foram quase imediatamente violados. Os escravos eram fundamentais para as frotas dos dois lados, já que a deserção e emancipação eram estratégias-chave na guerra. Santuários, estivessem em Délion ou na Sicília, não eram tratados como espaços sacrossantos. Aqueles que se renderam foram massacrados ou mutilados após Egospótamos, e mantidos como reféns sob ameaça de execução depois de Pilos. Generais como Demóstenes e Nícias foram executados após derrotas — algo que não havia ocorrido nas guerras anteriores do século V na Beócia. No início da guerra, mesmo os espartanos reacionários reconheciam que os velhos protocolos hoplitas haviam se tornado "estúpidos" (*môria*) e irrelevantes, ecoando as críticas ofensivas feitas pelos persas anteriormente de que os prosaicos gregos haviam lutado "insensatamente", "sem sabedoria" e "de forma absurda".[14]

Hoplitas espartanos não apenas perderam a batalha na ilha de Sfactéria para tropas ligeiras até então desprezadas, mas também se renderam e estavam dispostos a se tornar reféns, um ato que teria envergonhado Leônidas e seus 300 meio século antes, nas Termópilas. O mito hoplita chegara ao fim. Para vencer a Guerra do Peloponeso, Esparta não apenas construiu uma frota, mas também alistou milhares de hilotas e criou grandes corpos de cavalaria. No pós-guerra do século IV, a luta tornou-se muito mais mortal, amorfa e preocupada com os fins, em vez de com meios éticos.[15]

ADEUS A TUDO ISSO

Status, riqueza e reputação — "tudo isso" era parte integrante de como a guerra era empreendida na Grécia, antes de 431. No entanto, ao final da guerra a riqueza ou o parentesco de um ateniense já não necessariamente determinavam a natureza de seu serviço militar. Isso também foi uma inovação revolucionária que, durante os séculos seguintes, logo resultaria no aumento da habilidade geral dos militares gregos. É claro que as aristocracias nunca morrem totalmente e seus descendentes gêmeos, influência e nepotismo, sempre favorecem aqueles abençoados pelo dinheiro ou por nascimento. Mas, para a grande maioria dos gregos, o antigo cálculo social anterior à guerra — os ricos a cavalo, agricultores como hoplitas, os pobres como remadores e forças irregulares, escravos como carregadores de bagagem, assistentes da infantaria e cozinheiros — tornou-se obsoleto.

As perdas resultantes da praga, da Sicília e da matança da Guerra Jônica significaram que havia necessidade de corpos, com pouca atenção dada a riqueza ou status. Além disso, não estava claro que um cavaleiro fosse sempre mais valioso que um soldado da infantaria, ou que esse, por sua vez, fosse mais mortífero que um remador. O resultado foi que, em tempos de crise, os ricos às vezes lutavam na infantaria, fazendeiros remavam e os pobres eram equipados pelo Estado como hoplitas.

Como essas forças recentemente adquiridas eram de fato superiores aos velhos contingentes demarcados por linhas de classes, o resultado final foi um aumento na eficácia militar e uma democratização da guerra. Meio século mais tarde, o novo exército nacional de Filipe da Macedônia foi o beneficiário. Embora ele fosse um assassino, também era um visionário em questões militares que não dava a menor importância se matadores alugados eram ricos, pobres, cidadãos ou antigos escravos. Sua grande preocupação era saber se podiam ser treinados para lutar de sua maneira e seguir suas ordens.[16]

A Guerra do Peloponeso ensinou aos ocidentais que a lógica da eficácia militar devia passar por cima de tribalismos, tradição e constructos arbitrários de riqueza e poder. Platão, que escreveu logo depois do desastre de três décadas, viu isso mais claramente que qualquer outro pensador grego — e ressentiu-se amargamente.[17]

O Outro

Antes da Guerra do Peloponeso, uma expressão fundamental da cidadania plena era o serviço na infantaria ou cavalaria. Aristóteles pensava que a própria ascensão da pólis fosse resultado direto de uma crescente classe de pequenos proprietários de terra que podiam comprar armas. Daquela forma, os fazendeiros estabeleceram uma cidadania mais inclusiva por meio de uma qualificação derivada da propriedade, e não do nascimento, e a nova linha de corte passava por aqueles que podiam obter a própria armadura pesada e, desse modo, lutar como hoplitas na falange.[18]

Após as perdas devastadoras dos primeiros anos da Guerra do Peloponeso, as limitações dessas ideias paroquiais logo ficaram transparentes. Em Atenas, pode ter havido mais de 20 mil homens, metecos em idade militar, muitos deles prósperos e intensamente patrióticos. Seus números pareciam irrisórios diante dos mais de 100 mil escravos — homens adultos e bastante capazes de lutar. Esparta, por seu lado, sentava-se no topo de um vulcão de 250 mil hilotas. Mesmo Corinto, Argos e Tebas tinham também números consideráveis de servos rurais que com frequência carregavam a armadura e os suprimentos de hoplitas em campanhas curtas.

O truque era usar tais enormes reservas de mão de obra sem debilitar as premissas cívicas bastante exclusivistas da cidade-Estado paroquial. Os gregos logo se viram diante de alguns dos mesmos dilemas enfrentados pela velha e precária Confederação durante a Guerra Civil nos Estados Unidos: em tempos de crise, os escravos podiam ser valiosos combatentes; mas, caso lutassem bem, então a própria coragem poderia minar toda a lógica de sua pretensa inferioridade. Fora da Messênia, a servidão na Grécia não se fundamentava na raça nem na identidade étnica e, por isso, escapou dos paradoxos produzidos por uma indefensável pseudociência de inferioridade racial. As pessoas se tornavam escravas por acidente — uma cidade capturada, uma batalha perdida ou um pai em servidão. Ainda assim, uma vez que os não livres recebiam a permissão de lutar em troca da liberdade, surgia uma pergunta natural: qual era, exatamente, a caprichosa lógica que os fazia permanecer para sempre inferiores?

Brasidas, por exemplo, alistou milhares de hilotas e conferiu a eles a liberdade. Em última instância, o resultado final de tal emancipação pode não ter sido apenas o aumento da mão de obra espartana, mas uma subsequente elevação do nível de agitação entre a população hilota nas décadas após a guerra, quando tais seguidores brasidanos voltaram para casa e transformaram seu brutal comandante derrotado em um grande cruzado "libertador".

Em Atenas, desde os primeiros momentos do conflito os estrangeiros residentes, ou metecos, serviam como tropas de reserva e de guarnição, enquanto os escravos provavelmente remavam com muito mais frequência na frota imperial ateniense do que foi notado pelo aristocrático Tucídides. Nas Arginusas, a assembleia prometeu liberdade a qualquer escravo que embarcasse em uma trirreme. Milhares o fizeram para provar que eram indispensáveis à vitória ateniense. Observadores de antes da batalha podem ter pensado que os peloponésios tinham tripulações muito melhores; mas a vitória ateniense provou que havia algo a respeito do elã democrático do império que podia transformar escravos e pobres em remadores tão bons quanto os mais experientes e hábeis marinheiros mercenários de Esparta.[19]

A história grega e romana posterior reflete esse legado revolucionário adicional da Guerra do Peloponeso, no sentido de que os exércitos grego, helênico e romano do século IV eram multiculturais, multirraciais e profissionais. Após a guerra, os serviços militares tanto de Esparta quanto de Atenas estavam cheios de mercenários escravos e ex-escravos sem os quais os recursos humanos perdidos nos trinta anos anteriores nunca poderiam ter sido substituídos. No caos que se seguiu à guerra, os Dez Mil mercenários que acompanharam Ciro, o Jovem, em sua missão de reclamar o trono persa eram uma mistura variada de veteranos da Guerra do Peloponeso, ex-escravos e metecos, unidos apenas pelas habilidades com as armas, a necessidade comum de dinheiro e a noção de serem gregos.

Antes da guerra, o número de homens adultos gregos não cidadãos vivendo nas cidades-Estados era muito maior do que o de cidadãos. Mas foi preciso a guerra para remover o verniz de pretensão e mostrar que o status de um homem não predeterminava seu valor no campo de batalha. A guerra, tanto naquele tempo quanto agora, é uma destruidora de protocolo, privilégio e tradição, e nem sempre isso é uma coisa totalmente ruim.[20]

Dinheiro

No Livro 1 da história de Tucídides, Péricles resume as limitações dos adversários peloponésios. Eles não tinham capital. Diferentemente dos esparciatas, a maior parte dos aliados na coalizão peloponésia era formada por homens do campo que precisavam trabalhar suas fazendas exatamente na época mais propícia para a luta. Em contraste, Atenas era uma pólis sofisticada com vastas quantias de moeda tanto circulante quanto de reserva, em espécie. O adversário de Péricles, o rei Arquídamos de Esparta, concordava com ele, e então alertou seus peloponésios rurais de que eles não estavam equipados para lutar em uma longa e multifacetada guerra nem mesmo com uma milícia sazonal. Este novo conflito, avisou, era bastante diferente: "A guerra não é tanto uma questão de homens, mas de gasto de dinheiro." Ele se provou absolutamente correto.[21]

A grande ironia da guerra foi que exatamente os requisitos para a vitória — uma enorme frota, dinheiro para pagar remadores, e oficiais enviados para além-mar durante longos períodos de serviço imperial — eram contrários às suposições históricas da Esparta rural e isolada que até então não tivera nenhuma economia monetária. A Pérsia finalmente preencheu o vazio, deu aos generais espartanos incalculáveis quantias de ouro e compensou as perdas de homens e material bélico quase imediatamente. Desde que os gregos continuassem matando gregos, os sátrapas do Império Persa estariam felizes em subsidiar a carnificina.

Ainda assim, após a guerra, e findos os subsídios persas, a implosão do império espartano era diretamente atribuível a suas novas responsabilidades financeiras de administrar uma frota e distantes Estados tributários que estavam em desacordo com seu velho código moral insular. Dinheiro e mão de obra, nem sempre coragem e classe, ganhavam verdadeiramente as guerras. A Guerra do Peloponeso ofereceu outra lição amarga, uma que também surgiria durante a transição de Roma de república a império. O governo consensual começou na Grécia como um empreendimento limitado. Aqueles Estados constitucionais baseavam-se em uma milícia cívica atolada em amadorismo e localismo e determinada a proteger a propriedade de uma minoria de seus cidadãos. Mas, conforme ilustrado pela invectiva de conservadores atenienses desde Platão a Aristóteles, a guerra que durou décadas e estendeu-se por milhares de quilômetros requereu mobilização, armamento e capital — e somente os novos recursos de um Estado mais centralizado e poderoso podiam dar conta daqueles vastos encargos.[22]

TECNOLOGIA

Na psique grega, as guerras tradicionalmente eram supostos referendos de coragem e disciplina, não devendo ser decididas por truques, pela qualidade das armas ou por acidentes. Acrescente-se a esse código a intrínseca desconfiança aristocrática do trabalho mecanizado, tão comum no pensamento grego. Junte-se também a ubiquidade da escravidão, cujo trabalho barato tendia a desencorajar a inovação tecnológica. Assim, pode-se argumentar, com bastante segurança, que, a despeito da genialidade da cidade-Estado grega, até o final do século V ela era notavelmente lenta em aplicar suas claras realizações em ciência, filosofia e arquitetura à fabricação prática de armas de destruição. Uma sociedade que podia esculpir as frisas de mármore do Partenon e facilmente alçá-las até o alto das arquitraves do templo aparentemente não tinha nenhum meio de derrubar uma simples muralha inimiga durante um sítio.

Esse tipo de estagnação também começou a desaparecer na Guerra do Peloponeso, quando os dois lados se viraram para inventar novas técnicas de sítio em Plateia, estranhos aparatos como canhões de fogo, em Délion, e constantes modificações navais em Siracusa. Inovações que iam desde transportes a cavalo até a ideia de bases fortificadas avançadas (*epiteichisma*) e enxames de tropas de lançamento de projéteis eram lugar-comum durante toda a guerra e frequentemente provocavam profundos ressentimentos.

Tucídides relata os lamentos de um prisioneiro espartano em Sfactéria que, quando criticado por causa da rendição dos melhores soldados da infantaria grega a pobres lançadores de dardos e arqueiros, respondeu sarcasticamente que a antiga coragem hoplita não valia muito quando um inimigo inundava sua falange com flechas e projéteis, matando tanto bravos quanto covardes.[23]

Os grandes sítios deixaram uma impressão inesquecível tanto em atacantes quanto sitiados, especialmente quando os beligerantes tinham experiência com torres de sítio, lançadores de chamas e elaboradas circunvalações. Como resultado, nos últimos quatro anos da guerra, Dionísio de Siracusa, durante o sítio de Motia, em 399, concebeu a primeira verdadeira artilharia da história, primitivas catapultas que ainda não usavam a torção e eram conhecidas como "arcos abdominais" (*gastraphetes*) e pareciam algo como enormes bestas medievais.

Essa artilharia improvisada logo levou às verdadeiras catapultas de torção, talvez forjadas pela primeira vez pelos engenheiros de Filipe da Macedônia nos anos 340. Um considerável poder de propulsão podia ser acumulado por cabelos, cordas ou tendões torcidos com o auxílio de manivelas ou molas. Quando desengatilhadas, essas máquinas podiam lançar pedras ou projéteis especialmente fabricados a uma distância de quase 300 metros com a mesma eficiência e precisão da artilharia de pólvora do século XVII. Todas essas inovações marcaram não apenas a continuidade tecnológica da criatividade mostrada nos sítios de Plateia, Délion e Siracusa, mas foram possibilitadas pelo que ocorreu durante a Guerra do Peloponeso: a superação da tradicional contenção moral relativa aos procedimentos na guerra. O sucesso das principais campanhas da guerra, de Potideia e Plateia até Mitilene e Siracusa, dependeu de homens hábeis que pudessem construir ou derrubar muralhas da maneira mais eficiente e rápida.

Engenheiros de defesa também rapidamente aprenderam as lições do valor das fortificações e da necessidade de um contra-ataque que utilizasse uma artilharia cada vez mais potente à medida que se instalava uma verdadeira corrida armamentista caracterizada por constantes respostas e contrarrespostas. A maior parte das atuais ruínas que pontilham o interior da Grécia data não do século V, mas do século IV em diante, quando as artes da construção e destruição militar se aceleraram, uma reforçando a outra.

Os vastos circuitos das cidades peloponésias de Mantineia, Megalópolis e Messene, bem como fortes rurais nas fronteiras da Ática, Megárida e na Argólida, foram construídos justamente nesse período entre o início e meados do século IV. Os principais aperfeiçoamentos aprendidos com ensaios e erros durante a Guerra do Peloponeso consistiam no uso sistemático de blocos de pedras em camadas, seteiras, vigas internas, fundações mais profundas e cantos reforçados com blocos de pedra para garantir a estabilidade das muralhas, que passaram a ser muito mais altas e largas. Os fortes dispunham de torres com mais de 9 metros de altura que abrigavam pequenas catapultas antipessoal para impedir que os sitiantes se aproximassem demais dos circuitos. Algumas das seteiras eram equipadas com elaborados sistemas de fechamento destinados a abrir e fechar enquanto catapultas sobre rodas despejavam um fogo contínuo.

Os historiadores podem discutir se a corrida para construir fortificações urbanas e rurais no período após a guerra foi um uso insensato dos recursos finitos da Grécia ou se esse próprio fato estimulou a atividade econômica, ao mesmo tempo em que fornecia a defesa necessária. Mas o sonho arcaico de que a Grécia deveria permanecer livre de muralhas estava morto para sempre. Os cidadãos, e não apenas soldados, começaram a planejar sua defesa coletiva em guerras que poderiam eclodir tanto em suas soleiras quanto em campos distantes.[24]

O Novo Comando

Antes da Guerra do Peloponeso, era raro os gregos depositarem um poder excessivo nas mãos de um único comandante. Um costume pan-helênico, e não um traço espartano ou ateniense, era que a maior parte dos generais conduzia o exército ou a frota na linha de frente e, assim, com frequência, morria em batalha, um fato que impedia longas carreiras militares e também o avanço de inovações táticas. O velho ideal talvez estivesse mais bem refletido no encômio de um poeta do século VII, Arquíloco, a um rixento líder hoplita: "baixo e de pernas arqueadas, firmemente plantado sobre os pés, cheio de ânimo e coragem."[25]

Mas, durante as três décadas da guerra, os comandantes descobriram que um general poderia fazer mais para matar grande número de inimigos do que meramente manejar uma lança na ala direita da falange, exibindo as virtudes cardeais de sobriedade e autocontrole (*sophrosynê*). Os exércitos já não eram o elemento de coesão que mantinha unido o governo consensual da velha pólis, mas haviam se tornado simplesmente recursos militares livres de qualquer peso civil ou político em particular. Personalidades como Alcibíades, Clêon, Demóstenes, Trasíbulos, Brasidas, Lisandro e Gílipos não eram guerreiros anônimos, mas líderes dos quais se esperava que, com o exercício de opções intelectuais, pudessem alcançar a vitória por meio de habilidades superiores, tanto logísticas e táticas quanto em termos financeiros ou de relações públicas. Um homem como Brasidas ou Lisandro (ambos de questionáveis antecedentes) era visto como um recurso valioso nos próprios termos, cujo valor era quase impossível calcular, mas agora mais apreciado que nunca.[26]

Pagondas, por exemplo, teve maior responsabilidade pela vitória em Délion do que a força de sua infantaria agrária tebana, da mesma forma que Sfactéria e Pilos foram vitórias atenienses devido, em grande medida, à visão de Clêon e Demóstenes. Sem Alcibíades e Lisandro, Esparta nunca teria tido sucesso em construir uma grande frota. Somente a chegada de Gílipos a Siracusa salvou a Sicília. Para reunir as novas forças diversificadas de mercenários, escravos e exércitos combinados, eram necessários pensadores, não apenas guerreiros.

Uma verdadeira revolução na ideia de generalato desdobrou-se durante a Guerra do Peloponeso e logo depois, especialmente nas reações históricas a ela, na medida em que filósofos e retóricos debatiam as credenciais adequadas para a liderança militar.[27] Antes da guerra, os generais eram considerados pessoas comuns; depois, frequentemente apareciam em público como cavaleiros montados e eram temidos e venerados. As carreiras de Epaminondas e Alexandre Magno dão testemunho da ideia de que um único homem podia galvanizar todo um Estado — democrático ou não — e, por meio do mero brilho e audácia, organizar sofisticados exércitos de invasão.

Qualquer que seja a controvérsia, imediatamente após a derrota de Atenas apareceu todo um gênero de literatura militar para os especialistas. Alguns sofistas itinerantes como Dionisodoro, da *Memorabilia*, de Xenofonte, prometiam que podiam ensinar "como ser um general". No pós-guerra, os veteranos com frequência se alistavam como comandantes mercenários — homens, por exemplo, como Falinos, da Beócia, que afirmava ser um "especialista em tática e treinamento com armas". A literatura utópica do século IV enfatizava a nova necessidade de profissionalização, especialização e treino cuidadoso.[28]

Em Atenas, todo um conjunto de capitães mercenários como Ifícrates, Timóteo, Cábrias e Chares assumiram as forças militares de uma forma jamais sonhada no século V, quando Nícias e Alcibíades haviam primeiro debatido como políticos, e só depois como generais. Um dos grandes mistérios da Guerra do Peloponeso é por que razão Estados insulados e antiquados, como Esparta e Tebas, produziram estrategos e táticos brilhantes como Brasidas, Gílipos, Lisandro e Pagondas, enquanto a Atenas liberal e livre pensadora confiou tão grande parte de seus comandos mais críticos a broncos tímidos como Nícias; a empreendedores inspirados, mas muitas vezes imprudentes como Alcibíades, Cleôn e Demóstenes; ou a funcionários anônimos cujos nomes são conhecidos somente por suas mortes em defesa da pátria, tais como os de outra forma obscuros Hipócrates ou Laques. Talvez fosse pela intrusão da assembleia nas decisões relativas a questões militares, um fator inerente à democracia radical de Atenas, ou por uma tradição de que grandes comandantes do passado — como Temístocles, Péricles e Fórmion — eram almirantes, e não generais da infantaria. De qualquer modo, os peloponésios, não Atenas, foram os que produziram as melhores mentes militares. Em circunstâncias cruciais — Sicília e Egospótamos se destacam —, a consequência da própria guerra dependeu justamente dessa liderança superior.[29]

A Guerra como Um Mal

Nem todo o legado da Guerra do Peloponeso foi de natureza material, social ou política. Houve também consequências ideológicas e filosóficas. Grande parte da literatura grega produzida tanto antes quanto depois imaginava a guerra como uma tragédia, mas não necessariamente como um mal — a despeito do dito do filósofo pré-socrático Heráclito de que "a guerra é o pai de todos nós" ou da opinião *post-bellum* de Platão em seu *As Leis* de que a guerra é um fenômeno mais natural do que a paz. Em vez disso, o cenário moral da época — quem lutava contra quem, por que, como e com que resultados? — determinava a avaliação ética de guerras que haviam sido, em sua maioria, curtas e econômicas.

Novamente, o crescimento dessa aceitação trágica da guerra entre os gregos, tão comum desde Homero até Sófocles, também se baseava em duas realidades mais práticas. A maior parte das guerras entre os gregos desde o século VIII até o V havia provavelmente sido curta e sazonal. Os raros conflitos cósmicos pela sobrevivência nacional, como os com os persas entre 490 e 479, foram conduzidos exclusivamente contra estrangeiros e sempre terminavam com uma única batalha campal decisiva.

A Guerra do Peloponeso foi diferente. Quando o mundo grego se autodilacerou em um suicídio nacional que durou quase três décadas, alguns pensadores gregos — à maneira da geração pós-guerra da década de 1920, que recuava horrorizada diante das trincheiras da Primeira Guerra Mundial — começaram a associar a própria insatisfação em relação à condução daquela guerra em particular com a natureza da própria guerra. Assim, peças produzidas durante a guerra por Aristófanes — *Os Acarnânios*, *A Paz* e *Lisístrata* — e também Eurípides — *Andrômaco*, *Helena*, *Hécuba* e *As Troianas* —, embora não mostrem nenhum amor pelos espartanos, parecem indicar um novo ponto de vista nas atitudes gregas com relação à guerra: tais conflitos eram, neles mesmos, terríveis experiências humanas que transcendiam as razões das hostilidades. Os fazendeiros e as mulheres nas peças *Os Acarnânios*, *A Paz* e *Lisístrata*, assim como os civis capturados e sofredores de *Hécuba*, *As Troianas* e *Andrômaco*, revelam que os gregos comuns encontravam experiências partilhadas dos dois lados da linha de batalha. Assim, os dramaturgos sugerem que há algo errado com a guerra em si — não apenas com os espartanos.

Embora a totalidade do pensamento pós-guerra nunca se tenha tornado terapêutica, e muito menos pacifista ou utópica, a Guerra do Peloponeso no mínimo introduziu na filosofia ocidental a ideia compreensível de que a guerra nem sempre era nobre ou patriótica, mas frequentemente carecia de sentido, era suicida e talvez intrinsecamente errada, especialmente quando durava 27 anos e não umas poucas horas de um dia de verão. Homero, é claro, havia questionado na *Ilíada* a moralidade e a lógica dos motivos e sacrifícios de guerreiros irrefletidos, mas Aquiles não duvidava da nobreza e do heroísmo inerentes a conflitos armados.

No entanto, os gregos do século IV compreenderam que a Guerra do Peloponeso havia sido algo excepcionalmente terrível na experiência helênica. Ela destruíra o idealismo e o espírito da união pan-helênica que era tão fundamental para a defesa da Grécia contra o invasor persa. A guerra deixou em sua esteira a ideia mais autointeressada de que, se os gregos tivessem que matar de forma tão selvagem, pelo menos matassem persas — o mantra que Filipe e Alexandre logo manipulariam tão brilhantemente. De qualquer modo, para vencer a guerra os espartanos haviam usado a Pérsia a fim de destruir Atenas. Essa fora uma estratégia brilhante no curto prazo, mas calamitosa após o conflito quando hoplitas espartanos estavam estacionados na Ásia Menor para impedir o ressurgimento dos persas na Jônia — um território cuja posse eles haviam garantido recorrendo aos sátrapas e incorporando-os ao esforço de guerra.

Por Que Atenas Perdeu?

Dada a ausência de ações resolutas ou de uma liderança espartana inspirada nos 20 anos anteriores à Guerra Jônica, é essa a pergunta que ocorre, e não "Como Esparta conseguiu?" O próprio Tucídides enfatiza quão raros eram, em Esparta, homens capazes como Brasidas, Gílipos e Lisandro, e como Atenas, a despeito das vantagens que um governo democrático agrega à guerra, cometeu erro após erro.

Em sua narrativa, surgem razões para Esparta haver triunfado; nenhuma delas pode ser atribuída a percepções estratégicas ou às táticas imaginativas da oligarquia. A praga foi um castigo da natureza. A Sicília foi um equívoco estratégico da própria Atenas, agravado por asneiras táticas. A criação de um forte em Decêleia e o uso de capital persa para construir uma frota são atribuídos por Tucídides e Xenofonte ao conselho e às maquinações de

Alcibíades, um ateniense. Assim, é natural que os observadores busquem descobrir o que Atenas fez de errado, em vez de o que Esparta fez de certo, para explicar como aquela dinâmica cidade imperial foi não meramente golpeada, mas quase arruinada.[30]

No entanto, Atenas não perdeu a guerra com Esparta mais do que a Alemanha nazista perdeu as guerras ofensivas contra a França e a Polônia. À altura de 425, no sétimo ano do conflito, quase todos os objetivos limitados de Atenas haviam sido alcançados, de acordo com a meta original de Péricles de se chegar a um impasse temporário — ou, expresso de forma talvez mais caridosa, de não ser derrotado em uma guerra de exaustão. O império de Atenas ainda estava intacto. Ela exercia uma contínua supremacia naval sobre todos os inimigos potenciais e, de fato, sua frota terminaria a primeira década da guerra com os mesmos trezentos navios iniciais. É verdade que os problemas com Esparta não foram resolvidos, apenas adiados; mas a cidade pelo menos havia mostrado que a própria destruição poderia estar além das competências da aliança espartana original.

Atenas, afinal, havia provado a Esparta que invasões hoplitas da Ática, a despeito da terrível praga, não poriam a cidade de joelhos. Com a captura e detenção dos prisioneiros esparciatas, em Sfactéria, que seriam executados no momento em que um exército peloponésio cruzasse novamente as fronteiras da Ática, o traçado geral da Paz de Nícias, que ocorreria quatro anos depois, já estava estabelecido. A visão de Péricles, embora desgastada e dilacerada, parecia haver sido realizada. Em 421, os contemporâneos achavam que Esparta estava acossada e desmoralizada, após Pilos e o fracasso de seu avanço na Ática. Saber se uma paz precária e um retorno ao status anterior à guerra valiam o preço de uma década de lutas e da praga é uma questão totalmente diferente.

Em contraste, as razões para a total derrota ateniense que se seguiu após a paz fracassada eram provavelmente duas. Em primeiro lugar, mesmo antes da expedição à Sicília, Atenas não simplesmente havia combatido Esparta, mas, durante a década da Guerra Arquidamiana, mantivera à distância Esparta, toda a aliança peloponésia e ainda Corinto e Tebas. Esses dois últimos Estados provaram sua obstinação recusando-se até mesmo a assinar a paz precária alcançada em 421. Na luta de trirremes no golfo de Corinto, em Soligeia e em Délion, os dois aliados haviam com frequência combatido Atenas basicamente com os próprios recursos, sem a ajuda de Esparta.

Os poderes formalmente aliados a Esparta durante a maior parte do conflito não eram fracos. Estados peloponésios como Élis, Tegeia e, às vezes, até mesmo as refeitas Mantineia e Argos, forneceram hoplitas para um empreendimento liderado por Esparta ou, mais tarde, para a ocupação de Decêleia. O exército beócio era tão formidável quanto o espartano. Sua amarga hostilidade garantiu uma guerra em duas frentes, uma condição permanente após o fracassado esforço ateniense em Délion. Corinto controlava grande parte do tráfego marítimo lateral no golfo e todas as rotas terrestres do Peloponeso, tanto de entrada quanto de saída. O contínuo fracasso ateniense em tomar a Megárida apenas garantia aos peloponésios o acesso perpétuo à Ática a qualquer momento em que eles quisessem conceder alguma estratégia melhor do que as fracassadas invasões anuais anteriores, tal como a ocupação final de Decêleia.

Nos primeiros anos da guerra, Atenas conduziu maciças operações no exterior, mas rapidamente descobriu que a mobilização permanente de cem a duzentos navios estava exaurindo seu tesouro sem produzir resultados decisivos. Mas, com a captura de Pilos e Sfactéria, em 425, ela alcançou uma surpreendente vitória psicológica, mais ainda quando os espartanos foram envergonhados pela rendição de seus melhores hoplitas e dispuseram-se a deixar a Ática de uma vez por todas.

Novamente, à altura de 421, os atenienses não haviam vencido; mas haviam provado que, mesmo após sofrer horrendas perdas com a praga, eram capazes de encontrar novos métodos inventivos de não perder a guerra. No entanto, os pensadores mais criativos da cidade-Estado, desde Alcibíades até Demóstenes, avaliavam o impasse como um desapontamento, e não como um golpe de sorte. Assim, começaram a conceber novas operações exploratórias no Peloponeso que pudessem enfraquecer Esparta sem ter que lidar com os formidáveis hoplitas. O resultado foi uma política duplamente desastrosa, a retomada da guerra com os peloponésios e uma fé equivocada em expandir o teatro do conflito, em vez de confrontar e derrotar o exército espartano de uma vez por todas como um modo de libertar os hilotas e desmontar o segregacionismo espartano.

A segunda razão da derrota ateniense estava em que, a despeito de enfrentar ao mesmo tempo as três maiores cidades-Estados, Esparta, Corinto e Tebas; de perder mais de uma quarta parte de sua população para a praga; e de não destruir os hoplitas ou os recursos navais de qualquer de seus três adversários, em 415 Atenas invadiu Siracusa. Imediatamente, encontrou-se em guerra com uma cidade maior do que a sua e quase tão democrática.

Não apenas havia Atenas desviado seus preciosos recursos para uma campanha em terras distantes numa época em que os espartanos logo estariam a 20 quilômetros de suas muralhas, mas, ao atacar a democrática Siracusa, também enfraqueceu sua propaganda de que a guerra era, em grande parte, ideológica, empreendida em benefício dos povos democráticos e de sua resistência a oligarquias impostas de fora.

A Sicília sangrou, e a hemorragia atraiu toda uma hoste de novos inimigos. Talvez o pior de tudo tenha sido que, após a Sicília, Atenas estava em guerra consigo mesma, como provaram a revolução de 411 e o fracassado golpe oligárquico. Em 412, a Pérsia logo se tornaria um beligerante *de facto*. Sem o vasto capital persa para pagar tripulações e trirremes, Esparta nunca poderia ter levado adiante a Guerra Jônica, que acabou forçando Atenas a capitular. Naquela estreita perspectiva estratégica, Atenas realmente se parecia com a Alemanha da Segunda Guerra Mundial, que lutou contra os velhos aliados europeus da França e da Inglaterra, enfrentou o vasto poderio industrial dos Estados Unidos e tentou invadir a Rússia soviética. Hitler poderia ter derrotado cada um ou obtido um acordo com qualquer dos três poderes individualmente ou em sequência, mas nunca com dois, e muito menos três, combinados.

Tucídides acreditava que, se as democracias levavam múltiplas vantagens na guerra, suas rancorosas assembleias, constantes revisões de decisões tomadas, atitudes ostentosas e hipercriticismo comprometeram severamente as operações militares. Somente uma figura destacada como Péricles poderia manter sob controle as emoções primitivas liberadas nos fóruns abertos e, como primeiro cidadão, pelo mero poder de sua autoridade moral, governar o país quase por um *fiat* e ainda conseguir tirar plenas vantagens do dinamismo democrático. Independentemente de serem bem embasadas ou justas com a democracia aquelas opiniões pessimistas do historiador, certamente estava claro que Esparta tinha mais paciência com um às vezes negligente Brasidas, Ágis ou Lisandro do que os atenienses em algum momento tiveram com os próprios generais.

É verdade que Esparta podia executar generais como Tórax e isolar os prisioneiros que voltavam de Pilos, mas, em comparação com Atenas, ela deu a seus comandantes uma liberdade de ação desconhecida pelos atenienses. Se Tucídides foi exilado porque não salvou Anfípolis de Brasidas, mais tarde, no mesmo teatro, existe toda a probabilidade de que Brasidas não tenha sido chamado de volta a Esparta por não haver conseguido alcançar Torone a tempo, perdendo toda a cidade para Clêon. O fato de a assembleia ateniense haver exilado, executado ou multado quase todos os notáveis generais que enviou em campanha não tornou os comandantes mais responsáveis, e acabou produzindo homens tímidos e inclinados a constantes revisões de suas decisões. Assim, após qualquer revés, fosse na campanha de Délion ou nas Arginusas, eles, muito provavelmente, não retornariam a Atenas, com medo de um julgamento. Assim, a cidade poucas vezes aprendia com seus erros, mas quase sempre aterrorizava os generais transformando-os em muito cautelosos ou imprudentes, levando-os a basear suas decisões na antecipação daquilo que os eleitores em Atenas poderiam vir a aprovar em um determinado dia.

Um Patrimônio Sempre Útil?

Não se sabe exatamente se Tucídides entretinha opiniões preexistentes sobre a natureza da guerra e buscou usar os eventos da Guerra do Peloponeso para confirmar seu pessimismo, se sua filosofia emergiu indutivamente da violência criminosa que ele testemunhou durante três décadas, ou se ambas as hipóteses são verdadeiras. Mas sua história é mais que uma narrativa do que hoje são obscuras batalhas e matanças. Em vez disso, como ele predisse, ela serve como um guia atemporal para a trágica natureza da própria guerra, no tanto em que o caráter humano é sempre o mesmo e, assim, sua conduta em tempos calamitosos é sempre previsível.

Se a Guerra do Peloponeso ainda nos ensina algo sobre os homens na guerra, é a lição de que armistícios provisórios podem amenizar a luta, mas não podem, com nenhum grau de consistência, terminar o conflito, a menos que se tome em consideração a razão que levou uma das partes a entrar em guerra, antes de mais nada. Com mais frequência, uma ação resoluta, para o bem ou para o mal, pode produzir uma paz duradoura, usualmente quando um lado aceita a derrota e cessa as reclamações por meio de uma mudança de ânimos ou de governo — seja na liberdade ou na tirania. No sentido de como fazer uma guerra terminar definitivamente, o prático Lisandro compreendeu a natureza daquele terrível conflito muito melhor do que o estadista Péricles ou o ingênuo Nícias.

De início, os dois Estados entraram na guerra sem saber como derrotar o outro. No entanto, após quase vinte anos de uma matança fútil, a guerra foi resolvida em cerca de sete anos quando Esparta compreendeu como Atenas poderia ser vencida: mantendo seu povo dentro das muralhas, seus tributos e alimentos fora, e afundando sua frota. A perturbadora mensagem aqui é que as discussões seguem as oscilações no campo de batalha, e as soluções diplomáticas funcionam melhor quando refletem com precisão a fraqueza ou o poderio militar.

Usualmente, essa consideração pelo poder e por seu papel nos negócios de Estado costuma ser classificada como "realismo" ou "neorrealismo". Mas Tucídides — por isso que ele é verdadeiramente um grande historiador — é um crítico demasiadamente esclarecido para reduzir o conflito apenas a percepções sobre o poder e suas manifestações. A guerra em si não é uma mera ciência, mas um tipo de coisa mais inconstante, frequentemente sujeita ao destino ou ao acaso, sendo um empreendimento inteiramente humano. A *Guerra do Peloponeso*, então, não é um mero livro introdutório para estudos de relações internacionais, e o historiador não acredita que "a força tudo pode". Sua mensagem fala de tragédia, não de melodrama.

Ainda assim, Tucídides reconhece que os humanos também estão sujeitos a outras emoções inexplicáveis que os levam a coisas que não fazem muito sentido, sejam espartanos que "temem" o sucesso ateniense, os pobres plateus que escolheram resistir ao sítio, os supostamente severos espartanos que entraram em pânico após a queda de Sfactéria e puseram fim a todas as suas invasões na Ática ao saber que 120 membros de sua elite poderiam ser executados, os mélios que em vão resistiram esperando o apoio espartano, ou os uma vez arrogantes atenienses que navegaram para Siracusa e persistiram na loucura com base na mesma "esperança" que haviam antes acusado os ingênuos mélios de entreter. Se os modernos se indagam por que razão países inteiros de diversos milhões de pessoas podem ser mantidos como reféns quando criminosos mascarados ameaçam decapitar um único de seus cidadãos na televisão global, podemos nos lembrar da razão que levou espartanos em pânico e chocados a simplesmente abandonar toda a sua estratégia de invadir a Ática.[31]

Para um escritor supostamente interessado no poder, e não em tragédia, Tucídides não perde nenhuma ocasião de notar quão confrangedoras eram as perdas de cada exército. O que parece capturar a atenção do historiador não é, como tão frequentemente se afirma, o papel da força nas relações entre os Estados, mas a miséria da guerra que é lançada sobre os milhares — o tema deste livro — obrigados a lutá-la.

Tucídides às vezes opina que uma campanha em particular foi sábia ou insensata, mas ele quase sempre acrescenta detalhes e notas editoriais suficientes para nos transmitir a ideia de que os soldados que acreditavam na causa pela qual estavam morrendo mereciam uma celebração em termos que correspondessem a seu sacrifício. Assim, descobrimos que os téspios que pereceram em Délion não estavam presentes no ano seguinte para salvar sua cidade quando os até então seus aliados, os tebanos, derrubaram as muralhas. A cidade de Micálessos perdeu seus meninos da escola, e até os animais — e nós, seus leitores, devemos saber disso e refletir sobre a questão. Os atenienses não foram apenas massacrados no rio Assínaros, mas pereceram enquanto lutavam uns com os outros para beber o sangue e a lama do rio. Enquanto historiadores buscam mensagens sobre as "lições" de Tucídides embutidas em seu texto, o leitor comum não tem nenhum problema em sentir imediatamente que sua história trata precisamente daquelas passagens memoráveis que nunca desaparecerão, lembrando-nos das paixões e do furor que são liberados em homens, de outra forma normais, quando eles vão para a guerra.

Os jovens de Atenas, às vésperas da invasão espartana inicial ou durante o debate sobre a Sicília, estão sempre ansiosos pela guerra, na medida em que não tiveram nenhuma experiência dela. Em contraste, "os homens mais velhos da cidade", mais experientes, que sabem algo sobre pragas, assassinatos, terror e trirremes afundadas, estão sempre relutantes em invadir e, assim, com frequência se empenham em deixar alguma saída para o inimigo durante negociações duras que, não fosse assim, poderiam transformar a guerra na única alternativa. A guerra tucididiana pode ter utilidade e solucionar problemas, e frequentemente segue certo tipo de lógica macabra; mas, uma vez começada, bem pode durar 27 anos espalhada por todo o mundo grego, em vez dos antecipados trinta dias na Ática, e, no final, matar milhares que ainda nem haviam nascido em seu começo.

Tal reconhecimento não é necessariamente uma defesa do pacifismo; ao contrário, para Tucídides, ele requer a aceitação de que milhares acabarão apodrecendo em lugares quase desconhecidos como o rio Assínaros e a Etólia, uma lógica que deriva de decisões tomadas a distância, nas sacrossantas assembleias de Esparta ou Atenas. Um visionário Stenelaídas ou o sofista Alcibíades podiam conduzir sua volátil assembleia à guerra sem uma boa causa, enquanto um Arquídamos ou um Péricles poderiam pensar que a própria sobriedade e razão impediriam ou mitigariam o morticínio. Mas entre a emoção e a lógica reside o destino de milhares dos praticamente desconhecidos — Astímaco e Lacon executados em Plateia, em 427, Saugenês, habitante de Tânagra, morto em Délion, em 424, Scirfondas, massacrado em Micálessos, em 413, e o espartano Xenares que tombou em Heracleia, em 419 — que certamente serão convocados, tanto então quanto agora, para resolver por meio da violência o que palavras apenas não conseguem. Lembrem-se deles, pois a Guerra do Peloponeso somente a eles pertenceu.[32]

APÊNDICE I:
GLOSSÁRIO DE TERMOS E LUGARES

ACRÓPOLE — a colina fortificada e centro de uma cidade-Estado; designação usada com mais frequência para se referir a Atenas e aos grandes templos construídos por Péricles.

ARGOS — a renomada grande cidade-Estado na parte norte do Peloponeso que, durante a maior parte da guerra, era democrática, independente de Esparta e frequente aliada de Atenas. A península circunvizinha que se estende do litoral norte do Peloponeso até o Egeu é conhecida como Argólida.

ÁTICA — a área geográfica ao redor de Atenas e controlada por ela, terras do interior que abrangem 2.600 quilômetros quadrados.

BEÓCIA — uma grande região agrícola ao norte da Ática na Grécia Central. A maior parte das cidades no interior de seus quase 2.600 quilômetros quadrados estava unida politicamente em uma confederação oligárquica encabeçada pela maior cidade, Tebas. Durante todo o século V, Atenas buscou enfraquecer sua vizinha rival por meio de ocupações periódicas, fomentando revoluções democráticas e encorajando Estados beócios como Plateia e Téspias a permanecerem autônomos.

CORINTO — uma tradicional rival marítima de Atenas e destacada aliada de Esparta cuja riqueza e prestígio derivavam do controle que exercia sobre o istmo, que governava o tráfego marítimo grego a leste e oeste e as rotas terrestres nas direções norte e sul.

DECÊLEIA — uma pequena colina na planície ateniense a cerca de 20 quilômetros das muralhas de Atenas, fortificada pelos espartanos, em 414-413, para servir como guarnição permanente de ocupação na Ática e depósito dos produtos de contínuos saques.

DEMOCRACIA — "poder do povo", ou governo caracterizado pela inclusão dos pobres sem-terra entre os cidadãos votantes e decisões tomadas por voto majoritário na assembleia. De 507 a 338, a antiga democracia era quase o mesmo que Atenas, a mais poderosa e influente das cidades-Estados democráticas.

DRACMA — a unidade monetária mais comum da Grécia, frequentemente equivalente ao salário diário mais alto de um trabalhador bem pago. Seis *óbolos* equivaliam a uma dracma. Cem dracmas correspondiam a uma *mina*. Um *talento* era igual a 6 mil dracmas ou sessenta minas. Se pelo trabalho adulto semiespecializado se paga hoje cerca de dez dólares por hora nos Estados Unidos, podemos imaginar uma dracma valendo aproximadamente 80 dólares atuais. É impossível fazer comparações diretas, mas um talento em moeda atual norte-americana poderia consequentemente equivaler a algo como 480 mil dólares — ou aproximadamente o preço de uma casa grande na área urbana tanto em Atenas quanto nos Estados Unidos.

ESPARTA — uma cidade-Estado oligárquica que liderava a aliança peloponésia. Existem diversos termos para descrever Esparta e seu império. *Lacedemônios* é tanto uma conotação política quanto regional, denotando aquelas cidades-Estados e vilas no sul do Peloponeso que circundavam Esparta e eram diretamente governadas pelos espartanos. *Espartanos* refere-se a residentes da cidade e suas vizinhanças, e de diferentes status. Alguns homens eram ainda destacados como esparciatas, cidadãos plenos que constituíam uma pequena elite. *Lacônios* é mais uma rubrica étnica e geográfica usada para descrever a terra em volta e as pessoas que residiam em Esparta e ao redor, enquanto o adjetivo bem mais amplo *peloponésios* inclui todas aquelas cidades-Estados situadas na área continental ao sul de Corinto, a maior parte das quais era aliada de Esparta. *Dórios* é uma ampla categoria étnica e linguística que engloba os gregos do sul, basicamente se referindo ao Peloponeso, à Sicília, ao Egeu do sul e à Ásia Menor.

FALANGE — uma formação em colunas de lanceiros gregos pesadamente armados (hoplitas). A massa era usada para se chocar contra sua contraparte equivalente nas batalhas terrestres em terrenos abertos.

HELESPONTO — o moderno Dardanelos, ou uma estreita faixa de água que conecta o Egeu, através do mar de Mármara, ao mar Negro, e assim divide a Europa da Ásia. Foi o cenário de pavorosas batalhas marítimas entre atenienses e espartanos nos últimos quatro anos da guerra.

HILOTAS — trabalhadores rurais da Lacônia e da Messênia, de propriedade do Estado, que trabalhavam em servidão forçada hereditária para suprir alimentos e provisões para seus supervisores espartanos.

HOPLITA — um soldado da infantaria grega portando armas pesadas e utilizado na falange. Sendo originalmente um cidadão da pólis, eleitor e proprietário que fornecia a própria armadura, o hoplita acabou sendo definido como um soldado de qualquer classe que lutava em formação cerrada com armadura, escudo e lança. O nome deriva de seu grande escudo circular (*hoplon*) ou de sua panóplia em geral (*hopla*).

ISTMO — a estreita faixa de terra que liga a parte continental norte da Grécia ao Peloponeso, povoada e governada pelos coríntios, que lucravam enormemente com o controle do tráfego terrestre norte-sul e do tráfego marítimo leste-oeste entre o Egeu e o golfo de Corinto.

JÔNIA — o litoral ocidental da Ásia Menor (moderna Turquia ocidental), de fala grega, cujos habitantes do norte pretendiam ter os mesmos ancestrais de Atenas. Não deve ser confundida com o mar Jônico, que é um nome antigo dado à parte sul do Adriático entre a Itália e a Grécia ocidental.

METECOS — privilegiados estrangeiros residentes que podiam prestar serviço militar mesmo sem plenos direitos de cidadania. O termo é usado mais frequentemente em referência a estrangeiros em Atenas, onde residiam cerca de 20 mil metecos em meados do século V.

OLIGARQUIA — governo consensual restrito àqueles que tinham propriedades ou grandes capitais, daí "governo dos poucos". Os oligarcas foram apoiados por Esparta em sua guerra ideológica contra os democratas, que eram mais pobres e, na maior parte das vezes, desprovidos de terras e apoiados pela Atenas imperial.

PELOPONESO — a parte sul da Grécia, consistindo na grande península ao sul do golfo de Corinto. A maioria dos Estados nessa área de cerca de 22 mil quilômetros quadrados era etnicamente dória e aliada de Esparta ou subjugada por ela. A área deu seu nome à guerra por causa da natureza atenocêntrica de nossas fontes: para os atenienses, sua guerra era contra Esparta e seus aliados — vagamente definidos como os peloponésios.

PELTASTAS — tropas com armamentos leves, mais tarde frequentemente mercenários e estrangeiros, equipadas com um dardo e um escudo em forma de lua crescente (*peltê*) e treinadas para lutar como forças irregulares em terreno acidentado.

PIREU — o porto e as docas de Atenas, a 8 quilômetros da Acrópole e conectado por duas Longas Muralhas paralelas que criavam um corredor seguro para o transporte de produtos marítimos importados até a cidade.

PÓLIS (pl. PÓLEIS) — qualquer cidade-Estado autogovernada na Grécia antiga; o termo serve para descrever tanto uma unidade política quanto a área geográfica que circunda o centro municipal.

SATRAPIA — um Estado provincial persa. O termo refere-se mais frequentemente àqueles distritos no norte (Helesponto) e no centro (Sardes) da Ásia Menor que, durante a parte final da guerra, foram governados por Farnábazos e Tissafernes, respectivamente.

TETAS — a classe inferior do censo de Atenas, composta dos cidadãos mais pobres que possuíam pouca ou nenhuma terra e usualmente remavam na frota ou lutavam como forças irregulares fora da falange. Quando eclodiu a guerra, talvez houvesse mais de 20 mil tetas entre os homens adultos de Atenas.

TRIRREME — uma ágil galera de guerra movida por três camadas de remadores e armada com um aríete de bronze. As trirremes usualmente levavam 170 remadores e mais trinta oficiais variados, e podiam utilizar uma vela auxiliar durante trânsito e patrulhas.

APÊNDICE II:
PESSOAS-CHAVE

ALCIBÍADES — (450-404) o mais controvertido general de Atenas; seu destino trágico espelhou o declínio da própria Atenas. O arquiteto da malfadada expedição siciliana, fugiu de uma garantida sentença de morte ateniense apenas para instar os espartanos a construir uma frota e fortificar Decêleia à vista das muralhas de Atenas. Mais tarde, buscou as boas graças dos persas prejudicando os interesses tanto de Atenas quanto de Esparta, e foi várias vezes aclamado e exilado pelos atenienses por uma variedade de pretensos crimes antes de ser morto, em Frígia, pouco depois do final da guerra.

ARQUÍDAMOS — (governou 467-427) um dos dois reis hereditários de Esparta no início da guerra. Comandou a primeira invasão da Ática; com isso, os dez anos de luta de 431 a 421 ficaram mais tarde conhecidos como a Guerra Arquidamiana. Tucídides registra diversas falas de Arquídamos. No entanto, seus feitos no campo revelam o conservadorismo espartano, e não o *elã* de um posterior Brasidas ou Lisandro.

ARISTÓFANES — (ca. 460-386?) poeta cômico ateniense cujas 11 peças que chegaram até nós caricaturam muitos dos destacados atenienses do final do século V e muitas vezes oferecem valiosas informações sobre a vida em tempo de guerra na Atenas imperial durante a Guerra do Peloponeso.

BRASIDAS — (m. 422) talvez o mais excepcional soldado de infantaria produzido por Esparta; suas forças expedicionárias de esparciatas, aliados, libertos e hilotas causou danos aos atenienses no nordeste da Grécia. Sua súbita morte em Anfípolis prejudicou os esforços ofensivos espartanos no exterior por quase uma década e contribuiu para o impasse de 421-415.

CLÊON — (m. 422) o demagogo ateniense de triste fama que, na opinião de Aristófanes e Tucídides, era emblemático dos perigosos agitadores do populacho que se destacaram a partir da morte de Péricles. Era um vigoroso apoiador do imperialismo, conquistou uma espantosa vitória em Sfactéria sobre os espartanos e opôs-se aos esforços de Nícias de alcançar um armistício, em 422, antes de morrer na batalha em Anfípolis.

CIRO, O JOVEM — (m. 401) segundo filho do rei Dario II e demandante do trono persa. Após o final da Guerra do Peloponeso, Ciro exercia autoridade sobre grande parte da Ásia Menor, e sua íntima associação com Lisandro, a quem concedeu subsídios, explica a miraculosa criação da frota espartana que acabou vencendo a guerra.

DEMÓSTENES — (m. 413) inovador general ateniense (não deve ser confundido com o orador do século IV que tinha o mesmo nome) cuja audácia e táticas não convencionais resultaram em espantosos sucessos em Anfilóquia, Pilos e Sfactéria, mas contribuíram para desastres durante as campanhas da Etólia, Délion e Sicília. Foi executado sem cerimônia pelos sicilianos após a rendição ateniense, em 413.

DIODORO — historiador siciliano da Idade Romana que escreveu por volta de 60-30 a.c. Sua história universal em quarenta livros é basicamente uma compilação de historiadores gregos perdidos (mais notavelmente Éforo), mas com frequência oferece detalhes sobre a luta na Guerra do Peloponeso que não conheceríamos por meio de Tucídides.

FARNÁBAZOS — (m. 370) sátrapa persa da área de Dascílion, em volta do Helesponto, que assumiu uma atitude mais ativamente pró-espartana que seu rival Tissafernes, governador provincial mais ao sul.

GÍLIPOS — o excepcional general espartano, cuja súbita chegada a Siracusa, em 414, com uma força de apoio peloponésia, virou a sorte contra os atenienses que se esforçavam para tomar a cidade.

LÂMACOS — (m. 414) a síntese da dureza e competência que se esperava de um soldado em Atenas, ele frequentemente liderou tropas atenienses com sucesso no campo antes de morrer heroicamente na batalha de Siracusa.

LISANDRO — (m. 395) o brutal almirante espartano, o maior responsável pela competência da frota espartana durante a Guerra Jônica e pela vitória final sobre os

APÊNDICE II | 433

atenienses numa série de batalhas navais sangrentas, no Helesponto e ao largo do litoral da Ásia Menor. Ele sobreviveu à guerra, mas foi morto em um embate menor contra os beócios nove anos depois, em Haliártios.

MÍNDAROS — (m. 411) bem-sucedido almirante espartano que transferiu sua base de operações da Jônia para o Helesponto para conseguir mais subsídios persas e prejudicar a importação ateniense de grãos. Sua morte na batalha de Cízicos foi um revés para as esperanças espartanas de supremacia marítima.

NÍCIAS — (470-413) um sóbrio e conservador estadista ateniense que se opôs aos democratas radicais na luta pelo poder que se seguiu à morte de Péricles; a paz de 421-415 tem seu nome. Sua lendária cautela levou-o a se opor à expedição siciliana. Ainda assim, uma vez escolhido como general, suas demandas iniciais de forças maciças, combinada com sua timidez em usá-las, transformaram uma provável derrota tática numa catástrofe estratégica desnecessária.

PÉRICLES — (ca. 495-429) como um general eleito anualmente e líder político, liderou os atenienses por quase trinta anos e foi o maior responsável pela decisão de construir os monumentos na Acrópole, expandir o império ateniense e entrar em guerra com Esparta. Morreu da praga no segundo ano da guerra, com consequências desastrosas para o império que havia ajudado a criar.

PLUTARCO — (ca. 50-120 d.C) biógrafo grego do período romano cujo *Vidas Paralelas* compara ilustres estadistas e generais gregos com suas contrapartes romanas. Seus *Alcibíades, Lisandro, Nícias* e *Péricles* são complementos valiosos à história de Tucídides.

TUCÍDIDES — (460-395?) o grande historiador ateniense cuja narrativa cobre as origens da guerra, seu início e os eventos de cada ano, desde 431 até 411, quando é bruscamente interrompida. O próprio Tucídides era um general ateniense eleito, mas foi exilado, em 424, por 20 anos, ostensivamente, por permitir que Brasidas capturasse Anfípolis.

TISSAFERNES — (m. 395) sátrapa persa instalado em Sardes, governador das províncias centrais costeiras da Ásia Menor que promoveu a política de lançar Esparta e Atenas uma contra a outra, enquanto afirmava apoiar a criação da grande frota espartana.

XENOFONTE — (428-354) historiador grego, filósofo e escritor militar cuja história helênica continua a narrativa de Tucídides a partir de 411 até o final da guerra em 404, e depois continua a história grega até a segunda batalha de Mantineia, em 362.

NOTAS

As referências à Guerra do Peloponeso de Tucídides são identificadas apenas por livro e número de seção. Outros historiadores antigos como Diodoro, Heródoto e Políbio são mencionados apenas por seus nomes se forem autores de um único trabalho.

Prólogo

1. Sobre a dramática descrição do fim da guerra, ver o relato de Xenofonte em *Helênica*, 2.2.19-25. Tucídides (2.8.4; cf. 1.139.3) nos lembra que os espartanos originalmente declararam que estavam indo para a guerra a fim de "liberar a Grécia", um slogan ao qual, a despeito da consistente brutalidade espartana, a maior parte dos gregos aparentemente aderiu no final do conflito. No entanto, em outra passagem Tucídides parece sugerir que muitas cidades-Estados não eram assim tão ideológicas. A maior parte simplesmente queria ser deixada em paz ("tanto fazia democracia ou oligarquia, desde que fossem livres"), e sua lealdade aos espartanos baseava-se na ideia de que eles poderiam vencer e, na vitória, provar-se menos capazes de reinstituir um império coercitivo; p.ex., 3.82.2-3, 8.48.5.
2. 1.23.4; cf. 3.23.5. Antes de cometermos uma injustiça com Tucídides, acusando-o de associar à guerra fenômenos naturais e de modo impreciso, devemos considerar que, mesmo em nossos dias, muitas vezes se estabelece uma forte relação entre terremotos, fome e algum conflito em andamento. No final de dezembro de 2003, um devastador terremoto em Bam, no norte do Irã, foi imediatamente discutido na imprensa ocidental em associação com a guerra contra o terror, especulando-se sobre o grau em que o desastre e a presença de equipes de ajuda ocidentais fortaleceriam ou enfraqueceriam a teocracia e seu presumido apoio a enclaves terroristas.

Capítulo 1

1. Sobre críticas aos neoconservadores e seu suposto uso de Tucídides para promover os esforços de levar os Estados Unidos à guerra no estilo do imperialismo pericliano, ver Gary North, "It Usually Begins with Thucydides" (http:www.lewrockwell.com/north/197.html) e as críticas de diferentes perspectivas por D. Mendelsohn, "Theatres of War: Why the Battles over Ancient Athens Still Rage" (New Yorker, 12 de janeiro, 2004). Cf. L. Miller, "My Favorite War" (New York Times Book Review), 21 de março, 2004). Para alusões a Clemenceau e Venizélos, ver Lebow e Strauss, Hegemonic Rivalry, 2-19.
2. Isócrates, Sobre a Paz, 4, 88, lamentou a perda de preeminentes atenienses durante as três décadas de duração da guerra, aristocratas que teriam feito muito melhor se usassem seus talentos contra o inimigo helênico comum, a Pérsia imperial. O argumento de Isócrates é semelhante ao daqueles que agora lamentam a Primeira Guerra Mundial, vista como um trágico suicídio europeu que destruiu a missão imperial de uma Inglaterra civilizadora. Ver, em geral, N. Ferguson, The Pity of War (Nova York, 2000), 457-62.
3. 1.22.4. Essa afirmação contundente talvez seja a frase mais famosa de toda a história de Tucídides — que mostra uma notável confiança em que as opiniões do historiador sobreviverão à importância do próprio tema sobre o qual escreve. Enquanto isso, cerca de 2.500 anos depois de ele escrever A Guerra do Peloponeso, as traduções para o inglês da história de Tucídides vendem cerca de 50 mil cópias por ano nos Estados Unidos.
4. Ver seus comentários sobre Péricles: 2.65; Brasidas: 4.81.2; a revolução oligárquica de 411: 8.97.2; e Antífon: 8.68.1-2. Aqueles que parecem causar maior impressão em Tucídides — Péricles, Nícias e Antífon — eram aristocratas por natureza e alimentavam uma desconfiança da sabedoria coletiva das pessoas comuns, tal como essa se manifestava num dia qualquer na assembleia.
5. 4.65.3-4. Para referências a Atenas como Estados Unidos, ver Sabin, "Athens", 237-38.
6. Xenofonte, Helênica 2.2.23. A discussão sobre a popularidade ateniense no exterior é complexa, envolvendo perspectivas contrastantes dos pobres e dos mais prósperos dentro de cada cidade-Estado e a proximidade física entre um Estado particular e Atenas ou Esparta. Não seria excessivamente cínico presumir que, se Atenas tivesse vencido a guerra, os mesmos gregos que se rejubilaram quando as Longas Muralhas foram derrubadas teriam ficado igualmente satisfeitos com uma derrota espartana — como, de fato, ficaram quando o maciço exército pan-helênico de Epaminondas varreu o Peloponeso três décadas depois para destruir o império espartano. G. E. M. de Ste. Croix, em Origins, 42-44, faz a mais famosa discussão das percepções populares de Atenas.

7. 2.8.4-5. A boa vontade dos gregos com relação aos espartanos só passou a existir depois que esses últimos gradualmente se retiraram da aliança com Atenas, após a vitória grega na Guerra Persa. Quanto menos os gregos viam dos espartanos, mais gostavam deles. Na verdade, houve um momento em que os jônios e outros gregos "imploraram" aos atenienses que se tornassem hegemônicos para reduzir a presença espartana no exterior; cf. 1.95.1-2.
8. Ver as reclamações dos enviados atenienses em Esparta (1.76.4), que lembraram a seus oponentes que "mesmo nosso senso de igualdade tem injustamente nos submetido a críticas, e não a aprovações". O demagogo ateniense Clêon reiterou o mesmo tema no debate sobre os reféns em Mitilene (3.37) quando defendeu o inquietantemente moderno argumento de que os atenienses liberais estavam mal preparados para as duras exigências do império. Em seu conforto e segurança domésticos, eles aparentemente presumiam, equivocadamente, que o mundo externo na região do Egeu funcionasse de acordo com os mesmos princípios.
9. A famosa frase — uma guerra "sem igual" *(hoia ouch hetera en isô chronô)*, da qual foi tirado o título deste livro — está em 1.23.1; cf. 1.1.1. O grego refere-se literalmente aos "sofrimentos" *(pathêmata)* com a guerra, que era algo excepcional na história grega.
10. Embora os gregos sempre tivessem estado conscientes dessas diferenças entre conflito e guerra, foi precisamente o pesadelo da Guerra do Peloponeso que levou filósofos como Platão e Isócrates a estabelecer uma distinção entre os dois fenômenos: guerras estrangeiras contra os persas às vezes eram boas, e conflitos internos entre cidades-Estados gregas eram sempre ruins. Ver Platão, *República*, 470B; e a longa discussão de Price, *Thucydides and the Internal War*, 68-73. No século IV, o já distante conflito persa era a "guerra boa", e a recente guerra peloponésia era "a ruim". Isso não é diferente de nossa atual construção da Segunda Guerra Mundial e do Vietnã como esforços respectivamente nobres e controvertidos.
11. 1.1.2. A noção de um "grande choque" é interessante, implicando agitação social, terror, revolução, praga e um elenco de outras catástrofes que transcendem as perdas militares normais associadas a batalhas numa guerra convencional. Tucídides não era um homem religioso, mas, ao incluir terremotos, pestilência e maremotos como parte do cataclismo, conferiu um efeito dramático a seu relato de um Armagedom autoinfligido. Pelo menos, ele tinha consciência de que, em tempos de uma guerra terrível, as pessoas estabeleceriam alguma associação vaga entre um conjunto de infortúnios naturais e o conflito humano em andamento.
12. A Ática, seus aliados terrestres e os Estados tributários do outro lado do Egeu talvez chegassem a um milhão de pessoas. Para números sobre algumas guerras modernas, ver Keegan, *Warfare*, 359-61.

13. 1.23.6, 1.86.5, 1.88 e 1.118.2. Note-se a ênfase em percepções de poder, e não em reclamações reais cuidadosamente delineadas, e o peso que tinham honra e status no senso espartano de um declínio inevitável. Esse sentimento de agravos percebidos talvez seja maior numa sociedade insular, paroquial e tradicional, na qual as opiniões da elite governante mais idosa raramente são questionadas ou expostas a novas ideias vindas de fora.
14. Medo dos dois lados: 1.44, 1.118; tamanho de Atenas: 1.80.3. Para os benefícios do império, ver [Xenofonte] *A Constituição dos Atenienses*, 2.12. Há uma discussão perspicaz sobre a angústia espartana em Cawkwell, *Thucydides*, 26-39. Popularidade não era a única questão que determinava a estabilidade do império ateniense: na maioria dos Estados gregos, durante a maior parte do século V, os pobres contavam com ver trirremes atenienses em seus portos com muito mais frequência do que os ricos poderiam esperar uma falange de hoplitas peloponésios marchando até as portas da cidade. Para a ideia de que os espartanos eram caprichosamente cruéis e duros quando estavam em outras terras, ver, por exemplo, 4.80.4-5 e 4.81.3 (Brasidas como um tipo diferente de espartano). Dórios lutando pela Atenas jônica: 7.57.
15. 3.61.2. Assim como a globalização é caracterizada pela disseminação do idioma inglês, da cultura popular dos Estados Unidos e do dólar norte-americano, assim também a "aticização" era marcada pela intrusão no Egeu de moedas atenienses e do dialeto da Ática, bem como por trirremes imperiais e pelo conhecimento das tragédias e das comédias atenienses no exterior.
16. [Xenofonte], *A Constituição dos Atenienses*, 3.10-13. O autor anônimo desse tratado contemporâneo sobre a sociedade ateniense exibe certa aprovação irônica da lógica da democracia ateniense, independentemente dos próprios preconceitos oligárquicos, talvez da mesma forma como um aristocrata poderia ficar chocado com o Wal-Mart e a música dos rappers, mas pelo menos concordaria com que tais instituições e gostos populares apelam às necessidades materiais e de divertimento das massas, muito mais do que apelariam pequenas lojas familiares, museus e ópera.
17. Para as diferenças políticas inatas entre Esparta e Atenas que levaram à guerra, ver 3.39.6, 3.47 e 3.82.1. Os coríntios censuraram os espartanos pela inabilidade de se contrapor à irrequieta cultura de Atenas, terminando na famosa avaliação dos atenienses como um povo que "nasceu para o propósito de nunca ter paz e nem permitir que outros homens a desfrutem". Cf. 1.70.9, 1.76-77 e 4.55.2. Para uma revisão da antiga evidência atestando o medo de Esparta e o desejo de Atenas de apossar-se de outros Estados, ver Ste. Croix, *Origins*, 64-67.
18. 2.64.3. Podemos encontrar um eco moderno desse controle ateniense após as Guerras Persas no uso do que o ex-ministro francês das Relações Exteriores,

Hubert Védrine, chamou *l'hyperpuissance américaine*: a esmagadora influência dos Estados Unidos que surgiu no mundo depois da Guerra Fria após a queda do Muro de Berlim. À altura de 431, as Guerras Persas estavam muito distantes na memória grega para que pudessem sustentar uma amizade apenas residual baseada numa aliança anterior contra a ameaça comum — Atenas era poderosa demais, e parecia fazer muito tempo que o velho inimigo se fora.
19. As demandas espartanas estão listadas em 1.139.1-4. Para a transformação radical de Atenas, que passou de uma pólis agrária a uma potente usina rica, urbana e imperial, ver Hanson, *Other Greeks*, 351-96. Os reacionários desejavam um retorno ao Estado soloniano de um século atrás, a uma época em que Atenas não tinha nenhum império e era governada com base numa constituição favorável aos proprietários.
20. 7.18.2; cf. 1.33.3, 1.76.2, 1.102.2-3 e 5.20. Independentemente das acusações de cada lado, no final foram os espartanos, não os atenienses, que primeiro cruzaram as fronteiras da rival.
21. Ver Kagan, *Origins of War*, 8-9 e 567-73; ele tem a melhor discussão a respeito dessas emoções primordiais e de sua influência sobre como Tucídides interpretou a eclosão da guerra.
22. 1.86-87. Note-se que, a despeito das reclamações anteriores contra Atenas listadas por seus inimigos, o voto oficial espartano centrou-se na "honra" espartana e no medo do "poder" de Atenas.
23. Herman, *Idea of Decline*, 14-19. Para autores imperiais romanos como Petrônio, Suetônio, Tácito e Juvenal, o "declínio" social ou o "envelhecimento" natural de um Estado são vistos como surgindo do luxo, do ócio e da afluência geral, e não como resultados de bárbaros desgrenhados, praga, fome ou invasão.
24. 1.123. Existe ironia nessa afirmação dos coríntios, pois eram justamente eles os mais suntuosos dos gregos na época em que estourou a guerra, e os mais toscos ainda eram os espartanos.
25. Sobre a participação de Sócrates nessas batalhas, ver Platão, *Simpósio*, 220E, 221A-B; *Laques*, 181B; *Apologia*, 28E. Sua oposição à campanha da Sicília está em Plutarco, *Nícias*, 13.7. Sócrates pode ter lutado em pelo menos três batalhas e sítios quando tinha por volta de 45 anos. Mas, após 421, não existe nenhum registro de outros serviços seus, e devemos imaginar que tenha passado as duas últimas décadas da guerra, entre seus 60 e 70 anos, de guarda com os hoplitas mais velhos e os residentes estrangeiros (metecos).
26. Platão, *Protágoras*, 359E. Há poucos sinais de pacifismo em qualquer dos diálogos de Platão, que, em vez disso, tomam a guerra como um evento trágico, mas, ainda assim, natural. Sua crítica às guerras é pragmática, e não o que reconheceríamos como moral; em vez disso, gira em torno de modos particulares de lutar que en-

volviam gregos sendo mortos por gregos, ou bons hoplitas sendo derrubados por seus inferiores sociais em escaramuças nada heroicas e no mar.

27. Cf. 1.44.2 e 1.144.3. Com frequência, Péricles é apropriadamente comparado a Churchill no sentido de que, ao final de suas longas carreiras, os dois velhos aristocratas imperialistas haviam visto coisas demais para ter qualquer ilusão de que o apaziguamento de um Estado-guarnição e de sua coalizão antidemocrática traria a paz.

28. 1.122.1. Após os coríntios recriminarem os espartanos por sua política externa ultrapassada, eles propuseram uma invasão imediata da Ática — um conselho apoiado na mais reacionária de todas as estratégias, ou seja, promover a devastação agrícola na esperança de que isso provocasse uma batalha hoplita. Em 446, os espartanos, por iniciativa própria, haviam desistido de invadir a Ática. Em 431, estavam certos de que não havia nada que os impedisse de entrar em solo ateniense, como se aquele fato, por si mesmo, pudesse precipitar a batalha ou causar algum grande dano a Atenas. No caso, eles fizeram uma associação equivocada entre a bem-sucedida tática de invadir a Ática e a quase impossível estratégia de transformar tal dominância na Ática em uma vantagem de longo prazo.

29. Existe toda uma subárea de história grega empenhada em determinar por que a Guerra do Peloponeso teve início naquele momento específico, e qual dos lados foi realmente culpado de romper a paz. Os argumentos condenando Atenas são encontrados em E. Badian, *Plataea*, 125-62. Para a posição ateniense, ver a famosa Apologia de G.E.M. de Ste. Croix, brevemente resumida em *Origins*, 290-92. Kagan, *Outbreak*, 345-74, faz uma revisão honesta e abrangente de um século de controvérsia acadêmica. Ainda assim, ele tem dúvidas sobre as opiniões bastante deterministas de Tucídides de que a guerra era inevitável por causa do medo espartano de uma Atenas ainda mais poderosa.

30. 1.68.4. É difícil encontrar qualquer reconhecimento peloponésio de que o rápido crescimento da frota ateniense na década anterior à guerra demandava um contra-esforço para empatar trirreme com trirreme. A decisão ateniense de construir trezentos navios de guerra certamente não resultou em nenhuma corrida armamentista semelhante à notória rivalidade entre couraçados ingleses e alemães, do início de 1900, que quase levou à falência os dois impérios. Em nossas fontes, é quase como se os peloponésios descobrissem tardiamente, ao eclodir o conflito, que, naquela nova guerra, os navios seriam cruciais, e que só tinham um pequeno número deles.

31 2.8.1. A afirmativa de Tucídides a respeito da inexperiência era bastante válida para Esparta. Mas Atenas, de fato, havia lutado quase continuamente por terra e mar durante todo o início e meados do século V. Por exemplo, nas duas décadas antes do início da guerra, Atenas havia feito campanhas na Beócia, em 447, sufo-

cado revoltas em Eubeia e Mégara, em 446 e sitiado Samos e Bizâncio, em 440. A ideia de que os jovens tenham se lançado apressadamente à guerra sem experiência prévia de seus horrores é temática na história de Tucídides, e explica parcialmente por que uma geração de jovens inexperientes alinhou-se contra os mais velhos, em 416, quando demandaram que se enviasse uma expedição à Sicília.
32. 2.65.7; cf. 2.13.2 e 1.144.1. Para uma crítica da estratégia de Péricles, ver Kagan, *Archidamian War*, 352-55. Não se encontra em nossas fontes nenhum plano remotamente semelhante à audácia posterior de Epaminondas, que presumiu que a única maneira de derrotar Esparta seria marchar contra ela, desmantelar o sistema de *apartheid* e cercar seu território com um anel de cidadelas democráticas amigas.
33. 1.10.2. Novamente, é notável que, nas deliberações anteriores à guerra, Esparta tenha considerado a possibilidade de organizar uma frota para derrotar Atenas arruinando sua armada e navegando até o Pireu, enquanto Atenas nunca planejou criar um exército maciço para tomar de assalto a Lacônia.
34. 1.71 e 1.141.3; cf. 1.142.3. Pelo menos, o prognóstico feito por Péricles antes da guerra a respeito da impotência espartana estava basicamente correto e em forte contraste com a última década da guerra, quando o dinheiro persa mudou toda a fisionomia do conflito. Nessas e em outras passagens, ver Hanson, "Hoplite Battle", 215-16. No início da guerra, Esparta não tinha tropas de lançamento de projéteis, dispunha de poucos cavaleiros, nenhum contingente de armamentos leves e quase nenhum navio — exatamente os tipos de recursos que seriam necessários para a vitória.
35. 1.102. Trinta anos antes do eclodir da guerra, os atenienses haviam ido em ajuda a Esparta para reprimir o levante hilota, de 462, nas encostas do monte Itome, na Messênia. Tanto suas habilidades quanto seu caráter revolucionário amedrontaram os espartanos, que abruptamente enviaram os atenienses de volta para casa antes que se tornassem mais um problema do que parte da solução.
36. 1.36.3. Uma questão curiosa a respeito desta guerra era a frequência com que a luta concreta não confirmava presunções anteriores, especialmente no que se referia aos esforços de Esparta e Atenas para garantir a boa vontade de Corinto e da Córcira, respectivamente, e a quão pouco cada um desses Estados mais tarde efetivamente contribuiu para o resultado final do conflito. Nisso, Corinto e Córcira não eram diferentes da Itália pré-guerra de Mussolini, que tanto Churchill quanto Hitler pensaram ser um aliado potencial valioso, mas que acabou oferecendo pouca vantagem militar depois de a guerra concretamente começar.
37. Ver 8.2-7 sobre os esforços de Esparta de criar uma frota, e cf. Kagan, *Fall*, 14-16.
38. Observações posteriores sobre os instáveis hilotas: Aristóteles, *Política*, 1269A; Xenofonte, *Helênica*, 3.3.6; cf. Tucídides, 1.101-02 e 4.80.3. A maior parte dos gregos possuía escravos de diferentes status e nacionalidades. Mas em Esparta os

hilotas eram exclusivamente um povo rural, todos gregos, e, no caso dos messênios, dotados de uma orgulhosa herança nacional. Assim, embora escravos atenienses remassem e carregassem a bagagem de seus senhores na infantaria, havia muito menos chances de que as afinidades entre eles pudessem superar seu status servil e levar a uma rebelião em massa.

39. O rei Arquídamos alerta sobre as vantagens demográficas desfrutadas por Atenas: 1.80.3. Para as miríades de ramificações dos hilotas e da demografia sobre a habilidade espartana de empreender uma guerra contra Atenas, ver Cartledge, *Agesilaos*, 37-43.

40. Cf. 1.80.3, 1.81.1, 1.114.1 e 1.101.1. A maior parte dos exércitos clássicos carregava rações para somente três dias, de modo que velocidade e planejamento do tempo eram essenciais: um exército que fosse emboscado ou chegasse depois de as colheitas terem sido evacuadas disporia de muito pouca latitude tática. Em alguns sentidos, os exércitos gregos antes da era de Alexandre sofriam das mesmas vulnerabilidades dos primeiros aviões de cobertura aos bombardeiros da Segunda Guerra Mundial, cujo combate aéreo sobre o alvo era restringido pelas limitadas reservas de combustível e, assim, frequentemente durava apenas uma fração do tempo total da missão.

41. Cf. 4.85.2, 5.14.3 e 7.28.3. As peças de Aristófanes (p. ex., *Os Acarnânios*, 182-83, 512) enfatizam a vergonha dos fazendeiros da Ática assistindo, impotentes, ao inimigo devastar suas propriedades, e especialmente sua falta de habilidade em alterar a política oficial de moderação introduzida por Péricles.

42. Xenofonte, *Helênica*, 1.1.35. À altura de 411, Esparta dispunha de uma frota, de capital e novas alianças, podendo, assim, ter certeza de que tinha condições de ficar na Ática permanentemente sem se preocupar muito com que os atenienses, como no passado, pudessem amedrontar seriamente os peloponésios. Existe uma discussão concreta e acalorada sobre o grau de autossuficiência alimentar de Atenas. Garnsey *(Famine and Food Supply,* 105-06) bem pode estar certo em seu argumento de que a Ática clássica podia fornecer quase a metade dos grãos necessários ao Estado ateniense, no final do século V.

43. 1.144.4. A evacuação do interior da Ática antes da matança promovida por Xerxes era frequentemente evocada como prova da coragem e do sacrifício dos atenienses — embora esses tivessem tomado providências para nunca mais sofrer tal humilhação.

44. 1.80.3 e 1.82.2. Devemos ao gênio de Tucídides esse retrato paradoxal de Arquídamos, o único espartano astuto que alertou contra exatamente a mesma estratégia que ele em seguida adotaria, e que ficou para sempre associado à primeira década da guerra que buscou evitar.

45. Longas Muralhas em Argos e Patras: 5.52 e 5.82; cf. 1.93.1. A ironia é abundante: Nícias (7.77.6) argumentava que não importavam muralhas, mas os homens por detrás delas. Ainda assim, em Siracusa elas importaram: com mais uns poucos milhares de metros de edificações em Epípolas, e seu agora desencorajado bando teria isolado a cidade e assumido o controle. Corinto parece ter usado longas muralhas para conectar seus portos à cidade sem ser abatida pelo vírus democrático, mas ela tinha uma longa tradição de aristocratas engajados no comércio através do istmo e, dada sua posição geográfica estratégica, nunca associou fortificações com o abandono deliberado de fazendas.
46. 1.69.1; cf. 1.90-93. Os conservadores atenienses sempre haviam se oposto às Longas Muralhas e esperado que os espartanos interviessem para sustar sua construção; cf. 1.107.4.
47 Sobre as finanças atenienses, ver 2.13.3-5. Uma prova da natureza dispendiosa da nova guerra — a maior parte dos gastos era com sítios e salários de remadores — é que, no quinto ou sexto ano da guerra, Atenas estava praticamente sem nenhum dinheiro e buscando novas fontes de renda (e também reduzindo gastos) para evitar a capitulação.
48. 1.19.1. Sobre o tamanho do império, ver Aristóteles, *A Constituição de Atenas*, 24.3, e Cawkwell, *Thucydides*, 101-02. Podemos apenas especular sobre o futuro de Atenas caso ela tivesse evitado a guerra, em 431, em vez de continuar a aumentar suas reservas e garantir seus tributos — especulações igualmente entretidas por uns poucos *tories* britânicos que sentiram que seu império havia sido perdido por um desnecessário conflito com a Alemanha, entre 1914 e 1918. Alcibíades, *in extremis,* esboça todo tipo de conspiração imperial para os espartanos, sugerindo que o império ateniense estava prestes a se tornar ainda maior quando absorvesse a Sicília, a Itália e Cartago (p.ex., 6.90.2-3) — mesmo depois de dezenas de milhares terem sido perdidos com a praga e já depois de 15 anos de guerra.
49. [Xenofonte], *A Constituição de Atenas*, 1.10-12. Sobre o crescimento da população ateniense, ver Sallares, *Ecology,* 95-99.
50. 1.81.2; cf. 2.13.6 e [Xenofonte], *A Constituição de Atenas,* 2.1-3. Em vez de destruir os Estados tributários do império, os espartanos acabaram concluindo que a destruição de propriedades atenienses poderia dar impulso psicológico àqueles oligarcas locais que, de fato, durante toda a guerra, causaram enorme sofrimento aos atenienses em Samos, Lesbos e Quíos. Ainda se discute o número exato de Estados tributários de Atenas, mas os atenienses contemporâneos consideravam enorme o império — tanto que o poeta cômico Aristófanes *(As Vespas,* 707) nos oferece o impossível número de mil Estados pagadores de tributos.
51. Tucídides pensava que a liberdade ateniense para adotar o unilateralismo era uma vantagem real na guerra (p. ex., 1.141.6); mas ele funcionava nos dois sentidos. Um

único revés como a praga ou a Sicília poderia imediatamente levar a uma revolta, no tanto em que os súditos sentiriam que tinham pouca responsabilidade por um planejamento tão ruim e muito a ganhar distanciando-se de um aparente perdedor. Sobre as deficiências da estratégia ateniense, ver Henderson, *Great War*, 47-68.

52. Sobreviver (*periesesthai*): 1.144.1 e 2.65.7; cf. Lazenby, *Peloponnesian War*, 32-33. Para a quimera espartana no começo da guerra de criar uma imensa marinha e as contribuições aliadas, ver 2.7.2; cf. 1.121 e 1.27.2. Aparentemente, a ideia não conseguiu amedrontar os atenienses (p. ex., 1.142.6).

53. O papel do império ateniense e sua popularidade como protetor dos democratas locais contra a exploração oligárquica foram o foco do trabalho de toda uma vida do grande, embora excêntrico, historiador G.E.M. de Ste. Croix. Ver especialmente seus brilhantes, e muitas vezes hiperbólicos, argumentos em *Origins*, 34-49. Sobre os esforços de Esparta para impor a oligarquia, ver 5.81.2. Atenas também buscou disseminar a democracia apelando para a força: 5.82.1-4.

54. Ver números do orçamento em Kagan, *Peloponnesian War*, 62-63; eles sugerem que Atenas não poderia manter a plena mobilização de sua frota além de quatro anos.

55. Ver 5.26.2-5 para a famosa defesa que fez Tucídides da ideia de que os 27 anos da guerra haveriam de ser vistos como um período único de guerra, e não como uma série de teatros de conflitos. A "Guerra dos Dez Anos" mais tarde era frequentemente chamada de Guerra Arquidamiana (431-421). A Guerra de Paches (431-425), a Paz de Nícias (421-415) e a igualmente distinta Guerra Mantineia (419-418) seguiram-se à primeira década. A Guerra Siciliana intermediária (415-413) levou a uma terceira fase do conflito, frequentemente em dois teatros simultâneos: em terra, como Guerra Decêleiana (413-404), e no mar, como Guerra Jônica (411-404).

Capítulo 2

1. 3.26.3; cf. Xenofonte, *Helênica*, 4.5.10 e 5.3.3; Políbio 18.6.4. A poda é um trabalho anual de qualquer plantador de árvores ou parreiras, que tem que mandar equipes para os pomares e vinhas a cada primavera para cortar os galhos indesejados que nasceram dos troncos.

2. [Xenofonte], *A Constituição de Atenas*, 2.14. Tucídides poderia ter acrescentado que os pobres também buscavam lucrar com a guerra, fosse recebendo por serviços prestados ao Estado ou com saques ocasionais, talvez na expectativa de que a própria cidade pudesse sobreviver a despeito dos ataques anuais às culturas desprotegidas de sua classe de proprietários.

3. Para exemplos de Estados sem acesso ao mar que enfrentaram problemas reais após terem suas colheitas devastadas, ver Xenofonte, *Helênica*, 5.4.50 e 7.2.10. No atual conflito entre israelenses e palestinos, os dois lados parecem reconhecer a

importância das oliveiras como um capital simbólico cujo valor vai muito além de produzir azeitonas. Durante os anos 2000 a 2002, os palestinos citaram legalmente os israelenses por derrubarem com tratores umas 1.500 de suas oliveiras — isso equivaleria a cerca de 100 acres em uma plantação com a densidade normal — para abrir caminhos ao longo de áreas estratégicas a fim de impedir ataques de franco-atiradores. No entanto, o *Christian Science Monitor* (8 de dezembro de 2000) noticiou que tanto os devastadores quanto os proprietários, como povos mediterrâneos tradicionais, ficaram deprimidos com a tática: "Fomos educados para não arrancar uma muda, e para nós, como israelenses, isso deixou um gosto amargo", observou Yoni Figel, um funcionário israelense. Por sua vez, o prefeito palestino de Hares lamentou: "As azeitonas são como água para nós. Você não pode imaginar uma família sem azeite de oliva. A oliveira é um símbolo de nosso povo, sobrevivendo há séculos nessas colinas." *(Daily Telegraph,* Londres, 3 de novembro de 2000).

4. Ver, em geral, Aristófanes, *A Paz,* 511-80. O herói tanto em *Os Acarnânios* quanto em *A Paz* é o arquetípico fazendeiro "boa gente", cujo bom-senso, praticidade e moralidade impecável estão em desacordo com uma nova cultura comercial e radicalmente democrática.

5. Xenofonte, *Econômico,* 6.9-10. Em um outro paradoxo da mais alta ordem, para o romântico Xenofonte os modelos de excelência da virtude helênica eram os espartanos, que, de fato, não cultivavam absolutamente nada, enquanto seus arquiinimigos eram os tebanos, os agricultores por excelência do mundo grego.

6. Sófocles, *Édipo em Colono,* 694 seg.; Eurípides, *Medeia,* 824. O senso de santidade do solo da Ática refletia-se igualmente na arte. No frontão oeste do Partenon, Possêidon compete com Atena pelo domínio da Ática, enquanto uma oliveira sagrada se destaca perto da Acrópole.

7. *Supplementum Epigraphicum Graecum* 21 (1966): 644.12-13; Xenofonte, *Memorabilia,* 2.1.13; Platão, *República,* 470A-471B; cf. 5.23.1-2 e 5.47.3-4; Aristóteles, *Retórica,* 2.21.8, 3.11.6; Isócrates 14.31. Sobre essas e outras passagens, ver discussão dessas citações em Hanson, *Warfare and Agriculture,* 9-13.

8. 1.121.2-3. Os coríntios aparentemente tinham alguma afinidade com a inovação ateniense em função de terem as próprias longas muralhas, uma frota considerável e uma economia marítima. Ainda assim, a despeito de todos os seus dotes naturais e localização privilegiada, o governo oligárquico carecia do dinamismo da democracia radical e, desse modo, à altura do século V, a própria Corinto encontrava-se abjetamente fraca em comparação com o império ateniense. Sobre democracias e oligarquias em guerra, cf. 1.118.2, 2.39, 4.55.3-4, 6.18.6-7, 6.93.1, 7.55.2, 8.1.4, 8.89.3 e 8.96.5; cf. Heródoto, 5.78. Sobre as vantagens de antigas democracias

em tempo de guerra, ver a resenha de citações antigas em Hanson, "Democratic Warfare", especialmente 17-24.
9. Guerra curta: 5.14.3 e 7.28.2. Não é claro se essas estimativas iniciais extremamente otimistas baseavam-se na antecipação da fome generalizada, que resultaria da devastação, da exaustão das reservas financeiras atenienses, de uma destruição esperada da falange ateniense ou do pânico e capitulação da parte dos atenienses. Sobre Brasidas, ver 4.85.2; cf. 3.79, 5.14.3 e Hornblower, *Commentary*, 2.38-61.
10. 1.114.1 e 2.21.1. Corria o rumor de que o rei Plistoânax havia sido anteriormente subornado por atenienses ricos e voltado para casa, o que poderia explicar histórias posteriores de que as próprias propriedades de Péricles teriam sido salvas em uma negociação privada semelhante, ou por meio de cumplicidade com Arquídamos. Na realidade, Plistoânax havia se retirado em Elêusis por causa do aviso de que os atenienses fariam amplas concessões a Esparta, o que explica por que o rei Arquídamos se retardou na esperança de uma negociação similar, em 431.
11. 1.124-1; cf. 1.121.4. A confiança dos coríntios talvez se baseasse na própria experiência com longas muralhas do outro lado do istmo, que não tinham tido grande sucesso em manter os inimigos fora do território coríntio — uma extensão, no entanto, muito mais difícil de fortificar e defender do que o corredor entre Atenas e o Pireu.
12. 1.81.6. Não sabemos exatamente se Arquídamos realmente disse aquilo em 431 ou se, anos mais tarde, depois de pronunciado o veredicto da Guerra Arquidamiana, Tucídides pôs tais palavras "prescientes" na boca de um de seus espartanos favoritos. Mas é provável que o sentimento fosse amplamente partilhado por pelo menos um punhado de elementos conservadores pessimistas da elite espartana que haviam sabido do crescimento das fortificações atenienses e da frota de trezentas trirremes. Ver também 2.11.6-8, 2.12.1, e 2.18.5.
13. O fundo de reserva: 2.24.1; o ataque furtivo espartano: 2.93.3. Teria custado muito menos aos atenienses encontrar os espartanos na planície da Ática para uma batalha hoplita do que enviar centenas de navios em patrulha ao Egeu e em volta do litoral peloponésio para monitorar os aliados e atacar vilas inimigas. Longe de ser meramente passiva, a estratégia de Péricles era ambiciosa e, portanto, imensamente dispendiosa.
14. Sobre a promessa de que uma derrota dos tebanos manteria Esparta fora da Ática, ver 4.95.2. Essa ironia é observada em Krentz, "Strategic Culture": uma força espartana concebida para hostilizar e, assim, impelir à batalha, era tão formidável, que tinha exatamente o efeito oposto, levando a que ninguém em sã consciência marchasse para ir a seu encontro.
15. Ver Thorne, "Warfare and Agriculture", 249-51, que oferece cenários interessantes, embora hipotéticos, sobre a dificuldade enfrentada pelos fazendeiros atenienses

para pôr suas colheitas a salvo em Atenas. Grande parte de seu trabalho revisionista argumenta que nós subestimamos o dano que poderia ser causado pelo incêndio de grãos, isto é, que não era assim tão difícil calcular a época de uma invasão para o período mais combustível do trigo e da cevada já maduros, enquanto era muito mais difícil para os que se defendiam fazer a colheita e transportar os grãos para dentro da cidade a tempo. Essas são hipóteses interessantes, mas muitos de seus argumentos parecem improváveis — como, por exemplo, o de que os devastadores no interior ressecado da Ática poderiam ter jogado grande quantidade de água nos celeiros de modo a danificar as colheitas armazenadas.

16. Plutarco, *Péricles*, 33.4; cf. Tucídides 1.143.5. Os jovens de Atenas, ou melhor, uma nova geração de atenienses esquentados também representavam um desafio para Péricles: os hoplitas mais velhos haviam conhecido conflitos na Beócia e em Mégara antes da guerra, mas os mais jovens eram os que tinham maior probabilidade de se lançar impensadamente contra os espartanos; cf. Diodoro 12.42.6, e Ste. Croix, *Origins*, 208-09. Sobre Ágis, ver Diodoro 13.72-73, que situa o incidente em 408.

17. Cf. Diodoro 12.42.7-8. Cf. Tucídides 2.25.1-2, 2.26.1-2, 2.30.1-2, 2.56.1-6 e, em termos gerais, Westlake, "Seaborne Raids". Quanto a destruir grandes quantidades de material bélico espartano, os ataques tiveram pouco sucesso. Ainda assim, os fazendeiros peloponésios estavam sujeitos aos mesmos temores de suas contrapartes na Ática. Portanto, era perturbadora a noção de que os ataques atenienses por mar contra as comunidades rurais peloponésias estavam retribuindo os ataques sendo feitos em território ateniense.

18. 6.105. Tucídides disse que a devastação do solo da Lacônia dava aos espartanos uma "desculpa muito mais plausível" (*euprophasiston mallon tên aitian*), no tanto em que a devastação de colheitas violava o tratado de paz "da maneira mais manifesta".

19. Aristóteles, *Política*, 1269B. O melhor relato da paranoia dos espartanos a respeito dos hilotas, e de como aquele medo foi usado contra eles por seus inimigos, ainda é o de Cartledge, *Agesilaos*, 170-77.

20. 3.18.5; cf. 1.101.2. Os mitilenos puderam dizer aquilo em 427, mas somente diante de quatro invasões espartanas fracassadas na Ática. Antes da guerra, Estados marítimos como Corinto haviam, de fato, exortado a uma invasão do interior da Ática como um mecanismo para aliviar o jugo ateniense sobre seu império ultramarino. Cf. 1.122.1.

21. Plutarco, *Péricles*, 33.4-5. Cf. 1.43.5. Não temos nenhuma informação de que Péricles tenha alguma vez de fato contemplado uma política de queimar as terras. Se os atenienses tivessem sido capazes de destruir todas as suas colheitas, os espartanos que chegassem para destruí-las estariam, ainda assim, a apenas alguns quilômetros da fronteira da amistosa e especialmente rica Beócia.

22. Eurípides, *Medeia,* 824; Plutarco, *Péricles,* 31.1-2. Cf. 3.851; 4.84, 88, 130; 5.84. Uma outra ironia da guerra foi que grande parte das tragédias e comédias de inspiração cívica apresentadas no interior das muralhas tinha uma maior audiência nos primeiros anos da guerra somente por causa da evacuação forçada de milhares de pessoas que viviam no campo — e assim, talvez pela primeira vez, os temas rurais passaram a ser representados com mais frequência.
23. Sobre o trauma da evacuação da Ática, ver 2.17 e 2.52.1; Diodoro 12.45.2; e Aristófanes, *Os Cavaleiros,* 792-93. Tucídides focaliza a emoção e a dor da primeira retirada para dentro da cidade em 431. Mas houve quatro outras sobre as quais não dá tantos detalhes, e que podem ter sido tão difíceis quanto aquela. Em geral, o historiador descreve minuciosamente um caso "típico" de sítio, batalha ou conflito civil, e então presume que o leitor esteja familiarizado com os detalhes dos eventos subsequentes da mesma natureza e que basta mencioná-los mais superficialmente.
24. 2.54.1. Não sabemos exatamente o que Péricles queria dizer com uma avaliação assim tão sombria. Presumivelmente, as contramedidas atenienses, após 430, poderiam ter sido ainda mais duras e efetivas em volta do litoral do Peloponeso caso o Estado não tivesse sido tão devastado pela doença. Plutarco acreditava que, se a praga não tivesse existido, em pouco tempo Esparta poderia ter desistido totalmente da ideia de derrotar Atenas (Plutarco, *Péricles,* 34.2).
25. Sobre o alerta de Alcibíades: 8.18.7. Tem havido uma longa controvérsia entre especialistas a respeito da real base legal do enorme poder de Péricles, um debate muito bem resumido por Hamel, *Athenian Generals,* 9-12. Um dos meios indiretos de levar adiante a política ateniense era a decisão de reunir ou não a assembleia. Obviamente, em tempos de crise e acrimônia, um sóbrio general como Péricles preferiria adiar o debate, esfriar os ânimos e não submeter uma política de estado à sabedoria coletiva de cerca de 7 mil cidadãos enfurecidos aglomerados no Pnix.
26. 2.65.9; cf. 2.65.4, 4.83.3, 6.17.2, 6.63, 8.2. Em outra passagem, Tucídides usa os termos *ochlos* e *homilos* de uma maneira nem sempre pejorativa, mas que talvez reflita a potencialidade, e não a inevitabilidade, de o "povo" ser volúvel e imprevisível. Cf. Cawkwell, *Thucydides,* 7-8.
27. 2.12. Cf. 2.10.1-2. Embora Tucídides comece o segundo livro de sua história com o ataque tebano a Plateia, em março de 431, ele aparentemente sentia que a guerra propriamente dita começara somente com a direta confrontação das tropas espartanas e atenienses mais de dois meses depois. Ver Gabriel e Metz, *Sumer,* 104, sobre a extensão dos exércitos de cerca de 65 mil homens em marcha.
28. 2.8.4. Também não é claro o grau em que esses sentimentos antiatenienses baseavam-se em uma avaliação cínica de se estar no lado vencedor — de que Esparta bem poderia derrotar ou pelo menos humilhar Atenas em uma campanha breve, barata e lucrativa. Sobre as fazendas da Ática, ver a *Hellenica Oxyrhynchia,* 12.3-5.

O historiador anônimo sugere que os próprios atenienses podem ter estocado suas fazendas em parte com o resultado de saques e butins trazidos de operações militares no exterior. Cf. Hanson, "Thucydides", 212-26. O que era exatamente o "saque" rural no mundo antigo? Mais provavelmente, qualquer coisa de valor deixada para trás, desde móveis, portas de madeira, molduras de janelas, até telhas, carroções, implementos agrícolas e animais de criação. Sobre evacuação e a dificuldade de queimar grãos, ver Foxhall, "Farming and Fighting", 140-43.

29. Sobre discussões de última hora tanto em Atenas quanto Esparta, ver Kagan, *Outbreak*, 310-42.
30. Plutarco, *Péricles*, 33.3. Sobre a natureza do demo de Acarnás e sua relação com Atenas, ver Jones, *Rural Athenas*, 92-96. Ver Foxhall, "Farming and Fighting", 142-43, para a ideia de que Arquídamos buscou provocar fricção e conflitos internos atacando as fazendas de hoplitas atenienses conservadores.
31. Plutarco, *Péricles*, 33.5. Existe seguramente uma ironia aqui: os mais enfurecidos de todos os atenienses, os fazendeiros da Ática, raramente serviam na cavalaria ou na marinha e, portanto, ficavam sentados em segurança enquanto outros arriscavam suas vidas para se vingar de seus inimigos.
32. Todo um corpo de literatura tem surgido avaliando a estratégia de Péricles: seria ela realmente tão passiva? Foi efetiva? Teriam a cavalaria e as patrulhas marítimas constituído uma disposição mental ofensiva? Ver uma resenha dos argumentos em Ober, "Thucydides", 186-89, e Spence, "Perikles", 106-09, que creditam a Péricles uma estratégia mais sofisticada do que usualmente se reconhece. Krentz ("Strategic Culture", 68-72) acredita que, ironicamente, foi justamente a imensa força exibida pelos espartanos que impediu qualquer chance de conseguir a resposta hoplita que desejavam dos atenienses. Sobre Péricles como estratego, ver o clássico tratamento de Delbrück, *Warfare in Antiquity*, 135-43.
33. Mais tarde, o general ateniense Hipócrates lembrou a suas tropas, na véspera da batalha de Délion, que uma vitória sobre os beócios poderia roubar dos peloponésios o apoio da cavalaria e assim garantir que o inimigo nunca mais invadiria a Ática — uma afirmação estranha. No outono de 424, fazia quase um ano e meio que não eram vistos na Ática, e só retornariam mais de uma década depois. Cf. 4.95.2.
34. Isócrates 7.52; cf. Aristóteles, *A Constituição de Atenas*, 16.5, e Alcífron, *Cartas*, 3.31. Presumimos que a ubíqua expressão "os atenienses" incluía residentes de Atenas; mas, de fato, talvez dois de cada três "atenienses" realmente vivessem na Ática rural, fosse em pequenas vilas ou em fazendas isoladas fora das muralhas da cidade. Esses tipos rurais podem ter entrado só raramente em Atenas.

35. 1.82.4. O conselho de Arquídamos revela que, mesmo após a eclosão da guerra, ainda havia algo falso sobre o conflito. Os espartanos acreditavam que houvesse espaço para discussão caso eles fossem moderados em seus ataques ao interior ateniense.
36. 2.13.1. Tucídides (2.55) e Diodoro (12.45) frequentemente falam de "toda" a terra sendo devastada, mesmo quando presumem que não tenha sido seriamente danificada (p. ex., 3.26 e 7.27.4). Quase todas as comédias contemporâneas de Aristófanes fazem alguma referência à devastação da Ática, uma experiência que deve ter traumatizado os atenienses durante muitos anos. Ver Hanson, *Warfare and Agriculture*, 138-43.
37. 2.14.1-2 e 2.16.2. O problema com as Longas Muralhas era que, embora estivessem de acordo com a bem-sucedida estratégia ateniense de se retirar diante de um exército terrestre superior, grande parte do sacrifício agora recaía sobre os habitantes do campo e não, como antes da batalha de Salamina, igualmente sobre a população urbana e rural. Sobre as radicais mudanças culturais e sociais que resultaram da evacuação, ver os argumentos de Jones, *Rural Athens*, 195-207. Sobre premonições de uma invasão espartana, ver Lazenby, *Peloponnesian War*, 23-24.
38. Ferramentas de devastação: Plutarco, *Cleômenes*, 26.3. Para passagens antigas sobre a devastação da Ática: Aristófanes, *Os Acarnânios*, 232, 509-12; *A Paz*, 319-20. Cf. Hanson, *Warfare and Agriculture*, 164. A ocupação persa da Ática deixou indeléveis registros de destruição, mais destacadamente na Acrópole e nos santuários da Ática que foram queimados. Em comparação, não há quase nenhuma evidência arqueológica das cinco invasões espartanas durante a Guerra Arquidamiana — ou sobre o efeito de quase uma década de ocupação de Decéleia.
39. Cf. 3.26.3, 7.27.4 e *Hellenica Oxyrhynchia*, 12.4. Por certo, é possível que o historiador anônimo do século IV a.C. estivesse, de fato, usando o próprio Tucídides como fonte de informação sobre os danos marginais durante a Guerra Arquidamiana.
40. Sobre Aristófanes, ver *Os Acarnânios*, 1089-93; *A Paz*, 557-63, 573, 1320-25. A natureza da evidência de danos agrícolas de que dispunha Aristófanes é longamente discutida em Hanson, *Warfare and Agriculture*, 138-43. Sobre a indestrutibilidade das oliveiras, ver Sófocles, *Édipo em Colono*, 694 seg. "Um terror para seus inimigos" talvez faça sentido para qualquer um que tenha começado a não invejável tarefa de cortar a machado ou arrancar do solo uma oliveira.
41. 2.57.2; cf. 2.65.2 Tucídides não parece tremendamente interessado nessas quatro últimas invasões. Suas descrições da praga, da revolução na Córcira e da campanha de Pilos mereceram mais atenção. Antes de 425, o exército espartano foi usado brevemente no sítio de Plateia e para combater uns poucos ataques no Peloponeso. Mas a ideia de uma guerra constante durante os primeiros sete anos é absurda,

no tanto em que as batalhas de infantaria não começaram efetivamente até 425, com os subsequentes choques em Sfactéria, em Délion e perto de Anfípolis.
42. Ver o esboço feito por Péricles de sua estratégia às vésperas da guerra em 1.141.3-7. Quando Esparta fracassou na Ática, a pobreza do pensamento estratégico espartano ficou evidente: cercar a cidade marginal de Plateia, dar apenas apoio nominal à séria insurreição em Lesbos e rechaçar ataques atenienses no Peloponeso. Antes da longa marcha de Brasidas sobre a península Calcídice, não houve nada de inspirado no planejamento militar espartano que pudesse mudar o curso da guerra.
43. 3.26.1-4. Sobre a irritação espartana com o fato de os atenienses estarem no Peloponeso enquanto eles estavam na Ática, ver Diodoro 12.61.3.
44. 3-15.2-16. Um dos temas comuns das comédias contemporâneas de Aristófanes é a repulsa pan-helênica diante da destruição de propriedades e colheitas. Tanto em *Os Acarnânios* quanto em *Lisístrata*, os gregos se juntavam no interior do país para protestar contra a estupidez de destruir propriedades.
45. Com exceção de Ácantos, é difícil citar qualquer cidade que simplesmente tenha capitulado pelo receio de perder suas colheitas. Na Sicília, os atenienses, assim nos dizem, "queimaram os grãos" de algumas cidades aliadas vizinhas dos siracusanos, mas tais estragos parecem não ter tido nenhum efeito, fosse no sentido de arrastar os hoplitas para fora das muralhas ou de provocar a fome generalizada. Em termos gerais, ver 4.84.1-2 e 4.88.1-2; sobre a opulência da área rural siciliana e os esforços sistemáticos de evacuá-la em tempos de invasão, ver Diodoro 13.81. E cf. Heródoto 5.34.1, 6.101.2.
46. 4.66.1-3, 2.31.2; sobre os proverbiais sofrimentos dos megáricos, cf. Aristófanes, *Os Acarnânios*, 535; *A Paz*, 246-50. Os desfiladeiros em Mégara eram sempre motivo de disputa, pois os atenienses perceberam que sua ocupação significava que ali um exército peloponésio poderia ser detido e mandado de volta antes de chegar à Ática. Ver Ste. Croix, *Origins*, 190-95.
47. Decêleia claramente fascinava Tucídides, que dá grande importância à estratégia de *epiteichismos* dentro da Ática (1.122, 6.91.6-7, 7.18.1). Sobre os efeitos de Decêleia, ver Hanson, *Warfare and Agriculture*, 153-73. Há um fato mais conhecido: diz-se que 20 mil escravos saíram da Ática para Decêleia, a maior parte deles provavelmente das áreas rurais da Ática. Ver Hanson, "Thucydides", 225-28. Ágis chegou à Ática "ainda mais cedo do que antes" (7.19.1), no tanto em que ele estava construindo um forte permanente, e não se engajando numa devastação sazonal.
48. Sobre o recorrente tema do "medo", ver 1.23.6; cf. 1.88.1, 1.118.2, e 1.75.3 Cf. Van Wees, *Greek Warfare*, 258n4. Donald Kagan tem muitas vezes enfatizado a exatidão dos cálculos de Tucídides; ver *Origins*, 8-9, 71-74. E para uma defesa vigorosa do pensamento estratégico de Péricles, ver Delbrück, *Warfare in Antiquity*, 135-39, e, em geral, seu *Die Strategie des Pericles Erläurtert durch die Strategie Friedrichs*

des Grossen (Berlim, 1890). Emoções, não a razão, são frequentemente citadas como as motivações de Estados; cf. 1.75.3 sobre a escusa dos próprios atenienses para o império: "Fomos influenciados inicialmente pelo temor, depois pela honra e, finalmente, pelo interesse." Ver também 1.76.2 sobre a importância da honra (*timê*), do medo (*deos*), e da vantagem (*ôphelia*).

49. 1.121. Para a tabela das despesas atenienses, ver Zimmern, *Greek Commonwealth*, 437. O dinheiro parece ter sido um tema em todas as discussões iniciais sobre a guerra, e a natureza assimétrica das reservas dos dois adversários tornou-se a principal razão do otimismo de Péricles antes da guerra. Para essa nova ideia de que o dinheiro era o árbitro do sucesso militar, e não a coragem, os números ou a guerra tradicional, ver Kallet, *Money and Corrosion*, 285-94.
50. Alcibíades e o juramento efébico: Plutarco, *Alcibíades*, 15.1; Hanson, *Warfare and Agriculture*, 5. Para informações sobre as propriedades, a família e o início da vida de Alcibíades, ver Davies, *Athenian Propertied Families*, 20-21. No relato de Tucídides (7.91.6), Alcibíades é um dos estratégicos arquitetos da operação Decêleia. Talvez por ter sido um soldado da cavalaria, ele compreendeu quão difícil seria conter devastadores espartanos caso tivessem continuado em fortificações permanentes.

Capítulo 3

1. 1.23.3. A avaliação que Tucídides faz da praga é bastante surpreendente; o que ele indica é que a doença foi o maior desastre que atingiu os gregos durante a guerra — pior do que a Sicília, o caos na Córcira, a carnificina da Guerra Jônica e diversas outras catástrofes desde Decêleia até Melos. Talvez achemos difícil acreditar naquela generalização, pois a praga eclodiu no segundo ano de um conflito que, ainda assim, prosseguiu por mais um quarto de século.
2. *Hellenica Oxyrhynchia*, 12.3. É surpreendente que Tebas tenha experimentado um crescimento do número de refugiados, dada a raridade de ataques atenienses na fronteira. Houve grande quantidade de ataques nas terras altas do monte Parnes, mas a maior parte da agressão veio dos tebanos. Ataques inspirados por Atenas contra Micálessos e Tânagra foram meras excursões. A única invasão de tamanho considerável — a de Demóstenes e Hipócrates, que culminou em Délion — foi um fracasso abjeto.
3. Sobre as Longas Muralhas, ver 2.13.8; cf. 1.89.3, 1.93.8, 1.107.1, 1.108.3 e Gomme, *Commentary*, 2.39-40. Embora a linha de fortificações gêmeas se estendesse por mais de 6 quilômetros, ela foi completada em apenas uma fração dos 20 anos devotados à construção do Partenon. Junto com as muralhas municipais que as precederam, formavam uma rede de fortificações como não se podia encontrar em nenhuma outra parte da Grécia do século V.

4. Ver 2.51.2-5. Diodoro (12.45) tem algumas observações originais em sua descrição do início do surto, enfatizando o papel da superpopulação da cidade.
5. Tucídides sobre consequências sociais da praga: 2.53. Sobre o contraste de acomodações antes e depois da evacuação, ver 2.17, 2.52; cf. Diodoro 12.45.2-3. Sobre o número de atenienses trabalhando em projetos municipais, ver Aristófanes, *As Vespas*, 709, e Aristóteles, *A Constituição de Atenas*, 24.3.
6. *As Vespas*, 792-93; sobre duas casas, ver Platão, *As Leis*, 5.745B, e Aristóteles, *Política*, 6.1330a14-18. Sobre evacuação em geral, ver Hanson, *Warfare and Agriculture*, 112-21. Muitos argumentam que os refugiados deram ao povo da cidade seu primeiro contato íntimo com os interioranos da Ática, um quadro bastante diferente da opinião usual de que as antigas cidades gregas faziam pouca distinção entre cidade e interior, cidadãos urbanos e rurais. Sobre a controvérsia, ver Jones, *Rural Athens*, 204-07.
7. 2.54. Em parte, Tucídides forneceu grande quantidade de detalhes sobre a evacuação de 431 porque foi anterior à praga e parecia a mais ampla. Sobre áreas da Ática que nunca foram evacuadas durante a guerra, ver novamente Hanson, *Warfare and Agriculture*, 151, 161-66.
8. Plutarco, *Péricles*, 35.3. Aparentemente, os gregos compreenderam que a doença poderia ser espalhada por portadores infectados, mesmo por aqueles que ainda não haviam apresentado nenhum dos sintomas do mal.
9. Sobre a suposta guerra química de Sólon, ver Pausânias 10.37.7; cf. também Eneas, o Tático 8.4. Mayor, *Greek Fire*, 99-118, tem uma discussão interessante sobre os equivalentes clássicos de uma guerra biológica, citando diversas passagens antigas para mostrar quão diabólicos eram os gregos em uma época bem anterior à nossa moderna noção de armas de destruição em massa.
10. Sobre a praga e os peloponésios, ver Pausânias 8.41.7-9 e 10.11.5; sobre os oráculos em Atenas, ver Tucídides 2.54.3; cf. 2.54.4. Para o antigo consenso geral de que a densidade populacional e alojamentos superlotados resultaram na doença, ver Diodoro 12.45.2-4; cf. Mayor, *Greek Fire*, 126-27, sobre antigas pragas no contexto da guerra.
11. Uma boa resenha da história do debate e das questões envolvidas encontra-se em Sallares, *Ecology*, 244-62, e Gomme, *Commentary*, 2.145-62.
12. Xenofonte, *Helênica*, 2.2.10-11. Teria o medo de outro surto de doença influenciado os sobreviventes, agora mais uma vez apinhados em Atenas, deixando-os aterrorizados com a possibilidade de uma nova rodada de pestilência e, assim, mais dispostos a capitular de uma forma que não teria ocorrido três décadas antes?
13. 2.51. Dois aspectos críticos da infecção — contágio e imunidade adquirida — parecem ter sido amplamente reconhecidos muito rapidamente. Sobre vários aspectos

da praga, prestando-se muita atenção ao vocabulário de Tucídides, ver novamente Gomme, *Commentary,* 2.150-61.
14. Uma menção inicial pode ser encontrada nos breves sumários em Parlama et al., *City,* 272-74. Discussões amplas sobre essas operações de salvamento aguardam outras publicações de especialistas.
15. João de Éfeso, fragmento II E-G; Procópio, *Guerras Persas,* 11.23. Constantinopla, assim como Atenas, era um grande porto visitado por comerciantes de três continentes que atravessavam o Mediterrâneo.
16. Ressentimento contra as novas chegadas: Plutarco, *Péricles,* 34.4. Para as várias razões de os espartanos terem ficado em casa ou saído da Ática mais cedo, cf. 2.71.1, 3.89.1, 4.61 e Hanson, *Warfare and Agriculture,* 135-37.
17. Sobre os mortos sem sepultura, ver Eurípides, *As Suplicantes,* 16-17, 168-69, 308-11 e 531-36. Sobre os ossos de siracusanos abatidos durante a Guerra Cartaginesa, ver Diodoro 13.75.2-3.
18. 2.48.2. Nesse sentido, sua análise da praga também serve de matriz para a narrativa da própria Guerra do Peloponeso, que não foi um acidente, mas uma doença crônica com claros sintomas, o que permitia um diagnóstico e requeria um prognóstico.
19. 2.52-53; cf. 2.53.4. Não sabemos quanto tempo exatamente durou a irrefreada taxa de mortes causadas pela doença, mas, na descrição de Tucídides, as patologias sociais resultantes parecem ter tido início quase imediatamente após a eclosão — e duraram até bem depois da cessação da infecção coletiva.
20. 2.53.1. Às vezes esquecemos que os membros da assembleia ateniense que votaram a favor da execução de cerca de mil mitilenos, em 427, haviam eles mesmos visto muito mais mortes e destruição do que aquelas que estavam prestes a autorizar em Lesbos. Bem pode ser que, de uma maneira terrivelmente irônica, a praga também tenha sido responsável pela destruição de Plateia, no sentido de que, se não tivesse eclodido, os espartanos teriam ido para a Ática, em 428, e passado ao largo de Plateia, que aparentemente não podia ser tomada de assalto nem levada à fome apenas com os esforços tebanos. Se a doença tivesse surgido no último ano da guerra, e não no segundo, e se 80 mil atenienses tivessem morrido em 404, em vez de 430, a natureza da conduta ateniense no conflito poderia ter sido totalmente outra.
21. 3.87. Após o segundo surto menos virulento em 426, nunca se diz quando exatamente a praga desapareceu por completo.
22. 3.87.3; cf. Diodoro 12.58.2. Ver também Strauss, *Athens After,* 75-78; ele discute extensamente os efeitos da praga sobre as reservas de mão de obra das forças militares atenienses.
23. 2.49.8. Embora Tucídides diga que os sobreviventes frequentemente ficassem aleijados, não ouvimos relatos incidentais na literatura posterior sobre os que foram incapacitados. Cf. Pausânias 3.9.2.

24. 3.3.1. Em sua oração fúnebre (cf. 2.35-41), Péricles havia bravateado a respeito dos atenienses em termos kennedianos, dizendo que eles pagariam qualquer preço e enfrentariam qualquer perigo para responder às necessidades de sua segurança nacional. Mas, à altura de 428, Tucídides podia comentar que "os atenienses, na medida em que estavam sofrendo tanto com a praga quanto com a guerra deflagrada havia pouco tempo e que estava então no auge, consideraram uma questão muito séria criar um inimigo externo na ilha de Lesbos. A ilha tinha uma frota e forças ainda intactas, e então, de início, os atenienses não deram crédito às acusações [de que os lésbios estavam fomentando uma rebelião] e, em vez disso, deixaram prevalecer o desejo de que elas não fossem verdadeiras" (3.3.1).
25. 6.26.2. A despeito do uso da expressão "acabado de" (*arti*), fazia pelo menos uma década que um surto importante não atingia a cidade.
26. Ver vários em 2.31.2, 2.61.3 e 3.13.3-4. Apenas cinco anos depois do início da guerra, os mitilenos puderam argumentar publicamente que Atenas estava arruinada (*ephtharatai*) — uma bizarra descrição para um Estado ainda poderoso que, dentro de pouco tempo, brutalmente poria fim à rebelião do outro lado do Egeu e executaria mais de mil dos cabeças.
27. Plutarco, *Péricles*, 36.4. Em Plutarco, ficamos sabendo que Péricles morreu após um longo embate com a doença, que lentamente minou seus formidáveis poderes de resistência. A doença foi o potencializador dos desgastes resultantes de um acúmulo de sofrimentos em seus últimos anos: vira a doença levar seus filhos legítimos, a irmã, parentes e amigos próximos; passara por um divórcio anterior e, mais tarde, vira o afastamento de seu filho mais velho, Xântipos. Ele pereceu antes de ver seu último filho ilegítimo executado durante a histeria que se seguiu à vitória nas Arginusas: Plutarco, *Péricles*, 36.7.
28. Péricles: 2.65.10. Devemos recordar que a estratégia ateniense inicial de se retirar para dentro das Longas Muralhas foi o resultado lógico de quase três décadas de liderança de Péricles, que havia buscado sistematizar e institucionalizar a ideia temporária de Temístocles de abandonar a área rural da Ática e evitar batalhas campais de infantaria. Assim, a morte de Péricles ainda no início da guerra significou que com ele terminaram trinta anos de uma política militar, substituída por estratégias incertas que não haviam sido parte integrante da decisão de construir fortificações, criar o império, investir na frota e evitar batalhas hoplitas.
29. Diógenes Laércio 26; Aulo Gélio, *Attic Nights*, 15.20.6; cf. Plutarco, *Aristides*, 27. A maior parte da evidência vem de fontes secundárias posteriores que, em alguns casos, poderiam ter confundido com poligamia um casamento após a morte de um cônjuge — ou buscado, em tom de intriga, sugerir relações extramaritais entre atenienses preeminentes.

30. Plutarco, *Péricles*, 37.4-5. De algum modo, essa imunidade não deu em nada: após partilhar o bem-sucedido comando na decisiva vitória naval nas Arginusas, o Péricles mais jovem foi sumariamente executado sob a insana acusação de que, junto com os outros generais, havia sido negligente em não recuperar os cadáveres dos marinheiros atenienses. Seu ilustre *pedigree* não lhe conferiu nenhuma indulgência da parte da multidão, 23 anos após seu pai haver morrido com a praga.
31. Diodoro 12.45. Observadores antigos eram fascinados pela praga, precisamente por causa da raridade de mortes em massa na Grécia clássica.
32. Plutarco, *Péricles*, 38.2-3. Qualquer um que tenha sofrido uma doença crônica e debilitante não se surpreenderá ao ver quão rapidamente se esvai a confiança na medicina racional e entra-se no reino da fé, superstição e tratamentos especulativos em busca de alívio.
33. Diodoro 12.58.6; cf. Tucídides 3.104. Não causa surpresa o retorno a tais paliativos tradicionais. Após o primeiro ataque, em 431-430, a doença abrandou até um segundo surto, mais leve, em 426, antes de gradualmente passar para a latência e desaparecer. A despeito das condições de superlotação resultantes de Decêleia (413-404) e do bloqueio final da cidade por Lisandro (404-403), Atenas nunca mais experimentou nada como o *annus horribilis* de 429 — prova suficiente para a maior parte dos atenienses sobreviventes de que tanta piedade e tantos cultos haviam sido plenamente recompensados.
34. Plutarco, *Péricles*, 37.1-2. A despeito das óbvias patologias de Alcibíades, nossas fontes contemporâneas — Tucídides, Aristófanes e Xenofonte — concordam a respeito de seu notável espírito indomável. Alimentado tanto pelo ego quanto por talento natural, Alcibíades literalmente nunca se entregou: a despeito de exílio pessoal, traição, ruína financeira e derrota militar, ele lutou até o último instante cercado por uma multidão de inimigos.
35. Sobre as fazendas da família de Alcibíades, ver Davies, *Athenian Propertied Families*, 20. Tudo o que ele possuía — e sua propriedade imobiliária e mobiliária talvez valesse cem talentos (em dólares atuais, algo como 48 milhões!) — foi confiscado após seu exílio, em 415, e talvez grande parte tenha sido devolvida, em 407, antes que ele a perdesse novamente quando saiu do exército nos últimos anos da guerra.
36. Sócrates não adoeceu com a praga: cf., p. ex., Diógenes Laércio, 2.25, e Aulo Gélio, *Attic Nights*, 2.1.4-5, que também erradamente afirma que o filósofo foi o único que não sucumbiu — algo impossível quando nos lembramos que o segundo surto de 427 não foi especialmente virulento e que a exposição havia imunizado contra a reinfecção os milhares de sobreviventes do anterior.
37. 5.41.2. O tratado proposto — e nunca promulgado — é interessante na medida em que sugere a realização de uma única batalha campal em substituição a um conflito em aberto para adjudicar disputas potenciais. Os espartanos, hoplitas por excelên-

cia, no início consideraram a ideia estúpida (*môria*) antes de prometer discuti-la em detalhes. A natureza da primeira década da Guerra do Peloponeso, combinada com notícias sobre a terrível praga em Atenas, aparentemente havia levado a sentimentos nostálgicos a respeito da antiga ideia helênica de soluções simples.

38. Para uma descrição dessas últimas grandes pragas, ver Lucrécio, *A Natureza dos Deuses*, 6.1138-1286; Virgílio, *As Geórgicas*, 3.478; Ovídio, *Metamorfoses*, 7.523; e Procópio, *História das Guerras*, 2.23.1.

Capítulo 4

1. Plutarco, *Péricles*, 34.1-2. No primeiro ano da guerra (431), Péricles comandou pessoalmente a maciça expedição contra Mégara ("o maior exército ateniense que alguma vez se formara em um único corpo", 2.31.2). E na estação seguinte, mesmo antes de os espartanos deixarem a Ática e enquanto a praga fazia sua devastação dentro da cidade, Péricles comandou uma formidável força de cem navios, quatrocentos hoplitas e trezentos cavaleiros em uma expedição punitiva contra os peloponésios — tudo isso vindo de um homem de 64 anos e com um mero ano de vida pela frente.

2. Ver P. Krentz, "Deception", 186-91; Pritchett, *Greek State*, 2.163-70. Devemos ter cautela ao fazer tais generalizações dada a natureza de nossas fontes incompletas; dito isso, nos 50 anos que se seguiram à Guerra Persa, Krentz conta somente dez instâncias de tais táticas não convencionais, o que poderia sugerir que a Guerra do Peloponeso realmente foi um divisor de águas na história da prática militar helênica.

3. 4.93.3 a 4.94.1. Ver também Rawlings, "Alternative Agonies", 234-49, para o uso de hoplitas na Guerra do Peloponeso totalmente fora da falange. Após a terrível derrota hoplita, em Délion, em 424 (cf. o contexto da observação de Tucídides de que Atenas não tinha nenhum corpo de tropas ligeiras adequadamente organizado), Atenas nunca mais invadiu a Beócia — exceto em 415 para expulsar os mal afamados peltastas da Trácia que, sob o comando de Diítrefes, haviam massacrado os pobres estudantes, em Micálessos (7.29).

4. 4.28.4, 4.111.1; Xenofonte, *Helênica*, 1.2.1. "Peltasta" originalmente denotava um guerreiro trácio com armamentos leves que levava no antebraço o escudo de pele em forma de crescente (*peltê*); mas, depois, parece que passou a significar qualquer soldado com armas leves, sem referência específica à Trácia ou à natureza de seu escudo.

5. 6.43.2; cf. 2.81.8, 4.100.1. Ver Pritchett, *Greek State*, 5.7-10, para uma lista de lançadores de pedras e fundeiros na Guerra do Peloponeso.

6. 4.55.2. Cf. Bugh, *Horsemen*, 94-95. Os espartanos, devemos recordar, não eram exatamente um povo desacostumado a lidar com inimigos diversos. Seus hoplitas haviam enfrentado e derrotado a cavalaria e os arqueiros persas na batalha de Plateia, em 479 e, durante cerca de 50 anos, desde então, haviam reprimido insurrecionistas hilotas. A natureza inadequada da cavalaria espartana seria uma das principais reclamações no século IV; cf. Xenofonte, *Helênica*, 6.4.10-11.
7. Sobre lamentos a respeito do novo estilo de guerra, ver as citações antigas em Hanson, "Hoplite Battle", 204-06. A guerra agrícola antes da Guerra do Peloponeso presumia que um Estado não iria pôr em ação no conflito todos os seus recursos potenciais, mas lutaria de acordo com protocolos culturais, políticos e sociais existentes. Os arqueiros eram objetos de desprezo universal na literatura grega; ver a discussão de tais passagens em Hanson, *Western Way of War;* 15-16.
8. Existem muitas controvérsias a respeito da estratégia de Péricles: seus defensores afirmam que não foi derrotista nem passiva, mas, na realidade, envolvia inúmeras medidas ofensivas, tais como esses ataques. Seu principal defensor foi Hans Delbrück (*Warfare in Antiquity,* 135-43), que, decepcionado com a carnificina da Primeira Guerra Mundial, via Péricles como o progenitor da estratégia de "exaustão" ou "atrito" (*Ermattungsstrategie*), que era muito preferível à ineficiência da "aniquilação" (*Niederwerfungsstrategie*). Assim, um império rico como Atenas poderia vencer não perdendo, imobilizando os espartanos em diversos teatros distantes e, ao mesmo tempo, evitando um golpe de nocaute da temível falange espartana. Sobre Tolmides, ver Diodoro 11.84.3.
9. 2.25-32; Diodoro 12.42. Para uma listagem moderna desses ataques, ver Westlake, "Seaborne Raids", e Grundy, *Thucydides,* 346-59. Para seus custos, ver Zimmer, *Greek Commonwealth,* 436-37. A resistência ocasional aos ataques atenienses podia ser dura. Em Élis, por exemplo, durante a segunda represália de 430, os atenienses assolaram e sitiaram pequenas cidades impunemente, até que os elianos finalmente saíram em massa para uma batalha hoplita e assim rapidamente empurraram os atenienses de volta para seus navios; cf. Diodoro 12.44.
10. Os vários elementos da primeira resposta naval dos atenienses são encontrados em 2.23, 2.25, 2.26-27 e 2.31. Sobre os custos de templos gregos, ver Gomme, *Commentary,* 2.22-25, que avalia evidências antigas de que os edifícios da Acrópole podem ter custado mais de mil talentos cada, antes de concluir que provavelmente não foi esse o caso.
11. 3.95.2. Sobre o ataque a Tirêa, ver Diodoro 12.65.8-9; sobre os etólios, cf. 3.98.2-5. Havia cerca de trezentos marinheiros hoplitas envolvidos na campanha; assim, o massacre dos 120 significou perdas de 40%, somente na infantaria. Não há certeza sobre se os hoplitas que embarcaram nas trirremes (*epibatai*) eram do censo hoplita (classe média) ou se vinham das fileiras dos mais pobres (tetas).

12. 3.111-13. A ironia de tudo isso é que os atenienses foram emboscados na Etólia por tropas leves nativas e então, poucos meses depois, eles próprios fizeram o mesmo aos peloponésios com a ajuda de tribos nativas semelhantes em Anfilóquia. Para os que foram mortos na lama e na sujeira daquelas terras montanhosas do interior, oligarquia *versus* democracia significava muito pouco, se é que alguma coisa.
13. Platão, *As Leis*, 4.706 B-D. Devemos recordar que Platão estava falando basicamente de Atenas e baseando-se nas vívidas memórias de sua amizade da juventude com Sócrates para compor o dramático pano de fundo de seus diálogos. Quando já era um homem de meia-idade, as batalhas hoplitas do século IV — Coroneia, Neméia, Leuctra, segunda Mantineia — levaram-no à conclusão pessimista de que os gregos não podiam lutar ou já não lutariam uma "luta honesta".
14. 2.67, 2.90.5, 2.92; cf. Heródoto 7.137. Durante toda a guerra, havia navios peloponésios ao longo do litoral megárico, enormes saques em torno de Pilos e Decéleia e constantes ataques beócios à fronteira da Ática. Em vários momentos, essas zonas de caos foram algo totalmente diferente tanto de guerra quanto de paz, sendo, aparentemente, o domínio de ladrões, exilados e assassinos; p. ex., 3.51.2, 5.115.2, e *Hellenica Oxyrhynchia*, 12.4-5. O anônimo historiador de Oxirinco nos recorda que os beócios roubaram das fazendas da Ática e levaram em seus carroções coisas que os próprios atenienses haviam saqueado de outros.
15. 3.32; cf. 2.67.4. Em um dos grandes eufemismos da época da guerra, alguns enviados de Samos visitaram Alcidas quando ele atracou em Éfesos e o reprovaram dizendo que sua política de executar inocentes que, provavelmente, eram súditos contrafeitos de Atenas "não era uma maneira muito boa de libertar a Grécia". Sobre a carnificina de Alcidas e outros exemplos de assassinatos durante a Guerra do Peloponeso, ver Pritchett, *Greek State*, 5.212-15.
16. 3.34.2-4; 3.36. Por trás do massacre das duas frotas estava uma questão estratégica maior. Após quatro invasões do interior da Ática e a perda de um quarto da população para a praga, permanecia ainda a força material e a determinação de manter o império — ou poderiam os oligarcas locais e uns poucos navios espartanos causar uma revolta disseminada que logo impediria que dinheiro e alimentos entrassem no Pireu?
17. Ver também Tucídides 2.6.2 e Diodoro 12.65.8-9; cf. 4.57, 5.84, 6.61. Embora sempre houvesse uma lógica imediata em aterrorizar populações locais e prender os suspeitos mais destacados, é difícil imaginar como o massacre de qualquer desses reféns daria vantagens estratégicas a Esparta ou Atenas.
18. Xenofonte, *Helênica*, 2.1.30-32, 2.2.3-4. Ao final da guerra, em 404, havia pelo menos algum esfriamento das paixões bárbaras, no sentido de que os próprios espartanos não se envolveram em execuções em massa das populações capturadas nem os democratas atenienses que voltaram ao poder durante aquele ano infligiram

sentenças de morte aos fracassados oligarcas associados aos Trinta Tiranos. Cf. Plutarco, *Lisandro*, 9.5-7 e Xenofonte, *Helênica*, 2.1.31-2; não há certeza sobre se a decisão era cortar mãos (para impedir totalmente o manejo do remo) ou meramente os polegares (para garantir que nenhum cativo jamais voltasse a empunhar uma lança). Cf. também Hamel, *Athenian Generals*, 51-52.

19. 4.80. Cf. Diodoro 12.67.3-5, que relata que os mais preeminentes espartanos foram encarregados da pavorosa tarefa de liquidar os 2 mil — e aparentemente em suas próprias casas, não menos que isso. A contagem de cadáveres não serve para nos explicar o que capturava a atenção dos historiadores antigos. Assim, o destino daqueles 2 mil hilotas merece uma fração do que foi devotado à narrativa sobre as poucas centenas que morreram em Plateia ou ao longo relato dos mil rebeldes mitilenos executados por Paques. Ver Cawkwell, *Thucydides*, 9. O misterioso massacre de algo entre 4 mil e 5 mil oficiais poloneses, em abril de 1940, pelos soviéticos na floresta de Katyn, perto de Smolenski, foi parte de um banho de sangue maior, no qual os soviéticos finalmente mataram mais de 20 mil outros poloneses a quem haviam capturado após dividir o país com Hitler, no outono de 1939. Os russos culparam os nazistas pela atrocidade — de início, uma acusação aparentemente crível, dado que os oficiais foram mortos com munição alemã — e não aceitaram a responsabilidade até a era de Gorbachev.

20. 4.48. Embora fosse muito mais difícil matar milhares com lâminas de ferro, não devemos pensar que isso fosse um obstáculo insuperável para a criatividade dos gregos — afinal de contas, uma casta sacerdotal asteca menos sofisticada pode ter assassinado mais de 80 mil em meros quatro dias com lâminas de obsidiana, ultrapassando a carnificina diária de assassinatos em escala industrial, em Auschwitz, séculos mais tarde. O rei asteca Ahuitzotl inaugurou o Grande Templo a Huitzilopochtli, em Tenochtitlán, usando quatro mesas de pedra convexa e equipes de executores que se revezavam para matar algo como 14 vítimas por minuto durante 96 horas. Cf. Hanson, *Carnage and Culture*, 194-95.

21. Para diversas estatísticas relacionadas à prática da insurreição e ao uso de traidores pelos dois lados, ver Losada, *Fifth Column*, 16-29.

22. Estados vassalos atenienses estavam inclinados à revolta após o desastre siciliano, e os espartanos, por sua vez, preocupavam-se com os próprios aliados após uma série de reveses, como em Sfactéria, Sestos e Arginusas. Um cínico poderia concluir que a maior parte dos gregos não tinha nenhum preconceito político contra a democracia ou a oligarquia moderada, mas simplesmente preferia viver sob o sistema político que oferecesse a maior esperança de paz e tranquilidade e por isso fez as correções adequadas para se acomodar ao ir e vir da guerra. Sobre a famosa metáfora de Tucídides, que via a guerra como um "mestre rude" (*biaios didaskalos*), ver 3.82.2.

23. Sobre os *slogans* de revoluções e o papel de poderes externos intervenientes, ver, em geral, 3.82, e especialmente Lintott, *Violence,* 94-103. A natureza dos *mesoi* está discutida em Hanson, *Other Greeks,* 179-218. Sobre as alianças de classe dos hoplitas em Atenas, ver Hanson, "Hoplites into Democrats", 289-93.
24. Ver Platão, *Sétima Carta,* 322B-C. Parte da estranha atração dos conservadores atenienses por Esparta era a noção de que ela materializava algo como o passado rural de Atenas antes do advento do império. Assim, é natural que parte das demandas espartanas no final da guerra buscasse forçar os atenienses a aceitar a "constituição ancestral" (*patrios politeia*) que havia existido no século VI antes do surgimento da democracia. Cf. Aristóteles, *A Constituição de Atenas,* 34.3, e Diodoro 14.3.2.
25. 3.36.4. Ver o longo e deprimente relato em 3.25-50. As impressões digitais de Clêon parecem ter estado em diversas das audaciosas e sanguinárias ações atenienses, desde o sucesso em Sfactéria até o fracasso em Anfípolis. De fato, ele bem pode ter estado por trás da ameaça ateniense, de 430 de executar os embaixadores peloponésios capturados na Trácia; cf. Gomme, *Commentary,* 2.201.
26. 3.75.3-5. A ideia de que havia agora um inimigo interno permaneceu durante todo o resto da guerra. Em 411, a frota ateniense ao largo de Samos ficou paralisada durante algum tempo, incerta quanto à lealdade das tripulações após o levante político nas ilhas (8.63.2).
27. 3.81.5. No final, a Córcira permaneceu uma aliada de Atenas, e os milhares que morreram não tiveram nenhum efeito estratégico sobre o resultado da guerra. Ver uma discussão moderna por Price, *Thucydides,* 34-5, 274-77. A estratégia espartana de afastar de Atenas importantes aliados navais e súditos como Mitilene e Córcira destinava-se a reduzir a superioridade numérica da frota imperial, mas também refletia o fato de que, durante grande parte da primeira década da guerra, os peloponésios simplesmente não tinham nenhuma ideia real de como se contrapor aos recursos militares de Atenas.
28. Para conjecturas sobre o número dos mortos, ver Lintott, *Violence,* 109; uma discussão sobre a violência ocorrida posteriormente na Córcira e uma longa explicação de por que o impasse (*stasis*) era uma praga no mundo grego estão em Diodoro 13.48.
29. Sobre as calamidades em Quíos e as execuções em Samos, ver 8.21, 8.24, 8.38, 8.40, 8.56 e 8.73-75. Quíos, Lesbos e Samos estavam entre os mais importantes Estados tributários do império ateniense. A calamidade na Sicília os convenceu (erradamente) de que, diferentemente de cálculos equivocados feitos durante os anos da praga, Atenas agora estava realmente enfraquecida a ponto de não ser capaz de patrulhar o Egeu com nenhuma força realmente significativa.

30. Cf. 2.27.1-2, 5.1, 5.116 e Xenofonte, *Helênica*, 2.2.9. A guerra, é claro, havia começado com o esforço para tomar Plateia, que, após a rendição, ficou sem nenhum plateu e teve suas terras entregues a oportunistas beócios.
31. Sobre a guerra de Sitacles contra a Macedônia: 2.98; Messana: 4.1, 4.24; Epidauro: 5.54.3-4, 5.55.2-4; cartagineses e Sicília: Diodoro 13.44-115.
32. 4.2.4. "Se ele quisesse" (*ên boulêtai*). Usualmente, a assembleia ateniense controlava com mão de ferro seus generais no campo, e esses compreendiam que o fracasso, como o próprio Tucídides pôde verificar, significava, no melhor dos casos, o exílio, sendo que uma sentença de morte não era nada incomum. Parece que Demóstenes não era um general eleito na época de Pilos.
33. 4.28.5. Ver Kagan, *Archidamian War*, 322-33, para uma avaliação adequada dos talentos militares de Clêon, que aparentemente eram consideráveis a despeito de frequentemente aparecer assassinando personagens tanto na história de Tucídides quanto nas primeiras comédias de Aristófanes. Clêon pode ter sido um dos destacados demagogos responsáveis pelo exílio de Tucídides durante a campanha de Anfípolis poucos anos mais tarde.
34. Para várias citações feitas por Tucídides, ver 4.32.4, 4.34, 4.40.1-2. Tucídides com frequência confere grande valor ao moral e à reputação. Embora a campanha de Pilos, tenha feito sentido estrategicamente (e deve ter levado a defecções hilotas adicionais), a verdadeira importância era mais intangível, envolvendo a habilidade de um poder bem-sucedido de transmitir medo e ganhar respeito.
35. Ver Diodoro 11.72 (Sicília); Heródoto 5.31 (Naxos); Tucídides 8.40 (Quíos) e 7.27.5 (os 20 mil escravos da Ática que fugiram para Decêleia). Sobre a queda de Pilos, em 409, ver Diodoro 13.64.6.
36. Para exemplos da paranoia espartana, ver 4.41.3, 4.55.1, 4.80.2-3, 4.108.7, 4.117.1-2, 5.14.3, 5.15.1 e 5.34.2. Para o número de escravos envolvidos na luta dos dois lados e sua importância estratégica durante a guerra, ver Hunt, *Slaves*, 56-101. Cf. Tucídides 4.41. Kagan, *Archidamian War*, 248-51, tem uma boa análise de como o trauma psicológico da perda espartana traduziu-se em imediata vantagem estratégica para Atenas.
37. 4.55.3-4. Para realmente compreender a Guerra do Peloponeso, é fundamental que se entenda que a captura de 120 esparciatas afetou os espartanos tanto quanto a praga e a expedição à Sicília (um total de cerca de 120 mil mortos) afetaram os atenienses. Os espartanos eram tão resolutos quanto os atenienses, mas simplesmente não haviam sobrado muitos de sua elite quando a guerra irrompeu, em 431.
38. Para as observações de Tucídides sobre os efeitos da nova confiança ateniense em atacar, fortificar e saquear o Peloponeso, cf. 4.45, 4.53, 4.55.3-4 e 4.80.1.
39. Sobre os vários sucessos de Brasidas no norte da Grécia, ver 4.85-87, 4.105, 4.110-13 e 4.120-35; muitos desses eventos estão discutidos no capítulo sobre sítios. Para

sua carreira, ver Cartledge, *Spartans*, 185-97. E para suas unidades de ex-hilotas, ver Hunt, *Slaves*, 58-60, 116-17.
40. 3.114, 4.118, 5.18, 5.23, 5.77 e 5.79; cf. 8.18. Tratados formais inscritos em pedra (como relatado por historiadores) — como documentos do Estado, e não narrativas privadas — são bons indicadores de que o que fora uma conduta atípica na guerra havia então se tornado institucionalizada como parte das práticas e costumes helênicos contemporâneos.
41. 5.84, 6.61, 8.65.2, 8.90. Sobre os esquemas mais nefandos de Alcibíades durante a guerra, em termos gerais, ver Ellis, *Alcibiades*, 72-97, e Henderson, *Great War*, 291-97.

Capítulo 5

1. Heródoto 7.9; Plutarco, *Péricles*, 33.4. Heródoto terminou as histórias de sua Guerra Persa talvez na primeira década da Guerra do Peloponeso, quando o curso geral e a duração do conflito ainda não eram claros. É verdade que Péricles bem pode haver realmente dito o que Plutarco escreveu; mas o biógrafo compôs sua biografia na era romana, quase cinco séculos mais tarde, com conhecimento do desastre hoplita ateniense, em Délion, e do fracasso da aliança, em Mantineia.
2. Xenofonte, *Helênica*, 1.1.33; Diodoro 13.72.3. Conforme o relato de Diodoro, os espartanos chegaram a extremos absurdos para arrancar os atenienses de dentro de suas muralhas, erigindo um troféu de vitória em frente à Academia e desafiando os atenienses a que diminuíssem sua humilhação saindo e contestando o monumento em uma batalha aberta de falanges. Mas a vergonha como catalisadora da batalha havia sido desacreditada desde 431.
3. 3.91. Em alguns aspectos, esses pequenos sucessos levaram os atenienses a terríveis equívocos a respeito da qualidade de liderança de que precisavam para a expedição siciliana de 415-413. O general Nícias tinha tido bons desempenhos em Soligeia e Tânagra, ambas operações anfíbias breves, pequenas, de escopo limitado. O problema era que essas vitórias basicamente inconsequentes eram às vezes confundidas com sabedoria estratégica e, assim, serviam de modelos para futuras operações — com consequências desastrosas, tal como mostraram Délion e a Sicília. Do mesmo modo, os próprios reveses sofridos por Demóstenes na Etólia e na Beócia podem ter alertado os atenienses de que sua impetuosidade nem sempre levava a triunfos como Anfilóquia ou Pilos — e, assim, puderam concluir que ele era realmente uma figura questionável para liderar a segunda armada destinada a salvar a primeira na Sicília.
4. Diodoro 12.69.2. Talvez devido à moderna fascinação com operações especiais (como, por exemplo, as várias missões israelenses de contrainsurgência e resgate)

ou ao fascínio pela inteligência (como no caso do projeto ULTRA criado pelos ingleses para decodificar as mensagens alemãs, na Segunda Guerra Mundial), tendemos a ver Demóstenes como um visionário que buscava evitar batalhas hoplitas simplistas ou guerras navais convencionais. De fato, a maior parte de suas campanhas era mal concebida: quando deram errado, levaram não a um impasse, mas à retirada ou a uma abjeta derrota. Ver a sóbria avaliação de Roisman, *General Demosthenes*, 73-74.
5. 5.14.1. Devemos ter cuidado aqui para não minimizar inteiramente o papel da batalha hoplita com base na evidência de sua relativa pouca frequência durante a guerra. Dados os claros contornos e a aura de tradição que envolvia essa luta, ela reteve uma importância psicológica que ia muito além do número dos que morreram em qualquer encontro isolado. Tivessem os atenienses vencido em Délion ou seus aliados em Mantineia, em poucas horas eles poderiam ter mudado o curso da guerra bastante literalmente. Do mesmo modo, todas as figuras-chave que efetivamente alteraram a história grega do final do século V e de todo o século IV — Brasidas, Clêon, Lisandro, Cleômbrotos, Pelópidas e Epaminondas — morreram usando armaduras hoplitas no campo de batalha.
6. A batalha está descrita em 4.93-96; cf. 5.72-73 para a batalha de Mantineia. Diodoro 12.69-71 acrescenta alguns detalhes valiosos sobre Délion omitidos por Tucídides, tais como o estabelecimento de um festival comemorativo tebano após a guerra, chamado Délia, financiado com os espólios da batalha. Para um relato moderno do engajamento, ver Hanson, *Ripples of Battle*, 171-243. Para os detalhes dos objetivos atenienses na campanha, ver Roisman, *General Demosthenes*, 33-41.
7. 4.96.3-6. A morte acidental ocorreria novamente durante o ataque ateniense noturno nos pontos elevados acima de Siracusa (7.44.1), mas a falta de familiaridade com o terreno acidentado e a escuridão explicam a maior parte da confusão. Aqui somos lembrados de como a poeira, a formação cerrada e o pesado elmo da infantaria podiam comprometer a visão — ou não seria também, em parte, não propriamente a limitação dos sentidos, mas o mero pânico e pavor de uma luta tão próxima o que explicaria o comportamento irracional? Para as passagens na literatura antiga confirmando a desorientação geral inerente às antigas batalhas hoplitas, ver Hanson, *Western Way of War*, 185-93.
8. Ver Tucídides 7.44.1, enfatizando o desastroso ataque noturno acima de Siracusa.
9. 1.15.2. Platão, *República*, 2.373E. Para a importância histórica da ideologia hoplita e a controvérsia entre os especialistas sobre suas origens e seu papel na cultura e sociedade gregas, ver a revisão dos argumentos em Hanson, "Hoplite Battle", 230-32; cf. 213-15, 221. Ocasionais exceções e alternativas à batalha hoplita, que eram usualmente lamentadas como tal pelos gregos, têm maior probabilidade de

provar do que de refutar a ideia de que a maneira preferida e idealizada de solucionar disputas até o século V permanecia sendo a luta decisiva entre falanges.
10. Aristóteles, *Política*, 4.1297b16; Heródoto, 9.7.2; cf. 1.82; Strabo, 10.1.12; Políbio, 13.3-6; Demóstenes, *Terceira Filípica*, 48-50. As mudanças de atitude a respeito da guerra hoplita desde o século VI são revistas, com discussão de passagens antigas, em Hanson, *Other Greeks*, 321-49.
11. 1.106.2, 4.133.1-2, 4.40.2. "Os melhores" e as "flores" são termos frequentemente usados por Tucídides para sugerir que a morte de um hoplita, especialmente se morto por um soldado irregular semibárbaro com armas leves ou por alguém mais pobre, era uma perda muito mais lamentável do que a de um marinheiro, um lançador de dardos ou arqueiro. Sobre o chauvinismo hoplita, ver Aristófanes, *A Paz*, 1208-64, 1214-17, 1260-63, e Eurípides, *As Fenícias*, 1095-96.
12. 5.75.3. Tucídides sugere não tanto que a vitória em Mantineia havia provado que os espartanos eram sempre invencíveis na guerra ou que a confiança em sua supremacia na batalha hoplita fosse bem fundamentada. Em vez disso, ele quer dizer que, através do trauma que infligiram a outros gregos de uma maneira tão óbvia quanto em Mantineia, os espartanos fizeram o restante da Grécia compreender que os reveses anteriores que haviam sofrido derivavam da má sorte, e não de um lapso fatal da velha coragem espartana — e que tais crenças populares eram fundamentais para vencer uma guerra na qual centenas de cidades-Estados gregas não tinham nenhuma outra ideologia discernível além do desejo de garantir que terminassem do lado vencedor.
13. "Uma coisa a se temer": Píndaro, fragmento 120.5; cf. Tucídides 5.70. Lazenby, *Spartan Army*, 42-44, 125-34, faz uma cotejo exaustivo de fontes antigas para embasar sua reconstrução da batalha, movido pela própria inegável admiração pelos homens da falange espartana. Para uma discussão filológica da descrição de Tucídides da batalha de Mantineia, ver Gomme et al., *Commentary*, 5.89-130. Há ilustrações imaginosas de hoplitas espartanos em Sekunda e Hook, *Spartan Army*, 33-44. Ver também Tucídides 6.16.6; cf. 5.74.1.
14. 4.126. Em geral, os gregos tinham uma série de ideias estranhas sobre o que constituía uma sociedade "civilizada" e o que, ao contrário, relegava um povo a uma vaga categoria de "bárbaros". Entre os diversos critérios estavam coisas como falar fluentemente o grego, viver em cidades-Estados centralizadas e autônomas; plantar árvores, vinhas e grãos, em vez de cuidar de rebanhos; comer alimentos mediterrâneos familiares (i.e., não comer animais estranhos nem tomar leite); e lutar como hoplitas nas fileiras disciplinadas da falange.
15. Para várias passagens ilustrando a natureza do generalato grego, ver 4.44.2, 4.101.2, 5.60.6, 5.74.3, 7.5.2-3 e 7.8.2. Cf. também Hanson, *Western Way of War*, 107-16. Hamel tem uma discussão importante sobre como a volúvel assembleia de

Atenas mantinha com rédeas curtas os comandantes atenienses: *Athenian Generals*, 44-74; sobre baixas, ver 204-09.

16. 4.93.4; 5.71.3. A maior parte dos especialistas considera que inovações táticas reais na batalha hoplita somente surgiram com a carreira de Epaminondas em Leuctra. Para uma opinião diferente de que os gregos, tão cedo quanto na Guerra do Peloponeso, já penetravam além de oito escudos, às vezes usavam cavalaria e reservas além dos hoplitas e em vários contextos puseram suas melhores tropas à esquerda, ver em geral o sumário de argumentos em Hanson, "Epaminondas", 205-07.

17. Lísias, 14.7, 14.10-15; cf. Platão, *República*, 8.556D. Talvez vejamos melhor o fosso social nas carreiras do aristocrata, cavaleiro e proprietário de terras Alcibíades e de seu mentor Sócrates — que era um pedreiro mais pobre que lutou a pé em duas batalhas e num sítio. Para uma longa lista de passagens antigas que privilegiam os hoplitas em comparação com a cavalaria, ver Spence, *Cavalry*, 168-72.

18. 4.96.3-6; 7.44.7-8. Era pior que isso: não apenas alguns exércitos não tinham letras ou insígnias características em seus escudos, como, no tanto em que a maior parte das falanges usava o mesmo tipo de equipamento, era quase impossível, mesmo sem a poeira usual, distinguir amigo de inimigo pela aparência.

19. 5.11, 5.74, 6.71.1; cf. 4.97.1, 4.134.2. Para que não pensemos que a batalha hoplita é um traço ocasional da cultura grega e marginal ao mais aclamado legado da civilização helênica, devemos lembrar que nosso moderno "troféu" é simplesmente uma transliteração de *trophê* — o lugar cerimonial onde se depunham os despojos da falange inimiga que se entregava e onde a vitória havia sido então garantida.

20. 5.73.4. Talvez o desprezo espartano pela perseguição reflita não meramente as dificuldades práticas de correr com uma armadura completa após a derrota, ou a propalada restrição espartana quanto a matar se não fosse numa luta limpa, mas, em vez disso, indique a congênita arrogância lacônia: por que caçar o vencido quando se poderia facilmente derrotá-lo em qualquer outra ocasião na qual ele insensatamente tentasse desafiar a sorte mais uma vez? Em contraste, os beócios, por exemplo, caçaram os atenienses em Délion ao longo de quilômetros até o Oropos e o monte Parnes — um refúgio que rapidamente se transformou num mítico pesadelo coletivo durante algumas poucas décadas seguintes.

21. As repercussões de Délion estão discutidas em Hanson, *Ripples*, 199-212. Para um grego, pelo menos antes dos últimos anos da Guerra do Peloponeso, um homem honrava ou arruinava a família não tanto pelo fato de morrer, mas por fazê-lo heroica ou vergonhosamente. Para o ridículo de Cleônimos, em Délion, ver Aristófanes, *A Paz*, 446, 672, 1295; e cf. *As Aves*, 289, 1475. Para o nobre *aspidephoros*: *As Aves*, 1095-96.

22. Strauss oferece conjecturas sobre o número total de hoplitas atenienses e tetas mortos na guerra (*Athens After*, 80-81). Temos poucos dados confiáveis sobre quantos espartanos morreram durante a guerra, mas devemos ter em mente o alerta de Tucídides a respeito de Mantineia: quando lidando com informações espartanas a respeito de baixas, "é difícil saber a verdade" (5.74.3; cf. 5.68.2). Para as percentagens dos mortos em batalhas hoplitas, ver o estudo por Krentz, "Casualties".
23. 6.17.5-6. Alcibíades também afirmava que os Estados tinham dificuldade de conseguir hoplitas, o que sugere que buscavam tais recursos, mas as velhas classes agrárias que constituíam as fileiras da falange eram escassas e insuficientes para aquele novo tipo de guerra que se estendia desde a Sicília até a Ásia Menor. Não tenho tanta certeza de que ele estivesse correto; após a guerra, uma grande quantidade de mercenários hoplitas juntou-se aos Dez Mil na Ásia Menor, a maior parte deles da Arcádia e Aqueia, áreas quase não tocadas pela guerra, enquanto praticamente nenhum vinha da Ática, que havia sido extensamente devastada; cf. Garlan, *War*, 102-03.
24. Ver Platão, *As Leis*, 4.707C-E. Para "estúpidos", cf. 5.41.2. Diz-se que George S. Patton havia desejado lutar contra Rommel blindado a blindado, seu Sherman contra o principal *panzer* alemão, o Pantera. E na inflamada retórica que antecedeu a Guerra do Iraque, na primavera de 2003, foi dito que Saddam Hussein desafiou George W. Bush para um duelo pessoal para decidir a sorte de seu regime baathista.
25. 1.141.5. Embora seja verdade que o exército terrestre ateniense teria sido derrotado em qualquer batalha com a falange espartana, ainda não está claro que uma significativa força nacional de 30 mil soldados de infantaria tenha sido assim tão superada numericamente ou derrotada pelas forças peloponésias durante as últimas invasões anuais.
26. 4.34.1. Podemos ter uma ideia do elemento psicológico fundamental envolvido na batalha hoplita quando Tucídides observa aqui que a mera ideia de lutar contra os espartanos deixava os atenienses "em grande sofrimento".
27. Oitenta e três batalhas: Paul, "Two Battles", 308. Existe uma pletora de evidências em Tucídides sobre o papel fundamental das forças irregulares e tropas leves e sobre a vulnerabilidade dos hoplitas diante de tais forças. Em geral, ver a surpreendente variedade de cenários onde foram efetivamente usadas tropas leves: 2.29.5, 2.31.2-3, 2.79.4, 2.100, 3.1.2, 3.98, 3.107-08, 4.34.1-2, 4.44.1, 4.123.4, 5.10.9, 6.21, 6.70.2-3, 7.4.6, 7.6.2-3, 7.81-82.
28. 4.40.2, 4.73.2-4. Não está claro se, quando irrompeu a guerra, os soldados da falange ainda eram, na maior parte, fazendeiros que, como no passado, haviam recebido aquela posição privilegiada de hoplitas pelo fato de possuírem terra suficiente (cerca de 10 acres) para atender aos requisitos do censo, ou se eram os

que agora tinham dinheiro bastante para comprar armas e armadura, ou então os mais pobres que simplesmente eram convocados e armados pelo Estado.
29. Batalha não tradicional: 5.56.4-5; Aristófanes, *As Nuvens*, 987-90; cf. Platão, *As Leis*, 4.706A-B. A guerra simétrica — luta de formas e em cenários semelhantes entre dois poderes equilibrados — pode, é claro, levar a perdas atrozes se os dois lados seguirem os mortais protocolos da guerra ocidental. As guerras desde as Guerras Civis romanas até Verdun dão prova suficiente disso.
30. 4.42-44. De fato, eram sintomas da doença da sociedade grega durante a Guerra do Peloponeso a sistemática erosão no tratamento dado aos mortos, resultante da mera frequência com que se matava e morria, e o crescente ódio entre os gregos, como podemos ver nos corpos em decomposição na Atenas tomada pela praga, no abandono de cadáveres, após Délion, no abandono dos feridos e dos corpos dos mortos entre as ondas, após Arginusas, e na prática aparentemente comum de jogar por sobre as amuradas, em alto-mar, as tripulações capturadas. Ver, por exemplo, Pritchett, *Greek State*, 4.235-41.
31. Ver 4.134 e 3.91. A genialidade de Tucídides foi perceber que todas as lutas secundárias dos gregos durante cerca de três décadas estavam entrelaçadas, de alguma maneira, com a luta mortal entre espartanos e atenienses, por mais tangenciais que as consequências daqueles conflitos de fronteiras possam ter sido para o resultado geral da guerra.
32. 5.10-12. Sobre a rara *parataxis* da Guerra do Peloponeso, ver Pritchett, *Greek State*, 4.45-51.
33. 4.55.4, 4.56.1. Não temos certeza de que Tucídides tenha feito tais avaliações caracteristicamente genéricas enquanto ocorriam os eventos ou se inseriu esses sumários na versão final após o término da guerra, e com o benefício da visão retrospectiva. Essa ambiguidade pode explicar sua peculiar redundância ao anunciar uma série de pontos de inflexão cruciais — a praga, Mantineia, Sfactéria, a Sicília — que, supostamente, teriam todos mudado o curso da guerra, e depois não distinguir quais deles, de fato, foram os marcos mais importantes.
34. Sobre o exército de Ágis, ver 5.60.3. Para os vários pronunciamentos de Tucídides sobre a importância da nova atitude independente de Argos e do verdadeiro e último significado de Mantineia, ver 5.29.1-3, 5.66.2-3; cf. 1.141.2.
35. Ver, por exemplo, 5.71-72; Xenofonte, *A Constituição dos Lacedemônios*, II; Heródoto 9.53-55; Plutarco, *Obras Morais (Moralia)* 241F.
36. Para inscrições que podem ser registros de mortos da batalha de 418, ver os argumentos em Pritchett, *Topography*, 2.50-52; cf. também seu *War*, 4.143-44; sua identificação da inscrição como se referindo aos mortos, em Mantineia, em 418, continua provisória.

37. Novamente, ver 5.68.2; cf. 5.74.2. Mantineia foi a batalha modelo de Tucídides, e a partir dela devemos inferir como, provavelmente, foram as lutas anteriores em Délion e Soligeia, ou também as que ocorreram mais tarde, em Siracusa. Para uma análise da luta, ver J. Lazenby, *Spartan Army*, 125-34, e *Peloponnesian War*, 121-29. A cuidadosa reconstrução de Lazenby é ampliada por Kagan, *Peace*, 107-35; Grote, *Greece*, 7.75-93; e Gomme, *Commentary*, 3.89-127.
38. Diodoro 12.79.6. Existe algum desacordo quanto a essa noção de "colusão". Kagan, *Peace*, 131-33, tem uma breve discussão sobre as motivações espartanas. Sobre a questão mais ampla de em que medida os exércitos baseavam suas táticas na exata natureza do inimigo do outro lado da linha de batalha, ver Hanson, "Hoplite Obliteration", 206-07, para instâncias na história grega em que exércitos hoplitas pareciam ter um conhecimento especial da qualidade das tropas diretamente opostas a eles no campo de batalha — e às vezes tomaram decisões políticas cruciais em resposta.
39. Sobre o destino dos téspios após a guerra, cf. 4.133 e Hanson, "Hoplite Obliteration", 208-14.
40. 6.69-71. A natureza da campanha siracusana reflete os problemas logísticos com a guerra hoplita a partir do momento em que ela passou a se estender além do raio da marcha de três dias envolvida nas operações normais. Para transportar um exército de cerca de 5.100 hoplitas — aproximadamente o número da primeira armada enviada à Sicília —, não apenas se necessitava de um maior número de navios, mas também era necessário acomodar cerca de 200 toneladas de bronze, ferro e panóplias de madeira, junto com os servos que deveriam carregar tais apêndices. Assim, mesmo que os hoplitas pudessem se desdobrar como remadores — e, com mais frequência, não foi isso o que ocorreu, cada navio levando de dez a trinta marinheiros auxiliares para remar —, talvez fosse necessária uma frota de sessenta navios para transportar soldados, servos e equipamento.

Capítulo 6

1. O sítio é tristemente famoso principalmente por causa da longa descrição de Tucídides dos quatro anos de provações (2.3-4, 2.71-78, 3.20-24, 3.52-53, 3.68). Certamente, houve outros Estados, muito maiores, que foram saqueados ou capturados durante a guerra — Potideia, Mitilene, Melos —, mas pouco nos é dito sobre seus últimos estertores. A proximidade com Atenas e o papel do assalto na deflagração da guerra deu a Plateia uma importância desproporcional ao seu tamanho ou ao seu valor estratégico. Além disso, como era aquele o primeiro sítio da guerra, e complexo, Tucídides o usa como um padrão que irá permitir menções

abreviadas a outros assaltos semelhantes em sua história. Em geral, cf. Hornblower, *Commentary*, 1.236-42; Kern, *Siege Warfare*, 97-108.
2. Ver Pritchett, *Greek State*, 5.218-19, para uma lista desses pequenos holocaustos; a lista sugere a maior frequência de sítios, o que explica o aumento das matanças.
3. 3.68.4. Mas nada era exatamente "o fim" quando se tratava da luta interna das cidades-Estados gregas. Plateia foi reassentada após a guerra — e renovou seu antigo ódio aos tebanos.
4. Tucídides (1.11) acreditava que os gregos anteriores simplesmente careciam de capital para realizar sítios de qualquer magnitude. Além disso, antes do surgimento de poderes marítimos como Corinto, Atenas e Siracusa a maior parte das cidades-Estados era de natureza agrícola, e seus cidadãos eram fazendeiros que dificilmente poderiam permanecer afastados de suas plantações durante meses para invadir ou sitiar uma cidade estrangeira.
5. 1.102.2. Ver Heródoto 9.70.2 e 9.102.2-4 para a ideia de que a reputada habilidade dos atenienses para tomar fortificações era anterior à Guerra Persa. Os democratas atenienses não viam nenhum problema em ajudar os espartanos a reprimir hilotas inquietos — um povo escravizado cuja libertação teria que esperar o grande emancipador Epaminondas e sua famosa invasão, em 369.
6. 5.91.1-2, 5.111.1-2. O detalhe-chave aqui era "devido ao medo". Na verdade, os atenienses abandonaram um sítio desastroso no Egito, em 454, e, poucos meses após esse diálogo com os mélios, sofreriam com a violência na Sicília — mas somente após horrendas perdas antes de bater em retirada.
7. 4.51; cf. 4.133. Muralhas parecem ter induzido um medo em Atenas tal como a quimera de armas de destruição em massa fez com o governo norte-americano após o 11 de Setembro.
8. 1.29.5; 1.98.4. Para uma narrativa desses sítios brutais, ver Meiggs, *Athenian Empire*, 68-174. Às vezes, esquecemos que, enquanto Ésquilo e Sófocles apresentavam suas tragédias e Péricles começava a imaginar a majestosa Acrópole, o império ateniense crescia através da sangrenta subjugação de Estados autônomos que, por sua obstinada resistência, aparentemente não se interessavam em participar daquele renascimento. Para a maior parte das comunidades gregas, a autonomia local podia ser um desejo mais poderoso do que até mesmo a democracia.
9. Aristóteles, *Política*, 1255A; cf. Xenofonte, *Ciropedia*, 7.5.73, e Eurípides, *Hécuba*, 808-12. Não sabemos como a maior parte era reduzida ao status de escravo no mundo grego, mas, além de nascer de pais escravos ou ser vítima de sequestro, a via mais comum para se tornar um escravo parece ter sido como resultado de sítios.
10. Xenofonte, *Helênica*, 1.6.12-15. Dentro de uma década após a derrota de Atenas, os atenienses começaram a ficar mais hostis com relação a Tebas do que a Esparta.

Mais tarde, atenienses e espartanos serviram lado a lado como mercenários na marcha com Ciro, o Jovem, em 401 e juntaram-se para combater Epaminondas na segunda batalha de Mantineia, em 362.
11. Sobre escravização, ver Pritchett, *Greek State*, 5.227-30. Com maior frequência, ouvimos que "todos" ou "não poucos" foram escravizados, mas não temos números específicos.
12. 4.115.1-3, 4.116.1-2; cf. 5.83.2. Brasidas é, claramente, um dos favoritos de Tucídides, que admirava sua brilhante estratégia de atingir o império ateniense no extremo norte e fazê-lo com forças terrestres que agiam independentemente, longe da base e sem linhas de suprimento. Seu estilo evoca, de alguma maneira, as longas marchas de William Tecumseh Sherman através da Geórgia e das Carolinas, entre 1864-65, onde ele também vivia dos recursos da terra e buscava fazer a guerra por trás das linhas tradicionais.
13. Sobre o destino dos generais, ver Hamel, *Athenian Generals*, 43-44. Usualmente, a assembleia exercia quase total controle sobre a conduta dos exércitos no campo, e qualquer general muito independente sabia bastante bem que, no final da campanha, teria que enfrentar o imprevisível corpo de cidadãos atenienses que, por um simples voto majoritário, poderia exilar, multar ou executar qualquer comandante que achasse não ter sido agressivo.
14. 5.111.1, 5.113.1; cf. Grote, *Greece*, 7.114. Em uma das grandes ironias na história de Tucídides, os atenienses parecem debochar dos mélios por buscarem conforto na "esperança" ("a esperança é um estimulante para o perigo", 5.103.1) de que talvez ainda pudesse chegar socorro de Esparta. No entanto, menos de três anos depois, Nícias ofereceria ao seu exército encurralado de 40 mil homens, prestes a ser extinto, um argumento quase idêntico, lembrando que não deveriam fugir, pois "é necessário ter esperança". Cf. 7.77.1.
15. Eurípides, *Hécuba*, 132-33, 454-57; *As Troianas*, 95-98; *As Fenícias*, 1195, 884; cf. 882. Na medida em que podemos detectar uma ideologia consistente sobre a guerra, é mais provável que Eurípides tenha objetado ao desnecessário massacre de civis e neutros, algo que, a seu ver, só poderia enfraquecer o esforço ateniense de ganhar "os corações e as mentes" dos helenos.
16. Xenofonte, *Helênica*, 2.2.3-4; cf. *Helênica*, 2.1.15. O que teria livrado os atenienses de sofrer o destino que tão frequentemente haviam infligido a outros? Talvez três considerações: Atenas era uma enorme cidade com cerca de 100 mil residentes e desfrutava de uma destacada reputação por seus feitos culturais; uma cabala direitista estava em via de criar um governo simpático a Esparta; e os próprios espartanos estavam cada vez mais suspeitosos de seus aliados de antes, os tebanos, que haviam sofrido pouco e dado pouca contribuição durante a guerra, discutido a respeito do butim recolhido na Ática e logo iriam disputar com a própria Esparta a hegemonia da Grécia.

17. 7.29.4-5. Na narrativa de Tucídides, o fato de que os peltastas fossem trácios é apresentado para explicar sua brutalidade e o assassinato gratuito de animais e crianças; mas, dado o randômico massacre de civis na Córcira, é difícil ver como os trácios seriam mais insensíveis ou covardes do que os gregos ocasionalmente.
18. Canibalismo: 2.70.1. Séculos depois, durante o sítio de Sula a Atenas (87-86), houve relatos de um canibalismo disseminado; quando seus legionários entraram na cidade, encontraram pratos de carne humana em muitas das cozinhas (Appian, *Mithridatic War*, 38).
19. Sobre vários banhos de sangue, ver 2.5.7, 2.67.4, 3.32.1, 3.50, 3.81-2, 4.57.3-4, 4.80, 5.83.2, 5.116, 7.29.5, 8.21, 8.38.3 e Xenofonte, *Helênica*, 1.6.19-20. Compare esses massacres com as duas batalhas hoplitas de Délion e Mantineia para avaliar como a própria guerra havia mudado, ou como a "Guerra" do Peloponeso não era tanto um conflito entre Estados, mas uma guerra civil confusa entre oligarcas proprietários de terras pró-espartanos e os mais pobres democratas pró-atenienses. Sobre cativos, ver Pritchett, *War*, 1.78-79. Seus números incluem somente aquelas instâncias nas quais é fornecida uma quantia específica de prisioneiros; o total real era muito mais elevado.
20. Eneas Tático, 1.1.2. Eneas escreveu em meados do século IV, numa época em que as cidades buscavam investir em fortificações como nunca antes — talvez em resposta à carnificina da Guerra do Peloponeso. Enquanto a tecnologia da batalha hoplita continuou estática, após 404, a arte do cerco — artilharia, aríetes, trabalho com pedras e arquitetura — foi transformada e refinada após a queda de Atenas.
21. Minoa: 3.51; Lêcitos: 4.115.3. É difícil saber se técnicas de sítio inovadoras — a rampa, em Plateia, a torre, em Lêcitos, ou o canhão de fogo, em Délion — eram soluções temporárias ou reflexos de incipientes inovações revolucionárias na arte do sítio. Para as dificuldades de hoplitas do estilo antigo construindo fortificações, ver Ober, "Hoplites", 180-88.
22. Samos: Diodoro 12.28; Plutarco, *Péricles*, 27; cf. 7.43.1. Sobre os elaborados preparativos em Potideia e os engenhos de guerra, ver Diodoro 12.45. "Aríetes" é um termo vago; poderia cobrir qualquer coisa desde arranjos improvisados com madeira e cordas até sofisticados abrigos sobre rodas com coberturas reforçadas com chapas de metal destinadas a proteger as cabeças com ponta de bronze dos aríetes.
23. 4.88.1. Por que Ácantos se rendeu com a chegada de devastadores inimigos quando, por exemplo, Atenas não o fez? Pela descrição de Tucídides, parece que Ácantos dependia inteiramente da renda de suas vinhas, podia ter tido poucos grãos estocados e, muito menos ainda que Atenas, não dispunha de um porto protegido e de uma superioridade naval que lhe pudessem ter garantido um contínuo fornecimento de alimentos importados.

24. Ver Ducrey, *Warfare*, 166-68. A grande exceção, é claro, foi Siracusa, que não foi tomada de assalto nem entregue através de negociações — o grande fracasso que foi suficiente para destruir a suposta alardeada reputação dos engenheiros de sítio atenienses.
25. Manifestações espartanas sobre a necessidade de uma Grécia sem muralhas: 1.90.2, 1.91.7.
26. Platão, *As Leis*, 778D-779A. Para a atitude filosófica geral contra muralhas, ver Ober, *Fortress Attica*, 50-63, que observa a mudança de atitudes surgida durante o século IV após a Guerra do Peloponeso, quando a população já não acreditava que fortificações urbanas ou proezas marciais de seus exércitos fossem suficientes para proteger todo o corpo de cidadãos. Cf. Tucídides 1.5.1 sobre a natureza não fortificada da cidade-Estado grega anterior; e para uma história do aumento do número de muralhas sendo construídas nas cidades-Estados gregas após as Guerras Persas, ver Winter, *Greek Fortifications*, 300-08. Sobre como Atenas promoveu fortificações em Argos e Patras, cf. 5.82.
27. Após a calamidade de 413, praticamente a única outra cidade que Atenas tentou sitiar foi Quíos, onde uma guerra civil ameaçava conduzir a uma rebelião em massa no império (p. ex., 8.55-56).

Capítulo 7

1. As várias razões por que os atenienses pensaram ser necessário atacar a Sicília — tratados, império, orgulho, lucros e vantagens contra Esparta — são discutidas tanto por Tucídides (6.15-18) quanto Plutarco (*Nícias*, 12.4). Tucídides mostra Alcibíades antes da guerra fornecendo aos atenienses diversas razões para zarpar, e depois explicando aos espartanos, *ex post facto*, a verdadeira intenção das expedições atenienses, deixando-nos em um certo dilema quanto a quando, onde — e se — Alcibíades estava dizendo a verdade.
2. 8.2.1. A expedição de 427: 3.86.4. Neutros oportunistas também estavam equivocados em suas previsões de que Atenas capitularia pouco tempo após a debacle na Sicília. Como regra geral durante toda a guerra, os observadores usualmente superestimaram o poder ateniense, influenciados por seus sucessos, e subvalorizaram sua resistência após derrotas abjetas, deixando de compreender que Atenas era, de longe, a pólis mais poderosa e, ainda assim, não tão forte em si mesma, ou por si só, para dominar ou mesmo unir outros 1.500 Estados do mundo grego.
3. Sobre grãos e a estratégia de ir para a Sicília, ver Diodoro 12.54.23. O relato da invasão feito por Peter Green baseia-se na ideia de que os alimentos eram o principal motivo da invasão ateniense; ver *Armada*, 16-19. É verdade que seu livro foi escrito antes dos mais sofisticados estudos comparativos sobre a capacidade

de produção de alimentos da Ática, que tendem a dar pouca importância ao fato de que a produção doméstica de grãos em Atenas era pequena. Mas Green presta bastante atenção a nossas fontes literárias e está certo ao argumentar que pelo menos os próprios gregos sentiam que a Ática necessitava de alimentos importados e que a Sicília era um bom lugar para obtê-los. Sobre a ideia de interromper a ajuda potencial siciliana aos peloponésios, cf. 6.6.2 e 6.10.4.
4. 6.91.3-4. Como em todas as falas de Alcibíades relatadas, o problema não é apenas que ele distorcia fatos e análises segundo os próprios interesses, mas que, com tanta frequência, suas afirmações são, ainda assim, astutas, mesmo que por razões totalmente diferentes das que ele pretendia. Afinal, após Atenas ser derrotada na Sicília, a segurança do Peloponeso foi notavelmente aumentada e a da própria Atenas quase irreparavelmente danificada. Tucídides disse que "o pretexto mais verdadeiro" era o desejo ateniense de acrescentar toda a Sicília a seu império (p. ex. 6.6.1).
5. Kagan, *Peace*, 159-91, revê os vários pretextos para a invasão. Os detalhes dados por Tucídides do grande debate a respeito de ir para a Sicília são encontrados em várias passagens em 6.8-25. Até que Tucídides entendesse que a campanha siciliana e o que se seguiu eram um *continuum* que vinha desde a Guerra Arquidamiana, a maior parte dos gregos contemporâneos bem pode tê-las visto como duas guerras separadas: um conflito inicial com Esparta, que terminou em um impasse, em 421, e então uma Guerra Siciliana inteiramente distinta que eclodiu, em 415, e terminou com a derrota ateniense por Siracusa dois anos mais tarde — e isso teria levado a uma segunda e distinta rodada das velhas hostilidades com Esparta que se arrastou até 404-403, com a derrota decisiva e a ocupação de Atenas. Finanças de Atenas: Andocides 3.8; Tucídides 6.26.2.
6. 7.55.2, 8.1.4, 8.96.5. A maioria dos habitantes da Sicília era de fala grega desde o tempo dos movimentos de colonização séculos antes. Para a lógica de Atenas defender os pobres de outros países, ver Xenofonte, *A Constituição de Atenas*, 3.10-12. Ver também o igualmente conhecido encômio de Tucídides à resistência de Atenas em face de esmagadoras probabilidades contrárias em 2.65 e 7.27-28. Sobre essas vantagens inerentes às democracias antigas em guerra, cf. Hanson, "Democratic Warfare", 24-26; *Carnage and Culture*, 27-59.
7. 6.43-44. Diodoro (13.2.5) fornece números ainda maiores. Se pensarmos que 10 mil hoplitas atenienses e talvez até seiscentos cavaleiros marchavam anualmente (ou talvez até duas vezes por ano) para saquear e devastar a Megárida (e, ainda assim, não conseguiram tomar a cidade vizinha), é difícil acreditar que não mais de 5 mil hoplitas, essencialmente sem ajudantes montados, pudessem fazer muito contra a cidade e suas vizinhanças — que tinha uma população residente de cerca de 250 mil e numerosos aliados e estados tributários espalhados por uma ilha distante que se estendia por 26.000 quilômetros quadrados.

8. Para a importância de apresentar uma imagem de força no momento da chegada, ver várias passagens em 6.11.4, 6.18 e 6.44.8-9. Se Alcibíades pensou que alianças políticas com Estados sicilianos poderiam derrotar Siracusa, e Nícias contava com que deslealdade e traição entregassem a cidade, Lâmacos pelo menos compreendeu que somente uma luta imediata e dura poderia vencer a guerra.
9. Ver 2.79. Existe uma espécie de obsessão hoplita nas falas que levaram à viagem: Alcibíades afirma que a gentalha siracusana dificilmente seria do tipo que pudesse pôr em campo um exército de hoplitas (6.17.4-5). Nícias, por sua vez, embora fazendo menção passageira às tropas que teriam que se contrapor à cavalaria siracusana — tropas leves, lançadores de projéteis e tropas montadas —, insiste: "parece-me ser necessário que levemos conosco grande número de hoplitas, tanto nossos quanto dos aliados, além de quaisquer outros que conseguirmos no Peloponeso, seja pagando ou mediante persuasão" (6.21.2). No entanto, os hoplitas quase não teriam nenhum papel para impedir a derrota ateniense ou garantir a vitória siracusana — de fato, após 418, eles seriam irrelevantes para decidir a Guerra do Peloponeso.
10. Diodoro 13.7.5-6. Tanto a facilidade com que os atenienses haviam derrotado o exército hoplita de Siracusa quanto seu abjeto fracasso em dar prosseguimento à vitória causaram uma profunda impressão nos generais, que tardiamente compreenderam seu doloroso equívoco a respeito do tipo de forças necessárias para tomar a cidade.
11. Para os detalhes da campanha, ver 6.64-82. Cf. Polieno, *Estratagemas*, 1.39.2, sobre armadilhas para cavalos. A despeito da destruição e da fuga, somente 260 siracusanos foram mortos, uma fração das forças disponíveis na cidade. "A cavalaria dos siracusanos, sendo numerosa e nunca derrotada na batalha, os vigiava — e se visse hoplitas correndo adiante e perseguindo alguém, lançava-se sobre eles e os afugentava" (6.70.3).
12. Note-se que a história de Alcibíades sobre as operações combinadas de terra e mar que havia proposto contra os peloponésios de fato ofereceu a Atenas a única esperança verdadeira de derrotar Esparta — uma ironia, já que uma estratégia tão perspicaz parece ter sido ventilada somente a inimigos e em circunstâncias de duvidosa veracidade. Sobre supostas ambições imperiais atenienses, ver 6.90. Cf. Plutarco, *Péricles*, 20.3-4, para a ideia de que os atenienses desejavam expandir seu império para incluir também o Egito.
13. 6.95-98. Diodoro afirmava que eles eram capazes de reunir oitocentos cavaleiros. Dado que a arte grega de empreender sítios era bastante precária, o mais provável é que tanto Alcibíades antes de ser destituído quanto Nícias esperassem tomar Siracusa por meio de diversas maquinações e intrigas políticas, quando a melhor alternativa sempre teria sido navegar diretamente para Siracusa e derrotar um

inimigo descuidado numa maciça batalha hoplita ou imediatamente começar a circunvalação por terra e um bloqueio por mar — tal como foi mais ou menos feito por Lâmacos assim que chegou, no verão de 415.

14. Desespero siracusano: 6.103.3. Toda a ideia de enviar milhares de preciosos marinheiros e soldados de infantaria para fora do país enquanto milhares de inimigos invadiam a Ática ressalta a ironia da expedição siciliana. Do mesmo modo, a doença desempenhou um papel fundamental na campanha, mas principalmente por debilitar os atenienses que imprudentemente haviam armado acampamento nas terras baixas e pantanosas em volta do porto. A relativa vulnerabilidade de Siracusa à circunvalação e ao bloqueio marítimo, combinada com um clima insalubre em quase toda a sua volta, fazia com que fosse suscetível a pragas durante um sítio. Mas uma doença letal atacou, não em 414, durante o sítio ateniense, mas em 406, quando os cartagineses tentaram isolar a cidade — e isso teve o efeito desejável de mandar os invasores de volta para a África do Norte depois de perderem milhares de soldados e sem ter conseguido reduzir a cidade (Diodoro 13.114).

15. Uma das chaves para o bem-sucedido sítio espartano de Plateia foi que, bem antes de construir suas elaboradas muralhas duplas de circunvalação, construiu-se primeiro uma rústica muralha provisória em volta da cidade a fim de começar o mais cedo possível a contagem regressiva para a fome e o isolamento. Se, imediatamente ao chegarem, os atenienses tivessem construído uma muralha temporária e então gradualmente a substituíssem por muralhas duplas permanentes, Siracusa poderia ter estado perto da capitulação na primavera do ano seguinte. Mas tal audácia requeria um general confiante e cavaleiros que pudessem repelir contra-ataques montados. Cf. 5.28 para a depressão espartana às vésperas da paz de 421, e sobre a paz em geral ver Lazenby, *Peloponnesian War*, 106-10.

16. 7.2.4. Durante a subsequente brutal tirania de Dionísio I (405-367), toda a população da cidade alta foi levada para dentro das fortificações para impedir justamente o tipo de sítio que os atenienses haviam tentado em 414. Para o sítio de Tito a Jerusalém (17 dias para movimentar a terra, três dias para construir o muro em volta da cidade), ver Josefo, *Jewish War*, 5.502, 509; cf. 5.46.

17. Um cínico poderia ler o súbito desejo de estados gregos — na Sicília, no continente e entre as ilhas — de ajudar Siracusa como um tipo de confirmação de que a ideologia que muitas nações podem entreter vai pouco além da preocupação de terminar do lado vencedor; cf. 7.18, 19, 21 para uma lista dos novos diversos aliados de uma Siracusa em recuperação.

18. Ver as famosas observações do historiador em 7.42, nas quais ele afirma que os siracusanos ficaram "chocados" com o surgimento das forças de apoio de Demóstenes, especulando "se haveria algum alívio do perigo em que se encontravam" — no tanto em que, "a despeito da fortificação de Decêleia, um exército igual ou quase

igual ao primeiro havia agora chegado com reforços, e o poder de Atenas parecia ser considerável em quase todos os lugares". Antes, ele concluíra que, a despeito do prognóstico anterior à guerra de que Atenas não duraria mais de três anos, os atenienses não apenas haviam resistido aos peloponésios por 17 anos, mas agora iniciavam um conflito adicional que em nenhuma medida era inferior ao primeiro. Na opinião de Tucídides, tudo isso era quase inconcebível; cf. 7.27.

19. 7.44.1. Mesmo durante a Guerra do Peloponeso, os gregos raramente lutavam à noite — exceto para se aproximar das muralhas de uma cidade na esperança de encontrar a fortificação desprotegida, como aconteceu no assalto tebano a Plateia e em um movimento posterior deflagrado de Decêleia pelo rei Ágis na tentativa de surpreender os atenienses dormindo (Diodoro 13.72-73).

20. 7.69-73. Ou, como relata Diodoro, os atenienses exclamando: "Pensa que podemos voltar para casa por terra?"

21. 7.87.6; cf. Diodoro, 13.19.2, 13.21.1 e 13.30.3-7 para uma discussão sobre o destino dos cativos e para o número de 18 mil mortos no rio Assínaros e 7 mil capturados, no todo mais de 40 mil perdidos entre os que foram enviados à Sicília. Sobre a controvérsia a respeito do número que efetivamente pereceu nos últimos dias da campanha, ver Gomme et al., *Commentary*, 4.452; Green, *Armada*, 352-53, e 340-44, para uns poucos nomes dos mortos. Uma década depois, um orador na assembleia ateniense podia se vangloriar de que, como um cavaleiro, ele havia persistido em ataques contra os siracusanos saindo de Catana e juntado produtos de saques para resgatar prisioneiros das pedreiras; cf. Lísias 20.24. Para uma analogia com uma situação moderna, em 1955, ainda existiam 2 mil prisioneiros alemães em mão dos soviéticos — de um total original de 120 mil cativos — que haviam sobrevivido ao desastre de Stalingrado e foram libertados 12 anos após a batalha por intermédio da intervenção do chanceler Konrad Adenauer durante uma visita a Moscou. Cf. Antony Beevor, *Stalingrad*, 430-31.

22. A partir tanto de pinturas em vasos quanto de evidências literárias, sabemos bastante sobre a natureza dos cavaleiros antigos e de suas montarias. Para a pragmática da cavalaria clássica grega e dos cavalos, ver as relevantes discussões em quatro recentes trabalhos exemplares: I. Spence, *Cavalry*, 35-120; Gaebel, *Cavalry Operations*, 19-31; Bugh, *Horsemen*, 20-35; Worley, *Hippeis*, 83-122.

23. Talvez o desprezo grego por cavaleiros estivesse mais bem exemplificado pelo comentário desafiador e sagaz feito por Xenofonte (que escreveu manuais sobre o domínio apropriado da cavalaria e a arte da equitação) de que, ao contrário dos homens da infantaria, as tropas montadas tinham que temer tanto a queda quanto a luta com hoplitas inimigos (*Anabasis*, 3.2.19). De fato, existe todo um corpus de passagens na literatura grega que reflete o chauvinismo do hoplita a respeito do cavaleiro. Cf. Hanson, *Other Greeks*, 247-48.

24. Grande número de pesquisas tem enfatizado a natureza não econômica da criação de cavalos. Ver especialmente os argumentos de Sallares, *Ecology*, 311: "Na Grécia antiga, o animal inútil por excelência era o cavalo."
25. Os custos de comprar e manter cavalos são conhecidos principalmente por inscrições em pedra encontradas em Atenas, e discutidos por Spence, *Cavalry*, 272-86 em associação com evidências literárias que chegaram até nós.
26. O tema central de Hanson, *Other Greeks* (cf. especialmente 179-218), é a importância dessa nova classe agrária que criou as instituições da cidade-Estado, muitas das quais foram desafiadas pela democracia ateniense radical dos séculos V e IV. Sobre o efeito da literatura, arte e retórica atenienses para elevar o hoplita acima de lutadores com armas leves, tropas lançadoras de projéteis e cavaleiros, ver Pritchard, "The Fractured Imagery", 44-49; Hanson, "Hoplites into Democrats", 289-310; e Lissarrague, "World of the Warrior", 39-45.
27. O rico ateniense Mantiteos, por exemplo, vangloriou-se de que, em uma batalha no início do século IV, enfrentara o perigo como um hoplita, e não como um servo que lutava "em segurança" como cavaleiro (Lísias 16.13). Referências ao desprezo por cavaleiros são encontradas em Platão, *Simpósio*, 221b, e Aristófanes, *Os Cavaleiros;* 1369-71. Mantiteos conhecia bem o preconceito geral contra cavaleiros — agravado pela percepção de que cavaleiros aristocratas, pró-espartanos, haviam desempenhado um papel instrumental nas fracassadas revoluções de 411 e 404, que tentaram substituir a democracia por oligarquias de diversos graus. Ver Bugh, *Horsemen,* 116-53.
28. Muito se fala dos avanços inovadores da cavalaria de Filipe e Alexandre, que formaram corpos de lanceiros cujas longas lanças, junto com as armaduras para o cavalo e o cavaleiro, os tornavam verdadeiras forças de choque. Mas nos esquecemos de que foi somente na batalha de Queroneia, em 338, que os macedônios enfrentaram um inimigo hoplita uniforme, e venceram ali em função, principalmente, não apenas de seu maior poder de choque, mas da falta de disciplina ateniense, que resultou em brechas na linha grega. De outra forma, os cavaleiros de Alexandre bateram os persas montados ou uma infantaria inferior que não dispunha da grande panóplia grega de bronze, de fileiras compactas e lanças cerradas. Após a morte de Alexandre, surgiu a obsessão helênica com os elefantes, resultado, em parte, da necessidade de romper as colunas de falangianos que ainda eram basicamente invulneráveis a cargas, mesmo da cavalaria pesada.
29. 4.68.5; cf. 4.72.3. Sobre a extensão das operações da cavalaria ateniense, ver Bugh, *Horsemen,* 79-119; seu catálogo de mobilizações durante a guerra demonstra uso mais frequente que o de hoplitas.
30. 4.42.1 a 4.44.1. O papel crucial do cavaleiro ateniense na batalha e a natureza dramática de sua aparição saindo de navios transformaram-se rapidamente numa fonte de orgulho ateniense. Cf., p. ex., Aristófanes, *Os Cavaleiros,* 565-80, 595-610.

31. 5.73.1, 4.95.2; cf. 4.89. A lógica alarmista de Hipócrates é intrigante, no tanto em que, no ano anterior, os atenienses haviam levado os cativos de Sfactéria e ameaçado matar todos eles caso Esparta alguma vez voltasse a invadir a Ática. E entre 425 e a construção de Decêleia, em 413, não houve nenhuma invasão espartana — a despeito da habilidade dos espartanos de convocar a cavalaria beócia praticamente a qualquer momento que desejassem.
32. Ver o horrendo relato feito por Diodoro, 13.44-115, um nativo da Sicília, das desastrosas operações cartaginesas, entre 410 e 405, para tomar a ilha, um conflito especialmente brutal que pode ter custado mais vidas do que aquelas perdidas nos principais teatros da contemporânea Guerra do Peloponeso, e que explica, em parte, por que os vitoriosos siracusanos não tinham condições de ajudar Esparta a dar cabo de Atenas, em 413.
33. Para a confusa coleção de eventos do pós-guerra, ver Finley, *Sicily*, 68-73, e especialmente Lintott, *Violence*, 191-96. O admirável esforço de criar fortificações em Siracusa é relatado por Diodoro 14.18.1-6.
34. Para a famosa afirmação de Tucídides, ver 2.65.11. A maior parte dos especialistas acredita ter sido uma de suas últimas na história, e escrita à luz do final da guerra. Ver Hornblower, *Commentary*, 1.347-48, e Gomme, *Commentary*, 1.194-96.
35. Cf. Gaebel, *Cavalry Operations*, 100-09. A regra fundamental da guerra grega — a cavalaria nunca poderia fazer carga sobre as lanças intactas da falange hoplita — permaneceu incontestada. Mas a Guerra do Peloponeso provou que a luta entre os gregos não precisava mais ser decidida somente em planícies fechadas, entre vizinhos que distavam não mais de dois ou três dias de marcha um do outro.

Capítulo 8

1. Ver Diodoro 13.37-8 e a famosa descrição em Tucídides (8.2) de todas as cidades-Estados de todo o mundo grego rejubilando-se com a notícia, preparando-se para se desfazer de sua neutralidade e ativamente apoiar a causa espartana, com os súditos do império ateniense prontos a se revoltar "mesmo sem considerar a limitação de suas forças".
2. Aristófanes, *As Rãs*, 1074. A comédia e a literatura em geral falam de mãos e nádegas cheias de bolhas, tripulações exaustas, terríveis sede e frio, tudo sugerindo que o serviço nas trirremes era tão desagradável quanto perigoso. Ver Morrison, *Oared Warships*, 324-40, para as dificuldades das equipes e o cálculo da remagem das trirremes.
3. Sobre tripulações, ver Xenofonte, *Helênica*, 1.6.16. Dada a aparente uniformidade de hierarquias da falange e dos remadores numa trirreme, é difícil dizer se comandantes antigos usavam listas de potenciais candidatos para encontrar hoplitas ou

remadores com registros de excepcional excelência. Durante a preparação para a Sicília, Tucídides diz que os trierarcas deram gratificações para os remadores tranitas, e os generais tentaram selecionar de uma lista de hoplitas os melhores remadores (6.31.3).

4. Existe uma ótima descrição, repleta de referências antigas, da impressionante aparência de uma trirreme em Amit, *Athens and the Sea*, 12-13; cf. Toor, *Ancient Ships*, 66-69. Sobre o magnífico retorno da frota ateniense, em 408, ver Diodoro 13.68.2-5.

5. Sobre o visual, os sons e as impressões de trirremes contemporâneas, ver antigas observações em Xenofonte, *Econômico*, 8.8; Aristófanes, *Os Cavaleiros*, 546; Aristóteles, *História dos Animais*, 4.8.533B6; e Tucídides 4.10.5.

6. Em teoria, os marinheiros podiam ouvir tão bem quanto os homens da infantaria; aparentemente, o fragor dos remos atingindo a água não teria sido mais ensurdecedor do que o estrépito das peças de bronze de milhares de hoplitas em marcha. Para os gritos de guerra e outros cantos, ver Aristófanes, *As Rãs*, 1073; cf. *As Vespas*, 909. Cf. Tucídides 1.50.5; Diodoro 13.15.31 e 99.1; e Pritchett, *Greek States*, 1.105-08.

7. 2.89.9 Muito mais importante do que os próprios números era a habilidade naval. Na maior parte das batalhas, a vitória dependia da habilidade das trirremes de partir rapidamente, entrar em formação fechada e ali permanecer independentemente de ventos variáveis e de aríetes inimigos que vinham em sua direção.

8. Navios sendo arietados: Diodoro 13.16.1-5; um golpe afundando uma trirreme: Diodoro 13.98.3; importância da formação: Tucídides 4.13.4; lançamento de pedras em batalhas navais: Diodoro 13.10.4-6; cf. Tucídides 2.92.3-4. Em geral, temos relatos mais detalhados de batalhas navais do que de batalhas hoplitas. Mas as primeiras eram muito mais comuns do que as últimas na Guerra do Peloponeso. E talvez houvesse algo a respeito do perigo adicional de afogamento e do horror mais frequente de corpos que não eram recuperados e que incitava uma mórbida curiosidade entre os observadores.

9. 2.92.3-4. As figuras militares mais notáveis na guerra — Péricles, Tucídides, Demóstenes, Nícias, Lisandro — em algum momento se viram no mar no comando de uma frota. Ostensivamente, não havia muita divisão entre serviço em terra e no mar: Péricles tanto organizou um ataque por mar na costa do Peloponeso quanto invadiu Mégara com hoplitas. Lisandro, o arquiteto da estratégia naval espartana final, morreu em Haliártios, numa escaramuça hoplita, nove anos após o final da guerra.

10. 1.49. A descrição completa feita por Tucídides da guerra no mar prossegue com a familiar confusão e morte de marinheiros na água.

11. Para vários relatos de luta de trirremes, ver as descrições de Tucídides em 7.23.3, 7.40.5 e 7.67.2. Para problemas com a correnteza, ver Diodoro 13.39-40. Devemos recordar que o historiador era tanto um marinheiro quanto, como almirante, um observador em primeira mão da guerra de trirremes.
12. Xenofonte, *Helênica*, 1.6.19-20. De alguma maneira, os navios poderiam ser propelidos pela metade da tripulação. De fato, não se sabe exatamente em que medida todos os 170 marinheiros sempre operavam uma trirreme, ou o cálculo tático envolvido em preferir um menor número de trirremes com tripulações completas ou navios mais numerosos (e mais lentos, mais difíceis de manobrar) com tripulações menores.
13. A luta desesperada no porto de Siracusa é o *locus classicus* da guerra naval, no tanto em que o relato de Tucídides captura o desespero dos atenienses e enfatiza o enorme tamanho agregado das duas frotas, cf. 7.25, 7.41.3-4.
14. Ver 7.41.2; Aristófanes, *Os Cavaleiros*, 764; Diodoro 13.78.4. As táticas eram o equivalente marítimo dos esforços dos plateus sitiados de lançar pesos sobre os aríetes peloponésios que os atacavam.
15. Para vários aspectos da luta de trirremes, ver 2.90.6 e 8.105.1; cf. 1.50.2 e 7.23.4. Sobre os números de membros da tripulação que afundaram com seus navios, ver os raros detalhes das perdas espartanas no monte Atos fornecidos por Diodoro 13.41.2-3. Sobre Nôtion, ver Diodoro 13.71.3-5, e para as maciças perdas nas Arginusas, 13.100.3-5. Reforços: Diodoro 13.46.
16. Aristóteles, *A Constituição de Atenas*, 34.1; cf. Xenofonte, *Helênica*, 1.7.35. A recusa dos tebanos de devolver os corpos dos mil hoplitas mortos em Délion — deixaram-nos expostos ao sol do outono durante vários dias — provocou igualmente indignação e pode haver impelido Eurípides a produzir seu *As Suplicantes*, uma tragédia na qual Atenas, chefiada pelo mitológico Teseu, derrota os tebanos por causa de seu insultuoso tratamento dos cadáveres dos Sete Contra Tebas. Ver Hanson, *Ripples*, 187-88.
17. Xenofonte, *Helênica*, 2.1.31-2. Plutarco, *Alcibíades*, 37.3 diz que 3 mil foram executados, enquanto Pausânias (9.32.9) registra 4 mil. Bem antes de 404, Lisandro era um dos mais brutais generais espartanos. Antes, em Mileto, ele foi indiretamente responsável pela morte de 340 milésios, num esforço para debilitar a democracia ali (Xenofonte, *Helênica*, 1.6.12; Plutarco, *Lisandro*, 8). Sobre a execução de prisioneiros mostrada em pinturas de vasos, ver Van Wees, *Greek Warfare*, 216-17.
18. Sobre a ação de Lisandro após Egospótamos, ver Plutarco, *Lisandro*, 14. À altura de 404, os espartanos estavam convencidos da vitória e não viam nenhuma razão para não se entregarem à vingança, dada a total destruição da frota ateniense e a litania de erros passados cometidos pelos atenienses.

19. 1.50.1, 2.90.5-6. A guerra de trirremes com frequência não era tanto um encontro naval, mas uma operação mista, marítima e terrestre, com a infantaria lutando nas praias próximas na expectativa de que haveria grande quantidade de navios meio adernados nas ondas, com tripulações quase indefesas e fáceis de serem abatidas por hoplitas à sua espera.
20. Ver Strauss, "Perspectives", 275-76, para um relato fascinante de por que os marinheiros atenienses mortos usualmente não recebiam o mesmo grau de honras cívicas que os hoplitas abatidos. As causas têm a ver não apenas com as dificuldades envolvidas em resgatar os corpos e na contagem exata de baixas no mar, mas com um preconceito geral contra as classes mais baixas que, com maior frequência, compunham as tripulações da frota imperial. Sobre um exemplo de uma luta no mar onde a maior parte dos que estavam no deque morreu sob uma chuva de pedras, ver Diodoro 13.78.3-5.
21. Cf. 2.24.2. A paranoia que se seguiu ao *breakout* do navio alemão *Bismarck*, em 1941, e o medo de navios japoneses logo depois de Pearl Harbor, em 1941, eram reações lógicas após aquelas vitórias iniciais unilaterais no mar: uma vez que uma frota estabelecia suas credenciais afundando facilmente navios inimigos, a mobilidade nos mares e a ausência de uma força dissuasória convincente garantiam que ela poderia fazer praticamente o que quisesse até que fosse contida.
22. Para o sucesso de Formion, cf. 2.87.3-4; sobre Hermôcrates: 4.63.1. A superioridade ateniense foi desenvolvida ao longo do meio século entre Salamina e o eclodir da guerra, quando sua frota havia estado em serviço praticamente ininterrupto adquirindo e ampliando o império no Egeu e ao largo da Jônia.
23. Para observações de Tucídides sobre Fórmion e a mudança de percepção a respeito da frota ateniense, ver várias passagens em 2.88.3 e 2.89.5-11; cf. 8.106.1-4.
24. Strauss, *Athens After,* 78-81. Ele prossegue sugerindo que a revolução oligárquica de 403 e a relativa impotência dos *demos* nos anos após a guerra bem podem ter sido um resultado das assombrosas perdas de marinheiros atenienses mais pobres, cujo número foi na realidade superado pelo dos hoplitas ao final da guerra.
25. 6.31. Cf. 3-17 (a frota na ativa, em 428, era de 250 navios). Tucídides faz uma boa descrição da rivalidade entre trierarcas enquanto a frota ateniense se reunia para partir para a Sicília (cf. especialmente 6.31.2-3). Em geral, a natureza complexa das estranhas atividades da trierarquia está discutida em detalhes por Gabrielsen, *Athenian Fleet,* 105-45, e Jordan, *Athenian Navy,* 61-111 — um sistema que quase foi arruinado pelos horrendos custos e perdas da Guerra do Peloponeso e, portanto, radicalmente reestruturado no século IV.
26. Morrison, Coates, e Rankov *(Athenian Trireme,* 179-230, 115-17) discutem diversas passagens em textos antigos que revelam justamente quão difícil era o

serviço nas trirremes — e como as marinhas tomavam cuidados extraordinários para garantir que suas tripulações fossem experientes e estivessem em forma.
27. Ésquilo, *Os Persas*, 396. Para passagens em Tucídides comprovando o valor da destreza e o monopólio ateniense de tal habilidade antes da guerra, ver, p. ex., 1.31.1, 1.35.3, 1.80.4, 1.142.6-9 e 3.115.4. Sobre a excelência ateniense, ver [Xenofonte], *A Constituição de Atenas*, 1.19-20.
28. "Mills": Aristóteles, *Retórica*, 1411A24. Sobre nomes de trirremes: Jordan, *Athenian Navy*, 277; Strauss, "Trireme", 318-19. Muitos estudiosos têm visto a íntima sincronização entre os remadores, a maior parte deles sem-terras e pobres, como uma valiosa experiência cívica que imprimia unidade e coesão política à classe inferior em Atenas. A disciplina de remar juntos bem pode haver fortalecido a solidariedade da "gentalha naval" na assembleia — ou vice-versa. Sobre a natureza ideológica do serviço naval, ver, por exemplo, Strauss, "Trireme", 319-22. Pode-se conjecturar sobre se a solidariedade no serviço nas trirremes poderia conferir algum poder aos pobres na oligárquica Corinto ou na frota peloponésia. Para sedição na frota peloponésia, cf. 8.78-80.
29. Ver a famosa fala do almirante ateniense Fórmion, que resumiu as bases da tática das trirremes: 2.89.8-9. Frequentemente, a luta entre grupos de marinheiros nos deques é chamada de batalha "à moda antiga" (p. ex. 1.49.1), o que sugere que a verdadeira excelência marítima era um fenômeno relativamente recente e basicamente ateniense, que enfatizava golpes com aríetes e mobilidade e buscava evoluir, além de meramente navios se chocando lateralmente para abordagens. Superioridade ateniense com os aríetes: Diodoro 13.40.
30. Sobre quebrar juramentos, ver Diodoro 13.78; 13.99.3-4, e sobre os aspectos físicos envolvidos nessa intrincada tática, ver Morrison, *Oared Warships*, 368-69.
31. Os ganchos de ferro muitas vezes eram chamados de "mãos de ferro" e estão presentes em todas as descrições de lutas. Sobre seu uso em algumas lutas navais, ver Diodoro 13.67.2-3 e 13.78.1. Lutas sobre trirremes: Diodoro 13.45-6.
32. Para detalhes da luta na Sicília, ver 7.70-2 e especialmente Diodoro 13.9.3. "Extraordinário": Diodoro 13.45.8. O fato de que uma frota tão grande, e até então basicamente sem derrotas, lutasse tão perto da praia à vista de dezenas de milhares, e para a salvação de 40 mil homens a uns 1.300 quilômetros de casa, faz dessa batalha naval um tópico favorito para historiadores e talvez a mais famosa e detalhada das registradas em toda a literatura antiga. Logo depois da batalha: Diodoro 13.100.
33. "Boas trirremes" (o que aparentemente significava tanto tripulações quanto construção): Aristófanes, *Os Pássaros*, 108. [Xenofonte], *A Constituição de Atenas*, 1.19, relutantemente presta respeito à habilidade naval ateniense. Para várias passagens em Tucídides, inclusive observações de Brasidas, que refletem diferen-

ças entre as estratégias navais de Esparta e Atenas, e os parâmetros segundo os quais as duas frotas operavam, ver 2.87.5-7; cf. 2.83.3, 2.94, 3.13.73; e 3.32.3; cf. 4.25.2-6.
34. 7.34.4-8 e 7.36.5. Essa mesma noção de um empate como vitória também era verdadeira em batalhas terrestres que envolviam os espartanos. Em Sfactéria, eles foram superados por muitos milhares, mas, ainda assim, a rendição de uns poucos esparciatas chocou o mundo grego e foi um golpe que só veio a ser remediado em Mantineia, mais de seis anos depois.
35. Xenofonte, *Helênica*, 1.6.33. Parece não ter havido nenhuma grande batalha terrestre registrada na idade clássica na qual um general tenha sobrevivido quando seu exército foi derrotado. Ainda assim, houve inúmeras ocasiões na Guerra do Peloponeso em que generais derrotados navegaram para longe a despeito da destruição de sua frota. Demóstenes, Nícias e Cônon sobreviveram, em algum momento, a catastróficas perdas navais. Cf. Diodoro 13.77 para as preparações de Cônon.
36. Para informação sobre tripulações e a qualidade dos remadores, ver várias citações em Tucídides em 7.14.1-2 e 7.31.5; cf. 7.18.3 e 7.19.3.
37. Águas calmas: Vitruvius 4.43; Tucídides descrevendo a luta no golfo de Corinto: 2.84.3-4. Ver Diodoro 13.46.4-6 sobre águas agitadas no Helesponto. A grande vitória ateniense, em Salamina, em 480, foi provavelmente um resultado de atacar os navios persas com aríetes com mais rapidez e eficiência antes que as tripulações de Xerxes conseguissem lançar os ganchos e puxar as trirremes gregas para abordá-las. Assim, a vitória conferiu à frota ateniense um senso de confiança a respeito da eficácia da mobilidade e do uso de aríetes que nem sempre foi salutar durante a Guerra do Peloponeso.
38. Sobre cálculos modernos a respeito de fatores que comprometiam o desempenho das trirremes, ver Morrison, *Oared Warships*, 326-27.
39. Fadiga: 7.40.4-5; provisões: 7.4.6; Egospótamos: Xenofonte, *Helênica*, 2.1.15-28. Em suma, dado o contexto da moderna guerra naval, é difícil para nós, modernos, avaliar plenamente o quanto a antiga luta no mar era intimamente integrada à guerra terrestre — desde a necessidade de encontrar água e atracar os navios em alguma praia à noite, até a dependência dos soldados da infantaria que iam à bordo e de tropas amigas em praias vizinhas. Para a necessidade de bases, ver a evidência citada em Amit, *Athens and the Sea*, 53-54.
40. Ver Casson, *Ships and Seafaring*, 70-73, sobre o problema de aprovisionar uma frota de trirremes em trânsito. Sobre o destino da frota de Lâmacos, no rio Cales, ver Diodoro, 12.72.5.
41. Os próprios cascos também tinham constante necessidade de reparo e, portanto, eram raspados e remendados; p. ex., Xenofonte, *Helênica*, 1.5.10-11.

42. P. ex., 7.1.1 e 7.39.2. É precisamente esse antiquíssimo medo da dependência de mercados e portos amigos que explica, em última instância, a evolução na luta entre navios: no porta-aviões ou no submarino nucleares que, em teoria, raramente precisam ir à praia, já que o combustível é quase inextinguível, a água de que precisam para beber e para higiene são produtos residuais de sua propulsão, e os alimentos lhes podem ser entregues no mar por navios de carga auxiliares.
43. Para a visão que se tinha do Pireu, ver Plutarco, *Temístocles*, 2.6. O lamento de Nícias: 7.12.5. Para a decisão de construir uma marinha de trezentos navios, ver Andocides, *A Paz*, 7; Esquino, *Embaixada*, 174. Amit, *Athens and the Sea*, 27-28, discute a lei ateniense que mandou construir vinte trirremes por ano e também a deterioração dos cascos.
44. Sobre a famosa viagem da "segunda" trirreme, que remou sem parar para reverter a sentença de morte levada pela primeira, ver 3.49; cf., também, 8.101. Sobre tripulações exaustas, ver Diodoro 13.77.3-5.
45. Ver a famosa passagem em Plutarco, *Temístocles* (4.3), com referência a Platão (*As Leis* 4.706B-C). Cf. Jordan, *Athenian Navy*, 18-20.
46. Sobre manutenção, ver 2.94.3-4. Ver Morrison, Coates, e Rankov, *Athenian Trireme*, 179-230, para uma constatação das minúcias e da fragilidade de uma réplica moderna da trirreme, e 102-06 para uma boa discussão de potenciais velocidades das trirremes.
47. Para um antigo e contrafeito reconhecimento conservador das vantagens que tinham os Estados marítimos, ver [Xenofonte], *A Constituição de Atenas*, 2.2-4. Em geral, o despacho de bens por via marítima no mundo antigo ficava por um décimo do custo do transporte por terra.
48. 2.94.1. Aparentemente, a ideia de que uma força de ataque peloponésia relativamente pequena pudesse se infiltrar no Pireu, destruir trirremes e permanecer por tempo suficiente para bloquear a entrada de navios mercantes aterrorizava os atenienses tanto quanto a aproximação de 60 mil peloponésios marchando sobre a Ática.
49. Aristófanes *Os Acarnânios*, 544-54; [Xenofonte], *A Constituição de Atenas*, 1.2-3. Este rabugento anônimo sistematicamente lista as maneiras como os Estados marítimos dos "piores" povos desfrutam vantagens: poderes navais podem governar a importação de produtos de outros Estados; eles podem atacar e então fugir muito mais facilmente do que forças de infantaria e têm espaço de manobra consideravelmente maior; suas frotas garantem mais comércio; e estão familiarizados com uma diversidade muito maior de povos. Para a natureza complexa da revolução de 411, em Atenas, comece com Lintott, *Violence*, 135-55.
50. Xenofonte, *Helênica*, 2.2.14-15. Após a guerra, as muralhas que haviam sido derrubadas foram não apenas ressuscitadas, mas esforços adicionais foram feitos

para fortalecer as fronteiras, talvez buscando reforçar a ideia de que se podia recusar batalhas hoplitas sem necessariamente sacrificar todas as plantações aos invasores inimigos. Ver Ober, *Fortress Attica*, 551-66, para a ideia de uma mentalidade defensiva do século IV nascida dos desapontamentos atenienses com a Guerra do Peloponeso.

51. Ver Tucídides sobre custos navais e as observações de Péricles 2.62.2-2. Talvez não tenha sido surpresa que, ao longo da Guerra Fria, os Estados Unidos, com sua frota superior, tenham descoberto ser muito mais fácil projetar poder e intervir ao longo das fronteiras da União Soviética, fosse na Coreia, no Vietnã ou no Oriente Médio, do que seria para os russos forjar Estados clientes na América Latina e expandir seu posto avançado em Cuba.

52. Meiggs, *Athenian Empire*, 104-08, revê o número menor de cinquenta navios e o maior de duzentos, concluindo que a inferência de Tucídides de que duzentas trirremes foram perdidas no Egito pode estar correta — se entendermos que, dos 40 mil homens das tripulações imperiais que foram perdidos, talvez somente 10 mil fossem cidadãos atenienses.

53. Para uma amostra de uma ladainha desses sentimentos contra o poder naval, ver 6.24.3; [Xenofonte], *A Constituição de Atenas*, 1.2 e 1.10-12; Platão, *As Leis*, 704D, 705A, 706B, 707A; Aristóteles, *Política*, 1327A10-1327B6. Um dos poucos autores clássicos que pode expressar profunda empatia com os remadores do final do século V, em Atenas, é Aristófanes (p.ex., *Os Cavaleiros*, 545-610; *As Rãs*, 687-705; *Os Acarnânios*, 677-78).

54. Sobre o aperto financeiro em Atenas, ver Meiggs, *Athenian Empire*, 320-39. Como sempre foi verdadeiro a respeito do gênio da democracia ateniense, havia um paradoxo bem no cerne do sistema: as pessoas ricas em Atenas que odiavam os pobres ganhavam prestígio equipando navios para empregá-los, enquanto os mais ricos em outras terras eram taxados com tributos para operar uma frota que usualmente os impediria de alguma vez ganhar controle sobre suas respectivas cidades-Estados locais.

Capítulo 9

1. Às vezes, um mero óbolo pago a cada membro da tripulação em acréscimo aos três ou quatro do salário diário poderia representar uma significativa diferença no tamanho das respectivas frotas ateniense e espartana. Os atenienses aparentemente mantinham os salários dos remadores bastante reduzidos — três óbolos, em vez do valor ótimo de uma dracma — com base na estranha crença de que a prosperidade entre as classes remadoras poderia tornar impossível que elas continuassem

a trabalhar sob condições tão exigentes. Sobre o pagamento naval em geral, ver Morrison, Coates, e Rankov, *Athenian Trireme*, 118-22.
2. Nenhum dinheiro: 8.1.2. Diodoro (13-37.1) afirma que a guerra não terminou em 413 devido à destituição de Alcibíades e a seus esforços de manipular a ajuda persa aos espartanos. Tucídides acreditava que os atenienses estivessem com receio de que os siracusanos pudessem ter navegado diretamente de seu sucesso no Grande Porto até o Pireu. Mas nada no passado naval siracusano recente sugeria que estivessem dispostos a uma viagem de 1.300 quilômetros a toda força — e com chances de sofrer no porto de Atenas o desastre que eles recentemente haviam infligido a atenienses em seu próprio porto. Na realidade, os sicilianos logo foram arruinados por dissensões civis no país, estavam temerosos de um ataque cartaginês e não tinham nenhuma inclinação para enviar recursos preciosos ao outro lado do mundo.
3. 2.65.11-12. Durante a Guerra Arquidamiana, a frota ateniense operava basicamente em águas inimigas em volta do Peloponeso e no golfo de Corinto, onde os reveses punham em risco somente operações ofensivas adicionais. A Guerra Jônica era um teatro totalmente diferente, onde uma única grande derrota ameaçava os grãos, o comércio e a receita imperial da Ática.
4. Xenofonte, *Helênica*, 1.1.25-26. Xenofonte apresenta a visão estereotipada dos persas como acreditando que as guerras são vencidas somente por meio de vantagens materiais, o que era uma posição tão irrealista quanto a velha ficção espartana de que somente coragem e disciplina garantiriam a vitória.
5. 7.39.2. Diodoro (13.10.1-3) presume que Aríston compreendera que, nas águas relativamente confinadas do porto, a possível desvantagem de aríetes troncudos e rebaixados que poderiam comprometer a velocidade e mobilidade era mais do que compensada pela chance de que eles poderiam afundar navios inimigos com um único golpe e, frequentemente, em um choque frontal.
6. Xenofonte, *Helênica*, 1.6.3-4. Para Tucídides, a inepta resposta peloponésia após a Sicília e o fracasso de capitalizar em cima do revés, combinados com a notável recuperação ateniense, eram prova de que governos democráticos podiam entrar em desastres e sair deles de uma forma impensável entre as oligarquias. 8.1.3-4; cf. 7.28 e 8.96.4-5.
7. Xenofonte, *Anabasis*, 1.2.9. Os que sobreviveram a essa última década suja da longa guerra acabaram como mercenários no imenso exército comprado de Ciro, o Jovem, ele próprio um ativo participante da Guerra Jônica. A natureza pan-helênica dos Dez Mil e sua expectativa de salários altos refletiam a natureza dos últimos poucos anos da Guerra do Peloponeso, durante os quais milhares de gregos navegaram para o leste para acumular altos salários persas servindo na frota espartana.

8. Sobre essas várias batalhas navais, ver 8.10, 8.41-42, 8.61 e 8.95. Mais uma vez, como ocorrera após a perda na Sicília, os atenienses ficaram paranoicos com a ideia de que os peloponésios se lançariam imediatamente contra o Pireu — um medo constante que nunca se materializou até o desastre final, após Egospótamos. Cf. 8.96.2-3.
9. 8.104-6; Diodoro 13.39-40. Para uma descrição da batalha, ver a discussão em Morrison, Coates e Rankov, *Athenian Trireme*, 81-84. É provável que, nessas distantes batalhas da Guerra Jônica, o número de baixas no mar tenha crescido (p. ex., Tucídides 8.95), no tanto em que os dois lados agora tinham menos probabilidade de fazer prisioneiros, as praias próximas frequentemente não tinham tropas amigas e a provisão finita de remadores atenienses experientes tornara-se uma questão altamente preocupante: matar marinheiros capturados ou feridos passara a ser visto como parte da estratégia maior da Guerra do Peloponeso.
10. 8.106.2. Havia alguns truísmos generalizados sobre a situação que se seguia às principais batalhas atenienses: súbito otimismo ou desolação nem sempre proporcionais à situação real no campo de batalha; súbita mudança de governo (os chamados Quatrocentos, os Cinco Mil e os Trinta surgiram todos como desdobramentos de reveses atenienses); e súbita fúria ou louvor dirigidos aos generais, como atestam os altos e baixos das carreiras de Clêon, Demóstenes, Alcibíades e Trasíbulos.
11. Xenofonte, *Helênica*, 1.1.14. Para Trasíbulos, ver Cornélio Nepos, *Thrasybulus*, 1.3. Em teoria, um poder terrestre sem dinheiro ainda podia lutar durante algum tempo, dado o fato de que os hoplitas eram donos de suas armaduras, podiam encontrar alimentos no campo e talvez servissem sem pagamento devido ao próprio interesse em proteger as plantações locais. Mas as trirremes eram propriedade do Estado e, se sua construção era dispendiosa, os custos de operá-las e mantê-las eram muito mais elevados.
12. Xenofonte, *Helênica*, 1.5.5-9. Logo os súditos atenienses começaram a se revoltar a sério em todo o Egeu, por exemplo em Andros; cf. Xenofonte, *Helênica*, 1.4.21.
13. O breve despacho de Hipócrates é muito diferente da longa carta de Nícias explicando as dificuldades atenienses na Sicília. Ao contrário de Nícias, o espartano não oferece nenhuma avaliação real e não dá nenhum conselho. Cf. Xenofonte, *Helênica*, 1.1.24. Supõe-se que a mensagem reflita o estilo "lacônico": nesse caso, mesmo sob as mais traumáticas circunstâncias, emoção e elaboração não se infiltram na comunicação oficial à base. Em geral, ver Diodoro 13.50-3 para a batalha e as ofertas de paz espartanas que se seguiram à derrota da frota peloponésia; e para as circunstâncias em torno de Sestos, cf. Lazenby, *Peloponnesian War*, 198-204.
14. Xenofonte, *Helênica*, 1.5.11-14; Diodoro 13.71; Plutarco, *Alcibíades*, 35. Uma grande parte do problema era que os espartanos tinham agora um general tão

determinado quanto Alcibíades e muito mais habilidoso em jogar o jogo persa, com tudo o que ele podia lhe valer. E uma vez que Alcibíades havia triangulado tanto com Esparta quanto com a Pérsia, não havia nenhum outro lugar para ir a não ser o exílio — e tal falta de opções nunca era uma boa posição para se estar perante a assembleia ateniense. Não era acidental que espartanos ambiciosos como Lisandro, Calicrátidas e Gílipos não fossem realmente esparciatas, mas provavelmente *mothakes*, ou nascidos de mães não esparciatas e criados por benfeitores ricos. Seu talento na guerra ajudava a promovê-los sem que houvesse nenhuma expectativa de que, em tempo de paz, seus antecedentes comuns lhes trouxessem alguma vantagem especial.

15. Sobre a crise de mão de obra em Atenas, a derrota de Cônon em Mitilene e o surgimento da frota espartana, ver Xenofonte, *Helênica*, 1.6.15-18 e 1.6.24-25; cf. Diodoro 13.77-79. Para os problemas de Arginusas, ver Lazenby, *Peloponnesian War*, 229-34.
16. Xenofonte, *Helênica*, 1.6.26-34; Diodoro 13.97-99.
17. Ver Aristóteles, *A Constituição de Atenas*, 34.1, para a oferta de paz espartana após Arginusas. Presumivelmente, mais uma vez Cleófon rechaçou os emissários de paz, demandando um retorno de todas as cidades que Atenas havia alguma vez dominado.
18. Xenofonte, *Helênica*, 2.1.28. Se as trirremes espartanas estavam melhorando no mar, sua infantaria continuava incontestada. Assim, se era insensato para os atenienses arrastar seus navios para uma praia desprotegida e, sem fortificações, acampar tão distante das provisões em Egospótamos, era suicida ter marinheiros lutando contra espartanos em uma batalha terrestre ao lado de trirremes atracadas e ociosas.
19. Sobre as execuções, ver Xenofonte, *Helênica*, 2.1.28; Diodoro 13.106.6-8; Plutarco, *Lisandro*, 10-11. Como as trirremes capturadas da frota imperial ateniense podem ter chegado a 160, deveria haver mais de 30 mil prisioneiros. Não se sabe quantos escravos e aliados foram liberados, ou quantos simplesmente eram atenienses executados antes de se renderem.
20. Sobre a batalha, ver Xenofonte, *Helênica*, 2.1.18-28, e Diodoro 13.105-6. Na batalha naval mais crítica desde Salamina, os atenienses, especialistas em mar, essencialmente a perderam em terra, e antes mesmo de o engajamento começar.
21. Xenofonte, *Helênica*, 1.2.13. Assim, um primo provou-se traidor uma vez e pereceu, e o outro foi um traidor três vezes, de Atenas, Esparta e Pérsia, respectivamente — e, mesmo assim, sobreviveu à guerra.
22. Ver Plutarco, *Alcibíades*, 38.1-2. Após a guerra, o segundo exílio de Alcibíades foi reconhecido pelos atenienses como "o maior desvario de todos os atos equivocados e estúpidos que haviam cometido".

23. Para detalhes dos últimos anos de sua vida, ver Ellis, *Alcibíades*, 93-98; Plutarco, *Alcibíades*, 38.
24. Xenofonte, *Helênica*, 2.2.3. Qual era o exato estado da frota ateniense após Egospótamos? Havia provavelmente menos de vinte trirremes espalhadas pelo Egeu ou apodrecendo nos estaleiros no Pireu. E a ausência tanto de dinheiro quanto de matérias-primas significa que, daquela vez, os atenienses não tinham nenhuma condição de construir uma quarta frota *ex nihilo*.
25. Xenofonte, *Helênica*, 2.2.19; Plutarco, *Lisandro*, 15.2; Pausânias 10.9.9. Transformar uma terra em um *mêloboton* ("pasto de ovelhas") era uma proverbial ameaça retórica de uma punição radical; cf. Hanson, *Warfare and Agriculture*, 10. Para uma breve discussão do plano de Morgenthau, que é frequentemente caricaturado e não adequadamente compreendido, ver Weinberg, *World at Arms*, 794-98. Churchill também propôs que a Alemanha pós-guerra "tivesse um caráter basicamente agrícola e pastoril".

Capítulo 10

1. Ver Henderson, *Great War*, 489-90; Zimmern, *Greek Commonwealth*, 432.
2. Ver Ober, *Fortress Attica*, 209-13, para a discussão de mudança no pensamento estratégico em Atenas, e cf. Hanson, *Warfare and Agriculture*, 174-84, sobre a natureza mais próspera da agricultura da Ática nos anos do pós-guerra. Em geral, Cartledge, "Effects", 114-17, resume bem o consenso de que os efeitos da guerra eram mais sutis e debilitantes do que catastróficos e imediatos.
3. O argumento que defende não apenas o papel positivo do império ateniense, mas também seu sucesso entre as classes populares dos Estados súditos, tornou-se o trabalho de toda uma vida de G.E.M. de Ste. Croix, cuja entusiasmada e, com frequência, amplamente equivocada invectiva é tão atraente quanto seu prodigioso conhecimento é impressionante. Breves resumos de seus artigos publicados em revistas podem ser encontrados em seu *Origins of the Peloponnesian War*, 289-93, e *Class Struggle*, 1-49.
4. 1.23. Cidades como Colofon, Micálessos, Plateia e Tireia foram cenários de abjetos massacres, enquanto Sólion, Potideia, Anactórion, Cione e Melos sofreram limpezas étnicas e foram ocupadas por novas populações.
5. Isócrates, *Sobre a Paz*, 86-87. Os números de Isócrates talvez sejam suspeitos, no tanto em que Diodoro (13.21) diz que duzentos navios foram perdidos na Sicília e 180 em Egospótamos. Mas, na memória coletiva ateniense em geral, deve ter havido alguma noção de que por volta de quatrocentas trirremes imperiais foram perdidas nessas duas terríveis derrotas, um número que se enquadra numa razoável

margem de erro. Para a afirmação de Isócrates a respeito da perda das grandes famílias de Atenas, ver também Diodoro 13.4, 13.88.
6. Cf. as astutas observações de Cartledge, "Effects", 106-09, e Strauss, "Problem", 170-75.
7. Sobre 22 generais, ver Paul, "Two Battles", 308, e Strauss, *Athens After*, 70-86 e 172-74. Strauss também argumenta adicionalmente que perdas desproporcionais entre a classe dos tetas durante a guerra explicam, de alguma forma, o surgimento de governos oligárquicos, em 411 e 404, como se, durante algum tempo, as fileiras reduzidas dos mais pobres e mais radicais tivessem perdido influência na política democrática da época.
8. Quase imediatamente após a guerra, Tebas ofereceu abrigo a democratas atenienses exilados. Assim, a Guerra do Peloponeso terminou com democratas atenienses buscando asilo num Estado que havia começado a guerra ao enviar radicais oligárquicos contra a democrática Plateia, enfatizando, novamente, o fato de que a ideologia era frequentemente atropelada pela *realpolitik* e pelo desejo de equilibrar o poder entre as cidades-Estados em disputa. Para a confusão de interesses pós-guerra, ver Buckler, *Aegean Greece*, 3-6.
9. *Hellenica Oxyrhynchia* 12.3, e as fontes citadas em Hanson, *Warfare and Agriculture*, 153-73.
10. Ver, por exemplo, Davies, *Propertied Families:* p. ex., 44 (Arquídamos perdeu sua propriedade depois de ter sido feito prisioneiro); 61 (Critodemos morto em Egospótamos, deixando três órfãos); 93 (Amiteon morto na Sicília, deixando três filhos); 152 (Diódotos morto em Éfesos, deixando três filhos); 347 (Licômedes morto em 424, deixando um filho, Cleômedes, um dos generais em Melos); 404 (Êucrates morto pelos Trinta Tiranos, deixando dois filhos); 467 (Polístratos perdeu terras após Decêleia, foi ferido, e tinha três filhos nas forças militares atenienses).
11. Para problemas no pós-guerra em Esparta, ver a antiga evidência discutida em Cartledge, *Agesilaos*, 34-54 e, especialmente, Lewis, *Cambridge*, 16-32. "Comer vivos": Xenofonte, *Helênica*, 3.3.7.
12. Leis da guerra: Ober, "Classical Greek Times", 24-26. Parece metodologicamente inadequado questionar os protocolos *ante bellum* relativos às guerras gregas apontando exceções ocasionais, tais como ataques a centros civis ou violação de santuários — como se historiadores futuros pudessem duvidar da existência em nossos dias tanto de leis sobre limites de velocidade quanto da tendência pública de obedecê-las, a partir da evidência de que era prática comum multar os violadores. Mas, para uma perspectiva diferente, ver, novamente, Krentz, "Strategic Culture", 65-72, e "Fighting", 36-37.
13. Demóstenes, *Terceira Filípica*, 48-52. Para esse e outros sentimentos reacionários nostálgicos a respeito da velha guerra simples, ver a literatura antiga citada em Hanson, "Hoplite Battle", 202-06.

14. 5.41.3; cf. Heródoto 7.9.2. É uma lei geral que uma escalada na violência e uma erosão da moderação estão em proporção direta com a duração de um conflito. Andersonville, ou a Marcha para o Mar, não estavam na mente de ninguém no início de 1861. Nem ninguém antecipou, em 1914, que, em meros três anos, qualquer um dos lados na Grande Guerra iria ou poderia cobrir o outro com gás venenoso; da mesma forma, a invasão da Polônia pelas tropas convencionais alemãs não pressagiou Hiroshima.
15. Existe uma imensa bibliografia sobre as anteriores "regras da guerra" e sua violação durante a Guerra do Peloponeso e a importância deste comportamento para conflitos subsequentes — com ampla documentação a partir de fontes contemporâneas. Ver, por exemplo, Hanson, *Other Greeks*, 317-49; Ober, *Fortress Attica*, 32-50; e, especialmente, Krentz, "Invention", 25-35, para uma resenha das fontes antigas e modernas.
16. Para detalhes sobre as ramificações da erosão do censo das classes, ver Hanson, "Democratic Warfare", 16-17. Ao final da guerra, muitos "hoplitas" provavelmente nem ao menos tinham propriedades (Lísias, 34.4; cf. Tucídides 6.43.1); cavaleiros ricos se gabavam de haver servido a pé (Lísias, 16.13); e alguns remadores eram fazendeiros hoplitas (Xenofonte, *Helênica*, 1.6.24-25).
17. Para o leitor moderno, as numerosas invectivas de Platão contra o novo estilo de guerra parecem não apenas estridentes, mas quase uma traição. Ver especialmente *As Leis*, 4.707C; cf. 706B. Em certo sentido, sua crítica é análoga à dos conservadores agrários típicos nos tempos romano, inglês e norte-americano, que viam a aquisição de um império como uma influência desestabilizadora das normas existentes — excesso de estrangeiros, excesso de dinheiro novo e excessivas obrigações que arruinavam as velhas hierarquias do passado baseadas na propriedade da terra.
18. Ver a famosa passagem sobre o surgimento da pólis em Aristóteles, *Política*, 4.1297B16-24. Devemos recordar que a cidade-Estado — a materialização do início da civilização ocidental — surgiu não tanto para garantir a liberdade pessoal a todos os residentes, mas para assegurar a proteção da propriedade para uma nova classe mediana aristocrática de proprietários de terra.
19. Ver Xenofonte, *Helênica*, 1.6.31, para as supostamente melhores tripulações peloponésias. Hunt (*Slaves*, 83-101) apresenta um bom argumento sobre por que o uso maciço de escravos em Arginusas pode não ter sido assim tão inusitado, mas, em vez disso, a culminação de uma longa prática de usar servos como remadores nas marinhas de todos os lados durante a Guerra do Peloponeso. À época do final da guerra, é bem possível que houvesse quinhentas trirremes atenienses, aliadas, peloponésias e sicilianas no Egeu a qualquer momento dado — o que exigia um conjunto de cerca de 100 mil remadores que não poderiam ter sido

todos eles cidadãos livres, dadas as exigências da infantaria e a necessidade de produzir alimentos.
20. Para o paradoxo de uma crescente eficácia militar obtida à custa da velha exclusividade agrária da cidade-Estado, ver a longa discussão, com uma lista de citações de fontes clássicas, em Hanson, *Other Greeks*, 351-96.
21. 1.83.2; cf. 1.80.3-4 e 2.24.1.2. Um bom lamento retórico sobre o papel do dinheiro na guerra está em Isócrates, *Sobre a Paz*, 8.48.
22. A fúria dos filósofos atenienses contra a nova guerra é mais bem capturada em Platão, *As Leis*, 4.706B-C, e Aristóteles, *Política*, 8.1326A. Em geral, ver Kallet-Marx, *Money and Naval Power*, 201-06 e Kallet, *Money and Corrosion*, 227-84, para o papel do dinheiro e do capital na Guerra do Peloponeso e o rompimento que tal sofisticação financeira significou com as guerras do passado.
23. 4.40.2. Existe todo um corpus de pensamento reacionário na literatura grega que protesta em altas vozes contra o uso de projéteis, arqueiros e artilharia como sendo, de certa forma, injusto e imoral. Ver a discussão in Hanson, *Other Greeks*, 338-49.
24. Sobre a revolução militar nas várias artes do sítio imediatamente após a Guerra do Peloponeso, ver Winter, *Greek Fortifications*, 310-24; Kern, *Ancient Siege Warfare*, 163-93; e o debate entre Ober, *Fortress Attica*, 197-207 (argumentando que havia uma nova política defensiva no pós-guerra, voltada para a fortificação rural no século IV) e Munn, *Defense of Attica*, 15-25 (mantendo que não houve nenhuma tentativa de garantir uma real defesa das fronteiras por novas bases e fortes no interior da Ática).
25. Arquíloco, fragmento 114. Para a ideia na literatura grega do general como um homem comum, ver Hanson, "Greek Warrior", 112-13. Para uma perspectiva diferente, cf. Wheeler, "General", 140-49.
26. Para um encômio antigo sobre os dois homens, ver 4.81.1-3 e 4.108.2-3; e cf. Plutarco, *Lisandro*, 30.
27. Na literatura sobre a era pós-Guerra do Peloponeso, existe uma nova noção a respeito do papel tático adequado — intelectual ou moral? — do general no início do século IV. Para uma discussão das fontes antigas, ver Hanson, *Other Greeks*, 258-61, 308-10; e Wheeler, "General", 145-53.
28. Xenofonte, *Memorabilia*, 3.1.1; Xenofonte, *Anabasis*, 2.1.7; cf. Platão, *As Leis*, 828E-834A. Sobre o novo tipo de comandantes militares que apareceram após a Guerra do Peloponeso e engajaram-se em saques e ataques para pagar o custo de suas operações, ver Pritchett, *Greek State*, 2.59-117.
29. De modo semelhante, a maior parte das pessoas sentia, em 1861, que a Confederação, dada a reputação da região em termos de bravura e excelência nas armas, produziria uma liderança militar superior na Guerra Civil dos Estados Unidos.

Mas, a despeito de toda a excelência tática de um Lee ou um Jackson, o Sul simplesmente não produziu muitas mentes militares semelhantes a Grant, Sherman ou Sheridan, que levaram em conta a rara conjugação de táticas, estratégia, moral e poder econômico ao escolher onde e como lutar.

30. Powell, *Athens and Sparta*, 200-01, faz uma seleção bastante boa de passagens de Tucídides que refletem a crença do historiador de que Atenas perdeu, e não que Esparta ganhou.
31. Para esses exemplos de medo e pânico decidindo políticas de Estado, ver 2.21 (as vãs esperanças atenienses de que os espartanos poderiam se retirar sem de fato devastar a Ática conforme haviam ameaçado) e 4.40-42 (a preocupação espartana de que, após sua derrota em Sfactéria, os inimigos perceberiam sua fraqueza); cf. 5.102-03 (as vãs esperanças dos mélios de que o perigo ainda poderia ser evitado). Para uma lista de exemplos de oportunismo durante a guerra e os perigos da fraqueza percebida, ver Powell, *Athens and Sparta*, 144-47.
32. Píndaro sobre a guerra: fragmento 120.5. A respeito das atitudes dos velhos e dos jovens sobre a guerra, ver, por exemplo, 1.72.1, 2.8 e 6.24. Ver também Astímacos e Lácon (3.52-53); Saugenês (ver sua estela funerária em R. Higgins, *Tanagra and the Figurines* [Princeton, 1986], 52-53); Scrifondas (7.30.3); e Xenares (5.51.2).

OBRAS CITADAS

Amit, M. *Athens and the Sea: A Study in Athenian Sea-Power*. Brussels, 1965.
Anderson, J. K. *Military Theory and Practice in the Age of Xenophon*. Berkeley, 1970.
Anglim, S. et al. *Fighting Techniques of the Ancient World: 3000 B.C. — 500 A.D.* Nova York, 2002.
Badian, E. *From Plataea to Potidaea*. Baltimore, 1993.
Beevor, A. *Stalingrad*. Nova York, 1998.
Buckler, J. *Aegean Greece in the Fourth Century B.C.* Leiden, 2003.
Bugh, G. *The Horsemen of Athens*. Princeton, 1988.
Cartledge, P. *Agesilaos and the Crisis of Sparta*. Baltimore, 1987.
——. "The Effects of the Peloponnesian (Athenian) War on Athenian and Spartan Societies". In: D. McCann e B. Strauss, *War and Democracy*, 104-23.
——. *The Spartans*. Nova York, 2003.
Casson, L. *Ships and Seafaring in Ancient Times*. Austin, 1994.
Cawkwell, G. *Thucydides and the Peloponnesian War*. Londres, 1997.
Davies, J. K. *Athenian Propertied Families*. Oxford, 1971.
Delbrück, H. *Warfare in Antiquity: History of the Art of War*. Vol. 1, traduzido por W. Renfroe. Lincoln, Neb., 1975.
De Souza, P. *The Peloponnesian War; 431-404 B.C.* Oxford, 2002.
Ducrey, P. *Warfare in Ancient Greece*. Nova York, 1985.
Ellis, W. M. *Alcibiades*. Londres, 1989.
Finley, M. I. *A History of Sicily: Ancient Sicília to the Arab Conquest*. Nova York, 1968.
Fisher, N. "*Hybris*, Revenge and Stasis in the Greek City-States". In: *War and Violence in Ancient Greece*. H. van Wees (org.), 83-123.
Foxhall, L. "Farming and Fighting in Ancient Greece". In: *Warfare and Society in the Greek World* G. Shipley e J. Rich (orgs.). Londres, 1993, 134-45.
Gabriel, R. e K. Metz. *From Sumer to Rome: The Military Capabilities of Ancient Armies*. Nova York, 1991

Gabrielsen, V. *Financing the Athenian Fleet: Public Taxation and Social Relations.* Baltimore, 1994.
Gaebel, R. *Cavalry Operations in the Ancient Greek World.* Norman, Okla., 2002.
Garlan, Y. *War in the Ancient World.* Londres, 1975.
Garnsey, Peter. *Famine and Food Supply in the Graeco-Roman World.* Cambridge, 1988.
Gomme, A. W. *A Historical Commentary on Thucydides.* Vols. 1-4. (Vols. 4-5 com A. Andrewes e K. Dover.) Oxford, 1945-70.
Green, P. *Armada from Athens.* Nova York, 1970.
Grimsley, M. e C. J. Rogers (orgs.). *Civilians in the Path of War.* Lincoln, Neb., 2002.
Grote, G. *A History of Greece.* 4. ed. Londres, 1872.
Grundy, G. *Thucydides and the History of His Age.* Oxford, 1948.
Hackett, J. (org.). *Warfare in the Ancient World.* Nova York, 1989.
Hamel, D. *Athenian Generals: Military Authority in the Classical Period.* Leiden, 1998.
Hanson, V.D. "Epaminondas, the Battle of Leuktra, and the 'Revolution' in Greek Battle Tactics". *Classical Antiquity* 7.2 (1988): 190-207.
———. (org.). *Hoplites: The Ancient Greek Battle Experience.* Londres, 1991.
———. "Thucydides and the Desertion of Attic Slaves During the Decelean War". *Classical Antiquity* 11.2 (1992): 210-28.
———. "Delium". *Quarterly Journal of Military History* 8.1 (1995): 28-35.
———. "Hoplites into Democrats: The Changing Ideology of Athenian Infantry". In: *Dêmokratia: A Conversation on Democracies, Ancient and Modern.* J. Ober e C. Hedrick (orgs.), 189-312, Princeton, 1996.
———. *Warfare and Agriculture in Classical Greece.* 2. ed. Berkeley, 1998.
———. *The Western Way of War: Infantry Battle in Classical Greece.* 2. ed. Berkeley, 1998.
———. "Hoplite Obliteration: The Case of the Town of Thespiai". In: *Ancient Warfare, Archaeological Perspectives* J. Carman e A. Harding (orgs.), 203-18, Gloucestershire, 1999.
———. *The Soul of Battle: From Ancient Times to the Present Day — How Three Great Liberators Vanquished Tyranny.* Nova York, 1999.
———. *The Wars of the Ancient Greeks.* Londres, 1999.
———. *The Other Greeks.* 2. ed. Berkeley, 1999.
———. "Hoplite Battle as Ancient Greek Warfare: When, Where, and Why". In: *War and Violence in Ancient Greece.* H. van Wees (orgs.), 201-32.
———. "The Classical Greek Warrior and the Egalitarian Military Ethos". *Ancient World* 31.2 (2000): 111-26.
———. "Democratic Warfare, Ancient and Modern". In: *War and Democracy,* D. McCann e B. Strauss (orgs.), 3-33.

———. *Carnage and Culture: Landmark Battles in the Rise of Western Power*. Nova York, 2001.
———. *Ripples of Battle: How Wars of the Past Still Determine How We Fight, How We Live, and How We Think*. Nova York, 2003.
Henderson, B. W. *The Great War Between Athens and Sparta*. Londres, 1927.
Herman, A. *The Idea of Decline in Western History*. Nova York, 1997.
Hornblower, S. *A Commentary on Thucydides*. Vols. 1-2. Oxford, 1990-96.
Hunt, P. *Slaves, Warfare, and Ideology in the Greek Historians*. Cambridge, 1998.
Jones, N. F. *Rural Athens Under the Democracy*. Filadélfia, 2004.
Jordan, B. *The Athenian Navy in the Classical Period*. Berkeley, 1975.
Kagan, D. *The Outbreak of the Peloponnesian War*. Ithaca, NY, 1969.
———. *The Archidamian War*. Ithaca, NY, 1974.
———. *The Peace of Nicias and the Sicilian Expedition*. Ithaca, NY, 1981.
———. *The Fall of the Athenian Empire*. Ithaca, NY, 1987.
———. *On the Origins of War and the Preservation of Peace*. Nova York, 1995.
———. *The Peloponnesian War*. Nova York, 2003.
Kallet, L. *Money and the Corrosion of Power in Thucydides: The Sicilian Expedition and Its Aftermath*. Berkeley, 2001.
Kallet-Marx, L. *Money, Expense, and Naval Power in Thucydides' History 1-5.24*. Berkeley, 1993.
Keegan, J. *A History of Warfare*. Nova York, 1993.
Kern, P. *Ancient Siege Warfare*. Bloomington, Ind., 1999.
Krentz, P. "Casualties in Hoplite Battles". *Greek, Roman and Byzantine Studies* 26.1 (1985): 13-20.
———. "The Strategic Culture of Periclean Athens". In: *Polis and Polemos*. C. Hamilton e P. Krentz (orgs.), 55-72. Claremont, Calif., 1997.
———. "Deception in Archaic and Classical Greek Warfare". In: *War and Violence in Ancient Greece*. H. van Wees (orgs.), 167-200.
———. "Fighting by the Rules: The Invention of the Hoplite Agôn". *Hesperia* 71.1 (2002): 23-39.
Lawrence, A. W. *Greek Aims in Fortification*. Oxford, 1979.
Lazenby, J. *The Spartan Army*. Warminster, 1985.
———. *The Peloponnesian War: A Military History*. Londres, 2004.
Lebow, N. e B. Strauss (orgs.). *Hegemonic Rivalry: From Thucydides to the Nuclear Age*. Boulder, 1991.
Lewis, D. M. et al. *The Cambridge Ancient History*. Volume 6, *The Fourth Century B.C.* Cambridge, 1994.
Lintott, A. *Violence, Civil Strife and Revolution in the Classical City*. Baltimore, 1982.

Lissarrague, F. "The World of the Warrior". In: *A City of Images: Iconography and Society in Ancient Greece*. C. Bérard et al. (orgs.), 39-52. Princeton, 1989.

Lloyd, A. B. (orgs.), *Battle in Antiquity*. Londres, 1996.

Longrigg, J. "The Great Plague at Athens". *History of Science* 18 (1980): 209-25.

Losada, L. *The Fifth Column in the Peloponnesian War*. Leiden, 1972.

Luginbill, R. "*Othismos*: The Importance of the Mass-Shove in Hoplite Warfare". *Phoenix* 48 (1994): 51-61.

Mayor, A. *Greek Fire, Poison Arrows, and Scorpion Bombs: Biological and Chemical Warfare in the Ancient World*. Nova York, 2003.

McCann, D. e B. Strauss (orgs.), *War and Democracy: A Comparative Study of the Korean War and the Peloponnesian War*. Nova York, 2001.

Meiggs, R. *The Athenian Empire*. Oxford, 1971.

Mitchell, S. "Hoplite Warfare in Ancient Greece". In: *Battle in Antiquity*. A. F. Lloyd (orgs.), 87-106.

Montagu, J. *Battles of the Greek and Roman Worlds*. Londres, 2000.

Morrison, J. S. *Greek and Roman Oared Warships*. Oxford, 1996.

Morrison, J. S., J. E. Coates e N. B. Rankov. *The Athenian Trireme*. Cambridge, 2000.

Munn, M. *The Defense of Attica: The Dema Wall and the Boitian War of 378-375 B.C.* Berkeley, 1993.

Ober, J. *Fortress Attica: Defense of the Athenian Land Frontier, 404-322 B.C.* Leiden, 1985.

———. "Hoplites and Obstacles". In: *Hoplites: The Ancient Greek Battle Experience*. V. Hanson (orgs.), 173-96.

———. "Classical Greek Times". In: *The Laws of War: Constraints of Warfare in the Western World*. M. Howard, G. Andreopoulos, e M. Shulman (orgs.), 12-26. New Haven, 1995.

———. "Thucydides, Pericles, and the Strategy of Defense". In: *The Athenian Revolution*. J. Ober (orgs.), 72-85. Princeton, 1996.

Parlama, L. et al. *The City Beneath the City: Antiquities from the Metropolitan Railway Excavations*. Atenas, 2000.

Paul, G. M. "Two Battles in Thucydides". *Classical Views* 31.6 (1987): 307-12.

Powell, A. *Athens and Sparta*. Londres, 1988.

Price, J. J. *Thucydides and the Internal War*. Cambridge, 2001.

Pritchard, D. M. "'The Fractured Imagery': Popular Thinking on Military Matters in Fifth Century Athens". *Ancient History* 28.1 (1998): 38-58.

Pritchett, W. K. *Studies in Ancient Greek Topography*, Partes I-VII. Berkeley, 1965-93.

———. *The Greek State at War*. Partes I-V. Berkeley, 1971-91.

Raaflaub, K. e N. Rosenstein. *War and Society in the Ancient and Medieval Worlds*. Cambridge, Mass., 1999.

Rawlings, L. "Alternative Agonies: Hoplite Martial and Combat Experience Beyond the Phalanx". In: *War and Violence in Ancient Greece* (org.), H. van Wees, 233-59. Londres, 2000.

Rich, J. e G. Shipley (org.), *War and Society in the Greek World*. Londres, 1993.

Rodgers, W. L. *Greek and Roman Naval Warfare: A Study of Strategy, Tactics, and Ship Design from Salamis (480 B.C.) to Actium (31 B.C.)*. Annapolis, 1964.

Roisman, J. *The General Demosthenes and His Use of Military Surprise*. Stuttgart, 1993.

Sabin, P. "Athens, the United States, and Democratic 'Characteristics' in Foreign Policy". In: *Hegemonic Rivalry: From Thucydides to the Nuclear Age*. R. N. Lebow e B. Strauss (orgs.), 235-50.

Ste. Croix, G.E.M. de. *The Origins of the Peloponnesian War*. Ithaca, 1972.

——. *The Class Struggle in the Ancient Greek World: From the Archaic Age to the Arab Conquests*. Ithaca, 1989.

Sallares, R. *The Ecology of the Ancient Greek World*. Ithaca, 1991.

Santosuosso, A. *Soldiers, Citizens, and the Symbols of War*. Boulder, 1997.

Sekunda, N. e R. Hook. *The Spartan Army*. Londres, 1998.

Spence, I. "Perikles and the Defense of Attika During the Peloponnesian War". *Journal of Hellenic Studies* 101 (1990): 91-109.

——. *The Cavalry of Classical Greece: A Social and Military History with Particular Reference to Athens*. Oxford, 1993.

Strauss, B. *Athens After the Peloponnesian War: Class, Faction and Policy, 403-386 B.C.* Ithaca, 1986.

——. "The Athenian Trireme: School of Democracy". In: *Dêmokratia: A Conversation on Democracies, Ancient and Modern*. J. Ober e C. Hedrick (orgs.), 313-25. Princeton, 1996.

——. "The Problem of Periodization: The Case of the Peloponnesian War". In: *Inventing Ancient Culture: Historicism, Periodization, and the Ancient World*. M. Golden e P. Toohey (orgs.), 165-75. Londres, 1997.

——. "Perspectives on the Death of Fifth-Century Athenian Seamen:' In: *War and Violence in Ancient Greece*. H. van Wees (orgs.), 261-84.

Thorne, J. A. "Warfare and Agriculture: The Economic Impact of Devastation in Classical Greece". *Greek, Roman, and Byzantine Studies* 42 (2001): 225-53.

Toor, C. *Ancient Ships*. Chicago, 1964.

Van Wees, H. (org.), *War and Violence in Ancient Greece*. Londres, 2000.

——. *Greek Warfare: Myths and Realities*. Londres, 2004.

Wallinga, H. T. *Ships and Sea-Power Before the Great Persian War: The Ancestry of the Ancient Trireme*. Leiden, 1993.

Weinberg, G. L. *A World at Arms: A Global History of World War II*. Cambridge, 1994.
Westlake, H. D. "Seaborne Raids in Periclean Strategy". *Classical Quarterly* 39 (1945): 75-84.
Wheeler, E. "The General as Hoplite". In: *Hoplites: The Ancient Greek Battle Experience*. V. Hanson (orgs.), 121-71.
Winter, F. E. *Greek Fortifications*. Toronto, 1974.
Worley, L. *Hippeis: The Cavalry of Ancient Greece*. Boulder, 1994.
Zimmern, A. E. *The Greek Commonwealth*. Oxford, 1924.

ÍNDICE REMISSIVO

Ábidos, 149, 313, 378, 382-383, 385
Ácantos, 74, 173, 270
Acarnânia, região de 53, 137, 140, 141, 145, 253
Acarnás, 82, 84-85
Acrópole, 27, 38, 102, 127, 150, 389, 427
África: como origem do surto de praga, 111
Ágis (rei espartano): após perda ateniense em Egospótamos, 390; e Decêleia, 72, 95, 151, 323, 367; lidera quinta invasão à Ática, 92; e Mantineia, 213-214, 220-224; ordena a construção da frota peloponésia, 323;
Agricultura: ataques à, 61-64, 67, 69, 73-74, 85-91, 98; importância na vida grega, 65; importância na Guerra do Peloponeso, 65
Alcamenes, 401
Alcibíades: sobre, 23, 39, 98-99, 129, 131, 174-175, 276, 321, 389, 431; e Egospótamos, 39, 389; convence Atenas a atacar Siracusa, 76, 288, 319; em Cízicos, 379, 388; morte de, 39, 276, 390, 401; em Délion, 178, 185, 187, 193, 206; destituído após Nôtion, 60, 382, 388; sequestra conservadores argivos, 149, 175; como líder, 30, 79, 379-380, 382, 398, 416-417; e Mantineia, 193, 216, 220, 321; em Nôtion, 382-383; como um comandante da expedição siciliana, 59, 284-289, 293, 320; em Potideia, 98-99, 129; chamado de volta da Sicília, 59, 287-288, 321; reabilitação de, 60, 379; rivalidade com Nícias, 216, 279, 282; papel no sítio em Melos, 277; na Sicília, 321; muda de lado na Guerra Siciliana, 279, 287-288, 322; opinião de Tucídides, 125; traição de, 37, 100, 174-175, 319-322; incita aliança antiespartana de Atenas, Argos e Mantineia, 59, 216, 220, 322; opinião sobre a invasão siciliana, 282; opinião sobre hoplitas sicilianos, 208-209; como enteado de Péricles, 99, 129
Alcidas, 147-148, 157-158, 177, 265-266
Alcmeônidas, família dos, 99
Alexandre Magno, 21, 201, 341, 365, 369, 397, 417-418
Ambrácia, 44, 142, 145-146, 163, 253
Anactórion, 44, 140-141, 253

Ândrocles, 175, 400
Andros, 144, 381
Anfilóquia, 58, 140, 142, 145
Anfípolis: após a Guerra do Peloponeso, 405; Brasidas captura, 58, 172, 199; Clêon e Brasidas mortos em, 58, 124, 172, 213-214, 315, 401; e exílio de Tucídides, 172, 199; batalha hoplita em, 182, 213-214; mapa, 253; e Paz de Nícias, 125, 213-214; papel da cavalaria ateniense, 315; Sócrates em, 38; Tucídides fracassa em salvar, 166
Aníbal, 40, 365
Antífon, 26, 400
Antíocos, 382, 388
Arcádia, 44, 141, 253, 374
Arginusas: após a batalha, 115, 385; tamanho da frota ateniense, 363; vitória ateniense, 60, 166, 200, 343, 385, 412; baixas, 340; como uma das principais batalhas da Guerra Jônica, 387; mapa, 381
Argólida, *ver* Argos
Argos: sobre, 427; Alcibíades em, 149, 174-175; Alcibíades incita aliança antiespartana com Atenas e Mantineia, 59, 216, 220, 322; interesse ateniense em, 159, 356; baixas, 159; desordem civil, 59, 153, 404; contribuição para a frota peloponésia, 374; e conceito de longas muralhas, 51; mapas, 44, 53; reinicia guerra de fronteira com Epidauro, 59, 161; como alvo espartano, 143, 259
Aristides, 36, 199
Aristócrates, 391
Aristófanes: sobre, 23, 431; após a Guerra do Peloponeso, 405; descreve poder marítimo de Atenas, 366; descreve remadores das trirremes, 330; como um grego do século V, 400; peças, 89, 150, 400, 418; observações sobre as condições em Atenas no tempo da guerra, 106; opinião sobre superioridade naval ateniense, 351; opinião sobre Clêon, 169; opinião sobre Cleônimos, 206; opiniões sobre agricultura, 64-67, 89; opiniões sobre hoplitas, 35, 64, 211; e guerra, 191, 419
Aristógenes, 391
Aríston, 374
Aristóteles, 254, 275, 340, 369, 410
armamentos, 19, 134-139, 194-203
armas de destruição em massa, 102; *ver também* praga
Arquídamos (rei espartano): sobre, 431; lidera invasões à Ática, 49, 82, 91, 305; no eclodir da Guerra do Peloponeso, 34, 48-49, 399; em Plateia, 234-241; opinião de Tucídides, 86-87; alerta sobre custo da guerra, 69, 387, 412
Arquíloco, 415
árvores, videiras e campos de grão: ataques a, 61-64, 67, 69, 73-75, 85-91, 98
Asclépio, 127, 129
Ásia Menor, *ver* Jônia
Asópios, 400
ataques de 11 de Setembro, 20
Atenas: derrota em Egospótamos, 110, 386-392; após a Guerra do Peloponeso, 395-398, 405; Alcibíades incita aliança antiespartana com Argos e Mantineia, 59, 216, 220, 321; vs. Estados Unidos hoje, 27-28; antipatia por, 27-28, 33, 35; vitória em Arginusas, 60, 166, 199, 343, 384-383, 412; ataca Siracusa, 298; terras agrícolas da Ática devastadas,

ÍNDICE | 503

61-64, 66, 69, 74-75, 85-91, 98; bases estabelecidas em torno do Peloponeso, 137, 140, 162, 171, 177, 357, 413; comportamento dos cidadãos quando Lisandro se aproxima, 149, 263, 391; constrói nova frota após perda na Sicília, 60, 377, 384; vitória em Cinossema, 60, 150, 331, 344, 363, 376-377, 382, 387; vitória em Cízicos, 60, 150, 379-380, 383; derrota em Délion, 58, 115, 167, 182-189, 193, 246, 263, 269, 279; desejo de evitar batalhas campais, 70, 75, 97, 178, 209; primeiras atividades da frota, 57, 73, 133, 139-143, 152, 154, 365-370; derrota em Epípolas, 60, 294-297, 299; extrai contribuições forçadas de cidadãos ricos, 346, 360-361; questões financeiras, 69, 346, 361, 371, 373, 412-413; frota destruída em Egospótamos, 110, 387; poder da frota, 47, 342-345; do século IV vs. do século V, 395-399; governo, 38, 52, 150, 153-154, 395, 422; derrota no Grande Porto, 60, 297, 302-303, 332-333, 350, 372-374; reclamações contra peloponésios, 41-42; impacto da Guerra do Peloponeso, 22, 373, 400-402, 404; estratégia militar inicial, 51-55; anarquia dos atenienses, 149-150; e Longas Muralhas, 26, 51, 83, 105, 366-367, 392, 394-395; mapas, 44, 53, 83, 105, 141; mão de obra militar, 122, 167, 271, 409-411; potência militar, 37, 52, 54, 154, 169-170, 209-210, 285, 300; ocupa Pilos, 58, 150, 163, 165, 168-170, 180, 215; revolução oligárquica, 60, 312, 362; durante Paz de Nícias, 283; reclamações peloponésias contra, 41-42; resumo da Guerra do Peloponeso, 37, 39-43; crescimento da população, 52; problemas para acomodar refugiados da Ática, 75-76, 79, 101-108; recebe mensageiros de paz de Esparta, 379, 385; reconcilia com Esparta após Guerra do Peloponeso, 395; papel da assembleia, 78, 150, 199, 258, 264, 281, 297, 299-300, 331, 379, 417, 425; papel da cavalaria, 288-294, 311-312, 315, 320; e causas profundas da Guerra do Peloponeso, 33-34, 36-37; escopo da perda na Sicília, 280, 303-309, 344, 371; batalhas navais contra peloponésios após a Sicília, 376-390; sítio contra Melos, 59, 140, 143, 150, 176, 246, 257, 259-263, 277, 283, 372; sítio contra Mitilene, 58, 154-155, 242, 246, 258-259, 263, 349; vs. Esparta (características), 23, 27, 34-35, 39, 41, 51-52, 54, 125, 335, 367, 417; vitória em Sfactéria, 58, 135, 165-166, 169-170, 179, 209, 211, 215-216, 409; e disseminação da democracia, 33-34; rendição de, 60, 391; terror contra inocentes, 259-263; guerra em duas frentes, 84, 180, 279; residentes urbanos vs. fazendeiros da Ática, 71; prontidão para a guerra, 68; ao final da guerra, 110-111, 263; riqueza de: 37-38, 50-52; por que perdeu a guerra, 397-400; por que Esparta triunfou, 419-424

atenianismo: definição, 34

Ática: sobre, 86-87, 427; após a Guerra do Peloponeso, 394, 404; mapas, 44,

504 | ÍNDICE

53, 83, 105, 253; oliveiras, videiras e campos de grãos, 61-64, 66, 69, 85-91, 98; invasões peloponésias, 36, 41-42, 49, 57-58, 61-62, 68, 79-85, 91-92, 98, 107, 133, 177-178, 209, 216, 300

Baco, 127
baixas por fogo amigo, 186
batalhas campais: desejo ateniense de evitar, 72, 75, 97, 179, 209; armadura corporal e armamentos, 194-202; economia de ação, 206; como ideal militar, 190-193; ocasiões em que falanges colidiram, 212-213; um dia vs. muitos dias, 205; vs. sítio, 228, 243, 246; opiniões, 211; *ver também* hoplitas
batalhas não tradicionais, 134; *ver também* guerra assimétrica
batalhas navais: catastrófica perda ateniense na Sicília, 60, 297, 302-303, 331-333, 349, 371-374; no Egeu oriental, 373, 375-389; vs. batalhas hoplitas, 330, 335, 344, 360, 363-366; razões para lutar perto da praia, 331, 355; papel de navios mercantes, 337
Beloch, Julius, 56
Bengston, Hermann, 56
Beócia: sobre, 427; após Guerra do Peloponeso, 395; e batalha de Coroneia, 69, 99, 179-180, 211, 232; e batalha de Enofita, 66; chamada de "o salão de danças da guerra", 376; contribuição para a frota peloponésia, 374; derrota ateniense em Délion, 58, 179-187; na Primeira Guerra do Peloponeso, 41, 69; mapas, 44, 83, 105, 141, 253;

potência militar, 45; e Micálessos, 264; derruba muralhas de Téspias, 58, 226; papel no saque da Ática, 71, 79, 325; papel da cavalaria, 45, 71, 311, 315; papel de Demóstenes, 163; como aliada espartana inimiga de Atenas, 42, 84, 182, 232, 270; *ver também* Queroneia; Délion; Leuctra; Tebas
Beócios vs. tebanos: definição, 182
Bizâncio: atenienses tentam recuperar, 60, 276, 388; mapa, 53
Brasidas: sobre, 170-174, 431; e Ácantos, 270; captura Anfípolis, 58, 173, 199; e formações cerradas, 171; morte em Anfípolis, 58, 125, 172, 213-214, 315, 401; vs. Demóstenes, 171, 174; como líder, 31, 142, 165, 199, 380, 416-417; reflete sobre ingenuidade espartana anterior, 68; e sítios, 257; matança em Lêcitos, 265; opinião de Tucídides, 26, 125; tática não convencional, 162, 171-172, 257, 279; uso de hilotas, 171-172, 411; opinião sobre estratégias navais peloponésias vs. atenienses, 351
Busolt, Georg, 56

Cábrias, 417
Calcedônia, 248, 277, 388, 401
Calcideus, 401
Calcídice, 136, 153, 161, 256-257, 306, 367
Calicrátidas, 60, 352, 384, 391, 401
Cária, 53, 143
Caroeades, 400
Cartago, 292-293, 317, 374
Catana, Sicília, 288-290, 292-293, 319-320
cavalaria: questões de custos, 310-314; descrição, 309; deferência grega pelos

cavalos, 309; vs. hoplitas, 309-311, 409; questão de pastos para cavalos, 309-310; na Guerra do Peloponeso, 314-317; papel na expedição siciliana, 288-294, 312, 315, 320
cavaleiros, *ver* cavalaria
Cedreae, 247, 263
Cefalênia, 53, 170, 367
César, Júlio, 25, 240, 299, 365
Chares, 417
Churchill, Winston, 124, 193
cidades-Estados: antipatia por Atenas, 36; nascimento das: 154; às vésperas da Guerra do Peloponeso, 80; perdas na Guerra do Peloponeso, 403; como alvos na Guerra do Peloponeso, 140, 143; protocolo da batalha tradicional, 190; *ver também* Atenas; Esparta
Cime, 377, 383
Cinadon, 406
Cinossema: tamanho da frota ateniense, 364; vitória ateniense, 60, 150, 332, 344, 363, 376-377, 383, 386; baixas, 376; como uma batalha importante na Guerra Jônica, 332, 386; mapa, 381
Cione: sítio ateniense contra, 58, 149, 246, 257-258, 262-263, 373; Brasidas em, 172; baixas, 161, 265, 341, 408; cidade deixa de existir, 403; impacto do caos ateniense decorrente da praga, 127; mapa, 253
Ciro, o Jovem, 60, 125, 208, 374, 411, 432
cirtas, 220-222
Citera, 140-142, 170, 214, 253, 367
Cízicos: depois de, 374, 380; vitória ateniense, 60, 151, 379-380, 382; baixas, 377; morte de Míndaros, 333, 379, 388, 391, 401; como uma batalha importante na Guerra Jônica, 332, 386; mapa, 381
classe: na guerra grega, 114, 135-139, 157, 203, 284
Cleófon, 79, 380, 401
Cleômedes, 260
Cleômenes, 92
Cleôn: sobre, 432; morte em Anfípolis, 58, 124, 193, 196, 213-214, 315, 401; junta-se a Demóstenes em Sfactéria, 166; como líder, 30, 80, 84, 169-171, 199, 415-416; e Mitilene, 155, 250; vs. Péricles e Nícias, 169; opinião de Tucídides, 124, 169
Cleônimos, 79, 188, 193, 206
Clínias, 99, 180, 206
Cnidos, 57, 396
colheitas, agrícolas: ataques a, 61-64, 66, 69, 74-75, 85-91, 98
Cônon, 349, 352, 382, 384, 391
Constantinopla, 103, 115, 251
Córcira: papel ateniense, 41-42, 140, 152, 171, 357, 367; baixas, 160, 341; desordem civil, 153, 160, 279, 403; potência da frota, 42, 46, 156; mapas, 53, 253; batalha naval com Corinto, 302, 337, 341, 351; sítio de Epídamnos, 245, 254; interesse de Tucídides, 155-159
Corfu, *ver* Córcira
Corinto: sobre, 427; depois da Guerra do Peloponeso, 405; na Primeira Guerra do Peloponeso, 41; potência da frota, 46, 374; reclamações contra Atenas, 32-33, 35, 41; mapas, 44, 53, 141, 253; ver batalha com Córcira, 302, 337, 341, 351; como aliada espartana, 159; em Siracusa, 297, 374
Coroneia, 69, 99, 180-181, 206, 211

Cós, 143
Cratipo, 57, 396
Cunaxa, 125, 208

Dario (rei persa), 30; *ver também* Guerras Persas
Decêleia: sobre, 35-37; opinião de Isócrates, 398; rei Ágis em, 72, 95, 151, 323, 367; mapas, 83, 253; papel da cavalaria ateniense, 315; guarnição espartana, 59, 95, 100, 110, 151, 175, 178, 324, 376
Delbrück, Hans, 96-97
Délion: após a batalha, 187-189, 407; problemas com a coalizão beócia, 225-226; beócios derrotam atenienses, 58, 115, 167, 182-189, 193, 246, 263, 268, 279; baixas, 167, 193, 206; desordem civil, 153; morte de Hipócrates, 22, 193, 199, 401; hoplitas vs. tropas auxiliares ligeiras em, 202-203; como grande batalha campal planejada, 134, 179-189, 191, 200, 205, 217; mapa, 253; papel da cavalaria ateniense, 315; papel de Demóstenes, 163; papel de Pagondas, 415; Sócrates em, 38, 178, 185, 187, 207; fazendeiros tebanos em, 181; hoplitas téspios em, 212, 226
Delos, 127, 160, 395
democracia: definição, 428
democracias, 33-34, 150, 152, 154, 394, 422
Demóstenes (general ateniense): sobre, 432; vs. Brasidas, 171, 174; conduz campanhas na Etólia e Anfilóquia, 58, 143-145; morte de, 60, 163, 305, 408; fortifica base ateniense em Pilos, 163, 165, 415; Cléon se junta a ele em Sfactéria, 166; como líder, 163, 171, 416-417; papel na campanha de Délion, 180, 181; mandado à Sicília, 59, 163, 301-303, 320; táticas não convencionais, 162, 163, 169
Demóstenes (orador), 397, 408
destruição de colheitas, 61-65, 67, 69, 73-74, 85-91, 98
devastação das terras agrícolas, 61-64, 66, 69, 74-75, 85-91, 98
Diálogo Mélio, 250, 261
Diítrefes, 263-264
Diodoro: sobre, 432; e batalha de Délion, 185; sobre causa da praga em Atenas, 126; contagens de mortes, 402; descrição da batalha no Grande Porto, 332; descrição da batalha de trirremes, 349; opinião sobre batalha de Arginusas, 384; opinião sobre derrota ateniense na Sicília, 305, 325
Diôdotos, 250
Diomêdon, 391
Dionísio [de Siracusa], 318
Dioniso [deus], 127
Dionisodoro, 417
doença infecciosa, *ver* praga
doença, *ver* praga
dracmas: definição, 428

Éfesos, 313, 381, 382
éforos, 47, 171
Egina: forte ateniense em, 170; baixas, 149, 161, 266; reclamações contra Atenas, 34, 40, 42, 149; mapas, 53, 83, 105, 253; como alvo de operações atenienses de ataques e mortes, 140, 142, 149
Egito, 366

ÍNDICE | 507

Egospótamos: após, 110-111, 263, 341, 388; Alcibíades em, 40, 389; frota ateniense em, 110, 168, 343, 363, 384-389; baixas, 151, 266, 342, 363, 377; custo, 363; mapa, 381; como um dos mais decisivos engajamentos navais na história europeia, 386-389; papel da superioridade da liderança, 417; vitória espartana, 60, 263, 386-389
Êion, 199, 246
Élis, 47, 54, 59, 140, 142, 215-216, 220 encerrada pela Guerra do Peloponeso, 22-23
Eneas, o Tático, 266, 269
Eníadas, 140, 253
Enoe, 82, 144, 236
Enofita, 66, 180
Epaminondas, 192, 199, 201, 218-219, 225, 230, 276, 376, 405, 416
Epídamnos, 245, 254
Epidauro: ataque naval ateniense, 107, 140, 345; e deuses de curas, 127; mapas, 140, 253; reinicia guerra de fronteira com Argos, 59, 161
Epípolas: derrota ateniense, 60, 294, 296-297, 301-302, 309, 318, 320
Epitadas, 401
Erasinides, 391
Eretria, 253, 377, 383
Eriantos, 391
Escola de Guerra do exército, Estados Unidos, 20
escravos e escravidão: como fundamental para as frotas, 407, 410-412; como destino dos sitiados, 254-256; na estratégia militar, 162-163; papel na guerra, 167-168; *ver também* hilotas
Esparta: sobre, 428; vitória em Egospótamos, 60, 263, 387-389; após a Guerra do Peloponeso, 27, 30, 394, 398, 401, 405-406; vs. Atenas (características), 23, 27, 34, 35, 39, 40, 51, 52, 124, 334-335, 367, 417; invasões da Ática, 36, 41-42, 49, 57, 58, 61, 62, 68, 79-84, 91, 92, 107, 114, 133, 177, 178, 209, 214; opinião de Eurípides, 40; evolução da estratégia marítima, 47, 74, 323; questões financeiras, 45, 371, 374, 378, 380, 384, 413, 418, 422; guarnição em Decêleia, 59, 95, 100, 110, 152, 175, 324, 376; governo, 35, 38, 45-48, 52; perdas iniciais da Guerra Jônica, 379; estratégia militar inicial, 46-50; e Mantineia, 59, 193, 214-227, 236; mapas, 44, 53, 141, 253; assembleia militar vota a favor da guerra, 36; potência militar, 43-49, 209; mística da invencibilidade, 165, 167, 171, 210; resumo da Guerra do Peloponeso, 37, 40-43; relações pós-guerra com Siracusa, 316, 318; reconcilia-se com Atenas após Guerra do Peloponeso, 398; e causas profundas da Guerra do Peloponeso, 32-37; manda mensageiros de paz a Atenas, 379, 386; e Tebas, 160, 192, 399, 404; por que triunfou sobre Atenas, 419-423; *ver também* peloponésios
Ésquilo, 23, 29, 399
Etólia, 58, 140, 144-145, 151, 212
Eubeia, 88, 95, 254, 306, 324, 377
Euríloco, 401
Eurímedon, 158, 159, 164, 181, 333, 401
Eurípides: sobre, 23; como poeta antibélico, 305; morte de, 400; como um grego do século V, 400; peças 73

116, 150, 189, 254-255, 262-263, 400; suposta poligamia, 126; opinião sobre fazendeiros, 67; opinião sobre a Guerra do Peloponeso, 39-40
Eutidemos, 401

falange, 428; e formação cerrada, 134, 196-200, 225, 309; profundidade *versus* largura, 202; *ver também* batalhas campais
Farnábazos, 374, 388-389, 430
Filipe da Macedônia, 179, 191, 201, 276, 309, 321, 394, 397
Fílocles, 341, 401
Fócida, 44, 142, 253, 374
fogo: como tática de sítio, 269
formação cerrada, 134, 195-200, 225, 308; *ver também* batalhas campais
Fórmion, 58, 330, 335, 343-344, 351, 371, 401, 417
fortificações: após a guerra, 414-415: *ver também* sítios; muralhas
Frínicos, 175, 401

Gílipos: sobre, 432; como líder, 30, 199, 415, 416; papel em levar forças de apoio peloponésias à Sicília, 59, 295-296, 299, 300, 318, 320, 322, 335; opinião de Tucídides, 124
Gítium, 46, 139, 248
Gôngilos, 295, 322
Górgias, 400
Grande Porto, Siracusa: derrota ateniense, 60, 294, 296, 297, 301, 303, 331, 333, 336, 350, 352, 377; mapa, 294
Grant, Ulysses, 30, 96, 365
Grécia: anarquia na, 146-151; Guerra do Peloponeso como forma de sabotagem,

28-30; Guerra do Peloponeso encerra a Idade de Ouro, 22-23
Grote, George, 56, 262
Guerra Arquidamiana: cronologia, 57-58; vs. Guerra Jônica, 372
guerra assimétrica, 133-177
Guerra Ateniense, 23; *ver também* Guerra do Peloponeso
Guerra Civil dos Estados Unidos, 29-30, 410
guerra civil: Guerra do Peloponeso como, 28-31
guerra de coalizão, 224-227
Guerra do Peloponeso: após, 393-406; características opostas de Atenas e Esparta, 23; vs, Guerra Ateniense, 23; baixas, 30, 160, 265, 376, 400-404; cronologia, 57-60; como guerra civil, 28-31; dano ao mundo grego, 400-404; descrição da cavalaria, 309; fim da, 60, 133, 387-388, 391; como forma de sabotagem, 29-30; baixas por fogo amigo, 185-186; falta de planejamento, 42; batalhas terrestres e exibições navais vs. guerra não convencional, 135, 143-146, 169, 175, 210; anarquia em toda a Grécia, 146-151; liderança, 30, 85-87, 124, 166, 168, 174, 400-401, 416-417, 422-423; duração da, 22, 211, 276, 344-345, 361; mapa de batalhas e sítios, 253; perdas materiais, 404-405; lições militares, 407-419; como interesse de estudiosos modernos, 20, 25-26; questões monetárias, 412-413; e natureza da guerra, 417-419; número e alvos de operações de ataque e morte, 140; número de engajamentos navais específicos, batalhas terrestres e sítios, 140, 211;

começo oficial, 40-43, 49, 61, 79-84, 399; papel da cavalaria, 314-316; causas profundas, 32-37; estudo de importantes traições, 152-155; resumo, 37-42, 245, 345; e *A Guerra do Peloponeso* de Tucídides, 20, 25-26, 423-426; como guerra em duas frentes para Atenas, 84, 179, 279; dois tipos de guerra, 143, 157; tipos de batalhas e combatentes, 133-139; vs. guerra nos tempos modernos, 19-21, 26, 29, 31, 97; formas de contar a história, 56-57; armamento, 19, 135-139, 194-203

Guerra do Peloponeso, A (Tucídides), 424-426

Guerra Jônica: Egospótamos como fim, 387-388, 391; baixas, 376; cronologia, 60; definição, 376; perdas dos dois lados nos anos iniciais, 382-384; mapa de batalhas navais no Egeu, 381

Guerra Siciliana: após, 316-318, 323-324, 351, 374, 376; tamanho da frota ateniense, 363; curso naval ateniense da Grécia à Sicília, 359; preparações para a batalha, 123; baixas, 122, 265; cronologia, 59-60; primeira expedição ateniense, 58; impacto do caos ateniense decorrente da praga, 127; lições, 318-322; mapas, 298, 308; ataque púnico à Sicília, 162; razões da, 143, 280-286; reinicia conflito entre Atenas e Esparta, 323; papel no triunfo final espartano sobre Atenas, 422; papel de Demóstenes, 59, 163, 301-302, 320; papel da superioridade da liderança peloponésia, 417; contribuição da Sicília para a frota peloponésia, 373; tamanho da força expedicionária, 284-285, 345; comando tripartite, 284-288; *ver também* Siracusa

Guerras Persas, 22, 30, 41, 68, 76, 208, 234-236, 274; *ver também* Maratona; Salamina

Hágnon, 120
Haliártios, 181, 211
Helesponto, 331, 335, 355, 376; mapas, 53, 364
Henderson, Bernard, 393
Heráclito, 418
Hermione, 140
Hermócrates, 317, 343
Heródoto, 167, 178
Hesíodo, 102
hestieus, 149
hilotas: usados por Brasidas, 171-172, 255, 410; baixas, 150, 266; definição, 429; usados por Demóstenes, 168-169; como pessoas despossuídas, 49; como ex-escravos, 168, 255; agitação entre, 46, 47, 72-73, 162, 410
Himera, 320
Hipérbolo, 79, 401
Hípias, 148
Hipócrates (general ateniense): morte de, 22, 193, 199, 401; em Délion, 22, 180-186, 315; como líder, 417
Hipócrates (general espartano), 379, 391, 401
Hipócrates (pai da medicina), 126
Hipônicos, 181
Hísias, 144, 258-260, 263
Hitler, Adolf, 21, 124, 365, 422
Homero, 138, 419

hoplitas: atenienses, 36, 52, 119-121, 206, 209; Atenas vs. Beócia em Délion, 183-187; armadura corporal e armamentos, 169-202; vs. cavalaria, 309-312, 409; características, 19, 64-67, 155, 206, 209-210; e guerra de coalizão, 226; definição, 135, 429; profundidade *versus* largura das falanges, 201; descrição, 201-208; grandes encontros planejados, 135, 179, 193, 201, 217-226; em Mantineia, 217-226; como ideal militar, 190-193; necessidade de mudança, 201, 208-211, 409; vs. guerra não tradicional sem hoplitas, 135-136, 179, 201, 209; número perdido com a praga, 119-122; número que participou da Guerra do Peloponeso, 167; nas Guerras Persas, 207; opinião de Píndaro, 194; batalhas campais vs. sítios, 227, 243, 246; regras de batalha, 206, 408; vs. poder marítimo, 330, 335, 344, 361, 363, 365; na expedição siciliana, 227, 288-291; confiança espartana nos, 34, 45; *ver também* batalhas campais

Íasos, 144
Idade de Ouro da Grécia: Guerra do Peloponeso como forma de sabotagem, 30;
Ifícrates, 417
Iguais espartanos, 220-221, 312
Ilíada, 138, 419
Império Persa, 21, 368
infantaria, *ver* hoplitas
Isócrates, 397-400
istmo: definição, 429

Jogos Olímpicos, 33, 216, 398
Jônia: Ciro chega como sátrapa e ajuda Esparta, 60, 373; definição, 429; mapa, 53
Josefo, 130
juramentos ancestrais, 159, 236

Kagan, Donald, 56
Kitchener, lorde, 96
Krentz, Peter, 134

Lábdalon, 302
Labotas, 391, 401
lacedemônios, 36-37
Lacônia, 38, 48, 218, 385
Lâmacos: sobre, 42; morte de, 59, 124, 195, 287, 295, 320, 401; perdido em Epípolas, 309; como um comandante da expedição siciliana, 59, 285, 287, 290
Laques: morte de 195, 224, 401; e Délion, 185, 187, 193; como líder, 417; e Mantineia, 223
Láurion, 86, 91, 93, 372-373
Lêcitos, 231, 247, 258-259, 263, 266, 268
leis dos gregos, 251, 407-409
LeMay, Curtis, 96
Leontini, Sicília, 281, 283
Lesbos, 144, 155, 242, 324, 359, 403; *ver também* Mitilene
Lêucade, 140, 400
Leuctra, 181, 183, 211, 225, 230, 276, 406
Licofron, 199, 213
líderes: atenienses vs. espartanos, 124, 417; atitude da assembleia ateniense com relação aos, 423; destino frequente, 199, 400; depois da guerra, 417; responsabilidade por gregos matando

ÍNDICE | 511

gregos, 30; opinião de Tucídides, 86, 124, 166, 169, 174; como valiosos recursos militares, 416
Liga de Delos, 395
Lisandro: sobre, 432; após a Guerra do Peloponeso, 395; e derrota ateniense em Egospótamos, 110, 265, 342, 386-390; em Cedreae, 263; e movimento do rei Ágis contra Atenas, 367, 391; como líder, 124, 199, 380, 387, 399, 415-416, 423; em Nôtion, 382, 388; ordena execução de Fílocles, 341; parceria com Ciro, 60, 373; navega para o Pireu, 60, 69; opinião de Tucídides, 124
Lísias, 194, 391
Lócria, 142, 144, 374
Longas Muralhas (Atenas): após perda ateniense em Egospótamos, 390-391; destruídas, 26, 392; como importante avanço estratégico, 50, 367; mapas, 83, 105; reconstruídas, 395-396; importância para Atenas, 366; *ver também* muralhas
Lucrécio, 130

Macários, 401
Mantineia: após Guerra do Peloponeso, 211, 276, 415; Alcibíades incita aliança antiespartana com Atenas e Argos, 59, 216, 220, 321; recursos humanos atenienses em batalha, 122, 279; como oportunidade perdida pelos atenienses, 279; descrição da batalha, 214-227; baixas, 199, 207; descrição de exércitos hoplitas, 224-225; governo, 47, 216; como a maior vitória espartana em um só dia da Guerra do Peloponeso, 224; como grande batalha campal planejada, 134, 192, 201, 205, 218; mapas, 44, 141, 253; e rivalidade entre Nícias e Alcibíades, 216, 282; papel da cavalaria ateniense, 316; tamanho e descrição de exércitos hoplitas, 220; vitória espartana, 59, 193, 224; fazendeiros tebanos em, 181; atualmente, 219
mapas: batalhas navais no Egeu, 381; ataque ateniense a Siracusa, 298; Estados tributários e aliados de Atenas, 53; Atenas e vizinhanças, 105; litoral do Peloponeso, 141; últimas operações militares antes da Sicília, 308; invade a Ática, 83; Liga Peloponésia e outros aliados dos espartanos, 44; batalhas e sítios da Guerra do Peloponeso, 253
Mar Egeu: mapa de batalhas navais, 381
Maratona, 30, 36, 66, 76, 188, 207-208, 397
medicina antiga, *ver* praga
medicina, *ver* praga
Megalópolis, 276, 415
Mégara: baixas, 265; desordem civil, 153; contribuição para a frota peloponésia, 374; invasões dos campos pelos atenienses, 57, 94, 123, 405; na Primeira Guerra do Peloponeso, 41; reclamações contra Atenas, 32-34, 41-42; mapas, 44, 141; papel da cavalaria ateniense, 315; como aliada espartana, 160
Melêsandros, 401
Melos: após o sítio, 274, 403; sítio ateniense contra, 59, 140, 143, 150, 175, 246, 258-263, 277, 283, 373; baixas, 161, 246, 265, 341, 408; opinião de Eurípides, 38; impacto do caos

ÍNDICE

ateniense decorrente da praga, 127; mapas, 53, 253, 381
Mende: sítio ateniense contra, 58, 246, 257, 259; baixas, 265; desordem civil, 153; mapa, 253
Messana, 160-161
Messene, 276, 415
Messênia: baixas, 265; fomenta rebelião hilota, 216; como Estado-guarnição, 47; mapas, 44, 253; escravidão na, 163, 167, 410; ocupação espartana, 48-49, 166
Metana, 170
metecos, 52, 119-120, 123, 327, 358, 363
Metone, 140, 142, 171
Micálessos: baixas, 246, 264-265, 407; matança de civis, 246, 250, 265, 407; ataque de mercenários trácios, 60, 250, 264; muralhas rompidas, 234
Micenas, 254
Mileto, 144, 381
Miltíades, 36, 199
minas: como tática de sítio, 269
Míndaros: sobre, 433; morte de, 333, 379, 388, 390, 401; envia frota espartana ao Egeu, 60
Minos, rei, 146
Miônesos, 147, 157
Mitilene: após o sítio, 274; perda ateniense sob Cônon, 382-383; sítio ateniense contra, 58, 155, 243, 246, 258-259, 263, 349; baixas, 155, 159-160, 265, 340-341; opinião de Eurípides, 38; impacto do caos ateniense decorrente da praga, 127; Paques em, 149; papel de Alcidas, 148; busca ajuda espartana para se revoltar contra Atenas, 74, 123; e anarquia espartana, 151; descrição de Tucídides, 155, 159
Morte Negra, 109; *ver também* praga
muralhas: cidades em que foram rompidas, 232; descrição de muralhas rompidas, 268; em mau estado em Micala, 232, 264; e cidades-Estados gregas, 272-275, 415; de Plateia, 231; como conceito estratégico, 51; resistência como fator importante, 244; armas e táticas contra, 232, 237-241, 414; *ver também* Longas Muralhas (Atenas)

Napoleão, 19, 25, 76, 202, 280, 306, 365, 376
Náupactos, 142, 161, 170, 247, 335, 342, 351
Naxos, 168, 254
Nemeia, 181, 211, 227
neoconservadores, 20
Nícias: sobre, 433; após Soligeia, 213; traição de Siracusa, 151; vs. Clêon, 168; morte de, 40, 60, 305, 401, 407; como líder, 127, 417, 423; negocia tratado de paz, 215; como um comandante da expedição siciliana, 59, 201, 284-285, 289, 292-297, 299-303, 320; opõe-se à expedição ateniense à Sicília, 283; antecipação do que seria Délion, 181; rivalidade com Alcibíades, 216, 279, 281; opinião sobre frota de trirremes, 359; *ver também* Paz de Nícias
Niseia, 170, 246, 296
Nôtion, 148, 339, 382-383, 388

oligarquias, 26, 394, 422
oliveiras, videiras e campos de grãos: ataques a, 36-64, 67, 69, 74, 86-91, 98

Oropos, 85, 127, 180, 187, 324
Ovídio, 130

Pagondas: em Délion, 183, 187, 227; como líder, 124, 180, 202, 415, 417; fala de, 124
Paine, Thomas, 26
Paques (general ateniense), 148
Paralus (filho de Péricles), 22, 124
Patras, 51, 175
Patton, George S., 288
Pausânias, 121, 199, 391
Paz de Nícias: rompida, 73, 295, 408; cronologia, 33; definição, 215; discussões, 58, 209; resultado da perda de generais em Anfípolis, 124, 213-214; situação durante, 123, 143, 212, 279-283; como impasse, 420; como trégua, 78
peloponésios: reclamações atenienses contra, 42; invasões da Ática, 36, 42, 49, 57-58, 61-68, 79-85, 91-92, 98, 107, 114, 133, 177-178, 209, 216, 301; derrota em Arginusas, 384-387, 411; ajuda financeira dos persas, 371, 373, 378, 380, 384, 413, 418, 422; potência da frota, 47, 371-372, 374; potência militar, 46-47, 54, 79-80, 168, 211; papel no triunfo espartano sobre Atenas, 421; batalhas navais contra Atenas após Sicília, 377-389; em Siracusa, 297, 300, 374; *ver também* Esparta
Peloponeso: definição, 429; mapas, 44, 53, 141
peltastas: definição, 136, 430
Péricles, o Jovem, 22, 125, 390
Péricles: sobre, 433; templos na Acrópole, 38, 102, 150; crença no poder naval, 43, 140, 347, 367; filhos de, 22, 124-125, 199; vs. Clêon, 168; morte de, 22, 40, 58, 118, 124, 193, 401; falhas na estratégia de atrito e evacuação forçada da Ática, 75-79, 97; oração fúnebre, 104; como guardião de Alcibíades, 99, 129; como líder, 30, 199, 417, 423; oposição a batalhas campais, 43, 55, 72, 97, 178; estratégia de atrito, impasse e evacuação da Ática, 42, 55, 71-79, 170, 419; opinião sobre guerra iminente como "inevitável", 41; opinião sobre impacto da praga, 123
Pérsia; ajuda peloponésios, 60, 325, 371, 373, 377, 380, 384, 413, 418, 423; papel no triunfo de Esparta sobre Atenas, 423; como ameaça após Guerra do Peloponeso, 395, 419; opinião sobre Guerra do Peloponeso, 30
peste bubônica, 109, 114; *ver também* praga
Pilos: base ateniense em, 58, 150, 163-164, 169-171, 179, 215; desordem civil, 153; mapas, 141, 253; papel de Demóstenes, 163-164, 415
Píndaro, 194
Pireu; sobre, 430; mapas, 83, 105
Pirilampes, 185, 188, 206
Pítias, 156
Platão: sobre, 23; argumenta a favor de residências urbanas e rurais, 104; sobre sucesso ateniense, 155; padrasto, 179, 185, 207; sobre guerra, 145-146, 213, 369, 399, 410, 413, 417; obras, 40, 190, 405, 417
Plateia: sitiada, 58, 181, 229-246; fuga de alguns, 241-242; baixas, 265, 271, 408; cidade deixa de existir, 259, 404; fogo como tática de sítio,

268; vitória grega sobre persas, 211; assalto inicial por tebanos, 41-42, 57, 61, 79, 133, 231-234, 269; vida sob sítio, 265; e Guerras Persas, 69, 181, 235; punição pela resistência, 244; segundo assalto por espartanos, 109, 234-241, 259; lenta chegada da fome, 241-245; situação espartana após, 274; impasse, 241; muralhas de pedra, 231; rendição, 243; hoje, 230
Plemírion, 302, 320
Plutarco, 84, 126, 128, 133, 306
poder naval: obtenção, 347; vantagens, 365-369; como um ônus-ateniense, 369; questões de custos, 369; razões para, 365-369; efeitos sociais, 369
pólis: definição, 430
pólvora, 170, 198
Potideia; após o sítio, 241, 274; Alcibíades em, 98-99, 129; sítio ateniense contra, 34, 107-108, 119, 143, 245-246, 258-259, 264, 345; baixas, 266; impacto da praga, 107-108, 271; mapa, 253; razões para o sítio, 42, 357; Sócrates em, 38; rende-se a Atenas, 57, 241
praga: no mundo antigo, 121; descrição de sintomas, 111-115; pavor da recorrência, 129; explicações para, 108, 126; impacto sobre o potencial ateniense de fazer guerra, táticas e métodos, 104, 107-108, 118-123; e perda de influências civilizadoras, 117; enterros em massa, 115; natureza da epidemia, 109-111; problemas para acomodar refugiados da Ática, 75-76, 79, 101-104, 108; como questão de saúde pública, 76, 110-111, 115, 128; relato de Tucídides, 102-104, 112, 116-118, 123

Prasias, 140, 142
Primeira Guerra do Peloponeso, 35, 40, 48, 55, 68, 75, 139
Pritchett, W. K., 134
Procles, 401
Procópio, 130
projéteis, *ver* tropas com armas leves
Propontis, 376-377
Protágoras, 127
Protômaco, 391

Queroneia, 230, 254, 397
Quíos, 76, 160, 168, 324, 369, 377, 383, 404

Région, Sicília, 161, 288
remadores, de trirreme: como cidadãos atenienses, 348; baixas, 338-343; no papel de soldados da infantaria, 354; impossibilidade de enxergar, 331; perda na Sicília, 372; como questão de mão de obra, 347, 363; vs. falanges hoplitas, 330; aprovisionamento, 355-357; durante batalhas navais, 333-336; sistema de remagem, 326-329
Rodes, 136, 268

Saladino, 306, 365
Salamina: mapa, 83, 105; batalha da Guerra Persa, 30, 35, 199, 368, 384, 387-388, 397; como alvo espartano, 143
Sáletos, 148, 242, 401
Samos, 33, 76, 160, 175, 246, 248, 254, 266, 369, 384, 401
satrapias: definição, 430
séculos: e sistema de datação, 399
Segesta, Sicília, 281, 283

servidão, *ver* escravos e escravidão
Sestos, 246, 331, 386
Sfactéria: vitória ateniense, 58, 136, 165-166, 168-169, 180, 209, 212, 214-215, 409; mapas, 141, 253; papel de Clêon e Demóstenes, 166, 416
Sibota, 301, 334, 337, 342, 363
Siracusa: depois da invasão ateniense da Sicília, 317; Atenas ataca, 134, 205, 246, 294-295, 302-308; antes da invasão ateniense da Sicília, 284; baixas, 265; morte de Eurímedon, 158, 333; morte de Lâmacos, 124; batalha naval no Grande Porto, 297, 302-303, 332-333, 349; como o maior sítio da Guerra do Peloponeso, 276; mapas, 298, 308; razões do ataque ateniense, 280-286; papel no decisivo triunfo espartano sobre Atenas, 423; papel de Alcibíades, 208, 281
Sitacles (rei trácio), 161, 316
sítios: sobre, 250-254; após a Guerra do Peloponeso, 276, 413-415; antigos, 246, 250; como especialidade ateniense, 257-259; baixas, 247, 265; custo para os atacantes, 271; descrição por Enéas, o Tático, 267-270; fogo como tática, 269; e cidades-Estados gregas, 272-275, 415; Lêcitos, 232, 246, 258-259, 263, 266, 268; mapa, 253; Melos, 33, 140, 143, 150, 175, 246, 258-263, 276, 283, 373; minas como tática, 269; Mitilene, 58, 155, 242, 246, 258-259, 263, 349; logo após o final, 274-275; opções dos que se defendiam, 245, 251, 254, 258; durante a Guerra do Peloponeso, 245-250, 275; vs. batalhas campais, 228, 243, 246; papel de Alcibíades, 277;

ÍNDICE | 515

traição como tática, 270-272; túneis como tática, 238, 269; *ver também* Délion; Plateia; Siracusa
Sócrates: sobre, 23; em Anfípolis, 38; em Délion, 38, 179, 185, 188, 206; como mentor de Alcibíades, 99; em Potideia, 38; suposta poligamia, 126; como mestre, 400; julgamento e execução, 22, 146, 150, 340, 398; opinião sobre Guerra do Peloponeso, 38-39; opinião sobre vitória em Salamina, 209; como guerreiro, 38
Sófocles: sobre, 23; após expedição siciliana, 324; como comandante da frota ateniense, 163; morte de, 400; como um grego do século V, 400; impacto da praga, 130; peças, 90, 130, 150; opinião sobre devastação da agricultura, 66, 90; opinião sobre batalha hoplita grega, 185; opinião sobre guerra, 23, 419
soldados, *ver* hoplitas
Soligeia, 134, 199, 205, 213, 228, 309, 313, 421
Sôlion, 140, 142-143
Spiraeum, 377, 383
Stenelaídas, 36, 426
Strauss, Barry, 344, 402

Tasos, 254
Tebas: após a Guerra do Peloponeso, 395, 403; antipatia por Atenas, 36; ataca Plateia, 41-42, 57, 61, 79, 133, 231-234, 270; refugiados beócios em, 102; vitória em Délion, 115, 227; fazendeiros como guerreiros, 181; perdas com a guerra e seus efeitos, 403; mapas, 44, 105; mítico assalto a, 245; como cenário de peças teatrais

atenienses, 232; e Esparta, 160, 191, 395, 403
Tegira, 181, 211
Temístocles, 36, 50-51, 87, 199, 362, 365, 380, 384, 417
Teopompo, 57, 396
Terámenes, 379-380
Termópilas, 37, 87, 161, 167, 199, 408
terras agrícolas: ataques a, 61-64, 67, 69, 74, 86-91, 98
terror: como método, 134; *ver também* guerra assimétrica
Téspias, 58, 184, 226, 250
Tessália: desordem civil, 153; na Primeira Guerra do Peloponeso, 41; mapas, 53, 253; papel da cavalaria, 311
tetas, 70, 120, 122-123, 312, 344, 402, 430
Timócrates, 333, 401
Timóteo, 417
Tísias, 260
Tissafernes, 324, 430, 432
Tolmides, 139
Tóricos, 38
Torone: sítio ateniense a, 58, 232, 247, 256, 263, 373, 403; Brasidas em, 173; baixas, 149, 265
Trácia: península quersonesa, 378; mapas, 53, 381; ataques mercenários a Micálessos, 60, 250, 264; mercenários peltastas, 136
traições, 152
Trasíbulos, 377-380, 386, 391
Trásilos, 388, 391, 401
tratados de paz, 174; *ver também* Paz de Nícias
Trezena, 75, 140
trierarcas, 331, 345-346, 361
Trinta Tiranos, 60, 341, 389-390, 394

trirremes: sobre, 325, 430; em ação, 333-336; atenienses perdidos na Sicília, 372; embarque, 349; construção, manutenção e reparo, 358-363; perdas, 339-343; comandantes, 346; custo de construir e manter, 361, 368-369; definição, 134; inovações no desenho, 336, 351; rápidas *versus* lentas, 352-358; fragilidade, 336; nas batalhas navais no Helesponto, 331; limitações, 354-361; questões de mão de obra, 339-342, 354, 363; nomes, 348; como estratégia naval, 347-358; oficiais, 354; provisões, 355-358; papel no esforço de guerra, 209; papel dos ganchos, 349; salvamento, 338; sistema de remagem, 326-329; como embarcações de transporte, 354; velocidades e distâncias típicas, 360; uso de velas, 360; espetáculo visual, 329; vulnerabilidade em tempestades, 355; modos de derrotar, 332, 337, 347, 351
Troia, 245
Trônion, 140, 142
tropas com armas leves, 136-139, 178, 201, 209
Tucídides: sobre, 23-27, 29, 433; após a Guerra do Peloponeso, 396; sobre invasões da Ática, 49, 63, 68, 87-91; opiniões sobre batalhas e descrições, 151, 155-160, 166, 183-186, 198, 201, 213-214, 221-223, 227, 229, 240, 242-243, 264, 284, 297, 300, 303-306, 309, 319, 330, 334, 337, 351, 355, 378; números de baixas, 161, 343, 402; descreve a perda ateniense em Siracusa, 305, 309; descreve banhos de sangue em Mitilene e na

Córcira, 154-160; exílio de, 169, 173, 199; sobre a natureza humana, 160; justifica a extensão de sua narrativa, 397; sobre mão de obra militar, equipamentos e operações, 45, 81, 140, 144, 191, 197, 209, 211, 315, 345, 359, 364; narração de eventos, 56-57; e natureza da guerra, 423-426; passagens notáveis, 67, 118, 250, 261, 305, 422; número de engajamentos terrestres em seu texto, 211; como filósofo, 25; como sobrevivente da praga, 104, 110; leitura hoje, 21, 25; relato do Diálogo Mélio, 250, 261; sobre as causas profundas da Guerra do Peloponeso, 32-34; sobre sítios, 261, 264, 271; tratamento da Guerra do Peloponeso, 25-26; sobre uso de escravos, 167-168, 412; sobre valor do poder marítimo, 365; opinião sobre democracias, 423; opinião sobre Péricles, 78-79, 124, 412; opinião sobre a praga, 101-104, 111-112, 116-117, 123-124; opinião sobre os espartanos, 170, 215; opinião sobre líderes, 86, 124, 166, 169, 174; como guerreiro, 20, 25-26, 38, 166, 400; sobre impacto da guerra, 153; sobre por que Esparta triunfou, 420

túneis: como tática de sítio, 239, 269

Venizélos, Eleuthérios, 20
videiras, árvores e campos de grãos: ataques a, 61-64, 67, 69, 74, 86-91, 98
Virgílio, 130

Wilson, Woodrow, 20
Wingate, Orde, 163

Xântipos, 22, 124
Xenares, 401
Xenofonte: sobre, 65, 433; após a Guerra do Peloponeso, 26, 405, 420; sobre agricultura, 65; número de baixas, 402; morte de, 401; descrição de trirremes, 329; *Memorabilia*, 417; passagens notáveis, 379, 391; cita Hipócrates, vice-almirante espartano, 379; relata a reação ateniense à derrota final, 149, 263, 391; vs. Tucídides, 56, 395
Xerxes (rei persa), 21, 30, 40, 50, 87, 199, 207, 260, 280, 387

Zácintos, 53, 141, 170, 253, 367
Zimmern, Alfred, 393

Este livro foi composto na tipologia
Sabon LT Std, em corpo 10,5/15, e impresso em
papel off-white 80g/m² no Sistema Cameron da
Divisão Gráfica da Distribuidora Record.